निबन्धों की दुनिया

प्रतापनारायण मिश्र

निबन्धों की दुनिया
प्रतापनारायण मिश्र

प्रधान सम्पादक
निर्मला जैन
सम्पादक
दिविक रमेश

वाणी प्रकाशन

वाणी प्रकाशन

4695, 21-ए, दरियागंज, नयी दिल्ली 110 002

शाखा

अशोक राजपथ, पटना 800 004

फ़ोन: +91 11 23273167 फ़ैक्स: +91 11 23275710

www.vaniprakashan.in
vaniprakashan@gmail.com

NIBANDHON KI DUNIYA : PRATAPNARAIN MISHRA
Chief Editor : Nirmala Jain
Editor : Divik Ramesh

ISBN : 978-93-5072-163-6
Literary Essays

प्रथम संस्करण

मूल्य : ₹ 395

ओम ऑफ़सेट, दिल्ली-110093 में मुद्रित

वाणी प्रकाशन का लोगो मक़बूल फ़िदा हुसेन की कूची से

अनुक्रम

भूमिका

अन्य विषयों के साथ-साथ द, ट, भैं, त, छै! छै!! छै!!!, मुच्छ, दाँत जैसे विषयों पर भी अच्छे और महत्त्वपूर्ण निबन्ध लिखे जा सकते हैं, इसका सटीक प्रमाण भारतेन्दु-युग के निबन्ध-साहित्य में मिलता है। पं. प्रतापनारायण मिश्र ऐसे निबन्धों को सम्भव करने वाले भारतेन्दु युग के श्रेष्ठ निबन्धकार, मूल रूप से हास्य एवं व्यंग्य के प्रतिरूप, विलक्षण व्यक्तित्व के धनी एवं समर्पित पत्रकार थे। वे स्वतन्त्रता आन्दोलन के प्रथम राष्ट्रकवि, ब्राह्मण पत्र के सम्पादक और अमर साहित्यकार के रूप में जाने जाते हैं।

जीवन एवं साहित्यिक परिचय

अवध में एक जिला उन्नाव है, कानपुर से पाँच-छह कोस की दूरी पर। इसी जिले में एक गाँव है बैजेगाँव अथवा 'विजय ग्राम'। इसके निकट बेथर है जो वृहत-स्थल से बना है। बैजेगाँव–बेथर गाँव कान्यकुब्ज ब्राह्मणों का गढ़ माना गया है। प्रतापनारायण मिश्र का जन्म 24 सितम्बर, 1856 को इसी गाँव में हुआ था। पिता पं. संकटाप्रसाद मिश्र एक अच्छे ज्योतिषी कहे जाते थे और पुरानी परम्पराओं तथा रूढ़ियों में पली माता की इकलौती सन्तान थे। इनके पूर्वज कन्नौज से आकर बैजेगाँव में बसे थे और खेती न कर बाग लगाते थे। पिता जीविका के लिए 14 वर्ष की आयु में कानपुर आ बसे थे। वहीं ज्योतिष के बल पर उन्होंने अच्छी सम्पत्ति बना ली थी। कानपुर में उनके पाँच मकान हो गये थे। प्रतापनारायण बचपन से ही प्रखर बुद्धि के थे, लेकिन पिता के द्वारा सुझाया गया न तो ज्योतिष का रास्ता और न ही संस्कृत की पढ़ाई उन्हें रुचि। अतः उन्हें रामगंज मिशन स्कूल में प्रवेश दिलाया गया, पर वे वहाँ भी न टिक सके। स्कूली पढ़ाई से मन ऊबता था। कुशाग्र बुद्धि के कारण ग्रहण शक्ति तो अद्भुत थी पर मनमौजीपन पढ़ाई से उखाड़ता था। 1875 ई. के लगभग एक दिन स्कूल भी छोड़ दिया और घर पर ही पढ़ाई शुरू कर दी। हिन्दी, अंग्रेजी और संस्कृत का अच्छा ज्ञान प्राप्त कर लिया। संस्कृत वे धाराप्रवाह बोल लेते थे। बंगला, उर्दू और फारसी का भी

उन्होंने अच्छा ज्ञान प्राप्त कर लिया था। बांग्ला तो धाराप्रवाह बोल सकते थे। ब्रजभाषा और अवधी का उन्हें सहज ही ज्ञान था। ओड़िया और मराठी भाषाएँ भी सीखी थीं। 19-20 वर्ष की आयु में विवाह हो गया था, लेकिन पत्नी कुछ ही महीनों में चल बसीं। दूसरा विवाह हुआ। सूरज कुमारी के साथ। सन्तान कोई नहीं हुई। माता-पिता का देहान्त हो गया।

कट्टर ब्राह्मण परिवार में जन्म लेने के बावजूद मिश्र जी भेद-भाव और पाखंड से दूर थे। इनके कितने ही मित्र तथाकथित निम्न समाज के थे, जिनके साथ वे बिना किसी भेद-भाव के उठते-बैठते थे। उन्होंने 'प्रताप चरित्र' नाम से अपना चरित्र लिखना प्रारम्भ किया था लेकिन वह पूरा न हो सका।

मिश्र जी की कानपुर स्थित 'ब्राह्मण कुटीर' उस समय के बुद्धिजीवियों का प्रसिद्ध मिलन स्थल था, जहाँ पं. मदनमोहन मालवीय, कालाकांकर नरेश रामपाल सिंह, बालमुकुन्द गुप्त, लाला श्रीनिवास दास, महावीर प्रसाद द्विवेदी आदि फर्श पर ही बैठ कर मिश्र जी के साथ बतियाया करते थे। महावीरप्रसाद द्विवेदी के अनुसार, "प्रतापनारायण का रंग गोरा था। नाक बहुत बड़ी थी। शरीर दुबला था। कमर जवानी में ही झुक गयी थी। आप सिर के बाल बड़े-बड़े रखते थे और आगे दोनों तरफ काकले रखते थे। वे किंचित् विलक्षण प्रकार की चेष्टा से कमर झुकाकर चलते थे।...इनकी नाक दिन भर नास फाका करती थी।------शरीर इनका रोगों का घर था।" मिश्र जी अपने स्वास्थ्य के प्रति एकदम उदासीन थे। भोजन तक की चिन्ता न करते थे। ठीक से चलने-फिरने में भी असमर्थ थे। महीनों महीनों बिस्तर पर पड़े रहते थे। हाँ, अपने मसखरे स्वभाव के चलते विनोद करने और चुटकियाँ लेने में कभी नहीं चूके। पढ़ने-लिखने और सामाजिक कार्यों में आकंठ डूबना भी कभी न भूले। वस्तुतः यदि उनकी लेखन-शैली को भी देखें तो पाएँगे कि उस पर उनके व्यक्तिगत गुणों की झलक साफ है, विशेष रूप से उनके स्वभाव के मसखरेपन और फक्कड़पन या कहें स्वच्छन्दता की। महावीर प्रसाद द्विवेदी जी ने तो यहाँ तक लिखा है—"यदि पंडित प्रतापनारायण मिश्र की जीवनी में यह न लिखा जाय कि वे बड़े ही दिल्लगीबाज और किसी अंश में फक्कड़ थे तो वह जीवनी अवश्य ही अपूर्ण समझी जाएगी।" उनके नाटकों को ही लें। और यह भी बता दिया जाए कि उन्होंने नाटक, रूपक और प्रहसन लिखे ही नहीं खेले भी हैं तो नाटक खेलते समय भी उनकी चिहुलबाज़ियाँ विश्राम न लेती थीं। और उसमें भी छौंक लगता था उनकी हाज़िरजवाबी और तर्कशक्ति की सम्पन्नता का। एक दिलचस्प वाक़या है :

पादरी : आप गाय को माता कहते हैं

प्रताप : जी हाँ।

पादरी : तो बैल को आप चचा कहेंगे?

प्रताप : बेशक रिश्ते से क्या इन्कार है।

पादरी : हमने तो एक दिन अपनी आँख से एक बैल को मैला खाते देखा था।

प्रताप : अजी साहब! वह बैल ईसाई हो गया होगा!! हिन्दू समाज में ऐसे भी बैल होते हैं!!!

आचार्य रामचन्द्र शुक्ल ने भी माना है कि "पं. प्रतापनारायण मिश्र धीरे-धीरे स्वच्छन्द प्रवृत्ति के हो गये और अपने मित्रों के बीच ढोल-मंजीरे के साथ 'लावनी' और 'आल्हा' गाया करते थे। गाने-बजाने से इन्हें इतना प्यार हो गया कि कई-कई दिन तक घर भी न जाते थे।" वैसे यही वह समय भी था जब घर पर ही उन्होंने संस्कृत, उर्दू, अंग्रेजी आदि भाषाओं का ज्ञान प्राप्त किया था। उनके व्यक्तित्व पर आत्मश्लाघा के मारे होने का भी आरोप लगा है, और वह भी महावीरप्रसाद द्विवेदी जी जैसे विद्वानों के द्वारा। लेकिन तथ्य यह भी है कि अपनी प्रतिभा और परिहासवृत्ति की पहचान कायम रखते हुए वे अव्वल दर्जे के स्वाभिमानी भी थे। उनके हँसोड़ और स्वाभिमानी चरित्र की अच्छी समझ विशेष रूप से गोपालराम गहमरी के लेख स्व. पंडित प्रतापनारायण मिश्र से हो सकती है: "पंडित जी अपने कान हिलाया करते थे। जब दो-चार मित्र इकट्ठे होते तब कहने पर पशुओं की तरह कान हिलाने लगते थे। हँसी-दिल्लगी में भी कभी झूठ नहीं बोलते थे।" और उन्हीं के अनुसार, "एक बार राजा रामपाल सिंह 'हिन्दोस्थान' पत्र के लिए आलेख लिखा रहे थे। जो कुछ वे बोल जाते थे उसके लिखने में जो उनसे दोबारा कुछ भी पूछता था उस पर बहुत बिगड़ उठते थे। मैं तेज लिखता था। इस काम के लिए सदा मुझे बुलाया करते थे। सफर में भी मुझे साथ रखते थे। एक बार वे (राजा साहब) अशुद्ध बोल गये, लेकिन मैंने (गहमरी जी ने) शुद्ध लिख लिया। जब समाप्त होने पर सुनने लगे तो जहाँ मैंने सुधारकर लिखा था उसको सुनते ही अशुद्ध कहकर उसे सुधारने को कहा। पंडित जी वहीं बैठे थे। उन्होंने कहा कि लड़के ने शुद्ध लिखा है। इस पर राजा साहब बिगड़कर पंडित जी से बोले, "आप बड़े गुस्ताख़ हैं।" पंडित जी ने छूटते ही कहा, "अगर सच्ची बात कहना आपके दरबार में गुस्ताख़ी है तो मैं सदा गुस्ताख़ हूँ।" राजा साहब को और क्रोध आया और गर्म होकर बोले, "निकल जाओ यहाँ से।" पंडित जी बोले, "हम यहाँ से चले।" यह कहकर उसी दम बारादरी से उठे और चले गये। फिर कभी उनके यहाँ नहीं गये।

प्रतापनारायण मिश्र की साहित्यिक आयु मात्र 12 वर्ष ही की मानी गयी है। 6 जुलाई, 1894 को असमय मृत्यु हुई तो शोक व्यक्त करते हुए बाबू बालमुकुन्द गुप्त ने कदाचित् ठीक ही लिखा था—"हिन्दी साहित्य के आकाश में हरिश्चन्द्र के उदय होने के थोड़े दिन पश्चात् एक ऐसा चमकता हुआ तारा उदित हुआ था,

जिसकी चमक-दमक को देखकर लोग उसे दूसरा 'चन्द्र' कहने लगे थे। उस 'चन्द्र' के अस्त हो जाने के पश्चात् इस तारे की ज्योति और बढ़ी। बड़े हर्ष के साथ कितने ही के मुख से यह ध्वनि निकलने लगी कि यही उस चन्द्र की जगह लेगा। पर दुःख की बात है कि वैसा होने से पहले ही कुछ दिन बाद यह उज्ज्वल नक्षत्र भी अस्त हो गया।"

बाबू बालमुकुन्द गुप्त का निम्न आकलन मिश्र जी के महत्त्व को समझने में मददगार हो सकता है : "पंडित प्रतापनारायण मिश्र में बहुत बातें बाबू हरिश्चन्द्र की सी थीं। कितनी ही बातों में कम थे, पर एक-आध में बढ़कर भी थे। जिस गुण में वे कितनी ही बार हरिश्चन्द्र के बराबर हो जाते थे, वह उनकी कवित्व शक्ति और सुन्दर भाषा लिखने की शैली थी। हिन्दी गद्य और पद्य लिखने में हरिश्चन्द्र जैसे तेज, तीखे और बेधड़क थे, प्रतापनारायण भी वैसे ही थे। दूसरे लोग बहुत सोच-समझकर और बड़ी चेष्टा से जो खूबियाँ अपने गद्य और पद्य में पैदा करते थे, वह प्रतापनारायण मिश्र को सामने पड़ी मिल जाती थीं।" प्रमाण के लिए उनके बहुत प्रशंसित और उल्लेखनीय निबन्ध 'भौं' का यह अंश प्रस्तुत है : 'बरूणी न समझिएगा, माथे के तले और पलकों के ऊपर वाले रोम समूह। जिनको अपनी हिन्दी में हम भौं, भौंहें कहते हैं, संस्कृत के पंडित भ्रू बोलते हैं। फ़ारस वाले अबरू और अंग्रेज 'आइब्रो' कहते हैं, उन्हीं का वर्णन हमें करना है। यह न कहिएगा कि थोड़े से रोएँ हैं, उनका वर्णन ही क्या! नहीं। यह थोड़े से रोएँ सुवर्ण के तारों से अधिक हैं।' भाँप सकते हैं कि मिश्र जी की शैली मज़ेदार, रोचक और पठनीयता से ओतप्रोत थी। लेकिन उनकी तर्कशक्ति, विषय-प्रतिपादन कला और अभिव्यक्ति-क्षमता भी अपनी जगह विशिष्ट थी। इस तथ्य के प्रमाण में उनके निबन्ध "पौराणिक गूढार्थ" की ओर संकेत किया जा सकता है जिसमें पुराणों में आये वर्णनों पर 'नये मतवालों' के द्वारा ठट्ठा किये जाने की प्रवृत्ति का मुँह-तोड़ जवाब दिया गया है।

बड़ी बात यह है कि महावीरप्रसाद द्विवेदी हों या रामचन्द्र शुक्ल; बालमुकुन्द गुप्त हों या बाबू गोपालराम गहमरी अथवा बालकृष्ण भट्ट सबने पं. प्रतापनारायण मिश्र के विशिष्ट और उत्कृष्ट योगदान को रेखांकित किया है। स्वयं भारतेन्दु ने, जिनके प्रति मिश्र जी की अपूर्व भक्ति थी, कविता के क्षेत्र में उनके योगदान की बहुत प्रशंसा की थी। इतनी प्रशंसा की कि मिश्र जी उसे कभी नहीं भूले। महावीरप्रसाद द्विवेदी के शब्दों में, "हरिश्चन्द्र ने जब से प्रतापनारायण की 'प्रेम पुष्पावली' की तारीफ की, तब से इनका उत्साह बहुत बढ़ गया। हरिश्चन्द्र की आलोचना गोया इनके सुलेखक और सुकवि होने की एक शिला लिखित 'सर्टिफिकेट' हो गयी। उसका उल्लेख करके इन्होंने कई दफ़ा अपने ही मुँह अपनी तारीफ़ की।... हरिश्चन्द्र को इन्होंने "पूज्यपाद" तक भी कहा है।" लेकिन 'स्वर्गीय पं. प्रतापनारायण मिश्र' शीर्षक से लिखे बाबू गोपालराम गहमरी के लेख से यह भी

पता चलता है कि "पंडित जी कहा करते थे– भारतेन्दु के पास धन था। उनकी कीर्ति धन-बल से थोड़े ही दिनों में खूब फैली। मेरे पास भी रुपया होता तो मैं भी हिन्दी में बहुत कुछ काम करता।" उल्लेखनीय है कि जहाँ भारतेन्दु को मात्र 34 वर्षों का जीवन मिला था वहाँ प्रतापनारायण मिश्र को 38 वर्षों का। अर्थात् इन दोनों ही विभूतियों को बहुत अल्प आयु मिली थी।

यह तथ्य लगभग सबको स्वीकार्य है कि अपने समय के हिन्दी-निर्माताओं और पथ-प्रदशकों में भारतेन्दु हरिश्चन्द्र और उनके दो प्रमुख शिष्य—पं. प्रतापनारायण मिश्र व पं. बालकृष्ण भट्ट ही मूर्धन्य हैं। भट्ट की अपेक्षा भले ही भाषा-प्रयोग, व्याकरण आदि की दृष्टि से मिश्र असावधान भी प्रतीत हों लेकिन हिन्दी गद्य-शैली को नवीन रूप और विशिष्टता दोनों ने ही प्रदान की थी। मिश्र जी के सन्दर्भ में बालकृष्ण भट्ट जी का यह मत विचारणीय है—"प्रातः स्मरणीय बाबू हरिश्चन्द्र को जो हिन्दी का जन्मदाता कहें, तो प्रतापनारायण मिश्र को निःसन्देह उस स्तन्धन्या दुध-मुँही बालिका का पालन-पोषण कर्ता कहना ही पड़ेगा क्योंकि हरिश्चन्द्र के उपरान्त इसे अनेक दोष-रोग से सर्वथा नष्ट न हो जाने से बचा रखने वाले यही देख पड़ें और गद्य-पद्य-मय अपने सरल लेख से यत्किंचित् इसका भंडार उसी तरह से भरते रहे जिस ढंग से उक्त बाबू साहब ने आरम्भ किया था— पं. प्रतापनारायण में बड़ी तारीफ़ की बात यह थी कि ये निःस्पृह और निज लाभ की किंचित इच्छा न रख हिन्दी की उन्नति में लगे हुए थे।"

हिन्दी के प्रति लगाव

यहाँ यह उल्लेखनीय है कि अनेक भाषाओं के ज्ञाता होते हुए भी हिन्दी के प्रति उनका लगाव अद्भुत था। सच तो यह है कि हिन्दी के वे बहुत बड़े हिमायती थे। उन्हें अफसोस था कि हिन्दी के पाठकों की संख्या इतनी कम है। गहमरी जी के अनुसार पंडित जी कहा करते थे—"वे दिन भी हिन्दी में कभी आवेंगे जब हिन्दी के पाठक बांगला के पाठकों की तरह खूब बढ़ेंगे जिनके भरोसे हिन्दी के ग्रन्थकार फले-फूलेंगे और उदर भरण की चिन्ता से मुक्त होकर हिन्दी में ग्रन्थ-रत्न संग्रह करके गरीबनी हिन्दी को उन्नत करेंगे। शायद मेरे मरने के बाद वे दिन आएँ।" अपने लेख 'हमारी आवश्यकता (2)' में उन्होंने बल देकर कहा है कि "जब तक अपनी भाषा में पूर्ण रूप से पठन-पाठन नहीं होता तब तक शिक्षा सदा अधूरी ही रहती है।" उनके कितने ही लेख और कविताएँ हैं जिनमें उनका हिन्दी-प्रेम अभिव्यक्त हुआ है। हिन्दी की हिमायत में वे विवाद के लिए भी तत्पर रहते थे। उनकी मान्यता थी-

जपो निरन्तर एक जबान
हिन्दी, हिन्दू, हिन्दुस्तान।

अथवा

छोंड़ि नागरी सुगुण आगरी उर्दू के रंगराते
देशी वस्तु बिहाय विदेशिन को सर्वस्व लुटाते।

ब्राह्मण के 15 जनवरी, 1884 ई. अंक में उन्होंने यह भी लिखा था-

छोंड़िहि उर्दू राक्षसी अब तो पिंड हमार
दिन हिन्दी के फिरहिंगे भयो जु उचित विचार

वस्तुतः उनके उर्दू विरोध को तत्कालीन परिप्रेक्ष्य में देखा जाना चाहिए। भाषा के रूप में उर्दू पर उनकी अच्छी पकड़ थी। 'भारत प्रताप' में उनके जो उर्दू लेख प्रकाशित हुए थे वे उर्दू के ढंग के थे। शायद उस समय की एक बड़ी आवश्यकता यह मान ली गयी थी कि लोगों की रुचि उर्दू और फ़ारसी से हटाकर हिन्दी की ओर मोड़ी जाए। यह स्वदेशी, हिन्दी के रूप में स्वभाषा और स्वतन्त्रता का पक्ष अधिक था। मिश्र जी हिन्दी के प्रति भारतेन्दु जी की अनन्य निष्ठा के भक्त थे। वे ब्रिटिश शासन के उग्र आलोचक थे भले ही उनके यहाँ रानी विक्टोरिया के प्रति श्रद्धा और आदर भाव भी झलक जाता हो।

लेखन

मिश्र जी बहुआयामी प्रतिभा के धनी थे। उनकी सेवाएँ अनेक क्षेत्रों तक फैली थीं और वे अन्ततः महत्त्वपूर्ण भी सिद्ध हुईं। प्रमुखतः वे समाजसेवी के साथ-साथ साहित्यकार और पत्रकार थे। समाज-सुधार की दृष्टि से वे प्रायः प्रगतिशील थे। सनातन धर्म के अनुयायी होने के बावजूद अन्य धर्मों की बैठकों में भाग लिया करते थे। उनमें धर्मान्धता नहीं थी। हाँ, वे प्राचीन और नवीन दोनों को साथ लेकर चलते थे। उनकी समाजसेवा अन्ततः राष्ट्रीयता की भी पोषक थी। उन्होंने धर्म और राष्ट्रीयता से सम्बद्ध निबन्धों के साथ-साथ नारी, बाल-विवाह आदि सामाजिक-सांस्कृतिक विषयों पर भी निबन्ध लिखे हैं। साहित्यकार के रूप में उन्होंने गद्य-पद्य दोनों का ही सृजन किया है। उनकी कवित्व-शक्ति तो अद्‍भुत थी। उर्दू में भी कविता कर लेते थे। उनकी उर्दू में लिखी कविताएँ 'दीवाने बिरहमन' में संगृहीत हैं। उनकी तुरन्त अथवा आशु कविता कर लेने की क्षमता को सभी मानते थे। उनकी इस क्षमता के सम्बन्ध में गहमरी जी ने लिखा था—"वे फसली लेखक थे। जब कोई फसल जैसे जन्माष्टमी, पित्रपक्ष, दीपावली, होली आते तब इन अवसरों पर हम लोग उनसे कविता लिया करते थे।" गहमरी जी ने उनकी कविता को ऊँचे दर्जे की माना है। उनके कविता-संग्रहों में मन की लहर, प्रताप लहरी और संगीत शकुन्तला (अनुवाद) को महत्त्वपूर्ण माना गया है। दरअसल उनकी मौलिक और अनूदित कृतियों की एक लम्बी सूची है। 'हमारे गद्यकार' नामक पुस्तक में प्रकाशित अपने लेख 'प्रतापनारायण मिश्र' में श्री व्यथित हृदय

ने उनकी सब प्रकार की पुस्तकों का ब्यौरा दिया है।

पंडित प्रतापनारायण मिश्र जी की रचनाएँ उनके अनेक उपनामों से मिलती हैं। महावीरप्रसाद द्विवेदी जी के अनुसार, "आप कविता में अपना नाम 'प्रता', 'प्रताप हरि' और कभी-कभी 'प्रेमदास' देते थे।" इनके अतिरिक्त ईश्वरावलम्बित, प्रतापजू, अक्खड़ अल्हैत, कात्यायन कुमार आदि भी उनके उपनाम रहे हैं।

उनके कवि और निबन्धकार रूप पर रामचन्द्र शुक्ल ने सार रूप में बहुत कुछ कह दिया है :

1. एक कवि के रूप में आप बड़े प्रसिद्ध थे। आप अवधी में कविता करते थे। "अरे बुढापा तोरे कारन अब तो हम नकुन्याय गयन" पंक्ति बड़ी ही लोकप्रिय है। उनकी कविताएँ उन्नाव जनपद में बड़ी लोकप्रिय हैं।
2. मिश्र जी के निबन्धों में सुधारवादी तत्त्व अधिक है। उनके निबन्धों में व्यंग्य विशेष रूप से सामाजिक कुरीतियों को हटाने के लिए किये गये हैं। उनके हास्य में भौंडापन नहीं है और वे निष्प्रयोजन भी नहीं है। उनमें सुधार करने की भावना निहित है। उनका व्यंग्य तिलमिला देने वाला नहीं होता। वह पाठक को आनन्द प्रदान करता है।

आचार्य शुक्ल के ये निष्कर्ष प्रतापनारायण मिश्र की निबन्ध-लेखन क्षमता को समझने में बहुत मदद करते हैं। गहराई से समझने के लिए संकलन में संग्रहीत मिश्र जी के निबन्ध 'बज्रमूर्ख' को पढ जाना चाहिए। 'ज़रा कलि महं केवल नाम प्रभाऊ' की ये पंक्तियाँ भी देखने लायक हैं : "ब्राह्मण का अर्थ है वेद और ईश्वर को जानने वाला, पर कहिए तो कै जने आपने देखे हैं जो त्रिवेदी कहा के गायत्री अच्छी तरह जानते हैं, औ कै जने नौन तेल की चिन्ता का शतांश भी उस नित्य स्मरणीय की चिन्ता रखते हैं। कितने वैश्य हैं जो दूसरे देश से कभी सौ रुपये भी कमा लाए हों? ...कितने मित्र हैं जो काम पड़ने पर कटी उँगली पर मूतने को भी दृढ़ संकल्प किये बैठे हों?"

पं. प्रतापनारायण मिश्र के निबन्धों पर उनके पत्रकार रूप पर बात किये बगैर बात पूरी नहीं होती। इसका कारण है उनके द्वारा सम्पादित बहुचर्चित और विख्यात पत्र 'ब्राह्मण'। उनके निबन्धों के संकलनकर्ता विजयशंकर मल्ल के अनुसार पं. मिश्र के लेखों को एकत्र करने में उन्हें 'ब्राह्मण' से बहुत मदद मिली थी। सन 1919 में पं. प्रतापनारायण के कुछ लेखों का संकलन 'निबन्ध-नवनीत' नाम से प्रकाशित हुआ था। इसके अतिरिक्त उनके निबन्ध रमाकान्त त्रिपाठी द्वारा सम्पादित 'प्रताप-पीयूष' (1933), प्रेमनारायण टंडन द्वारा सम्पादित 'प्रताप समीक्षा' और नारायणप्रसाद अरोड़ा द्वारा संकलित 'प्रतापनारायण मिश्र' आदि में उपलब्ध हैं। वस्तुतः बाल्यावस्था से ही पत्रकारिता के प्रति मिश्र जी का प्रेम प्रकट होने लगा था। जीवन-क्षेत्र में जब प्रवेश किया तो 'ब्राह्मण' पत्र का सम्पादन किया। यूँ

उन्होंने ब्राह्मण से हटकर भी पत्रकारिता की थी। आचार्य रामचन्द्र शुक्ल ने उन्हें एक सफल सम्पादक का दर्जा दिया है। पत्र के द्वारा जहाँ उन्होंने हिन्दी भाषा के प्रचार, प्रसार और विकास के लिए काफ़ी काम किया, वहीं नये लेखकों को भी प्रोत्साहित किया। यूँ तो उन्होंने 'हिन्दोस्थान' का भी सम्पादन किया था लेकिन उनका विशिष्ट योगदान 'ब्राह्मण' के माध्यम से ही हुआ। पं. लक्ष्मीकान्त त्रिपाठी ने 1956 में 'रामराज्य' साप्ताहिक में प्रकाशित अपने लेख "अहर्निश साधना तथा सर्वोत्कृष्ट पत्रकला का प्रतीक पं. प्रतापनारायण मिश्र का 'ब्राह्मण' में लिखा है: इसी लेख में "'ब्राह्मण' ही के माध्यम से पं. प्रतापनारायण ने अपने विकसित व्यक्तित्व का प्रकाश किया। उनकी साहित्यिक देन 'ब्राह्मण' ही है..।"

15 मार्च, 1883 को 'ब्राह्मण' का पहला अंक निकला था। यह बारह पृष्ठों का मासिक पत्र था। कोई दस वर्ष निकला लेकिन अनियमित रूप से। इसी में पंडित प्रतापनारायण धार्मिक, सामाजिक, साहित्यिक, राजनीतिक अर्थात् सभी प्रकार के निबन्ध लिखते थे। खबरें भी छापते थे। कानपुर की तो छोटी से छोटी खबर भी इसमें स्थान पाती थी। उनका एक लेख ही है–'कानपुर नाटक'। उसका प्रारम्भ विचारणीय है- "अनुमान 12 वर्ष हुए कि वहाँ हिन्दुस्तानी भाई यह भी न जानते थे कि नाटक किस चिड़िया का नाम है। पहिले पहल श्रीयुत पंडितवर राम नारायण त्रिपाठी (प्रभाकर महोदय) ने हमारे प्रेमाच्चार्य का बनाया हुआ 'सत्य हरिश्चन्द्र' और 'वैदिक हिंसा' खेला था। यह बात कानपुर के इतिहास में स्मरणीय रहेगी कि नाटक के अभिनय के मूलारोपक यही प्रभाकर जी हैं, और श्रीयुत बिहारीलाल जी परोपकारी उनके बड़े भारी सहायक हैं। यद्यपि द्वेषियों ने बहुत शिर उठाया, और लज्जा के साथ प्रकाश करना पड़ता है कि इस पत्र का सम्पादक भी उन्हीं में से एक था, पर उस देशाभिमान रूपी आकाश के प्रभाकर ने परम धीरज के साथ अपना संकल्प न छोड़ा।" आचार्य महावीरप्रसाद द्विवेदी 'ब्राह्मण' के योगदान को, उसके तीन साल के अंकों के आधार पर, बहुत सराह न सके क्योंकि उन्हें "इतिहास, जीवन-चरित्र, विज्ञान, पुरातत्व अथवा और कोई मनोरंजक या लाभदायक शास्त्रीय विषय पर कोई अच्छे लेख -- न मिले।" लेकिन इसके लिए उन्होंने प्रतापनारायण को नहीं बल्कि समय को अधिक दोष दिया। लेकिन 'ब्रह्मम्ण' की हिन्दी एवं साहित्यिक सेवा से इंकार करना उचित न होगा। अंग्रेजीदाँ लोगों पर उसमें प्रहार ही प्रहार मिलता है। भारतीय राष्ट्रवाद की उभरती सुन्दर और सच्ची झाँकी के लिए 'ब्राह्मण' का बड़ा महत्त्व माना गया है। वैसे 'ब्राह्मण' के जीवन को लेकर प्रतापनारायण संघर्ष ही करते रह गये भले ही उन्होंने 'ब्राह्मण' के पहले अंक के प्रथम लेख 'प्रस्तावना' में स्पष्ट लिखा था- "हम वह ब्राह्मण नहीं कि केवल दक्षिणा के लिए निरी ठकुरसुहाती बातें करें। अपने काम से काम कोई बने या बिगड़े, प्रसन्न रहे या अप्रसन्न। ...वह उपदेश करेंगे, जो हर प्रकार के मनुष्यों को

मान्य सब देश-काल में साथ हों, जो किसी के विरुद्ध न हो। ...कभी राज-सम्बन्धी, कभी व्यापार-सम्बन्धी विषय भी सुनावेंगे, कभी-कभी गद्य-पद्य-मय नाटक से भी रिझावेंगे।" 'ब्राह्मण' के सम्पादन का प्रारम्भ मिश्र जी ने अपने संसाधनों के बल पर किया था। पर ग्राहकों की संख्या कभी 200 से अधिक नहीं हुई। कई ग्राहक तो चन्दा ही घोट गये। घाटा सहना पड़ा। आखिर खडगविलास प्रेस के मालिक महाराजकुमार बाबू रामदीन सिंह ने उसका भार लिया और कुछ समय उसे चलाया। सच तो यह है कि अन्ततः मिश्र जी को ग्राहकों से चन्दे के लिए विनती करनी पड़ी। हरिगंगा की तर्ज पर उन्होंने एक कविता प्रकाशित कीः

आठ मास बीते जजमान, अबतौ करौ दक्षिणा दान ॥हरिगंगा॥
माँगत हम का लागै लाज, पर रुपया बिन चलै न काज ॥हरि॥

पंडित प्रतापनारायण मिश्र की भाषा और शैली भी चर्चा का विषय रही है। उनकी विद्वता में तो किसी को सन्देह नहीं रहा लेकिन उनकी भाषा को लेकर उन पर महत्त्वपूर्ण विद्वानों तक ने आक्षेप किये हैं। आचार्य रामचन्द्र शुक्ल के अनुसार, "भाषा परिष्कृत एवं परिमार्जित नहीं है ..।" व्याकरण की त्रुटियों की ओर भी उन्होंने संकेत किया है। उनके यहाँ अशुद्ध उद्धरण भी मिल जाते हैं। कहीं 'वह' लिखेंगे तो कहीं 'वुह'। उनके यहाँ ऐक्यता, निराशता, संतुष्टा, रिषि, रितू, ग्रहस्त आदि प्रयोग मिलते हैं। विराम चिन्हों की ओर ध्यान देने में भी उदासीन रहे हैं। तो भी उनकी भाषा का अपना वैशिष्ट्य कम नहीं है। हमें नहीं भूलना चाहिए कि भारतेन्दु की भाँति प्रतापनारायण की भाषा जन-साधारण की भाषा है। यह अलग बात है कि भारतेन्दु के यहाँ नागरिकता की छाप है जबकि प्रतापनारायण के यहाँ ग्रामीणता की। संस्कृत, अरबी, फ़ारसी और अंग्रेजी के शब्दों को भी मिश्र जी सहज ही आने देते थे—शर्त यह कि उनका प्रचलन जनता में हो। वस्तुतः वे भाषाओं का सम्बन्ध जन-जीवन के साथ देखना चाहते थे। हाँ, पूर्वी और पंडिताऊपन से भी वे अपनी भाषा को बचा नहीं सके। लेकिन उनके पाठकों को यह कहने में ज़रा भी संकोच न होगा कि उनकी भाषा एकदम प्रवाहमान यानि रवानगी से लबालब है। आचार्य शुक्ल ने ठीक ही लिखा है- "अस्वाभाविकता एवं कृत्रिमता आपके निबन्धों में नहीं आने पायी है।" और यह भी कि "उनमें शिथिलता और नीरसता नहीं है।" मिश्र जी की भाषा में तुकदार शब्द-प्रयोग और मुहावरेदारी को भी शुक्ल जी ने रेखांकित किया है। महावीरप्रसाद द्विवेदी की तरह अशुद्धियों को तो इन्होंने भी स्वीकार किया है, पर उसका एक कारण सावधानी से प्रूफ न देख पाना भी बताया है। यहाँ यह उल्लेखनीय है कि मिश्र जी के कितने ही निबन्ध हैं जिनका सम्बन्ध सीधे-सीधे लोकोक्तियों से है, जैसे घूरे के लत्ता बिनै कनातन का डोल बाँधे, सबै सहाय सबल के, कौ न निबल सहाय, ऊँचे निवास नीच करतूती आदि। मिश्र जी की भाषागत जीवन्तता और रवानगी का एक नमूना उनके एक

निबन्ध छै! छै!! छै!!! से दिया जा सकता है : "महीनों से! यह पहेली सी क्या कह गये? भई सचमुच हम न समझे थे। हमरि जान में तो छै वही है जो पाँच के पीछे और सात के पहिले आया करते हैं। सो सभी जानते हैं कि नाद में छै राजग होते हैं, विद्या के छै शास्त्र होते हैं, देवताओं के स्वामी कार्तिक जी के छै अंग होते हैं, पितरों के छै पिंडाधिकारी होते हैं, कान्यकुब्जों में छै घर होते हैं।" वस्तुतः प्रतापनारायण मिश्र की विलक्षण प्रतिभा का लोहा मानना पड़ता है जब उनके ऐसे ऐसे विषयों पर लेख पढ़ने को मिलते हैं जिनके बारे में पहली प्रतिक्रिया यही होती है कि ऐसे विषयों पर क्या सार्थक, दिलचस्प और ज़रूरी लिखा जा सकता है/था।

शैली की दृष्टि से उनके लेखों में विविधता और सहजता है। उन्होंने मुख्य रूप से व्याख्यात्मक, व्यंग्यात्मक, विवरणात्मक, और विनोदात्मक जैसी शैलियों में रचना की। आचार्य शुक्ल ने मिश्र जी को वर्णनात्मक शैली का कुशल निबन्धकार स्वीकार करते हुए विनोदात्मक शैली का अपने युग का सर्वश्रेष्ठ निबन्धकार घोषित किया है। मिश्र जी के अधिकतर निबन्ध कमोबेश व्यंग्यात्मक शैली में मिलते हैं। असल में, वे जिस ब्रिटिश शासन काल के दौरान लिख रहे थे उसके क्रान्तिकारी होने की हद तक खिलाफ थे। कदाचित् राजद्रोह के अपराध से बचने और कानून के शिकंजे से बाहर रहने के लिए उन्होंने उक्त शैली का अधिक प्रयोग किया होगा। लेकिन उनके निबन्धों में गम्भीर विचारात्मक शैली के संयत और शिष्ट भाषिक रूप की भी कमी नहीं है। 'हिन्दी-साहित्य का इतिहास' में रामचन्द्र शुक्ल ने लिखा है : "अपना 'ब्राह्मण' पत्र उन्होंने विविध विषयों पर गद्यप्रबन्ध लिखने के लिए ही निकाला था। लेख हर तरह के निकलते थे। देशदशा, समाज-सुधार, नागरी-हिन्दी-प्रचार, साधारण मनोरंजन आदि सब विषयों पर मिश्र जी की लेखनी चलती थी।...यद्यपि उनकी प्रवृति हास्य-विनोद की ओर ही अधिक रहती थी, पर जब कभी कुछ गम्भीर विषयों पर वे लिखते थे तब संयत और साधु भाषा का व्यवहार करते थे।" अतः उस दृष्टि से भी प्रतापनारायण का योगदान कम महत्त्वपूर्ण नहीं है। भले ही यह शैली अन्य शैलियों की थोड़ी ओट में रह गयी हो। यह सही है कि वे अधिक स्वाभाविक और सहज हास्य और व्यंग्य विनोद वाली शैली में ही मिलते है, कहा जा सकता है कि नज़र आते हैं। उनका एक दिलचस्प निबन्ध है 'मुच्छ'। ज़रा उसकी भी एक झलक देखते चलें—"मर्दों की सब जगह मुच्छ खड़ी रहती है सबको इसका खयाल ही होता है। किसी की दाढ़ी में हाथ डाला प्रसन्न हो गया; जो कहीं मुच्छ का नाम लिया, देखो कैसा मियान से बाहर होता है। जिसकी इज्जत पर गैरत न हुई वुह निन्दनीय है। "काहे मुछई न मानोगे?"—सुन के कोई ऐसा ही नपुंसक होगा जो लड़ने न लगे।"

प्रतापनारायण मिश्र की सोच का एक विशिष्ट पहलू उनका समाज में ऐसे व्यक्तियों के प्रति भी सन्तुलित, तार्किक और सहानुभूतिपूर्ण ध्यान दिलाना है

जिनके प्रति हमारी बनी बनाई धारणा हमें प्रायः कठोर बनाए रखती है। इस सन्दर्भ में उनका एक लेख है 'पुलिस की निन्दा क्यों की जाती है'। यह निबन्ध कांस्टेबिल की दयनीय स्थिति को उजागर करते हुए उस तह में ले जाता है जिससे उसके निन्दनीय होने की बात का कारण समझ में आ सकता है। पुलिस को लेकर प्रायः कटु व्यंग्य ही देखे गये हैं लेकिन उनकी यथास्थिति की दृष्टि से मिश्र जी का यह लेख विशेष एवं सार्थक है। खासकर तत्कालीन अर्थतन्त्र के परिप्रेक्ष्य में। लेकिन ऐसा भी नहीं है कि पुलिस की ज़्यादतियों को उन्होंने अनदेखा किया हो। उनके निबन्धों में उनका भी यथास्थान ज़िक्र हुआ है।

मिश्र जी के ऐसे अनेक निबन्ध हैं जिन्हें सामाजिक-सांस्कृतिक कहा जा सकता है। इन निबन्धों के विषय नारी, पवित्रता, रिसवत (रिश्वत), खुशामद, भेड़िया धसान, बाल्य विवाह आदि हैं। श्रेष्ठ भाव के रूप में महत्त्व देते हुए उन्होंने 'प्रतिष्ठा केवल प्रेम देव की है' जैसे निबन्ध लिखे। सच यह भी है कि समान विषय पर उनके अलग-अलग लेख पढ़ने पर विचारों या सोच में विरोधाभास के भी दर्शन हो जाते हैं। मसलन नारी केन्द्रित निबन्ध। स्त्री से जो अपेक्षाएँ की गयी हैं, पुरुष और स्त्री के सन्तुलन बनाए रखने की कोशिशों के बावजूद, वे अन्ततः पुरुष प्रधान समाज वाली मानसिकता की ही उपज प्रतीत होने लगती हैं। बाल्य विवाह सम्बन्धी विचारों में भी विरोधाभास मौजूद है। फिर भी इतना तो कहना होगा कि बावजूद ऐसी सोच और दृष्टि के पंडित प्रतापनारायण मिश्र अपने समय के एक जागरूक व्यक्ति थे और अपनी तर्क शक्ति को वे कहीं भी तिरोहित नहीं होने देते। उनका एक बहुत ही दिलचस्प लेख है—'यह तो बतलाइए'। भिगोभिगोकर मारने वाली शैली में लिखा गया है। अपनी सोच, दृष्टि, और कथ्य के साथ-साथ रवानगी से समृद्ध भाषा के कारण यह उनके महत्त्वपूर्ण निबन्धों में रखा जा सकता है। एक अंश देखिएः "और सुनिए। यदि घर में कुत्ता, कौआ कोई हड्डी डाल दे अथवा खाते समय कोई मांस का नाम ले ले तो भी आप मुँह बिचकाते हैं पर बिलायती दियासलाई और बिलायती शक्कर, जिनमें हड्डी तथा रक्त दोनों पड़े हुए हैं, सो भी न जाने किन-किन जानवरों के, वह आरती के समय बत्ती जलाने की सिंहासन के पास तक रख लेते हैं और भोग लगा के गटक जाने में नहीं हिचकते...। क्या देश में दियासलाई बनाने की विधि जानने वाले मर गये हैं? अथवा खांड बनाने के नियम हर गये हैं जो आपसे इतना भी नहीं होता कि मथुरा वाली आर.ऐल. बर्मन कम्पनी की मदद कीजिए और साबुन तथा दीपशलाका के करखाने में दो एक शेयर (हिस्से) ले लीजिए तथा बनारसी चीनी खाया कीजिए?" स्पष्ट है कि यहाँ बहुत ही संजीदगी के साथ दिखावेबाजी पर प्रहार और स्वदेशी को अपनाने की बात की गयी है। लेकिन बड़ी बात यह है कि यह निबन्ध पंडित जी के उन निबन्धों में शुमार है जो उन पर लगे पंडिताऊपन के आक्षेपों को खारिज़

करने में समर्थ हैं। दरअसल परम अध्येता और जीवन के गहरे अनुभव के कारण उनकी शैली में अनायास लोक शास्त्र और जीवन झर-झर उपस्थित हो जाते हैं। बाद में हज़ारीप्रसाद द्विवेदी जी के यहाँ भी ऐसा झराव और बाँकपन एक साथ देखने को मिलता है।

किसी साहित्यकार के निबन्धों को श्रेणियों में बाँधना अथवा वर्गीकृत करना भ्रामक होता है। यानि सामाजिक, आर्थिक, राजनीतिक, साहित्यिक आदि श्रेणियों में। एक साहित्यकार अन्ततः साहित्य का ही सृजन करता है चाहे विधा निबन्ध ही क्यों न हो। अतः उसके तमाम निबन्ध अन्ततः साहित्यिक ही होते हैं। फिर भी सुविधा के लिए हम विषय या कथ्य के आधार पर श्रेणियाँ बना लिया करते हैं और साहित्य की चिन्ताओं और सरोकारों से सीधे-सीधे जुड़े निबन्धों को ही साहित्यिक निबन्धों की श्रेणी में ले लिया करते हैं।

मिश्र जी अपने विशिष्ट व्यक्तित्व के कारण लेखन में भी मसखरे और फक्कड़ भले ही नज़र आ जाते हों लेकिन वे अपने लक्ष्य या मकसद की गम्भीरता को अच्छी तरह जानते थे। यह तथ्य उनके निबन्धों से भी स्पष्ट है। मेरी पसन्द के उनके निबन्धों में 'हमारी आवश्यकता (2)' का भी विशिष्ट स्थान है। अपने ही लिए जीनेवालों को केन्द्र में रखकर लिखे गये इस लेख का प्रारम्भ ही पाठक का ध्यान बाँध लेता है जो इस प्रकार है : "जी बहलाने के लेख हमारे पाठकों ने बहुत से पढ़ लिए यद्यपि उनमें भी समयोपयोगी शिक्षा रहती है, पर वाग्जाल में फँसी हुई, ढूँढ निकालने योग्य। अतः अब हमारा विचार है कि कभी-कभी ऐसी बातें भी लिखा करें जो इस काल के लिए प्रयोजनीय हों, तथा हास्यपूर्ण न हो के सीधी-सीधी भाषा में हों, जिसमें देखते विचारते समय किसी प्रकार का अवरोध न रहे अथच हमारे पाठकों का काम है कि उन्हें निरस समझ छोड़ न दिया करें तथा केवल पढ़ ही न डाला करे वरंच उनके लिए तन से, धन से, कुछ न हो सके तो वचन से ही यथावकाश कुछ करते भी रहा करें।" इसी प्रकार उनका एक और निबन्ध है- 'बेकाम न बैठ कुछ किया कर'। शीर्षक से लगता है कि किसी भारी भरकम उपदेश का पहाड़ टूटने वाला है। लेकिन असलियत कुछ ऐसी है—"बहुतेरे आलसियों का मत है कि 'है है सोई जो राम रचि राखा। को करि तर्क बढावै शाखा।' हम कहते हैं इस वचन का यह अर्थ ही नहीं समझते। इसका अभिप्राय यह है कि ईश्वर ने जिस पदार्थ में जैसी शक्ति रखी है उसके विपरीत न होगा। इससे प्रत्येक वस्तु का स्वाभाविक गुण जानने का यत्न करना चाहिए।"

मिश्र जी के ऐसे बहुत से निबन्ध हैं जिन पर बात की जा सकती है। लेकिन अन्त में उनके दो निबन्धों की चर्चा प्रासंगिक होगी जिन्हें उनके प्रतिनिधि निबन्ध भी कहा जा सकता है। ये हैं—'हो ओ ओ ओ ली है' और पौराणिक 'गूढार्थ'। पहला लेख 15 मार्च, सन 1883 में प्रकाशित हुआ था यानि 'ब्राह्मण' के पहले ही

अंक के समय। इस प्रारम्भिक निबन्ध में ही पंडित जी अपने पूरे फॉर्म में हैं। इसमें गद्य-पद्य दोनों हैं। अभिधा से शुरू होकर यह निबन्ध व्यंजना की अनेक छटाओं का सशक्त उदाहरण है। दूसरा निबन्ध पंडित जी को समर्थ और महत्त्वपूर्ण निबन्धकार स्थापित करने में सक्षम कहा जा सकता है। यह निबन्ध निःसन्देह पुराणों के प्रति सम्यक् दृष्टि को सामने लाता है और वह भी तुलनात्मक ढंग से।

कुल मिलाकर यही कहा जा सकता है कि पं. प्रतापनारायण मिश्र भारतेन्दु युग के श्रेष्ठ निबन्धकार थे। ऐसे महान् व्यक्ति कम हुए हैं जिनकी आयु भले ही कम रही हो लेकिन उनका योगदान बहुत बड़ा सिद्ध हुआ हो। मिश्र जी का महत्त्व भारतेन्दु जी के लगभग समक्ष ही माना गया है। उनके निबन्धों में ऐसी कितनी ही उक्तियाँ और विचार भरे पड़े हैं जो आज के लिए भी प्रासंगिक हो सकते हैं। हास्य और व्यंग्य के तो वे अवतार ही थे। आचार्य रामचन्द्र शुक्ल के शब्दों में कह सकते हैं- "वे अपने पाठकों को जी भर कर हँसाते हैं। पाठकों को क्षण भर के लिए ऐसा लगता है मानो लेखक उनके समक्ष बैठा बातें कर रहा है। उनके निबन्धों में किसी प्रकार की प्रस्तावना नहीं रहती। वे सीधे विषय का वर्णन करना प्रारम्भ कर देते हैं। उनके व्यंग्य में बैसवाड़ी कहावतें एवं उक्तियों की भरमार है। उनके निबन्ध पढ़ते समय जी नहीं ऊबता" इसमें इतना और जोड़ा जा सकता है कि कुल मिलाकर उनका निबन्ध लेखन अन्ततः गम्भीर सृजन ही था। वे प्रगति में विश्वास रखते थे। ठहरने या निराश होकर कुंठित हो जाने में नहीं।

दिविक रमेश

बी-295, सेक्टर-20,
नोएडा-201301
मो.: 9910177099
divik_ramesh@yahoo.com

क्या लिखैं

यदि हम यह प्रश्न किसी दूसरे से करैं तो छुटते ही यह उत्तर मिलैगा कि तुम्हें हिन्दुस्तान और इंलिस्तान के सहृदय लोग सुलेखक समझते हैं, फिर इसका क्या पूछना, जो चाहो लिख मारो, पढ़ने वाले प्रसन्न ही होंगे। किन्तु यह उत्तर ठीक नहीं है क्योंकि लिखने का मुख्य प्रयोजन यह होता है कि जिस उद्देश्य से लिखा जाय उसकी कुछ सिद्धि देखने में आवै। सो उसके स्थान पर यहाँ जिनसे सिद्धि की आशा की जाती है उनके दर्शन ही दुर्लभ हैं। जहाँ श्री हरिश्चन्द्र सरीखे सुकवि और सुलेखक शिरोमाणि के लिखने की यह कदर है कि बीस कोटि हिन्दुओं में से सौ पचास भी ऐसे न मिले कि हरिश्चन्द्र कला का उचित मूल्य देकर पढ़ तो लिया करते, करना धरना गया भाड़ में फिर भला वहाँ हम क्या आशा कर सकते हैं कि हमारा लिखना कभी सफल होगा। जहाँ सफलता के आश्रयदाताओं ही का अकाल नहीं तो महा महँगी अवश्य है वहाँ सफलता की आशा कैसी? हाँ, यदि इसको सफलता मान लीजिए तो बात न्यारी है कि राजनैतिक विषयों को छेड़ छाड़ करके राजपुरुषों की आँख में खटकते रहना, सामाजिक विषयों की चर्चा करके पुराने ढंग वाले बुड्ढों की गालियाँ सहना, सुचाल का नाम ले के मनमौजियों का बैरी बनना, और धर्म्म की कथा कह के नये मतवालों के साथ रंड़हाव पुतहाव मोल लेना, प्राचीन रीति नीति की उत्तमता दिखला के बिलायती दिमाग वालों में ओल्डफूल कहलाना इत्यादि, यदि यही सफलता है तो निष्फलता और दुष्फलता किसे कहते हैं? इसी से पूछना पड़ता है कि क्या लिखैं? आप कहिएगा, सब झगड़े छोड़ कर अपने प्रेम-सिद्धान्त ही के गीत क्यों नहीं गाते। पर उसके समझने वाले हम कहाँ से लावैं, परमेश्वर के दर्शन भी दुर्लभ हैं, रहे संसारिक प्रेमपात्र, उनका यह हाल है कि शिर काट के सामने रख दीजिए और उस पर चरण स्पर्श के लिए निवेदन कीजिए तौ भी साफ इनकार अथवा बनावटी ही इकरार होगा। फिर क्या प्रेम सिद्धान्त साधारण लोगों के सामने प्रकाश करने योग्य है जिनमें "बोद्धारोमत्सरग्रस्ताः प्रभवस्मयदूषिताः अबोधोपहताश्चान्ये" का प्रत्यक्ष प्रमाण विद्यमान है। हा प्रेमदेव! तुम हमारे श्मशान समान सुनसान मनोमन्दिर में विराजमान होकर संसार को

अपन महिमा क्या दिखा सकते हो? हम तुम्हें कर्तुमकर्तुमन्यथा कर्तुसमर्थ मानते हैं पर जब देखते हैं कि हमारा अपवित्र मुख तुम्हारा नाम लेने योग्य भी नहीं है, यदि बेहयाई से तुम्हारी चर्चा भी करें तो फल यह देखते हैं कि मुख से प्रेम का शब्द निकलते ही देर होती है किन्तु पागल निकम्मा बेशर्म बेधर्म इत्यादि की पदवी प्राप्त होते विलम्ब नहीं लगता। भला ऐसी दशा में प्रेम का यश गाना अपनी निन्दा कराना और दूसरों का पाषाण हृदयत्व के लिए उत्तेजित करना ही है कि और कुछ? यदि यह भी अंगीकार कर लें तो उस लोकातीत अनिर्वचनीय के विषय में लिखेंहीगे क्या? फिर बताइए कि हम क्या लिखें? ब्रहाज्ञान छौंकें तो आशा है कि पाठकगण स्वयं ब्रह्म बन-बन कर कर्तव्याकर्तव्य की चिन्ता से मुक्त हो जाएँगे। किन्तु साथ ही गृह कुटुम्बादि की ममता से भी वंचित हो बैठेंगे जो अपने और पराए सुख का मूल है। यह न हुवा तो मनुष्य में औ पाषाण खंड में भेद ही क्या? फिर भला चलते फिरते कर्तव्यपालन समर्थ प्राणी को अकर्ता उपभोक्ता बना बैठने का पाप किसको होगा? यदि "स्वार्थे समुद्धरेत्प्राज्ञः" का मन्त्र लेकर केवल हुजूरों की हाँ में हाँ मिलाया करें अथवा रुपये वालों को बात-बात में धर्ममूर्ति धर्म्मावतार बनाया करें वा भोलेभाले भलेमानसों को गीदड़-भभकी दिखाया करें तो धन और खिताबों की कमी न रहेगी, किन्तु हृदय नर्कमय हो जायगा, उसे क्यों कर धैर्य प्रदान करेंगे? ऐसी-ऐसी अनेक बातें हैं जिन पर लेखनी को कष्ट देने से न अपना काम निकलता दिखाई देता है न पराया, इसी से जब सोचते हैं तब चित्त यही कहने लगता है कि क्या लिखें? यों कलम ले के लिखने बैठ जाते हैं तो विषय आजकल के नौकरी के उम्मीदवारों की तरह एक के ठौर अनेक हाजिर हो जाते हैं। पर जब उनकी विवेचना करते हैं तो यही कहना पड़ता है कि जिन बातों को बीसियों बार बीसियों प्रकार, हम ऐसे बीसियों लिक्खाड़, लिख चुके हैं उन्हें बार-बार क्या लिखें? यदि मित्रों से पूछते हैं कि क्या लिखें तो जै मुँह तै बातें सुनने में आती हैं। सब के सब अपनी-अपनी डफली अपना-अपना राग ले बैठते हैं जिनमें यह सम्भावना तो दूर रही कि दूसरों को रुचि होगी, कभी-कभी लिखने वाले ही का जी नहीं भरता। फिर क्या लिखैं? लोग कहते हैं कि लिखा पढ़ी बनाए रखने से देश और जाति का सुधार होता है। पर हम समझते हैं यह भ्रम है। जिस देश और जाति को बड़े-बड़े रिषियों मुनियों कवियों के बड़े-बड़े ग्रन्थ नहीं सुधार सकते उसे हम क्या सुधारेंगे? जो लोग स्वयं सुधरे हैं उन्हें हमारे लिखने की आवश्यकता क्या है और जिन्हें सुधरने बिगड़ने का ज्ञान ही नहीं है उनके लिए लिखना न लिखना बराबर है, फिर क्या लिखैं? और न लिखैं तो हाथों का सनीचर कैसे उतरे! जब महीना आता है तब बिना लिखे मन नहीं मानता। यह जानते हैं कि हिन्दी के कदरदान इतने भी नहीं हैं कि जिनकी गिनती में एक मिनट की भी देर लगे और लेटर पेपर का आधा पृष्ठ भी भरा जा सके। इसी से जो कोई उत्तम से

उत्तम पुस्तक व पत्र प्रकाशित करता है वह अन्त में निराश ही होता है अथवा हमारी तरह किसी सज्जन सुशील सहृदय मित्र के माथे देता है। पर क्या कीजिए, लत से लाचारी है, उसी के पीछे जहाँ और हानि तथा कष्ट उठाने पड़ते हैं वहाँ यह चिन्ता भी चढ़ाई रखनी पड़ती है कि क्या लिखें? किन्तु जब इसकी छान बिनान करते हैं तो ऊपर लिखी हुई अड़चलें आ पड़ती हैं। इसी से हमने सिद्धान्त कर लिया है कि कुछ सोचैं न किसी से पूछैं, जब जैसी तरंग आ जाय तब तैसा लिख मारैं। उससे कोई रीझै तो वाह-वाह, खीझे तो वाह-वाह। किसी की बने तो बला से, बिगड़े तो बला से। हम ने न दुनिया भर के सुधार बिगाड़ का ठेका लिया है न विश्वमोहन का मन्त्र सिद्ध किया है। हाँ, लिखने का रोग जगा बैठे हैं, उसके लिए सोचा विचारी अथवा पूछताछ क्या कि क्या लिखैं क्या न लिखैं?

[खं. 8, सं. 12 (जुलाई, ह. सं. 8)]

पढ़े लिखों के लक्षण

कपड़े ऐसे कि रामलीला के दिनों में सिर्फ काले चेहरे ही की कसर रह जाय इस पर भी उनमें कोई देशी सूत न हो, यदि हिन्दुस्तानी के हाथों से लिये भी न गये हों तो और अच्छा। भोजन ऐसे कि बिरादरी के डर से प्रगट रूप में न निभ सके तो गुप्त ही रीति से सही, पर हों पंच मकार में से कुछ न कुछ अवश्य। उनका रन्धन यदि बैरा खानसामा आदि के द्वारा हुआ हो तो क्या ही कहना है, नहीं तो खैर किसी शूद्र के ही हाथ का हो। पर परमोत्तम तो यही है कि विलायत से बन के आये हों चाहे महीनों के सड़े हुए गन्धाते ही क्यों न हों और परोसने वाले तथा साथ खाने वाले भी कम से कम चार वरण से प्रथक तो अवश्य ही हों। भाषा ऐसी कि संस्कृत का शब्द तो कान और ज़बान से छू न जाना चाहिए। हिन्दी से इतनी लाचारी है कि 'आया' 'गया' इत्यादि शब्द नहीं बच सकते तथापि खास-खास बातें अंगरेजी अथवा टूटी फूटी अरबी ही की हों। हाँ कोई नाम पूछ बैठे तो झख मार के राम रहीम आदि के साथ दत्त प्रसाद दास गुलाम आदि जोड़ के मुँह पर लाना पड़ता है। पर इसमें अपना वश ही क्या है। वह पिता की बेवकूफी है। शिष्टाचार में भी नमस्कार पायलागन राम-राम जैगोपाल आदि वाहियात बातें न आनी चाहिए। रोजगार भी नौकरी के सिवा और न करना चाहिए क्योंकि बबुआई के बईद है। धर्म भी सब से उत्तम तो नास्तिकता है नहीं तो खैर क्रिशच्यनिटी ही सही। पर महात्मा मसीह के उत्तम उपदेशों पर चलना कोई आवश्यक नहीं है। केवल इंग्लैंड वालों की सी ऊपरी चाल ढाल बहुत है। ढिठाई बेशक इतनी अवश्य होनी चाहिए कि नागरी का एक अक्षर न सीखा हो पर वेद पुराण देवता पितर इत्यादि को मन ही से तुच्छ न समझ ले किन्तु दूसरों को समझाने में भी बन्द न रहे।

साधारणतः सब का निचोड़ यह कि पुराने सब लोग अहमक थे और उनकी चलाई हुई सारी बातें नांसेंस हैं। क्या ज्योतिष क्या वैद्यक क्या मन्त्र शास्त्र क्या नीति क्या धर्म इत्यादि सर्ब गप्पः। हाँ कोई यूरोप एमेरिका वाला उन में से किसी को अच्छा बतलावै तो सच्चे जी से मानने योग्य है। ऐसी ही ऐसी और भी कई

एक बातें हैं जो आजकल के बरसों के पठन पाठन का नतीजा हैं और प्रायः सभी बाबू साहबों में थोड़ी बहुत पाई जाती हैं।

वरंच जिस में इन का पूर्णतया अभाव हो वह इस काल की सुपठित एवं सभ्य मंडली का मेम्बर ही नहीं समझा जा सकता। इस से यदि हम साधारण बोली में इनका नाम पढ़े लिखों के लक्षण रख लें तो बुद्धिमानों की दृष्टि में अनुचित न जँचेगा। इन का वर्णन अनेक बार अनेक प्रकार से अनेक सुवक्ता और सुलेखकों की वाणी तथा लेखनी के द्वारा हो चुका है। अतः हम इस समय इस विषय को बढ़ाना पिष्पेटषण समझते हैं पर अपने पाठकों से पूछा चाहते हैं कि इन लक्षणों से देश अथवा जाति को किस भलाई की आशा हो सकती है? इन से तो वही लोग अच्छे जो पढ़ने लिखने का नाम नहीं जानते अथवा कुछ मुड़िया कैथी नागरी वा दुर्गापाठ सत्यनारायण कथा इत्यादि सीख के अपने कृषि वाणिज्य शिल्प सेवादि द्वारा अपना तथा अपने कुटुम्ब का पालन कर लेते हैं। ऐसों से यदि कोई उपकार न हो सके तो भी हिन्दूपन की एक सूरत तो बनी रहती है, यही क्या थोड़ा है? पर हमारे बाबुओं की चले तो हिन्दुस्तान का कोई पुराना चिह्न (चिह्न कैसा नाम) भी न रक्खें। भाषा भोजन भेष भाव सब और के और हो जाएँ। इसी से हमारी समझ में सच्चे देशभक्तों को सब काम छोड़ के पहिले इस का उद्योग करना चाहिए कि सर्वसाधारण में निज सन्तान के वास्तविक सुधार की रुचि उत्पन्न हो। लोग अपने लड़कों को आँखें मीच के स्कूल भेज देने की भेड़ चाल छोड़ें क्योंकि वहाँ आत्मगौरव, स्वजातित्व, देश वात्सल्य, सनातनाचार इत्यादि की शिक्षा नहीं होती जो मनुष्य जीवन का भूषण है। बरसों का समय और सैकड़ों रुपया केवल ऐसी ही पढ़ाई में जाता है जिसका फल इतना मात्र हो कि तन नाजुक, मन अपनेपन से फिरंट और जीवन केवल परसेवा द्वारा पेट पालने में बिता देने के योग्य रह जाय। यदि परमेश्वर की दया से भोजनाच्छादन की चिन्ता न हो और कुछ नामवरी करने का शौक चर्राय तो या तो उपर्युक्त लक्षणों का पूरा नमूना बन के शुद्ध ज्यंटिलम्यन हो जाएँ और दूसरों को जाति पाँति की रीति भाँति धर्म कर्मादि के काम का न रक्खें या राजनैतिक विषयों में टँगड़ी अड़ावें तो या तो खिताबी राजा बाबू सितारा आदि कहलाने की धुन में चार दिन के पाहुन हाकिमों की खुशामद के मारे प्रजा वर्ग का शाप संचयन करते रहें या बात-बात में सर्कार का मुकाबिला कर-कर के राज कर्मचारियों को चिढ़ाया करें।

भला इन लक्षणों और ऐसी करतूतों से किसकी क्या भलाई हो सकती है? पर खेद है कि वृद्धि इन्हीं की देखने में आती है और अधिकांश में उद्योग भी इन्हीं की प्राप्ति के होते रहते हैं। फिर हम क्यों न कहें कि इन नवयुवक एवं नवशिक्षित बाबुओं ही के क्या देश भर के लक्षण कुलक्षण हैं। क्योंकि भविष्यत की उन्नति अवनति इन्हीं पर निर्भर ठहरी और इन विचारों में विद्या ऐसी परमोत्तम वस्तु का

फल उलटा दिखाई देता है अर्थात् जिन बातों को यह उन्नति का मूल समझते हैं वे यदि पूरी तरह फैल जाएँ तो हिन्दुस्तान का वास्तविक रूप ही मट्टी में मिल जाय। केवल थोड़े से पुराने ढंग के बचे खुचे लोगों की जबान पर कहानी मात्र रह जाय कि भारतवर्ष आर्य्यावर्त अथवा हिन्दुस्तान ऐसा देश था, वहाँ के निवासी ऐसे होते थे, उनका व्यवहार बर्ताव इत्यादि ऐसा था वैसा था और बस। यद्यपि यों होना है यहाँ मुश्किल और परमेश्वर न करे कि हो पर यतः ठान ऐसा ही होने का ठन रहा है, इससे देश हितैषियों को वर्तमान ढर्रा बदलने और अपनी प्रकृत दशा बनाए रखने का यत्न कर्तव्य है नहीं तो पढ़े लिखों के लक्षण बड़ा अच्छा रंग लावैंगे।

[खं. 8, सं.10 (मई ह. सं. 8)]

प्रश्नोत्तर

निराकारी उवाच–आप लोग न जाने कैसे समझदार हैं कि वेदविरुद्ध बातों को धर्म समझते हैं।

मूर्तिपूजक उत्तर देता है–हम समझदार हैं चाहे नासमझ हैं, इससे तो आपको कोई काम नहीं है पर लड़ास लगी हो तो आइए दो-दो बातें हो जाएँ पर वेद का नाम लेना बृथा है।

निराकरी–यह क्यों? वही तो धर्म के मूल हैं।

मूर्तिपूजक–केवल बातों ही से कि कभी किसी वेद की सूरत भी देखी है? और देखी भी हो तो उसका सिद्ध करना सात जन्म में भी असम्भव होगा कि उनका अर्थ तुम या तुम्हारे साथी करते हैं वही ठीक है। यदि इस झगड़े को छेड़ोगे तो सैकड़ों का खर्च और बरसों की झाँव-झाँव होगी तिस पर भी फैसले में गड़बड़ ही रहेगी। इससे यह विषय तो पंडितों ही के लिए रहने दो अपनी पूँजी में कुछ अक्लिल हो तो उसका वाग्व्यवहार कर देखो और 'विद्ज्ञाने' धातु के अनुसार उसी का नाम चाहे वे वेदवाद भी रख लेना क्योंकि वेद में बुद्धि के विरुद्ध कोई बात नहीं लिखी।

निरा–इस बात को मानते हो?

मूर्ति–बेशक! हम निश्चय रखते हैं कि हमारे वेदशास्त्र पुराणादि में बुद्धि के विरुद्ध कुछ भी नहीं लिखा, पर पढ़ने और समझने वाला होना चाहिए। उसकी सामर्थ्य हर एक के लिए दाल-भात का कौर नहीं है। इसी से बिहतर होगा कि पुस्तकों का नाम न लेकर केवल अपनी समझ से काम लीजिए और इसकी चर्चा भी जाने दीजिए कि 'अमुक बात को मानते हो या नहीं' क्योंकि हमारे मानने न मानने के आप इजारेदार नहीं हैं। वह हमारा और हमारे हृदयस्थ देव का निज सम्बन्ध है और दो व्यक्तियों के अन्तर्गत निज सम्बन्ध में हस्तक्षेप करना नीचों का काम है। इससे केवल मौखिकवाद कर लीजिए, हमारे मन्तव्यामन्तव्य से तुम्हें क्या प्रयोजन?

निरा–अच्छा बाबा सो सही, पर यह तौ बतलाओगे कि वेदविरुद्ध काम करना अच्छा है या बुरा।

मूर्ति—जिन बातों की वेद ने आज्ञा दी है वह जितनी निभ सकें अच्छा ही है, पर उसके लिए भाग्य और दशा की आवश्यकता है तथा जिनका निषेध किया है उनसे बचने की सामर्थ्य होने पर भी न बचना निरी नालायकी है। किन्तु इस विषय पर कोरी बकवाद करना पागलपन है। क्योंकि हम और ऐसे साधारण जीव किस बिरते पर कह सकते हैं कि सब कुछ वेदानुकूल ही करेंगे—चारों वेद सपने में भी देखे नहीं, देखे भी होते तो कोट-बूट पहिनने, साबुन लगाने, ब्राह्मण क्षत्री होकर, नौकरी के लिए मारे-मारे फिरने की आज्ञा ढूँढ निकालना सम्भव न था। इसी से कहते हैं वेद-वेद न चिल्लाइए मतलब की बातें कीजिए।

निरा—साहब यह है व्यवहार की बातें, इनमें जमाने की पैरवी किये बिना गुजारा नहीं चलता, पर धर्म के काम वेद के विरुद्ध न करने चाहिए।

मूर्ति—वाह! यह एक ही कही, हजरत, जमाना आपको अपनी चाल चलने से रोक नहीं सकता। आप ही अपनी रुचि बिगाड़ डालें तो दूसरी बात है नहीं तो पगड़ी अंगरखा पहिनने वालों को कोई जमाने से निकाल नहीं देता। देशी वस्तु काम में लाने वाले बेइज्जत नहीं समझे जाते। हिन्दी और संस्कृत सीखने वाले तथा बाप-दादों का धन्धा करने वाले भूखों नहीं मर जाते। बल्कि कोई परीक्षा कर देखे तो जान जायगा कि ऐसी चाल से अधिक सुभीता रहता है। लेकिन उनसे लाचारी है जो बाबू बनने की लत के पीछे अपनी भाषा, भोजन, भेष, भाव, भ्रातृत्व की रक्षा का ध्यान नहीं रखते, रुपया अपने हाथों परदेश में फेंकते हैं, बाप-दादों और जाति के श्रेष्ठ पुरुषों का उचित आदर नहीं करते बरंच उन्हें मूर्ख और पोप कहने तक में नहीं शरमाते। पर तुर्रा यह है कि इस करतूत पर भी बिना पढ़े वेद और धर्म के तत्ववेत्ता ही नहीं देश-भर के गुरु बनने पर मरे जाते हैं। इतना भी नहीं समझते कि जिस विषय का अपने को पूरा ज्ञान न हो उसमें चायँ-चायँ करना झख मारना है और अपने दोषों को न देखकर दूसरों को दोषी ठहराने की चेष्टा करना निरी निर्लज्जता है।

निरा—यह तो ठीक कहते हो, पर यह विषय व्यवहार का है और हम धर्म की चर्चा किया चाहते थे।

मूर्ति—व्यवहार और धर्म में आप भेद क्या समझते हैं? हमारी समझ में तो बुद्धि और बुद्धिमानों के द्वारा अनुमोदित व्यवहार ही का नाम धर्म है।

निरा—सच तो यों ही है, पर मोटी भाषा में व्यवहार उन कामों को कहते हैं जिनका सम्बन्ध केवल संसार के साथ होता है, जैसे खाना-पीना, रुजगार करना आदि, और धर्म उन कामों का नाम है जो आत्मा, ईश्वर तथा परलोक इत्यादि से सम्बन्ध रखते हैं जैसे सन्ध्या, पूजा, दान आदि। हम इन्हीं के विषय में बातचीत करना चाहते हैं।

मूर्ति—यह आपकी इच्छा, पर क्या आप कह सकते हैं कि सन्ध्या इत्यादि कर्म

संसार से सम्बन्ध नहीं रखते? जबकि उपास्य देव ही विश्व के स्रष्टा और स्वामी हैं, उपासक स्वयं संसारी हैं, स्तुति प्रार्थनादि में भी सांसारिक शब्दों का प्रयोग, संसार सम्बन्धिनी वस्तुओं एवं व्यक्तियों की याचनादि की जाती है तो उक्त कर्म्मों को कोई क्योंकर कह सकता है कि संसार से सम्बन्ध नहीं है?

निरा—तो भी ईश्वरीय सम्बन्ध में तो संसारी पदार्थों से बचे ही रहना चाहिए न?

मूर्ति—किस पदार्थ से बचिएगा। संसार में तो जो कुछ है सब ईश्वर ही का है और सबके मध्य वही व्याप्त है। अतः अपना सब कुछ उसी को अर्पण करना तथा उसी का प्रसाद समझना चाहिए कि उससे बचना चाहिए? और कहाँ तक बचिएगा, शरीर से उसकी आज्ञा पालन न कीजिएगा, मन से उसका स्मरण न कीजिएगा, वचन से उसकी स्तुति गाइएगा तो आस्तिका ही कहाँ रहेगी और यह सब तन, मन, वचन संसारी ही हैं कि और कुछ हैं?

निरा—यह तो सभी आस्तिक करते हैं, पर हमारा मतलब यह है कि ईश्वर को संसारी बनाना उचित नहीं

मूर्ति—संसारी क्यों बनाना उचित नहीं? पिता, माता, गुरु राजा यह सब संसारियों के विशेषण हैं और यही उनके लिए प्रयुक्त करने पड़ते हैं फिर उसे संसारी बनाए बिना कैसे निर्वाह हो सकता है? संसार का और उसका तो व्याप्य व्यापकादि सम्बन्ध ही ठहरा। अतः यदि उसे अपनी समझ तथा श्रद्धा के अनुसार किसी संसारी श्रेष्ठ विशेषण का विशेष्य ठहरा लें तो क्या बुराई करते हैं?

निरा—आप श्रेष्ठ ही विशेषण का विशेष्य तो नहीं बनाते बरंच उसे पाषाण धात्वादि का पुतला ठहराते हैं यह अनुचित नहीं तो क्या है?

पौराणिक गूढ़ार्थ

अंग्रेजी ढंग की शिक्षा पाने वालों में न जाने यह दोष क्यों हो जाता है कि जो बातें सहज में नहीं समझ पड़तीं उन्हें मिथ्या समझ बैठते हैं। यदि इतना ही होता तो भी इसके अतिरिक्त कोई बड़ी हानि न थी कि थोड़े से लोग कुछ का कुछ समझ लें। पर खेद यह है कि वे अपनी अनुमति देने में अपने पूर्वजों को प्रतिष्ठा का कुछ भी ध्यान न करके बिन समझी बातों के विषय में भी बहुधा ऐसी निरंकुश भाषा का प्रयोग कर बैठते हैं जिसमें विद्वानों को खेद और साधारण लोगों को क्षोभ उत्पन्न हो के परस्पर की प्रीति में बड़ा भारी धक्का लगता है। आजकल सब समाजें आपस के हेल-मेल को आवश्यक समझती हैं एवं विचारशील लोग सारे धर्म कर्मादि से एकता को श्रेष्ठ समझते हैं। पर इन ऐक्यभावुकों में भी बहुत से लोग ऐसे विद्यमान हैं जो अपने यहाँ के महाविरे और प्राचीन काल के रंग ढंग से अनभिज्ञ होने के कारण जब तब कह बैठते हैं कि पुराण मिथ्या हैं, प्रतिमा पूजन वाहियात है, यह सब पंडितों के ढकोसले हैं। ऐसी-ऐसी बातें आदि में पादरियों ने प्रचार की थीं, पर यतः उनका मुख्य अभिप्राय इस देश के भोले भाले लोगों को अपनी जथा में मिलाना मात्र था। हमारे देश, जाति, धर्म, भाषादि से ममता न थी इससे उनके कथन पर हमें कोई आक्षेप नहीं है। विशेषतः इस काल में जबकि उनका प्राबल्य बहुत कुछ क्षीण हो गया है और काल भगवान से आशा है कि कुछ दिन में कुछ भी न रक्खेंगे। इसके अनन्तर दयानन्द स्वामी तथा उनके सहकारियों ने ऐसा ही उपदेश करना स्वीकार किया था। पर उन्हें भी हम कोई दोष न देंगे क्योंकि उनका मुख्य प्रयोजन भारत सन्तान को घोर निद्रा से जगाना था, जिसकी युक्ति उन्होंने यही समझी थी कि कुछ कष्ट देने वाली तथा कुछ झुँझलाहट चढ़ाने वाली बातें कह के चौकन्ना कर देना चाहिए। पर इस काल में परमेश्वर की दया से कुछ चैतन्यता आ चली है। अपना भला बुरा सूझने लगा है। इससे हमारे भाइयों को उचित है कि अब विरोध बढाने वाली बातों को तिलांजुली दें और अपने को अपना समझें। हम देव प्रतिमा पर सारा धन चढ़ा दें तौ भी घर का रूपया घर ही में रहेगा। ब्राह्मणों को सर्वस्व दान कर दें तौ भी देश का धन देश ही में रहेगा।

फिर इसमें क्या हानि है? श्री सुरेन्द्रनाथ बनर्जी को देखिए कि न कभी किसी मन्दिर में दर्शन करने जाते हैं, न मूर्ति पूजकों का सा व्यवहार बर्ताव रखते हैं, पर सन् 1883 में एक शालग्राम शिला के पीछे कारागार तक हो आये क्योंकि वे भली भाँति समझते हैं कि अपने गौरव का संरक्षण इसी में है। प्रतिमा पूजन के निषेधक श्री स्वामी दयानन्द सरस्वती उन दिनों जीते थे पर सुरेन्द्रो बाबू के विरुद्ध एक अक्षर भी न कहा। वरंच काम पड़ता तो मुंशी इन्द्रमणि की भाँति इनकी सहायता में भी अवश्य कटिबद्ध हो जाते क्योंकि गौरव संस्थापन का तत्व उन्हें अविदित न था। यदि इन आदरणीय पुरुषों के ऐसे-ऐसे कामों से हम शिक्षा ग्रहण करें तो बतलाइए क्या हानि है? फिर अपनी बातों का बुरा कहके अपने भाइयों में बुरा बनना कौन सी भलाई है? पुराण यदि सचमुच दूषित हों तो भी हमारे आदरणीय पूर्वजों के बनाए हुए हैं अतः माननीय हैं। कुछ न हो तो भी उनके द्वारा संस्कृत के अनेकानेक महाविरे मालूम होते हैं। फिर क्यों उनकी निन्दा की जाय? क्या चहारदर्वेश और राबिनूसन क्रूसो की कहानियों के समान भी वे नहीं हैं, जिन के पढ़ने में लोग महीनों आँखें फोड़ते हैं? जिन्हें विचारशक्ति से तनिक भी काम लेना मंजूर न हो उन्हें भी यह समझ के पुराणों की प्रतिष्ठा करना चाहिए कि सैकड़ों ब्राह्मण भाइयों की गृहस्थी उन्हीं से चलती है, सैकड़ों हिन्दू भाइयों को लोक-परलोक बनने का विश्वास उन्हीं पर निर्भर है। फिर एक बड़े समूह को कुंठित करना कहाँ की बुद्धिमानी है? विशेषतः जो लोग चाहते हैं कि देश में एका बढ़े और देशहित के कामों में सर्वसाधारण से सहायता मिले उनके लिए अभाग्यवशतः हमारे संस्कार बिगड़ गये हैं। विदेशी भाषाओं के मारे संस्कृत का पठन पाठन छुट गया है। अपने यहाँ की उत्तम बातों को खोजना अनभ्यस्त हो रहा है। नहीं तो हम समझा देते, वरंच सब लोग आप समझ जाते, कि जिन सज्जनों ने संसार के सारे झगड़े केवल परमेश्वर का भजन अथवा जगत का उपकार करने के लिए छोड़ दिये थे, जिन्होंने अपने जीवन का बहुत बड़ा भाग विद्या पढ़ने और ग्रन्थ बनाने में बिताया था, उनकी कोई छोटी से छोटी बात भी निरर्थक नहीं है। फिर पुराण तो बड़े-बड़े ग्रन्थ हैं। उनमें ऐसी बातें क्योंकर हो सकती हैं जो आत्मिक, सामाजिक अथवा शारीरिक लाभदायिनी न हों। इस लेख में हम थोड़ी सी उन्हीं बातों का मुख्य अभिप्राय दिखाया चाहते हैं जिन्हें लिखने वालों ने बड़ी बुद्धिमत्ता से हमारे ज्ञान, मान, कल्याण की वृद्धि के लिए लिखा है, पपर कविता न पढ़ने के कारण हम समझते नहीं हैं और बिना समझे बूझे दाँत बाया करते हैं। ईश्वर, धर्म, विद्या, बीरतादि का वर्णन, शिव दुर्गा इत्यादि के चरित्र यद्यपि हम मनुष्यों के रूप में रंग चाल व्यवहार से विलक्षण हैं पर ऐसे नहीं है कि उनके श्रवण मननादि से कोई न कोई उपदेश न प्राप्त हो। हाँ, यदि हम उधर ध्यान ही न दें, बरंच हठ के मारे हँसी उड़ावै तो पुराणों का क्या दोष है, हमारी ही मूर्खता है। यदि कुछ दिन काव्य पढ़िए और

कल्पनाशक्ति से काम लेना सीखिए अथवा हमारी निम्नलिखित पंक्तियों को ध्यान से देखिए और ऐसी ही ऐसी बातों में बुद्धि दौड़ाइए तो निश्चय हो जायगा कि पुराणों की कोई बात मिथ्या नहीं है, बरंच जहाँ-जहाँ मिथ्या की भ्रांति होती है वहाँ गूढ़ार्थ भरा हुआ है, जिसे अंगीकार किये बिना भारत का कल्याण नहीं हो सकता।

यह सब पौराणिक भलीभाँति जानते हैं कि ब्रह्मा, विष्णु, शिव इत्यादि नाम भिन्न-भिन्न हैं, पर हैं वास्तव में सब एक ही परमात्मा का स्वरूप और उनके हस्तपदादि भक्तों की उमंग एवं कवियों की कल्पना मात्र है किन्तु है सब निरवयव जगदीश्वर का वर्णन। इसी प्रकार दुर्गा, काली इत्यादि देवियाँ भी ईश्वर की शक्ति हैं जो किसी भाँति प्रथक नहीं हैं। जैसे पंडित जी का पांडित्य, मौलवी साहब की लियाकत इत्यादि पंडित जी तथा मौलबी साहब से भिन्न कोई वस्तु नहीं है वैसे ही सरस्वती (विद्या शक्ति) दुर्गा (वीरताशक्ति) इत्यादि भी ईश्वर से पृथक् कोई सावयव पदार्थ नहीं हैं। रहे इनके रूप एवं काम सो यद्यपि कभी-कभी ऊपरी शब्दों में सृष्टि क्रम से विलक्षण जान पड़ते हैं, पर उनके विषय में तर्क वितर्क उठाना निरी मूर्खता है। क्योंकि किसी भाषा के मुहाविरे तथा किसी देश के कवियों की कविता का ढंग एवं उनकी मनसा को जाने बिना झट से कह उठना कि 'झूठ है', 'ऐसा नहीं हो सक्ता', अथवा ऐसी-ऐसी कुतर्कें उठाना कि 'ब्रह्मा के चार मुँह हैं तो सोते क्योंकर होंगे', एवं 'सहस्र शीर्षा' वाली ऋचा पर कहना कि 'शिर भी सहस्र और आँखें भी सहस्र ही हैं तो सावयव उपासकों का ईश्वर काना ठहरता है क्योंकि एक शिर के साथ दो आँखें होने का नियम है' इत्यादि निरी नीचता है। ऐसी बातों से लाभ तो केवल इतना ही मात्र है कि कच्चे विश्वासी तथा बुद्धिहीन लोग अपने धर्म को अप्रमाण समझ के हमें सच्चा समझने लगें तो असम्भव नहीं। पर हानि इतनी होती है कि कहते जी थर्राता है। कहने वाले की दुष्टता का प्रकाश, सुनने वाले को निज धर्म से अविश्वास अथवा आपस के हेल मेल का सत्यानाश, सभी कुछ हो सक्ता है, पर मतवादी लोगों की बुद्धि में न जाने कहाँ से पत्थर पड़े हैं कि जिन बातों से न अपने लाभ की सम्भावना है न पराये हित की आशा है उन्हीं को सोच-सोच निकाला करते हैं और देश के भाग में लगी हुई आग पर घी डाला करते हैं। नहीं तो ऐसी किस सभ्य देश की भाषा है जिसमें ऐसे वाक्य न होते हों जिनके शब्दों का अर्थ और है पर उस वाक्य का तात्पर्य और है। (ऐसे सैकड़ों उदाहरण पाठक-गण आप सोच सक्ते हैं इससे लिखना आवश्यक नहीं समझा)। पर जिन्हें दूसरों के मान्य पुरुषों को गालियाँ देने और पलटे में अपने बड़े बूढ़ों को गालियाँ दिलवाने ही में धर्म सूझता है उन्हें समझावे कौन? हमारी समझ में यदि ऐसे लोगों को, जो सभावों में बैठ के तथा मेलों और बाजारों में खड़े हो के किसी के मत पर आक्षेप करते हैं, सर्कार की ओर से दंड नियत हो जाय तो अति उत्तम है। पर यतः यह काम उन्हीं लोगों का है जो सचमुच देश के सामाजिक एवं

राजनैतिक सुधार के लिए बद्धपरिकर हैं। इससे हम इन्हें इस बात का स्मरण दिलाने के अतिरिक्त विशेष बातों पर जोर दें तो हमारे प्रस्तुत विषय में विक्षेप पड़ेगा। अतः कुतर्कियों को केवल कविता पढ़ने और संस्कृत के मुहाविरे सीखने की पुनः अनुमति दे के तथा इतना समझा के कि यदि मान ही लिया जाय कि सचमुच इन्द्र के सहस्र नेत्र हैं और तुम्हारे कथनानुसार उनकी आँखें उठती होंगी तो क्या करते होंगे, कीचड़ के मारे सारी देह भिनकने लगती होगी, तौ भी जब तुम्हें (मतवादी जी को) न उनकी आँखें धोनी पड़ती हैं, न अंजन पीसने का कष्ट सहना पड़ता है, न डॉक्टर की फीस देनी पड़ती है, फिर मुख क्यों गन्दा करते हो? अपनी बुद्धि भ्रष्ट एवं पराई आत्मिक शान्ति नष्ट करने का वृथा उद्योग क्यों करते हो? अब अपने मुख्य विषय पर आते हैं जिससे बुद्धिमानों को पुराण-कर्ताओं की बुद्धिमत्ता का परिचय और तद्द्वारा अपने सुधार का कुछ आश्रय प्राप्त हो।

1. देवताओं अर्थात् निराकार के पौराणिक रीति से साकार कल्पनामय स्वरूपों के बहुधा चार अथवा आठ भुजा होती हैं। यह उनकी महासामर्थ्य का द्योतन है। हिन्दी में महाविरा है कि जब कोई बड़ा काम शीघ्रता के साथ पूर्ण रूप से कोई नहीं कर सक्ता तो अपने उपासकों से बहुधा कहता है कि भाई, अपनी सामर्थ्य भर कर तो रहे हैं, कुछ हमारे चार हाथ तो हई नहीं कि एकबारगी कर डालें। हमें उन लोगों पर आश्चर्य आता है जो आप तो दिन भर चार हाथ-हाथ कहते सुनते रहते हैं पर प्राचीन विद्वानों की लेखनी से चार हाथ (चतुर्भुज) लिखा हुआ देख सुन के आक्षेप करने दौड़ते हैं। यदि कुछ भी बुद्धि हो तो स्वयं समझ सक्ते हैं कि चार अथवा आठ हाथ वाले का अर्थ महासामर्थ्यवान है। इसमें तर्क वितर्क का क्या प्रयोजन? इससे हमें यह उपदेश भी प्राप्त होता है कि यदि हम दो अथवा चार मनुष्य मिल के अर्थात् चार वा आठ हाथ एकत्रित करके किसी काम को आरम्भ करें तो अकेले की अपेक्षा अधिक सहज और सुन्दर रीति से कर सक्ते हैं, जैसा कि कविवर ठाकुर का वचन है 'चारि जने चारि दिशा ते एक चित्त ह्वै के मेरु को हलाय के उखारें तो उखरि जाय।' हमारे मित्रों में बहुत लोग कहा करते हैं, 'भाई हमारे अकेले दो हाथों के किये क्या हो सक्त है?' इसी मूल पर पंच परमेश्वर वाली कहावत प्रसिद्ध हुई है। अर्थात् पाँच जने जिस काम को करते हैं उसे मानों परमेश्वर स्वयं कर रहा है। फिर यदि हम तथा हमारे पुराण कर्ताओं ने भी कहा कि परमेश्वर (विष्णु, शिव, दुर्गादि) चतुर्भुजी, अष्टभुजी, अथवा दशमुखी है तो क्या झूठ है? कौन नहीं मानता कि परमात्मा महान् शक्तिमान है?

2. इसी भाँति पुराणों में सिंह, वृषभ, मूषकादि देवताओं के बाहन लिखे हैं। इस पर भी नये मतवाले ठट्ठा किया करते हैं पर यह नहीं विचारते कि संस्कृत में वाहन उसे कहते हैं जिसके द्वारा कोई चले वा जो किसी के द्वारा चलाया जाय। जैसे वैद्यक शास्त्र के परमाचार्य धन्वंतरि का नाम जलीकावाहन है। इससे यह

तात्पर्य नहीं है कि वे जौंक पर चढ़ते हैं, किन्तु यह अभिप्राय है कि वे जोंक के चलाने वाले अर्थात् रक्त विकार के हरणार्थ जोंक लगाने की रीति चलाने वाले हैं। इसी प्रकार सिंहवाहिनी का अर्थ है कि जो वीर पुरुष है, जिन्हें सब भाषाओं में सिंह का उपनाम दिया जाता है उनका काम, नाम एवं यश ईश्वर की वीरता शक्ति ही चलाती है। हमारे पाठक विचार तो करें कि ऐसी बातों को झूठ, गप्प, हास्यास्पद कहना विद्या और बुद्धि से वैर ही करना है कि और कुछ? वाहन अनेक हैं पर यदि सब का वर्णन किया जाय तो लेख बहुत बढ़ जायगा इससे मुख्य-मुख्य स्वरूपों के वाहनों का मुख्यार्थ लिखते हैं।

3. विष्णु भगवान के वाहन गरुड हैं जिनका वेग पवन से सैकड़ों गुणा अधिक है। इसका अर्थ यह है कि जिनका काम काज विश्वव्यापी परमेश्वर चलाता है या यों कहो, जो लोग केवल उसी के आसरे सब काम करते हैं अथवा सब कामों में उसकी प्रेममयी मूर्ति हृदय में धारण किये रहते हैं वे पवन की गति से भी अधिक शीघ्र कृतकार्य होते हैं अथवा प्रेमदेव अपने लोगों के सहायार्थ पवन से भी शीघ्र आ सक्ते हैं। गरुड़ जी साँपों के भक्षक हैं, अर्थात् ईश्वर के निकटवर्ती लोग ऐसे कपटी जीवों के जानी दुश्मन हैं जो ऊपर से कोमल-कोमल चिकना-चिकना स्वरूप रखते हैं पर भीतर विष भरे रहते हैं।

4. गणेश जी अर्थात् समस्त सृष्टि समूह के स्वामी, विद्या वारिधि, बुद्धि विधाता, जगत्राता मूषक वाहन हैं। अर्थात् ऐसे जीवों (मनुष्यों) के हृदय में आरूढ़ होते हैं अथवा ऐसों का कार्य संचालन करते हैं जो (लोग) देखने में छोटे अर्थात् साधारण संसारियों से भी बाह्यडम्बर में न्यून हैं पर वास्तव में अभी ऐसे हैं कि जब सारा संसार सोवे तब भी अपना कर्तव्य साधन न छोड़ें। बुद्धिमान और खोजी ऐसे हैं कि सात पर्दे की वस्तु को ढूँढ ही लावैं और उसके छोटे से छोटे अंश को भी प्रथक् कर दिखावैं तथा चतुर इतने हैं कि शत्रु लाख मेंवमेंव करने वाला हो तो भी उससे सावधान ही रहें, इत्यादि। चूहे के अनेक गुण हैं जिन्हें विचार लेने से भगवान उंदुरु वाहन की अनन्त महिमा का बहुत कुछ भेद खुल सक्त है।

5. भगवान भोलानाथ के वाहन भूषणादि का वर्णन पुरानी संख्याओं में लिखा जा चुका है और शैवसर्वस्व नामक पुस्तिका में प्रथक् छप रहा है, इससे बार-बार लिखने की आवश्यकता नहीं है। सूर्य और इन्द्र के वाहन घोड़ा और हाथी हैं। उन पर किसी को दोष देने का ठौर ही नहीं है फिर लिखें हीं क्यों। दुर्गा जी के वाहन का तात्पर्य लिखी दिया गया। सरस्वती जी का वाहन हंस है जिसे सभी जानते हैं कि दूध का दूध पानी का पानी करने वाला है। चित्रों में पाठकों ने देखा होगा कि जिस हंस पर भगवती भारती देवी आरूढ़ होती हैं उसके मुँह में मोती की माला रहती है। इसका भावार्थ वह लोग भलीभाँति समझ सक्ते हैं जो जानते हैं कि मधुर मनोहर कोमल बचन रचना को हमारे देश के लोग मुक्तमाल से सादृश्य देते हैं।

बहुधा सभी लोग कहते हैं कि फलाना बातें क्या करता है अथवा काव्य क्या रचता है मानों मोती पिरोता है। इस कहावत से भी जिसने यह न सोचा कि सरस्वती जी के कृपा पात्र को क्षीर नीर विभेदक एवं मधुर कोमल कान्त पदावली उच्चारक होना चाहिए उसे हम क्या समझावेंगे, ब्रह्म जी तो समझा लें।

6. चन्द्रमा का वाहन मृग है। इस से एक तो ज्योतिष की यह बात सूचित होती है उसकी गति अन्य सब ग्रहों से तीव्र है (मृग की चाल तेज होती है न)। जहाँ अन्य ग्रह अपनी चाल समाप्त करने में ढाई वर्ष तक लगा देते हैं वहाँ यह सताईस ही दिन में सारा राशि मंडल नाप डालते हैं। दूसरी बात यह निकलती है कि चन्द्रमा शब्द "चदि आह्लादे" के धातु से बना और आह्लाद के लिए मृग एक उपयोगी वस्तु है। रसिकों के लिए मृगनैनी, विरक्तों के लिए मृगाकीर्ण वन, तपस्वियों के लिए मृगचर्म, संसारियों के लिए मृगशिरा की तपन (मृगशिरा के अधिक तपने से वृष्टि अच्छी होती है और वृष्टि की अच्छाई से समस्त गृहस्थोपयोगी पदार्थ पुष्कल होते हैं) तथा अनेक व्यापारियों और परिश्रमियों के लिए मार्गशीर्ष (अगहन) कैसा सुखद होता है! फिर जगत के विश्रामदाता औषधीश के साथ हमारे सहृदय शिरोमणि पूर्वज मृग का सम्बन्ध क्यों न वर्णन करते?

7. लक्ष्मी देवी का वाहन उलूक है, अर्थात् जो लोग यही चाहते हैं कि सारा जगत अन्धकारपूर्ण हो जाय तो अपना काम चले, जो लोग सब को मुआ-मुआ (अर्थात् सर्व सामर्थ्य शून्य हो के मर मिटो) पुकारते रहते हैं एवं दिन दहाड़े (सबको जना के) कुछ भी करना नहीं पसन्द करते, कोई लाख उल्लू कहे, अशुभ रूप समझे अथवा चोंचे चलाया करे पर अपनी चाल में नहीं चूकते तथा अजरामरवत् जीवन समझ के धन संचय करने में लगे रहते हैं वही रुपया जोड़ सकते हैं। इन भगवती का नाम समुद्रकन्या है, जिसका तात्पर्य यह है कि लोग समुद्र में गमनागमन करते रहते है, देश देशान्तर में आते जाते रहते हैं अथवा समुद्र की भाँति चाहे लाख नदियों को पेट में डाल लें पर वृद्धि का चिह्न भी न जतावें (घर भरने से तृप्त कभी न हों) चाहे रत्नाकर (रत्नों की खान, जिसके घर में लाखों रत्न हों) ही क्यों न हो जायँ पर दूसरे के लिए बूँद भर पानी के काम न आवें, पृथ्वी पर पड़े हुए भी आकाश के चन्द्रमा तक पर हाथ लपकाते रहें, वही लक्ष्मी को पैदा कर सकते हैं।

8. भगवान मनोभव का वाहन तथा ध्वजाचिह्न (जिस देवता का जो वाहन होता है बहुधा वही ध्वजा में भी रहता है) मत्स्य है। इसका तात्पर्य वैद्यक के मत से यह है कि मछली खाने तथा काडलिबर आइल (मछली का तेल) पीने से यह बहुत वृद्धि को प्राप्त होते हैं। ज्यौतिष के मत से मीन राशि के सूर्यो में अधिक उन्नत होते हैं। कर्मकांड की रीति से मछलियों को चारा देने से अनेक कामना सिद्ध होती है तथा हमारे सिद्धान्त में—'मीन काटि जल धोइए खाए अधिक

पियास। तुलसी प्रीति सराहिये मुयेहु मीत की आस।'—इस महाकाव्य का अनुसरण करने से कोटि काम सुन्दर भगवान प्रेमदेव बड़े ही प्रसन्न होते हैं। इनके कुसुमायुध नाम का अभिप्राय यह है कि नाना जाति के पुष्पों का अवलोकन और धारण करने में मन्मथ का उद्दीपन तथा विज्ञान दृष्टि से देखने से अनेक सुख सन्तोषजनक विचार ऐसे उत्पन्न होते हैं कि उनका अनुभव करो तो जान पड़ता है कि किसी ने बाण मार दिया। संसारियों को फूल बूटा तथा मछलियों के चित्र काढ़ने से कीर्ति एवं धन का लाभ होता है जिससे सारी कामना सफल होती है और सदा निशाने पर तीर लगता रहता है। अर्थात् निर्वाह योग्य वस्तुओं का मनोरथ निष्फल नहीं होने पाता। रसिकों के लिये कुसुम कोमल अवयव वालों का दर्शन स्पर्शन तथा मीन चंचल नेत्रों का अवलोकन बाण के समान हृदयस्पर्शी होता है। ऐसे-ऐसे अगणित भाव अनुभव करके इस देवता के साथ मत्स्य और पुष्प का सम्बन्ध रक्खा गया है।

9. युद्ध के देवता स्वामिकार्तिकेय जी का वाहन मयूर, जिसे सभी जानते हैं कि उड़ता भी है और नाचता भी है। जिन्होंने हमारे यहाँ का आल्हा सुना होगा वे इस पद से इनके वाहन का तत्व खूब समझ सकेंगे कि—'कबहुं बेंदुला भुइं मां नाचै कवहूं जोजन भरि उड़ि जायं', अथवा—'घोड़ा बेंदुला नाचल आवैं जैसे बन मां नचै पुछारि।' जब कि युद्धप्रिय मनुष्यों के वाहन की उपमा पुछारि से दी जाती है तो युद्धदेव का वाहन पछारि के अतिरिक्त और क्या कहा जाय। इसके सिवा उसका सर्वभक्षण एवं नखचंचु दोनों के द्वारा प्रहार भी रणक्षेत्र के लिये बड़ा उपयोगी है तथा च उनके छः मुख भी यही सूचना देते हैं कि शत्रु सेना में प्रवेश करने वाले को पूर्व पश्चिम, उत्तर दक्षिण, नीचे (सुरंग तथा कपट दीनता सम्पन्न) और ऊपर (घमंडी अथवा व्योमयानादि पर आरूढ़) के शत्रुओं पर दृष्टि रखनी उचित है। इनके जन्म काल में छः युवती पुत्रैषणा से इनके पास आयीं और सबों ने दुग्धपान कराने की इच्छा प्रकट की तो इन्होंने एक साथ छहों का स्तन पान करके सबकी रुचि रक्खी। यह आख्यायिका भी सच्चे वीरों का स्वाभाविक गुण विदित करती है कि जितनी स्त्री दृष्टि पड़े सबको मातृवत् सम्मान करें। बहुतों के मत से यह सदा छः वर्ष के रूप में रहते हैं अर्थात् काम, क्रोध, ईर्षा, द्वेष, छल, कपटादि से न्यारे केवल माता पिता के सहारे बने रहते हैं। यदि विचार के देखिये तो प्रकृत वीर के यही सब लक्षण हैं जो हमारे सुर सेनाध्यक्ष में वर्णन किये गये हैं।

10. धनाध्यक्ष कुबेर जी नरबाहन हैं जिसका भावार्थ सब जानते हैं कि रुपये वाले लोग सदा आदमियों के शिर पर सवार रहते हैं। यदि इसमें हँसी समझिये तो यह अर्थ समझ लीजिए कि जो धनपति मनुष्य वाहन होते हैं अर्थात् अनेक मनुष्यों का कार्य संचालन करते हैं, बहुत लोगों को सहायता की दृष्टि से काम में लगाये रहते हैं, वे देवता समझे जाते हैं और शिव जी को प्रिय होते हैं।

11. यमराज का वाहन महिष है। अर्थात् जो लोग भैंसा के समान केवल खाने और कीचकांदौं (विषय वासना) में पड़े रहने ही में प्रसन्न रहते हैं, सांसारिक एवं पारमार्थिक कर्तव्यों में मथर-मथर करते हुए चलते हैं (अग्रसर नहीं होते), थोड़ा सा काम करने पर हाँफने लगते हैं, साहस छोड़ बैठते हैं तथा पराए सुख दुःख से निश्चिन्त रह के निर्लज्जता से फूले रहते हैं अथच अपनी भी देह (स्वत्व) खोद-खोद कर खाने वालों से असावधान बरंच सुखित रहते हैं उन पर मृत्यु का देवता सदा सवार रहता है, अर्थात् उनके जीवन का उद्देश्य मृत्यु ही है, जभी मर गये तभी। और ऐसों ही के लिए ईश्वर न्यायी है नोचेत् वह परम कृपालु अपने सेवकों के छोटे-छोटे कर्मों का विचार किया करें तो किसी का कहाँ ठिकाना है? पर ऐसे बैशाख-नन्दनों के लिए मरना और न्याय में फँसना हो तो सहस्रों आलसी इन्हीं के आचरण गृहण कर बैठें क्योंकि कुछ करना धरना सब का काम नहीं है। इसी से ऐसों के शासन और इनकी दशा के द्वारा दूसरों को उपदेश मिलने के आशय से पौराणिक महात्माओं ने भगवान का नाम न्यायकारी और प्राणहारी लिखा है।

12. इन्द्र के सहस्त्र नेत्र हैं अर्थात् राजा ऐसा होना चाहिए जो सब प्रकार के लोगों के समस्त भाव पर सदा दृष्टि रख सके। जिस राजा के कान होते हैं, आँखें नहीं होतीं, अर्थात् जिसने जो कह दिया वही मान लिया, स्वयं कुछ ने देखा, उसका राजस्व चिरस्थायी नहीं रह सकता, यही शिक्षा देने के लिए देवराज अर्थात् दिव्यगुणविशिष्ट राजा अथवा विद्वान समूह पर राज्य करने वाले का नाम सहस्राक्ष रखा गया है। सहस्राक्ष होने का कारण यों लिखा है कि अहिल्या के साथ छल करने के अपराध में गौतम जी ने जब शाप दिया तो इन्द्र को बड़ा खेद, क्षोभ और लज्जा हुई। उसके निवारणार्थ वृहस्पति जी ने तप, वृत, पूजनादि करा के उन चिह्नों को नेत्र बना दिया। इस आख्यान पर शास्त्रार्थी लोग चाहे तो तर्क वितर्क किया करें पर सच्चे आस्तिक अवश्य मानेंगे कि सच्चे जी से भजन करने पर सर्वशक्तिमान की दया से ऐसा क्या इससे भी अधिक अघटित घटना हो सकती है एवं दोष भी गुण हो जाते हौं। पर यह सच्चे विश्वास का विषय है जो लेखनी की शक्ति से दूर है। इससे हम केवल लौकिक शिक्षा देते हैं, कि इन्द्र की उक्त कथा से यह बात (ध्वनि) निकलती है कि इस प्रकार के लोग यद्यपि गौतम सरीखे धर्मचारियों के द्वारा शापभागी और पीछे से अपने कृत्य पर अनुतापकारी होते हैं किन्तु सहस्रनयन अर्थात् दूरदर्शी और अनुभवी अवश्य हो जाते हैं जैसा कि नीतिज्ञों ने 'देशाटनम्पंडितमित्रताच' इत्यादि वाक्यों में कहा है। इस पर यदि कोई प्रतिमा पुराणादि के छिद्रान्वेषी कहें कि बाह रे पौराणिको के उपदेश, तो हमारे पास यह उत्तर विद्यमान है कि किसी पुराण में इन्द्र की कथा के साथ यह नहीं लिखा कि उन्होंने दुराचार किया अथवा किसी को करना उचित है। फिर पुराणों को या इन्द्र को दोष लगाना अपनी बुद्धिमानी दिखलाना मात्र है। यदि मान ही लें कि देवराज

का विचार ऐसा ही था तो भी पुराणकर्ता दोषी नहीं ठहर सकते बरंच उनकी अनुभवशीलता विदिल होती है। अर्थात् उन्होंने यह दिखलाया है कि श्रीरामचन्द्र ऐसे ईश्वर तथा युधिष्ठिर ऐसे अनेक अवतारों को छोड़ के राज्यभिमानी लोग, यहाँ तक कि देवलोक तक के राजा, बहुधा ऐसे ही होते हैं (यह बात सब कहीं के इतिहासों से प्रत्यक्ष है)। इस से शुद्ध धर्म जीवन के प्रेमियों को राज्य तृष्णा त्याज्य है। यदि आप कहें कि इन्द्र निर्दोष थे तो गौतम ने शाप क्यों दिया, तो हम कहेंगे कि पुराणों में गौतम को कहीं नहीं लिखा कि ईश्वर हैं, फिर उनका धोखा खाना कौन आश्चर्य है! धर्मात्माओं को जिस पर ऐसी शंका होती है उस पर क्रोध आता ही है बरंच 'क्रोधोपि देवत्य बरेण तुल्यः' के अनुसार उन्होंने अहिल्या को श्री रामचरण पंकज रज प्राप्ति के योग्य और देवेन्द्र को सहस्रलोचन बना दिया। इससे पुराण निन्दकों का यह कहना व्यर्थ है कि उन में देवताओं और ऋषियों की निन्दा लिखी है। यह अपनी समझ का फेर है।

सहस्रनयन (इन्द्र) का शस्त्र वज्र है जिसको सब जानते हैं कि बड़े-बड़े पर्वतों तक को चूर्ण कर सकता है और वुह दधीचि मुनि की हड्डियों से बना हुआ है, जो उक्त मुनीश्वर ने देवताओं की याचना से सन्तुष्ट हो के अपने देह का स्नेह छोड़ के दे दी थीं। इस आख्यान का यह अर्थ है कि संसार से विमुख ईश्वर और धर्म के लिये जीवन को उत्सर्ग कर देने वाले महात्माओं की हड्डियाँ (आहार विहार त्याग देने से रक्त मांस रहित शरीर) बज्र हैं, जो उन्हें तोड़ना चाहता है (सताने का उद्योग करता है) वुह आप अपने शस्त्रों (जीवन रक्षणोपयोगी उपायों तथा पदार्थों) का नाश करता है—'तुलसी हाय गरीब की हरि ते सही न जाय'। पर जो उन हड्डियों को प्राप्त कर लेता है अर्थात् धर्मानुरागियों को सेवा सुश्रूषा से इतना प्रसन्न रखता है कि वे प्रीति की उमंग में अपनी देह तक देने पर प्रस्तुत हो जायं वुह इन्द्र के समान सौभाग्यशाली हो सकता है।

13. जल और मदिरा के देवता वरुण का शस्त्र पाश है, अर्थात् जो जल की भँवर में पड़ जाता है अथवा मद्यपान की जल जिसके गले पड़ जाती है वह फाँसी पर लटके हुए मनुष्य के समान जीवन के सुखों से निराश और काल सर्प का ग्रास हो जाता है।

14. ब्रह्म के चार मुख हैं, अर्थात् चारों वेद तथा उपवेद का तत्व, चारों वर्ग (अर्थ कर्म काम मोक्ष) के साधन का उपाय, चारों दिशा की सचराचर सृष्टि का वृत्तान्त उन के मुख पर धरा रहता है। अर्थात् वर्णन करने के समय सोचना ही नहीं पड़ता या यों समझ लो कि चार बड़े बूढ़े चतुर लोगों का बचन ब्रह्मवाक्य के समान यथार्थ होता है, अतः 'सांचेहु ताको न होत भलौ कही मानत जो नहिं चारि जने की'। हमारी समझ में निरभिमानी, मिष्टभाषी और स्नेही हुए बिना ब्रह्मा जी के साथ साक्षात् सम्बन्ध कोई नहीं लाभ कर सकता।

15. शेष जी अथवा विराट भगवान के सहस्त्र मुख हैं, अर्थात् जो परमेश्वर समस्त संसार के नाश हो जाने पर शेष (बाकी) रहता है, जो विविध विश्व का आधार औ यावत् सृष्टि का प्रकाशक सदा एकरस बिराजमान रहता है वह सहस्त्र अर्थात् सहस्त्रों शिरों का अधिष्ठाता है। सहस्त्रों शिर बनाता और उनमें से एक-एक शिर में सहस्त्रों भाव उपजाता तथा अन्त में धूल में मिलाता रहता है। सहसानन का शब्द पुरानकर्ता ही नहीं बरंच वेदवक्ता भी मानते हैं—'सहस्त्रशीर्षापुरुषः' इत्यादि। फिर जब किसी शब्दों (जिन में सैकड़ों उलट फेर के अर्थ निकल सकते हैं) के लिखने वालों के हाथ सहस्त्रशीर्षा से अधिक अभ्रान्त पद नहीं लिख सके तो नूर्ति रचना (वा कल्पना) करने वाले (जिन का मनोभाव केवल अनुभव से जाना जाता है, शब्दों से नहीं) हजार मूड़ बना दें तो कौन सा अपराध करते हैं? शेष जी की साँप की मूर्ति देख के बहुतेरे स्थूल बुद्धि हँस पड़ते हैं और कह देते हैं, 'भली परमात्मा की पोप जी ने कद्रदानी की', पर बुद्धिमान समझ लेते हैं कि सब गुण और सब पदार्थ उसी के हैं, अतः चाहे जिस गुण रूप स्वभाव को मानो, आत्मा के लिए कल्याण ही है। यदि सृष्टि को संहार कर के शेष रहने वाले को हमने, प्राणनाशकता के गुण का सादृश्य देख के, सर्प से उपमा दे दी तो क्या अनर्थ हुआ? भयानक रूप के मानने वाले दुष्कर्मों से भयभीत एवं अपने विरोधियों से निर्भय रहते हैं। फिर ऐसे रूप की पूजा में क्या पाप है? पर शेष जी तो भयंकर हैं भी नहीं, नहीं तो स्यामसुन्दर चतुर्भुज रूप से अपनी प्यारी कमला समेत उन पर शयन क्योंकर करते। पर यह बातें कोई उन्हें क्योंकर समझा सकता है जिन का मत केवल परछिद्रान्वेषण (सो भी मोटी समझ के शास्त्रार्थ द्वारा) पर निर्भर है।

[खंड सं. 6, सं. 8, 9, 10, 12, (15 मार्च, अप्रैल, मई, जुलाई ह. सं. 6)
खंड 7, संख्या 1, 2 (15 अगस्त, सितम्बर, ह. सं. 6)]

बज्रमूर्ख

यह पदवी बहुधा उन लोगों को दी जाती है जो पढ़ने के नाम काला अक्षर भैंस बराबर समझते हैं, बरंच बुद्धि से काम लें तो इतना और समझ सकते हैं कि भैंस इतनी बड़ी होती है कि जी में धरे तो हजारों लाखों काले अक्षरवाली पोथियों को घड़ी भर में रौंद-रौंद अथवा चबा के फेंक दे और अक्षरों का घमंड रखने वाले पोथाधारी जी को एक हुसलेंड में मिट्टी में न मिला दे तो अधमरा जरूर कर डाले! यदि गुणों की तुलना की जाय तो भैंस घास खाती है और दूध देती है जिसका सेवन करने से स्वादु का स्वादु मिलता है, बल का बल बढ़ता है पर अक्षरों के सीखने वाले बरसों परिश्रम करते-करते दुबले हो जाते हैं, गुरु महाराज की बातें कुबातें और मार सहते-सहते मरदई का दावा खो बैठते हैं तथा जन्म भर पूजा पाठ करने, कथा बरता बाँचने वा नौकरी चाकरी के लिए भटकते रहने के सिवा और किसी काम के नहीं रहते। फिर भला हमारी प्यारी भैंस की बराबरी मच्छर ऐसे अच्छर पच्छर क्या कर सकेंगे!

ऐसे लोगों को विश्वास होता है कि बहुत पढ़ने से मनई बैलाय जाता है! पढ़े लिखे ते लरिका मेहरा हो जात है! हमका पढ़ि कै का पंडिताई करै का है? हमरी जाति माँ पढ़बु फलतै नाहीं ना! ऐसे को विद्वानों और बुद्धिमानों के पास बैठने तथा उनके कथोपकथन सुनने समझने आदि का समय एक तो मिलता ही नहीं है और यदि मिले भी तो पंडितराज अथवा बाबू साहब को क्या पड़ी है कि अपने अमूल्य बिचार इनके सामने प्रगट करके अन्धे के आगे रोवैं अपने दीदे खोवैं।

उपदेश करना तो दूर रहा इनके मोंगरी के से कूटे मोटे ताजे अनगढ़ शरीर और बस्त्राभरण के नाते एक छोटी सी मोटे कपड़े की मैली अथवा हिरमिजी से रँगी हुई धोती और लम्बा सा मोटा लट्ठ देखकर तथा बात-बात में सार ससुर इत्यादि शब्दों का सम्पुट पाठ सुनकर प्रीतिपूर्ण बातें तक करना वे अपनी शान के बईद समझते हैं। किन्तु बिचार कर देखिये तो यह लोग मूर्ख भी नहीं कहे जा सकते बज्रमूर्ख तो कहाँ रहता है, क्योंकि अपने खेती किसानी आदि के काम पूरे परिश्रम और धैर्य के साथ करते हैं, यथा लाभ सन्तोष सुख का सच्चा उदाहरण बने रहते

हैं, अपनी दशा के अनुसार कालक्षेप और अपनी जाति की रीति भाँति का निर्वाह तथा सजातीय मान्य पुरुषों का यथोचित सम्मान करने में चूकते नहीं हैं, जिससे व्यवहार रखते हैं उसकी यथासाध्य एक कौड़ी तक रख लेने का मानस नहीं रखते। राजा और राजपुरुषों के गुण दोषों की समालोचना न करके उनकी आज्ञा पालन करने में चाहे जैसा कष्ट और हानि सहनी पड़े कभी मुँह नहीं मोड़ते बरंच शिकायत का हर्फ भी जबान पर बहुत कम लाते हैं। मन का मसूसा मन ही मन में मारे हुए "राजा करे सो न्याव है" इस बचन को वेदवाक्य से समझे रहते हैं।

जिससे मित्रता करते हैं वा जिसे शरण देते हैं उसके रक्षणार्थ अपने मरने जीने की चिन्ता नहीं रखते। जिन बातों को धर्म समझते हैं उनमें पूर्ण रूप से दृढ़ रहते हैं। जो बात उनकी समझ में अच्छी जँच। दीजिए कैसे तन मन धन प्रान पन से कटिबद्ध हो जाते हैं। फिर यह मूर्ख क्यों हैं? पढ़े नहीं हैं तो न सही पर अपना भला बुरा समझने और देश काल के अनुसार चलने में किसी पढुआ से कम नहीं बरुक सैकड़ों कपटी, कामी, चोर और उलटी समझ वाले विद्याभिमानियों से हजार दरजे अच्छे हैं। अतः इन्हें मूर्ख कहै सो मूर्ख। देशोद्धार के लिए जो बातें वस्तुतः परमावश्यक हैं वे यदि इनके मध्य प्रचार की जाय तो वह फल निकले जो शहर के लाला भैयों को शिक्षा देते देते सात जन्म नहीं निकल सकता।

हमारे इस वाक्य में जिसे सन्देह हो वह स्वयं परीक्षा कर देखे। फिर देख लेगा कि यह कदापि मूर्ख नहीं है। मूर्ख, बरंच बज्रमूर्ख, वास्तव में वह हैं जिन्होंने बरसों बड़ी-बड़ी किताबें रटते-रटते मास्टर का दिमाग, बाप की कमाई और अपना बालविनोद स्वाहा कर दिया है और नाम के आगे पीछे ए.बी.सी.डी. भर का छोटा व बड़ा पुछल्ला लगवा लिया है, पर परिणाम यह दिखलाया है कि हिन्दी का अक्षर नहीं जानते, पर इतना अवश्य जानते हैं कि वेदशास्त्र पुराणादि का वाहियात, जंगली असभ्यों के गीत, झूठी कहानी हैं। ईश्वर धर्म एवं परलोक सब बेवकूफों की गढ़ंत हैं। अथवा कुछ हैं भी तो कब? जब कोई यूरप अमेरिका के महात्मा श्री मुख से आज्ञा करें तब। क्योंकि हिन्दुस्तान तो अगले जमाने में बनमानुसों की बस्ती थी और अब भी हाफ सिबिलाइज्ड मुल्क है, इसमें मानने लायक मजेदार बातें कहाँ?

भोजन देखिए तो सात समुद्र पार से आया हुवा, महीनों का सड़ा हुवा, जाति कुजाति का छुआ हुवा, जुठे बरतनों में रक्खा हुवा, खज्ज अखज्ज सो तो चौगुने दामों पर भी सस्ता और स्वादिष्ट है परन्तु खीर, पूरी, लड्डू, कचौड़ी, रबड़ी, रायता आदि शायद मुँह से छू जायँ तो पेट फाड़ डालें। ताजा मांस अच्छी तरह घी और मसाला देकर घर बनाया जाय तो बुरा न बनेगा पर सड़े हुए मछलियों के अचार का मजा सा कहाँ। अंगूर, मुनक्का आदि का आयुर्वेद की रीति के अनुसार खींचा हुवा आसव नशे में भी अच्छा होगा और पुष्टिकारक भी होगा। किन्तु वह टेस्ट

कहाँ जो खानसामा की दी हुई, साहब बहादुर के द्वारा प्रसादी की हुई, साढ़े तीन रुपये की बोतल भर ली हुई सोने की सी रँगी हुई ब्रांडी में मिलता है।

परमेश्वर केन साहब का भला करे जिन्होंने यह छूत मिटाने पर कमर कसी है, नहीं तो मनु, पराशर, व्यास, बालमीकि आदि जंगलियों को कौन सुनने वाला था। यह कौन देखने वाला था कि यही सभ्यता की जनमघुट्टी, धन, बल, धर्म, प्रतिष्ठा, लज्जा बरंच प्राण तक की हरनेहारी है। भेष की ओर दृष्टि कीजिए तो बाजे-बाजे अँगरेज तो कभी-कभी मुरादाबादी चारखाना और भागलपुरी टसर भी पहिन लेते हैं पर हमारे जेंटिलमेन के शिर पाँव तक एक तार भी देशी सूत का निकल आबे तो क्या मज़ाल। कोट, बूट, पतलून, घड़ी, छड़ी, लंप, कुरसी, मेज जो देखो सो विलायती। देशी केवल चेहरे का रंग मात्र, उसमें भी विलायती साबुन और चुरुट की बू भरी हुई। केवल नाम से हारे हैं विचारे। बाप ने किसी देवता का दास, प्रसादादि बना दिया है, सो भी जहाँ तक हो सकता है वहाँ तक बिधु भूषण को B.B. और देवदत्त को D.D. इत्यादि बना के अपने ढंग का कर लेते हैं। कहाँ तक कहिए, दिमाग में विलायती हवा यहाँ तक समाई है कि कठिन रोगों को शीघ्र आराम करने वाली थोड़े दाम की आजमाई हुई दवा तक नापसन्द, पर देश सुधारने का बीड़ा उठाए हुए हैं, सो भी किस रीति से, जाति पाँति का भेद मिटा के, देवता पितरों की पूजा हटा के सनातनाचार को रसातल पहुँचा के, पुरुषों का धर्म कर्म और स्त्रियों की लाज शर्म धूल में मिला के, प्रजा का स्वत्व हर के, राजकर्मचारियों को रुष्ट करके, सचमुच किसी काम के न होने पर भी नामवरी पर मर के, भारत की आरत दशा गारत करेंगे। क्यों नहीं कुल्हिया की ऐनक लगा के मट्टी के तेल की रोशनी में महीन अक्षरों की किताबें पढ़ते-पढ़ते निगाह तेज हो गयी है, इससे सूझती बहुत दूर की है! और समुद्र पार जाते-जाते बुद्धि में कुछ-कुछ हनोमान जी के स्वाभाविक लक्षण आ गये हैं, अकस्मात् सोचते हैं तो वही सोचते हैं जिसके द्वारा आर्य देश के प्राचीन रंग ढंग का लेश न रह जाय। जहाँ तक दृष्टि पहुँचे नई चाल ढाल वाली नई ही सृष्टि दिखलाई दे।

भला उस दशा में उन्नति क्या धूल होगी? हाँ काले रंग वाले साहब लोग बढ़ जायेंगे। उसी को चाहे इंडिया का प्रोग्रेस कह लीजिए, पर है वास्तव में सत्यानाश की जड़। किन्तु यार लोग उसी के सोचने में लगे हुए हैं। इसी से हम नहीं जानते कि बज्रमूर्ख के सिवा इन्हें किस नाम से पुकारें। इनसे छोटे और दिहाती कुपढ़ों से बड़े हमारे वह भाई हैं जिन्हें बिलायती हवा अभी नहीं लगी। काल की गति के देखे कुछ आर्यत्व की श्रद्धा बनी हुई है। नई बातों से चौंकते हैं, पुराने ढर्रे पर यथा शक्ति चले जाते हैं। पर आँखें खोलकर देखिए तो वह भी ऐसे ही हैं कि सारी रामायण सुन डाली, पर यह न जाना कि राम राक्षस थे कि रावण राक्षस थे।

रामायण, महाभारत और श्रीमद्भागवत इत्यादि निसन्देह ऐसे ग्रन्थ हैं कि

उनमें हमें धार्मिक, सामाजिक, व्यावहारिक, राजनीतिक सभी प्रकार के उपदेश प्राप्त हो सकते हैं। उनमें से यदि हम दस पाँच बातों का भी दृढ़तापूर्वक अनुसरण करें तो लोक में सुख, सुयश एवं परलोक में सुगति के भागी हो सकते हैं और हमारे पूर्वजों ने इसी मनसा से इनके सुनने सुनाने की प्रथा चलाई थी कि जो लोग संस्कृत भली भाँति नहीं समझते अथवा काम धन्धों के मारे पुस्तकावलोकन का समय नहीं पाते, वे कभी-कभी वा नित्य-नित्य घंटे आध घंटे इन सदग्रन्थों को सुना करेंगे तो कुछ न कुछ 'लोक लाहु परलोक निबाहू' के योग्य बने रहेंगे। पर आजकल देश के अभाग्य से इनके सुनने वाले यदि सुन नहीं डालने अर्थात् सुन के डाल नहीं देते तो भी इतना ही सुन लेते हैं कि आज के लड़के दशरथ थे, उनके बेटे राम लक्ष्मण भरत शत्रुघ्न थे। रामचन्द्र जी का ब्याह जनक जी की कन्या सीता जी से हुआ था। उन्हें दश शिर वाला रावण हर ले गया, तब रामजी ने सुग्रीवादि बन्दरों की सेना के साथ समुद्र में पुल बाँध के लंका पर चढ़ाई की और रावण को मार के जानकी छीन लाए। बस, बोलो सियावर रामचन्द्र की जय!

बसुदेव जी के पुत्र श्री कृष्णचन्द्र थे। उन्होंने लड़कपन में नन्द बाबा के यहाँ पल के गौएँ चराई थीं। गोपियों से बिहार किया था। गोबर्द्धन पर्वत उठाया था। फिर मथुरा में आ के मामा कंस को मार के उसके पिता उग्रसेन को राज्य दिया था। फिर जरासंघ से भाग के द्वारिका बसाई थी। सोलह हजार एक सौ आठ ब्याह किये थे। बहुत से राक्षसों को मारा था। अपनी बुआ के लड़के युधिष्ठिरादि को उनके चचेरे भाई दुर्योधनादि से उबारा था। फिर एक बहेलिए के बाण से परम धाम को चले गये। बस, बोलो नन्दनन्दन बिहारी की जय!

जो इनसे भी बड़े श्रोता हैं, जिन्होंने कई बार कथा सुनी है, वे इतनी जानकारी पर मरे धरे हैं वा हिन्दू धर्म की नाक बचाए हैं अथवा बैकुंठ में घर बनाए बैठे हैं कि 'हँसे राम सीता तन हेरी' यों कहे? लछिमन केती के काहे न हेरेनि? 'जो सत संकर करैं सहाई। तदपि हतौं रघुवीर दुहाई' लछिमन जी यों कहेनि तौ कैसे कहेनि? अक्रूर के बाप का का नाँव रहै? राधा जी ब्याही केहेका रहैं? हाय री बुद्धि!

क्या बालमीकि और व्यासादि लोकोपकारी महात्माओं ने वर्षों परिश्रम करके यह दिव्य ग्रन्थ केवल कहानी की भाँति सुन भागने के और आपस में बैठ के कनपटिहाव करने के लिए बनाए थे? यदि यों ही हैं तो अलिफलैला के किस्से क्या बुरे हैं जिनसे अवकाश का समय भी कट जाता है और किसी धर्म के किसी मान्य पात्र की हँसी भी नहीं होती? किन्तु हमारे बक्ता श्रोताओं ने हमारे परम देव कृष्णादि की यह प्रतिष्ठा बढ़ा रक्खी है कि मिशन स्कूल के लौंडे तक उनके चरित्रों पर हँस देने का साहस कर बैठते हैं और भगतजी को जवाब नहीं सूझता।

वही यदि भगवान रामचन्द्र जी की गुरुभक्ति, महाराज दशरथ जी की धार्मिकता,

लक्ष्मण और भरत जी की भ्रातृभक्ति, सीता जी की पतिभक्ति, कौशल्या जी का धैर्य, श्रीकृष्ण भगवान की कार्यकुशलता, श्रीगोपी जन की प्रेमदृढ़ता, यशोदा मैया का बात्सल्यभाव, कर्ण का दानबीरत्व, भीष्मपिताह का धीरत्व, बशिष्ठ विश्वामित्रादि के सदुपदेश, रावण कंसादि की उद्दंडता इत्यादि पर ध्यान देते जो उक्त ग्रन्थों में पूर्ण रूप से दर्शाई गयी हैं और भलाई बुराई की पराकाष्ठा दिखलाने को अद्वितीय दिव्य दर्पण के समान दिव्यमान हैं, उन्हें मन की आँखों से केवल देख भी लेते तो क्या हमारी भीतरी तथा बाहरी दशा ऐसी ही बनी रहती जैसी आज दिन देखने में आती है? कदापि नहीं! मनु भगवान की आशा है कि—"श्रुत्वा धर्मविजानाति श्रुत्वा त्यजति दुर्मतिम्। श्रुत्वा ज्ञानमवानोति श्रुत्वा मोक्षमवाप्नुयात् ॥" और इसमें कोई भी सन्देह नहीं है कि रामायण भागवत तथा भारत से बढ़ के सुनने योग्य पदार्थ अथच वास्तविक सन्मार्ग प्रदर्शक दिव्यदीपो न भूतो न भविष्यति। पर कोई सुने तब न! सुनने वाले तो केवल कहानी सुनते हैं।

हाँ, गीत और योगवासिष्ठादि सुनने वाले भगवतादि के श्रोताओं की अपेक्षा कुछ अधिक मनोयोग से सुनते हैं। पर सुन के समझते क्या हैं? अहम्ब्रह्मास्मि! वाह! घंटे भर खाने को न मिले तो आँखें बैठ जायँ, एक पैसे का नुकसान होता हो तो सारी गंगा पैर जायँ, कानिस्टिबिल की डाँट में मुँह से तमाखू गिर पड़े, पर आप ब्रह्म हैं! निर्विकार, निराकार, अकर्ता, अभोक्ता ब्रह्म हैं! बेशक ब्रह्म है क्योंकि 'खं ब्रह्म' वेद में लिखा है और आप भी आकाश की भाँति शून्य हृदय हैं, फिर ब्रह्म होने में क्या सन्देह! ऐसा न होता तो इतना अवश्य सोचते कि वशिष्ठ जी ने श्रीरामचन्द्र को और श्रीकृष्णचन्द्र जी ने अर्जुन को वह उपदेश उस समय दिये थे जब उन्हें सामयिक कर्तव्यपालन से विमुख देखा था। तात्पर्य यह है कि जिस समय जो काम जिसे अवश्य करणीय हो उस समय वह उसे अवश्यमेव करना चाहिए। पर आप अपने देश, जाति, गृह, कुटुम्बादी की दशा देखने और सुधारने के अवसर पर अकर्ता अभोक्ता बनते हैं, फिर क्यों न कहिए कि आप ब्रह्म अर्थात् जड़ हैं जिसका प्रजाय ब्रजमूर्ख भी है! और आप ही के भाई (अरे राम! ब्रह्म के भाई भगिनी आदि कहाँ? सो सही पर देख भाई तौ भी) वह हैं जो दूसरे भाइयों में जातिपक्ष, जातीय गौरव, आत्महितादि दिव्य गुण एवं तज्जनित मधुर फल प्रत्यक्ष देखते हैं तौ भी सीखने के नाम नहीं लेते। एक माड़वारी भाई पर, परमेश्वर न करे, कोई आपदा आ पड़े तो सब कोई छूँ-छूँ कर-कर काँव-भाँव कर करा के जैसे बने वैसे सँभाल लें, पर कोई पश्चिमोत्तर देशी किसी दैहिक, दैविक, भौतिक दुरवस्था में फँसा हो तो उसके स्वदेशी 'बहते को बहि जान दे दे धक्के दुई और वाला मन्त्र यदि न पढ़ें तद्यपि इतना अवश्य कहेंगे 'भाई हम क्या करें? जो जस करै सो तस फल चाखा'।

कायस्थ भाई अपने विद्याहीन धनहीन सजाती को मुंशी जी, दीवान जी इत्यादि

कह के पुकारेंगे। बंगाली भाई अपने देशवासी को चटरजी महाशाय, बनुरजी महाशाय कहेंगे। पर हमारे हिन्दू दास अपने लोगों को यदि मिसिर वा सुकुलवा आदि न बनावेंगे तौ भी गंगप्रसाद को गंगू काका और मूलचन्द को मूल्लू दादा की पदवी दिये बिना न मानेंगे। एक तमाखू वाले अथवा बिसाती की दुकान पर जा के देखिए तो छोटे से एक दरे में दस पाँच चिलमों, दो तीन मट्टी के पिंडों और थोड़ी सी खानी पीनी तमाखू तथा पन्द्रह बीस दियासलाई बकसों, सूत की लटाइयों आदि के सिवा अधिक बिभूति न देख पड़ेगी।

बेचने वाला भी फटी मैली सुथनिया वा नील का अंगौछा पहिने बैठा होगा, पर साइनबोर्ड पढ़िये तो 'शेख हाजी मुहम्म्द कल्लन तम्बाकू फरोश' अवश्य लिखा पाइएगा किन्तु उसके पड़ोस ही किसी बनिया राम् की दुकान पर दृष्टि कीजिए तो भीतर कम से कम पाव भर केसर, सेर भर छोटी इलायची, पसेरी भर कपूर निकलेगा जो तम्बाकू और सूई पेचक से दसगुने बिसगुने दामों का है पर नाम वाली तखती पर 'छक्कू वल्द भग्गी पसारी' किसी मेले ठेले वा नाच वाच में इन छक्कू और उन कल्लन को कोई तो लाख विश्वा यह जानेगा कि वह कोई अमीर, रईस, नव्वाब के सम्बन्धी हैं और–यह कोई डंडिदार वा पल्लेदार होगा!

यही नहीं कि अपनी और अपनायत वालों की प्रतिष्ठा ही करने में बछिया के बाबा हों, नहीं, अपने तथा आत्मीयों की स्वास्थ्य रक्षा में भी प्रक्षाचक्षु हैं। स्त्री के पास गहना दो चार सौ का होगा, पर उसकी थाली पर घी शायद पोंछे पाछे धेला पैसा भर निकल आवै। लड़के के ब्याह में कम से कम सौ रुपये की आतशबाजी फुँकेगी पर उसी को कोई रोग हो जाय तो वैद्यराज वही बुलाए जायँगे जो दवा देते रहें, दोनों बखत भी जाया करैं पर भेंट और दाम माँगने के समय काका बाबा इत्यादि शब्दों ही से सन्तुष्ट हो जायँ। ऐसे ही ऐसे लक्षणों से घर भर के लोग हजार हजार हाथी का बल रखते हैं और शिर में पीड़ा होती है तौ भी खैराती असपताल को दौड़ते हैं। पर यदि कोई दूसरा मनुष्य अपने रोग की कथा कहै तो भी झट सोंठ, मिर्च, पीपर बतला देंगे और अश्विनीकुमार की भाँति आशीर्वाद दे देंगे कि–बस तीन दिन में आराम हो जायँगे।

भला इस प्रकार के आचरण, ओ अपना पराया दोनों का सत्यानाश करने में रामबाण हैं, जिन लोगों की नस-नस में भर रहे हों उन्हें कौन बज्रमूर्ख न कहेगा? यदि यह बज्रमूर्ख न हों तो हम बीसौ विश्वा बज्रमूर्ख हैं जो ऐसों के लिए हाव-हाव करते हैं जिन्हें हमारी बातें बज्रमूर्ख की बकवास का सा मजा भी नहीं देतीं! अथवा कौन जाने वह बज्रमूर्ख हो जिसने हमें ऐसी सनक से भर दिया है!

[खं. 8, सं. 2-3 (30 सितम्बर-अक्टूबर, ह. सं. 7)]

पुराण समझने को समझ चाहिए

इस शताब्दी के लोगों की समझ में यह बड़ा भारी रोग लग गया है कि जिन विषयों का उन्हें तनिक भी ज्ञान नहीं है उनमें भी स्वतन्त्रता और निर्लजतापूर्वक राय देने में संकोच नहीं करते। विशेषतः जिन्होंने थोड़ी बहुत अंगरेजी पढ़ी है अथवा पढ़नेवालों के साथ हेलमेल रखते हैं वा किसी नये मत की सभा में आते जाते रहते हैं उनमें यह धृष्टता का रोग इतना बढ़ा हुवा दिखाई देता है कि जहाँ किसी अपनी सी तबीयत वाले की शह पाई वहीं जो बात नहीं जानते उसमें भी चायं-चायं मचाना आरम्भ कर देते हैं। बरंच भली प्रकार जानने वालों से भी विरुद्ध वाद ठानने में आगा पीछा नहीं करते। यह हम ने माना कि पढ़ने से और पढ़े लिखों की संगति से मनुष्य की बुद्धि तीव्र होती है किन्तु इस के साथ यह नियम नहीं है कि एक भाषा वा एक विद्या सीखने से सभी भाषाओं और विद्याओं का पूर्ण बोध हो जाता हो। देखने से इसके विरुद्ध यहाँ तक देख पड़ता है कि एक ही विषय का यदि एक अंग आता हो तो दूसरा अंग सीखे बिना नहीं आता। साहित्य में जो लोग गद्य बहुत अच्छा लिखते हैं उन्हें भी पद्य रचना सीखनी पड़ती है और जिन्हें छन्दोनिर्माण में बहुत अच्छा अभ्यास होता है वे भी गद्य लिखना चाहें तो बिना परिश्रम नहीं लिख सकते। दृश्यकाव्य के सुलेखक श्रव्यकाव्य में और श्रव्यकाव्य के सुलेखक हृदयकाव्य में सहसा प्रवेश कभी नहीं करते यद्यपि सब साहित्य ही के अंग हैं। फिर हम नहीं जानते हमारे नौसिखिया बाबू लोग क्यों बिन जानी बातों में टँगड़ी अड़ा के हास्यापद बनने में धावमान रहा करते हैं। उनके इस साहस का फल सिवा इसके और क्या हो सकता है कि जिस विषय में वे ऐसी बैलच्छि करते हैं उसके तत्ववेत्ता लोग उन्हें हँसै थूकैं वा अपने जी में कुढ़ के रह जायँ और इतर जन धोखा खा के सच झूठ का निर्णय न कर सकें। विचार कर देखिए तो यह भी देश का बड़ा भारी दुर्भाग्य है कि पढ़े लिखे लोग ऐसा अनर्थ कर रहे हैं जिससे आगे होने वाली पीढ़ी के पक्ष में भ्रमग्रस्त होकर बड़े भारी अनिष्ट की सम्भावना है। सर्कार में हमें स्वतन्त्रता क्या इसलिए दी है हम ढिठाई सहित अपनी मूर्खता का पक्ष करके देशभाइयों की बुद्धि को भ्रष्ट करें? हमारे संस्कृत एवं भाषा के प्रसिद्ध विद्वानों को उचित है कि इस प्रकार के निरंकुश लोगों को रोकने का यत्न करें जिसका उपाय हमारी समझ में यह उत्तम

होगा कि इस प्रकार के अनगढ़ स्वतन्त्राचारियों को अपने-अपने नगरों में किसी प्रतिष्ठित सज्जन वा राजपुरुष की सहायता लेकर और सर्वसाधारण को समुझा कर लेक्चर न देने दिया करें और ऐसों के पुत्र पुस्तकादि का प्रचार रोकने के लिए अपने हेती व्यवहारियों को समय-समय पर समझाते रहा करें। यदि सम्भव हो तो जाति के मुखियों को इन्हें जातीय दंड देने में भी उत्तेजित करते रहें नहीं तो यह मनमुखी लोग धर्म और देशभक्ति की आड़ में भारत को गारत करने में कसर न करेंगे। इन्हें हम यह तो नहीं कह सकते कि देश और जाति से आन्तरिक बैर रखते हैं पर इतना अवश्य कहेंगे कि कोई सामाजिक भय न देखकर स्वतन्त्रचित्तता की उमंग में आकर, नामवरी आदि के लालच से, बिना समझे बूझे केवल अपनी थोड़ी सी बुद्धि और विद्या का सहारा ले के हमारे पूर्वजों की उत्तमोतम रीति, नीति, विद्या, सभ्यतादि को दूषित ठहरा के सर्वसाधारण के मन में भ्रमोत्पादन करते रहते हैं। अतः यह निरक्षर स्त्रियों और अपठित ग्रामवासियों से भी अधिक मूर्ख हैं क्योंकि हमारी स्त्रियाँ और गंवार भाई और कुछ समझें वा न समझें पर इतना अवश्य समझते हैं कि हमारे पुरखे मूर्ख न थे। हमारी समझ में उनकी बातें आवैं वा न आवैं किन्तु हमारा भला उन्हीं की चाल चलने में है। इस पवित्र समझ की बदौलत यदि अधिक नहीं तो इतना देश का हित अवश्य हो रहा है कि ग्रामों में और घरों के भीतर हमारी सनातनी मर्यादा आज भी बहुत कुछ बनी हुई है। किन्तु बाबू साहबों को सभाओं, लेक्चरों, पुस्तकों और पत्रों में जहाँ ईश्वर, धर्म और देश हितैषितादि ही के गीत बहुतायत से गाये जाते हैं वहाँ भी आर्यत्व की सूरत कोट ही बूट पहिने हुए देख पड़ती है। फिर क्यों न कहिए कि इन देशोद्धारकों को पूर्ण प्रयत्न के साथ रोकना चाहिए जो पढ़ लिख कर भी इतना नहीं समझते कि सहस्रों रिषियों की, सहस्रों वर्ष के परिश्रमोपरान्त स्थिर की हुई, पुस्तकें तथा मर्यादा, जिन्हें सहस्रों वर्ष से विद्वान मानते चले आये हैं, वह केवल थोड़े से विदेशियों तथा विदेशीय ढर्रे पर चलने वाले स्वदेशियों की समझ में न आने से क्योंकर दूषणीय और त्याज्य हो सकती है। जब हम देखते हैं कि दूसरे देश वाले कैसे ही क्यों न हो जायँ किन्तु अपनी भाषा, भोजन, भेष, भाव, भ्रातृत्व को हानि और कष्ट सहने पर भी नहीं छोड़ते और हमारे नई खेप के हिन्दुस्तानी साहब इनकी जड़ काटने ही में अपनी प्रतिष्ठा और देश की भलाई समझते हैं, तब यही कहना पड़ता है कि यदि यह लोग रोके न जायेंगे तो एक दिन बड़ा ही अनर्थ करेंगे, जातित्व का नाश कर देंगे और देश का सत्यानाश। क्योंकि हमारे देश की राजनैतिक, सामाजिक, शारीरिक, लौकिक, पारलौकिक भलाई का मूल हमारा धर्म है और धर्म के परमाश्रय वेद शास्त्र पुराण इतिहास तथा काव्य हैं। किन्तु बाबू साहबों की छुरी इन्हीं वेदादि पर अधिक तेज रहा करती है और मंडन खंडन में चाहे कुछ संकोच भी आ जाय किन्तु धर्मदेव की निन्दा स्तुति में तनिक भी नहीं हिचकते। इनसे तो मौलवी साहब के विद्यार्थियों को हम अच्छा कहेंगे। बड़े भाई, पिता, गुरु आदि मान्य पुरुषों का दोष सिद्ध हो जाने पर भी उनके लिए अप्रतिष्ठता का शब्द मुँह से कभी नहीं निकालते

बरंच ऐसे अवसर पर 'खताए बुजुर्गा गिरफ्तनूखतास्त' वाले वाक्य से सभ्यता का संरक्षण करते रहते हैं। किन्तु हमारे सुसभ्य सुपठित महाशय बाप दादों के बाप दादों की बड़ी-बड़ी और बड़े-बड़े भावों से भरी हुई पुस्तकों को तुच्छ कहते जरा भी नहीं शर्माते। परमेश्वर यदि नितान्त दयालु हों तो उन जिह्नओं और हाथों को भस्म कर दें जिनके द्वारा सभाओं में बका और कागजों पर लिखा जाता है कि वेद जंगलियों के गीत हैं, पुराण पोपों के जाल हैं, इतिहास का कोई ठिकाना ही नहीं है, काव्य में निरी झूठ और असभ्यता ही होती है इत्यादि। यदि हमारा सा सिद्धान्त रखने वाले सहस्र दो सहस्र लोग भी होते तो ऐसों की बात-बात का दंतत्रोटक उत्तर प्रतिदिन देते रहते। पर यतः अभी ऐसा नहीं है इससे जो थोड़े से सनातन धर्म के प्रेमी हैं उनसे हमारा निवेदन है कि यथासम्भव ऐसों का साहस भंग करने में कभी उपेक्षा न किया करें। जिस विषय को भली भाँति जानते हों उसकी उत्तमता सर्वसाधारण पर विदित करते रहना और उससे विरोधियों का मान मर्दन करते रहना अपने मुख्य कर्तव्यों में से समझें। तभी कल्याण होगा, नहीं तो जमाने की हवा तो बिगड़ ही रही है, इसके द्वारा महा भयंकर रोगों की उत्पत्ति क्या आश्चर्य है। इतना भार हम अपने ऊपर लिए रखते हैं कि पुराणों की श्रेष्ठता समय-समय दिखाते रहेंगे और यदि भलमंसी के साथ कोई शंका करेगा तो उसका समधान भी सन्तोषदायक रूप से करते रहेंगे। हमारे सहकारी हमारा हाथ बँटाने में प्रस्तुत हों और विरुद्धाचारी इस अखंडनीय वाक्य को सुन रक्खें कि पुराण अत्युच्च श्रेणी के साहित्य का भंडार है और भारतवासियों के पक्ष में लोक परलोक के वास्तविक कल्याण का आधार है। उनके समझने को समझ चाहिए। सो भी ऐसी कि भारतीय सुकवियों की लेख प्रणाली और भारतीय धर्म्म कर्म, रीति नीति, आचार व्यवहार के तत्व को समझ सकती हो तथा इस बात पर दृढ़ विश्वास रखती हो कि हमारे पूर्वपुरुष त्रिकाल एवं त्रिलोक के विद्वानों, बुद्धिमानों के आदि गुरु और शिरोमणि थे। उनकी स्थापना की हुई प्रत्येक बात सदा सब प्रकार से सर्वोत्तम और अचल है। उनकी प्रतिष्ठा सच्चे मन और निष्कपट बचन से यों तो जो न करेगा वही अपनी बुद्धि की तुच्छता का परिचय देगा, किन्तु आर्य कहला कर जो ऐसा न करे वह निस्सन्देह उनसे उत्पन्न नहीं है, नहीं तो ऐसा किस देश का कौन सा श्रेष्ठ वंशज है जो बाप की इज्जत न करता हो और बाप से अधिक प्रतिष्ठित बाबा को न समझता हो तथा यों ही उत्तरोत्तर पुरुषों की अधिकारिक महिमा न करता हो। इस नियम के अनुसार पुराणकर्ता हमारे सैकड़ों सहस्रों पुरखों के पुरखा होते हैं। उनकी बेअदबी करना कहाँ की सुवंशजता है? बस इतनी समझ होगी तो पुराणों की महिमा आप से आप समझ जाइएगा। यदि कुछ कसर रहेगी तो हमारे भविष्यत लेखों से जाती रहेगी नहीं तो संस्कृत पढ़े बिना अथवा पढ़ के भी साहित्य समझने योग्य समझ के बिना जब पुराणों के खंडन का मानस कीजिएगा तभी अपनी प्रतिष्ठा खंडित कर बैठिएगा, किमधिकं।

[खं. 8 सं. 12 (जुलाई, ह. सं. 8)]

रसिक समाज

भाषा की उन्नति के बिना देश की उन्नति सर्वथा असम्भव है और हमारी भाषा हिन्दी है तथा हिन्दी इस बात में अन्य भाषाओं से अधिक श्रेष्ठ है कि एक ही रूप से गद्य और पद्य दोनों का काम नहीं चलाती किन्तु गद्य के मैदान में अनवरुद्ध गति से तीक्ष्ण खड्ग की भाँति और पद्य की रंगभूमि में मनोहारिणी चाल से नाट्यकुशला सुन्दरी की नाईं चलने की सामर्थ्य रखती है। इन उपर्युक्त बातों में किसी सहृदय विचारशील को सन्देह नहीं है। यों शास्त्रार्थ के लिए कोई विषय उठा लेने और न्याय अथवा हठ का अवलम्बन करके अपनी बुद्धिमत्ता दिखलाने के लिए सभी को अधिकार है।

हमारे इस कथन से जो महाशय सहमति रखते हैं, वे यह बात अवश्य ही मान लेंगे कि देश के सुधारने की पहिली सीढ़ी सर्वसाधारण के मध्य देश भाषा की रूचि उपजाना है और किसी समुदाय की रुचि सहज तथा उन्हीं बातों में उपज सकती है जिन्हें उस समूह का अधिकांश मनोविनोद के योग्य समझता हो। इस सिद्धान्त को सामने रखकर विचार कीजिए तो विदित हो जायगा कि संगीत, साहित्य और सौन्दर्य के सिवा और किसी वस्तु में मन को आकर्षण करके आनन्दपूर्ण कर रखने की शक्ति नहीं है।

परमयोगी अथवा निरे पशु के अतिरिक्त सभी इन पदार्थों को स्वादुदायक समझते हैं। फिर यदि इन्हीं के द्वारा भाषा के प्रचार की आशा की जाय तो क्या अनुचित होगा? किन्तु सौन्दर्य एवं संगीत से काम लेना वर्तमान समय में महा कठिन है। सुयोग्य अथच उपयुक्त पुरुष जितने चाहिएँ उतने सहज में नहीं मिल सकते। यदि मिलें भी तो उनके लिए बहुत सा धन और वर्षों का समय चाहिए। उसका आज ठिकाना कहाँ है। यों यथासामर्थ्य उद्योग सबको सब बातों के लिए सदा करते रहना उचित है। पर कठिन बातें कष्टसाध्य होने की दशा में सहज उपाय को छोड़ देना बुद्धिमानी के विरुद्ध हैं।

इस न्याय के अनुसार चतुर देशभक्तों को आज दिन साहित्य का अवलंबन करना अत्युचित है। क्योंकि इसमें बहुत व्यय की आवश्यकता नहीं हैं और

सुलेखक तथा सत्कवि भी यद्यपि इस देश में बहुसंख्यक नहीं हैं तथापि इतने अवश्य हैं कि एतद्विषयक कार्य में भलीभाँति सहारा दे सकें एवं संगीतवेत्ताओं की अपेक्षा इनकी संख्या का बढ़ना भी सहजतया अथच शीघ्र सम्भव है और इनके द्वारा सर्वसाधारण में हिन्दी की रुचि उत्पन्न होना वा यों कहो कि एक बड़े भारी जन समूह का सर्वांगिनी उन्नति के ढर्रे पर चल निकलना कष्टसाध्य तो हुई किन्तु असाध्य कदापि नहीं है। यही विचार कर हमारे कई एक मित्रों ने यहाँ पर एक 'रसिक समाज' स्थापित किया है जिसका उद्देश्य केवल भाषा का प्रचार और साधु रीति से सभासदों का चित्त प्रसन्न रखना मात्र है क्योंकि बड़े-बड़े झगड़े उठा लेने वाली सभाओं की दशा कई बार देख ली गयी है कि या तो थोड़े ही दिन में समाप्त हो जाती हैं या बनी भी रहती हैं तो न रहने के बराबर और अपना मन्तब्य बहुधा अपने सभ्यों से भी यथेच्छ रूप से नहीं मनवा सकतीं।

इससे इनके संचालकों ने केवल इतना ही मात्र अपना कर्तव्य समझा है कि नए और पुराने उत्तमोत्तम गद्य तथा पद्य सभासदों अथच आगन्तुकों के मध्य पढ़ने पढ़ाने की चर्चा बनाए रखना तथा यथासम्भव निकट एवं दूर तक इसी प्रकार की चर्चा फैलाते रहना। इसके सभासद केवल वही लोग हो सकते हैं जो हिन्दी में रोचक लेख लिख सकते हैं वा कविता कर सकते हों अथवा इन्हीं दोनों बातों में से एक वा दोनों सीखने की रुचि रखते हों वा अपने मित्रों के मनोविनोद का हेतु समझते हों।

इसमें मौखिक वा लेखनीबद्ध व्याख्यान अथवा काव्य मुख्यरूपेण केवल हिन्दी की होगी किन्तु सर्वथा मान्य एवं सर्व भाषा शिरोमणि होने के कारण संस्कृत की भी शिरोधार्य मानी जायगी और उर्दू केवल उस दशा में ली जायगी जबकि व्याख्यानदाता हिन्दी में गद्य अथवा पद्य न कह सकते हों किन्तु हों देश, जाति, भाषा व सभा के शुभचिन्तक और सभासदों की बहु सम्मति द्वारा अनुमोदित, बस। और किसी भाषा से सभा को कुछ प्रयोजन न रहेगा। मत मतान्तर का खंडन मंडन करके आपस में वैमनस्य बढ़ाना, समाज के उन विषयों का विरोध करके देश भाइयों को चिढ़ाना जिनको बहुत से लोग आग्रहपूर्वक ग्रहण किये हुए हैं और पोलिटिकल (राजनैतिक) बातों में योग दे के अधिकारियों को व्यर्थ रुष्ट करना सभा को सर्वदा अश्रद्धेय होगा क्योंकि इन बातों में बड़ी मुड़ धुन और बड़े व्यय से भी बहुधा फल उलटा ही निकलता है अथवा मनोरथ सफल भी होता है तो बहुत ही स्वल्प। सभ्य जन को चन्दा किसी प्रकार का ने देना पड़ेगा क्योंकि बीसयों बार देखा गया है कि बड़े-बड़े धनिकों से भी प्रसन्नतापूर्वक सरल भाव से थोड़ा या धन प्राप्त होने में कठिनता पड़ती है। इस सभा ने इसका नियम ही नहीं रक्खा।

हाँ, सभा के द्वारा प्रकाशित पुस्तकें जो लोग लेना चाहेंगे उन्हें उनका मूल्य देना होगा जिसका परिणाम वर्ष भर में एक रुपये से अधिक न होगा। यों अपने

उत्साह से जो सज्जन तन, मन, धन अथवा वचन द्वारा सभा की सहायता करना चाहें व पुस्तकों के अधिक प्रचार में योग देना चाहें वे दे सकते हैं।

इसके लिए उनका गुण अवश्य माना जायगा। किन्तु बन्धन वाली बात कोई नहीं है। यदि इतने पर भी हमारे देशहितैषीगण जी खोल के सभा का साथ न दें तो लाचारी है। हम तो चाहते हैं कि नगर-नगर ग्राम-ग्राम में ऐसी सभाएँ संस्थापित हों और प्रत्येक सभा समस्त सभाओं को अपना ही अंग समझें। क्योंकि थोड़े व्यय और थोड़े से परिश्रम के द्वारा हँसते खेलते हुए साधारण जन समुदाय में सहृदयता के लाने का यह बहुत अच्छा उपाय है जिससे हिन्दुओं में हिन्दी की रुचि सहज रीति से बढ़ सकती है जो हिन्द की वास्तविक उन्नति के लिए अत्यन्त प्रयोजनीय है। क्या हमारे आर्य कवि एवं सुलेखक तथा सम्पादक वर्ग इधर ध्यान देंगे?

कानपुर में इस सभा का आविर्भाव बहुत थोड़े दिन से हुआ है। पहिला अधिवेशन श्रावण कृष्ण 13 रविवार को हुआ था जिसमें केवल सात सभासद और थोड़े से दर्शक उपस्थित थे और स्वल्पारंभ को उत्तम समझकर लोगों के सुभीते के लिए पन्द्रह दिन में एक बार अर्थात् एक इतवार छोड़ के दूसरे इतवार को सभ्यगण का समागम निश्चित हुआ था। पर दूसरे ही अधिवेशन में सन्तोषदायक उत्साह देखने में आया एवं दिन पर दिन परमेश्वर की दया से वृद्धि होती जाती है जिससे आशा होती है कि यदि नगरान्तरवासी सहृदयों ने भी योग दिया (अपना समझेंगे तो अवश्यमेव देंगे) और कोई विघ्न न आ पड़ा तो थोड़े ही दिन में बहुत कुछ हो रहेगा।

इसके सभासद एक त्रैमासिक पुस्तक भी प्रकाश करना चाहते हैं जिसमें कविता अधिक रहेगी। क्योंकि गद्य का कार्य कई एक पत्र उत्तमता से कर ही रहे हैं। अतः अधिक आवश्यकता इसी की है। सो 'रसिक बाटिका' नामक पुस्तक की पहिली क्यारी (अंक) छप भी चुकी है। मूल्य चार आना है। यदि हिन्दी के प्रेमियों ने इसे सींचने में उत्साह दिखलाया तो बहुत शीघ्र इसके मधुर फलों से भारत के सर्वांग को वह पुष्टि प्राप्त होगी जिसकी बहुत से सद्व्यक्तियों को उत्कंठा है। जो रसिक महोदय रसिक बाटिका की सैर करना अथवा रसिक समाज से सम्बन्ध रखना चाहें उन्हें सेक्रेटरी रसिक समाज कानपुर के नाम कृपापत्र भेजना चाहिए।

[खं. 8, सं. 2-3 (30 सितम्बर-अक्टूबर, ह. सं. 7]

राम

आहा! यह दोनों अक्षर भी हमारे साथ कैसा सार्वभौमिक सम्बन्ध रखते हैं कि जिसका वर्णन करने की सामर्थ्य ही किसी को नहीं है। जो रमण करता हो अथवा जिसमें रमण किया जाय उसे राम कहते हैं। यह दोनों अर्थ राम नाम में पाए जाते हैं। हमारे भारत में सदा सर्वदा राम जी रमण करते हैं और भारत राम में रमण करता है। इस बात का प्रमाण कहीं ढूँढने नहीं जाना है। आकाश में रामधनुष (इन्द्रधनुष), धरती पर रामगढ़, रामपुर, रामनगर, रामगंज, रामरज, रामगंगा, रामगिरि (दक्षिण में); खाद्य-पदार्थों में रामदाना, रामकेला, (सीताफल), रामतरोई, चिड़ियों में रामपाखी (बंगाली में मुरगी), छोटे जीवों में रामबरी (मेंढ़की); व्यंजनों में रामरंगी (एक प्रकार के मुंगौड़े) तथा जहाँगीर ने मदिरा का नाम रामरंगी रक्खा था कि, 'राम रंगिए मा नश्शए दिगर दारद'; कपड़ों में रामनामी इत्यादि नाम सुनके कौन न मान लेगा कि जल, स्थल, भूमि, आकाश, पेड़ पत्ता, कपड़ा लत्ता, खान पान, सब में राम ही रम रहे हैं। मनुष्यों में भी रामलाल, रामचरण, रामदयाल, रामदत्त, रामसेवक, रामनाथ, रामनारायण, रामदास, रामप्रसाद, रामदीन, रामगुलाब, रामबक्श, रामनवाज, स्त्रियों में भी रामदेई, रामकिशोरी, रामपियारी, रामकुमारी इत्यादि कहाँ तक कहिए, जिधर देखो उधर राम ही राम दिखाई देते हैं, जिधर सुनिए राम ही नाम सुन पड़ता है। व्यवहारों में देखिए, लड़का पैदा होने पर रामजन्म के गीत, जनेऊ, ब्याह, मुंडन, छेदन, में राम ही का चरित्र, आपस के शिष्टाचार में 'राम राम', दुःख में 'हाय राम', आश्चर्य अथवा दया में 'अरे राम', महाप्रयोजनीय पदार्थों में भी इसी नाम का मेल, लक्ष्मी (रुपया पैसा) का नाम रमा, स्त्री का विशेषण रामा (रामयति), मदिरा का नाम रम (पीते ही पीते नस-नस में रम जाने वाली)। यही नहीं, मरने पर भी 'राम-राम सत्य है'। उसके पीछे भी गया जी में राम शिला पर श्राद्ध। इस सर्वव्यापकता का कारण यही है कि हमारे पूर्वज अपने देश को ब्रह्ममय समझते थे। कोई बात, कोई काम ऐसा न करते थे जिसमें सर्वव्यापी, सर्वस्थान में रमण करने वाले को भूल जायँ। अथच राजभक्त भी इतने थे कि श्रीमान् कौशल्यानन्दबर्द्धन जानकीजीवन अखिलार्यनरेंद्रनिसेवित पादपदम् महाराजाधिराज माया मानुष भगवान

रामचन्द्र जी को साक्षात् परब्रह्म मानते थे। इस बात का वर्णन तो फिर कभी करेंगे कि हमारे दशरथराजकुमार को परब्रह्म नहीं मानते वे निश्चय धोखा खाते हैं, अवश्य प्रेम राज्य में बैठने लायक नहीं है। पर यहाँ पर इतना कहे बिना हमारी आत्मा नहीं मानती कि हमारे आर्य वंश को राम इतने प्यारे हैं कि परम प्रेम का आधार राम ही को कह सकते हैं। यहाँ तक कि सहृदय समाज को 'रामपाद नखज्योत्स्ना परब्रह्मोति गीयते' कहते हुए भी किंचित् संकोच नहीं होता। इसका कारण यही है कि राम के रूप, गुण, स्वभाव में कोई बात ऐसी नहीं कि जिसके द्वारा सहृदयों के हृदय में प्रेम, भक्ति, सहृदयता, अनुराग का महासागर उमड़ न उठता हो। आज हमारे यहाँ की सब सुख सामग्री नष्टप्राय हो रही है, सहस्रों वर्षों से हम दिन-दिन दीन होते चले आते हैं, पर तौ भी राम से हमेशा सम्बन्ध बना है। उनके पूर्वपुरुषों की राजधानी अयोध्या की दशा देख के हमें रोना आता है। जो एक दिन भारत के नगरों का शिरोमणि था, हाय आज वुह फैजाबाद के जिले में एक गाँव मात्र रह गया है। जहाँ एक से एक धीर, धार्मिक महाराज राज करते थे वहाँ आज बैरागी तथा थोड़े से दीनदशादलित हिन्दू रह गये हैं। जो लोग प्रतिमा पूजन के द्वेषी हैं, परमेश्वर न करे, यदि कहीं उनकी चले तो फिर अयोध्या में रही क्या जायगा। थोड़े से मन्दिर ही तो हमारी प्यारी अयोध्या के सूखे पहाड़ हैं। पर हाँ, रामचन्द्र की विश्वव्यापिनी कीर्ति जिस समय हमारे कानों में पड़ती है उसी समय हमारा मरा हुआ मन जाग उठता है। हमारे इतिहास को हमारे दुर्दैव ने नाश कर दिया। यदि हम बड़ा भारी परिश्रम करके अपने पूर्वजों का सुयश एकत्र किया चाहें तो बड़ी मुद्दत में थोड़ी सी कार्यसिद्धि होगी। पर भगवान रामचन्द्र का अविकल चरित्र आज भी हमारे पास है जो औरों के चरित्र (जो बचे बचाए मिलते हैं वा कदाचित् दैवयोग से मिलें) से सर्वोपरि, श्रेष्ठ, महारसपूर्ण, परम सुहावन है। जिसके द्वारा हम जान सकते हैं कि कभी हम भी कुछ थे अथच यदि कुछ हुआ चाहें तो हो सकते हैं। हममें कुछ भी लक्षण हो तो हमारे राम हमें अपना लेंगे। बानरों तक को तो उन्होंने अपना मित्र बना लिया हम मनुष्यों को क्या भृत्य भी न बनावैंगे! यदि हम अपने को सुधारा चाहें तो अकेली रामायण में सब प्रकार के सुधार का मार्ग पा सकते हैं (इसका वर्णन फिर कभी)। हमारे कविवर बालमीक ने रामचरित्र में कोई उत्तम बात नहीं छोड़ी एवं भाषा भी इतनी सरल रक्खी है कि थोड़ी सी संस्कृत जानने वाला भी समझ सकता है। यदि इतना श्रम भी न हो सके तो भगवान तुलसीदास की मनोहारिणी कविता थोड़ी सी हिन्दी जानने वाले भी समझ सकते हैं, सुधा के समान काव्यानन्द पा सकते हैं और अपना तथा देश का सर्वप्रकार हितसाधन कर सकते हैं। केवल मन लगा के पढ़ना और प्रत्येक चौपाई का आशय समझना तथा उसके अनुकूल चलने का विचार रखना होगा। रामायण में किसी सदुपदेश का अभाव नहीं है। यदि विचारशक्ति से पूछिए कि 'रामायण

की इतनी उत्तमता, उपकारकता, सरसता का कारण क्या है, तो यही उत्तर पाइएगा कि उसके कवि ही आश्चर्यशक्ति से पूर्ण हैं, फिर उनके काव्य का क्या कहना। पर यह भी बात अनुभवशाली पुरुषों की बताई हुई है, फिर इस सिद्ध एवं विदग्धालाप कवीश्वरों का मन कभी साधारण विषयों पर नहीं दौड़ता, वह संसार भर का चुना हुआ परमोत्तम आशय देखते हैं तभी कविता करने की और दत्त चित्त होते हैं। इससे स्वयं सिद्ध है कि रामचरित्र वास्तव में ऐसा ही है कि उस पर बड़े-बड़े कवीश्वरों ने श्रद्धा की है और अपनी पूरी कविताशक्ति उस पर निछावर करके हमारे लिए ऐसे-ऐसे अमूल्य रत्न छोड़ गये हैं कि हम इन गिरे दिनों में भी उनके कारण सच्चा अभिमान कर सकते हैं, इस हीन दशा में भी काव्यानन्द के द्वारा परमानन्द का स्वाद पा सकते हैं, और यदि चाहें तो संसार परमार्थ दोनों बना सकते हैं। खेद है यदि हम भारत सन्तान कहा कर इन अपने घर के अमूल्य रत्नों का आदर न करें और जिनके द्वारा हमें यह महामणि प्राप्त हुए हैं उन का उपकार न मानें, तथा ऐसे राम को, जिनके नाम पर हमारे पूर्वजों के प्रेम, प्रतिष्ठा, गौरव एवं मनोविनोद की नींव थी अथच हमारे लिए इस गिरी दशा में भी सच्चे अहंकार का कारण औ आगे के लिए सब प्रकार के सुधार की आशा है, भूल जाएँ अथवा किसी के बहकाने से राम नाम की प्रतिष्ठा करना छोड़ दें तौ कैसी कृतघ्नता, मूर्खता एवं आत्महिंसकता है। पाठक, यदि सब भाँति की भलाई और बड़ाई चाहो तो सदा, सब ठौर, सब दशा में, राम का ध्यान रक्खो, राम को भजो, राम के चरित्र पढ़ो सुनो, राम की लीला देखो दिखाओ, राम का अनुकरण करो। बस इसी में तुम्हारे लिए सब कुछ है। इस रकार और मकार का वर्णन तो कोई त्रिकाल में करी नहीं सकता, कोटि जन्म गावें तौ भी पार न पावैंगे। इससे यह लेख अधिक न बढ़ा के फिर कभी इस विषय पर लिखने की प्रतिज्ञा एवं निम्नलिखित आशीर्वाद के साथ लेखनी को थोड़े काल के लिए विश्राम देते हैं। बोलो, राजा रामचन्द्र की जै!

कल्याणानान्निधानं, कलिमलमयनं पावनंपावनानाम्
पाथेयं यन्मुमुक्षोः सपदि पस्यदप्राप्तये प्रस्थितस्य।
विश्रामस्थानमेकं कविवरवचसां जीवनं सज्जनानां
बीजन्धर्म्मद्रुमस्य प्रभवतु भवतांभूतये राम नामः ॥1॥

भावार्थ

कुलि कल्यानिधान सकल कलि कलुख नसावन। सज्जन जीवन प्रान महा पावन जन पावन ॥ अखिल परम प्रद पथिकन हित मारग कर संबल। कुशल कवीशन की बर बानी को बिहार थल ॥ सदधर्म्म विटप कर बीज यह, राम नाम सांचहु अमृत। तब भवन भरे सुख सम्पदा समति सुयश नित-नित अमित। 1।

[खं. 6 सं. 1 (15 अगस्त ह. सं. 5)]

नागरी महिमा का एक चोज

हमारे यहाँ की बोली का एक यह भी ढंग है कि बहुत शब्दों के साथ आदि में अ, स, और कभी-कभी फ मिला देते हैं, 'जिससे एक निरर्थक शब्द बन जाता है, पर अच्छा लगता है। रोटी ओटी, आदमी सादमी इत्यादि। इस रीति से कई भाषाओं के निरर्थक शब्द उन भाषाओं की कलई खोल देते हैं, पर हमारी नागरी देवी की महिमा ही गाते हैं। देखो न, अँगरेजी संगरेजी। 'संगरेजा' कहते हैं पत्थर का महीन टुकड़ा या कंकड़। उसका भी लघु रूप 'संगरेजी' समझ लो। न मानो तो माधुर्य का गुण ढूँढ़ो, उसमें कहीं है? टिट्टे क्यटय्यट का खर्च है।

फारसी आरसी (आलसी), सैकड़ों पोथी छान डालो, उद्योग की शिक्षा बहुत कम, जोफ नातवानी के मजमून लाखो!

अरबी सरबी, (मानी नदारद), उरदू सुरदू (मानी नदारद), पर 'षिणी' जोड़ लो तो सुरदूषिणी हो जाय।

लेकिन संस्कृत अंस्कृत–जिसमें ईश्वर की महिमा या ऋषियों की उदार बुद्धि का अंश हर तरह मौजूद।

नागरी आगरी–आगर सद्व्यक्तियों का गुण अथवा सागरी। राम झूठ न बुलावै तो इस दीन दशा में भी सब गुण का छोटा सागर ही है। क्यों, कैसी कही?

[खं. 3, सं. 11 (जनवरी, ह.सं. 2)]

वर्षारम्भे मंगलाचरणम्

धन्य-धन्य त्रैलोक्य नाथ त्रैताप विनाशन।
धन्य-धन्य त्रैबर्ग मुक्त हृदि प्रेम प्रकाशन॥
धन्य-धन्य त्रैगुण्य रहित त्रैलिंग्य विधाता।
धन्य-धन्य त्रैकाल एक रस त्रैकृति ज्ञाता।
धन्योसि प्राण प्रियतम प्रभो।
त्रिदश पूज्य बुध वन्द्य पद।
ब्रह्मण्य देव ब्राह्मण शरण त्रितिय वर्ष मधि हर्षप्रद॥1॥

उस त्रिभुवन नायक को असंख्य धन्यवाद है जिसकी कृपा से आज हम तृतीय वर्ष में प्रवेश करते हैं। यद्यपि ब्राह्मण देवता अपने जन्मदिन ही से अपने यजमानों को हँसाने, सदुपदेश सुनाने और सर्वोन्नति विधायक प्रेम मार्ग दिखाने के ऊपर मूँड़ मुड़ाये फिरते हैं, पर आज तो लोकरीत्यानुसार मुंडन का दिन ही ठहरा। होली की भीर है। तीसरे वर्ष का आरम्भ है। क्या अपना कृत्य न करैंगे? करैं और फिर करैं नहीं तो पाठक महाशय तीन कोने का मुँह न बनाने लगैंगे?

अच्छा तौ प्रिय ग्राहकगण! लीजिए धन्यवाद, आशीरवाद और स्नेह संवाद, यह तीनों आपकी भेंट हैं। क्यों पसन्द आये? ह ह ह कैसी शीघ्र हाथ पसार दिया! स्मरण रहे कि सबके लिए नहीं हैं। आप लोगों के नाम में तीन अक्षर हैं। पहिले उनका अर्थ समझ लीजिए फिर तीनों आपस में बाँट लीजिएगा। पहिले अक्षर है 'पा' जिससे प्रयोजन है पालन करने वाला, अर्थात् पत्र को रुचिपूर्वक पढ़ना, दूसरों को उस्का तात्पर्य विदित करना और ठीक समय पर दक्षिणा भेजकर वर्ष भर के लिए निर्द्वंद्व हो जाना। पत्र का निर्वाह होता गया, उनका उत्साह बढ़ता गया, कैसा परस्पर पालन हुवा? ऐसों के लिए हमारा धन्यवाद है बरंच उपरोक्त तीनों उन्हीं के लिए हैं। दूसरा अक्षर 'ठ' जिस्का अर्थ है ठगई करने वाला अर्थात् एक पोस्टकार्ड लिख भेजा 'कृपा करके मेरे नाम भेजा करो' वा मिल गये तो 'हमको भी पत्र दिया करो।' दिया करैंगे। कपड़ों से भलेमानस जान पड़ते हो, बोली बानी से रसिक जँचते हो, हम अन्तरजामी थोड़े ही हैं कि तुम्हारा आन्तरिक देवालियापन जान लें।

जहाँ आठ दस महीने हो गये पत्र लौटाल दिया। लिख दिया—'लेना मंजूर नहीं है'। पहिले क्या झख मारने को मँगाया था?

झूठे, बेईमान, उठाईगीर। क्या यह ब्राह्मण क्षत्रियों का धर्म है? नहीं, प्रच्छन्न चोरों का, जिस्का धर्म एक रुपये पर डिग गया। अँगरेजी राज्य न हो तो ऐसे ही लोग डाका मारैं। ऐसी ही बुद्धि वाले तो पराए लड़कों का गला घोंट के गहना उतार लेते हैं। भला ऐसों के लिए हमारे पास क्या है, सिवा बीच वाले शब्द (अर्थात् आशीरवाद) के कि 'खुशी रहौ जजमान नैन ये दोनों फूटैं' जिसमें कोई समाचार पत्र देखने को जी न चाहे, न हमारे सहयोगियों की हानि हो। और 'राह चलत गिर पड़ौ दाँत बत्तीसौं टूटैं' जिसमें तकाजा करने का खीस काढ़ के 'सुध नहीं रहती' न हो।

नहीं-नहीं आज वर्षारंभ की खुशी में हम और भी देंगे—बढ़ती रहै हमारे प्यारे 'भारत जीवन' की जिन्होंने प्रण किया है कि 15 अपरैल तक सब हिन्दी पत्रों के सारे नादिहन्द ग्राहकों को गधे की सवारी, नील का टीका और बूक का अभिषेक यह तीनों दिये जायँगे जिसमें उन्हें तीनों तिरलोक दिखाई देंगे। अब भी न समझ जायँ तो सचमुच तीन अक्षर (धिक्कार) तो उनके भाग ही में हैं हम क्या करें। पाठक शब्द में तीसरा अक्षर 'क' है। उस्का तात्पर्य है कर्म करने वाला, अर्थात् रुपया देके पत्र को पढ़ ही नहीं डालते कुछ उस्के अनुसार करते भी हैं। कुछ रुपया नागरी प्रचार में, कुछ काल परोपदेश में कुछ श्रम परस्पर प्रेम प्रबर्द्धन में व्यय करते हैं। उनके लिए हम क्या परमेश्वर भी धन्यवाद और आशीरवाद करैगा। संसार में त्रिवर्ग अर्थात् धर्म्मार्थ काम अथच अन्त में नित्यानद उन्हीं के हेतु है।

सच तो यह है कि कुछ ही से कुछ होता है। कोरी बातों में तीन काने के अतिरिक्त क्या धरा है? वही ढेकुली के तीन पात। अस्तु तौ हम भी बातें बनाना छोड़ के अपना कर्तव्य पालन करैं। क्यों प्यारे पाठक, करैं न? ह ह ह ओ३म् तद सत् नममूत्रे देव्यै। श्रीकलिराजउवाच। ब्राह्मण नाम्महा बांभन् (बांइति भनति) शठानाचमहाशठः। देविनांच महा देवी माननीया सदा बुधैः॥1॥ देबी-देबी देहिबी बिदेहिबो बीत मंन्त्रकं मद्भक्तानांमुखे नित्यं रहितब्यं प्रयत्नतः ॥2॥ पूजयंति महाशक्ति बुढ़वा पोप बंचिताः। तस्य वै गुप्त तात्पर्य्य महं मन्येन दीगरः (दूसरा) ॥3॥ काले हिन्दुन की प्यारी काली बोतल बासिनी। मद्योपनाम धात्रीं तां महाकाली मुपास्महे ॥4॥ तुच्छानां तुच्छ चित्तानां राजा बाबू बनाइनी। खुशामदेति विख्यातां महालक्ष्मी भजाम्यहं ॥5॥ कुछ का कुछ करणे देयं जालिनी (जाल) संयुक्तः कायथ प्रियां। बेउर्दू इति मशहूरां महाबाणी स्मरामहे ॥6॥ महा देब्या शठकं दिव्यंयः पठेच्छृणुयादपि। कर्मणी धर्मतः शर्मान् मुक्तमाप्नोति वैध्रवम् ॥7॥ सर्वोन्नतिकरं पुण्यं सर्व सिद्धि विधायकं। गोपनीयमिदंस्तोत्रं सिब्लाइजडै महात्मभिः ॥8॥ इति श्री कलिकाल तंत्रे उन्नीसवीं सद्दी कलिराज संवादे त्रिदेव्याष्टकं समाप्तम्। खैर यह

तो होली का उत्तर था, सड़े बुड्ढों का ब्यौहार था। अब सच्चा-सच्चा मंगल पाठ हो। नमो भगते बत्सल सुखद सबहि भाँति भजनीय। जगत प्राणपति अति सुभग परमईश रमणीय ॥1॥ अकथनीय आनन्दमय सहृदय जन के प्रान। शुभ शोभानिधि परम प्रिय नमो प्रेम भगवान ॥2॥ परम पूज्य प्रेमीन के सुहृद सभा सुखकंद। जग दुःखहर शिवसीसमणि मनो देव हरिचंद ॥3॥ उरपुर निज परकाश करि संसय सकल नशाव। हे प्रभु आरज बंधु कहं प्रेम पंथ दरशाव ॥4॥ सिंखहि नागरी नागरी नागर बनहिं सुलोय। ब्राह्मण की आशीष से घर-घर मंगल होय ॥5॥ ओ३म् धर्म। धर्म। धर्म। प्रेम। प्रेम। प्रेम ॥ शान्ति। शान्ति। शान्ति ॥

[खं. 3, सं. 1 (15 मार्च, ह. सं. 1)]

आकाशबाणी

हमारे मिष्टर अँगरेजीबाज और उनके गुरु गौरण्डाचार्य्य में यह एक बुरा आरजा है कि जो बात उनकी समझ में नहीं आती उसे, वाहियात है (ओह नांसेंस), कह के उड़ा देते हैं। नहीं तो हमारे शास्त्रकारों की कोई बात व्यर्थ नहीं है। बहुत छोटी-छोटी बातें विचार देखिए। पयश्राव के समय यज्ञोपवीत कान में चढ़ाना इसलिए लिखा है कि लटक के भींग न जाय। तिनका तोड़ने का निषेध किया है, सो इसलिए कि नख में प्रविष्ट होके दुःख न दे। दाँत से नख काटना भी इसी से वर्जित है कि ज़िन्दा नाखून कट जाएगा तो डॉक्टर साहब की खुशामद करनी पड़ेगी।

अस्तु यह रामरसरा फिर कभी छेड़ेंगे, आज हम इतना कहा चाहते हैं कि पुराणों में बहुधा लिखा है कि अमुक आकाशबाणी हुई। इस पर हमारे प्यारे बाबू साहबों का, 'यह नहीं होने सकता' इत्यादि कहना व्यर्थ है। इस्से उनकी अनसमझी प्रगट होती है। क्योंकि आकाश अर्थात् पोलापन के बिना तो कोई शब्द हो ही नहीं सकता। इस रीति से वचन मात्र को आकाशबाणी कह सकते हैं, और सुनिए, चराचर में व्याप्त होने के कारण ईश्वर को आकाश से एक देशी उपमा दी जा सकती है।

बेद में भी 'खम् ब्रह्म' लिखा है और प्रत्येक आस्तिक का मन्तव्य है कि ईश्वर की प्रेरणा बिना कुछ हो ही नहीं सकता। पत्ता कहीं हुक्म बिना हिला है? तो संसार भर की बातें आकशवत् परमात्मा की प्रेरित नहीं हैं तो क्या हैं? शब्द ब्रह्म और खम् ब्रह्म इन दोनों बातों का ठीक-ठीक समझने वाला आकाशबाणी से कैसे चकित होगा? यदि डियर सर (प्रिय महाशय) आस्तिक न हों तौ भी यों समझ सकते हैं कि हृदय का नाम आकाश है, क्योंकि वह कोई दृश्य वस्तु नहीं है, न तत्व सम्मेलन से बना है। एक विज्ञानी से किसी ने पूछा था कि हृदय क्या है—उसने उत्तर दिया—no matter अर्थात् वह किसी वस्तु से बना नहीं है और यह तो प्रत्यक्ष ही है, यावत संकल्प विकल्प हैं सबका आकाश उसी में है।

हमारी भाषा कवियों के शिरोमुकुट गोस्वामी तुलसीदासजी ने भी हृदयाकाश माना है "हृदय अनुग्रह इन्दु प्रकाशा।" इस वाक्य में यदि हृदय को आकाश न कहें तो दयारूपी चन्द्रमा का प्रकाश कहाँ ठहरे? अतः हृदय में हर्ष शोक चिन्तादि के समय जितनी तरंगे उठती हैं, सब आकाशबाणी (अवाजे गैब) हैं। यह तो हमारे यहाँ का मुहावरा है। समझदार के आगे कह सकते हैं कि अमुक पुरुष अपने प्रियतम के वियोग में महा शोकाकुल बैठा था इतने में उसे आकाशबाणी हुई कि रोने से कुछ न होगा। उस्के मिलने का यत्न करो। ठीक ऐसे ही अवसरों पर आकाशबाणी होना लिखा है। जिसे कुछ भी बुद्धि संचालन का अभ्यास है वह भलीभाँति समझ सकता है। हमारे उर्दू के कवि भी बहुधा किसी पुस्तक के व किसी स्मरणीय घटना के सम्वत् लिखने (कितए तारीख) में कहा करते हैं, 'हातिफे गैब ने कहा नागाह काले साहब को सुर्खरू पाया, फिक्रे तारीख जब हुई दरपेश। गैब से मुझको यह निन्दा आई' इत्यादि एक नहीं लाखों उदाहरणों से सिद्ध है कि एशिया के ग्रन्थकार मात्र अन्तःकरण को आकस्मातिक, गति को आकाशबाणी कहते हैं।

किसी देशभाषा के आर्ष प्रयोग में बिना समझे, बिना किसी विद्वान् से पूछे, हँस देना मूर्खता की पहिचान है। यदि कोई अँगरेज कहे 'Belly has no eyes' तो हमारे स्कूल के छात्र भी हँस सकते हैं कि कौन नहीं जानता कि पेट में आँखें नहीं होतीं। साहब बहादुर ने कौन बड़ी विलक्षण बात कही। यह तो एक बच्चा भी जानता है। पर हाँ जब उसे समझा दिया जाएगा कि उक्त बात का यह अर्थ है कि गरजमन्द को कुछ नहीं सूझता तब किसी को ठट्टा मारने का ठौर नहीं रहेगा। इसी भाँति हमारे यहाँ की प्रत्येक बात का अभ्यान्तरिक अर्थ जाने बिना किसी को अपनी सम्मति देने का अधिकार नहीं है।

कुछ समझ में आया? अब न हमारे पूर्वजों के कथन पर कहना कि 'बेउकूफ थे, कहीं ऐसा भी हो सकता है' नहीं तो हम भी कहेंगे कि '...है। जानै न बूझै कठौता लैकै जूझै।' हि हि हि हि!

[खं. 3, सं. 2 (15 अप्रैल, ह. सं.1)]

एक सलाह

हमारे मान्यवर, मित्र, 'पीयूषप्रवाह' सम्पादक, साहित्याचार्य पंडित अम्बिकादत्त व्यास महोदय पूछते हैं कि हिन्दी भाषा में "में से के" आदि विभक्ति चिह्न शब्दों के साथ मिला के लिखने चाहिए अथवा अलग। हमारी समझ में अलग ही अलग लिखना ठीक है, क्योंकि एक तो यह व्यासजी ही के कथानुसार 'स्वतन्त्र विभक्ति नामक अव्यय है' तथा इनकी उत्पत्ति भिन्न शब्दों ही से है, जैसे—मध्यम, मज्झम्, माँझ, मधि, माँहि, महिं, में इत्यादि, दूसरे अँगरेजी, फारसी, अरबी आदि जितनी भाषा हिन्दुस्तान में प्रचलित हैं उनमें प्रायः सभी के मध्य विभक्तिसूचक शब्द प्रथक रहते हैं और भाग्य की बात न्यारी है नहीं तो हिन्दी किसी बात में किसी से कम नहीं है।

इससे उसके अधिकार की समता दिखलाने के लिए यह लिखना अच्छा है कि संस्कृत में ऐसा नहीं होता, सो उसकी बराबरी करने का किसी भाषा को अधिकार नहीं है, फिर हिन्दी ही उसका मुँह चिढ़ा के बेअदबी क्यों करे? निदान हमें व्यासजी की इस बात में कोई आपत्ति नहीं है

इधर अपने भाषाविज्ञ मित्रों से एक सम्मति हमें भी लेनी है, अर्थात् हमारी देवनागरी में यह गुण सबसे श्रेष्ठ है कि चाहे जिस भाषा का जो शब्द हो इसमें शुद्ध-शुद्ध लिखा पढ़ा जा सकता है। अरबी के ऐन+काफ+खे+आदि थोड़े से अक्षर यद्यपि अ क ख आदि से अलग नहीं हैं, न हिन्दी में यों ही साधारण रीति से लिखे जाने पर कोई भ्रम उत्पन्न कर सकते हैं, पर यतः उनका उच्चारण अपनी भाषा में कुछ विलक्षणता रखता है। अस्मात् हमारे यहाँ भी उस विलक्षणता की कसर निकाल डालने के लिए अक्षरों के नीचे बिन्दु लगाने की रीति रख ली गयी है। किन्तु अभी अँगरेजी वाली वी V के शुद्ध उच्चारण कोई चिह्न नहीं नियत किया गया। यह क्यों? वाइसराय और विक्टर आदि शब्द यद्यपि हम लोग यवर्गी व अथवा पवर्गी ब से लिख के काम चला लेते हैं, यों ही हमारे बंगाली तथा गुजराती भाई भ से लिख लेते हैं और कोई हानि नहीं भी होती, किन्तु अँगरेजी के रसिक यदि शुद्ध उच्चारण न होने का दोष लगावैं तो एक रीति से लगा सकते हैं, क्योंकि

यह अक्षर व और ब दोनों से कुछ विलक्षणता के साथ ऊपर वाले दाँतों को नीचे के होंठ में लगा के बोला जाता है।

इसकी थोड़ी सी कसर निकाल डालने के लिए हमारी समझ में यदि ब के नीचे बिन्दु लगाने की प्रथा कर ली जाय तो क्या बुराई है? यों ही फारसी में एक अक्षर जे J है जिसका उच्चारण श के स्थान से होता है। अँगरेजी में भी प्लेजर Pleasure आदि शब्द इसी प्रकार से उच्चरित होते हैं। इसके शुद्धोच्चारण के हेतु यदि "ज" के नीचे तीन बिन्दु लगाने की रीति नियत कर ली जाय तो बंस दुनिया भर के शब्दों को शुद्ध लिख पढ़ लेने में रत्ती भर कसर न रहेगी, पर यदि हमारे भाषावेत्तागण मंजूर करें।

[खं. 8, सं. 6 (15 जनवरी ह. सं.]

छै! छै!! छै!!!

हुश्त! मनहूस कहीं का! वाह रे तेरी छै!

हमारी छै काहे की, तेरी हो। जानैं न बूझैं कठौता ले के जूझैं। कुछ समझता भी है हम क्या कहते हैं कि मुँही पकड़ने दौड़ता है?

सब समझते हैं। बस, चुप रहो!

समझते हो! अपना सिर! समझते हैं! भला बता तो हम क्या कहेंगे?

वाह! हम कोई अन्तरजामी हैं? हाँ अन्दाज से जानते हैं, संख्यातार लिखते-लिखते दिमाग में गरमी चढ़ गयी है इसी से बार-बार छै की गिनती याद आती है।

फिर! इसी में क्या बुराई है? एक रात नाच देखने पर तो दूसरे दिन सोते-जागते, ऊँघते-पूँछते कानों में छुन-छुन की-सी आवाज गूँजती रहती है। हम महीनों से छै छै छै सुन रहे हैं। फिर हमारे मुँह से कैसे न निकले।

महीनों से! यह पहेली-सी क्या कह गये? भई सचमुच हम न समझे थे। हमारी जान में तो छै वही है जो पाँच के पीछे और सात के पहिले गिनती में आया करते हैं। सो सभी जानते हैं कि नाद में छै राग होते हैं, वेद में छै अंग होते हैं, विद्या में छै शास्त्र होते हैं, देवताओं के स्वामी कार्तिकजी के छै मुख होते हैं, पितरों में छै पिंडाधिकारी होते हैं, कान्यकुब्जों में छै घर होते हैं।

तुम्हारी ल्यौंड़ी पर छै गुद्दे होते हैं! हें ! चलें हैं पंडिताई छौंकने ! अब जिन्हें तू कहता है, होते हैं, उन्हें कहना चाहिए, होते थे। अब पुराने जमाने की सड़ी बातों पर हमारे काले साहब सौक़ पाँव होते हैं इससे समझ रख कि देवता-पितर, वेद-सवेद सब कहने-भर को होते हवाते हैं। सो भी यकीन है कि कुछ दिन में नई रोशनी वाले लंप की बू से औ चुरुट की चिराइँध से भागभूग जायँगे। तब बस चारों तरफ देख लेना कि प्रातःकाल खटिया से उठते ही रकाबी पर छै अंडे होते हैं, साँझ को पूरी बोतल-भर में केवल छै डोस होते हैं, स्नान के समय बकस में साबुन के छै चकत्ते होते हैं, सैर के वक्त कोट में छै बटन होते हैं, बातें करने में अंग-अंग से छै मोशन होते हैं, लेट रहने पर हाथ-मुँह चाटने को छै कुत्ते होते हैं! अब समझे?

कुछ भी नहीं समझे! परमेश्वर न समझावै! तुम्हीं ने समझ के क्या किया?

अब और क्या करें? तुम ऐसों को बात-बात में बना छोड़ते हैं। इतना थोड़ा हम क्या कहते थे तुम ले दौड़े कहाँ। इसी से तो कहते हैं कि यारों की बातों में टोंका न कर। न जाने किस तरंग में क्या कह उठते हैं।

अच्छा बाबा! हारे! पर जी में आवै तो बतला दो कि आप के छै का क्या मतलब है।

यह माना! इस तरह हारी मान के पूछो तो कुछ दिन में कुछ हो जाओ। लो सुनो, हमारे छै साहब गिनती वाले छै नहीं हैं।

वाह! यह अच्छा उड़ान भरा! तो फिर बोतल, अंडे और बटन क्यों उलट डाले?

तुम्हारी अक्किल देखने को! और यों न सही तो ऐसा समझ लो कि मरदों की जबान और गाड़ी का पहिया फिरता ही रहता है। अब भी क्या वह जमाना है कि चाहे धरती लौट जाय पर बचन न पलटे। अब तो अकलमन्दी इसी में समझी जाती है कि मन में कुछ हो, दूसरों को कुछ समझाया जाय और मौका मिलने पर अपने लिखे को साफ झुठला दे। फिर ऐसे कलजुग में पैदा हो के हम दुअर्थी बात निकाल बैठे तो क्या बुरा करते हैं?

नहीं महात्मा! आप भला बुराई करेंगे! आप तो जो कुछ करें वही धर्म!

बस-बस! अब तुम समझ गये! जिसे खुशामद करना आता है वही इस जुग का समझदार है और उसी के सब काम बनते हैं, उसी से सब राजी रहते हैं। हम भी इतने खुश हुए हैं कि अब बिना बतलाए नहीं रह जाता। अच्छा तो सुनो, यह "छै" वास्तव में संस्कृत वाले "क्षय" हैं और बंगाल के बानरजी तथा पंजाब के सिंहजी के मुख में जा के 'खय' अथवा 'खै' हो जाते हैं। पर हमारे यहाँ वो छै या छा (नाजुक तन औ नाजुक दिमाग) पश्चिमोत्तरदेशी जी न हाथों-पैरों से कुछ कर-धर सकते हैं, न मस्तिष्क से काम ले सकते हैं। केवल मजेदार मीठी-मीठी बातें बनाना जानते हैं। उन्होंने देखा कि संस्कृत की क्ष बोलने में कठिन है औ बंग भाषा तथा पंचनदीय भाषा की 'ख'–'क्ष' उच्चारण में कर्कश है तथा कई शब्दों में और का और अर्थ सूचित करती है। इससे छै कहना ठीक होगा जो बोलने में सहज है एवं छैल-छबीलियों का छाती लगने के समेय छिन-छिन पर छड़कना याद दिलाता है। कुछ समझे?

हाँ इतना समझे कि आपकी बोली में 'छै' का अर्थ छः की संख्या और नाश होना दोनों है। आपने कहा था कि हम महीनों से छै-छै सुन रहे हैं। इसका क्या अभिप्राय है?

हैं! यह मैंने कब कहा था?

भैया, यह अदालत नहीं है कि झूठ बोले बिना काम न चले। यहाँ तो हमीं तुम हैं। फिर क्यों कह कहाय के इनकार करते हो?

वाह! अभ्यास बनाए रखना कुछ बुरी बात है? हमने कभी नहीं कहा, खुदा कसम नहीं कहा! राम दुहाई नहीं कहा! बाई गाड नहीं कहा! और कहा भी हो तो बिना खुशामद कराए न बतावैंगे!

अच्छा साहब! आप एक ही हैं! आप बड़े वह है! आप जो हैं सो हैं! आप अपने आगे सानी नहीं रखते! अब तो बतलाइएगा!

खैर, तो कान फटफटा के सुनो! बगले की तरह ध्यान लगा के सुनो-समझो। कचटियावलिन जो है सो राम आसरे ते जा समय के बिखै रामलीला का आरम्भ होता है गोविन्दाय नमोनमः वा समय के बिखै जो है सौ गाँवन-गाँवन नगरन-नगरन के बिखै आनन्द करि-करि कै जै औ छै का आगमन होता है जो है सो गोविन्दाय नमो नमः। कहौ कैसे? तो जा समै के बिखै रामचन्द्र कै सवारी निकरति हैं, गोविन्दाय नमो नमः, वा समय के बिखै, जहाँ कौन्यो रामादल कै वीर अथवा कौन्यौ तमासगीर के मुख ते जो है सो यतरा निकरि गा गोविन्दाय नमो नमः कि बोलौ राजा रामचन्द्र की जै, अथवा—बोलैगा सो निहाल होगा, बोल दे रजा आ आ आ आ रा आ म चन्नूद्र की ईई जै! हुअँई चारिउ कैती जै जै जै जै के धुनी छाय जाति है, गोविन्दा., औ जब रावण कै सवारी निकरति है, गोविं., वा समै कै बिखै जहाँ कोउ राच्छस जो है सो कहि देत है कि बोल रावन् जोधा कि जै! तौ कोऊ जै तौ नाहीं कहत, गोविन्दा. पै छै छै कै धुन छाय जाति है, गोविन्दा.। औ राच्छस नाहिंउ ब्वालै तुहुँ देखवैया जे हैं ते अपने छै छै करन लागत हैं, गोविन्दा.।

या प्रकार सों कुँवार कै महीना माँ जो है सो जै के साथ छै को जन्म होत भयो गोविं.। अब समझौ! शब्द जो है सो सदा से अनादि है, गोविं०, पै यह बात जो है सो हम ही ऐस पंडित जानित है, गोविं०, जिनका बरसन व्याकरण रटत-रटत लाग हैं, गोविं०, औ जीवका तथा प्रतिष्ठा हिन्दुनै के घर ते है जो है सो, औ जनम-भर कथै बाँचत है, गोविं०, वै हिन्दी वाले का सहूर जो है सौ कबौं न होत भयौ, गोविं०।

यह तो गुरू सच कहत हौ! और ऊपर से तुर्रा यह कि यही लोक-परलोक के अगुवा हैं! यही हिन्दुओं-भर के गुरू हैं। पर जाने दीजिए मतलब वाली कहिए।

तुम्हारी पागलों की-सी बकवाद में मतलब खब्त हो जाता है।

हैं! तौ हम पागल ठहरे! बस अब न बतलावें, जा!

नहीं महाराज! कृपानिधान! दयासिंधु! दीनबंधु! दास से तकसीर हुई! क्षमा कीजिए! इतना समझा दीजिए कि शब्द जितने हैं सब अनादि हैं इस न्यास से जै और छै अनादि हैं। इसके सिवा बरसों से लाहौर वाली देव समाज की सारी पुस्तकों पर देव धर्म की जै, सकल पाप की छै छापा जाता है। फिर जै और छै की उत्पत्ति कुँवार से क्यों कर मान लूँ?

हमारे कहने से मान ले, नहीं तो नास्तिक हो जायगा और श्रद्धापूर्वक सुनता

है तो सुन। अकेले शब्द ही अनादि नहीं है, सारा संसार अनादि है। इसे किसी ने बनाया-बुनाया नहीं है, यों ही लोग ईश्वर का नाम रख लेते हैं। पर आज कल के शिक्षितों का अधिकांश मत यही है कि सृष्टिकर्ता की जरूरत नहीं।

बस फिर जो कुछ है सब अनादि और अनन्त है। पर बात जिन दिनों बहुत फैल जाती है वह उत्पन्न कहलाती है और जिसे बहुत थोड़े लोग जानते-मानते हैं वह नष्ट वा नष्टप्राय समझी जाती है। इस रीति से रामलीला के साथ 'छै' की उत्पत्ति और कीर्तिकी पौर्णमासी को नाश मंतव्य है। क्योंकि रामलीला में रावण की छै का शब्द गूँजने लगता है और शत् पूर्णिमा तक बना रहता है। फिर उसी दिन से जुवा का आरम्भ होता है तब रावण का नाम जाता रहता है। किन्तु छै छै की चर्चा बनी रहती है। यहाँ तक कि दिवाली के दो-चार दिन इधर-उधर छै छै के सिवा कुछ सुनी नहीं पड़ता। खास करके जहाँ कि हाकिम प्रजा के त्योहारों के आमोद-प्रमोद के द्वेष न हुए वहाँ तो गली गली, घर घर, जन जन, को छै छै की सनक-सी चढ़ जाती है! छै! छै! यह छै! आ तो जा छै! सोरही में तो छै! नवकी मूठ में तो छै! फिरकी में तो छै!

क्या गरीब, क्या अमीर, क्या बच्चा, क्या बुड्ढा, क्या पुरुष, क्या स्त्री सभी के मुँह पर दिन-रात छै छै छै छै बसी रहती है। फिर दिवाली का मौसम टल जाने पर छै का प्राबल्य यद्यपि जाता रहता है किन्तु दिठौनी इकादशी को हारे जुआरियों का अपील अर्थात् फिर जीतने की आशा पर खेल और कतकी को हाईकोर्ट अर्थात् अन्तिम निर्धार जब तक नहीं हो जाता तब तक छै छै की छै नहीं होती। यद्यपि श्रेष्ठ द्यूतकारों के पवित्र मन्दिरों में उसका बारहों मास बिहार होता रहता है, पर जन समुदाय का अधिकांश इन्हीं दिनों छै छै में विशेष रूप से मस्त रहता है।

इससे हमें भी इसका थोड़ा-बहुत जाप कर लेना चाहिए। यदि बुराई है तो उनके लिए है जो लती हैं और घर के बनने-बिगड़ने का ध्यान नहीं रखते। पर त्योहार मनाना तथा पुरखों की रीति का पालन कर लेना कोई ऐब नहीं है। गृह कुटुम्बादि के आवश्यक व्यय से उबरने पर थोड़ा-सा परिमित धन इष्ट मित्रों की प्रसन्नता सम्पादनार्थ इस बहाने भी उठ गया तो क्या हानि है? विलायती चीजों के बर्ताव से और सड़ी-सड़ी बातों के लिए कचहरी दौड़ने से लाखों रुपया विदेश को चला जाता है, उसका तो कोई ध्यान नहीं देता, पर होली, दिवाली में थोड़ा-सा मन बहलाने में पाप है! और उसी के लिए देशभाइयों को हँसना धर्म की दुम है!

अच्छा बाबा, हम जो कुछ हैं वही बने रहेंगे, किसी को बुरा लगे तो अपने कान बन्द कर ले। पर हमें दिवाली के एक दिन पहिले- एक दिन पीछे, यह कहने से न रोके कि छै छै छै!

अच्छा साहब छै सही, पर यह तो कहिए काहे की छै?

हाँ यह मन की बात पूछी है तो हम भी क्यों पिछावें, कहीं डालें न! वर्षा के

कारण अंतरिक्षस्थ गर्द-गुबार की छै। पर जिन घरों के किसी भाग में तारकोल चुपड़ दिया जाय उनके आसपास के आने-जाने वालों की मस्तिष्क सम्बन्धिनी शान्ति की छै। दिवाली का दिया चाटने से मक्खी, मच्छर, कीड़े पतंगों की छै! सरसों का तेल और आतशबाजी का गन्धक जलने से मलेरिया उत्पादक वायुदोष की छै! किन्तु नये शौकीनों के द्वारा मट्टी का तेल जलने से नेत्र ज्योति और कूबते दिमागे की छै! सब राहें खुल जाने से देश-देशान्तर में गमनागमन करने वाले व्यापारियों के हाथ पर हाथ धरे बैठे रहने की छै। विशेषतः हलवाई और कुम्हारों तथा ठठेरों की बेकदरी की शिकायत की छै! लक्ष्मी पूजा के द्वारा पुरोहितों की बेरोजगारी और यजमानी और यजमानी के पाप की छै! त्योहारों की चिन्ता से गृहपतियों के अनुयोग की छै! घर शोभायमान हो जाने से सुघर घरनियों की अप्रसन्नता की छै!

खील-खिलौना, मिठाई पा जाने से बालकों के भिन्न-भिन्न करने की छै! जुवारियों की भूख-प्यास, सच्चाई-ईमानदारी, आपस के हेल-मेल, बरस-दिन के कमाय धन इत्यादि सबकी छै छै छै! ले इतने हमने बात का बतंगड़ बना के गिना दिए। एक बार तुम भी तो प्रेम से पूरित हो के गद्‌गद स्वर से कह दो महारानी विक्टोरिया की जै! और हिन्दी हिन्दू हिन्दुस्तान के द्वेषियों की छै! छै!! छै!!!

[खं. 8, सं. 4-5 (नवम्बर-दिसम्बर, ह. सं. 7)]

छल (1)

पुराने लोगों ने इस गुण को बुरा बतलाया है पर विचार कर देखिए तो जब कि लकार वर्णमाला भर का अमृत है, जिस शब्द में यह आता है उसे ललित लावन्यमय प्रलोभनपूर्ण बना देता है। संस्कृत में जयदेवजी का गीतगोविन्द सबसे सलोना समझा जाता है, क्यों? जहाँ बहुत-से कारण हैं वहाँ एक यह भी है कि उसमें यह अक्षर बहुतायत के साथ लगाया गया है–'ललित लवंग लता परिशीलन कोमल मलय समीरे' इत्यादि, यों ही भाषा कविता में भी,–लामे लकुचन लगि लमकि लुनाई लिए लतिका लवंगनि की लहकि लहकि उठे' इत्यादि पद बहुत ही सुहावने समझे जाते हैं। यही नहीं अंग्रेजी में लव Love , लेडी Lady, लैड Lad, फारसी में लबे लाली लही लअब गुले लाला इत्यादि शब्द जीवित प्रमाण देते हैं कि यह अक्षर मनोहारिता का मूल है, तो फिर जिस शब्द में एक के स्थान पर छः लकार हो वुह त्याज्य या अग्राह्म क्योंकर हो सकता है? अग्राह्म कहने वाले बनवासी उदासी मुनि लोग थे। उनकी दृष्टि में सारा संसार ही बरंच स्वर्ग सुख भी तुच्छ था।

इसी से सभी मजेदार बातों को त्यागने योग्य समझ बैठते थे और उनकी सब महाराजा लोग प्रतिष्ठा करते थे। अतः उनके बचन अथवा लेख पर आक्षेप करने में कोई साहसमान न होता था। इसी से जो चाहा लिख दिया, नहीं तो सुरापान, सुन्दरी समागम, द्यूतक्रीड़ा, मांस भोजन जितनी बातें उन्होंने निषिद्ध ठहराई हैं सबकी सब प्रत्यक्ष और तत्क्षण आनन्द देने वाली हैं। यहाँ तक कि जिन्हें इनका स्वादु पड़ जाता है वे न लोकनिन्दा को डरते हैं, न धनहानि की चिन्ता करते हैं, न राजदंड को भटकते हैं न परलोक भय से अटकते हैं। अस्मात् इनके स्वादिष्ट होने के लिए प्रमाण ढूँढने की आवश्यकता नहीं है। जिस अनुभवी से पूछोगे कह देगा कि "गरचे एक तरह की बला है इश्क। तौ भी देता अजब मजा है इश्क।"

यदि कोई शास्त्रार्थ का अभिमानी यह सिद्ध कर दे कि इन कामों का परिणाम अच्छा नहीं है तो भी हम पूछेंगे परिणाम का क्या ठिकाना। वह तो सभी बातों का यों ही हुवा करता है। ईश्वरभक्ति, देशभक्ति और सदगुणभक्ति का परिणाम यह है

कि मनुष्य घर-बाहर के काम को न रह के दिन-रात अपनी कल्पित आशा ही में रक्त सुखाया करता है, वीरता को परिणाम यह है कि आठों पहर मृत्यु का सामना बना रहता है, फिर परिणाम का सोच क्यों? भगवान वाल्मीकि कही गये हैं कि 'नाशान्ता संचयाः सर्वे पतनान्ताः समुच्छ्रयाः। संयोगा विप्रयोगान्ता मरणान्तन्तु जीवितम्।'

इसी भाँति के परिणाम सोचने ही वाले तो घर-बार, जाति-परिवार, सम्बन्धी, सुख-सम्पत्ति छोड़-छोड़ बन में जा बैठते हैं और षट्रस भोजन छोड़-छोड़ सूखे पत्तों से पेट भरते हैं। ऐसों की बाते मानना उनके पक्ष में क्योंकर हितकर हो सकता है जो संसार में रहकर अपना तथा अपने लोगों का जीवन आनन्द में बिताया चाहते हों। ऐसों को तो सबके उपदेश छोड़ के हमारी ही शिक्षा माननी चाहिए अथवा स्वयं विचार करना उचित है कि छल कोई बुरी बात नहीं है। क्योंकि उसका लक्षण यह है कि अपने आन्तरिक भाव को पूर्ण रूप से छिपाना, दूसरे की दृष्टि में कुछ का कुछ बतलाना और येन केन प्रकारेण अपना काम बना लेना, दूसरा चाहे भट्ठी में जाय चाहे भाड़ में।

सच पूछो तो यह काम ऐसे वैसों से हो भी नहीं सकता, उन्हीं से हो सकता है जो चतुरता व्यवहारकुशलता, अनुभवशीलता और कार्यदक्षता में पूरे पक्के हों। फिर भला ऐसे बुद्धिमानों के करने योग्य काम को बुरा समझना कौन-सी समझदारी है। यदि मुनियों ने छल-कपट को वर्जित किया है तो अवतारों ने उसे आश्रय दिया है और यह मानने में किसी आस्तिक को भी आपत्ति न होगी कि ऋषियों की अपेक्षा अवतार श्रेष्ठतर होते हैं। सो अवतारों का नाम ही मायाबपुधारी होता है, जिसका पर्याय 'छल का पुतला' है। अर्थात् वास्तव में निराकार निर्विकार पर जगत के दिखाने को और अपने भक्तों को सुखित करने तथा अपनी सृष्टि के दुखदायकों के भार मिटाने को कभी मछली बन जाते हैं, कभी कछुआ के रूप में दृष्टि आते हैं, कभी बराह रूप की राह से जादूगर का काम चलाते हैं, यहाँ तक कि सर्वोपरि षोडष कला विशिष्ट पूर्णावतार में छहों ऋतु बारहों मास श्री गोपीजन के साथ छल ही करने में समय बिताते हैं और 'छल के रूप कपट की मूरति मिथ्या बाद जहाज। आउ मेरे झूठन के सिरताज!' कहलाने ही में मगन रहते हैं।

अब बिचारने का स्थल है कि जिसे ऐसे परम पुरुषोत्तम आदर दें उसका निरादार करना कादरपन है कि नहीं? यदि इन बातों को पुराने अनसिविलाइज्ड हिन्दुओं की कहानियाँ समझिए तो कोई प्रामाणिक इतिहास के प्रमाण से बतला दीजिए कि किस देश के, किस जाति के बड़े-बड़ों ने इसका अवलम्बन नहीं किया। बड़े-बड़े राज्य बहुधा इसी के प्रभाव से स्थापित हुए हैं। फिर इसे बुरा समझना कहाँ की भलाई है। सच पूछो तो निर्बलों का बल यही है। जहाँ बल से काम न चले वहाँ इसके द्वारा सौ विश्वा चली जाती है। बलवानों को भी इसका

आश्रय लेने से अपना पूर्ण बल नहीं व्यय करना पड़ता।

इसी से नीति शास्त्र के आचार्यों ने इसे राजकीय कर्तव्यों में सर्वोपरि माना है। जब विपक्षी प्रबल हो और साम अर्थात् मित्रता और दान अर्थात् धन तथा दंड अर्थात् मारधाड़ से वश में न आवै तब भेद अर्थात् उसके गृह, कुटुम्ब, इष्ट, मित्रादि में तोड़-फोड़, जोड़-तोड़ लगाने अथवा छल का पूर्ण प्रयोग करने से कार्य सिद्धि की सम्भावना हो जाती है। फिर हम-तुम ऐसे छोटे-मोटे गृहस्थों के पक्ष में छल की निन्दा करना मानो अपने तईं प्राचीन एवं अर्वाचीन सम्राटों बरंच ईश्वरावतारों से श्रेष्ठ समझना है।

यों तर्कशास्त्र में बड़ी सामर्थ्य है, अच्छी से अच्छी वस्तु को बुरा और बुरे से बुरे पदार्थ को अच्छा सिद्ध कर देने में व्यय केवल बातों ही का और श्रम अकेली जीभ ही को होता है। किन्तु सूक्ष्म दृष्टि से प्रत्यक्षवाद का विचार रख के विचारिए तो अवगत हो जायगा कि छल में यदि केवल इतनी बुराई है कि धर्मशास्त्र की अवज्ञा होती है तो भलाई भी प्रत्यक्ष तथा इतनी ही है कि इसके द्वारा निर्धन दूसरों के धन का, निर्बल दूसरों के बल का, अविद्य दूसरों की विद्या का, अप्रतिष्ठित दूसरों की प्रतिष्ठा का भोग कर सकते हैं। यदि इतने पर भी कोई हठी इसका अवलम्बन करने वालों को बुरा ही समझे तो उसकी मूर्खता है। क्योंकि एक तो संसार के किसी गुण वा किसी वस्तु के परमाणु का वस्तुतः अभाव हो नहीं सकता, सब बातें और सभी चीजें किसी न किसी दशा में सदा ही से चली जायँगी। इस न्याय से छल भी सदा ही से होता आया है और होता रहेगा और जो बात अपने दूर किये दूर न हो सके उसे दुर-दुर करना अदूरर्शिता है। दूसरे यदि छल करना बुरा है तो दूसरों के छल में फँस जाना भी बज्र मूर्खता है। एवं इस कलंक से बचने का एकमात्र उपाय यही है कि छल के तत्व को इतना समझता हो कि उसकी आँच अपने ऊपर किसी प्रकार न आने दे। इस रीति से भी छल का सीखना एक आवश्यक कर्तव्य है। नहीं तो यदि हम छली कहलाने से बचे भी रहेंगे तो प्रत्येक छली के छल में आ जाने वाले निरे मूर्ख कहलाने से नहीं बच सकते। अस्मात् छल का सीखना अवश्य है चाहे दूसरों के साथ करने को चाहे दूसरों के हाथ से बचने को! हाँ सीखने बैठे तो थोड़ा सीखना और करने बैठे तो थोड़ा करना वाहियात है क्योंकि खुल जाने पर बना-बनाया खेल बिगड़ जाता है।

इससे इसका अभ्यास इतना कर्तव्य है कि कभी चूक कर 'उघरे अन्त न होय निबाहू कालनेमि जिमि रावन राहू' का उदाहरण न बनना पड़े। और अत्यन्त वैकट्य वालों के साथ भी इसका आचरण पाप है। क्योंकि यह बड़ी भारी चतुरता और बड़े भारी अनुभव से प्राप्त होता है एवं बड़े ही भारी काम आता है। अतः छोटे ठौर पर इसका काम में लाना इसकी बिडम्बना करना है और इतने भारी महान गुण की बिडम्बना करके अपनी बिडम्बना कराने से बचना असम्भव है। जो लोग

अपने कहलाते हैं, जो अपना आश्रय किये बैठे हैं, जो अपने विश्वास पर उनके साथ छल किया तौ तौ मानो अपने तीक्ष्ण एवं सुचालित शस्त्र को अपने ही ऊपर चला लिया।

यों ही छोटी-छोटी बातों में छोटे-छोटे अभावों की पूर्ति के अर्थ वा छोटी-छोटी वस्तुओं की आशा पर इसका काम में लाना भी व्यर्थ है। क्योंकि जो बात बहुधा की जाती है वह प्रगट हुए बिना नहीं रहती और इसका प्रगट होना दुःख, दुर्नाम, दुर्दशा की जड़ है। अतः बड़े से बड़े अवसरों पर दूर से दूर वालों के साथ बर्ताव में लाने के निमित इसका संचय कर रखना परम पांडित्य है। यह एक ऐसा अनोखा शस्त्र है जो देखने में गुलाब के फूल की भाँति सुन्दर और कोमल जान पड़ता है पर काम में लाने के समय बड़ी-बड़ी और बहुत-सी तोपों को तुच्छ कर देता है। और इसकी प्राप्ति का उपाय यह कि इसके संचालक मात्र से मेलजोल रक्खे हुए उनके प्रत्येक रंग-ढंग देखता रहे।

बस इस रीति से इसे अपने हाथ कर लेने में अष्ट प्रहर संलग्न रहिए और चलाने के समय इतना ध्यान रखिए कि शतघ्नी के द्वारा मच्छर मारना शोभा नहीं देता तथा यदि चलाने को जी न चाहे तो दूसरों की चोट से रक्षा पाना भी अति ही श्रेयस्कर है। फिर हम क्योंकर मान लें कि छल बुरा है। यदि किसी बड़े ही विद्या बुद्धि विशारद के मुलाहिजे से मानना ही पड़े तो इतना ही मानेंगे कि कच्चों के लिए बुरा है, वास्तव में नहीं। और मान लें कि बुरा है तथापि अच्छी रीति से व्यवहृत करने पर संखिया भी अनेक रोग हरती है और शरीर के पक्ष में अमृत का काम करती है कि नहीं? यों ही सब वस्तुओं को भी समझ लीजिए। जैसे प्रत्येक भले से भले कार्य व पदार्थ में कुछ न कुछ बुरा अंश और बुरे से बुरे में भला अंश होता है वैसे ही इसमें भी उन्नति और रक्षा का भला भाग अधिकतर है। जिसे प्रतीति न आवैं वुह आप खोल देखे फिर देखै कैसे कहता है कि छल में बुराई ही बुराई है।

[खं. 8, सं. 8 (मार्च, ह. सं. 8)]

छल (2)

दो लेखों में हम यह दिखला चुके हैं कि छल बहुत अच्छा और मजेदार गुण है तथा ऐसे-वैसे साधारण लोगों से हो भी नहीं सकता! अतः इसके सीखने में यत्न करना चाहिए। इस पर हमारे कई मित्रों ने पूछा है कि सीखें तो क्योंकर और कहाँ पर सीखें। उनके लिए हम आज बतलाते हैं कि सीखना किसी बात का चित्त की एकग्रता के बिना नहीं हो सकता और चित्त तभी एकाग्र होता है जब उसे भय अथवा लालच का सामना करना पड़ता है। इसी से जो बालक पढ़ने में मन नहीं लगाते और भैया राजा कहने पर भी राह पर नहीं आते उनके लिए प्राचीनों की आज्ञा है कि 'लालने बहवोदोषास्ताड़ने बहवो गुणाः' किन्तु इस गुण के सीखने की इच्छा रखने वाले बालक नहीं होते, न सीखने से जी ही चुराते हैं अस्मात् भय अथवा ताड़ना के पात्र नहीं हैं।

यों अकस्मात् किसी कपटी के मायाजाल में पड़ के डर व कष्ट उठाना पड़े तो और बात है, पर बुद्धिमानी यह है कि उस प्रकार के डर और कष्ट को अपने ऊपर न आने दें, किसी दूसरे ही को उसमें फँसा कर कपटकारक के हथखंडों और कापट्यजालबद्ध गावदीराम की दशाओं का तमाशा देखता हुवा शिक्षा लाभ करें। जिससे इतना न हो सकेगा वह कपट कालेज का अयोग्य विद्यार्थी है और अपने आप ताड़ना पात्र बनता है। हमें सन्देह है कि कष्ट एवं हानि सहने पर वह छलविद्या में कोई डिग्री पास कर सके वा न भी कर सके।

बहुत लोग कहते हैं कि आदमी कुछ खो के सीखता है पर हमारी समझ में इस विद्या को भी जिसने कुछ खो के सीखा उसने क्या सीखा। यद्यपि सीखना अच्छा ही है चाहे जैसे सीखा सही किन्तु सुयोग्य कहलाने के योग्य वह है जो कुछ ले के सीखे। अधिक नहीं तो जिसके पास सीखता हो उसका मन ही अंटी में कर ले। मिष्ट भाषण एवं मिथ्या प्रेमप्रदर्शन को यहाँ तक पहुँचा दे कि उसे पूरा विश्वास हो जाय कि हमारा सच्चा विश्वासी है हमारे भेद अपने बाप के आगे भी न खोलेगा।

साथ ही यह भी स्मरण रखना चाहिए कि शिक्षक महाशय पर अपना भेद न

प्रकट होने पावै और बड़ी ही भारी स्वार्थसिद्धि की आशा तथा आवश्यकता के बिना उनका भेद भी दूसरा न जानने पावै। बस फिर विद्या आ जाना असम्भव न होगा। पर यह उन्हीं का साध्य है जिन्हें एकाग्रचित्तता का अभ्यास हो और चित्त की एकाग्रता के लिए हम लिख चुके हैं कि भय अथवा प्रलोभन की आवश्यकता है। उसमें भय तो भाग्य ही के बश कभी आ जाय तो खैर नहीं तो काल्पनिक भय को कभी पास न फटकने देना चाहिए। बरंच उत्तम तो यह है कि सचमुच हानि अथच कष्ट की सम्भावना हो तौ भी चित्त को इन मन्त्रों से धैर्य प्रदान करता रहे कि—होगा सो देखा जायगा, दुनिया में सुख-दुःख सभी को हुआ करते हैं, दूसरे के चार हाथ थोड़ी हैं।

विपक्षी धन बल दिखावै तो हम छल-बल से काम लेंगे—इत्यादि और जब भय आ ही पड़े तो उसे भय न समझकर उसके दूर करने के उपाय को मुख्य कर्तव्य समझना चाहिए। फिर बस परमेश्वर चाहे तो भय का भय नहीं ही रहेगा। और यदि आ पड़े तो खैर छल सीखने वा अभ्यास में लाने का अवसर मिला सही। किन्तु परमेश्वर ऐसे अवसर न दिखावे यह अच्छा है। हमारे पाठक कहते होंगे कि छल की शिक्षा और बार-बार परमेश्वर-परमेश्वर! यह क्या बात है!

इसके उत्तर में हमें कहना पड़ता है कि संसार में नास्तिक बहुत थोड़े हैं और जो हैं उन पर श्रद्धा बहुत थोड़े लोगों को होती है। इस कारण उन्हें कोई मुँह नहीं लगाता। इससे उन्हें छल करने के लिए पात्र नहीं मिलते और पात्रभाव से अपनी मर्यादा के रक्षणार्थ निष्कपटता का पुतला बनना पड़ता है। अस्मात् छलियों को अवश्य चाहिए कि ईश्वर और धर्म के गीत गाकर संसार में प्रतिष्ठित बने रहें। बरंच जिनके साथ छल करना हो उनके सामने तो उन्हीं की रुचि के अनुसार परमेश्वर का मानने वाला और धर्मतत्व का जानने वाला बनना पड़े तभी सुभीते की हिकमत है। फिर क्यों न मानिए परमेश्वर नहीं है तो लोगों के ठगने को एक शब्द ही सही। और यदि है तो छल जनित पापों को दूर करेगा। इस रीति से न लोक का भय रहेगा न परलोक का।

रहा प्रलोभन, वह किसी प्रकार त्याज्य नहीं है बरंच चित्त की एकाग्रता का सहज और सुहावना उपाय है। अतः उसकी प्राप्ति के अर्थ यत्न कर्तव्य है। हमारी समझ में पंच सकार अर्थात् संगीत, साहित्य, सुरा, सौन्दर्य, सौहार्द्रय की सेवा का थोड़ा-बहुत अभ्यास करते रहना सहृदयता तथा एकाग्रचित्तता के उत्सुकों को अत्युत्तम है। क्योंकि यह पाँचों पदार्थ चित्त को आकर्षित करके चिन्ता रहित कर देने की बड़ी सामर्थ्य रखते हैं। जो इनके रस का अभ्यासी है वह कैसी ही कठिनता का सामना पड़े पर घबराता नहीं है, कैसा ही कष्ट, कैसी हानि, कैसा ही सोच क्यों न उपस्थित हो, जहाँ नियमानुसार कोई मजेदार तान अलापी अथवा सुनी, जहाँ कोई रसीला छन्द लिखा वा पढ़ा, जहाँ दो पियाले चढ़ाए, जहाँ किसी

सुन्दरी का दर्शन स्पर्शन किया, जहाँ किसी अपने से चित्त वाले के पास जा बैठे वहीं सब दुःख-दरिद्र भूल जाते हैं और तबीयत में ताजगी आ जाती है जो छल साधन की बड़ी भारी सहायिनी है। जो लोग कहते हैं कि मनुष्य पंच सकार के संसर्ग से पागल हो जाता है उनका कहना ठीक नहीं है। क्योंकि पागल वह हो जाते हैं जो इनमें से किसी प्रकार के गुलाम बन जाते हैं अथवा नए-नए आ फँसते हैं। किन्तु जो इनके रसास्वादन के अभ्यासी हैं तथा इन्हें परिमितिबद्ध रख के दास्य स्वीकार करने के स्थान पर मनोविनोद सम्पादन मात्र में इनकी सहायता समयानुसार ले लिया करते हैं वे कदापि पागल नहीं बनते बरंच पागलपन की जड़ अर्थात् चित्त की उद्विग्नता दूर करके अधिक सावधान और चातुर्यमान हो जाते हैं और बहुधा देश काल पात्र का विचार करके इन्हीं के द्वारा दूसरों को पागल बना के, हँसा, खिला मूँड लेते हैं।

इतिहासवेत्ताओं और जगत्कौतुकदर्शकों से छिपा नहीं है कि नीतिज्ञ पुरुषों ने एक वा दो ही सकारों के मायाजाल से ला के कितने ही बड़े-बड़ों का तन, मन, धन माँग लिया है और आज भी माँग लेते हैं। फिर कोई क्यों कर सिद्ध कर सकता है कि सावधान पंचसकारी पागल होता है। हाँ, जो संगीत, साहित्य और सौहार्द्र्य की पूँजी को सौगुना प्रसिद्ध करना तथा सुरा एवं सौन्दर्य सम्पर्क को पूर्ण रूप से गुप्त रखना नहीं जानता वह अवश्य पागल है। किन्तु ऐसे पागल भला कापट्यशास्त्र क्या सीखेंगे। अतः उनकी चर्चा इस स्थल पर व्यर्थ है। हमारा लेख तो केवल उनके उपदेशार्थ है जो छल विद्या सीखना चाहते हों। उनसे हम अवश्य कहेंगे कि पंच सकार का उचित रीति से सेवन करते रहिए तो यह पूछने की आवश्यकता न रहेगी कि क्योंकर सीखें। रहा दूसरा प्रश्न, अर्थात् कहाँ पर सीखें। इसका साधारण उतर तो यही है कि कपटी के कोई ब्राह्य चिह्न नहीं होते। जैसे सब मनुष्य हैं वैसे ही वे भी हुवा करते हैं। अतः जिस पुरुष में कपटकारिता देखो उसी के चरित्रों से संथा ले लिया करो और दूसरों के प्रति उसी की चाल-ढाल का अनुसरण किया करो। किन्तु इस मन्त्र को सदा स्मरण करते रहो कि जो कोई जान लेगा कि हम क्या करते हैं तो बुरा होगा।

बस यों ही करते-करते अच्छे-खासे कपटी हो जाओगे। पर विशेष उत्तर सुनने की लालसा हो और शास्त्र का प्रमाण पाए बिना जी न भरता हो तो इस श्लोक को कंठस्य कर रखिए कि "देशाटन पंडितमित्रता च बारांगना राजसभा प्रवेशः। अनेक शास्त्रावलोकनं चातुर्यमूलानि वदंति संताः ॥" जो लोग द्रव्योपार्जनादि के लिए देश-विदेश फिरा करते हैं अथवा बड़े नगरों में रह के नाना देश के लोगों की रीति-व्यवहार देखा करते हैं उनसे छिपा नहीं है कि कई जाति के लोगों को ईश्वर ने ऐसा स्वाभाविक गुण दे रक्खा है कि उनमें के यदि हजार पाँच सौ जन एकत्र किये जायँ तो कदाचित् एक ही दो ऐसे मिलेंगे जो शुद्ध 'छल के रूप कपट की

मूरति मिथ्यावाद जहाज' न हों। हम उन जातियों का नाम बतला के सेंत का झगड़ा मोल लेना नहीं चाहते किन्तु बाहिरी लक्षण बतलाए देते हैं कि बहुधा रंग गोरा, चेहरा खूबसूरत, शरीर निर्बल, स्वर मृदुल, मांस-मदिरा से सच्ची घृणा नहीं, ईश्वर और धर्म का आग्रह नहीं, मित्रता-शत्रुता का क्षण-भर भरोसा नहीं, स्वार्थपरता से कोई बात खाली नहीं। उनका काम हो तो चाहे जैसी खुशामद करा लीजिए किन्तु तुम्हारा प्रयोजन आ लगे तो मानो कभी की जान-पहिचान ही नहीं।

ऐसे लक्षण वालों से संसर्ग रखना छलविद्या सीखने में बड़ा सहारा देता है। किन्तु ऐसे लोग इस देश के केवल बड़े नगरों में तथा अपने ही भूभाग में मिलते हैं। इसी से शास्त्रकारों ने देशाटन की आज्ञा दी है और पंडितमित्रता अर्थात् नीतिबेत्ता, स्वार्थसाधनतत्पर, बेद-शास्त्रादि के बचनों में अपने मतलब का अर्थ निकाल लेने में समर्थ, अपनी कही हुई बात को नाना रूप से पलट देने के अभ्यासियों की संगति भी इसी निमित्त बतलाई है कि देश-विदेश घूमने वा नाना देशवासियों का रंग-ढंग देखने तथा छँटे लोगों से हेल-मेल रखने से मनुष्य की आँखें खुल जाती हैं और झूठ बोलना पाप नहीं जान पड़ता। जैसा कि फारस के विद्वानों का वाक्य है कि 'जहाँ दीदा बियार गोयद दरोगा'। फिर क्या, जहाँ झूठ बोलने की हिचक जाती रही वहाँ छल सीखने का ढर्रा खुला हुआ ही समझिए। और यदि इन दोनों रीतियों अर्थात् देशाटन और गुरुघंटालों के संग से पूर्ण शिक्षा ग्रहण कर सकिए तो बरांगना देवी का चरणसेवा स्वीकार कीजिए, वे पक्का कर देंगी। क्योंकि ऊपर हम जितने कपटी वालों के लक्षण बतला चुके हैं वे इनमें प्रायः सभी विद्यमान होते हैं। ऊपर भोली-भाली सूरत और मीठी-मीठी बातें बना के परधन हरण का उन्हें दिन-रात अभ्यास चढ़ा रहता है।

श्री तुलसीदास गोस्वामी तक ने जिनकी महिमा में साक्षी दी है कि "पर मन पर धन हरन को, गनिका बड़ी प्रवीन", जिनका-सा रूप धारण करके साक्षात् परमेश्वर ने भी छल ही किया है, अर्थात् समुद्रमंथन के समय मोहनी अवतार ले के आप ने अपने प्यारे देवताओं को तो अमृत पिलाया था और आँखें-भौंहें मटका के राक्षसों को मदिरा पिला के पागल कर दिया था। जिन आर्यकुलकलंकों को पुराणों का नाम ही सुनते मृगी रोग आ चढ़ता है उनकी तो बात ही और है, नहीं तो मोहनी रूप की कथा से बुद्धिमान मात्र यह उपदेश लाभ कर सकते हैं कि जब भगवान् तक इस रूप में प्रकटित होकर ऐसा ही करते हैं तब दूसरे पुरुष समुदाय से संसर्ग रखने वालियों से सच्ची प्रीति और सरल व्यवहार की आशा करना निरा व्यर्थ है।

निरे भोलानाथ तो उनके दर्शन ही मात्र से लँगोटी तक गँवा बैठते हैं और केवल विषपान के योग्य रह जाते हैं निरे राक्षस अर्थात् इन्द्रियों के गुलाम भी उनके हाथ से मोह मदिरा पी के मतवाले अर्थात् ज्ञानशून्य हो बैठते हैं। वहाँ तो केवल

उन्हीं देवताओं को निर्वाह है जिनका लक्षण रामायण में "आए देव सदा स्वार्थी। बचन कहहिं जन परमारथी" तथा "ऊँच निवास नीच करतूती। देखि न सकहिं पराई विभूति" इत्यादि लिखा है। यदि ऐसे गुरुओं के निकट भी छल शिक्षा न प्राप्त कर सकिए तो आप का अभाग्य है। किन्तु बतलाने वाले इनसे भी अधिक श्रेष्ठ शिक्षक बतला गये हैं जो राजसभा अर्थात् कचहरी, दर्बार में रह के जीवनयात्रा करते हैं। अर्थात् वकील, मुखतार, झूठे गवाह, पूरे अदालतबाज इत्यादि जिनका काम ही झूठ को सच, सच को झूठ कर दिखाना है। बस इन्हीं का सेवन और देश-देशान्तर की नीति सम्बन्धी पुस्तक तथा कुटिल नीतिज्ञों के जीवनचरित्र देखते-सुनते, समझते-बूझते रहिए तो ईश्वर चाहेगा तो बड़े अच्छे पक्के पूरे छलविद्या विशारद हो जाइएगा। पर इतना भी स्मरण रखिए कि यह महासिद्धि देवाधिदेव स्वार्थदेव की दया के बिना नहीं प्राप्त होती और वे उन्हीं अनन्य भक्तों पर दया करते हैं जो ईश्वरभक्ति, धर्म्मासक्ति, लोकलज्जा, परलोकभय इत्यादि को उन पर निछावर बरंच बलिदान करके उन्हीं के हो रहते हैं, धर्म कर्म विवेचना प्रतिष्ठादि का केवल ढकोसला मात्र रखते हैं, सो भी तभी तक जब तक स्वार्थेश्वर की आराधना में बाधा न आवे। बस यही मार्ग अवलम्बन कीजिए तो देख लीजिएगा छल की कैसी महिमा है और उसकी सेवा में कैसा आनन्द है।

[खं. 8, सं. 12 (जुलाई, ह. सं. 8)]

हो ओ ओ ली है!

1—अरे भाई, कुछ बाकी भी है कि सभी उड़ा बैठे? सच तो कहते हो, विद्या गयी ऋषियों के साथ, वीरता सूर्यवंशी चन्द्रवंशियों के साथ, रही सही लक्ष्मी थी, सो भी अपने पिता (समुद्र) के घर भागी जाती है। फिर सब तो इन्हीं तीनों के आधीन ठहरे, आज नहीं तो कुछ दिन पीछे सही हो (तो) ली ही है।

2—अरे वाह तुम भी निरे वही हो, कहो खेत की सुनो खलियान की। अजी आज धुलेंड़ी है! अब समझे?

1—हाँ! हाँ!! आज ही पर क्या है, जब कभी कोई अन्यदेशी विद्वान वा यहीं का ज्ञानवान आगे वालों के चरित्र से हमारी तुम्हारी करतूत का मिलान करेगा तो कह उठेगा—'धुः लेंड़ी है'! कुछ न किया, जितनी पुरुषों ने पुण्य की उतनी लड़कों ने ...... क्या कहैं, ह ह ह ह!

2—वाह जी हजरत वाह! हम तो कहते हैं आज तेहवार का दिन है, कुछ खुशी मनाओ। तुम वही पुराना चरखा ले बैठे! बाहर निकलो, देखो नगर भर में धूम है—कहीं नाच है कहीं गाना है, कहीं लड़कों बूढ़ों का शोर मचाना है, कहीं रंग है, कहीं अबीर है, कही फाग है, कहीं कबीर है, कहीं मदपिये बकते हैं, कहीं निर्लज लोग अश्लील (फुहुश) बकते हैं, कहीं कोई जूता उछालता है, कहीं कुछ नहीं है तो एक दूसरे पर सड़क की धूल और मोहरी की कीच ही डालता है, तरह-तरह के स्वांग बन-बन आते हैं, स्त्री पुरुष सभी पर्व मनाते हैं। सारांश यह कि अपने-अपने बित भर सभी आनन्द हैं, एक आप ही न जाने क्यों नई बहू की तरह कोठरी में बन्द हैं, न मुँह से बोलो न सिर से खेलो—भला यह भी कोई बात है! उठो-उठो!

1—ह अच्छा! आप ने तो खूब ही फारसी की छारसी उड़ाई (यह हिन्दी की चिन्दी का जवाब है), लखनौ के मियां भाइयों की काफियाबन्दी को मात किया।

2—खैर जी अब चलते भी हो कि यहीं से बातें बनाओगे?

1—मैं नहीं जाता, यह बहेंतूपन तुम्हीं को रंजा पुंजा रहे। भला यह भी कोई तमाशा है जिस के लिये तुम्हारी तरह गली-गली पड़ा फिरूँ? यह तो इस देश का

सहस्रों वर्ष से तार ही है, होली ही पर क्या विलक्षणता आ रही है। आप एक नगर को लिए फिरते हैं, यह कहो कि यूरुप अमेरिका तक हमारे अतिमानुष करमों की धूम है। नाच देख के तुम्हीं प्रसन्न होते होगे, हमारी जन में तो कामाग्नि में और घृताहुती देने में रात भर आँखें फोड़ने में, सिवाय बची खुची बुद्धि को स्वाहा करने के क्या धरा है? फिर यदि नाच भलेमानसों का काम नहीं तो अपनी धर्म्मपत्नी का हक वेश्याओं के भाड़ में झोंक के नाच का देखना ही किस सज्जन को सोहता है?

2—वाह, नृत्य चौंसठ विद्या में से है, भगवान श्री कृष्णचन्द्र जी नाचते हैं, उसे बुरा कहते हो!

1—फिर नाचो न! मना कौन करता है? अरे उन सज्जन महात्माओं को क्यों बदनाम करते हो? हाँ, रासधारियों के ठाकुर जी को चाहो जो करो। भगवान कृष्णचन्द्र के और ही किसी काम का पक्ष करते। देखो महाभारत में उन के धर्मनिष्ठता, धीरता, वीरता और गम्भीरतादि सद्गुणों की कैसी स्तुति है! यदि हम एक भी उन की चाल सीखते तो लोक परलोक में कैसा कुछ आनन्द होता!

2—यह पोथा फिर कभी खोलना—आज तो चलो परीजन (वेश्या) की तानों से कानों और प्राणों को प्रमोदित करैं।

1—क्या लज्जा की मूरत अनुसुइया (अत्रि ऋषि की पतिव्रता स्त्री) की औतार घर की अप्सरा देवी के सीठनों (ब्याह के गीतों) से तृप्ति नहीं हुई? चलो, उसे कहोगे कि कुल परम्परा है, पर ऐसे-ऐसे गीत कि 'मिरजा परे सरग जा रे, मैं तो नागर बाम्हनी' किस कुल की परम्परा है? रासलीला वाले ब्याभिचारोद्दीपक गीत, जिन में मजे का मजा और (हो न हो झूठ ही सही) धर्म की भी चाट है, यही क्या काम थे जो महाअपावन म्लेक्षों के साथ पूजनीय ब्राह्मणियों के इश्क के गीत गाये जायँ! हाय कलियुग देवता! वेश्या तो गावें—'चलत प्राण काया कैसी रोई' और कुलांगनाएँ वह गावें? क्या ही काल की गति है!

2—यार, सच है, मैंने भी लाला कूड़ामल के लड़के के ब्याह में एक रंडी को 'हुए दफन जो कि हैं वे कफन उन्हें रोता अब बहार है' गाते सुना था।

1—फिर ले भला! जब विवाह ऐसे मंगल कार्य में मुर्दों के गीत होते हैं तो होली में किस मनभावन गान की आशा है?

2—हम ने जान लिया कि नाच और गाने में तो तुम जा चुके पर चलो बाहर लोगों की हा हा हू हू ही से जी बहलावें।

1—यह शोर ही शोर तो रही गया है। देखो तो किसी काम के रहे नहीं, हल जोतने तक का तौ सलीका नहीं, तौ भी 'हम बाला के सुकुल आहिन, हम ससुर धाकर के हियां तलाये का पानी लेवे?' 'महाराज कुछ पढ़ते हो?' 'का सुआ मैना आहिन? हम तो आहिन जगतगुरू! हमारे पुरखिन यज्ञ कीन ती!!!' बलिहारी—रौरे! (कनवजियों का प्रतिष्ठा शब्द) कि विद्या के नाम तो यह बातैं पर जो कोई कह दे

कि—'अविद्यो ब्राह्मणः कथम्' तो जनेऊ तोड़ने को तैयार हैं।

2—हम तौं ढैये उच्चकुल के क्षत्री (खत्री) हैं ना?

1—ढैये हो चाहै साढ़साती हो, पर राजा साहब! क्षतियत्व इसी में है कि अपने देश भाइयों की शारीरिक और मानसिक शत्रुओं से रक्षा करो। सो तो इन नाजुक हाथों से आसरा ही नहीं, हाँ, यह कहो कि हम मेहरे हैं, सो तो हम तुम सभी, क्योंकि सच्ची योग्यता के नाते तो ढोल के भीतर बोल, पर मुँह से सब बड़ाई कूट-कूट के भरी है।

2—वाह रे गुरू! क्यों न हो, कोई कुछ कहै तुम अपनी ही राह पकड़ोगे। अच्छा ले आओ, तुम्हें बना तो दें! और क्या, (मुँह रंग के) आये! ये आये होली के!

1—सो सही, पर उत्तम तो यह था कि ऐसे-ऐसे कामों में सहाय देते जिनसे सचमुच की सुर्खरूई होती। बाल विवाह की कुरीति उठाई होती—ब्रह्मचर्य की फिर से प्रथा चलाई होती, तौ देखते कि कैसा रंग आता है। क्या एक दिन अबीर लगवा के हनोमान जी के भाईबन्द बन गये! जहाँ मुँह पर पानी पड़ा फिर वही मोची के मोची! आये क्या सब ही ओर से गये, यह कौन किससे कहे? यहाँ तो आर्यसन्तानों को हिन्दू, काला आदमी, बुतपरस्त, काफर, बेईमान, अधसिखिया (Half Civilized), इत्यादि अवाच्य कबीरों के सुनने की लत पड़ गयी है। इन की समझ में गाली तो खाने ही को बनी है! जहाँ घर ही में जूत उछलौअल है—हम तुम्हें पोप का चेला कहैं, तुम हमें दयानन्दी गपाष्टक वाला बनाओ, फिर भला बाहर वाले (ईसाई मुसलमान) क्यों न लथाड़ें? अरे मतवाले भाइयों! तुम्हें यह क्या सूझी है कि तुम शैव हो कर वैष्णव मात्र की छाँह न देख सको? ईश्वर के सच्चे प्रेमी को भी राख न लगाने के पीछे 'तन्त्य-जेद्यन्त्यजम् यथा' कहा? क्यों महाराज घटाटोप टंकार रामानुज स्वामी जी! अर्धपुंड्र न लगावे और हाथ न दगावे पर विद्वान सज्जन हो, तौ भी वह निरा राक्षस है? यदि श्रीमद्रामानुजस्वामी की तुम्हारी ही सी समुझ होती तौ उन के उपदेश द्वारा लाखों लोगों का सुधरना सर्वथा असम्भव था! हाँ, मिस्टर पंचमकारानन्द साहिब से मैं डरता हूँ, कहीं मार न खायं! पशु और कंटक तो बनाते ही हैं, पर इतना तो फिर कहे बिना नहीं रहा जाता कि जो 'वेद शास्त्र पुराणानि निर्लज्जा गणिका इव' हैं तो केवल आप कहते और छिप-छिप के मनमानी अंधाधुंध मचाने से 'शाम्भवी विद्या गुप्ता कुलवधूरिव' कैसे हुई जाती है? यती जी महाराज! जो बहुत फूँक-फूँक पाँव धरते थे उन्होंने माहीधरी टीका देख के यह बेपर की उड़ाई कि—'त्रयो वेदस्य कर्त्तरो भांड़ धूर्त निशाचरा।' यह भी न सोचा कि—'अहिंसा परमोधर्म्मः', जिस के ऊपर हमारे मत की नींव है, किसी वैदिक ही का बचन है या जैनी का? हमारे यहाँ के सब के सब ही यद्यपि जानते हैं कि जैनी किसी दूसरे देश से नहीं आये, चाल ढाल ब्योहार हमारा ही सा उन के यहाँ भी है, परन्तु तौ भी—हस्तिनापीड्यमानोपि न गच्छेज्जैनमन्दिरम्—इस झगड़े की बात को

वेद की ऋचा मान बैठे हैं! अरे भाई! धर्म और बात है और मतवालापन और बात है। पर तुम समझते तौ फूट और बैर तुम्हारे देश का मेवा क्यों हो जाता, जिस का यह फल है कि तुम—'निबरे की जुइया सब कै सरहज—बन गये, अन्य देशियों की गुलामी करनी पड़ी। अस्तु, यह दुख रोना कब तक रोवें? अब जरा स्वांगों की कैफियत सुनिए। चाहै निरक्षर भट्टाचार्य हो, चाहै कुल कुबुद्धि कौमुदी रट डाली हो, पर जहाँ लम्बी धोती लटका के निकले बस—'अहं पण्डितं—सरस्वती तौ हमारे ही पेट में न बसती है!' लाख कहौ एक न मानेंगे। अपना सर्वस्व खोकर हमारे घाऊघप्प पेट को ठांस-ठांस न भरै वही नास्तिक, जो हमारी बेसुरी तान पर वाह वाह न किये जाय वही कृष्टान, हम से चूं भी करै सो दयानन्दी। जो हम कहैं वही सत्य है। ले भला हम तौ हम, दूसरा कौन! यह मूरत स्वामी कलियुगानन्द सरस्वती शैतानाश्रम बंचकगिरि जी की, उन से भी अधिक है। क्यों न हो, ब्राह्मण—गुरु संन्यासी प्रसिद्ध ही है। जहाँ—'नारि मुई घर सम्पत्ति नाशी मूंड़ मुंड़ाय भए संन्यासी'! फिर क्या, ईश्वर और धर्म के नाम मूंड ही मुड़ा चुके, अब तो 'तुलसी या संसार में चार रतन हैं सार। जूआ मदिरा माँस अरू नारी संग विहार'! काशी आदि में, दिनदहाड़े विचारे गृहस्थ यात्रियों की आँखों में धूल झोंकना ही तो लाल कपड़ों का धर्म है! धन्य है! जहाँ ऐसे-ऐसे महापुरुष हों उस देश का कल्याण क्यों न हो जाय! भला यह रामफटाका लगाए चिमटा खटकात कौन आ रहे हैं? यह लम्पटदास बाबा हैं। मोटाई में तो गणेश जी के बड़े भाई ही जान पड़ते हैं! क्यों न हो—'रिन की फिकर न धन की चोट, यहु धमधूसर काहे मोंट'! न जाने यह वे मिहनत के मालपूए कहाँ जाते होंगे? यह न पूछो, जहाँ कोई सेवकी आयी—'ह हच्छा राधाराणी, ये बड़ी भगतिण हैं, बोल क्या इंछा है?'

"महाराज सन्तान नहीं होती।'

'सन्तान क्या लिए बैठे हैं?'

'हें हें बाबाजी, आप के बचनों से सब कुछ होता है। मेरी परोसिन के लड़का न होता था सो आप ही के ऐसे एक महात्मा की दया हुई, अब उसके दो खेलते हैं, आप जो करें।"

'तेरी मणसा फलेगी रामासरे से। (हाथ देख के) संताण तो लिखी है पर किसी गिरही से नहीं दिक्खै।'

'हें हें, फिर महाराज?'

'अच्छा माई, विरक्त हैं पर क्या चिन्ता है—पर स्वारथ के कारणें संतण धरे शरीर। यह भी न सही तौ बालोपासना तो कागभुसुंड ऐसे महात्मा का धर्म ही है। धर्माधर्म का विचार तो किसी विद्वान को होता है, यहाँ तौ अपणे राम भगत ठहरे, हरे कृष्ण गोविंद जाणते हैं। और पढ़कर क्या पंडिताई करणी है?' फिर पढ़ें भी तो इतना कि रामायण ऐसी उत्तम काव्य से ऐसी-ऐसी बातें चुन रक्खी हैं 'राम राम

कहि जे जमुहाहीं। तिनहिं न पाप पुंज समुहाहीं'। फिर क्या डर है, सब के गुरु घंटाल गोस्वामीजी की और भी विचित्र लीला है। कथा बाँचने के समय वुह ग्रीवां की हलन, भौंहन की चलन, अंगुरिन की मटकन, कामदानी दुपट्टा के छोरन की लटकन, मन्द-मन्द मुसिकान, बीरी का चबान, घूंघर वारे—फलेल सों संवारे—भौंरे से कारे-कारे केश, मदनमनोहर वेष, किस स्त्री अथवा पुरुष के मन को नहीं लुभाता? दशम स्कन्ध में तो विहार वा विलास ही आदि शब्द लिखे होंगे जिन के कई उत्तम अर्थ भी हो सकते हैं, पर आपरूप उसे बहार इश्क ही (एक मसनवी) कर दिखावेंगे! ऐसा न करैं तो वह नित नये पधरावने कैसे हों, ठाकुर जी की परिक्रमा में 'अहं कृष्णश्चत्वां राधा' की कैसे ठहरे! हाय, इन्हीं स्वांगों की बदौलत क्या-क्या अनर्थ हुए और होते जाते हैं, पर न जाने कब तक हमारे हिन्दू भाई जीती मक्खी लीलेंगे।

2—सब को स्वांग बनाते हो, तुम किस से कम हो जो काले रंग पर भी कोट पतलून पहिन कर निरे गड्डानी ही बने जाते हो? ऊपरी बातों की नकल और अपनी बोली में कैट पैट मिलाने के सिवा अंग्रेजों का सा स्वजाति हितैषी काम तो कोई भी न देखा। खरी कहाते हो, तुम्हारे चचा साहब दयानन्दी हैं, उन्हें भी मुहीं से धर्म-धर्म वेद-वेद उन्नति-उन्नति चिल्लाते पाया, करतूत कुछ भी न देख पड़ी। क्या हिन्दू के बदले आर्य सलाम प्रणाम के बदले नमस्ते कहना ही धर्म का मूल, वेद का तत्व और उन्नति की सीढ़ी है? सच्ची बातैं चूना सी लगती हैं!

1—तुम्हारे लगती होंगी जो जग उठे, यहाँ तो पहिले अपनी उतार लेते हैं तब दूसरे की पर हाथ डालते हैं। पर आप निहायत सच्च कहते हैं। हम को, तुम को और सभी को अपने नाम की लाज रखना अति उचित है।

2—यार यह तो होता ही रहेगा, एकाध तान तो उड़े।

1—हाँ हाँ, लीजिए, धी-धींता-धींता-धींता—

होली।

कैसी होरी मचाई—अहो प्रिय भारत भाई ॥
आलस अगिन वारि सब फूँक्यों विद्या बिभव बड़ाई।
हाय आपने नाम रूप की निज कर धूरि उड़ाई ॥
रहे मुख कारिख लाई ॥
आपस में गारी बकि-बकि कै कीन्हीं कौन भलाई।
महामूढ़ता के मद छाके हित अनहित बिसराई ॥
लाज सब धोय बहाई ॥
सर्बस खोय परे हो पर्बस तहूं न जात ढिठाई।
भावी बर्तमान दुख शिर पर ताकी शंक न राई ॥
बुद्धि कैसी बौराई।

अबहू सुन हुरिहार की बिनती तजौ निपट हुरिहाई ॥
सांचे सुख को जतन करौ कछु नहिं रहिहौ पछिताई ॥
बीत जब औसर जाई ॥

2—गाते हो कि रोते हो! तुम्हें और कुछ न आया, ले अब हमारी सुनो, अ र र र कबीर!

जहाँ राजकन्यन के डोला तुरकन के घर जायं।
तहाँ दूसरी कौन बात है जेहमाँ लोग लजायं ॥
भला इन हिजरन ते कुछ होना है ॥1॥
कहैं गऊ को माता तिन की दुरगति देखें रोज।
लाज शरम और धरम करम का इन में नाहीं खोज
भला इस हिन्दूयन पर लानत है ॥1॥

1—अरे यार, इन कोरी बातों में क्या है। देखा बहुत खेल चुके! अब खेलते-खेलते लस्त-पस्त हो चुके! तुम पर सैकड़ों घड़े पानी पड़ चुका, मुँह में स्याही लगी है, अब तो स्वच्छता धारण करो, अब तो शुद्ध हो जावो! आओ हम तुम मिलें, दूसरों से भी मिलें और अपने-अपने काम से लगें। औरों से भी कहो, छोड़ो इन ढंगों को, इसी में सब का मंगल है।

धर्म ३ प्रेम ३ सब शान्ति : ३
एक हुरिहार—कानपुर

[खं. 1, संख्या 1 (15 मार्च, सन् 1883 ई.)]

द

हमारी और फारस वालों की वर्णमाला भर में इससे अधिक अप्रिय, कर्णकटु और अस्निग्ध अक्षर, हम तो जानते हैं, और न होगा। हमारे नीति विदाम्बर अंग्रेज बहादुरों ने अपनी वर्णमाला में बहुत अच्छा किया जो नहीं रक्खा! नहीं उस देश के लोग भी देना सीख जाते तो हमारी तरह निष्कंचन हो बैठते। वहाँ के चतुर लोगों ने बड़ी दूरदर्शिता करके इस अक्षर के ठौंर पर 'डकार' अर्थात् 'डी' रक्खी है, जिसका अर्थ ही डकार जाना, अर्थात् यावत् संसार की लक्ष्मी, जैसे बनै वैसे, हजम कर लेना! जिस भारत लक्ष्मी को मुसलमान सात सै वर्ष में अनेक उत्पात करके भी न ले सके उसे उन्होंने सौ वर्ष में धीरे-धीरे मजे के साथ उड़ा लिया कि हँसते खेलते विलायत जा पहुँची! इधर हमारे यहाँ दकार का प्रचार देखिए तो नाम के लिए देओ, यश के लिए देओ, देवताओं के निमित्त दओ, पितरों के निमित्त देओ, राजा के हेतु देओ, कन्या के हेतु देओ, मजे के वास्ते देओ, अदालत के खातिर देओ, कहाँ तक कहिए, हमारे बनवासी ऋषियों ने दया और दान को धर्म का अंग ही लिख मारा है। सब बातों में देव, और उस्के बदले में लेव क्या? झूठी नामबरी, कोरी वाह वाह, मरणान्तर स्वर्ग, पुरोहित जी का आशीर्वाद, रुजगार करने की आज्ञा वा खिताब, क्षणिक सुख इत्यादि। भला देश क्यों न दरिद्री हो जाय? जहाँ देना तो सात समुद्र पार वालों तथा सात स्वर्ग वालों तक को तन, मन, धन और लेना मनमोदक मात्र! बलिहारी इस दकार के अक्षर की! जितने शब्द इसमें पाइएगा, सभी या तो प्रत्यक्ष ही बिपवत, या परम्परा द्वारा कुछ न कुछ नाश कर देने वाले! दुष्ट, दुःख, दुर्दशा, दास्य, दौर्बल्य, दंड, दम्भ, दर्प, द्वेष, दानव, दर्द, दाग, दगा, देव, (फारसी में राक्षस) दोजख, दम का आरजा, दरिंदा (हिंसक जीव) दुश्मन, दार (शूली), दिक्कत इत्यादि सैकड़ों शब्द आप को ऐसे मिलेंगे जिनका स्मरण करते ही रोंगटे खड़े होते हैं! क्या नहीं, हिन्दी फारसी दोनों में इस अक्षर का आकार हँसिया का सा होता है, और बालक भी जानता है कि उससे सिवा काटने चीरने के और काम नहीं निकलता। सर्वदा बन्धन रहित होने पर भी भगवान का नाम दामोदर

क्यों पड़ा, कि आप भी रस्सी से बँधे और समस्त वृजभक्तों को दइया-दइया करनी पड़ी? स्वर्ग बिहारी देवताओं को सब सामर्थ्य होने पर भी पुराणों के अनुसार सदा दनुज कुल से क्यों भागना पड़ा? आज भी नये मत वाला के मारे अस्तित्व तक मैं सन्देह है! ईसाइयों की नित्य गाली खाते हैं। इसका क्या कारण है? पंचपांडव समान वीर शिरोमणि तथा भगवान कृष्णचन्द्र सरीखे रक्षक होते हुए द्रुपदतनया को कशाकर्षण एवं बनवास आदि का दुःख सहना पड़ा। इसका क्या हेतु? देशहितैषिता ऐसे उत्तम गुण का भारतवासी मात्र नाम तक नहीं लेते? यदि थोड़े से लोग उसके चाहने वाले हैं भी तो निर्बल, निर्धन, बदनाम! यह क्यों? दम्पत्ति अर्थात् स्त्री-पुरुष, वेद, शास्त्र, पुराण, बायबिल, कुरान सब में लिखा है कि एक हैं, परस्पर सुखकारक हैं। पर हम रिषिवंशीय कान्यकुब्जों में एक दूसरे के बैरी होते हैं! ऐसा क्यों है? दूध, दही, कैसे उत्तम, स्वादिष्ट, बलकारक पदार्थ है कि अमृत कहने योग्य, पर वर्तमान राजा उस्की जड़ ही काटे डालते हैं, हम प्रजागण कुछ उपाय ही नहीं करते, इसका क्या हेतु है? इन सब बातों का यही कारण है कि इन सब नामों के आदि में यह दुरूह 'दकार' है! हमारे श्रेष्ठ सहयोगी 'हिन्दी-प्रदीप' सिद्ध कर चुके हैं कि 'लकार' बड़ी ललित और रसीली होती है। हमारी समझ में उसी का साथ पाने से दीनदयाल, दिलासा, दिलदार, दालभात इत्यादि दस पाँच शब्द कुछ पसन्दीदा हो गये हैं, नहीं तो देवताओं में दुर्गा जी, रिषियों में दुर्वासा, राजाओं में दुर्योधन महान् होने पर भी कैसे भयानक हैं। यह दद्दा ही का प्रभाव है। कनवजियों के हक में दमाद और दहेज, खरीदारों के हक में दुकानदार और दलाल, चिड़ियों के हक में दाम (जाल) दाना आदिक कैसे दुखदायी हैं! दमड़ी कैसी तुच्छ संज्ञा है! दाद कैसा बुरा रोग है, दरिद्र कैसी कुदशा है, दारू कैसी कड़वाहट, बदबू, बदनामी, और बदफेली की जननी है, दोगला कैसी खराब गाली है, दंगा बखेड़ा कैसी बुरी आदत है, दंश (मच्छड़ या डास) कैसे हैरान करने वाले जन्तु हैं, दमामा कैसा कान फोड़ने वाला बाजा है, देशी लोग कैसे घृणित हो रहे हैं, दलीप सिंह कैसे दीवानापन में फँस रहे हैं। कहाँ तक गिनावें, दुनिया भरे की दन्तकटाकट 'दकार' में भरी है। इससे हम अपने प्रिय पाठकों का दिमाग चाटना नहीं पसन्द करते, और इस दुस्सह अक्षर की दास्तान को दूर करते हैं।

[खं. 4, सं. 2 (15 सितम्बर, ह. सं. 3)]

भौं

निश्चय है कि इस शब्द का रूप देखते ही हमारे प्यारे पाठकगण निरर्थक शब्द समझेंगे, अथवा कुछ और ध्यान देंगे तो यह समझेंगे कि कार्तिक का मास है, चारों ओर कुत्ते तथा जुबारी भौं भौं भौंकते फिरते हैं, सम्पादकी की सनक में शीघ्रता के मारे कोई और विषय न सूझा तो ही 'भौं' अर्थात भूँकने के शब्द को लिख मारा! पर बात ऐसी नहीं है। हम अपने वाचकवृन्द को इस एक अक्षर में कुछ और दिखाया चाहते हैं। महाशय! दर्पण हाथ में लेके देखिए, आँखों की पलकों के ऊपर श्याम वरण विशिष्ट कुछ लोम हैं? वरुनी न समझिएगा, माथे के तले और पलकों के ऊपर वाले रोम समूह! जिनको अपनी हिन्दी में हम भौं, भौंह, भौंहें कहते हैं, संस्कृत के पंडित भ्रू बोलते हैं! फारस वाले अबरू और अंग्रेज लोग 'आईब्रो' कहते हैं, उन्हीं का वर्णन हमें करना है। यह न कहिएगा कि थोड़े से रोएँ हैं, उनका वर्णन ही क्या! नहीं! यह थोड़े से रोएँ सुवर्ण के तारों से अधिक हैं। हम गृहस्थ हैं, परमेश्वर न करे, किसी बड़े बूढ़े की मृत्यु पर शिर के, दाढ़ी के और सर्वोपरि मूँछों तक भी बाल बनवा डालेंगे, प्रयाग जी जायँगे तौ भी सर्वथा मुंडन होगा, किसी नाटक के अभिनय में स्त्री भेष धारण करेंगे तौ भी घुटा डालेंगे, संसार विरक्त होके सन्यास लेंगे तौ भी भद्र कराना पड़ेगा, पर चाहे जग परलौ हो जाय, चाहे लाख तीर्थ घूम आवें, चाहे दुनिया भर के काम बिगड़ जायँ, चाहे जीवनमुक्त ही का पद क्यों न मिल जाय, पर यह हमसे कभी न होगा कि एक छूरा भौंहों पर फिरबा लें! सौ हानि, सहस्त्र शलोक, लक्ष अप्रतिष्ठा हो तौ भी हम अपना मुँह सबको दिखा सकते हैं, पर यदि किसी कारण भौंहें सफाचट्ट हो गयीं तो परदेनशीनी ही स्वीकार करनी पड़ेगी! यह क्यों? यह यों कि शरीर भरे की शोभा मुखमंडल है और उसकी शोभा यह हैं! उस परम कारीगर ने इन्हें भी किस चतुरता से बनाया है कि बस, कुछ न पूछो! देखते ही बनता है! कविवर भर्तृहरि जी ने 'भ्रूचातुर्य, कुंचिताक्षा, कटाक्षा, स्निग्धा, वाचो लज्जिता चैव हासः, लीला मंदं प्रस्थितं च स्त्रीणामेतद्भूषणं चायुर्धच।' लिखकर क्या ही सच्ची बात दिखलाई है कि बस, अनुभव ही से काम रखती है! कहे कोई तो क्या कहे, निस्सन्देह स्त्रियों के लिए भूषण है, क्योंकि

उनकी परम शोभा है और रसिकों को वशीभूत करने के हेतु सुन्दरियों का शस्त्र है! यह बात सहृदयता से सोचो तो चित्त में अगणित भाव उत्पन्न होंगे, देखो तौ भी अनेक स्वादु मिलेंगे। पर जो कोई पूछे कि वह क्या है तो भ्रूचातुर्ध्य अर्थात् भौंहों में भरी हुई चतुरता से अधिक कुछ नाम नहीं ले सकते। यदि कोई उस भ्रूचातुर्य का लक्षण पूछे तो बस चुप। हाय-हाय कवियों ने तो भौंह की सूरत मात्र देख के कहीं दिया है, पर रसिकों के जी से कोई पूछे! प्रेमपात्र को भौंह का तनक हिल जाना मन के ऊपर सचमुच तलवार ही का काम कर जाता है। फिर भृकुटी-कृपाण क्यों न कहें। सीधी चितवन वान ही सी करेजे में चुभ जाती है! पर इसी भ्रूचाप का सहाय से श्री जयदेव स्वामी का यह पवित्र वचन–"शशि मुखि! तव भाति भंगुर भ्रू, युवजन मोह कराल काल सर्पी"–उनकी आँखों से देखना चाहिए, जिनके प्रेमाधार कोप के समय भौंह सकोड़ लेते हैं! आहा हा! कई दिन दर्शन न मिलने से जिसका मन उत्कंठित हो रहा हो उसे वुह हृदयाभिराम की प्रेमभरी चितवन के साथ भावभरी भृकुटी ईद के चाँद से अनन्त ही गुणा सुखादायिनी होती है। कहाँ तक कहिए, भृकुटी का वर्णन एक जीभ से तो होना ही असम्भव है! एक फारसी का कवि यह वाक्य कहके कितनों रसज्ञता का अधिकारी है कि रसिकरण को गूँगे का गुड़ हो रहा है–'भृकुटी रूपी छन्द पंक्ति के सहस्रों सूक्ष्म अर्थ हैं, पर उन अर्थों को बिना बाल की खाल निकालने बालों अर्थात् महातीव्र बुद्धि वालों के कोई समझ नहीं सकता*'। जब यह हाल है कि महातीव्र बुद्धी केवल समझ सकते हैं तो कहने को सामर्थ्य तो है किसे? संस्कृत भाषा, फारसी, उर्दू में काव्य का ऐसा कोई ग्रन्थ ही नहीं है जिसमें इन लोमराशि का वर्णन न हो। अतः हम यह अध्याय अधिक न बढ़ा के इतना और निवेदन करेंगे कि हमारे देशभाई विदेशियों की वैभवोन्माद रूपी वायु से संचालित भ्रकुटी लता ही को चारों फलदायिनी समझ के न निहारा करें, कुछ अपना हिताहित आप भी विचारें। यद्यपि हमारा धन, बल, भाषा इत्यादि सभी निर्जीव से हो रहे हैं तो भी यदि हम पराई भौहें ताकने की लत छोड़ दें, आपस में बात-बात पर भौहें चढ़ाना छोड़ दें, दृढ़ता से कटिबद्ध हो के वीरता से भौहें तान के देशहित में सन्नद्ध हो जायँ, अपनी देश की बनी वस्तुओं का, अपने धर्म का, अपनी भाषा का, अपने पूर्व पुरुषों के रुजगार और व्यवहार का आदर करें तो परमेश्वर अवश्य हमारे उद्योग का फल दे। उसके सहज भृकुटी विलास में अनन्त कोटि ब्रह्मांड की गति बदल जाती है, भारत की दुर्गति बदल जाना कौन बड़ी बात है।

[खं. 4, सं. 3 (15 अक्टूबर ह. सं. 3)]

---

*हज़ारा मानिए बारीक बाशद वैते अब्रूरा। बग़ैरउज़ मूशिगाफां कस न फ़हमद मानिए ऊरा।

ट

इस अक्षर में न तो 'लकार' की सी लालित्य है, न 'दकार' का सा दुरूहत्व, न 'मकार' का सा ममत्वबोधक गुण है, पर विचार करके देखिए तो शुद्ध स्वार्थपरता से भरा हुवा है। सूक्ष्म विचार के देखो तो फारस और अरब की ओर के लोग निरे छल के रूप, कपट की मूरत नहीं होते, अप्रसन्न हो के मरना मारना जानते हैं, जबरदस्त हो के निर्बलों को मनमानी रीति पर सताना जानते हैं, बड़े प्रसन्न हों तो तन, मन, धन से सहाय करना जानते हैं। और जहाँ कोई युक्ति न चले वहाँ निरी खुशामद करना जानते हैं, पर अपने रूप में किसी तरह का बट्टा न लगने देना और रसाइन के साथ धीरे-धीरे हँसा खिला के अपना मतलब गाँठना, जो नीति का जीव है, उसे बिल्कुल नहीं जानते।

इतिहास के सब बादशाहों का चरित्र देख डालिए। ऐसा कोई न मिलेगा जिसकी भली या बुरी मनोगति बहुत दिन तक छिपी रह सकी हो। यही कारण है कि उनकी वर्णमाला में टवर्ग हुई नहीं! किसी फारसी से टट्टी कहलाइए तो मुँह बीस कोने का बनावेगा, पर कहेगा तत्ती! टट्टी की ओट में शिकार करना जानते ही नहीं उन बिचारों के यहाँ 'टट्टी' का अक्षर कहाँ से आवे!

इधर हमारे गौरांगदेव को देखिए, सिर पर हैट (टोपी): तन पर कोट, पावों में प्येंट (पतलून) और बूट। ईश्वर का नाम आल्माइटी (सर्वशक्तिमान), गुरू का नाम टिउटर या मास्टर (स्वामी को भी कहते हैं) या टीचर, जिससे प्रीति हो उसकी पदवी मिस्ट्रेस, रोजगार का नाम ट्रेड, नफा का नाम बेनीफिट, कवि का नाम पोयट, मूर्ख का नाम स्टुपिड, खाने में टेबिल, कमाने में टेक्स। कहाँ तक इस टिटिल टेटिल (बकवाद) को बढ़ावें, कोई बड़ी डिक्शनरी (शब्दकोष) को ले के ऐसे शब्द ढूँढिए जिसमें टकार न हो तो बहुत ही कम पाइएगा।

उनके यहाँ 'ट' इतना प्रसिद्ध है कि तोता कहाइए तो टोटा कहेंगे। इसी टकार की प्रभाव से नीति में सारे जगत के मुकुटमणि हो रहे हैं। उनकी पालिसी समझना तो दरकिनार, किसी साधारण पढ़े लिखे से पालिसी के माने पूछो तो एक शब्द ठीक-ठीक न समझा सकेगा। इससे बढ़ के नीति-निपुणता क्या होगी कि

रूजागर में, व्यवहार में, कचहरी में, दरबार में, जीत में, हार में, बैर में, प्यार में, लल्ला के सिवा दद्दा जानते ही नहीं। रीझेंगे तो भी जियाफल लेंगे, तुहफा लेंगे, सौगात लेंगे, और इन सैकड़ों हजारों के बदले देंगे क्या, 'श्री ईसाई' (सी.एस.आई.) की पदवी, या एक कागज के टुकड़े पर सर्टिफिकेट अथवा कोरी थैंक (Thank) (धन्यवाद), जिसे उरदू में लिखो तो ठेंग अर्थात हाथ का अँगूठा पढ़ा जाय!

धन्य री स्वार्थसाधकता! तभी तो सौदागरी करने आये, राजाधिराज बन गये! क्यों न हो, जिनके यहाँ बात-बात में 'टकार' भरी है, उनका सर्वदा सर्वभावेन सब किसी का सब कुछ डकार जाना क्या आश्चर्य है! नीति इसी का नाम है। 'टकार' का यही गुण है कि जब सारी लक्ष्मी विलायत ढो ले गये तब भारतीय लोगों की कुछ-कुछ आँखें खुली हैं। पर अभी बहुत कुछ करना है। पहिले अच्छी तरह आँखें खोल के देखना चाहिए कि यह अक्षर जैसे अँगरेज के यहाँ है वैसे ही हमारे यहाँ भी है, पर भेद इतना है कि उनकी 'टी' की सूरत ठीक एक ऐसे काँटे की सी है कि नीचे से पकड़ के किसी वस्तु में डाल दें तो जाते समय कुछ जान पड़ेगा, पर निकलते समय उस वस्तु को दोनों हाथों अपनी ओर खींच लावेगा।

प्रत्यक्ष देख लो कि यह जिसका स्वत्वहरण किया चाहते हैं, उसे पहले कुछ ज्ञान नहीं होता, पीछे से जो है सो इन्हीं का! और हमारे वर्णमाला का 'ट' एक ऐसे आँकड़े के समान है जिसे ऊपर से[1] पकड़ सकते हैं और पदार्थ में प्रविष्ट कर सकते हैं, पर उस वस्तु को यदि सावधानी से अपनी ओर खींचे तौ कुशल है नहीं तो कोरी मिहनत होती है!

इसी से हम जिन बातों को अपनी ओर खींचना आरम्भ करते हैं उनमें 'टकार' के नीचे वाली नोंक की भाँति पहले तो हमारी गति खूब होती है, पर पीछे से जहाँ दृढ़ता में चूके वही संठ के संठ रह जाते हैं। दूसरा अन्तर यह है कि अँगरेजों के यहाँ T सार्थक है और हमारे यहाँ एक रूप से निरर्थक! अंग्रेजी में 'टी' के माने चाह के हैं जो उनके पीने की चीज है, अर्थात् वे अपना पेट भरना खूब जानते हैं! पर हमारे यहाँ ट का अर्थ निकलता कुछ नहीं है। यदि 'टट्टा' कहो तौ भी एक हानिकारक ही अर्थ निकलता है!

घर में टट्टा लगा हो तो न हम बाहर जा सकते हैं, अर्थात् अन्य देश में जाते ही धर्म और बिरादरी में बदनाम होते हैं, और बाहर की विद्या, गुण आदि हमारे हृदय मन्दिर के भीतर नहीं आ सकते। आवैं भी तो हमारे भाई चोर-चोर कहके चिल्लायँ! यह अनर्थ ही तो है। तीसरा फर्क लीजिए, जितना उनके यहाँ 'ट' का खर्च है उतना हमारे यहाँ नहीं है। तिस पर भी हम अपने यहाँ के 'ट' का बर्ताव बहुधा अच्छी रीति से नहीं करते। फिर कहाँ से पूरा पड़े!

---

1. नीचे से पकड़ना अर्थात् उसके मूल को ढूँढ़ के काम में लाना और ऊपर से पकड़ना अर्थात् दैवाधीन समझकर उठाना।

'टकार' का अक्षर नीतिमय है! उस नीतिमय अक्षर को बुरी रीति से काम में लाना बुरा ही फल देता है। हम ब्राह्मण हैं तो टीका (तिलक) और चोटी सुधारने में घंटों बिता देते हैं। यह काम स्त्रियों के लिए उपयोगी था। हमें चाहिए था, वास्तविक धर्म पर अधिक जोर देते।

यदि हम क्षत्री हैं तो टंटा बखेड़ा में पड़े रहते हैं। यह काम चाहिए था शत्रुओं के साथ करना, न कि आपस में। यदि हम बैश्य हैं तो केवल अपना ही टोटा (घटी) या नफा विचारेंगे। इससे सौदागरी का सच्चा फल नहीं मिलता। यदि हम अमीर हैं तो सैकड़ों रुपया केवल अपना टिमाक बनाने में लगा देंगे, टेसू बने बैठे रहेंगे। इससे तो यह रुपया किसी देश हितकारी काम में लगाते तो अच्छा था। पढ़े लिखे हैं तो मतबाद में टिलटिलाया करेंगे। कोई काम करेंगे तो अंटसंट रीति से, सरतारे होंगे तो टाल-मटोल किया करेंगे।

इस ऊटपटाँग कहानी को कहाँ तक कहिए, बुद्धिमान विचार सकते हैं कि जब तक हमारी यह टेंव न सुधरेगी, जब तक हमारे देश में ऐसी ही टिचर फैली रहेगी, तब तक हमारे दुःख दरिद्र भी न टलेंगे। दुर्दशा यों ही टेंटुआ दबाए रहेगी। हमें अति उचित है कि इसी घटिका से अपनी टूटी फूटी दशा सुधारने में जुट जायँ। विराट भगवान के सच्चे भक्त बनें। जैसे संसार का सब कुछ उनके पेट में है वैसे ही हमें भी चाहिए कि जहाँ से जिस प्रकार जितनी अच्छी बातें मिलें, सब अपने पेट कें पिटारे में भर लें और देश भर को उनसे पाट दें। भारतवासीमात्र को एक बाप के बेटे की तरह प्यार करें। अपने-अपने नगर में नेशनल कांग्रेस की सहायक कमेटी कायम करें।

ऐंटी कांग्रेस वालों की टाँय पर ध्यान न दें। बस, नागर नट की दया से सारे अभाव झट पट हट जायँगे और हम सब बातों में टंच हो जायँगे! यह 'टकार' नीरस सी होती है, इससे इसके सम्बन्धी आर्टिकल में किसी नटखट सुन्दरी की चटक मटक भरी चाल और गालों पर लटकती हुई लट, मटकती हुई आँखों के साथ हट! अरे हट! की बोलचाल का सा मजा तो ला न सकते थे, केवल टटोल टटाल के थोड़ी सी एडीटरी की टेंक निभा दी है! आशा है कि इसमें की कोई बात टेंट में खोंस रखिएगा तो टका पैसा गुण ही करेंगी। बोलो टेढ़ी टाँग वाले की जै!

[खं. 4, सं. 11 (15 जून, ह. सं. 4)]

त

यह अक्षर भी कैसा मधुर और रसीला है कि 'लकार' का भाई ही समझना चाहिए। हमारे इस कहने पर कोई सन्देह हो तो किसी व्याकरणी से पूछ देखिए, वुह पाणिनी जी के 'लृतुलसानां दंताः' के प्रमाण से बतला देंगे कि 'तकार' की भी उत्पत्ति वहीं है जहाँ से 'लकार' निकली है। बरंच बिचार के देखिए तो जान जाइएगा कि 'लकार' का रूप 'तकार' से पृथक नहीं है। 'तकार' ही को दुहरा कर देने से 'लकार' बन जाती है। अतः यह कहना भी झूठ नहीं है कि दोनों एक ही हैं।

न मानिए तो स्वयं सोच लीजिए, जितने शब्दों में 'तकार' का योग होगा वे अवश्य प्यारे लगेंगे। छोटे-छोटे बच्चों के कोमल मुख की तोतली बातें कैसी भली लगती हैं। प्रेमपात्र के मुँह से 'तू' कहना कैसो सुहावना जान पड़ता है। मनुष्य का तो कहना ही क्या है, कुत्ते से भी 'तू तू' कहो तो स्नेह के मारे पूँछ हिलाने लगता है। गाने में ताना दिरना, तथा नाचने में 'ता तत थेइया' इत्यादि पद इसीलिए रक्खे गये हैं कि यह दोनों बातें मनोहारिणी होती हैं। कवियों के नव रसों में श्रृंगार और वीर रस प्रधान हैं।

उनके उद्दीपनार्थ तन्त्री (वीणा) और धनुष के लिए ताँत की आवश्यकता होती है। पाकशास्त्र के तो छहों रसों में तवा और तई (कढ़ाई) ही सबसे मुख्य प्रयोजनीय वस्तु हैं। बस प्रकार के सम्बन्धियों में पिता सबसे श्रेष्ठ प्रेम और प्रतिष्ठा का पात्र है। उसमें तो 'ता' हई है पर ताऊ उससे भी अधिक माननीय है, क्योंकि उसके आदि में 'ता' है। हमें अपना शरीर सबसे अधिक प्रिय है, उसी के मारे उसके नाम में भी इस अक्षर को मिला क़े 'तन' शब्द व्यवहार में लाते हैं। इसकी रक्षा के लिए कपड़े पहनने पड़ते हैं। वे भी सूत से बनते हैं और ताना तान के बनाए जाते हैं।

यावत देहधारियों को अपने घर से बड़ी प्रीति होती है। कहीं हो आवैं अन्त कौ घर आ जाते हैं। उस घर का नाम भी 'आयतन' है। जीवन की तीन अवस्थाओं में तरुणता ही बड़ी मजेदार होती है। उसमें भी तरुणी ही बड़ी सुखदा जान पड़ती हैं। उसकी भी शोभा की अधिकाई तैल ताम्बूल ही से होती है। यदि ऐसे शब्द गिना चलें तो लाखों तक गिनती पहुँचे। तितलियों के रूप रंग, तोते तथा तूतियों

की मधुर ध्वनि, तरुवरों के नाना जाति ज्ञात स्वादु, संयुक्त, फलफूल इत्यादि अनेक बातें ऐसी ही हैं कि 'जहाँ जाइ मन वहीं लुभाई'। पृथ्वी पर की वस्तुओं को छोड़ आकाश की ओर दृष्टि कीजिए तो वहाँ भी तपन (सूर्य), तमीपति (चन्द्रमा) और तारागण हैं। दिन रात दैदीप्यमान रहते हैं।

सारांश यह कि उस त्रिभुवनपति ने जगत का चित्त आकर्षित करने के हित जितने उत्तम पदार्थ बनाए हैं, सबमें 'तकार' का योग पाया जाता है। यदि कोई हमारे विरुद्ध तूतिया, तिताई, तातापन, तमाचा, इत्यादि शब्द सोच के 'तकार' की मधुरता में कटुता दिखाना चाहे तो उसके लिए दंतत्रोटक उत्तर यह है कि तूतिया भी डॉक्टरों की हाथ से महौषधि का काम देती है, तिताई भी वुह स्वादु देती है कि छहों रस उसके आगे दब जाते हैं, तातापन भी वह है जो मोटे अन्न को स्वादिष्ट करता है, तमाचा के डर के मारे धृष्टों की धृष्टता जाती रहती है। फिर कोई कैसे कह सकता है कि तकार भी वर्णमाला का अमृत नहीं है।

जब तक त्रिपथगामिनी भगवती भागीरथी, तुलसी, त्रैलोक्यनाथप्रिया आदि के नाम का स्मरण, शोभा का दर्शन, महिमा का विचार एवं तपोधन महर्षियों के उपदेशों के अनुकूल आचार ग्रहण करने से त्रिताप के नाश हो जाने का पूर्ण निश्चय हो जाता है, तब तक तो 'तकार' का सम्बन्ध बना ही रहता है और समयों की क्या कथा है। क्यों न हो, जब जगतत्राता, विश्वविधाता तक का नाम परमतत्व है–'योगिन परम तत्वमय भासा', वेदों तक में उसके लिए 'तत्' शब्द का प्रयोग किया गया है, 'तत्वमसि' 'ततसत' इत्यादि जिसका नाम रूप गुण स्वभाव सभी गूँगें के गुड़ का सा स्वादु रखते हैं तब हम कहाँ तक इस अक्षर के स्वादु को लिख सकेंगे।

अतः अपने रसिकों को केवल इतनी सम्मति देते हैं जैसे बने तैसे अपने देश, जाति, भाषा, आदि के हित में नित्य दत्तचित्त रहा करें तथा दिन रात एतद्विषयक सभा कमेटियों में उत्साह के साथ नृत्य करने को तत्पर रहें। इसका नेशनल कांग्रेस ऐसी समाजों की ताज है और सत्य के प्रताप से प्रतिवर्ष उसकी वृद्धि होती रहती है। इसका अधिवेशन अब की साल बंबई में होगा। अतएव सब देशहित के तत्ववेत्ताओं को चाहिए कि अभी से उसकी चिन्ता में लगे रहैं जिसमें समय पर हर ओर से डेलीगेटों का ताता बँध जाय। हे तात, नरतन का कर्तव्य यही है।

[खं. 5, सं. 12 (15 जुलाई, ह. सं. 5)]

मुच्छ

इस दो अच्छर के शब्द में संसार भरे की ऊँच नीच देख पड़ती है। इन थोड़े से बालों में उस परम गुणी ने न जाने कितनी कारीगरी खर्च की है, साधारण बुद्धि वाले बाल भर नहीं समझ सकते। सांसारिक सम्बन्ध में देखिये तो पुरुष के मुख की शोभा यही है। मकुना आदमी का चूतड़ ऐसा मुँह किस काम का? बहुतेरे वैष्णव महाशय सदा मुच्छ मुड़ाए रहते हैं और कह देते हैं कि मुच्छ में छू जाने से पानी मदिरा समान हो जाता है। यह बात सच होती तो हमारे नव शिक्षितों का बहुत सा रुपया होटल जाने से बचता। हम तो जानते हैं कोई भी उक्त वैष्णवों की समझ का होता तो यह तरह-तरह की निम्बूतरास मुच्छैं, वृन्दावनी मुच्छैं, गलमुच्छैं, लाल-लाल काली-काली भूरी-भूरी उजली मुच्छै काहे को देखने में आतीं। यद्यपि सबके आगे मुच्छ ऐंठना अच्छा नहीं, परमेश्वर न करे किसी को मुच्छै नवाँनी पड़ें। तुरन्त बनवाए रहना, सदा दगहा (मुरदा फूँकने वाला) की सी सूरत रखना भी अशोभित होता है। मुच्छ का बाल मुच्छ ही का बाल है। यह अन्मोल है। आगे लाखों करोड़ों रुपये में मुच्छ गिरों रक्खी जाती थी। मुच्छ नहीं निकलती तब तक पुरु का नाम पुरुष नहीं होता—"नेक अबै मस भींजन देहु दिना दस के अलबेले लला हौ।" सहृदयता का चिह्न, समझदार (बुलूगत) की निशानी भी यही है "ह्यां इनके रस भींजत से दृग ह्यां उनके मस भींजत आबैं।" इज्जत भी इन्हीं से है। मर्दों की सब जगह मुच्छ खड़ी रहती है। सबको इसका ख्याल भी होता है। किसी की दाढ़ी में हाथ डाला प्रसन्न हो गया; जो कहीं मुच्छ का नाम लिया, देखो कैसा मियान से बाहर होता है। जिस की इन की इज्जत पर गैरत न हुई वुह निन्दनीय है। "काहे मुछई न मानोगे?"—सुन के कोई ऐसा ही नपुंसक होगा जो लड़ने न लगे। मुच्छैं लगा के नीच ऊँच काम करते बिडंवना का डर होता है। शेख जी खेलते हैं लड़कों में, यह तो बन्दर है, वुह मुछन्दर है। लोगों ने सुन्दर व्यक्ति की भौंह की धनुष से उपमा दी है। हमारी समझ में मुच्छ को भी धनुष का खड़ा कहना चाहिए। पुरानी लकीर पर फकीर बुड्ढी मुच्छों वाले Old fools (पुराने खूँसट)

यद्यपि कुछ नहीं हैं, आज मरे कल दूसरा दिन, परन्तु उनके डर के मारे न हमारे इंलाइटेंड जेंटिलमेन खुल खेलने पावैं, न देशहितैशीगण समाज संशोधन कर सकैं। उनकी मर्जी पर न चल के किरिष्टान कौन बने। मुच्छ से पारलौकिक सम्बन्ध भी है। कोई बड़ा बूढ़ा मर जाता है तो उसकी ऊर्द्ध दैहिक क्रिया बनवानी पड़ती है। कौन जाने इसी मूल पर कुशा को बिराटलोम लिखा गया हो। पितृकार्य्य में कुशा भी काटनी पड़ती है। तैसी ही सर्वोत्तम लोम भी छेदन करना पड़ता है। कदाचित् यही "जहाँ ब्राह्मण वहाँ नाऊ" वाली कहावत का भी मूल हो। उनकी जीविका कुशा, इनकी जीविका केश। परमेश्वर, हमारे प्यारे बालकों को मुच्छै मुड़ाने का दिन कभी न दिखाइयो। प्रयागराज में जाके मुच्छैं बनवाना भी धर्म का एक अंग समझा जाता है। परन्तु हमारे प्रेम शास्त्र के अनुकूल उससे भी कोटि गुणा पुण्य नाट्यशाला में स्त्री भेष धारणार्थ मुच्छैं मुँड़ाने से होता है। स्त्रियों के मुच्छ का होना अपलक्षण भी है। हिजड़ों को मुच्छ का जगना अखरता भी है। हमारे कागभुशंड बालोपासक लम्पटदास बाबा के अनुयाइयों की राल टपकती है जब किसी अजातस्मश्रु सचिक्कण मुख का दर्शन होता है। वाह री मुच्छ! तेरी भी अकथ कथा है। न भला कहते बनै न बुरा कहते बनै। तुझ पर भी 'किसी को बैंगन बावले किसी को बैंगन पथ्य' की कहावत सार्थक होती है। लोग दाढ़ी को भी मर्द की पहिचान बतलाते हैं। पर कहाँ ऊर्द्धगामी केश कहाँ अधोमार्गी। मुच्छ के आगे सब तुच्छ है। यह न हो तो वुह क्या सोहै। बहुतेरे रसिकमना वृद्ध जन खिजाब लगा के मुँह काला करते हैं। वह नहीं समझते कि मुच्छ का एक यह रंग है जिस्की बदौलत गाँव भर नाती बन जाता है। बाजे मायाजालग्रस्त बुड्ढों को नाती से मुच्छैं नुचवाते बड़ा सुख मिलता है। पुपले-पुपले मुँह में तमाखू भरे हो हो हो हो, अरे छोड़ भाई, कहते हुए कैसे "पुलक प्रफुल्लित पूरित गाता' देख पड़ते हैं! कभी किसी बूढे कनवजिया को सेतुआ पीते देखा है? मुच्छों से उरौती चूती है, हहहह! सब तो हुवा पर सबकी मुच्छैं हैं कि—? मुच्छ का सबिस्तर वर्णन उसी से होगा जो बाल की खाल निकाल सके। हमारे पूज्यपाद पंडित भाई गजराज प्रसाद जी ने यह वचन कैसा नित्य स्मरणीय कहा है कि "गालफुलाउब मोछ मिरोरब एकौ काम न आई, तीनि बरे जब हुचु-हुचु करिकै रहि जैहौ मुँह बाई।" श्री गोस्वामीजी का भी सिद्धान्त है कि "पशू गढ़ंते नर भए भूलि सींग अरु पूँछ। तुलसी हरि की भगति बिन धिक दाढ़ी धिक मूंछ।" आज कल भारतवासियों की दुरदशा भी इसी से हो रही है कि यह निरे "हाथ पाय के आलसी मुँहमां मुच्छें जायं।" धन बल विद्या सब तो स्वाहा हो गयी, फिर भी एका करने में कमर नहीं बाँधते। भाइयो! भ्रातृद्रोह से भागो। यह बहुत बुरा है। मुच्छैं बिन लेगा। प्यारे पाठक, खुश तो न होगे, कैसा बात का बतंगर कर दिया। क्यों बादाकाशी हमको भी क्या दूर की सूझी। बस बहुत हुआ, 27 दिसम्बर को प्रयाग हिन्दू समाज का महोत्सव है। तुम्हारी प्यारी मातृभाषा का उद्धारक

प्रयत्न आरम्भ होगा। अगर हिन्दू कहलाते हो, अगर मुच्छैं रखते हो तो तन मन धन से इस सदनुष्ठान में सहायक हो। आज स्वामी रामानुज शंकराचार्य केशव दयानन्द प्रभृति आर्य गुरुवार के अमृतोपदेश की आधार वेद से ले के आल्हा तक की आधार सर्व गुणाकारी नागरी देवी का काम है। इस अवसर पर लहेंगा पहिनना परम लज्जास्पद है। कुछ तो मुच्छों की लाज करो।

[खंड 2, सं. 9, 10 (15 दिसम्बर, सन् 1884 ई०)]

रक्ताश्रु

हाय! हृदय विदीर्ण हुवा जाता है। आँसू रुकते ही नहीं। हाय-हाय सुनने से पहिले ही हमारा निरलज्ज शरीर क्यों न छूट गया। हाय पापी प्राण तुम क्यों न निकल गये। हाय इस अधम जीवन का अन्त क्यों न हो गया। हाय आशा की जड़ कट गयी। बस अब क्या है, अभागा भारत डूब जा। अरे अब तेरा कौन है? स्वामी दयानन्द चल बसे। छाती पर पत्थर धर लिया। केशव बाबू सिधार गये, रो धो के कलेजा थाम लिया। यह दुःख नहीं सहा जाता, हाय!!! अब क्या होगा? हाय हम तो हम, हमारे प्यारे राधाकृष्णदास को कौन समझावै? काशी ही नहीं अनाथ हुई, भारत माता के कर्म में आग लग गयी। हाय देशहितैषिता विधवा हो गयी। हाय हम क्या करें "एरे प्राण कौन सुख देखिबे को रह्यो जात। तूहू किन जात जित प्रीतम सिधरि गो"। हा! हा! हा!!! "क्या नजर जख्मे अंदरु आया। चशम् से रोते खूं आया।" दम अटकते-अटकते टूट गया। सर पटकते-पटकते फूट गया! हाय हमें संसार सूना देख पड़ता है। दुनिया उजड़ गयी, हाय! इससे तो महा प्रलय हो जाती। हाय प्यारे हरिश्चन्द्र! हाय भारत भूषण!! हाय भारतेन्दु!!! हा हा हा हा, अरे हम भी चलेंगे—हमसे नहीं सहा जाता। मेरे पूज्यपाद! मेरे प्रातः स्मरणीय! मेरे प्रेम देव! बुलावो। स्वर्ग में तुम्हारी सेवा कौन करेगा? हा हा हा!!! आ! हा! हा! दिल का क्या हाल करूँ। खूंने जिगर होते तक, हाय कौन लिखे, कौन पढ़े। अरे बज्रहृदय कविबचन सुधारस!!! यह क्या विष उगल दिया? अरे यह अकस्मात बज्रपात, हा! हा! हा! प्रेमाचार्य तो प्यारे से जा मिले अब भारत को उद्धार कौन करे? क्या...? अनेक देशभक्त जो हैं? कौन? कहाँ? किसको देख के? हा! "राका ससि षोड़स उवैं तारागण समुदाय। सकल गिरिन सब लाइये रबि बिन राति न जाय।" कौन अपना सर्वस्व निछावर कर देगा? किस्के बचन दिल को हिला देंगे? हा रससिद्ध कबीश्वर! हा भारत भक्त शिरोमणि!! हा सहृदय समूहाग्रगण्य!!! हा प्रेमीजन पूजित पादपीठ!!! हाय प्यारे, तुम्हारे निवास के ठौर को बोरत हैं अँसुवाँ बरजोरन। हाय जनवरी की 6 तारीख चांडाल काल। यह क्या किया? हाय "कहैंगे सबैही नैन नीर भरि भरि अब प्यारे हरिचन्द की कहानी रहि जायगी?" हाय मैं

क्या करूँ, कहाँ जाऊँ, हा! हा!! हा!!! हाय आजु भारत अनाथ सब भाँति भयो भारती जू भूषण विहीन दीसैं मन्द। हाय क्यों न प्रताप दीह ताप सों करेजो तपै भयो सुखदायक सुधा को सोत बन्द। हाय भावत न हाय हाय के सिवाय कछु उरपुर रुधै है विषदन को बृन्द हाय। हाय हाय हाय हाय हरि कीन्हीं अनरथ कैसी शोक हरिलोकहिं सिधारे हरिचन्द्र हाय ॥1॥ बानी प्रेमसानी सों पियूष बरसावै कौन कौन चहुँ ओर जस चन्द्रिका पसारे हाय परताप चतुर चकोरन को ताप हरि भारत की भू को तम कौन निरुवारे हाय ॥ तरे बिन हेरत हिरात हियर कौ चैन आसुन में बूड़े जात नैनन के तारे हाय हरिचन्द हाय भारत के चन्द हाय बाबू हरिचन्द। हरिचन्द प्राणप्यारे हाय ॥2॥ हा! हा!! हा!!! ताकत तो साँस को भी नहीं आह क्या करूँ। क्या बेवसी है ऐ मेरे अल्लाह क्या करूँ ॥

[खं. 2, सं. 11 (15 जनवरी, सन् 1885 ई०)]

दाँत

इस दो अक्षर के शब्द तथा इन थोड़ी-सी छोटी-छोटी हड्डियों में भी उस चतुर कारीगर ने वह कौशल दिखलाया है कि किसके मुँह में दाँत हैं जो पूरा-पूरा वर्णन कर सके! मुख की सारी शोभा और यावत भोज्य पदार्थों का स्वादु इन्हीं पर निर्भर है। कवियों ने अलक (जुल्फ), भ्रू (भौं) तथा बरुणी आदि की छवि लिखने में बहुत-बहुत रीति से बाल की खाल निकाली है, पर सच पूछिए तो इन्हीं की शोभा से सबकी शोभा है।

जब दाँतों के बिना पुपला सा मुँह निकल आता है और चिबुक (ठोढ़ी) एवं नासिका एक में मिल जाती हैं उस समय सारी सुघराई मट्टी में मिल जाती है। नैनबाण की तीक्ष्णता, भ्रूचाप की खिंचावट और अलकपन्नगी का विष कुछ भी नहीं रहता। कवियों ने इसकी उपमा हीरा, मोती, माणिक से दी है वह बहुत ठीक है बरंच यह अवयव कथित वस्तुओं से भी अधिक मोल के हैं। यह वह अंग है जिसमें पाकशास्त्र के छहों रस एवं काव्यशास्त्र के नवों रस का आधार है। खाने का मजा इन्हीं से है।

इस बात का अनुभव यदि आपको न हो तो किसी बुड्ढे से पूछ देखिए, सिवाय सतुआ को चाटने के और रोटी को दूध में तथा दाल में भिंगो के गले के नीचे उतार देने के दुनिया भर की चीजों के लिए तरस ही के रह जाता होगा। रहे कविता के नौरस, सो उनका दिग्दर्शन मात्र हमसे सुन लीजिए।

1. शृंगार का तो कहना ही क्या है। ऐसा कवि शायद कोई ही हो जिसने सुन्दरियों की दंतावली तथा उनके गोरे गुदगुदे गोल कपोल पर रदछद (दंतदाग) के वर्णन में अपने कलम की कारीगरी न दिखाई हो! आहा हा! मिस्सी तथा पान रंग रँगे अथवा यों ही चमकदार चटकीले दाँत जिस समय बातें करने तथा हँसने में दृष्टि आते हैं उस समय रसिकों के नयन और मन इतने प्रमुदित हो जाते हैं कि जिनका वर्णन गूँगे की मिठाई है। 2. हास्य रस का तो पूर्णरूप ही नहीं जमता जब तक हँसते-हँसते दाँत न निकल पड़ें। (पर देखना कहीं मक्खी लाल मार न जाय) 3. करुणा और 4. रौद्र रस में दुःख तथा क्रोध के मारे दाँत अपने होंठ चबाने के

काम आते हैं। एवं अपनी दीनता दिखा के दूसरे को करुणा उपजाने में दाँत दिखाए जाते हैं। रिस में भी दाँत पीसे जाते हैं। 5. सब प्रकार के बीर रस में भी सावधानी से शत्रु की सैन्य अथवा दुखियों के दैन्य अथवा सत्कीर्ति की चाट पर दाँत लगा रहता है। 6. भयानक रस के लिए सिंह व्याघ्रादि दाँतों का ध्यान कर लीजिए, पर रात को नहीं, नहीं तो सोते से चौंक भागेगो। 7. वीभत्स रस का प्रत्यक्ष दर्शन करना हो तो किसी जैनियों के जैनी महाराज के दाँत देख लीजिए जिनकी छोटी सी स्तुति यह है कि मैल के मारे पैसा चपक जाता है। 8. अद्भुत रस में तो सभी आश्चर्य की बात देख सुन के दाँत बाय, मुँह फैलाय के हक्का बक्का रह जाते हैं। 9. शान्त रस के उत्पादनार्थ श्री शंकराचार्य स्वामी का यह महामन्त्र है–'अंग गलितं पलितं मुंडं दशनविहीनं जातं तुंडम्। कर धृत कंपित शोभित दंडं तदपि मुंचत्याशापिंडम्। भज गोविंदं भज गोविंदं गोविंदं भज मूढ़ मते।'

सच है जब किसी काम के न रहे तब पूछे कौन? 'दाँत खियाने खुर घिसे पीठ बोझ नहिं लेइ। ऐसे बूढ़े बैल को कौन बाँध भूसा देइ।' जिस समय मृत्यु की दाढ़ के बीच बैठे हैं, जल के कछुवे, मछली, स्थल के कौवा, कुत्ता आदि दाँत पैने कर रहे हैं, उस समय में भी यदि सत चित्त से भगवान का भजन न किया तो क्या किया?

आपकी हड्डियाँ हाथी के दाँत तो हुईं नहीं कि मरने पर भी किसी के काम आवैंगी। जीते जी संसार में कुछ परमार्थ बना लीजिए, यही बुद्धिमानी है। देखिए, आपके दाँत ही यह शिक्षा दे रहे हैं कि जब तक हम अपने स्थान, अपनी जाति (दंतावली) और अपने काम में दृढ़ हैं तभी तक हमारी प्रतिष्ठा है। यहाँ तक कि बड़े-बड़े कवि हमारी प्रशंसा करते हैं, बड़े-बड़े सुन्दर मुखारविन्दों पर हमारी मोहर 'छाप' रहती है। पर मुख से बाहर होते ही हम एक अपावन, घृणित और फेंकने योग्य हड्डी हो जाते हैं–'मुख में मानिक सम दशन बाहर निकसत हाड़'। हम नहीं जानते कि नित्य यह देख के भी आप अपने मुख्य देश भारत और अपने मुख सजातीय हिन्दू मुसलमानों का साथ तन, मन, धन और प्रानपन से क्यों नहीं देते। याद रखिए, 'स्थान भ्रष्टा न शोभंते दंता केशा नखा नराः।'

हाँ, यदि आप इसका यह अर्थ समझें कि कभी किसी दशा में हिन्दुस्तान छोड़ के विलायत जाना स्थान भ्रष्टता है तो यह आपकी भूल है। हँसने के समय मुँह से दाँतों का निकल पड़ना नहीं कहलाता बरंच एक प्रकार की शोभा होती है। ऐसे ही आप स्वदेशचिन्ता के लिए कुछ काल देशान्तर में रह आएँ तो आपकी बड़ाई है। पर हाँ, यदि वहाँ जा के यहाँ की ममता छोड़ दीजिए तो आपका जीवन उन दाँतों के समान है जो होंठ या गाल कट जाने से अथवा किसी कारण विशेष से मुँह के बाहर रह जाते हैं और सारी शोभा खो के भेड़िए के से दाँत दिखाई देते हैं। क्यों नहीं, गाल और होंठ दाँतों का परदा है, जिसके परदा न रहा अर्थात् स्वजातित्व की गैरतदारी न रही, उसकी निरलज्ज जिन्दगी व्यर्थ है।

कभी आपको दाढ़ की पीड़ा हुई होगी तो अवश्य जी चाहा होगा कि इसे उखड़वा डालें तो अच्छा है। ऐसे ही हम उन स्वार्थ के अन्धों के हक में मानते हैं जो रहें हमारे साथ, बनें हमारे ही देशभाई पर सदा हमारे देश, जाति के अहित ही में तत्पर रहते हैं। परमेश्वर उन्हें या तो सुमति दे या सत्यानाश करे। उनके होने का हमें कौन सुख है। हम तो उनकी जै जैकार मनावेंगे जो अपने देशवासियों से दाँतकाटी रोटी का बर्ताव (सच्ची गहरी प्रीति) रखते हैं। परमात्मा करे कि हर हिन्दू मुसलमान का देशहित के लिए चाव के साथ दाँतों पसीना आता रहे।

हमसे बहुत कुछ नहीं हो सकता तो यही सिद्धान्त कर रखा है कि—'कायर कपूत कहाय, दाँत दिखाय भारत तम हरौ'। कोई हमारे लेख देख दाँतों तले उँगली दबा के सूझ बूझ की तारीफ करे अथवा दाँत बाय के रह जाय या अरसिकतावश यह कह दे कि कहाँ की दाँताकिलकिल लगाई है तो इन बातों की हमें परवा नहीं है। हमारा दाँत जिस ओर लगा है वह लगा रहेगा। औरों की दंतकटाकट से हमको क्या।

यदि दाँतों के सम्बन्ध का वर्णन किया चाहें तो बड़े-बड़े ग्रन्थ रँग डालें और पूरा न पड़े। आदिदेव श्री एकदन्त गणेशजी को प्रणाम करके श्री पुष्पदन्ताचार्य महिम्न में जिनकी स्तुति की है, उन शिवजी की महिमा, दन्तवक्त्र शिशुपालादि के संहारक श्रीकृष्ण की लीला ही गा चलें तो कोटि जन्म पार न पावें। नाली में गिरी हुई कौड़ी को दाँत से उठाने वाले मक्खीचूसों की हिजो किया चाहें तौ भी लिखते-लिखते थक जायँ!

हाथीदाँत से क्या-क्या वस्तु बन सकती हैं? कलों के पहियों में कितने दाँत होते हैं, और क्या-क्या काम देते हैं, गणित में कौड़ी-कौड़ी के एक-एक दाँत का हिसाब कैसे लग जाता है, वैद्यक और धर्मशास्त्र में दन्तधावन की क्या विधि है, क्या फल है, क्या निषेध है, क्या हानि है, पद्धतिकारों ने 'दीर्घदन्ता क्वचिन्मूर्खा' आदि क्यों लिखा, किस-किस जानवर के दाँत किस-किस प्रयोजन से किस-किस रूप गुण से विशिष्ट बनाए गये हैं?

मनुष्यों के दाँत उजले, पीले, नीले, छोटे, मोटे, लम्बे, चौड़े, घने, खुड़हे कै रीति के होते हैं, इत्यादि अनेक बातें हैं जिनका विचार करने में बड़ा बिस्तार चाहिए। बरंच यह भी कहना ठीक है कि यह बड़ी-बड़ी विद्याओं के बड़े-बड़े विषय लोहे के चने हैं, हर किसी के दाँतों फूटने के नहीं। तिस पर भी अकेला आदमी क्या-क्या लिखे? अतः हम इस दन्तकथा को केवल इतने उपदेश पर समाप्त करते हैं कि आज हमारे देश के दिन गिरे हुए हैं अतः हमें योग्य है कि जैसे बत्तिस दाँतों के बीच जीभ रहती है वैसे रहे, और अपने देश की भलाई के लिए किसी के आगे दाँतों में तिनका दबाने तक में लज्जित न हों, तथा यह भी ध्यान रखें कि हर दुनियादार की बातें विश्वास योग्य नहीं हैं। हाथी के दाँत खाने के और होते हैं, दिखाने के और।

[खं. 5, सं. 9 (15 अप्रैल, ह. सं.5)]

पेट

इन दो अक्षरों की महिमा भी यदि अपरम्पार न कहिए तौ भी यह तो मानना ही पड़ेगा कि बहुत बड़ी है। जितने प्राणी और अप्राणी, नाम रूप देखने सुनने में आते हैं सब ब्रह्मांडोदरवर्ती कहलाते हैं और ऐसे-ऐसे अनेकानेक ब्रह्मांड ब्रह्मदेव के उदर में स्थान पाते हैं। फिर क्यों न कहिए कि पेट बड़ा पदार्थ है। और बड़े पदार्थ का वर्णन भी बड़ी बात है। अस्मात् पेट की बात इतनी बड़ी है कि भगवान श्रीकृष्णचन्द्र तक ने अपना नाम दामोदर प्रकट किया है और इससे सबको यह उपदेश दिया है कि पेट ही वह रस्सी है जिसमें बँधे बिना कोई बच नहीं सकता। धर्म की दृष्टि से देखिए तो समस्त मान्य व्यक्तियों में सर्वोपरि अधिकार माता का होता है, क्योंकि उसने हमें नौ मास पेट में रक्खा है। प्राचीन काल के वीर पुरुषों का इतिहास पढ़िए तो जान पड़ेगा कि अनार्यों (राक्षसों) में सहोदर (रावण के यहाँ का योद्धा) और आर्यों में बृकोदर (भीमसेन) अपने समय तथा अपने ढंग के एक ही युद्धकला कुशल थे।

इधर देवताओं के दर्शन कीजिए तो सबसे पहिले लम्बोदर (गणेशजी) ही आदिदेव के नाम से स्मृत होते हैं। मनोवृत्ति में कुछ रसिकता की झलक हो तो मनोहारिणी सुन्दरियों का अवलोकन कीजिए ये भी दामोदरी, कृशोदरी आदि नामों से आदर पाती हैं। जब कि ऐसे-ऐसे प्रेम प्रतिष्ठा के पात्रों की ख्याति उदर से सम्बन्ध रखती है तो साधारणों का तो कहना ही क्या है। सब पेट से ही उत्पन्न होते हैं और यदि आवागमन का सिद्धान्त ठीक हो तो अन्त समय पेट ही में चले जाते हैं। जो आर्यों की फिलासिफी न रुचती हो तौ भी धरती के पेट से अथवा मांसाहारी पशु, पक्षी, कीट, पतंग के पेट से बचाव नहीं है। अब रहा संसार में स्थिति करने का समय, उसमें तो ऐसा कोई बालक वृद्ध, मूर्ख विद्वान, उच्च नीच, धनी दरिद्री है ही नहीं जो दिन रात भाँति-भाँति के कर्तव्य, विशेषतः पेट ही की पूर्ति के अर्थ, न करता हो। यों हम उनको धन्य कहेंगे जो अपने की चिन्ता न करके दूसरों के पालन में सयत्न रहते हैं। पर ऐसे लोगों की संख्या सदा सब ठौर बहुत स्वल्प होती है।

इससे ऐसों को अदृश्य देवताओं की कोटि में रहने दीजिए और उन्हें भी लंका के महाराक्षसों में गिन लीजिए जो अपना पापी पेट पालने के अनुरोध से दूसरों को कुछ भी कष्ट क्यों न हो, तनिक ध्यान नहीं देते। ऐसे भी लोगों की संख्या यहाँ बहुत नहीं है। किन्तु दिन दूनी दुर्दशा के बस हो के दस बीस वर्ष में हो जाय तो आश्चर्य नहीं है क्योंकि 'बुभुक्षितः किन्न करोति पापम्'। रहे सर्वसाधारण, वे जो पेट को धोखा देने के लिए बात-बात पर बहुत फूँक-फूँक पाँव न धर सकें तो कोई विचारशील उन्हें दोष भी नहीं लगा सकता क्योंकि सभी जानते हैं कि पेट की आँच बड़ी कठिन होती है। उसका सहन करना हर एक का काम नहीं है।

इसकी प्रचंडता में लोक परलोक, धर्म-कर्म सभी के विचार भस्मीभूत हो जाते हैं। यह खाल की खलीती यदि उचित खाद्य में, स्वल्प परिश्रम के साथ भरती रहे तौ तो क्या ही कहना है, सभी इन्द्रियाँ पुष्ट मन हृष्ट वृद्धि फुरतीली और चित्त वृत्ति सचमुच रसीली बनी रहती है। पर यदि धाए धूपे किसी न किसी भाँति कुछ न कुछ मिलता रहै तौ भी सुख, स्वच्छन्दता, नैरुज्य एवं निश्चिन्तता का तो नाम न लीजिए। हाँ, जीवन पहिया जैसे तैसे लुढ़कता पुढ़कता चला जायगा। किन्तु यदि, परमेश्वर न करे, कहीं किसी रीति से ठिकाना न हुआ तो बस कहीं ठिकाना न समझिए। इस क्षुधा यन्त्र का नाम ही दोजख अर्थात् नर्क है। फिर इसके हाथों बड़े बड़ों को जीते जी नर्क यातना भोगनी पड़े तो क्या आश्चर्य है। और परमेश्वर की न जाने क्या इच्छा है कि इन दिनों बरसों से चारों ओर जन समुदाय की उदर पूर्ति में विघ्न ही विघ्न बढ़ाते हुए देख पड़ते हैं।

इधर तो करोड़ों देशभाई दिन-दिन 'नहिं पट कटि नहिं पेट अघाही' का उदाहरण बनते जाते हैं और जिनका पेट भरा है वे इनकी ओर से साँस डकार भी नहीं लेते। उधर को हमारे 'कर्तुमकर्तुमन्यथा कर्तु समर्थ' प्रभू हैं, उन्होंने यह सिद्धान्त कर रक्खा है कि 'मोरपेट हाहू, मैं ना दैहों काहू'। यह लक्षण देख-देख के बिचारे भारत भक्त अपनी वाली भर पेट काट-काट के भी उद्धार का उपाय करते हैं और इधर उधर पानी पहाड़ लाँघते हुए, पेट पकड़े दौड़े फिरते हैं। पर जब देखते हैं कि कोई युक्ति नहीं चलती तो विवशतः कोई-कोई पेट मिसूसा मार के बैठ रहते हैं, कोई-कोई दूसरों की पेट पीड़ा दूर करने के उद्देश्य से उसकी भाँति चिल्लाया करते हैं जिसके पेट में पीर उठती है। जहाँ यह दशा है वहाँ सबके सभी लोगों को मुँह बाए पेट खलाए पड़ा रहना उचित नहीं है। नीचेत् जठराग्नि फैलती रहेगी तो एक न एक दिन सम्भव है कि किसी को जलाए बिना न छोड़े। तस्मात् यही मुख्य कर्तव्य है कि सब जने सबको सहोदर भाव से देखें और समझ रक्खें कि पेट सभी का येनकेन प्रकारेण पालनीय है।

चाहे मखमल सा चिकना और मक्खन सा मुलायम हो, चाहे कठौती सा कठोर हो, चाहे हाँडी सा दृश्य अथवा पुर सा बिहंगम हो, मोटी झोंटी, खरी खोटी चार रोटी

सभी के लिए चाहनी पड़ती है। और इन्हीं के प्राप्ति के अलसेठे मिलाना परम कृत्य है। यदि दैव ने हमें कुछ सामर्थ्य दी है तो चाहिए कि उसे अपने ही पेट में न पचा डालें, कौरा किनका दूसरों की आत्मा में भी डालें। और जो यह बात अपनी पहुँच से दूर हो तो भी केवल मुँह से नहीं बरंच पेट से यह प्रण कर लेना योग्य है कि पेट से पत्थर बाँध के परिश्रम करेंगे, दुनिया भर के पेट में पाँव फैलावेंगे, सबके आगे न पेट दिखाते लजाएँगे, न पेट चिरवा के भुस भराने में भय खाएँगे, पर अपनी और अपनों की पेटाग्नि बुझानें के यत्न में जब तक पेट से साँसें आती जाती रहेंगी तब तक लगे ही रहेंगे। यों तो पेट की लपेट बहुत भारी है पर आज इस कथा को यहीं तक रहने दीजिए और समझ लीजिए कि इतनी भी पेट पड़े गुण ही करेगी!

[खं. 7, सं. 9 (15 अप्रैल, ह. सं. 7)]

बात

यदि हम वैद्य होते तो कफ और पित्त के सहवर्ती बात की व्याख्या करते तथा भूगोलवेत्ता होते तो किसी देश के जल बात का वर्णन करते। किन्तु इन दोनों विषयों में हमें एक बात कहने का भी प्रयोजन नहीं है। इससे केवल उसी बात के ऊपर दो चार बात लिखते हैं जो हमारे सम्भाषण के समय मुख से निकल-निकल के परस्पर हृदयस्थ भाव प्रकाशित करती रहती है। सच पूछिए तो इस बात की भी क्या बात है जिसके प्रभाव से मानव जाति समस्त जीवधारियों की शिरोमणि (अशरफुल मखलूकात) कहलाती है। शुकसारिकादि पक्षी केवल थोड़ी सी समझने योग्य बातें उच्चरित कर सकते हैं इसी से अन्य नभचारियों की अपेक्षा आद्रित समझे जाते हैं। फिर कौन न मान लेगा कि बात की बड़ी बात है। हाँ, बात की बात इतनी बड़ी है कि परमात्मा को सब लोग निराकार कहते हैं तौ भी इसका सम्बन्ध उसके साथ लगाए रहते हैं। वेद ईश्वर का बचन है, कुरआनशरीफ कलामुल्लाह है, होली बाइबिल वर्ड आफ गाड है यह बचन, कलाम और वर्ड बात ही के पर्याय हैं सो प्रत्यक्ष में मुख के बिना स्थिति नहीं कर सकती। पर बात की महिमा के अनुरोध से सभी धर्मावलम्बियों ने “बिन बानी वक्ता बड़ योगी” वाली बात मान रक्खी है। यदि कोई न माने तो लाखों बातें बना के मनाने पर कटिबद्ध रहते हैं।

यहाँ तक कि प्रेम सिद्धान्ती लोग निरवयव नाम से मुँह विचकावैंगे। ‘अपाणिपादो जवनो गृहीता’ इत्यादि पर हठ करने वाले को यह कहके बात में उड़ावेंगे कि “हम लँगड़े लूले ईश्वर को नहीं मान सकते। हमारा प्यारा तो कोटि काम सुन्दर श्याम बरण विशिष्ट है।’ निराकार शब्द का अर्थ श्री शालिग्राम शिला है जो उसकी स्यामता को द्योतन करती है अथवा योगाभ्यास का आरम्भ करने वाले कों आँखें मूँदने पर जो कुछ पहिले दिखाई देता है वह निराकार अर्थात् बिलकुल काला रंग है। सिद्धान्त यह कि रंग रूप रहित को सब रंग रंजित एवं अनेक रूप सहित ठहरावेंगे किन्तु कानों अथवा प्रानों वा दोनों को प्रेम रस से सिंचित करने वाली उसकी मधुर मनोहर बातों के मजे से अपने को बंचित न रहने देंगे।

जब परमेश्वर तक बात का प्रभाव पहुँचा हुआ है तो हमारी कौन बात रही? हम लोगों के तो "गात माहिं बात करामात है।" नाना शास्त्र, पुराण, इतिहास, काव्य, कोश इत्यादि सब बात ही के फैलाव हैं जिनके मध्य एक-एक ऐसी पाई जाती है जो मन, बुद्धि, चित्त को अपूर्व दशा में ले जाने वाली अथच लोक परलोक में सब बात बनाने वाली है। यद्यपि बात का कोई रूप नहीं बतला सकता कि कैसी है पर बुद्धि दौड़ाइए तो ईश्वर की भाँति इसके भी अगणित ही रूप पाइएगा।

बड़ी बात, छोटी बात, सीधी बात, टेढ़ी बात, खरी बात, खोटी बात, मीठी बात, कड़वी बात, भली बात, बुरी बात, सुहाती बात, लगती बात इत्यादि सब बात ही तो है? बात के काम भी इसी भाँति अनेक देखने में आते हैं। प्रीति बैर, सुख दुःख श्रद्धा घृणा, उत्साह अनुत्साहादि जितनी उत्तमता और सहजतया बात के द्वारा विदित हो सकते हैं दूसरी रीति से वैसी सुविधा ही नहीं। घर बैठे लाखों कोस का समाचार मुख और लेखनी से निर्गत बात ही बतला सकती है। डाकखाने अथवा तारघर के सहारे से बात की बात में चाहे जहाँ की जो बात हो जान सकते हैं। इसके अतिरिक्त बात बनती है, बात बिगड़ती है, बात आ पड़ती है, बात जाती रहती है, बात उखड़ती है।

हमारे तुम्हारे भी सभी काम बात पर निर्भर करते हैं—"बातहि हाथी पाइए, बातहि हाथी पाँव।" बात ही से पराए अपने और अपने पराए हो जाते हैं। मक्खीचूस उदार तथा उदार स्वल्पव्ययी, कापुरुष युद्धोत्साही एवं युद्धप्रिय शान्तिशील, कुमार्गी सुपथगामी अथच सुपन्थी कुराही इत्यादि बन जाते हैं। बात का तत्व समझना हर एक का काम नहीं है और दूसरों की समझ पर आधिपत्य जमाने योग्य बात गढ़ सकना भी ऐसों वैसों का साध्य नहीं है। बड़े-बड़े विज्ञवरों तथा महा-महा कवीश्वरों के जीवन बात ही के समझने समझाने में व्यतीत हो जाते हैं। सहृदयगण की बात के आनन्द के आगे सारे संसार तुच्छ जँचता है। बालकों की तोतली बातें, सुन्दरियों की मीठी-मीठी, प्यारी-प्यारी बातें, सत्कवियों की रसीली बातें, सुवक्ताओं की प्रभावशाली बातें जिसके जी को और का और न कर दें उसे पशु नहीं पाषाण खंड कहना चाहिए। क्योंकि कुत्ते, बिल्ली आदि को विशेष समझ नहीं होती तो भी पुचकार के 'तू तू' 'पूसी पूसी' इत्यादि बातें कह दो तो भावार्थ समझ के यथा सामर्थ्य स्नेह प्रदर्शन करने लगते हैं। फिर वह मनुष्य कैसा जिसके चित्त पर दूसरे हृदयवान की बात का असर न हो।

बात वह आदरणीय है कि भलेमानस बात और बाप को एक समझते हैं। हाथी के दाँत की भाँति उनके मुख से एक बार कोई बात निकल आने पर फिर कदापि नहीं पलट सकती। हमारे परम पूजनीय आर्यगण अपनी बात का इतना पक्ष करते थे कि "तन तिय तनय धाम धन धरनी। सत्यसंध कहँ तृन सम बरनी"। अथच "प्रानन ते सुत अधिक है सुत ते अधिक परान। ते दूनौ दसरथ

तजे वचन न दीन्हों जान।" इत्यादि उनकी अक्षरसंवद्धा कीर्ति सदा संसार पट्टिका पर सोने के अक्षरों से लिखी रहेगी। पर आजकल के बहुतेरे भारत कुपुत्रों ने यह ढंग पकड़ रक्खा है कि 'मर्द की जबान (बात का उदय स्थान) और गाड़ी का पहिया चलता ही फिरता रहता है।'

आज और बात है कल ही स्वार्थांधता के बंश हुजूरों की मरजी के मुवाफिक दूसरी बातें हो जाने में तनिक भी विलम्ब की सम्भावना नहीं है। यद्यपि कभी-कभी अवसर पड़ने पर बात के अंश का कुछ रंग ढंग परिवर्तित कर लेना नीति विरुद्ध नहीं है, पर कब? जात्योपकार, देशोद्धार, प्रेम प्रचार आदि के समय, न कि पापी पेट के लिए। एक हम लोग हैं जिन्हें आर्यकुलरत्नों के अनुगमन की सामर्थ्य नहीं है। किन्तु हिन्दुस्तानियों के नाम पर कलंक लगाने वालों के भी सहमार्गी बनने में घिन लगती है।

इससे यह रीति अंगीकार कर रखी है कि चाहे कोई बड़ा बतकहा अर्थात् बातूनी कहै चाहै यह समझे कि बात कहने का भी शउर नहीं है किन्तु अपनी मति अनुसार ऐसी बातें बनाते रहना चाहिए जिनमें कोई न कोई, किसी न किसी के वास्तविक हित की बात निकलती रहे। पर खेद है कि हमारी बातें सुनने वाले उँगलियों ही पर गिनने भर को हैं। इससे "बात बात में वात" निकालने का उत्साह नहीं होता। अपने जी को 'क्या बने बात जहाँ बात बनाए न बने' इत्यादि विदग्धालापों की लेखनी से निकली हुई बातें सुना के कुछ फुसला लेते हैं और बिन बात की बात को बात का बतंगड़ समझ के बहुत बात बढ़ाने से हाथ समेट लेना ही समझते हैं कि अच्छी बात है।

[खं. 7 सं. 10 (15 मई, ह. सं. 7)]

एक

इस अनेकवस्त्वात्मक विश्व का कर्ता, धरता, भर्ता, हर्ता परमेश्वर एक है! उसके मिलने का मार्ग प्रेम ही केवल एक है। आदिदेव श्रीगणेश जी के दाँत एक है। अंकशास्त्र का मूल एक है! सत्पुरुष की बात एक है! उनका वचन यही है कि बात और बाप एक है। परमपूजनीय स्त्री के पति एक है। दिन का प्रकाशक दिवाकर एक है। रात में भी यावत तेजधारियों का राजा निशानाथ एक है। सबकी उन्नति का कारण दृढ़ोद्योग एक है। सबके नाश का मूल आलस्य एक है। जहाँ तक बिचार करते जाइये यही सिद्ध होगा कि तीन काल और तीन लोक में जो कुछ है सब एक ही तन्त में बँधा है! कोई बात बिचारना हो, जब तक एक चित्त होके, एकान्त में बैठ के, न विचारिएगा कभी न विचार सकिएगा।

यदि किसी एक पदार्थ को अनेक भागों में विभक्त कर डालिए तो उसका नाम, रूप, गुण कुछ भी न रहेगा। 1 सौ रुपये का लेंप है, यदि उसके प्रत्येक अवयव को अलग-अलग कर दीजिए तो किसी अंग का नाम चिमनी है, किसी खंड का नाम कुप्पी है, कोई भाग बत्ती कहलाता है, कोई तेल बोला जाता है। ल्यंप कहाने के योग्य कोई अंश न रहेगा। वह सुन्दरता भी जाती रहेगी। एक टुकड़ा काँच किसी चिलम-सा है, एक चपटा गोला-सा है। बत्ती अलग लत्ता-सी पड़ी है, तेल अलग, दुखियों के से आँसू बहा-बहा फिरता है।

मुख्य काम अर्थात् अन्धकार मिटाना तो सर्वथा असम्भव है। यही एक-एक अवयव को भी अनेक खंड कर डालिए तो और भी दुर्दशा है। जिसे महफिल की शोभा समझते थे वुह राह में फेंकने योग्य भी न रहेगा (ऐसा न हो किसी को गड़ जाय) और आगे बढ़िए तो धूल ही हाथ लगेगी। इस छोटे-से उदाहरण को सामने रख के संसार भरे की वस्तुओं को देख जाइए, यही पाइएगा कि एक का अनेक होना ही नाश का हेतु है। इसके विरुद्ध छोटा से छोटे राई का दाना और बड़े से बड़ा पर्वत अपनी बोली में यही कह रहा है कि अनेक परमाणुओं का एक हो जाना ही अस्तित्व की सफलता है! एक की सामर्थ्य यह है कि एक औ एक ग्यारह होते हैं।

यदि देशकालादि की सहायता न पावैं तौ भी दोनों बने बनाए हैं। उन एक और एक में एक और मिल जाय तो एक सौ ग्यारह हो ज़ायँगे अथवा इक्कीस तथा बारह नहीं तो हारे दरजे तीन तौ हई। फिर न जाने आप एक को क्यों नहीं दृढ़ता से चाहते। असंख्य तक गिन जाइए अन्त में यही निकलेगा कि सब एक की माया है। हमारे यहाँ पंचपरमेश्वर प्रसिद्ध है सो बहुत ठीक है।

पाँच मनुष्य एक मत हो के जिस बात को करें उसे मानो सर्वशक्तिमान आप कर रहा है। ऐसा कोई काम नहीं है जो बहुतों की एकता से न हो सके। चारि जने चारिहू दिशा से एकचित ह्वै कै मेरू को हलाय कै उखारें तो उखरि जाय, पर जिसके भाग सुख नहीं है उसके समझ में, एकता क्या है, कभी आवैहीगा नहीं। समझ में भी आवैगा तौ बर्ताव में लाना कठिन है। नहीं तो जमात से करामात होती है। आपके पास विद्या, बल, धन, बुद्धि कुछ भी न हो, पर एका हो तो सब हो सकता है। वह देश धन्य है जहाँ एक्य की प्रतिष्ठा हो। बहुत-से लोग एक हो के पाप भी करें तो भी पुण्य फल पावैंगे। बहुत लोग एक हो के मर जायँ तो भी अनैक्यदूषित जीवन से अच्छा है।

एक का वर्णन एक मुँह से हम कहाँ तक करें। एक तो भगवान का नाम है—एको ब्रह्म द्वितीयो नास्ति और वह सर्वसामर्थी। फिर भला उसके किए क्या नहीं होता? उसकी श्रीमुख आज्ञा है कि 'सर्वधर्मान् परित्यज्य मामेकं शरणं ब्रज'। शास्त्रार्थ की बड़ी गुंजाइश है पर हम तो प्रत्यक्ष प्रमाण से कह सकते हैं कि आप एक हो के देख लीजिए कि सब कुछ हो सकता है या नहीं। पाठक! क्या तुम्हें सदा 'ब्राह्मण' के मस्तक पर एक का चिह्न देख के उसका महत्त्व कुछ अनुभव होता है? तौ फिर क्यों नही सब झगड़े छोड़ के सत चित्त से एक की शरण होते? क्यों नहीं एक होने और एक करने का प्रयत्न करते?

[खं. 5 सं 11 (15 जून ह. सं. 5)]

दो

दकार की दुरूहता हमारे पाठकों को भली भाँति विदित है और यह शब्द उसी में और एक तुर्रा लगा के बनाया गया है। इससे हमें यह कहने की आवश्यकता नहीं है कि यह भी दुःख दुर्गुणादि का दरिया ही है। क्योंकि सभी जानते हैं–'नहिं विष बेलि अमिय फल फरहीं', पर इतना समझ लेने ही से कुछ न होगा। बुद्धिमान को चाहिए कि जिन बातों को बुरा समझे उन्हें यत्नपूर्वक छोड़ दे किन्तु यतः संसार की रीति है कि जब कोई जानी बूझी बात को भी चित्त से उतार देता है तौ उसके हितैषियों को उचित होता है कि सावधान कर दें। इसी से हम भी अपना धर्म समझते हैं कि अपने यजमानों को यह दुर्गतिदायक शब्द स्मरण करा दें, क्योंकि 'ब्राह्मण' के उपदेश केवल हँस डालने के लिए नहीं है बरंच गाँठ बाँधने से अपना एवं अपने लोगों का हित साधने में सहारा देने के लिए है। फिर हम क्यों न कहें कि 'दो' पर ध्यान दो और उसे छोड़ दो। इस वाक्य से कहीं यह न समझ लेना कि वर्ष समाप्त होने में केवल तीन मास रह गये हैं इससे दक्षिणा के लिए बार-बार दो-दो (देव-देव) करते हैं। हाँ, इस विषय पर भी ध्यान दो और हमें ऋण हत्या से शीघ्र छुड़ा दो तो तुम्हारी भलमंसी है, पर हम यद्यपि अपना माँगते हैं, अपने पत्र का मूल्य माँगते हैं, तो भी पाँच वर्ष में अनुभव कर चुके हैं कि देने वाले बिन माँगे ही भेज देते हैं और नादिहन्द सहस्र बार माँगने, सैकड़ों चिट्ठी भेजने पर भी दोनों कान एवं दोनों आँख बन्द ही किये रहते हैं। इससे हमने इस दुष्ट 'दो' के अक्षर का बोलना ही व्यर्थ समझ लिया है। हाँ, जो दयावान हमारे इस प्रण के पूरा करने में सहायता देते हैं अर्थात् 'दो दो' कहने का अवसर नहीं देते उनको हम भी धन्यवाद देते हैं। पर इस लेख का तात्पर्य 'दो' शब्द का दुष्ट भाव दिखलाना और यथासाध्य छोड़ देने का अनुरोध करना मात्र है न कि कुछ माँगना जाँचना। यदि तनिक भी इस ओर ध्यान दीजिएगा कि 'दो' क्या है तो अवश्य जान जाइएगा कि इसको मन वचन कर्म से त्याग देना ही ठीक है। क्योंकि यह हई ऐसा है कि जिससे कहो उसी को बुरा लगे। कैसा ही गहिरा मित्र हो पर आवश्यकता से पीड़ित हो के उससे जाचना कर बैठो अर्थात् कहो कि कुछ (धन अथवा अन्य कोई पदार्थ) दो तो

उसका मन बिगड़ जायगा। यदि संकोची होगा तो दे देगा किन्तु हानि सह के अथवा कुछ दिन पीछे मित्रता का सम्बन्ध तोड़ देने का विचार करके। इसीसे अरब के बुद्धिमानों ने कहा है—अल् कटर्न मिकराजुल मुहब्बत। जो कपटी वा लोभी वा दुकानदार होगा तो एक-एक के दो-दो लेने के इरादे पर देगा सही पर यह समझ लेगा कि इनके पास इतनी भी विभूति नहीं है अथवा बड़े अपव्ययी हैं। यदि ऋण की रीति पर न माँग के यों ही इस शब्द का उच्चारण कर बैठो तो तुम तो क्या हो भगवान की भी लघुता हो चुकी है—'बलि पै माँगत ही भयो बावन तन करतार'। यदि दैवयोग से प्रत्यक्षतया ऐसा न हुवा तो भी अपनी आत्मा आप ही धिक्कारेगी, लज्जा कहेगी—'को देहीत बदेत् स्वदग्धजठरस्यार्थे मनस्वी पुमान्'। यदि आप कहें, हम माँगेंगे नहीं, देंगे, अर्थात् मुख से दो दो कहेंगे नहीं किन्तु कानों से सुनेंगे, तो भी पास की पूँजी गँवा बैठने का डर है। उपदेश दीजिएगा तो भी अरुचिकर हुवा तो गालियाँ खाइएगा, मनोहर होगा तो यशःप्राप्ति के लालच दूसरे काम के न रहिएगा। इस प्रकार के अनेक उदाहरण मिल सक्ते हैं जिनसे सिद्ध होता है कि 'दो' का कहना भी बुरा है, सुनना भी अच्छा नहीं। हमारी गवर्नमेंट सब बातों में परम प्रशंसनीय है पर इस बात में बदनाम है कि सदा यही कहा करती है, यह टिकट दो, यह लाइसेंस दो, इसका चन्दा दो, इसका महसूल दो। और हम यद्यपि डर के मारे देते हैं, पर दिन-दिन दरिद्री अवश्य होते जाते हैं अथच यदि हमारे कोई-कोई भाई कहते हैं कि हमें भी यह अधिकार दो, वह आज्ञा दो, तो अनेक हाकिमों की रुष्टता के पात्र बनते हैं तथा अनेक एंगलोइंडियन पत्रों को सर्कार से ताने के साथ कहते हुए सुनते हैं और भी इन ढीठ काले आदमियों को विद्या दे, बुद्धि दे, बोलने दो। कहाँ तक कहें, यह 'दो' सबको अखरते हैं। चाहे जिस शब्द में 'दो' को जोड़ दो उसमें भी एक न एक बुराई निकलेगी। दोख (दोष) कैसी बुरी बात है। जिसमें सचमुच हो उसके गुणों में बट्टा लगा दे, जिस पर झूठमूठ आरोपित किया जाय उसकी शान्ति भंग कर दे। दोज़ख (नर्क अथवा पेट) कैसा बुरा स्थान है जिससे सभी मतवादी डरते हैं, कैसा वाहियात अंग है जिसकी पूर्ति के लिए सभी कर्तव्याकर्तव्य करने पड़ते हैं। 'दोत्' कैसा तुच्छ सम्बोधन है जिसे मनुष्य क्या कुत्ते भी नहीं सुनना चाहते। दोपहर कैसी तीक्ष्ण बेला है कि ग्रीष्म तो ग्रीष्म शीत ऋतु में भी सुख से कोई काम नहीं करने देती। दोहर कैसा बेकाम कपड़ा है कि दाम तो दूने लगें पर जाड़े में जाड़ा न खो सके, गरमी में सह्य न हो सके। हाँ, दोहा एक छन्द है जिसे कवि लोग बहुधा आदर देते हैं, तो भी जब उसमें से दो की शक्ति हनन कर लेते हैं। इससे यह ध्वनि निकलती है कि जहाँ दो होंगे वहाँ उनका भाव भंग ही कर डालना श्रेयष्कर होगा। इसी से ईश्वर ने हमारे शरीर में जो-जो अवयव दो दो बनाए हैं उनका रूप गुण कार्य एक कर दिया है। यदि कभी इस नियम में छुटाई बड़ाई इत्यादि के कारण कुछ भी त्रुटि हो जाती है

तो सारी देह दोषपूर्ण हो जाती है। हाथ पाँव आँख कान इत्यादि यदि सब प्रकार एक से हों तभी सुविधा होती है। जहाँ कुछ भी भेद हुआ और दो का भाव बन रहा वहीं बुराई होती है। इससे सिद्ध है कि नेचर हमें प्रत्यक्ष प्रमाण से उपदेश दे रहा है कि जहाँ दो हों वहीं दोनों को एक करो, तभी सुख पावोगे। ऋषियों ने भी इसी बात की पुष्टि के लिए अनेक शिक्षाएँ दी हैं। स्त्री का नाम अर्द्धांगी इसीलिए रक्खा है कि स्त्री और पुरुष परस्पर दो भाव रक्खेंगे तो संसार से सुख का अदर्शन हो जायगा। इनकी रुचि और उनकी और, उनके विचार और इनके और होने से गृहस्थी का खेल ही मट्टी हो जाता है—'खसम जो पूजे द्योहरा, भूत पूजनी जोय। एकै घर में दो मता कुशल कहाँ ते होय।' इससे इन दोनों को परस्पर यही समझना चाहिए कि हमारा अंग इसके बिना आधा है। अर्थात् इसकी अनुमति बिना हमें कोई काम करने के लिए अपने तईं अक्षम समझना उचित है। प्रेम सिद्धान्त भी यही सिखाता है कि सीताराम, राधाकृष्णा, गौरीशंकर, माता पिता आदि पूज्य मूर्तियों को दो समझना अर्थात् यह विचारना कि यह और हैं वह और हैं, इनका महत्त्व उनसे कुछ न्यूनाधिक है, महापाप है। फारसी में दोस्त का शब्द भी यही द्योतन करता है कि दो का एक हो रहना ही सार्थकता है। नहीं तो 'दो' बहुवचन है, उसके साथ स्त = अस्त क्रिया न होनी चाहिए थी। व्याकरण के अनुसार स्तन्द = अस्तन्द वा हस्तन्द होना चाहिए। पर नहीं, बहुवचन की क्रिया होने से द्वैतभाव प्रकाश होता इससे यही उचित ठहरा कि शरीर दो हों तो भी मन वचन कर्म एक होना चाहिए। इसी से कल्याण है। नहीं तो जहाँ दो है वहीं अनर्थ है। संसार को हमारे पूर्वजों ने दुःखमय माना है—'संसारे रे मनुष्या बदत यदि सुखं स्वल्पमप्यस्ति किंचित्'। इसका कारण यही लिखा है कि इसका अस्तित्व द्वन्द पर निर्भर है। अर्थात् मरना और जन्म लेना जब तक रहता है तब तक शान्ति नहीं होने पाती। इससे यत्नपूर्वक इन दोनों (जन्म-मरण) से छूट जाय तभी सदा सुखी अर्थात् मुक्त होता है। हमारे प्रेमशास्त्र में भी यही उपदेश है कि इस द्वन्द (मरण जीवन) में से एक का दृढ़ निश्चय कर ले वही निर्द्वंद अर्थात् जीवनमुक्त होता है। या तो प्रेम समुद्र में डूब के मर जाय अर्थात् सुख दुख, हानि लाभ, निन्दा स्तुति, स्वर्ग नर्कादि की इच्छा, चिन्ता, भय इत्यादि से मृतक की नाईं सरोकार न रक्खे, या प्रेमामृत पान करके अमर हो रहे! अर्थात् दुःख, शोक, मरण, नर्कादि को समझ ले कि हमारा कुछ कर ही नहीं सकते। बस इसी से सब लोक परलोक के झगड़े खतम हैं। यदि इन शास्त्रों के बड़े-बड़े सिद्धान्तों में बुद्धि न दौड़े तो दुनिया में देख लीजिए कि जितनी बातें दो हैं अर्थात् एक दूसरी से सर्वथा असम्बद्ध हैं उनमें से एक रह जाय तो कभी किसी को दुख न हो। या तो सदा सुख ही सुख हो तो जी न ऊवे या सदा दुख ही दुख बना रहे तो न अखरे—'दर्द का हद से गुजरना है दवा हो जाना'। सदा लाभ ही लाभ रहे तो क्या ही कहना है। नोचेत् सदा हानि ही हानि हो तो भी

चिन्ता नहीं। आखिर कहाँ तक होगी? इसी प्रकार संयोग वियोग, स्तुति निन्दा, स्वतन्त्रता परतन्त्रता इत्यादि सबमें समझ लीजिए तो समझ जाइएगा कि दो होना ही कष्ट का मूल है। उनमें से एक का अभाव हो तो आनन्द है अथवा जैसे बने वैसे दोनों को एक कर डालने में आनन्द है। भारत का इतिहास भी यही सिखलाता है कि कौरव पांडव दो हो गये अर्थात् एक दूसरे के विरुद्ध हो गये इसी से यहाँ की विद्या, वीरता, धन, बल सब में घुन लग गया। यदि एक हो रहते तो सारा महाभारत इति श्री था। अन्त में पृथिवीराज जयचन्द दो हो गये इससे रहा सहा सभी कुछ स्वाहा हो गया। यदि अब भी जहाँ-जहाँ दो देखिए वहाँ-वहाँ सच्चे जी से एक बनाने का प्रयत्न करते रहिए तो दो के साथ ही सारे दोष, दुर्भाव, दुख दूर हो जायँगे। नहीं तो दो जो कुछ है सो हम दिखला ही चुके। इनसे जो कुछ होता है सो यदि समझ में आ गया हो तो आज ही से अपने कर्तव्य पर ध्यान दो नहीं तो इस दांताकिटकिट को जाने दो।

[खं. 6, सं. 9 (15 अप्रैल ह. सं. 6)]

प्रतिष्ठा केवल प्रेमदेव की है

नहीं तो जो दो हाथ दो पाँव एक मुँह एक नाक इत्यादि आपके हैं वही हमारे भी हैं। जैसे हाड़ मांस लोहू चमड़े आदि का बना हुआ आपका शरीर है वैसे ही हमारा भी है। खाने पीने सोने जागने हँसने रोने जीने मरने आदि में भी आप और हम बराबर ही हैं। फिर आपके कौन सा सुर्खाब का पर लगा हुआ है कि हम आपको मन से प्रसन्न रखना चाहते हैं, तन से सेव्य बनाने पर उद्यत रहते हैं तथा वचन से स्वामी जी गुरू जी महात्मा जी राजा साहब बाबू साहब मुंशी साहब हुजूर खुदाबन्द बन्दापरवर प्यारे प्राणाधार, जीवितेश्वर इत्यादि कहा करते हैं? इसके उत्तर में यदि आप कहिए कि हमारे पास बहुत सा धन है, बहुत सी विद्या है, बड़ी भारी बुद्धि है, बड़ा भारी बल है, हम बड़े लिक्खवाड़ हैं, बड़े बोलनेवाले हैं, बड़े न्यायी हैं, बड़े प्रबन्धकर्ता हैं, बड़े दाता हैं, बड़े सुन्दर हैं, बड़े मनोहर हैं फिर क्यों न हमारी खुशामद करोगे?

इसका जवाब हमारे पास भी मौजूद है कि आप जो कुछ हैं अपने लिए हैं। हमें क्या? आपकी विद्या से हम विद्वान न हो जायँगे, आपके धन बलादि से धनी बली इत्यादि न बन जायँगे। फिर हम क्यों चुटकी बजाते हैं? यह तो कभी सम्भव ही नहीं है कि आप ही ईश्वर के यहाँ से सब बातों का ठेका ले आये हों अब कोई किसी अंश में आपकी समता न कर सकता हो। संसार में एक से एक इक्कीस वर्तमान हैं।

हमारे देखे सुने हुए कई ऐसे हैं जो आपसे हीं चढ़े बढ़े प्रत्यक्ष देख पड़ते हैं, पर हम उनका नाम भी आपके सामने नहीं लेते बरंच आपका उनका सामना पड़ जाय तो आपकी तरफ हो के उनकी लेव देव कर डालने में कोई कसर उठा रखने को पाप समझें, चाहे वह हमसे कैसी ही जाहिरदारी का बर्ताव क्यों न करें और आप चाहें हमें सीधी आँखों देखना भी अपनी शान बईद समझते हों पर हम आपका मनसा वाचा कर्मणा आदर ही करते हैं और ईश्वर कोई विघ्न न डाले तो इरादा यही रखते हैं कि 'मरते रहेंगे तुम ही पे जीते हैं जब तलक'। यह क्यों? केवल इसी कारण कि हम आपके रूप गुण स्वभाव आदि में से किसी वा सभी बात

से प्रेम रखते हैं। अथवा आप हमारे प्रेम का गुण न जानने के हेतु से हमारे आचरणादि का उचित सम्मान न कीजिए तो भी आपके चार काम कर देने से हमें थोड़ा बहुत रुपया मिलता रहता है। आपके साथ रहने से हमारे सताने वाले दबे रहते हैं। आपकी बात सुनने से हमें बहुत सी मतलब की बातें मालूम होती हैं। आपकी छाया से हमें सुभीता मिलता है, आपके दर्शन से हमारी आँखें ठंडी होती हैं इसी से हम 'बिन आदर पाये हू बैठि ढिगै अपनी रुख दै रुख लीजत हैं।' यह भी आपके साथ सम्बन्ध रखने वाला प्रेम न सही तथापि हमारा आत्मसम्बन्धी प्रेम है! इन दोनों बातों पर सूक्ष्म विचार कर सकने पर क्या आप न कह देंगे कि प्रतिष्ठा केवल प्रेमदेव की है।

यही नहीं कि हमीं आप आत्मगत अथवा भवदीय प्रेम के कारण एक दूसरे की प्रतिष्ठा करते हों। संसार में विचार कर देखिए तो सभी सब छोटे बड़े बराबर वालों का प्यार सत्कार केवल प्रेम के कारण करते हैं। हम अपने पुत्र कलत्र शिष्य सेवक बरंच कुत्ते और जूते तक को बिगाड़ना नहीं चाहते। तन मन धन से इन्हें सुधारने में लगे रहते हैं। यह बिगड़ें तो हमारी इज्जत बिगाड़ दें। माता पितादि पूज्य व्यक्ति कुंठित हों तो लोक-परलोक के काम का न रक्खें। भाई भगिनी इष्ट मित्रादि प्रतिकूल हो जाएँ तो हमें जीवनयात्रा में कंटक ही कंटक दृष्टि पड़ने लगें। इसी से हमें सबका आदर मान करना पड़ता है, पर यह सब वास्तव में किसका है?

इसके उत्तर में विचारशक्ति कहती है 'प्रेम देवस्य केवलम्'। जिनसे हमें प्रेम है उन्हीं को हम डरते हैं उन्हीं की प्रतिष्ठा करते हैं और इसी से हमारा तथा उनका निर्वाह होता है, नहीं तो किसी के बिना किसी का कोई काम अटक नहीं रहता फिर क्यों कोई किसी को कुछ पूछे? सबके सभी 'ना हम काहू के कोऊ न हमारा' वाला सिद्धान्त ले बैठें और दुनिया के सारे खेल बिगड़ बिगुड के बराबर हो जायँ! पर वे प्रेमदेव ही हैं जो सबके मध्य अपना प्रकाश करके सभी का काम चलाए जाते हैं और इसी में सबकी प्रतिष्ठा भी है। अस्मात् हमें यह कहने से कौन रोक सकता है कि प्रतिष्ठा केवल प्रेमदेव की!

एक बार दो भाइयों में झगड़ा हुआ तो एक ने कहा 'हमें अलग कर दो हमारा तुम्हारे साथ रहने में निवाह नहीं है।' इस पर दूसरे बुद्धिमान् बन्धु ने उत्तर दिया कि 'अलग होने में लगता ही क्या है? न तुम्हारे कपड़े मेरे अंग में ठीक होते हैं न मेरे तुम्हारे देह को उपयुक्त होते हैं। न मेरे खाने पीने से तुम्हारी भूख प्यास बुझती है, न तुम्हारे भोजन करने से मेरा पेट भर जाता है। तुम्हारी स्त्री तुम्हारा पुत्र तुम्हारे कार्योपयोगी पदार्थ मेरे नहीं कहलाते, मेरे हैं वह तुम्हारे काम नहीं आते। केवल आपस का स्नेहभाव था जिसके कारण मैं तुम्हारे दुख सुख को अपना दुख सुख समझकर अपने कामों का हर्ज करके तुम्हारी सहायता करता था और एक घर में दो गृहस्थियों के झंझट झेलता था। वह भाईपन अब नहीं रहा तो फिर अलग तो

परमेश्वर ही ने किया है।

'जैसे सब वस्तु अलग हैं वैसे ही दो तीन पैसे का तवा ले आवो रोटी भी अलग पका करे बनाने वाले की आधी मिहनत बचेगी। एक को दूसरे के दुःख में हाय-हाय करके दौड़ना न पड़ेगा बस छुट्टी हुई। रही दूसरों की दृष्टि में हमारी तुम्हारी भलमनसी, वह नित्य की दाँताकिलकिल के मारे जैसे अब नहीं है वैसे ही तब न रहेगी, फिर उसका झींखना ही क्या?' पाठक महाशय! यह कथा हमारी गढ़ी हुई नहीं है आँखों देखी हुई है और आशा है कि आपने भी ऐसे अवसर देखे न होंगे तो सुने होंगे, सुने भी न हों तो समझ सकते हैं कि ऐसा प्रेम के अभाव में असम्भव नहीं होता। फिर क्या ऐसी-ऐसी बातें देख सुन सोच समझकर भी कोई समझदार न कह देगा कि प्रतिष्ठा केवल प्रेमदेव की है।

यदि सांसारिक उदाहरणों से जी न भरता हो तो कृपा करके बतलाइए तो आपके परमार्थ का मूल धर्मग्रन्थ कागज स्याही और समझ में आ जाने वाली बातों के सिवा क्या है जो एक दियासलाई से जल के राख और चुल्लू भर पानी से गल के आटे की सी लोई हो सकते हैं। देव मन्दिर देव प्रतिमा क्या हैं? केवल मट्टी पत्थर चूना आदि का विकार, जो हमारे बचाए बिना बच नहीं सकते और अपने गाल पर बैठी हुई मक्खी उड़ाने की शक्ति नहीं रखते।

ऋषि मुनि पीर पैगम्बर इत्यादि क्या हैं? सहस्रो वर्ष के मरे हुए मुरदे, जिनकी अब ढूँढ़ने से हड्डियाँ भी नहीं मिल सकतीं। इन प्रश्नों से आप हमें दयानन्दी समझते हों तो हम पूछेंगे कि परब्रह्म परमेश्वर ही क्या है, केवल एक शब्द मात्र ही, जिसके लक्षण ही में अपनी-अपनी डफली अपने-अपने राग का लेखा है, अस्तित्व का तो सपने में भी सिद्ध होना लोहे के चने हैं। फिर हम इन सबको क्यों अपने लोक परलोक का आधार समझते हैं? क्यों हम इनके निन्दकों को नास्तिक समझकर शास्त्रार्थ बरंच शस्त्रास्त्र तक से मर्दन करने पर उतारू होते हैं? क्या इसका उत्तर एकमात्र यही नहीं है कि हमें अपने धर्म कर्म देव पित्रादि से प्रेम है इसी से प्रत्यक्ष प्रमाण न पाने पर भी तन पर कष्ट धन की हानि उठाने पर भी सच्चे मन से इनकी ऐज्जत करते हैं। फिर हमारे इस कथन का आप क्योंकर विरोध कर सकेंगे कि प्रतिष्ठा केवल प्रेमदेव की है।

आप नास्तिक हों तो हमें आपसे शास्त्रार्थ करने को रोग नहीं है, पर केवल इतना पूछेंगे कि दुनिया में किसी को कुछ मानते हो या नहीं? यदि कहिएगा—हाँ तो फिर हमारा प्रश्न यही होगा कि—हाँ, तो क्यों?—अथवा हठ के मारे कह दीजिए—नहीं—तो हम कहेंगे यह हो नहीं सकता कि आप अपने जीवन को भी न मानते हों, उसको सुखित सुरक्षित बनाए रखना अच्छा न जानते हों।

इन सब बकवादों के पीछे अन्त में हार मान के यही मानना पड़ेगा कि जिससे हम प्रेम रखते हैं उसकी प्रतिष्ठा करते हैं। अतः अखंडनीय सिद्धान्त यही है,

परमोत्कृष्ट श्रेणी वाली बुद्धि का निचोड़ यही है, पाताल से ले के सातवें आकाश तक कोई दौड़ जाय तो जड़चेतनमयी सृष्टि बरंच स्वयं सृष्टिकर्ता को अपनी-अपनी बोली में यही मन्त्र पढ़ते हुए सुनेगा कि प्रतिष्ठा केवल प्रेमदेव की है। इससे जिसे जितनी अधिक प्रतिष्ठा प्राप्त करके अपना अपने लोगों का जीवन सफल करना हो उसे चाहिए कि उतनी ही अधिक प्रेमदेव की आराधना करे क्योंकि चींटी से लेकर ब्रह्म तक उन्हीं के बनाए प्रतिष्ठित बनते हैं नहीं तो किसी में कुछ भी तत्व नहीं है, किसी का कुछ भी सत्व नहीं है। तन्त की बात यही है कि प्रतिष्ठा केवल प्रेमदेव की है।

[ख. 9, सं. 4 (नवम्बर ह. सं. 8)]

प्रेम एव परो धर्मः

धर्म शब्द का अर्थ है जो धारण किया जाय व जो धारण करे और प्रेम शब्द का एक अर्थ है सम्मेलन। इस रीति से एक बच्चा भी समझ सकता है कि धर्म उसी का नाम है जिसमें दो वा अधिक पदार्थ ऐसे मिल जायँ कि जिनका पृथक होना प्रायः असम्भव हो। उदाहरण के लिए हम जैसे कहें कि शर्करा का धर्म है मिठाई और गरमी। इससे यह समझा जायगा कि एक दरदरा-दरदरा, उजला-उजला, बालू के समान जो पदार्थ है उसमें गरमी और मिठाई यह दोनों गुण ऐसे हैं कि यह कहना असम्भव है कि मिठाई कहाँ है, कितनी है, और गरमी कहाँ है और कितनी है। अर्थात् हर दाने में, भीतर जहाँ देखो वहाँ मिठाई भी विद्यमान है और गरमी भी। इसी मिठाई और गरमी के सम्मेलन को, व कहो प्रेम को, अथवा कभी किसी प्रकार से अलग होने के असम्भव को, कहा जाता है कि उसका धर्म है।

अब हम कह सकते हैं कि प्रेम ही का एक देशी नाम धर्म भी रख लिया है। परन्तु परम धर्म इससे अधिक है। वह कभी, कहीं किसी भाँति, अपने धरमी से अलग नहीं हो सकता। शक्कर का परम धर्म मिठाई और गरमी नहीं है। क्योंकि जब शक्कर ऊख में छिपी थी उस समय ऊख के पत्ते में मिठाई का नाम न था। और जब गुड़ के रूप में थी तभी यदि पानी में घोल, किसी बरतन में रख दी जाती तो, वर्ष भर एक ही दशा में रक्खी रहती तो, सिरका हो जाती जिसमें मिठाई का लेश न रहता है।

अग्नि का परम धर्म जला देना कहा जा सकता है। लोग सन्देह कर सकते हैं कि उसमें भी तो पानी डाल देने से दाहक शक्ति का लोप हो जाता है। पर नहीं, तब तो आग स्वयं नहीं रहती, कोयला रह जाता है। जब तक आग है, जहाँ तक आग है, वह जलाने से नहीं रुक सकती। इससे क्या पाया गया कि परम धर्म वही है जो कभी जा न सके। अब जब हम अपने हृदय से पूछते हैं कि हमारा परम धर्म क्या है तब चाहे करोड़ों शंका क्यों न रोकैं, पर सबको लात मार के हृदस्थ कोई देवता यही कहेगा कि प्रेम! प्रेम!! प्रेम!!! इसके दो चार युक्ति और प्रमाण भी सुन

रखिए जिसमें निश्चय हो जाय कि हमारा परम धर्म प्रेम ही, स्वाभाविक धर्म प्रेम ही है। और वास्तविक (मजहबे हक्कानी व मजहबे कुदरती यानी नेचरल रिलिजन) प्रेम ही है, क्योंकि हमारा सृजनहार परमेश्वर स्वयं प्रेम स्वरूप है। क्योंकि सब भाषा के सब धर्मग्रन्थ उसे सर्वशक्तिमान कहते हैं। इस शब्द का अर्थ ही यह है, जिसमें सब प्रकार की सब सामर्थ्य हो वही ईश्वर है। "कर्तुमकर्तुमन्यथाकर्तुं समर्थ ईश्वरः।" अथवा हम कह सकते हैं, जिसमें एक भी शब्द का ह्रास होगा वह ईश्वर ही नहीं। तो इस नाम से सिद्ध है कि हमारी उत्पत्ति का मूल कारण ही प्रेम अर्थात् यावत सामर्थ्य का ऐक्य है।

साक्षात् कारण को देखिए कि माता पिता का प्रेम न होता तो किसी की सूरत भी देखने में न आती। यों चाहे भले ही स्त्री पुरुष में जूता उछलौअल बनी रहे, पर गर्भ स्थापन के समय अवश्य ही प्रेम की आवश्यकता है। शरीर की बाहरी बनावट देखिए तो पंचतत्व के ऐक्य बिना नहीं। क्या एक छोटे से छोटा लोभ भी कोई दिखा सकता है जहाँ पाँच में से एक का भी अभाव हो? और लीजिए, जहाँ एक का भी ह्रास होगा वहाँ शरीर ही किसी काम का नहीं रहेगा। भीतरी बनावट देखिए, वहाँ भी मन बुद्धि आदि तत्व कहाँ से कहाँ नहीं यह सिद्ध करना महा कठिन होगा। अब समझने की बात है? जो हमारा कारण वह प्रेममय, हम स्वयं प्रेमोत्पन्न, फिर प्रेम के बिना हमारा धर्म क्या हो सकता है?

यहाँ हमें यह भी कहना अवश्य होगा कि पूजा पाठ, स्नान दानादि को हम यह नहीं कह सकते कि धर्म नहीं है। पर हाँ, यह स्वयं धर्म नहीं, बरंच धर्म वृक्ष के एक छोटे से छोटे पत्र हैं। इनको यदि हम छोड़ भी दें तो कोई बड़ी हानि नहीं। कभी-कभी किसी-किसी स्थान पर हमें छोड़ना पड़ता है। यदि हम महा निर्बल जराग्रस्त हों तो हमें माघ स्नान श्रेयस्कर न होगा। पर अपने घर में धर्म को हम कभी, कहीं, कुछ काल के लिए, छोड़ेंगे तो दुःख पावेंगे। क्योंकि अपने Nature के विरुद्ध चलते हैं।

हमारा जाति स्वभाव तो बहुतों का एक हो जाना ही ठहरा। फिर उसके प्रतिकूल होके हमें सुख कैसा? हमारा निर्वाह कहाँ? आग से यदि दाहक शक्ति निकाल डाली जाय तो वह कोयला है। शरीर से कोई तत्व पृथक् हो तो वह मृतक है। इसी भाँति हममें प्रेम का किंचिन्मात्र भी आदर्श न हो तो हम पापी, दुःखभाजन और अशान्त हो जायँगे।

हमारा आदि कारण ईश्वर और हमारे साक्षात् कारण माता पिता अथच उनका कार्य्य हमारा शरीर। उसकी भीतरी बाहरी बनावट सब प्रेम अर्थात् ऐक्य है। यह निश्चय हो गया तो भी जिनको वेद शास्त्रादि के प्रमाणों ही से शान्ति होती है, उनके लिए "ब्राह्मणोऽस्यमुखंमासीदित्यादि" रिचा के अभिप्राय को समझ लेना भी हमारे कथन की ओर से पूर्ण सन्तोष देगा।

साफ लिखा है कि जीवधारी मात्र चार वर्ण में विभक्त हैं। वे एक ही परमेश्वर, जिसे हम अपनी बोली में प्रेमदेव कहते हैं, व विराट रूप अथवा रूपक रीति से धर्म पुरुष ही के मुख हाथ इत्यादि हैं। बुद्धिमान लोग विचार सकते हैं कि हमारे हाथ पाँव इत्यादि हमसे पृथक् नहीं हैं, अर्थात् इन सबकी एकत्र स्थिति ही शरीर का शरीरत्व है। इसी प्रकार चारों बरण की एकचित्तता ही ऐहिक और अगोचर विषयक सुख का मूल है।

जिसको प्रेम कहते हैं। बहुतेरे सन्देह कर सकते हैं कि धर्म साधन की परावस्था, जिसमें सांसारिक सम्बन्ध छोड़ के एकान्तवास करके केवल भगवताराधन ही से काम रहता, वहाँ किसी से प्रेम सम्बन्ध क्यों कर रहेगा? इसके उत्तर में हम कहेंगे कि हमारी आत्मा का और परमात्मा का एकत्व अर्थात् आत्मिक सुख का जनक हमारा प्यारा प्रेम तो कहीं जाता ही नहीं, और जहाँ परमात्मा से सम्बन्ध होगा वहाँ तत्सम्बन्धी जगत् का सम्बन्ध स्वयं सिद्ध है। इसी का प्रमाण हमारे रिषियों के उपदेश में अद्यापि विद्यमान है कि यद्यपि उन्होंने संसार के विषय छोड़ दिये थे तो भी हम संसारी जीवों के परम कल्याणजनक व्याख्यान निर्माण करते ही रहे हैं। सतुपदेश करना भी तो भगवद्भजन ही का अंग है। फिर एकान्तवासी लोग भी परम धर्म से क्यों कर न्यारे होंगे? हाँ यह कहा जा सकता है कि बाहरी बातों के प्रेम का निर्वाह नहीं कर सकते, सो वही बाहरी सुख भोजन वस्त्र इत्यादि से वंचित भी रहते हैं।

जितने अंश में, जितना प्रेम का अभाव होगा उतने अंश में उतना सुख न भूतोभविष्यति। क्योंकि यह एक लड़का भी जानता है कि पाप से दुःख और धर्म से सुख होता है। और धर्म प्रेम ही का नाम है। अतः प्रेम ही सुख का जनक है। सोई उपर्युक्त रिचा का अभिप्राय है कि जब तक विद्वान धर्मवेत्ता तथा बली योद्धा एवं व्यवहार कुशल और निरभिमानी सेवातत्पर सब भाँति के लोग एक ही शरीर के अंग प्रत्यंग की भाँति बरताव न करैंगे तब तक संसार परमार्थ कुछ भी सिद्ध नहीं होने का। बहुतेरे पांडित्याभिमानी शूद्रों से ऐसी घृणा रखते हैं कि उनका नाम भी मुँह बिदोरे बिना नहीं लेते। हम यह नहीं चाहते कि उनके साथ बेटी रोटी का व्यवहार किया जाय। यह तो बिचारे मधुर भाषा में समझा देने पर वे स्वयं न करेंगे। पर हाँ उनको अपना प्यारा आर्य्य भाई, अनन्त कामों में सहायक अथच पूर्ण कृपापात्र न समझना। एक पाप है बरंच ऐसी भारी मूर्खता है जैसे कोई अपने पाँव को निकम्मा समझ के काट डालने का उद्योग करे।

प्रेम अर्थात् ऐक्य ही परम धर्म है। इस विषय के अनेकानेक मन्त्र वेद में मिलेंगे जैसा "प्रियानांत्वाप्रिय पतिग्वंहवामहे" "शन्नौ मित्रः" "अहोरात्राणी विदधद्विश्वस्यमिषतो वशी" इत्यादि मन्त्रों में प्रिय और मित्र और बशी (वश करने वाला) इत्यादि ईश्वर के नाम ही प्रेम सिद्धान्त वाले हैं। "संगच्छध्वं संबदध्वं"

इत्यादि में उत्तम बरताव करना, प्रिय भाषा बोलने आदि की खुलासा आज्ञा है, जो प्रेम ही का प्रवर्त्तन करती है।

सबसे बढ़ के गायत्री, जो वेदों में सर्वोपरि मन्त्र है और वर्णों में सर्वोपरि जाति ब्राह्मणों का तो धर्म भूषण है। हमारे बैसवारे में जहाँ ब्राह्मणों की अधिकता है वहाँ देखिए तो यद्यपि अविद्या के प्रभाव से धर्म और अर्थ से सर्वथा बंचित हो रहे हैं, तथापि इतना तो कुपढ़ बालक ही नहीं बरंच पशुप्राय स्त्रियाँ भी जानती हैं कि "गात्री" (गायत्री) तौ बाम्हन का हथियारु आय", "अरे राम! राम! गात्री जपे नहीं जानत! कैस बाम्हन आय!" वह गायत्री, वह वेद माता, वह हमारे ब्राह्मण की सर्वोच्च ध्वजा भी प्रेम ही उपदेश करती है।

यों आर्य परिपाटी के अनुसार उसका जप ऐसी गुप्त रीति से किया जायगा कि परम प्यारा बन्धु भी जप करते हुए न सुने, पर उसमें जो प्रार्थना की जाती है, "धियो योनः प्रचोदयात्" अर्थात् जो हमारी बुद्धियों को उत्तेजित करे, इसमें समझना चाहिए कि ऐसी गुप्त रीति से एकान्त में प्रार्थना की जाती है तो केवल अपने लिए होनी चाहिए थी। अर्थात् "धियोयोमेप्रचोदयात्" मेरी बुद्धि को जो बढ़ावे। पर नहीं, गायत्री के उपदेष्टा, ईश्वर या रिषी जो मानो, की यही मनशा है कि अकेले भी, यदि ईश्वरीय भी, कोई काम करो तो केवल अपने लिए नहीं बरंच अपनों के लिए। यह क्या है? उसी हमारे मूल प्रेम का? दृढ़ीकरण। बस जब गायत्री स्वयं ऐक्य का उपदेश करती है तो इससे बढ़कर वैदिक प्रमाण क्या चाहिए? पाठक अब भी "प्रेम एव परो धर्मः" में कोई सन्देह है?

हमारे माननीय मनु भगवान ने आज्ञा की है, "धृतिः क्षमा दमोऽस्तेयं शौचमिन्द्रिय निग्रहः। धीविद्या सत्यक्रोधी दशकं धर्मलक्षणम्॥" यह दशों लक्षण सिवा पूर्ण धार्मिक अर्थात् प्रेमी के किस में हो सकते हैं? सब सुख दुःखों को केवल प्यारे की इच्छा समझने वालों के अतिरिक्त धैर्य का दावा कौन कर सकता है? क्षमा करना किसका काम है? उसी का न जो समझ ले कि भला इनसे हम क्या बदला लें। यह तो ईश्वर के नाते अपने ही ठहरे दम भी उसी से होगा जो अपने ऊपर कुछ बीते पर ईश्वर की मंगलमयी सृष्टि में हलचल न पड़ने देने का हठी होगा। चोरी का त्याग भी वही करेगा जो निश्चय कर ले कि इस वस्तु से इनको सुख होता है, हमें पहिले हो चुका।

शुद्धता भी वही ग्रहण करेगा जिसको ईश्वर और अपने ऐहिक मित्रों से लिपट के मिलने की प्रगाढ़ इच्छा होगी। इन्द्रियाँ भी उसी की चलायमान न होंगी जो अपने अलौकिक आनन्द के आगे बाह्य सुखों को तुच्छ गिनेगा। बुद्धि प्रेमियों की सी किसमें होगी जो परम तत्व परमात्मा तक को अपना कर सकते हैं। यद्यपि कच्चे लोगों की दृष्टि से वे मूर्ख जचें और वे भी अपने प्रियतमजन्य सम्बन्ध के आगे बुद्धि की पर्वा न करें, पर बुद्धि का जो असली तत्व है अपना और पराया

हिताहित ठीक-ठीक समझ के, न और को ठगने की चेष्टा करना, न स्वयं ठगाना, सो उनमें प्रत्यक्ष ही है कि वे क्षणिक हानि लाभ से विकल न होके अपने ठीक सुखद मार्ग पर चले जाते हैं। विद्या का कहना ही क्या है।

श्री कबीर जी ने अनुभव करके कही दिया है 'ढाई अक्षर प्रेम के पढ़े सो पंडित होय'। एक बार एक सहृदय ने पूछा कि 'भाई तुम्हारे मत की कौन किताब है?' इस पर हमारे एक अभिन्न ने कहा, 'हमारा मत तो कोई है नहीं, पर किताब की जो पूँछो तो पृथ्वी और खगोल यह दो पन्ने पहिले अच्छी तरह पढ़ लीजिए, फिर कोई बड़ी पोथी बतला देंगे।' यह सुन के पुच्छक भाई बड़ी देर तक स्तब्ध रह के, बड़ी गम्भीरता से बोले कि 'हाँ, बेशक तुम्हारी विद्या के ग्रन्थ सर्वोत्तम हैं जिनको कोई दूसरा क्या पढ़ेगा, कितना पढ़ेगा और कहाँ तक पढ़ेगा।' वाचक महोदय, इस बात को खूब गौर से दूर तक सोच लीजिए, प्रेमियों की विद्या का हाल खुल जायगा।

सत्य का क्या पूँछना है। प्रेम मदिरा मत्त महाशयों के मुँह से जो निकलेगा वास्तव में सत्य ही होगा। कोई न समझे तो उसका दोष है। रहा अक्रोध, सो जिसकी दृष्टि में कोई क्रोध का पात्र ही नहीं है वह स्वयं क्रोध से दूर ही होगा। अब 'ब्राह्मण' के रसिक विचार देखें कि जिन मनु को बेद भी 'तदभेषजं भेषजत या' कहता है उनका धर्म विषयक निश्चय ही 'प्रेमएवपरोधर्मः' पर है या नहीं। इसके सिवा और भी श्रुति स्मृति के सहस्रावधि वाक्य हैं जो गुप्त वा प्रकट रूप से इसी बात को पुष्ट करते हैं। पर हम विस्तार भय से न लिखकर केवल अनुमति देते हैं कि देखिए, समझिए और हमसे चाहे और किसी से पूछिए तो आँखें खुलें।

[खं. 3, सं. 3-4 और 6 (15 मई, जून, सन् 1885 ई० और 15 अगस्त, ह. सं. 1)]

उरदू बीबी की पूँजी

यदि आप किसी साधारण वेश्या के घर पर कभी गये होंगे या किसी जाने वाले से बातचीत की होगी तो आपको भली भाँति ज्ञात होगा कि यद्यपि कभी-कभी विद्वान, धनवान, और प्रतिष्ठावान लोग भी उसके यहाँ जा रहते हैं, और जो जाता है वह कुछ दे ही के आता है। एवं उन्हें बाहर से देखिए तो तेल, फुलेल, हार, पान, हुक्का, पीकदान, सच्चा वा झूठा गहना एवं देखने में सुन्दर कपड़े से सुसज्जित है। कमरा भी दो एक चित्र तथा गद्दी-तकिया आदि से सजा हुआ है। उनकी बोली बानी हाव भाव भी एक प्रकार की चित्तोल्लसिनी सभ्यता से भरी है। दस-पाँच गीत गजल भी जानती है। पर उनकी असली पूँजी देखिए दो चार रंगीन गोटे पट्टे के कपड़े तथा दो ही चार सच्चे झूठे गहने अथच एक वा दो पलंग और पीतल, टीन, मट्टी आदि की गुड़गुड़ी उड़गुड़ी समेत दस पाँच बरतन के सिवा और कुछ नहीं है। रुपया शायद सब असबाब मिलाके सौ के घर-घाट निकलें, चाहे न भी निकलें। गुण उनमें केवल हाथ मटका के कुछ गाना मात्र, विद्या अशुद्ध फशुद्ध दस ही बारह हिन्दी उरदू के गीत मात्र एवं मिष्टभाषण केवल इतना जिस्से आप कुछ दे आवें। बस, इसके सिवा अल्लामियाँ का नाम ही है। उनके प्रेमी, या यों कहिए, अपनी बुरी आदत के गुलाम उनको चाहे जैसा लक्ष्मी, सरस्वती, रम्भा, तिलोत्तमा, लैली, शीरीं समझते हों, पर वास्तव में उनके पास पूरी जमा जथा उतनी ही मात्र होगी जितनी हम कह चुके। बरंच उससे भी न्यून ही होगी। कभी-कभी वे कह देती हैं कि हम फकीर हैं या हम आपके भिच्छुक हैं। यह बात उनकी शिष्टता से नहीं बरंच सच ही है, क्योंकि सबसे लेती हैं तौ भी कुछ जुड़ नहीं सकता। यदि पन्द्रह बीस दिन कोई न जाय तौ उन्हें वह नगर छोड़ देना पड़े जहाँ वे कई वर्ष रही हैं। प्रिय पाठक! ठीक वही हाल उर्दू जान का भी है। यद्यपि कुछ-कुछ संस्कृत, अंग्रेजी, अरबी की भी सहाय है, और उसके चाहने वाले उसे सारे जगत की भाषाओं से उत्तम माने बैठे हैं, पर उस्की वास्तविक पूँजी यदि विचार के देखिए तो आशिक अर्थात् किसी को चाहने वाला, माशूक अर्थात् कोई रूपवान् व्यक्ति जिसे आशिक चाहता हो, बाग अर्शात् बाटिका गुल अर्थात् फूल, बुलबुल अर्थात् एक अच्छी बोली

बोलने वाला और फूलों में प्रसन्न रहने वाला पक्षी, बागवान अर्थात् माली, सैयाद अर्थात् चिड़ीमार, चाँदनी रात औ मेघाच्छन्न दिन, खिलवत अर्थात्' एकान्त स्थान, जिलवत या मजलिस कई एक सुन्दर व्यक्तियों का समाज, शराब अर्थात् मदिरा, कबाब अर्थात् मांस, साकी अर्थात् मद्य पिलाने वाला, मुतरिब अर्थात् गवैया, रकीब दुश्मन, गैर अर्थात जिसे तुम चाहते हो उस्का दूसरा चाहने वाला, नासिह अर्थात् मद्य और वेश्यादि के संसर्ग से रोकने वाला, बायज़ अर्थात् उपदेशक, परनिन्दा, खुशामद, उलहना, आसमान अर्थात् भाग्यवश, इतनी ही बातें हैं जिन्हें उलट फेर के वर्णन किया करो आप बड़े अच्छे उरदूदाँ हो जायँगे! माशूक के रूप, मुख, नेत्र, केशादि की प्रशंसा, अपनी सर्वज्ञता का घमंड, उसे गुल और शमअ अर्थात मोमबत्ती एवं अपने को बुलबुल और पर्वाना अर्थात् पतंग से उपमा दे दिया करो, रकीब इत्यादि पर जल-जल के गाली दिया करो, बस उरदू का सर्वस्व आपको मिल जायगा। चाहे गद्य हो चाहे पद्य हो, चाहे कविता हो चाहे नाटक हो, चाहे अखबार हो, चाहे उपदेश हो, सब में यही बातें भरी हैं। यदि और कोई विद्या का विषय लिखना हो तो संस्कृत, बंगला, नागरी, अरबी, फारसी, अंगरेजी की शरण लीजिए। इन बीबी के यहाँ अधिक गुंजायश नहीं है। और लिखना तो दरकिनार मुख्य-मुख्य शब्द ही लिखके किसी मौलवी से पढ़ा लीजिए, अरे म्याँ मज़ा ही न आवेगा! हमारे एक मित्र का यह वाक्य कितना सच्चा है कि और सब विद्या हैं यह अविद्या है। जन्तम भर पढ़ा कीजिए, तेली के बैल की तरह एक ही जगह घूमते रहोगे। सत्य विद्या के बतलाइए तौ कै ग्रन्थ हैं? हाय न जाने देश का दुर्भाग्य कब मिटेगा कि राजा-प्रजा दोनों इस मुलम्मे को फेंक के सच्चे सोने को पहिचानेंगे। जानते सब हैं कि पूँजी इतनी मात्र है, पर प्रजा का अभाग्य, राजा की रीझ बूझ! और क्या कहा जाय।

[खं. 4, सं. 2 (15 सितम्बर ह. सं. 3)]

आलमे तसबीर (1)

इस नाम का एक साप्ताहिक पत्र उरदू भाषा में यहाँ से निकलता है। इसके एडिटर सहब को बिचारी गौओं से और गोरक्षिणी सभा से न जाने कहाँ का बैर है कि जब कभी इसका आन्दोलन कानपुर में होता है तभी आप बिन बात का बतंगड़ बढ़ा के, सीधे-साधे हिन्दुओं का जी दुखा देते हैं। हम अरबी के विद्वान नहीं हैं कि कुरआन हदीस के बचनों का अखंडनीय अर्थ जान सकें, पर जहाँ तक नागरी, बंगला, फारसी के गन्थों में देखा और सज्जन मौलबियों से सुना है वहाँ तक कह सकते हैं कि महात्मा मुहम्मद ने कहीं यह आज्ञा न दी होगी कि बिना मतलब झूठ मूठ छेड़खानी करके अन्य धर्मियों को कुढ़ाओ और खामखाह दो समाजों का चित्त फाड़ो।

इसके सिवा यह भी सब जानते हैं कि हिन्दू धर्म में गाय की रक्षा परम धर्म और मुहम्मदीय धर्म में यह बात कहीं नहीं लिखी कि गाय के प्राण लिए बिना धर्म रही नहीं सकता। फिर गोरक्षा का विरोधी बनना, हिन्दुओं को निष्प्रयोजन आत्मपीड़ा देना और हिन्दू मूसलमानों में फूट फैलाने के सिवा और क्या फल देगा। जब गोरक्षा का कोई बन्दोबस्त होता है तब आलमे तसबीर में उसके खिलाफ जरूर लिखा जाता है और बहुत से हिन्दू भाई हमारे पास आ के करुणा के साथ कहते हैं कि जवाब लिखो। पर हमने कई बार देखा है कि यहाँ के लोगों को दया और धर्म केवल दो एक दिन के लिए होता है।

पीछे से अपने कामों में थोड़ा सा भी हर्ज करके कोई काम करना नागवार हो जाता है और यह तो कभी न देखा न सुना कि किसी पर, परमेश्वर न करे, कोई आफत आवे और उसका शरीक हो। यही समझ के हम सदा अपने फरियादी भाइयों से कह देते रहे हैं, नाहक तकरार लेने से क्या होगा, तुम गोशाला और गोरक्षिणी सभा कायम कर दो, सब बातों का जवाब यही है और सच भी यही है। निर्बल निस्सहाय ब्राह्मण को तकरार लेना नहीं सोहता।

इस बार छः अप्रैल के आलमे तसबीर को भी हम जवाब नहीं देते, केवल एक नगर में रहने के कारण, साधारणतः समझाए देते हैं कि ऐसे लेखों से कोई लाभ

नहीं है। गौएँ बचेंगी तो मुसलमानों को कड़वा दूध न देंगी। कई शहरों में बहुत-से प्रतिष्ठित और विद्वान मुसलमान गोरक्षा में शरीक हैं। उनको कोई पाप नहीं लग गया बरंच अपने हमवतनों (स्वदेशियों) की सहायता का पुन्य ही होता है।

सरकार भी गोबध गुप्त रीति से करती है और आज तक कभी गोरक्षा पर कहीं अच्छे लोग नहीं लड़े। फिर कभी शरीफ मुसलमान गो मांस लोलुप नहीं होते। फिर आप ही व्यर्थ बाद क्यों करते हैं? आप फरमाते हैं "इस हफ्ते में चन्द हिन्दू गोरक्षिणी सभा पर बाजार-बाजार लेक्चर देते फिरते हैं। पुरजोश अलफाज से हिन्दुओं की सुतवज्जेह करते हैं कि तुम गाय के जबीहे में हाजिर हो।" जब कि गोरक्षा का उपदेश देना और उसका यत्न करना हिन्दुओं के धर्म का मूल है, और सरकार की मनशा है कि तब लोग अपने धर्म की रीति निर्द्वंद्वता से करें एवं इसमें किसी अन्य धर्म की निन्दा व हानि नहीं होती तो बाजार-बाजार लेक्चर देने में कौन पाप है।

रहा परजोश अल्फाज, सो जहाँ तक देखा गया है किसी के ल्येक्चरों से किसी को क्या होगा। बिचारे हिन्दी-उरदू के लेखों से देख-दाख के कुछ कह-सुन लेते हैं। जिसे कुछ दया धर्म का ख्याल है वुह यथासामर्थ्य कुछ चन्दा दे देता है। और यदि अच्छा लेक्चर हो, उसके कथन से लोगों को पूरी उमंग हो जाय, तो अपनी सामर्थ्य से बाहर ब्याह-बारात की तरह कुछ लोग बहुत सा रुपया दे गुजरें, इसके सिवा गोरक्षा के जोश का फल ही क्या हो सकता है। सो भी आज तक सुना नहीं जाता फिर ताने के साथ 'पुरजोश अल्फाज' का हम नहीं समझते क्या अर्थ है? "जा बजा से कुरआन की आयतें गलत तौर पर पढ़ कर उसके मानी झूठी ताबीलों से गढ़ के मुसलमानों को हिदायत करते हैं कि तुम्हारे मजहब में गाय का खाना दुरुस्त नहीं।" यह तो सच है कि बिना अरबी पढ़े कुरआन की आयतें क्या साधारण शब्द भी अरबी का शुद्ध नहीं उच्चरित होता, और हिन्दुस्तान भर में शायद दो-एक अरबी जानने वाले हिन्दू और संस्कृत जानने वाले मुसलमान निकलें। इस हालत में गलती होना असम्भव नहीं। पर मानी (अर्थ) का गढ़ना बिना पढ़ी भाषा में असम्भव है। जैसा अरबी पढ़े हुओं से सुना वैसा कह देना या लिख देने में हिन्दुओं का क्या दोष है?

कई एक प्रसिद्ध मौलबियों से सुना गया है और शरीफ मुसलमानों को गो मांस से पक्का परहेज देखा गया है। इससे स्वयं सिद्ध है कि गाय खाना मुसलमानों को परमावश्यक नहीं है। "इस हफ्ते में कई एक नाटक भी इसी गाय के मुतअल्लिक खेले गये" यह सरासर झूठ है। दास अपने शहर की खबर, और एडिटर हो के, झूठी छापे! यह बात का बतंगड़ नहीं तो क्या है? नाटक कहीं कोठरी में नहीं होते, सैकड़ों लोगों के सामने सरकारी नाट्यालय में होते हैं। इस हफ्ते में क्या इस मास में केवल एक नाटक गोरक्षा विषयक एम.ए. क्लब ने खेला है।

'31 मार्च को एक बछड़ा खड़ा करके चन्द मुसलमान लड़कों से, जिनको पेश्तर से तालीम कर रक्खा गया, गाय की अस्तुति गवाई' यह वाक्य भी निरे झूठ है। पंच क्लब (जिसमें केवल दो ब्राह्मण शेष सब मुसलमान हैं) ने गऊ की बिनती गायी थी। इसमें उक्त क्लब की उदार चरित्रता और हिन्दू मुसलमानों के प्रति दृढ़ होने की इच्छा प्रत्यक्ष दृष्टि पड़ रही थी। देखने वाले गाय के दुख सुन के दुखी ही न हुए थे बरंच पंच क्लब की मुहब्बत से भर गये थे। यहाँ तक कि M.A. क्लब की तरफ से श्री बाबा हरनाम सिंह ने और श्री भारत मनोरंजनी सभा की ओर से प्रताप मिश्र ने तथा दर्शकों में से एक साहब ने बड़े स्नेह से धन्यवाद दिया था और हकीकत में उन्होंने तारीफ का काम किया था।

आलमे तसबीर का भ्रम है कि पंच क्लब मेंबरों को लड़का बनाता है। दस-बारह बरस वाले लड़के कहाते हैं। वैसा उनमें शायद एक भी नहीं है। होता तो स्त्री भेष में अवश्य दिखाई देता। इसके विरुद्ध दो तीन मित्र पढ़े लिखे उरदू के कवि हैं और उमर में एडिटर से बड़े न होंगे तो छोटे भी नहीं हैं। उन्हें लड़का कहने के न जाने क्या माने हैं। उन्हें तामील करके कौन गवा सकता था। किसी दूसरे क्लब जो मेंबर उन्हें तालीम दे के अपनी हँसी कराने से रहा। रुजगारी गवैया, नचैया से वे सीखने से रहे। चलो छुट्टी हुई।

नाच गा के हिन्दुओं को खुश करके इनाम लेना इनका पेशा कदापि नहीं है। फिर कौन बुद्धिमान उनके गो विषयक गीत सर्वसाधारण के आगे गाने को केवल सहृदयता और ऐक्यप्रियता (सुलह पसन्दी) न कहेगा। "ऐसे हालत में मुसलमानों में किसी कदर तशबीस फैलती जाती है।" परमेश्वर की दया से कानपुर में न हिन्दू झगड़ालू हैं न मुसलमान। विचारशील हिन्दू मुसलमान इस बात से अवश्य प्रसन्न होंगे कि अब वुह भी दिन आ चले कि मुसलमानों का एक समाज हिन्दुओं के प्रसन्न करने को अपना धन और समय लगा देता है तथा हिन्दुओं का एक समाज गद्गद स्वर से मुसलमानों को धन्यवाद आशिरबाद देता है। सज्जन लोग तो मनावेंगे कि नित्य ऐसा हो। धन्य भाग्य उस स्थान के जहाँ अनेक धर्म के लोग एक मत के हों।

हिन्दू मुसलमान तो क्या सज्जन नास्तिक भी इसमें आनन्द होंगे। पर जिन दुष्टों का धर्म कर्म केवल दो समूहों में बैर बढ़ाना अथवा अपनी जथा के सिवा दूसरे को न देख सकना मात्र है उनकी हम नहीं कहते। "देखिए नतीजा क्या शुदनी है।" होनहार का भेद परमेश्वर जाने पर अहंकारी से हम कह सकते हैं कि यदि ऐसा ही शीघ्र-शीघ्र होता रहा तो गोरक्षा पर लोगों की रुचि बढ़ेगी, हिन्दू मुसलमानों में प्रेम दृढ़ होगा, नगर को सुख सुयश प्राप्त होगा, सरकार की नीति और प्रजावत्सलता प्रत्यक्ष होगी। यदि कुछ न होगा तो विदेशी कानपुर पर ताली बजा के टाँय-टाँय फिस के गीत गावेंगे।

जो अदूरदर्शी प्रज़ागण को लड़ाई के लिए उभाड़ेंगे वे लोक परलोक के राजा के सम्मुख अपने किये का फल पावेंगे। इतनी बातों में एक ही बात "शुदनी" है। अन्त में हम अपने सहयोगी को सम्मति देते हैं कि अखबारों का धर्म मेल बढ़ाना और सदगुण फैलाना है। इससे हमारे इस बचन पर ध्यान दें कि "हिन्दू मुसलमान दोनों भारतमाता के हाथ हैं। न इनका उनके बिना निबाह है न उनका इनके बिना। अतः सामाजिक नियमों में एक दूसरे के सहायक हों। इसमें दोनों का कल्याण है। कोई दहिने हाथ से बायाँ हाथ अथवा बाएँ हाथ से दहिना हाथ काट के सुखी नहीं रह सकता।

[खं. 4, सं. 9 (15 अप्रैल ह. सं. 4)]

आलमे तसबीर (2)

यह हजरत गोरक्षा ही के द्वेषी नहीं हैं, हमारे कांग्रेस के भी द्वेषी हैं। गत मास में हम दिखा चुके हैं कि गोरक्षा विषयक साधारण व्याख्यान पर आपने कितनी झूठ के साथ कैसा-कैसा अमूलक झगड़ा रोपा था। आज उससे बढ़ के कांग्रेस विषयक प्रपंच लीजिए। 27 अप्रैल के पत्र में मेरठ का हाल लिखते हैं, जिसका भावार्थ यह है कि 'बाबू रघुबरसरन वकील ने कांग्रेस के लाभ वर्णन करके सैयद मीर मुहम्मद को कांग्रेस का हमदर्द बताया, पर सैयद ने कांग्रेस के विरुद्ध कहा। खैर यह तो बाबू रघुबरदयाल साहब की कोई बड़ी भूल भी न थी, वे सैयदजी के अन्तरयामी न थे। इसके आगे लिखते हैं 'करीब था कि फौजदारी की नौबत पहुँच जाय' पर साफ-साफ लिखना चाहिए था कि किसकी तरफ से फौजदारी की नौबत पहुँचने के आसार थे।

कांग्रेस के अनुकूल लोग तो केवल सब में मेल बढ़ाना चाहते हैं। हाँ, बहुधा विरोधी लोग झूठ और प्रपंच से काम ले रहे हैं जिसके उदाहरण अभी लिखे जाते हैं, जैसा लिखते हैं 'अब की साल रंग अच्छा नहीं है। हामियाने कांग्रेस कुछ जियादा बौखलाहट से काम ले रहे हैं'। यदि सैयद अहमद और उनके सम्प्रदायियों की खुदगरज, खुशामदी...बातों को बिना समझे वा समझ बूझ के अपने विचार शक्ति का खून करके उनका पछलागा न बन जाना ही बौखलाहट है तो और बात है, नहीं तो आ.त. को हमारी बौखलाहट का कोई उदाहरण देना था। और सुनिए "जैसे 1857 का गदर मरेठ से शुरू हुआ था वैसे कांग्रेस की भी शकररंजी (झमेल) वहीं से शुरू हुई।" तीन बरस से कांग्रेस होती है, कभी शकररंजी न हुई केवल अब की बेर सर सैयद अहमद साहब के बहकाने से कुछ नासमझ लोग कांग्रेस के सहायकों से वैमनस्य मानते हैं। पर उस एकतरफी वैनमस्य को सन् '57 के गदर से उपमा देना निरी बौखलाहट है। हम हिन्दू मुसलमानों के सामने सैयद साहब के अनुगामी बहुत ही थोड़े हैं। तिस्पर भी जिन्हें कांग्रेस से कुछ सम्बन्ध है वे नेचरियों की गालियाँ तक सुन के चुप रहने और मधुर उत्तर देने का इरादा किये हैं, फिर '57 को याद करना हम नहीं जानते क्या गुप्त अर्थ रखता है?

यह तो एडिटोरियल नोट का हाल हुआ, अब 21 एप्रिल को श्रीयुत पंडितबर अयोध्यानाथ वकील महोदय ने नाच घर में कांग्रेस सम्बन्धी लेक्चर दिया था, उस्पर मियाँ आलम तसबीर फरमाते हैं, 'मुसलमान शायद दश से कुछ ही जियादा थे'। शायद अपनी या अपने आगे पीछे की कुरसी की गिनती की है, नहीं मुसलमान बेशक सौ के लगभग थे, पर कांग्रेस के विरोधी दस भी न थे। जाहिरा केवल तीन थे, शायद दो एक गुप्त भी हों। आगे चलिए। 'अनुमान दो सौ आदमी जमा थे'। वाह! ऐनक लगाने पर भी यह हाल! इसके आगे श्री पंडित जी के परमोत्तम हृदयग्राही लेक्चर पर खूब उखाड़ पछाड़ की है जिसका उत्तर देना निरा समय खोना है। बुद्धिमान इतने ही से विचार सकते हैं कि कांग्रेस के विरोधी सत्य को कहाँ तक आदर देते हैं। उन्हीं के एक पत्र प्रेरक, जो लखनऊ के हैं, इस पर तो बिगड़ते हैं कि उक्ति पंडित जी ने 20 ता० को लेक्चर दिया, उसमें कुरआन की आयतें पढ़ीं। पर इसका बयान उड़ाए जाते हैं कि एक मुसलमान ने भरी भीड़ में बुरी तरह पर गायत्री पढ़ी।

यदि नियत देखी जाय तो पं. जी ने केवल एकता की पुष्टि के लिए कुरान शरीफ का प्रमाण दिया था। इसमें यदि श्री मुहम्मदीय धर्म की अप्रतिष्ठा होती तो शेष रजाहुसेन खाँ साहब (जो उस दिन सभापति थे) और 'अवध पंच' के एडिटर मुंशी सज्जाद हुसेन सा. इत्यादि सज्जन जो वहाँ बैठे थे अवश्य अप्रसन्न होते, क्योंकि वे भी मुसलमान ही हैं। पर शायद कांग्रेस के विरोधी के अनुकूल मुसलमानों को मुसलमान नहीं समझते। क्या आलमे तसबीर इसी पर कहता है कि 'मुसलमानों ने हिन्द ने० कां० की मुखालफत में निहायत इत्तिफाक जाहिर किया।' परमेश्वर ऐसे अनक्यबर्द्धकों को सुमति दे जो निज धर्म ग्रन्थ के वचन कोई प्रमाणार्थ कहें तो भी अपनी तौहीने महजबी समझते हैं और दूसरों के धर्म वाक्य को खुद जलन के साथ कहने में नहीं लजाते। ऊपर से राजा प्रजा दोनों का हित चाहने वालों को दोष लगाते हैं, पर स्वयं न्यायशील ब्रिटिश सिंह के राज्य में अपने 'सूस्त और कमजोर हाथों से काम लेना' चिताते हैं। न जाने इसमें क्या लोक या परलोक का लाभ समझते हैं।

[खं. 4, सं. 10 (15 मई ह. सं. 4)]

हिम्मत राखो एक दिन नागरी का प्रचार होहीगा

सच है "परमेश्वर की परतीत यही, मिलो चाहिए ताहि मिलावत है"। जिस नागरी के लिए सहस्त्रों रिषि वंशज छटपटा रहे हैं उसका उद्धार न हो, कहीं ऐसा भी हो सकता है? जब कि अल्प सामर्थी मनुष्य को अपने नाम की लाज होती है तो क्या उस सर्वशक्तिमान को अपनी दीनबन्धुता का पक्ष न होगा? क्यों नहीं। हमारे देशभक्तों को श्रम, साहस और विश्वास चाहिए, हम निश्चयपूर्वक कहते हैं यदि हमारे आर्य भाई अधीर न होंगे तो एक दिन अवश्य होगा कि भारतवर्ष भर में नागरी देवी अखंड राज्य करेंगी और उर्दू देवी अपने सगों के घर में बैठी कोदौं दरेंगी। लोग कहते हैं, सर्कार नहीं सुनती। हमारी समझ में सर्कार तो सुनेगी और चार घान नाचेगी, कोई कट्टर सुनाने वाला तो हो। यदि मनसा वाचा कर्मणा सौ दो सौ मनुष्य भी यह संकल्प कर लें कि 'देवनागरी बा प्रचार ये सर्वस्व बा स्वाहा करिये' तो देखें तो सरकार कैसे नहीं सुनती। और सर्कार न सुनै तो कोई तो सुनैगा। कोई न सुनै तो परमेश्वर तो अवश्यमेव सुनेगा। हमारे उत्साही वीरगण कमर बाँध के प्रयाग हिन्दू समाज के सहायक तो बनें। उसके सदनुष्ठान में शीघ्रता तो करैं। यदि सच्चे हिन्दू हों, यदि सचमुच हिन्दी चाहते हों तो मन लगा के हिन्दू समाज प्रयाग की अमृत वाणी सुनैं तो सही। कुछ सच्चा रंग तो चढ़ै, तदनन्तर हिन्दी का प्रचार न हो तो हम जिम्मेदार। विचार हिन्दू समाज का यह है कि देश देशान्तर के हिन्दी रसिक प्रयागराज में एकत्र करके उनकी सम्मत्यानुसार यावत कार्य सिद्धि हो। किसी प्रकार प्रयत्न से मुँह न मोड़ा जाय, अर्थात् स्थान-स्थान पर सभा स्थापित हों, लोकल गवर्नमेंट से निवेदन किया जाय। यदि वहाँ से सूखा उत्तर मिले तो उसी निवेदन पत्र में यथोचित बातें घटा बढ़ा के गवर्नर ज्यनेरल को भेजा जाय। वह भी निराश रक्खें तो फिर पार्लियामेंट की शरण ली जाय। न्याय अन्याय, दुख सुख, सब यथावत् विदित किये जायँ इत्यादि इत्यादि। इस विषय में जो कुछ धन की आवश्यकता हो उसके लिये राजा वा महाराजा, सेठ साहूकार इत्यादि सब आर्य मात्र से सहायता ली जाय। यही अपना कर्तव्य है। उस धर्मवीर सभा का यह बचन क्या ही प्रशंसनीय है एवं सर्वभावेन गृहणीय है कि 'हम लोगों

को केवल यही प्रण रखना आवश्यक है कि जब तक इष्ट सिद्धि न होगी तब तक हम लोग किसी रीति से चुप न होंगे।'

क्यों प्यारे पाठकगण! विचार के कहना, यदि पूर्ण रूप से ऐसा किया गया तो कोई भी सहृदय कह सकता है कि हिन्दी न जारी होगी? हमारी समझ में ऐसा कोई बिरला ही गया बीता होगा जो यथा सामर्थ इस परमोत्तम कार्य में मन न लगावै। हाँ भाइयो! एक बार दृढ़ चित्त हो के, सेतुआ बाँध कै पीछे पड़ौ तो देखै कैसा सुख और सुयश पाते हौ। देखौ कैसे शीघ्र हमारी तुम्हारी नपुंसकता का कलंक (जो मुद्दत से लगा हुआ है) दूर होता है! इसमें अवश्य कृतकार्य होगे। देखो शुभ शकुन पहिले ही से जान पड़ने लगे कि रीवां के राज्य में नागरी प्रचलित हो गयी। हम जानते हैं, अवश्य यह हमारे मान्यवर श्रीयुत पंडित हेतराम महोदय के उत्साह का फल है। फिर क्यों न हो, इस देश के मंगलकारी सदा से ब्राह्मण तो है ही। सदा से, सब सदनुष्ठानों में इस पूजनीय जाति को छोड़ कौन अग्रगामी रहा है, और है? हमको निश्चय है कि हमारे सच्चे सहायक ब्राह्मण ही हैं। विशेषतः वे सज्जन जिनको विश्वास है कि हमारा धर्म कर्म, संसार परमार्थ, मान प्रतिष्ठा, जीविका, सब कुछ हिन्दी ही के साथ है तथा जो और भी महाशय हैं वे भी निस्सन्देह ब्राह्मणों से किसी बात में बाहर नहीं। तो क्या सब मित्रगण हमारी न सुनैंगे? क्या सक भर हिन्दू समाज का साथ न देंगे? क्या पंडितवर हेतराम दीवान साहब का अनुसरण किंचित मात्र भी न करैंगे? कदाचित कोई महानुभाव कहैं कि हम तो सब करैं, पर किस बल से? सामर्थवानों की तो यह दशा है कि महाराज कहाते हैं, ललाई पर मरे जाते हैं, पर सवा आने महीना का 'ब्राह्मण' पत्र लेते सिकोड़बाजी करते हैं। क्या इन्हीं से धन की सहायता मिलैगा? हमारे पास द्रव्य ही कितना है? इसका सच्चा उत्तर यह है कि 'सात पाँच की लाकड़ी एक जने का बोझ' भी सुना है? सौ महा निर्धन भी यदि अपनी भर चन्दा करते रहैं तो एक दो लखपती को पिड़ी बोलावैं। दृढ़ता चाहिए फिर कोई काम होने को न रह जायगा! बड़ों-बड़ों को समझने में कसर न करो तो कहाँ तक जायँगे, एक दिन समझा के छोड़ोगे, हैं तो जनेऊ चुटिया वाले ही न? कहाँ भागेंगे? जब होली माता की वर्षी (बुढ़वा मंगल इत्यादि) में दाढ़ी वालों को सैकड़ों दे देते हैं तो नागरी माता के उद्धार में क्या कुछ न देंगे? जब रीवा के अल्पवयस्क महाराज ने इतनी बड़ी महत कीर्ति संचित की तो क्या हमारे यावदार्यकुलदिवाकर सूर्यवंसावतंस मेवाण देशाधिपति सरीखे सर्वसद्गुणालंकृत महाराना तथा अन्यान्य आर्येन्दगण पीछे रह जायँगे? हम तो ऐसा नहीं समझते, अतएव हिम्मत रक्खो एक दिन नागरी का प्रचार होहीगा।

[खं. 2 सं. 2 (15 अप्रैल सन् 1884 ई०)]

गुप्त ठग

कपड़ा लत्ता चेहरा मुहरा देखो तो भले मानसों का सा। बातें सुनो तो साक्षात् युधिष्ठिर जी का अवतार। "झूठ बोलना और...और...बराबर है" यह जिनके तकिया कलाम हैं, "रामौराम पर" "धर्मौंधरम पर" "जनेऊ कसम" "राम धै" "परमेसुर जानै" "जो तुम्हारे ईमान में आवै" "अरे भैया रुपया पैसा हाथ का मैल है, धरम नहीं तौ कुछ भी नहीं"–दिन भर यही बातैं बात-बात पर निकलैंगी। गंगाजी के दर्शन दोनों पहर करैंगे, मन्दिर में घंटों घंटा हिलावैंगे, कथा में बैठे तो श्लोक-श्लोक पर आँसू चले आते हैं। कोई जाने धरती के खम्भ, धर्म का पुतला, प्रेम का रूप, जो हैं सो बस आप ही हैं। पर कौड़ी-कौड़ी के लिये सब सतजुग वाली बातैं बिलैमान हो जाती हैं। दूकान पर आये नहीं कि "या महादेव बाबा भेज तौ कोई भोला भाला आँख का अंधा गाँठ का पूरा"।

अ ह ह ह ह बलिहारी-बलिहारी बगुला भगत, बलिहारी! ध्यान करते देखै सो तो जानै कि ब्रह्म से तन्मय हो रहे हैं पर मछली निकली की गप। जानते होंगे कि कोई जानता नहीं, यह नहीं समझते "पापु अँटारी चढ़ि कै गोहरावत है।" भला यार लोगों से भी कुछ छिपती है! यार बुरा मानो चाहै भला पर कहैंगे वही जो तुम्हारे और सबके हित की हो। जब तक आचरण न सुधरैंगे तब तक यह सब भगतई और भलमनसी कौड़ी काम की नहीं है। अपने मुँह चाहो जो बने रहो जानि परो जब जइहौ कचहरी। 'फक्कड़ भाई यह किस पर फबतियाँ हो रही हैं?' दो एक थोड़ी हैं, हम कहते जायँ तुम गिन चलो। पहिले चलो नाज की मंड़ी। बैपारी राम तो जानते हैं भाई अच्छी सोने की चिड़िया हाथ लगी है, रुपया उधार दिया है जो माँगते तक नहीं, आओ तो कुछ नजर करैं, जावो तो कुछ भेट धरैं, जब तक रहो आँखों पर रक्खैं, बात-बात पर कहैं कि 'हमार तुम्हार घर का वास्ता है।' यह नहीं समझते कि 'बनिया का बेटा कुछ तो समझकर फिसल पड़ा।'

भला रुपये की आढ़त पर यह धम-धम कैसे सहे जा सकते हैं, वहाँ कनवाँ बधिया मासा चलता है। ब्योपारी से कहा बीस सेर बिका और ग्राहक से इशारा किया 'कनवाँ', बस 'खग जानै खग ही की भाषा।' बिचारा गँवार ब्योपारी क्या

जानै कि इस गूढ़ मन्त्र का यह अर्थ है कि छँटाक रुपया तो अढ़तिया जी के बाप का हो गया। जहाँ कहा 'मासा' बस पौवा रुपया अलग ही अलग चित्त हुआ। यह तो ब्योपारी का माल बेचने का हतखंड़ा है। जब अपना माल बेचेंगे तब बानगी और दिखाई तुलाय और दिया। 'गुरु यह तो विश्वासघात है!!' अबे चुप! बनियाई के पेंच हैं उल्लू, कहीं तुलसी सोना डाले रोजगार होते हैं।

अब घी वाले की दूकान पर देखो चलैं। ग्राहक के दिखाने को भंड़िया पर ताजा अरंड का पत्ता बँधा हुआ है, मानौ अभी दिहात से आया है। जहाँ खोल के देखा, घी क्या है घी का बाबा है, आँच दिखाते ही जानोगे। 'गुरु यह पहेली सी क्या कहि गये, घी का बाबा तो मट्ठे को कहते हैं क्योंकि मट्ठे से मक्खन और मक्खनी से घी होता है'। अबे ऐसा नहीं कहते, देख तो कैसा घी धरा है। सच है, सच है, दानेदार नहीं बरुक दाने का जीव और घी का जीव एक हो गया है, तभी तो रंगत तक नहीं बदली। खासा भैंस का सा घी बना है।

भैंस का न सही यह लेव गाय का घी है। इसमें भी गुल्लू का तेल मिला होगा। हाय! इन रतन में जतन करने वालों की क्या दशा होगी नारायण! चलो-चलो ऐसा घी खाये बिना क्या डूबा जाता है। दूध खाया करैंगे। दूध वाले ही कौन दूध के धोये बैठे हैं, वहाँ भी 'सेरुक दूध अढ़ैयक पानी। धम्मक धम्मक होय मथानी'। की धैना है। उन्हें कुछ कम समझे हो, वह भी बकरी भेंड़ी का दूध मिला-मिला के एक-एक के दो-दो करते हैं। तभी तो घी दूध का गुन जाता रहा। हाय! इन ठगों की खबर सर्कार क्यों नहीं लेती कि अभी दूध पानी का पानी हो जाय। सर्कार को क्या पड़ी है कि छोटी बातों में अपना समय खोवै, सर्कार को अपने लाइसेंस टैक्स से काम है कि तुम्हारे धन्धों से? फिर क्या ग्राहक लोग नहीं जानते कि राक्षसों के मारे गाय भैंस तो बचने ही नहीं पातीं घी दूध आवै कहाँ से?

ऐसी ही शरीर रक्षा करनी हो तो हिन्दू भाई यदि अधिक न हो सके तो एक गाय पाल ही लें, जिसमें शरीर रक्षा, स्वादिष्ट भोजन और धर्म तीनों मिलैं। सर्कार से किस-किस बात की शिकायत करते फिरोगे। यहाँ तो यह कहावत हो गयी है कि 'पेशे में सभी चोरी करते हैं'। हलवाई की दूकान पर जाओ, सब चीज ताजी घी की बनी तैयार है, पर खाते ही जानोगे। जो तीन ही दिन की हो तहाँ तक ही कुशल समझो। सेर भर घी में पाव भर तेल मिला हो तो तब तक तो जानो बड़े ईमानदार का सौदा है नहीं तो शुद्ध एक बर्धा 'तेल गले मढ़ैगा'। अत्तार के यहाँ बरषों की सड़ी दवायें, सुन्दर ऊँख का शहद, खालिस शिरे का शर्बत और गंगा जी का अरक तो एक साधारण बात है। सम्बत् 1936 में बीमारी बहुत फैली थी, तब बहुतेरे महापुरुषों ने लसोरे की गुठली पर अमरस चिपकाय के आलूबुखारे बनाये थे और बड़ी कठिनाई से पैसा के तीन-तीन देते थे। क्यों न देश का देश निर्वीज हो जाय?

रोगी राम कहते हैं, हकीम जी की दवा से फायदा नहीं होता। फायदा कहाँ से हो, दवा तो यार ही लोगों के यहाँ से आवैगी। हाय! यह भी तो नहीं हो सकता कि सब काम अपने हाथ ही से किये जायँ। संसार में कोई किसी का विश्वास न करै तो भी तो काम नहीं चल सकता। पर विश्वास कीजिए किसका, यहाँ तो वही लेखा है कि 'हुशियार यारे जानी यह दस्त है ठगों का। याँ टुक निगाह चूकी और माल दोस्तों का'। 'सबको ठग बनाते हो? ऐसा न हो कि कोई बिगड़ जाय।' अरे भाई ऐसे डरने लगते तो यह काम ही क्यों मुड़ियाते? यहाँ तो खरी कहना माथे के अक्षर ठहरे। कुछ हो हमसे तो बिना कहे नहीं रहा जाता कि अपने मन के धन के लिए ऐसे अनर्थ करना कि दूसरों की तन्दुरुस्ती (स्वास्थ्य) में भी बाधा लगै, केवल लोभी का नहीं बरंच महा अधम का काम है।

इसमें परलोक ही अकेला नहीं बिगड़ता, दुनिया में भी साख जाती है। अन्य देशी लोग बेईमान बनते हैं। रोजगार जैसा सावधानी और ईमानदारी से चलता है वैसा इन अँधेरों से सपने में न चल सकेगा। हमेशा तीन खाओगे तेरह की भूख बनी रहेगी। विश्वास न हो तो जैसे अपनी रीति पर अब तक चले हौ वैसे ही जी कड़ा करके कुछ दिन हमारी बूटी का भी सेवन करो तो देखो कैसा मजा होता है, कैसे-कैसे लाभ उठाते हो। हम ब्राह्मण हैं। हित की कहते हैं। हमारी मानोगे तो धरम मूरत धरमा औतार हो जाओगे नहीं तो कोई अँगरेज सुन पावैगा तो 'डेम फूल' बना के मनवावैगा। वह मानना और तरह का होगा, बस आगे तुम जानो तुम्हारा काम जानै।

खं. 1, सं. 4 (15 जून, सन् 1883 ई०)

बाल्यविवाह विषयक एक चोज

आर्यावर्तीय जनों को सर्वथा अनिष्टकारक होने के कारण, वेद, शास्त्र, पुराण तो क्या, बाल विवाह की विधि, आज्ञा वा प्रमाण आल्हा तक में नहीं है। शीघ्र बोध के जिन श्लोकों को प्रमाण मान के हिन्दू भाई इस घोर, कुरीति पर फिदा हैं, जिनके लिए नयी रोशनी वाले विचारे काशिनाथ पर फटकेबाजी करते हैं, उनका ठीक-ठीक अर्थ ही कोई नहीं बिचारता, नहीं तो उनमें तो महा-महा निषेध, बरंच भयानक रीति से बाल्य विवाह का निषेध ही है। देखिए साहब! पुत्र का नाम आत्मा है, और लोक में भी प्रसिद्ध है कि 'भाई तुमको देख लेते हैं तो मानो साक्षात् तुम्हारे पिता ही को देख लेते हैं।' अर्थात् वेद और लोक दोनों के अनुसार पिता और पुत्र की अभिन्नता है।

अब शीघ्रबोध के बचनों पर ध्यान दीजिए–'अष्टवर्षा भवेद्गौरी नव वर्षा च रोहिणी' इत्यादि। आठ वर्ष की लड़की गौरी है, और गौरी साक्षात् भगवान शिवजी की अर्धांगी, जगत की माता है! और नव वर्ष की लड़की रोहिणी है, जो साक्षात् श्रीकृष्ण चन्द्र जी के बड़े भाई श्री दाऊ जी (बलदेव) की माता है। इस नाते संसार की दादी हुईं। भला कौन ऐसा तैसा दुष्ट नराधम राक्षस होगा जो श्रीमती पार्वती तथा रोहिणी देवी से विवाह...! अरे राम राम! करना कैसा, करने का नाम ले उसकी जीभ में कीड़े पड़ैं! कहाँ रोहिणी, पार्वती, कहाँ क्षुद्र मानव तथा उसके सन्तान! और हाय रे कुजा (कहाँ) बैवाहिक सम्बन्ध! अरे भाई, ऐसा तो विचार करना महा चांडालत्व है!

और लीजिए–'दशवर्षा भवेत्कन्या'। इस लेखे मनुष्यों की कन्या एवं उनके बालकों की भगिनी हुईं! कहते रोएँ थर्राते हैं, कौन बेटी बहिन से ब्याह कर लेगा! हाँ, 'ततश्चौर्द्ध रजस्वला' तिसके (दश वर्ष के) ऊपर जब रजस्वला होय (हो होगी बारहें तेरहें वर्ष) तब ब्याह के योग्य होगी!

हाँ, इतना विचार रखो, रजस्वला का छूना तक आर्य रीति के विरुद्ध है। इस वाक्य के न मानने से यह होगा कि बीच ही में, अर्थात् दश वर्ष के लगभग...होने से रजस्वला धर्म, जो सृष्टि क्रमानुसार बारह तेरह वर्ष में होता है, सो बीच ही में

अर्थात् ग्यारहें ही साढ़े ग्यारहें वर्ष कूद पड़ेगा। इससे बिचारी कन्या की रजस्वला संज्ञा हो जाएगी। अर्थात थी वास्तव में कन्या पर माँ बाप ने जबरदस्ती रजस्वला बनाया।

इस स्वभाव विरुद्ध कर्म वालों के हक में भी काशिनाथ जी ऊपर वाले श्लोक की पुष्टि करते हैं—'माता चैव पिता चैव ज्येष्ठ भ्राता तथैव च'। दयानन्द स्वामी 'तथानुजः' और जोड़ते हैं, सो भी ठीक है। ब्याह के तमाशे खूब छोटे लड़के ही देखते हैं। बरंच हमारी राय लीजिए तो पुरोहित जी, क्योंकि पढ़ै न समझे, अपने भ्रम में बिचारे यजमान से पाप करावैं औ बर कन्या का जन्म नशावैं! 'ते सर्वे नरकं भाँति दुष्ट्वा कन्यां रजस्वलां'। अब कहो, श्री काशिनाथ भट्टाचार्य का दोष है कि गप्पूनाथ भ्रष्टाचार्य हिन्दुस्तानियों का गदहपन है?

[खं. 3, सं. 11 (जनवरी ह. सं. 2)]

बाल्यविवाह

वस्तुतः बुरा नहीं है। जो लोग कहते हैं कि बर कन्या की इच्छा से होना चाहिए उन्हें यह भी समझना उचित है कि पच्चीस वर्ष का पुरुष और सोलह वर्ष की स्त्री विद्या तथा बुद्धि चाहे जितनी रखती हो, पर सांसारिक अनुभव में पूर्ण दक्षता नहीं प्राप्त कर सकती। वुह जगत की गति देखते ही देखते आती है और उन दोनों के माता पिता कैसे ही क्यों न हों, पर अनुभवशीलता में उनसे अधिक ही होते हैं क्योंकि उन्होंने दुनिया देखी है तथा अपने सन्तान का सच्चे जी से कल्याण चाहना प्राणीमात्र का स्वभाव है एवं वैवाहिक बन्धन ऐसा है कि जन्मपर्यन्त उसका दृढ़ रहना ही श्रेयस्कर है। इन नियमों को दृष्टि में रख के विचार कीजिए तो जान जाइएगा अपनी सन्तति के भविष्यत हिताहित का ज्ञान जितना वृद्ध पिता माता को हो सकता है उतना उसके युवा लड़का लड़की को होना कठिन है। अतः बर कन्या की इच्छा की अपेक्षा उनके जनक उतनी की इच्छा अधिक श्रेष्ठ है।

हाँ, उनके अभाव में दम्पति की इच्छा का अनुसरण ठीक हो सकता है। सिद्धान्त यह कि माँ बाप की इच्छा से विवाह होना दूषित नहीं है बरंच बर कन्या की इच्छा से अधिक ही गौरवमान है। जो लोग ब्याह काज की धूम धाम को बुरा समझते हैं उन्हें भी समझना चाहिए कि पुत्र जन्म और विवाह के समय मनुष्य मात्र का चित्त उमगता है, उसे रोकने की शक्ति मौखिक उपदेशों को तो है नहीं। हाँ धीरे-धीरे स्वभाव बदलते-बदलते जाति स्वभाव न जाय तो बात न्यारी है। सो इसकी भी सम्भावना असाध्य नहीं तो कष्टसाध्य तो है ही। फिर इस विषय में कोलाहल से क्या होना है?

इनके अतिरिक्त ऐसे अवसर पर जो व्यय होता है वह अपने ही जामातृ, अपनी ही पुत्रबधु, अपने ही समधी तथा अपने ही वा उनके ही, जो वस्तुतः अपने हैं, भैयाचारों, नातेदारों वा कुल पुरोहितों को दिया जाता है। अथच ऐसों को देना ऐसा नहीं है कि किसी न किसी समय लौट के न आ सके। जिन्हें हम देते हैं उन्हें अपनी विश्वासपात्र व्यवहारी बना लेते हैं। आज जिसे हमने दश रुपये दिये वह कल परसों हमारी दुकान पर आवैगा और किसी सौदा कमिश कुछ न कुछ

मुनाफा दे जावैगा। इस रीति से जो कुछ हमने दिया है उससे अधिक फेर पावैंगे। अथवा यह नहीं तो भी जिन्हें हम समय-समय पर देते रहते हैं वह गाढ़े समय में हमारे काम न आवैंगे।

अपने देश जात्यादि वालों के सच्चे हितैषी जैसे बहुत थोड़े होते हैं वैसे ही ऐसे तुच्छ प्रकृति वाले भी बहुत थोड़े होते हैं जिन्हें अपने सजातीय सदेशीय सहवर्ती की पीर कसक तनिक भी नहीं। फिर बतलाइए तो ब्याह शादी में जी खोलकर खर्च करना क्या बुरा है? रुपया कहीं विदेश तो जाता ही नहीं कि फिर कभी पलट के न आवै। हाँ, सामर्थ्य से बहुत ही बाहर घर फूँक तमाशा देखना अच्छा नहीं है। सो ऐसा कोई समझदार करता भी नहीं है।

जिसे सुभीता न होगा अथवा आज एक राह से लुटा के कल दूसरी राह से कमा लेने की आशा न होगी वह उठावैहीगा क्या? इससे वित्त भर खर्च करना भी कोई पाप नहीं है। अब जिन लोगों के मत में लड़कपन का विवाह बलवीर्य का नाशक है और इसी तरंग में वे शीघ्र बोधकारक श्री काशिनाथ भट्टाचार्य को बुरा भला बका करते हैं उन्हें देखना चाहिए कि उक्त ग्रन्थ उक्त विद्वान की निज कृति नहीं है, उन्होंने संग्रह मात्र किया है और पहिले ही कह दिया है कि 'क्रियते काशिनाथेनशीघ्रबोधाय संग्रहः' अथच 'अष्टवर्षा भवेद्गौरी' इत्यादि बाल्यविवाह विषयक कतिपय श्लोक कई एक स्मृतियों के हैं फिर उनके लिए काशिनाथ को कुछ कहना "मारूँ घुटना फूटै आँख" का उदाहरण बनना है। यदि दोष हो तो स्मृतिकारकों का है। सो भी नहीं हैं, क्योंकि उन्होंने जहाँ कन्या की विवाह योग्य अवस्था आठ, नौ वा दश वर्ष की ठहराई है वहीं "कन्याया द्विगुणोवरः" भी लिख रक्खा है और बधू का पति के घर जाना भी सात-पाँच अथवा तीन वर्ष के उपरान्त नियत किया है।

इस लेख से शास्त्र के अनुसार जिस कन्या का ब्याह आठवीं वर्ष होगा उसका गौना सात वर्ष में होना चाहिए। तब तक वह आठ और सात पन्द्रह वर्ष की हो जायगी और उसका पति जो ब्याह के समय सोलह वर्ष का था इस समय सोलाह सात तेईस वर्ष का हो जायगा। यों ही नौ वर्ष वाली कन्या पाँच सात वर्ष के उपरान्त चौदह सोलह वर्ष की होगी तथा उसका स्वामी तेईस पचीस वर्ष का एवं दश वर्ष वाली तेरह पन्द्रह वा सत्रह वर्ष की अथच उसका भर्तार, तेईस, पच्चीस, सत्ताईस वर्ष का हो रहेगा।

यदि किसी के माता पिता मोहवशतः गौने का ठीक समय न सह सकें तो वह बहुत ही शीघ्रता के मारे आठ वर्ष की कन्या सोलह वर्ष के वर को दान करेंगे और उसे पति के यहाँ तीसरे वर्ष भेजेंगे तब लड़की की बयस $8 + 3 = 11$ वर्ष की और उसके पति की $16 + 3 = 19$ वर्ष की होगी। उसके लिए रैने के बिधि है जो गौने के एक वर्ष पीछे होता है। तब भी बारह वर्ष की कन्या और बीस वर्ष का वर हो

जायेगा तथा यह बारह और बीस एवं उपर्युक्त अवस्थाएँ सहवास के लिए न वैद्यक के मत से दूषणीय हैं न डाक्टरी सिद्धान्त से निन्दनीय हैं, न सर्कार की आज्ञा से दंडनीय हैं। और इस मूल पर यह तो बाल्य विवाह के द्वेषी महाशय भी मानेंहीगे कि यदि शारीरिक, मानसिक व सामाजिक बाधा उत्पन्न होती है तो छोटी आयु के समागम से होती है, न कि विवाह मात्र से।

सो उस (स्वल्पायु सहवास) की शास्त्र में कहीं आज्ञा ही नहीं है, केवल कन्यादान के लिए अनुशासन है। उससे और सहवास से वर्षों का अन्तर पड़ जाता है। फिर बतलाइए शास्त्रानुमोदित बाल्य विवाह दूषित है अथवा हमारी वैवाहिक रीति से निन्दकों की बुद्धि कलुषित है और उन मूर्खों की समझ धिक्कार के योग्य है जो आर्यसन्तान कहलाकर शास्त्र के आज्ञापालक बनकर करते अपने मन का हैं किन्तु नाम शास्त्र का बदनाम करते हैं। उसकी आज्ञा जो अपने अनुकूल ही मानते हैं और दूसरी आज्ञाएँ जो धर्म्मशास्त्र और चिकित्सा शास्त्र के अनुकूल किन्तु उनकी दुर्मति के प्रतिकूल हों, उन्हें उल्लंघन करते हैं।

हमारी समझ में, बरंच प्रत्येक समझ वाले की समझ में, तो न शास्त्र में दोष लगाना चाहिए, न काशिनाथ महोदय को अवान्य शब्द कहना चाहिए। केवल उन्हीं के ऊपर थूकना चाहिए जो शास्त्र का नाम ले के अपने पागलपन से काम लेते हैं और तद्वारा अपनी सन्तति का जन्म नशाते हैं तथा देश परदेश में अपने साथ-साथ अपने शास्त्रकारों की भी हँसी कराते हैं। सिद्धान्त यह कि यदि शास्त्र की तद्विषकीय आज्ञा का ठीक-ठीक अनुगमन किया जाय तो बाल्यविवाह में किसी प्रकार का दोष नहीं।

[खं. 8, सं. 8 (मार्च, ह. सं. 8)]

नारी

यह शब्द जितने अर्थ रखता है उन सबमें यही प्रभाव है कि सदा सावधान रहो। ठीक नियम में रखो तौ तो भलीभलाई और जहाँ तनक असावधानता हुई कि जीवन को दुखमय कर दिया। एक इस नाम का तुच्छ शाक (नारी का साग) है, जिसमें गुण तो यह है कि कैसा ही अफीम (अहिफेन) के विष से विकल हो, जहाँ थोड़ा सा उसका रस पिलाया कि सब दुख दूर। दीन निर्धनों के लिए सुलभ स्वादिष्ट खाजी। अकाल मृत्यु से मरे हुए असंस्कृत लोगों की नारायण बलि में उपयोगी। पर यदि उक्त गुणों पर भूल के कुछ दिन खाइए तो बात रोगों को लक्ष्य (निशान) बना दे। ऐसे ही घर और सड़कों की नारी (नाली, मोरी) नित्य शुद्ध होती रहैं तो दुर्गंध पदार्थों को दूर करें। यदि कुछ भी उनकी ओर से असावधानता हो तो क्षण-भर में गन्ध के मारे माथा भिन्ना दें। और लीजिए, हाथ की नारी (नाटिका) ठीक समता पर चली जाय तभी तक कुशल है, नहीं तो चिता पर न सुलावै तो खटिया सेवन तो अवश्य ही करावे।

अर्द्धांगिनी नारी (स्त्री) का तो कहना ही क्या है, संसार की उत्पत्ति, गृहस्थी का सुख, रसिकों का प्रमोद इन्हीं के हाथ में हैं। पर परमात्मा न करे कहीं रुक्माबाई ऐसी हों कि सात पीढ़ी की नाक कटावें। कर्कशा हों तो जीना भारी कर दें। अरबी में नारी कहते हैं अग्नि सम्बन्धी को, उसका भी अर्थ अपसरा (परी) और नर का सम्बन्धी दोनों हो सकते हैं। चाहे हृदय संलग्न होने पर सुखदायिनी समझ लो, चाहे वियोग द्वारा सन्तप्त कारिणी मान लो, चाहे मुसलमानों और क्रिस्तानों के मतानुसार सदा के लिए आत्मा फूँकने वाली ठहरा लो!

हेर फेर के सिद्धान्त यही निकलेगा कि यह न हो तो हमारा निर्वाह न हो या यों कहो कि न हो तो अल्ला मियाँ की कुदरत को वर्तमान कानून बदलनी पड़े। हों और नियमबद्ध न हों तो हमारी जीवन यात्रा नर्कमय हो जाय। इसलिए यही उचित है कि जैसे बने वैसे हिकमत के साथ इनसे बर्ताव रखें। न का अर्थ है नहीं और अरि कहते हैं शत्रु को, भावार्थ यह हुआ कि न यह शत्रु हैं न इनसे अधिक कोई शत्रु है। जहाँ तक हो इन्हें स्वतन्त्रता न सौंपो। अच्छे वैद्यों के द्वारा, पथ्यापथ्य

विचार द्वारा, म्यूनिसिप्यलिटी द्वारा, सदुपदेश द्वारा नारी मात्र को अनुकूल रखना ही श्रेयस्कर है।

तनिक भी व्यतिक्रम पाओ तो वैद्यराज से कहो, महाराज नारी देखिए, मुहल्ले के मेहतर से कहो कि चिलम पीने को यह पैसा लो और नारी अभी साफ करो, घर की लक्ष्मी से कहो ना री! ऐसा उचित नहीं! कोई अफीम खा गया हो तो उसके सम्बन्धी से कहो कि नारी का साग पिलाना चाहिए। इसी प्रकार सदैव नारी का विचार और भगवान मदनारी (कामदेव के नाशक शिव) का ध्यान रखा करो, नहीं महाअनारी हो जाओगे।

खं. 4, सं. 4 (15 नवम्बर ह. सं. 3)

स्त्री

संसार में ऐरी कोई वस्तु नहीं है जिसमें केवल गुण ही गुण अथवा दोष ही दोष हों। घी और दूध स्वादु और पुष्टि के लिए अमृत के समान हैं, पर ज्वरग्रस्त व्यक्ति के लिए महा दुखदायक हैं। संखिया प्रत्यक्ष विष है पर अनेक रोगों के लिए अति उपयोगी है। इस विचार से जब देखिएगा तब जान जाइएगा कि साधारण लोगों के लिए स्त्री मानों आधा शरीर है। यावत सुख दुखादि की संगिनी है। संसार पथ में एक मात्र सहायकारिणी है। पर जो लोग सचमुच परोपकारी हैं, स्वतन्त्र हैं, महोदारचरित हैं, असामान्य हैं, जगत बन्धु हैं, उन्नतिशील हैं, उनके हक में मायाजाल की मूर्ति कठिन परतन्त्रता का कारण और घोर विपत्ति का मूल स्त्री ही है। आपने शायद देखा हो कि धोबियों का एक लौह यन्त्र होता है जिसके भीतर आग भरी रहती है। जब कपड़ों को धोकर कलप कर चुकते हैं तब उसी से दबाते हैं। उस यन्त्र-विशेष का नाम स्त्री है। यह क्यों? यह इसी से कि धोये कपड़े के समान जिनका चित्त जगत चिन्ता रूपी मल से शुद्ध है उनके दबाने के लिए उनकी आर्द्रता (तरी वा सहज तरलता) दूर करने के लिए लोहे के सरिस कठोर अग्निपूर्ण पात्र सदृश उष्ण परमेश्वर का माया, अर्थात् दुनियाँ भर का बखेड़ा, फैलाने वाली शक्ति स्त्री कहलाती है। अरबी में नार कहते हैं अग्नि को, विशेषतः नरक की अग्नि को और तत्सम्बन्धी शब्द है नारी। जैसे हिन्दुसतान से हिन्दुस्तानी बनता है वैसे ही नार से नारी होता है, जिसका भावार्थ यह है कि महादुख रूपी नर्क का रूप गृहस्थी की सारी चिन्ता, सारे जहान का पचड़ा, केवल स्त्री ही के कारण ढोना पड़ता है। फारसी में ज़न (स्त्री) कहते हैं मारने वाले को—राहज़न, नक़बज़न इत्यादि। भला अष्ट प्रहर मारने वाले का संसर्ग रख के कौन सुखी रहा है। एक फारस के कवि फर्माते हैं, 'अगर नेक बूदे सरंजामे जन, मजन नाम न जन नामें जन', अर्थात् स्त्रियों (स्त्री सम्बन्ध) का फल अच्छा होता तो इनका नाम मजून होता (मा मारय)। अंग्रेजी में वीम्येन (स्त्री) Woman शब्द में यदि एक ई (E अक्षर) और बढ़ा दें तो Woe (वो) शब्द का अर्थ है शोक और म्येन (Man) कहते हैं मनुष्य को। जिसका भावार्थ हुवा कि मनुष्य के हम में शोक का रूप।

धन्य! दुष्टा कटुभाषिणी कुरूपा स्त्रियों की कथा जाने दीजिए। उनके माथ तो प्रतिक्षण नर्क जातना हई है, यदि परम साध्वी महा मृदुभाषिणी अत्यन्त सुन्दरी हो तौ भी बन्धन ही है। हम चाहते हैं कि अपना तन, मन, धन, सर्वस्व परमेश्वर के भजन में, राजा के सहाय में, संसार के उपकार में निछावर कर दें। पर क्या हम कर सकते हैं? कभी नहीं! क्यों? गृहस्वामिनी किसको देख के जिएँगी। वे खायँगी क्या? हमारा जी चाहता है कि एक बार अपनी राजराजेश्वरी को दर्शन करें! देश देशान्तर की सैर करें! घर में रुपया न सही सब बेंच-खोंच के राह भर का खर्च निकाल लेंगे। पर मन की तरंगे मन ही में रह जाती हैं, क्योंकि घर के लोग दुख पावेंगे। हम पढ़े-लिखे लोग हैं। प्रतिष्ठित कुल के भये उपजे हैं। एक तुच्छ व्यक्ति की नौकरी करके बातैं कुबातैं न सुनेंगे। स्थानान्तर में चले जायँगे, दो चार रुपये की मजदूरी करके खायँगे। गुलामी तो न करनी पड़ेगी। पर खटला लिये लिये कहाँ फिरेंगे? घर वाली को किसके माथे छोड़ जायँगे? यही सोच साच के जो पड़ती है सहते हैं। इन सब तुच्छताओं का कारण स्त्री है जिसके कारण हम गिरस्त कहाते हैं, अर्थात् गिरते गिरते अस्त हो जाने वाला! भला हम अपनी आत्मा की, अपने समाज की उन्नति क्या करेंगे। एक रामायण में लिखा है कि जिस्समय रावण मृत्यु के मुख में पड़े थे, 'अब मरते हैं, तब मरते हैं' की लग रही थी, उस समय भगवान रामचन्द्रजी ने लक्ष्मीणजी से कहा कि रावण ने बहुत दिन तक राज्य किया है, बहुत विद्या पढ़ी है, उनके पास जाओ। यदि वे नीति की दो चार बातें बतला देंगे तो हमारा बड़ा हित होगा। हमें अभी अयोध्या चल के राज्य करना है। लक्ष्मणजी भ्रातृचरण की आज्ञानुसार गये और अभीष्ट प्रकाश किया। रावण ने उत्तर दिया कि अब हम परलोक के लिए बद्धपरिकर हैं। अधिक शिक्षा तो नहीं दे सकते पर इतना स्मरण रखना कि तुम्हारे पिता दशरथ महाराज बड़े विद्वान और बहुद्रष्टा थे, पर उन्होंने कैकेयी देवी का वचन मानने के कारण पुत्र वियोग और प्राण हानि सही! और हम भी बड़े भारी राजा थे पर मन्दोदरी रानी की बात कभी नहीं मानते थे। उसका प्रत्यक्ष फल तुम देख ही रहे हो। सारांश यह है कि स्त्री को मुँह लगाना भी हानिजनक है और तुच्छ समझना भी मंगलकारक नहीं है। हमारे पाठक समझ गये होंगे कि स्त्री सम्बन्ध कितना कठिन है। यदि हम इन्हीं के वश में पड़े रहें तो किसी प्रकार कल्याण की आशा नहीं है। जन्म भर नोन तेल लकड़ी की फिक्र में दौड़ना होगा। और यदि छोड़ भागे तौ भी लोक में निन्दास्पद और परलोक में पापमार्गी होंगे। इससे उत्तम यही है कि विवाह केवल बर और कन्या ही की इच्छा से होना ठीक है नहीं तो दोनों की जीवन जात्रा में बाधा पड़ना सम्भव है। ईसाई और मुहम्मदीय ग्रन्थों में लिखा है कि ईश्वर ने आदम को अति पवित्र और प्रसन्न उत्पन्न किया और स्वर्ग की बाटिका में रक्खा था परन्तु जब उसे अकेला समझ कर हौवा को साथ कर दिया उसके थोड़े ही दिन पीछे आदम ने शैतान से धोका

खाया ईश्वर की आज्ञा उलंधन की, और बैकुन्ठ से निकल कर दुनियाँ की हाव-हाव में पड़े। जब परमपिता जगदीश्वर की इच्छा से विवाह का परिणाम यह है तो साधारण माता पिता की अनुमति से ब्याह होने पर कौन अच्छे फल की सम्भावना है? जगत में लाखों मनुष्य ऐसे हैं कि यदि उन्हें घर के धन्धों से छुट्टी मिले तो पृथ्वी का बहुत बड़ा भाग मंगलमय कर दें। पर भवबन्धन में पड़े हुए अपना जीवन नष्ट कर रहे हैं। ऐसों के लिए स्त्री क्या है? एक स्वेच्छाचारी सिंह के लिए हाथ भर को जंजीर जो आधी उस अभागी के गले में बँधी हो और आधी खूँटा में। हमारे रिषि लोग बहुधा अविवाहित थे। महात्मा मसीह भी अविवाहित थे। आज उनके नाम से लाखों आत्माओं का उपकार हो रहा है। यदि वे भी कुटुम्ब की हाव-हाव में लगे रहते तो इतना महत्त्व कभी न प्राप्त करते।

सीता जी के समान स्त्रियाँ पूजनीया हैं जो पति प्रेम निभाने को बरसों के कठिन दुख को सुख से शिरोधार्य कर लें, राज्य सुख को पतिमुखदर्शन के आगे तुच्छ समझें। सती जी सी गृहदेवी माननीया हैं जो पति का अपमान न सह सकें चाहे सगे बाप का मुलाहिजा टूट जाय, चाहे प्राण तक जाते रहें। पर ऐसी गृहेश्वरी होती कहाँ हैं सतयुग त्रेतादि में भी एकही दो थीं, अब तो कलिकाल है! यदि मान लें कि कदाचित् कहीं कोई ऐसी निकल आवैं तो उस पुरुष का जीवन धन्य है! वह चाहे जैसा दीन हीन हो पर आत्मपीड़ा से बचा रहेगा और जो लोग साम दाम दंड भेद से अपनी अनुकूल बना सकें वुह भी धन्य हैं। पर वह दोनों बातें असम्भव न हों तो महा कठिन हई हैं। पहिली बात तो 'राम कृपा बिन सुलभ न सोई'। दूसरी बात के अनुसार भारत की वर्तमान दशा से कोसों दूर देख पड़ते हैं। न जाने इतने देशभक्त, इतने व्याख्यानदाता, इतने पत्र सम्पादक स्त्रियों के सुधार में बरसों से क्यों नहीं सन सकते। पुरुषों के लिए सब कहीं पाठशाला, इनके लिए यदि है भी तो न होने के बराबर। यदि आज सब लोग इधर झुक पड़ें तो शायद कुछ दिन में कुछ आशा हो, नहीं आज दिन के देखे तो हमें यही जान पड़ता है कि अर्धांगी स्त्री का नाम इसलिए रक्खा गया है कि जैसे अर्धांगी नामक बीमारी से स्थूल शरीर आधा किसी काम का नहीं रहता वैसे ही इस अर्धांगी के कारण मन, बुद्धि, आत्मा, स्वातन्त्र्य, उदारचित्ततादि आधी (नहीं, बिलकुल) निकम्मी हो जाती है! मनुष्य केवल भय निद्रादि के काम का रह जाता है, सो भी निज बस नहीं।

[खं. 5 सं. 1 और 2 (15 अगस्त, सितम्बर ह. सं. 4)]

युवावस्था

जैसे धरती के भागों में बाटिका सुहावनी होती है, ठीक वैसे ही मनुष्य की अवस्थाओं में यह समय होता है। यदि परमेश्वर की कृपा से धन बल और विद्या में त्रुटि न हुई तौ तो स्वर्ग ही है, और जो किसी बात की कसर भी हुई तो आवश्यकता की प्राबल्यता यथासाध्य सब उत्पन्न कर लेती है। कर्तव्याकर्तव्य का कुछ भी विचार न रखके आवश्यकता देवी जैसे तैसे थोड़ी बहुत सभी कुछ प्रस्तुत कर देती है। यावत पदार्थों का ज्ञान, रुचि और स्वाद इसी में मिलता है। हम अपने जीवन को स्वार्थी, परोपकारी, भला, बुरा, तुच्छ, महान् जैसा चाहें वैसा इसी में बना सकते हैं।

लड़काई में मानो इसी अवसर के लिए हम तयार होते थे, बुढ़ापे में इसी काल की बचत से जीवन यात्रा होगी! इसी समय के काम हमारे मरने के पीछे नेकनामी और बदनामी का कारण होंगे। पूर्वपुरुषों के पदानुसार बाल्यावस्था में भी यद्यपि हम पंडित जी, लाला जी, मुंशी जी, ठाकुर साहब इत्यादि कहाते हैं, पर वह ख्याति हमें फुसलाने मात्र को है। बुढ़ापे में भी बुढ़ऊ बाबा के सिवा हमारे सब नाम साँप निकल जाने पर लकीर पीटना है। हम जो कुछ हैं, हमारी जो निजता है, हमारी निज की जो करतूत है वह इसी समय है, अतः हमें आवश्यक है कि इस काल की कदर करने में कभी न चूकें।

यदि हम निरे आलसी रहे तो हम युवा नहीं जुवाँ है अर्थात् एक ऐसे तुच्छ जन्तु हैं कि जहाँ होंगे वहाँ केवल मृत्यु के हाथ से जीवन समाप्त करने भर को! और यदि निरे ग्रह धन्धों में लगे रहे तो बैल की भाँति जुवा (युवाकाल) ढोया। अपने लिए धर्म ही श्रम है, स्त्री पुत्रादि दस पाँच हमारे किसान चाहे भले ही कुछ सुखानुभव कर लें। यदि, ईश्वर बचाए, हम ईद्रियाराम हो गये तौ भी, यद्यपि कुछ काल, हम अपने को सुखी समझेंगे। कुछ लोग अपने लोग अपने मतलब को हमारी प्रशंसा और प्रीति भी करेंगे, पर थोड़े ही दिन में सुख का लेश भी न रहेगा, उलटा पश्चात्ताप गले पड़ेगा, बरंच तृष्णा पिशाची अपनी निराशा नामक सहोदरा के साथ हमारे जीवन को दुःखमय कर देगी।

काम, क्रोध, लोभ, मोह, मद, मात्सर्य यह षड्वर्ग यद्यपि और अवस्थाओं में भी रहते ही हैं, पर इन दिनों पूर्ण बल को प्राप्त हो के आत्म मन्दिर में परस्पर ही युद्ध मचाए रहते हैं, बरंच कभी-कभी कोई एक ऐसा प्रबल हो उठता है कि अन्य पाँच को दबा देता है और मनुष्य को तो पाँच में से जो बढ़ता है वही पागल बना देता है। इसी से कोई-कोई बुद्धिमान कह गये हैं कि इनको बिलकूल दबाए रहना चाहिए, पर हमारी समझ में यह असम्भव न हो तो महा कठिन, बरंच हानिजनक तो है ही। काम शरीर का राजा है (यह सभी जानते हैं) और क्रोधादि मानो हृदय, नगर, अथवा जीवन, देश ही कुछ न रहा। किसी राजवर्ग के सर्वथा वशीभूत हो के रहना गुलाम का काम है। वैसे ही राज-परिषद का नाश कर देने की चेष्टा करना मूर्ख, अदूरदर्शी अथवा आततायी का काम है।

सच्चा बुद्धिमान, वास्तविक वीर वा पुरुषरत्न हम उसको कहेंगे जो इन छहों को पूरे बल में रख के इनसे अपने अनुकूल काम ले! यदि किसी ने बल नाशक औषधि आदि के सेवन से पुरुषार्थ का और "ब्राह्म सत्यं जगन्मिथ्या" का दृढ़ विश्वास करके कामनाओं का नाश कर दिया और यावत् सांसारिक सम्बन्ध छोड़ के सबसे अलग हो रहा तो कदाचित षड्वर्ग का उसमें अभाव हो जाय! यद्यपि सम्भव नहीं है, पर उसका जीवन मनुष्य जीवन नहीं है। धन्य जन वे हैं जो काम शक्ति को अपनी स्त्री के पूर्ण सुख देने और बलिष्ठ सन्तान के उत्पन्न करने के लिए रक्षण और वर्धन करने में लगावें। कामना अर्थात् प्रगाढ़ इच्छा प्रेममय परमात्मा के भजन और देशहित की रक्खें।

क्रोध का पूर्ण प्राबल्य अपने अथच देश भाइयों के दुःख अथच दुर्गुण पर लगा दें। (अर्थात् उन्हें कच्चा खा जाने की नियत रक्खें) लोभ सद्विद्या और सद्गुण का रक्खें। मोह अपने देश, अपनी भाषा और अपनेपन का करें। जान जाय पर इन्हें न जाने दें। अपने आर्यत्व, अपने पूर्वजों के यश का पूर्ण मद (अहंकार) रक्खें। इसके आगे संसार को तुच्छ समझें, दूसरे देश वालों में चाहे जैसे उत्कृष्ट गुण हों उनको कुछ न गिन के अपने में ऐसे गुण संचय करने का प्रयत्न करें कि दूसरों के गुण मन्द न पड़ जायँ। मात्सर्य का ठीक-ठीक बर्ताव यह है। जो ऐसा हो जाय वही सच्चा युवक, सच्चा जवान और सच्चा जवाँमर्द है। उसी की युवावस्था (जवानी) सफल है। पाठक! तुम यदि बालक वा वृद्ध न हो तो सच्चा जवान बनने का शीघ्र उद्योग करो।

[खं. 4, सं. 4 (15 नवम्बर ह. सं. 3)]

जुवा

मनुष्य तो मनुष्य ही है, बैल भी इस नाम से काँपता है! छोटा सा कीड़ा इसी नाम की बदौलत सुन्दरी स्त्रियों की सुन्दरता और प्रेमपात्र बच्चों की सुघरता तथा निद्रा मिट्टी में मिला देता है। फिर न जाने दिवाली में लोग क्यों ऐसे बौखला जाते हैं कि दिन रात जुवा-जुवा, हुवा-हुवा किया करते हैं। यों देखो तो पेट भर रोटी नहीं है, कमर पर लँगोटी नहीं है पर उनसे भी पूछो तो कोई कहता है 'सौ हारे', कोई कहता है 'पचास हारे'! धन्य री धन्य परम्परा! मनु जी जो हमारे शास्त्रकारों के शिरोमणि हैं, हँसी के लिए भी इसका खेलना वर्जित करते हैं, पर वुह मनु जी से भी बढ़ गये जो कहते हैं दिवाली में न खेले तो गदहा का जन्म पाता है।

बाजे-बाजे बुद्धि के शत्रु शिव, युधिष्ठिर, बलदेव, नल आदि का नाम लेके कहते हैं कि वे खेले हैं तो हम क्यों न खेलें! सच है, युधिष्ठिरादि के से सभी काम कर चुके हैं तो एक यही क्यों रह जाय! ऐसी ही समझ ने बुद्धि हर ली है नहीं तो पुराणों में जिनको प्रमाण मान के आप जुवा की लत अपने पीछे लगाते हैं उनमें दो बातें हैं, एक इतिहास, दूसरी आज्ञा और हम युधिष्ठिरादि के बचनों को मानने वाले हैं न कि उनके निज चरित्रों में दखल देने वाले। यदि बड़ों से कोई भूल हो तो उसका अनुकरण हमको श्रेयस्कर नहीं है। वेद का वाक्य है कि "यान्यस्माकं= सुचरितानि तानि त्वयोपास्यानि ना इतराणि" अर्थात् बड़े लोगों के अच्छे काम हमें सीखना चाहिए न कि जुवा आदि बुरे काम। उन्होंने यदि खेला तो उसका फल भी क्या पाया?

शिवजी ने अपने स्त्री पुत्रों में झगड़ा फैलाया। नल ने राज्य खोया। युधिष्ठिर ने भारत का सर्वनाश ही करा दिया! बलदेव जी ने रुक्म (कृष्ण चन्द्र जी के साले) का प्राण लिया। जब कि बड़े बड़ों की यह गति जुवा के पीछे हुई तो तुम कौन जग जीतने की आशा रखते हो। हम तो यही कहेंगे कि उन्होंने हमें जुवा की बुराई दिखलाने के ही लिए खेला था। यह बात भी प्रसिद्ध है कि बड़े जो कुछ करें सो न करना चाहिए। उन्होंने खेला है पर हमें खेलने की आज्ञा कहीं नहीं दी। यदि

कहीं किसी पुराण अथवा उपपुराण में प्रगट वा प्रच्छन्न आज्ञा हो भी तो उसके पात्र बिचारना चाहिए।

हमारी दृष्टि में ऐसा वचन नहीं आया पर यह कहते हैं कि राजा को योग्य है। खैर राजाओं के लाखों का धन होता है, वे हजारों रु० दूसरों को दे सकते हैं। वे खेलैं पर तुम्हें परमेश्वर ने आँखें दी हैं, तुम्हें क्या सूझी है कि दस पन्द्रह की तौ नौकरी करौ, दो चार सौ अपने पराए लगाकर रूजगार करो, पर हारने के समय चार-चार सौ नसाय देव!

भला वर्ष दो वर्ष खाने कपड़े में कष्ट उठाए बिना अथवा अपने दीन आश्रितों को सताए बिना यह गढ़ा क्यों कर पूरा हो सकता है। बुद्धिमानों ने इसे सब दुर्गुणों का घर कहा है सो बहुत ठीक है। घर से चलते ही जुवारियों को यह विचार होता है कि सबका धन बिना परिश्रम, बिना उस धन के स्वामी का कुछ काम किये मेरे हाथ आ जाय। खेलने के समय चाहें जैसा मित्र बैठा हो उसे भी यही कहेंगे, 'बेईमानी करते हो' 'रोए देते हो' इत्यादि। जब इसका भूत चढ़ता है तब दिन रात मन वचन कर्म से इसी में संलग्न रहते हैं।

यों तो सभी पर्व आमोद प्रमोद करने के लिए नियत किये गये हैं, क्योंकि गृहस्थों को बारहों मास गृहधन्धों की चिन्ता चढ़ी रहती है; और चिन्ता शरीर की शोषण करने वाली है। इससे हमारे दयालु पूर्वजों ने प्रत्येक मास में एक दो दिन ऐसे नियत कर दिये हैं जिनमें निश्चिन्त हो के भगवद्भजन या और किसी रीति से आत्मपोषण किया जाय। उसमें भी तो होली, दिवाली विशेष हैं जिनमें लड़के, बूढ़े, धनी, दरिद्री, विद्वान, मूर्ख, स्त्री, पुरुष सभी यथासामर्थ दिल खुश कर लेते हैं। पर बिचारे जुवारियों की दशा पर खेद है कि अपनी बुद्धि से चार-चार दिन खाना और सोना अपने ऊपर हराम कर लेते हैं। खास पर्व के दिन बाजे-बाजे घरों में दिया जलाना और खील मिठाई खिलौना आदि से कुटुम्ब को तथा दीपश्राद्ध से पित्रों को एवं पूजन से देवताओं को प्रसन्न करना दूर रहा उलटा स्त्रियों पर इसलिए डंडेबाजी होती है कि 'गहना क्यों नहीं उतार देती'! बाजे-बाजे इतने में भी सन्तुष्ट होते तो चोरी तक करके धन लाते हैं, पर दिन रात छै! छै!! छै!!! हौंकने में कोताही नहीं करते। यदि दैवयोग से जीत गये तौ यह कहना तो व्यर्थ है कि वुह जीतना जिसमें पराई आत्मा कलपा के अपनी जेब भरे, अनुचित है, पर इसमें सन्देह नहीं कि हराम का धन भले काम में नहीं लग सकता।

प्रत्यक्ष व हेर फेर के साथ वुह उन्हीं के घर जायगा जिनसे देश का सत्यानाश होने में कुछ न कुछ सहायता होती है। यह भी नहीं कि इन्हीं तीन चार दिनों या इसी महीने में खेल छुट्टी हो जाय। जीतने पर अधिक लालच और हारने पर घटी पूरी करने की उमंग में बाजे-बाजे बारामासी द्यूतकार होने के लिए भी इसी शुभ दिन में आरम्भ कर देते हैं जिसका फल बदनामी, निर्धनता, चोरी की लत, न्यायी

हाकिम के यहाँ झाड़बाजी, बड़ा घर, ईश्वर के यहाँ दंड इत्यादि बने बनाए हैं! बरंच हमारा तो यह सिद्धान्त है कि अपनी बुरी आदतों का गुलाम हो जाना ही महा नर्क है! और यह बड़े-बड़े बुद्धिमानों ने दृढ़ता से सिद्ध कर दिया है कि बुरे कर्म पहिले बहुत थोड़े जान पड़ते हैं पर धीरे-धीरे मन में स्थिर हो के अनेक बुराइयों को उत्पन्न करके सर्वनाश का कारण होते हैं।

फिर भला जुवा को सब बुराइयों का उत्पादक कहें तो झूठ है? पाप का बाप लोभ प्रसिद्ध है और उसी का मूल कारण जुवा है जिसका सर्वोत्तम फल यह है कि सहज में पराया धन हाथ में आवे, फिर इसकी बुराइयों का ओर छोर क्या हो सकता है? अतः जहाँ तक हो बुद्धिमानों को इससे सदा बचना चाहिए। क्या होली क्या दिवाली बुरा काम सदा सब ठौर बुरा ही है!

हमारे कानपुर ही की एक सच्ची कथा है कि एक बनिया साहब खेल में तन्मय हो रहे थे, घर से खबर आयी कि लड़का मर गया। उत्तर दिया कि फिर हम क्या चल के जिला लेंगे? डाल आओ, हमें फुरसत नहीं है। भला ऐसे परम निर्मोही महर्षियों को तौ हम क्या कहें ब्रह्माजी भी नहीं समझा सकते। पर हमारे पाठक कुछ भी इसकी ओर से मुँह फेरेंगे तो उन्हीं के लिए अच्छा है।

[खं. 5, सं. 4 (15 नवम्बर ह. सं. 4)]

प्रश्नोत्तर

अमूर्तिवादी उवाच–'हम नहीं जानते आप लोग कैसे मूर्ख हैं कि एक जड़ पदार्थ को समझ लेते हैं कि सर्वशक्तिमान जगदीश्वर है।' प्रतिमाप्रेमी उवाच–'साहब यदि हम पत्थर के टुकड़े को ही ईश्वर जानते होते तौ बाहर जाती समय ठाकुरद्वारे में ताला कभी न लगाते क्योंकि सर्वशक्तिमान की आँखों के आगे से चोर चहार को कोई वस्तु उठा ले जाने की सामर्थ्य नहीं है। इससे यह तो प्रत्यक्ष है कि हम जड़ को कभी चैतन्य नहीं समझते।

रहा यह कि हम मूर्ख हैं। बड़े-बड़े रिषि मुनि, पीर पयगम्बर हो गये किसी ने यह न बताया कि ईश्वर का रूप गुण स्वभाव बस इतना मात्र है। जहाँ बड़े-बड़ों की यह दशा है वहाँ हमारी क्या चलाई। हम तो मूर्ख हई हैं, 'जेहि मारुत गिरि मेरु उड़ाहीं। कहौ तूल केहि लेखै माहीं?' पर आश्चर्य और आक्षेप के लायक तो यह है कि आपको ईश्वर मालूम होता है!

साधारण स्त्रियों और छोकड़ों की सी अकिल भी नहीं रखते (हम तो अपने पूज्य परमात्मा को सर्वान्तर्यामी मानते हैं, पर प्रतिमापूजन के विरोधियों की बातें सुन-सुन ऐसी शंका हो सकती है) क्योंकि जब हम उनमें से (स्त्री आदि में से) किसी को चाहते हैं, पर लोक लाज से, डर से सब ठौर, सब बात, सब प्रकार की बातें कहने-सुनने में असमर्थ होते हैं इस दशा में बहुधा ऐसा होता है कि जब हमारा प्रेमपात्र किसी निज सम्बन्धी के साथ दिखाई देता है तब हम अपने किसी साथी से कहते हैं कि यार तुम्हारे तो दर्शन ही नहीं होते! क्या नाराज हो? हम कई दिन से तरस रहे हैं, इत्यादि। यह बातें यद्यपि दूसरे से कही जाती हैं, पर हमारा प्रणयभाजन भली भाँति समझ लेता है कि हम पर बौछार है। पर अफसोस कि आपका ईश्वर इतना भी नहीं समझता कि यह मूर्ति को, बरंच मूर्ति के मिस, हमें पूज रहा है! हम तो ऐसे ईश्वर को दूर ही से दंडवत करेंगे (ईश्वर हमारे प्रेम के आधार हैं, वुह हमारे सब संकेत समझते हैं)।

[खं. 5, सं. 7 (15 फरवरी ह. सं. 5)]

सोश्यल कान्फरेन्स

जैसे राजनैतिक विषयों के संशोधनार्थ नेशनल कांग्रेस की आवश्यकता है वैसे ही सामाजिक सुधार के निमित्त सोश्यल कान्फरेन्स की भी आवश्यकता है। पर परमेश्वर की दया से हमारी जातीय महासभा ने तो पाँच वर्ष में बहुत कुछ (आशा से अधिक) योग्यता प्राप्त कर ली और निश्चय है कि यों ही उत्तरोत्तर वृद्धि करती रहेगी। इसके द्वेषियों ने जब प्रसिद्ध किया कि यह केवल बाबू कांग्रेस अथवा हिन्दू कांग्रेस है तब इसने एक से एक प्रतिष्ठित मुसलमानों को संग लेके दिखला दिया कि यह कथन निरा निर्मूल है। जब यह उड़ाया कि सर्कारी कर्मचारियों में से कोई इसका सहानुभूति करनेवाला नहीं है तब अबकी बार श्रीमान् सर डब्ल्यू बेडर बर्न महोदय ने सभापति के आसन को शोभित करके इस कुतर्क की भी जड़ काट दी।

पारसाल जब इसके विपक्षी बरसात के मेढकों की भाँति ऐसे बढ़े थे कि जान पड़ता था कि कुछ होने ही न पावेगा तब महासमाज ने–'जस-जस सुरसा बदन बढ़ावा, तासु दुगुन कपि रूप दिखावा'–का उदाहरण दिखला दिया। अबकी बार रुपये के अभाव से बहुतेरे द्वेषी दाँत बाते थे और हितैषी भी चिन्ता में थे कि चालीस सहस्र मुद्रा प्रति वर्ष व्यय के लिए न मिलेगी तो काम चलना कठिन है। पर बम्बई में आध घंटे के बीच तिरसठ हजार रु. इकट्ठे हो गये। इससे प्रत्यक्ष हो गया कि कांग्रेस 'सर्वेषामपिदेबानान्तेजोराशिसमुद्भवाम्' दुर्गा ही नहीं बरंच क्षण भर में सारे दुःख-दरिद्र हरनेहारी लक्ष्मी भी है। इन लक्षणों से विश्वास होता है कि एक दिन इसके समस्त उद्देश्य सफल होके राजा-प्रजा दोनों का वास्तविक हितसाधन करेंगे और इसके कारण महात्मा ब्रैडला एवं ह्यूम बाबा की सत्कीर्ति भारत और इंग्लैंड में सूर्य-चन्द्रमा की स्थिति तक कृतज्ञता के साथ गायी जाएगी। पर समाज संशोधनी महासभा, (जो गत दो वर्ष से कांग्रेस ही के मंडप के नीचे अन्तिम दिन एकत्रित होती है) जो इसकी सगी बहिन है, अभी निरी भोली है।

यद्यपि इसके संचालक भी वही लोग हैं जो जाति सभा के शक्तिदाता हैं, पर यतः समाज का सुधारना राजकाज के संशोधन से भिन्न विषय है और सब बातों

की पूर्ण योग्यता प्रत्येक पुरुष में नहीं होती। अतः सोश्यल कान्फरेन्स की कृतकार्यता के लिए वर्तमान प्रणाली हमारी समझ में ठीक नहीं है और इसी कारण इसके लिए दूसरे मार्ग का अवलम्बन अत्यावश्यक है। समाज में किसी नवीन बात का प्रचार करना उन सज्जनों को अधिक सुखसाध्य होता है जिनके चरित्र समाज की रीति-निति से विरुद्ध न हों तस्मात जो लोग विलायत हो आये हैं अथवा यहीं रह के खानपानादि में बिलायत वालों का अनुसरण करते हैं व सामाजिक धर्म छोड़ के विदेशी धर्म ग्रहण कर लिया है वे अपनी विद्या, बुद्धि एवं लोकहितैषी के लिए चाहे जैसे समझे जायँ पर समाज की दृष्टि में आदर नहीं पा सकते अथच उनके बड़े-बड़े विचार पढ़े-लिखे लोगों के चित्त को चाहे जैसे जचें पर समाज में प्रचलित होना निरा असम्भव चाहे न हो किन्तु महा कठिन अवश्य है।

इसके अतिरिक्त यह भी बहुत ही सत्य है कि जिन बातों की ओर जिस प्रतिष्ठा के लोग चलाया चाहें सुख से नहीं चल सक्तीं। इन उपर्युक्त बातों पर पूरा ध्यान दिये बिना कान्फरेन्स कभी फलवती न होगी। यह यद्यपि कांग्रेस की बहिन है और प्रभाव भी उसी का-सा रखती है, पर स्वभाव इसका अन्य प्रकार का है। यह कांग्रेस की भाँति हिन्दू-मुसलमान-क्रिस्तानादि सब धर्म के लोगों का एक होना नहीं चाहती। इसे केवल इतना ही अभीष्ट है कि हिन्दू हिन्दुओं की रीति-नीति सुधारें, मुसलमान मुसलमानों की चाल-ढाल ठीक करें। इनके कामों में वे हस्तक्षेप करें न उनकी बातों में ये बोलें। क्रिस्तानों के विषय में हमें कुछ वक्तव्य नहीं है क्योंकि उनके यहाँ इंगलैंडीय जाति का-सा बर्ताव है जिसमें बाल्यविवाहादि कुरीतियाँ हई नहीं।

फारसियों के सामाजिक व्यवहार का हमें पूरा ज्ञान नहीं है इससे कुछ कह नहीं सक्ते। रहे हमारे हिन्दू-मुसलमान भाई, उनके विषय में हम प्रणपूर्वक कहते हैं कि अपनी ही जाति के उन लोगों के विचारांश का आदर न करेंगे जो भोजनाच्छादनादि में प्रथकता रखते हैं फिर भला दूसरों की तो क्यों मानने लगे। अबकी बार कान्फरेन्स की कार्य प्रणाली से अधिकतर लोग प्रसन्न नहीं हुए। इसके बड़े कारणों में से एक तो यह था कि सत्यानन्द स्वामी और पंडिता रामाबाई ने हिन्दुओं के विषय में वक्तृता की जब कि आर्यसमाजी, जो वेद को भी मानते हैं और खाद्याखाद्य का भी विचार रखते हैं, वे ही समाज में पूर्णरूपेण आदरणीय नहीं हैं, मूर्ति पुराणादि के न मानने कारण दुरदुराये जाते हैं तो उपर्युक्त स्वामीजी तथा पंडिताजी की बातें किसी को क्या रुच सकती थीं। दूसरा कारण यह था कि चार रिजोल्यूशन पास हुए चारों में 'मारूँ घुटना फूटै आँख' का लेखा था। पहिला रिजोल्यूशन था कि 14 वर्ष की अवस्था तक दूल्हा-दुलहिन का संग न होने पावे। यदि कोई इस नियम के विरुद्ध चले वह सर्कार से दंडित किया जावे। हम पूछते हैं सर्कार किस-किस के घर में पहरा बिठलावैगी? माता-पिता इस अवस्था में ब्याह

ही न करें तो ऐसा अनर्थ क्यों हो? सर्कार की दुहाई देने का क्या काम है?

दूसरा प्रस्ताव यह था कि यदि कोई पुरुष समाज संशोधन का प्रण करके और इस सभा का मेम्बर हो के नियम विरुद्ध चले तो दंड पावै। खैर यह एक मामूली बात है, कोई विशेषता नहीं है। तीसरा प्रस्ताव 1956 वाले विधवा विवाह आईन के सुधार पर था। यह निरा व्यर्थ था। अच्छे हिन्दू-मुसलमान अभी विधवा विवाह के समर्थक ही नहीं हैं। जो इने-गिने हैं भी वे समाज में सम्मानित नहीं हैं। और यदि बाल-विवाह की प्रथा उठ जाय तो विधवा-विवाह की बड़ी आवश्यकता ही न रहे। फिर यह कुसमय की रागिनी छेड़ना समय की हत्या करना न था तो क्या था? सच तो यह है कि मरे हुए पति की सम्पत्ति अन्यगामिनी विधवा को दिलाने के लिए सर्कार का आश्रय लेना देश में दुराचार के आधिक्य में सहाय देना है। इसमें समाज का क्या भला होगा?

चौथा प्रस्ताव अति ही विचित्र था, अर्थात् विधवा होने पर जब तक स्त्री पंचों और मजिस्ट्रेट के सामने अपने केश कटवाने की सम्मति न दे दे तब तक उसके बाल न काटे जायँ। यदि कोई उसकी इच्छा के बिना ऐसा करे तो राजनियम का अपराधी हो। वाह री नयी सभ्यता! भारतीय विधवा न ठहरी बीरांगना ठहरी! इसमें उसे कष्ट क्या होता है? हानि क्या होती है? सड़ी-सड़ी बातों के लिए कानून बनवाने से देश का क्या हित होगा? जो बातें प्रजा स्वयं कर सक्ती है उनमें राजा को हाथ डालना कहाँ की नीति है? यदि यही सुधार है तो अगले वर्ष एक विचार होगा कि ब्याह के समय लड़कों को रंगीन कामा पहिनना पड़ता है इससे वे लिल्ली घोड़ी का-सा स्वाँग बन जाते हैं, व स्कूल के पढ़ने तथा कोट-पतलून पहनने वाले लड़कों की रुचि के विरुद्ध है, इससे कानून बनना चाहिए कि जब तक लड़का कई लोगों के सामने मजिस्ट्रेट के आगे सम्मति न प्रकट करै तब तक माता-पिता उसे झंगवा पहिना के स्वाँग न बनावैं नहीं सजा पावेंगे।

भला ऐसी बातों से समाज का कौन-सा अभाव टल जायगा? हमारे राजनीतिक प्रतिनिधियों को चाहिए कि इस विषय में चुने-चुने पंडितों और मौलवियों को उत्तेजना दें कि वे प्रत्येक समुदाय के मुखिया लोगों को इस ओर झुकाते रहें। कांग्रेस की भाँति समय-समय पर ठौर यतद्विषयक व्याख्यान दिये जायँ। समाचारपत्रों में लेख लिखें जायँ। चन्दा एकत्र किये जायँ। छोटी-छोटी पुस्तकें थोड़े मूल्य पर वितरित हों। अवसर पर नगर-नगर समूह-समूह से प्रतिनिधि भेजे जाया करें। तब कुछ हो सकेगा। नोचेत् जो बात कांग्रेस ने पाँच वर्ष में प्राप्त कर ली है, वह कान्फरेन्स को पचास वर्ष में भी दुर्लभ रहेगी।

स्मरण रहे कि समाज को जितना सम्बन्ध ब्राह्मणों तथा मौलवियों से है उतना गवर्नमेंट से कदापि नहीं है। गवर्नमेंट यदि कुछ लोगों को या धन को एकत्र किया चाहै तो बीस उलझाव पड़ेंगे, बीस वाद-विवाद उठेंगे, तब कहीं जबरदस्त का ठेंगा

शिर पर समझ के लोग सहमत होंगे। पर यदि हमारे पंडित महाराज आज्ञा कर दें कि अमुक दिन अमुक पर्व है, उसमें अमुक स्थल पर स्नान-दानादि का महात्म होगा, फिर देख लीजिए ठीक समय पर उसी ठौर कितनी प्रसन्नता से कितने लोग तथा कितना कुछ इकट्ठा हो जाता है। यह प्रत्यक्ष महिमा देखकर भी जो लोग विप्र बंश का आश्रय न लेकर अन्याय रीतियों से समाज के सुधार का यत्न करते हैं वह भूलते नहीं तो करते क्या हैं?

इस विषय में जितनी शीघ्रता और सुन्दरता के साथ ब्राह्मणों के द्वार कार्य सिद्धि होगी उतनी गवर्नमेंट एवं तत्स्थापित कानून द्वारा कभी न हो सकेगी। यों बात-बात में पराधीनता का प्रेम फसफसाता हो तो और बात है। इसके निमित्त यदि आदरणीय पंडित अयोध्यानाथ जी, मान्यवर पंडित मदनमोहन मालवीय महोदय, श्रीमान पं. दीनयालु तथा भारतधर्म महामंडल एवं विप्र बंश महोत्सव के अन्यान्य उत्साही सद्व्यक्ति कटिबद्ध होंगे और तन, मन, धन से उद्योग करैंगे तभी कुछ हो सकेगा, नहीं तो कान्फरेन्स में सदा खिलवाड़ ही होता रहेगा। हम इन सज्जनों से अनुरोधपूर्वक विनय करते हैं कि शीघ्र इस ओर दत्तचित्त हों। इसमें कांग्रेस का भी बहुत भारी उपकार सम्भावित है। हमें पूर्ण आशा और महान् अभिलाषा है कि उपर्युक्त महानुभावों के प्रसाद से आगामी वर्ष में कान्फरेन्स को भी सर्वगुणसम्पन्ना देखेंगे।

[खं. 6, सं. 6 (15 जनवरी, ह. सं. 6)]

विलायत यात्रा

न जाने क्या दुर्दशा आयी है कि लोगों को सब विलायती पदार्थ ही अच्छे लगते हैं। कदाचित् इसका कारण पश्चिमीय शिक्षा हो। लोग बाल्यावस्था में ही उन स्कूलों में भेज दिये जाते हैं जहाँ वही अँगरेजी गिटपिट से काम पड़े।...चाहे कश्मीरी, खत्री आदि की भी सन्तति हों, पर अपने को ब्लैक कहने में आदर समझें। चाहे महाराष्ट्र वीरों के पुत्र भी हों पर वही कि हममें अँगरेजी की-सी फुर्ती कहाँ से आयी, इत्यादि। यह सब बातें लिखें तो लेख बढ़ जाएगा। हमें तो केवल यह दिखाना है कि काल के परिवर्तन से जो लोग विलायत गमन के लिए कहीं वेद से लेकर पुराण, कुरान आदि के श्लोक वा आयत छाँट-छाँट के छपा दें, कहो सहस्र युक्तियाँ निकाल के यह सिद्ध कर दें कि वहाँ की-सी जलवायु कहीं नहीं है, वहाँ की रहन-सहन, बोलचाल, शिष्टता-मिष्टता कहीं नहीं। वहाँ हमारे पूर्वज तो सब जाते थे। बिना वहाँ के खाद्याच्छादन किये हमारी ब्लैकनेस (श्यामता) जा सकती है, न गौरांग देवों की भी पूजार्चा मिल सकती है। अरे भाई एक ब्राह्मण चाहे सो बके, पर तुम्हारी समझ में नहीं आएगा।

पर यदि हमीं श्वेत लेप लगा लें और अपना नाम भी रेवरेंड मिस्टर p. Naroyegem Messur ए.बी.सी.डी.ई....जेड रख लें तो तुरन्त आप हमारे बंगले पर आ के हमसे साक्षात् करके कर स्पर्श करने को उत्सुक होंगे। आप अपनी पाकेट से रूमाल निकाल के झुकेंगे कि हमारा बूट पोंछ दें। पर हम कहेंगे "ओ हट जाओ सूअर काला।" झट से आप सिटपिट करके हट जायँगे। आप अँगरेजी में किटपिट करके हमें शान्त करना चाहोगे, पर हमें वही "सुनटा नहीं हम चला जायगा टुम वाडमास" सूझेगा। लाख खुशामद करोगे हम एक न सुनेंगे। हम जो कुछ लिखेंगे, आप यदि हिन्दू हैं तो वेदवाक्य समझेंगे, यदि मुसलमान हैं तो आयातेकुरान से भी अधिक मानेंगे, अगर नेटिव क्रिश्चियन हैं तो अपने प्रीचिंगज में नीम के नीचे खड़े हो करके हमारे लेख को भी, सच मानिए, अपनी बाइबिल के प्रमाणों में मिलाने लगेंगे। ऐसे समय पर कहीं हम बिलायत-यात्रा निषेध पर कुछ लिखें तो विद्युत समाचार की नाईं समस्त भूमण्डल पर फैल जाय। हमको भी राजा,

सर,...श्री ईसाई (C.S.I.) की पदवी मिल जाय। पर भैय्या!...हम तुम्हें यह समझाते हैं कि साहिब लोगों के ही क्या रक्तमला (सुर्खाब) का पंख लगा है जो उनके लेक्चर और आर्टिकलों को बिना मीमांसा ग्रहण कर लेते हों। इसमें तुम्हारा कल्याण नहीं है। 'यथा राजा तथा प्रजा' का अर्थ यह नहीं है कि साहिब लोगों की नाईं आप की लड़की भी मिसें हो जायँ। आपकी रहन-सहन में खड़े हो के पयश्राव त्याग करना सभ्य समझा जाय। आप जो इतने प्रमाण श्री महाभारतादि वृहदितिहासों और श्रीमद्भागवतादि महापुराणों से छाँटते हैं कि हमारे पूर्वज बिलायत जाते थे, हमने माना, किन्तु यह तो समझिए कि उन महापुरुषों ने जा के क्या-क्या किया था। किसी ने जा के अपनी व्यवहारविद्या फैलाई थी। आप उलटे वहीं की रीति-नीति सीख आते हैं।

उन लोगों ने वहाँ जा के अपने सनातन धर्म को विस्तृत किया था। आप वहाँ से ईसाई हो के लौटते हैं। आपके पूर्वपुरुष झट से अन्य देशस्थ मनुष्यों को विडालाक्ष, कालयवन[1] मयदानव[2] नाम धर लेते थे। आप ब्लैक, डैमड फूल बन के फूल से खिल जाते थे कि इन अधरों से भला इतना तौ भी सुना। अभी तो आप इस बात पर हँसते होंगे कि हम भी किस मुल्क में उत्पन्न हुए जहाँ के लोग जहाज पर नहीं चढ़ते, जहाँ खड़े हो के नहीं मूतते, जहाँ लोग हाइड्स पार्क[3] की सैर नहीं करते, जहाँ स्त्री स्वच्छन्द नहीं विचरतीं, जहाँ कागज का एक काम तो लोगों को विदित ही नहीं, केवल लिखने, छापने, टोपी बनने आदि के ही काम में आता है इत्यादि। पर यह न समझते होंगे कि हमारे देश की एक-एक रीति पर चाहे और देश के आदमी असभ्यता का दोष आरोपण करें, किन्तु कुछ नहीं, कहीं धूलि के उड़ने से भानु प्रतापहीन होते हैं।

हाँ इतना तो हो जाता है कि भानु दिखाई न दें। पर ज्योंही धूलि हटी त्योंही भगवान् वैसे के वैसे ही। सिविल सर्विस है तो सर्विस ही न, फिर क्यों उसके लिए बिना बुलाए अपनी लक्ष्मी को समुद्र प्रान्तों में भेजें। एक सिविल सर्विस के लिए जितना रुपया व्यय किया जाता है और एक साल जितने मनुष्य परीक्षा देने विलायत जाते हैं, उतने रुपयों के यदि हमारे देश में कोई सद्व्यय होने लगे तो क्या ही आनन्द का विषय है। सिविल सर्विस में रुपए व्यय करके जब लौटोगे तौ मिलैगी वही नौकरी। हमारा अभिप्राय यह नहीं है कि नौकरी करो ही मत, न करोगे तो जियोगे कैसे? किन्तु यह अभीष्ट है कि ऐसा उद्योग करो कि जिससे देश का धन देश ही में रहे। राज्य दूसरों का है, कुछ न कुछ धन तो अवश्य ही

---

1. अरब को रहने वाला था। हर समय कालः हुतआला, कालः हुजैद कहा करता था। झट से महार्षियों ने 'काल्यवन' नाम धर लिया।
2. फारस का रहने वाला था। जब कोई वस्तु चाहता था तो विदुर जी से कहता—"रंगे जर्द म खाहम्" स्ट से मैं (मय्) नाम पड़ गया।

विदेश जायगा। यह बात तो पत्थर की लकीर ही है। पर ऐसा उद्यम करो, जिससे यथोचित द्रव्य के अतिरिक्त एक कौड़ी भी विदेश को न जाय। यदि सैर ही के प्रयोजन से विलायत जाते हो तो तनिक चेत करके देखिए तो हमारे वैसे दिन नहीं रहे। यदि ऐसी ही इच्छा है तो श्री वृन्दाबनादि तीर्थों को रमणीय करने की चेष्टा कीजिए। नहीं तो यह पवित्र स्थान एक तो वैसे ही पूर्वापेक्षी कुछ न्यूनतर रमणीय हो गये हैं, दूसरे तुम और कर दोगे।

मुसलमानों के अत्याचार से तो मन्दिर भग्न हुए, अब तुम्हारे विलायत आदि जाने के व्यय में अकेले तीर्थ ही क्या तुम्हारे सब ग्रहादि प्राणरहित देह के समान हो जायँगे। जिस दिन तुम बिलायत में जाकर अपने आचार-व्यवहार फैलाओगे, और जैसे अन्य देशियों की रीति-नीति तुम सीखते हो वैसे दूसरों को भी अपनी नीति सिखाओगे, उस दिन तुम्हें कोई बुरा न कहेगा और कोई जातिभ्रष्ट न कहेगा। बोल श्री नन्दनन्दन की जै–[1]

[खं. 9, सं. 9 (अप्रैल, ह. सं. 9)]

1. हाइड्स पार्क–जहाँ से लज्जा योजन भर दूर रहती है। लंडन का एक भाग है।

वाजिदअलीशाह

हाय! आज हमीं नहीं रो रहे हैं, हमारी लेखनी का भी हृदय विदीर्ण हो रहा है! हँसी मत समझो, मारे दुःख के उन्माद हो रहा है, इससे रक्त काला पड़ गया है और आँसुओं के साथ नेत्र द्वारा बहा जाता है। हमारा कानपुर यवनों का नगर नहीं सही, पर लखनऊ यहाँ से दूर नहीं है, बरंच यहाँ से सहस्रों सम्बन्ध रखता है। फिर क्यों न लखनऊ के साथ इसे भी शोक हो। सम्पादक और उसके मित्र श्री बाबू राधेलाल आदिक कई लोग प्रत्यक्ष अश्रुवर्षा कर चुके हैं। यह बात किसी के देखने की नहीं, बरंच हृदय के सच्चे सन्ताप से थी। हाय शाह वाजिद अली! हा सुलताने आलम! हा अख्तर! हाय सूबे अवध के कन्हैया! तुम हमारा शासन न करते थे, तुम हमारी जाति के न थे तो भी, हमारा बादशाह कलकत्ते में बैठा है, स्मरण हमारे लिए सन्तोषजनक था। तुम्हारा अंतःकरण हमसे ममता रखता था, इसमें कोई सन्देह नहीं।

पर हाय! दुष्ट दैव से इतना भी न देखा गया, मूर्ख, खुशामदी और अपने दुर्गुणों से भी पराये सद्‌गुण तक को तुच्छ समझने वाले चाहे जो कुछ झख मारें, पर हम भली भाँति जानते हैं कि तुम्हारे दोष भी मनुष्य जाति की अपूर्ण शक्ति से अधिक कुछ न थे। तुमने अपनी प्रभुता के समय हिन्दू मुसलमान दोनों को अपनी प्यारी प्रजा समझा है। यह तुम्हारा एक गुण ऐसा है कि तुममें सचमुच के सहस्र दोष भी होते तो भस्म कर देता! जो मूर्ख और दुष्ट लोग अपने मतवालेपन से दूसरों के पूज्य पुरुषों की निन्दा और उनसे घृणा किया करते हैं उनसे तुम लाखों कोस दूर थे। सहस्रों लोगों का रक्त बहेगा, सहस्रों ललनाओं का अहिवात जाता रहेगा, इस भय से अपने तईं प्रसन्नतापूर्वक दूसरों के हाथ में सौंप दिया।

यह गुण तुम्हारा हमारे हृदय को प्रफुल्लित करता है। गुणग्राहकता आश्रितपोषकता और दुःख-सुख दोनों में एकरसता आदि के कारण तुम प्रेम समाज के प्रातःस्मरणीय हो। सितम्बर की 21 तारीख तुम्हारे वियोग का दिन है, अतः सहृदयों को दुखदाई

होगी। कहाँ तक लिखें, शोक के मारे तो अधिक विषय सूझते ही नहीं। इस दशा में भी सहस्रों के पेट तुम्हारे अनुग्रह से पलते थे, हाय! आज उनके चित्त की क्या दशा होगी!![1]

[खं. 4 सं. 3]

देशी कपड़ा

मानव जाति का, खाने के उपरान्त, कपड़े के बिना भी निर्वाह होना कठिन है। विशेषतः सभ्य देश के भोजनाच्छादन, रोटी कपड़ा, नानो नकफ इत्यादि शब्दों से ही सिद्ध है कि इन बातों में यद्यपि खाने बिना जीवन-रक्षा ही असम्भव है, पर कपड़े के बिना भी केवल प्रतिष्ठा ही नहीं, वरंच आरोग्य, एवं असम्भव नहीं है कि प्राण पर भी बाधा आवै। पर खेद का विषय है कि हम अपने मुख्य निर्वाह की वस्तु के लिए भी परदेशियों का मुँह देखा करें। हमारे देश की कारीगरी लुप्त हुई जाती हैं, हमारा धन समुद्र पार खिंचा जाता है इत्यादि विषय बहुत सूक्ष्म हैं, उस पर जोर देने से लोग कहेंगे कि एडीटरी की सनक है, कविता की अत्युक्ति है, 'जिमि टिट्टिभ खग सुतै उताना' की नकल है; पर हमारे पाठक इतना देख लें कि जब हमको एक वस्तु उत्तम चिरस्थायिनी और अल्प मूल्य पर मिलती है तो बाहर से हम वह वस्तु क्यों लें।

गृहस्थ का यह धर्म नहीं है कि जब एक रुपया से काम निकलता है तब व्यर्थ डेढ़ उठावै। बिलायती साधारण कपड़ा नैनसुख मलमल इत्यादि तीन आने से पाँच आने गज मिलता है, उसके दो अंगरखे साल भर बड़ी मुश्किल से चलते हैं, पर उसके मुकाबिले देशी कपड़ा (मुरादाबादी चारखाना, कासगंजी गाढ़ा इत्यादि) तीन आने गज का। कपड़ा यद्यपि, अरज कम होने के कारण, कुछ अधिक लगता है, पर उसके दो अंगरखे तीन वर्ष हिलाये नहीं हिलते। बाबू लोग यह न समझें कि अंग्रेजी फैशन का कपड़ा नहीं मिलता, नहीं, बहुत से अच्छे अँगरेज भी अब यही पहिनते हैं। शौकीन लोग यह भी खयाल न करें कि देशी कपड़े में नफासत नहीं होती, नहीं, ढाके की मलमल, भागलपुरी टसर और मुर्शिदाबाद की गर्द अब अँगरेजी कपड़े को अपने आगे तुच्छ समझती हैं। अब ऐसा कोई तरह का कपड़ा नहीं है जो न बनता हो, और कुछ ही दिन लोग उत्साह दिखलावें तो न बन सके। प्रयागराज में केवल इसी की एक कोठी मौजूद है। हमारे कानपुर के सौभाग्य से श्रीयुक्त लाला छोटेलाल गयाप्रसाद महोदय ने भी देशी तिजारत कम्पनी खोली है। यदि अब भी इस नगर और जिले के लोग देशी कपड़े को स्वयं पहिनने और दूसरों

को सलाह देने में कसर करें तो देश का अभाग्य समझना चाहिए।

हम और हमारे सहयोगीगण लिखते-लिखते हार गये कि देशोन्नति करो, पर यहाँ वालों का सिद्धान्त है कि 'अपना भला हो देश चाहे चूल्हे में जाय', यद्यपि जब देश चूल्हे में जायगा तो हम बच न रहेंगे। पर समझना तो मुश्किल काम है ना। सो भाइयो, यह तो तुम्हारे ही मतलब की बात है। आखिर कपड़ा पहिनोहीगे, एक बेर हमारे कहने से एक-एक जोड़ा देशी कपड़ा बनवा डालो। यदि कुछ सुभीता देख पड़े तो मानना, दाम कुछ दूने न लगेंगे, चलेगा तिगुने से अधिक समय। देशी लक्ष्मी और देशी शिल्प के उद्धार का फल सेंतमेंत। यदि अब भी न चेतो तो तुमसे ज्यादा भकुआ कौन? नहीं-नहीं हम सबसे अधिक, जो ऐसों को हितोपदेश करने में व्यर्थ जीवन खोते हैं![1]

खं. 3, सं. 12 (15 फरवरी, ह. सं. 2)

---

1. 'निबन्ध-नवनीत' से उद्धृत।

न्याय

सवार साहब तो घोड़े की पीठ पर चढ़ें, उसे कोड़ा मारें, पाँव से एँड मारें, मुँह में लगाम लगावें, जब चाहें तब बाँधें, जब चाहें तब दौड़ावें, पर यह कोई न कहेगा कि सवार कठोर हृदय है, अन्यायी है। हाँ, यदि घोड़ा कहीं लात फटकार दे या काट खाय या सवार को पटक दे तो सबके मुँह से सुन लीजिए, घोड़ा बदलगाम है, कटहा है, लतहा है। वाह रे न्याय! सिंह व्याघ्र इत्यादि बलवान जीव होते हैं। वे जैसे हरिणादि को मार गिराते हैं वैसे ही कभी-कभी मनुष्य पर भी चोट कर देते हैं, इसलिए वे दुष्ट जन्तु हैं। उनको मार डालना पाप नहीं है, बहादुरी है। पर मनुष्य महाशय बकरा मार खायँ, मछली हजम कर जायँ, चिड़ियों को भोग लगा जायँ, यह कहने वाला कोई न हो कि निर्दयी हैं।

वाह रे इंसाफ! यदि नौकर बिचारा कोई वस्तु उठाना भूल जाय और मालिक साहब ठोकर खा के गिर पड़े तौ तो फरमावेंगे, 'अन्धा है, नालायक है, चीज को ठीक ठौर पर नहीं रखता, पैर तोड़ डाला'। पर जो कहीं मालिक साहब की वैसी ही असावधानता से नौकर ठोकर खा जाय तो भी आप यह न कहेंगे कि 'भाई हमें क्षमा करो, हमारी गफलत से तुम्हें चोट लग गयी। बरंच झुँझला के कहेंगे, अन्धा है, देख के नहीं चलता।' कहाँ तक कहिए, यदि हम कभी दुःख पा के, झिझला के ईश्वर को कोई बात भी कह बैठे तो मूरख, नास्तिक, पापी इत्यादि की पदवी पावें और आप हमारे बाप, भाई, बन्धु, बान्धव, इष्ट मित्रादि का वियोग करा दें। धन, मान, आरोग्य अथवा प्राण तक हर लें तौ भी हमारे ही कर्मों का फल है।

बुह तो जो करेंगे हमारे भले ही को करेंगे। ऐसे-ऐसे लाखों उदाहरण सब काल, सब ठौर में मिला करते हैं जिससे हम ऐसे मुँहफट्टों का सिद्धान्त हो गया है कि न्याय या इंसाफ या जसटिस एक शब्द मात्र है, जो खुशामदी लोग समर्थ व्यक्तियों के लिए कहा करते हैं। वास्तव में क्या न्याय, क्या दया, क्या वात्सल्य, सब प्रेमस्वरूप परमात्मा के गुण हैं, मनुष्य बिचारा उनका हठ कहाँ तक करेगा? महाराज भरत (जिन्होंने प्रजा को सताने के अपराध में अपने नौ लड़कों का शिर काट लिया था), बादशाह नौशेरवाँ (जिन्होंने एक बुढ़िया की फरियाद पर अपने

पुत्र को बध की आज्ञा दी थी) इत्यादि नाम केवल उपमा के लिए हैं। यदि लोग कभी हुए भी हों तो उन्हें हम संसारियों में नहीं गिन सकते।

जगत की रीति यही है कि यदि आप असमर्थ हैं तो दूसरों को न्यायी धर्मात्मा गरीबपरवर बना के अपना मतलब गाँठते रहिए। यदि कभी परमेश्वर की दया, नसीबे के जोर या हिम्मत की चाल इत्यादि से आप भी कुछ हो जाइएगा तो हम लोग इन्हीं विशेषणों के साथ आपका नाम लिखा और कहा करेंगे। यकीन है यह शब्द धरती की पीठ पर इसी भाँति धारा प्रवाह रीति से बना रहा है वैसे ही बना रहेगा। यदि सचमुच न्याय कोई वस्तु है और उसको साक्षी देके हमसे पूछिए तो उत्तर यही पाइएगा कि सबके इतिहास देख डाले, सिद्धान्त केवल यह निकला कि दुनिया अपने मतलब की है। उस मतलब के लिए जहाँ और बहुत बातें हैं, एक यह भी सही। मतलब निकलने में कोई अड़चन न पड़े तब तक आप मुझको कहते रहिए, मैं आपसे कहता रहूँगा कि न्याय के विरुद्ध चलना ठीक नहीं है।

इंसाफ को छोड़ना दुरुस्त नहीं है। पर जो कोई पुरुषरत्न अपने हानि लाभ, मानापमान, जीवन मरण, सुख दुःख इत्यादि की पर्वा न करके, कठिन परीक्षा के समय, न्याय का साथ देता रहे उसे हम मनुष्य तो कह नहीं सकते, हाँ, देवता बरंच ईश्वरीयगुणविशिष्ट कहेंगे!

[खं. 4, सं. 10 (15 मई ह. सं. 4)]

कांग्रेस की जय

श्रीयुत भीम जो जिस समय प्रयागराज में आकर सुशोभित हुए थे, इस वाक्य को प्रेमपूर्ण हो के कई बेर उच्चारण किया था। कांग्रेस के मध्य में भी सैकड़ों सज्जनों के मुख से यही मन्त्र उच्चारित हुवा था और अन्त में इलाहाबाद स्टेशन पर तो यह शब्द आकाश को भेद गये थे! अहाहा! आज तक हमारे कानों और प्रानों में यही ध्वनि गूँज रही है, और रह रह के मुँ से यही निकलता है कि 'कांग्रेस की जय'! क्यों न हो, कांग्रेस साक्षात् दुर्गा जी का रूप है क्योंकि वह देशहितैषी देवप्रकृति के लोगों की स्नेहशक्ति से आविर्भूत हुई है, 'देवानां दिव्य गुण विशिष्टानां तेजो राशि समुद्भवा' है! फिर हम ब्राह्मण होके इसकी जय क्यों न बोलें। प्रत्यक्ष प्रभाव यही देख लीजिए कि इसके द्वेषियों ने अपनी सामर्थ्य भर झूठ, प्रपंच, छल, कपट, कोई बात उठा न रक्खी थी, पर 'जस जस सुरसा बदन बढ़ावा। तासु द्वगुण कपि रूप दिखावा॥' अन्त में 'सत्यमेव जयते' इस वेद वाक्य के अनुसार कांग्रेस का अधिवेशन हुआ, और ऐसा हुवा जैसी आसा न थी।

स्वयं कार्याध्यक्ष लोग कहते थे कि हमने समझा था बड़ी हद्द हजार डेलीगेट आवेंगे, उसके ठौर पर डेढ़ हजार मौजूद हैं। धन्य है लोग समझे थे कि मुसलमान उसमें कभी शरीक न होंगे, सो एक से एक प्रतिष्ठित विद्वान, धनिक मुसलमाँ अनुमान तीन सौ के विराजमान थे। बरंच बाजे नगरों से हिन्दुओं की अपेक्षा मुसलमान ही अधिक आये थे। भला इन बातों को आँखों देख के वा विश्वासपात्रों से सुन के कौन न कह उठेगा कि 'कांग्रेस की जय'। सच तो यह है कि तीर्थराज में ऐसा समागम शायद भारद्वाज बाबा के समय में हुवा हो, बीच में तो सुनने में नहीं आया। यों कुंभादि के मेलों में हजारों की भीड़ होती है 'पर कहाँ रेशम के लच्छे कहाँ झौवा भर झोथर' कहाँ कुपढ़ उजड्ड वैरागियों के जमघट, कहाँ श्री अयोध्यानाथ, श्री मदन मोहन, श्री रामपाल, उमेश, सुरेन्द्र सरीखों का देव समाज! आहा! इस अवसर पर जिसने प्रयाग की शोभा न देखी उसने कुछ न किया। लूथर साहब के हाते का नाम हमने प्रेमनगर रखा था क्योंकि लड़के, बूढ़े, हिन्दू, मुसलमान, जैन, क्रिस्तान, पश्चिमोत्तर देशी, बंगाली, गुजराती, सिंधी, मद्रासी,

फारसी, इंगलिस्तानी, सब के सब प्रेम से भरे हुए दृष्टि आते थे।

किसी प्रकार की कोई वस्तु किसी समय आप को चाहनी हो, किसी कार्यकर्ता से कह दीजिए बस मानों कल की लाई धरी है! सबके एक से पट मन्दिर (डेरे), सबका एक विचार (देशहित), अमोद प्रमोद, संलाप-समागम के सिवा कुछ काम नहीं। व्याख्यानालय में पहुँचने के सिवा कोई चिन्ता नहीं, हजारों की वस्तु अकेले डेरे में डाल आइए, सुई तक खो जाने का डर नहीं, नहाने खाने सोने बैठने सैर करने आदि की किसी सामग्री का अभाव नहीं! तनिक सिर भी दुखे, बैद, हकीम, डाक्टर सब उपस्थित हैं। पास ही कांग्रेस के बाजार में दुनिया भर की चीजें ले लीजिए!

पास ही तम्बू के तले दुनिया भर के समाचार (अखबार) जान लीजिए! पास ही डाक के बम्बे (लेटरबाक्स) में लिख के डाल दीजिए, आपका सारा हाल आपके सम्बन्धियों को पहुँच जायगा। उसके पास हो डेरे में चले जाइए, अपने घर नगर का वृत जान लीजिए। जहाँ व्याख्यान होते थे वुह स्थान ऐसा सुदृश्य और नाना वस्तु तथा एक रंग रूप की कुर्सियों से सुसज्जित था कि देखते ही बनता था। विशेषतः महात्मा ह्यूम इत्यादि पुरुषरत्नों के आने पर तथा किसी के उत्तम व्याख्यान में कोई चीज की बात आ जाने पर करतल ध्वनि और आनन्द ध्वनि के एवं नाना रंग रूमालनर्तन की शोभा देख के यही ज्ञात होता था कि हम सुरराज के मन्दिर में देव समुह के मध्य बैठे हुए आनन्द समुद्र की लहरें ले रहे हैं। 26 से 29 ता. तक कांग्रेस का महाधिवेशन रहा।

इस अवसर में प्रतिदिन प्रतिछिन आनन्द की वृद्धि रही। पर वुह आनन्द केवल भारतभक्तों के भाग्य में था। इतर लोग तो जो वहाँ जा भी पहुँचे तो कोरे ही आये! एक दिन एक मियाँ साहब किसी से टिकट माँग के हमारी प्रेम छावनी के भीतर पहुँच भी गये, पर इधर उधर अपनी अंटीबाजी फैलाने से बाज न आये। अतः दूध की मक्खी की भाँति दूर कर दिये गये! 25 ता. को हमारे राजा शिवप्रसाद साहब भी प्रयाग जी में आये, और डेलीगेट होने का दावा किया, बरंच फीस भी जमा कर दी, एवं अपने पूर्व कृत्यों का अनुताप भी प्रकाशित किया। पर किसी को विश्वास न हुवा।

विश्वास तो तब होता जब किसी देशहित के काम में शरीक हुए होते। लोग नाना प्रकार के तर्क वितर्क करने लगे। किसी ने कहा–'राज जुवति गति जानि न जाई' किसी ने कहा, चतुर तो हई हैं, कौन जाने–'चौथे पन नृप कानन जाहीं' का उदाहरण दिखावें। किसी ने कहा, अभी यही तो कांग्रेस वालों को दंडनीय ठहराते थे, एकबारगी क्यों कर बदल जायँगे। जरूर कुछ दाल में काला है। इनका यहाँ आना भेद से खाली नहीं है। अवश्य 'कोई माशूक है इस परदए जंगारी में'। अस्तु, बहुत कहने सुनने से मिला लिये गये। पर 26 तारीख को कुछ बोले चाले नहीं।

इससे सबको निश्चय सा हो गया कि दिन भर का भूला साँझ को घर आ गया होगा। पर 27 तारीख को लीला दिखाना आरम्भ ही तो किया!

आप जानते हैं शिवजी गरलकंठ तो हई हैं। उसकी झार हम मनुष्यों से कहाँ सही जाती है। आप बोलते जाते थे, लोग हिचकी ले ले के रद्द करते जाते थे! अन्त में जब श्रोतागण बिलकुल उकता गये तो 'गच्छ गच्छ सुर श्रेष्ठ' वाला मन्त्र पढ़ने लगे। अस्तु, आप विराजे और हमारे परमाचार्य (सभापति) श्रीयुत जार्जयूल तथा श्री नवलविहारी बाजपेयीजी ने उस विष की शान्ति के लिए मन्त्रपाठ किये। दूसरे दिन हमारे सी.एस.आई. महाशय अपनी काशी को पधार गये और कांग्रेस रूपी कलानिधि का ग्रहंण छूटा! सबको आनन्द हुवा, जिसका वर्णन करने को बड़ा सा ग्रन्थ चाहिए।

जहाँ स्कूल के छात्रों तक को देशभक्ति का इतना जोश था कि रेल पर से डेलीगेटों को बड़ी प्रीति के साथ लाते थे, और डेरों पर सारा प्रबन्ध बड़ी उत्तमता से करते थे, तथा चपरास पहिन-पहिन के व्याख्यान मन्दिर का इन्तजाम करते थे, और प्रतिपल प्रेम प्रमत्त रहते थे, प्रतिनिधियों की सुश्रूषा में ही अपना गौरव समझते थे, (परमेश्वर करे कि हमारी राज राजेश्वरी इन वालांटियरों को शीघ्र वालंटियर बनावें और अपनी कीर्ति तथा हमारी राजभक्ति बढ़ावें) वहाँ दूसरों के आनन्द का क्या कहना!

तीस तारीख को सामाजिक व्याख्यान हुए थे और उसी दिन बहुत से लोग विदा भी हो गये थे। उस दिन अवश्य सब सहृदयों को वैसा ही खेद हुवा होगा जैसा रामचन्द्रजी को चित्रकूट में छोड़ के श्री पादुका लिए हुए भरत जी के साथ अयोध्यावासियों को घर लौटते समय हुवा था! पर हम उसका वर्णन करके अपने पाठकों को वियोग कथा नहीं सुनाया चाहते। 1889 में बम्बई की कांग्रेस के लिए सन्नद्ध होने का अनुरोध और दूसरे अंक में प्रयाग की कांग्रेस के कर्तव्य सुनाने का इकरार करके इस अध्याय को यहीं समाप्त करते हैं। बोलो 'कांग्रेस की जै!' बोलेगा सो निहाल होगा। बोलो 'महारानी विक्टोरिया की जै 3 !'

[खं. 5, सं. 6 (15 जून ह. सं. 5)]

पुलिस की निन्दा क्यों की जाती है?

जबकि सर्कार ने यह मुहकमा प्रजा की शान्ति रक्षा के मानस से नियत किया है तो इसकी निन्दा लोग क्यों किया करते हैं? हम ऐसे बहुत ही थोड़े देखते हैं जिनकी जिह्वा वा लेखनी बहुधा पुलिस वालों की शिकायत न किया करती। यह क्यों? तिसमें भी सौ पचास की तनख्वाह पाने वाले ऊँचे अधिकारियों की शिकायत इतनी नहीं सुन पड़ती क्योंकि उन्हें निर्वाह योग्य वेतन मिलने से तथा प्रतिष्ठा भंग के भय से निन्दनीय काम करने का अवसर थोड़ा मिलता है और यदि मिला भी तो साधारण लोग उनके डर से जब तक बहुत ही खेद न पावें तब तक छोटी मोटी शिकायतें मुँह पर नहीं लाते। मन की मन ही में रहने देते हैं। किन्तु पाँच सात दस रुपया महीना के चौकीदार कांसटेबिलों की शिकायत जब देखो तभी जिसके देखो उसी के मुँह पर रखी रहती है।

इसका क्या कारण है? क्या यह मनुष्य नहीं हैं? क्या यह इतना नहीं जानते कि हम सर्वसाधारण में शान्ति रखने के लिए रक्खे गये हैं न कि सताने कुढ़ाने वा चिढ़ाने के लिए? यदि यह है तो फिर यह लोग क्यों ऐसा बर्ताव करने से नहीं बचे रहते जिसमें निन्दा बात-बात में धरी है। संसार की रीति के अनुसार अच्छे और बुरे लोग सभी समुदायों में हुआ करते हैं तथा बहुत ही अच्छे बुरे लोग बहुत थोड़े होते हैं। इस नियम से पुलिस वालों में से भी जो कोई दुष्ट प्रकृति के बंश अपने अधिकार को बुरी रीति से व्यवहृत करके किसी के दुःख का हेतु हो उसको निन्दा एवं उसके विरुद्ध आचरण रखने वालों की स्तुति होनी चाहिए। पर ऐसा न होकर अनेकांश में यही देखा जाता है कि इस विभाग के साधारण कर्मचारियों में से प्रशंसा तो कदाचित् कभी किसी बिरले ही किसी के मुख से सुन पड़ती हो, पर निन्दा सुनना चाहिए तो जने जने से सुन लीजिए।

इसका कारण जहाँ तक विचार कीजिए यही पाइएगा कि इन लोगों को वेतन बहुत ही थोड़ा मिलता है। दूसरी रीति से कुछ उपार्जन करने का समय मिलता ही नहीं है। प्रकाश्य रूप से सहारे की कोई सूरत नहीं रहती। इसी से 'वुभुक्षितः किं न करोति पापम्' का उदाहरण बने रहते हैं। हिन्दुस्तानी भले मानसों के यहाँ कहार

चार रुपया पाते हैं पर कभी जूठा कूठा अन्न, कभी तिथि त्योहार की त्योहारी, कभी फटा पुराना कपड़ा जूता इत्यादि मिलता रहता है और आवश्यकता पड़ने पर रुपया धेली यों भी दे दी जाती है।

इधर स्त्रियाँ भी दो चार घर में चौका बरतन करके कुछ ले आती हैं। इससे साधारण रीति से गरीबामऊ निवाह होता रहता है। पर चौकीदार की तनख्वाह चार रुपया और कांस्टेबिल की पाँच रूपया बँधी है, ऊपर से प्राप्ति होने का कोई उचित रास्ता नहीं है, बरंच उरदी साफा लाठी जूता आदि के दाम कटते रहते हैं। सो भी यदि वे अपने सुभीते से खरीदते पावें तो कुछ सुभीते में रहें, किन्तु वहाँ ठेकेदार के सुभीते से सुभीता है। इससे अधिक नहीं तो एक के ठौर सवा तो अवश्य ही उठता है। इस रीति से पूरा वेतन भी नहीं हाथ आता और काल कराल का यह हाल है कि चार-पाँच रुपया महीना एक मनुष्य के केवल सामान्य भोजनाच्छादन को चाहिए।

स्त्रियाँ हमारे यहाँ की प्रायः कोई धन्धा करती नहीं हैं। उसका सारा भार पुरुषों ही पर रहता है। और ऐसे पुरुष शायद सौ पीछे पाँच भी न होंगे जिनके आगे पीछे कोई न हो। प्रत्येक पुरुष को अपनी माता, भगिनी, स्त्री आदि का भरण पोषण केवल अपनी कमाई से करना पड़ता है। हम ने माना कि सबको सब चिन्ता न हो तथापि कम से कम एक स्त्री का पालन तो सभी के सिर रहता है। यदि कोई सम्बन्धिनी न होगी तौ भी प्राकृतिक नियम पालनार्थ कोई स्त्री ऐसी ही होगी जिसका पूरा बोझा नहीं तो आधा ही भार उठाना पड़ता हो। अब बिचारने का स्थल है कि पौने चार अथवा पौने पाँच रुपये में दो प्राणियों का निर्वाह कैसे हो सकता है जब तक कुछ और मिलने का सहारा न हो। सो यहाँ तरक्की का आसरा मुकद्दिमे लाने और अफसरों को प्रसन्न रखने पर निर्भर ठहरा। काम कम से कम दश घण्टे करना चाहिए। ऊपर से अवसर पड़ने पर न दिन छुट्टी न रात छुट्टी।

दैवयोग से कोई दैहिक दैविक आपदा आ लगे तो जै दिन काम न करें तै दिन पूरी तनख्वाह एवजीदार को दें। इससे दूसरा धन्धा करने का ब्योंत नहीं। काम चलाने भर को पढ़े ही होते अथवा घर में खेती किसानी का और किसी बृत्ति का सुभीता होता तो विदेश में आके इतनी छोटी तनख्वाह पर नौकरी ही क्यों करते? फिर भला बिचारे करें तो क्या करें? अपने उच्चाधिकारियों को खुश न रक्खें तो तरक्की कैसी नौकरी ही जाती रहे। और उनका खुश रहना तभी सम्भव है जब दूसरे चौथे एक आधा मुकद्दिमा आता रहे और सबूते कामिल मिलता रहे। क्योंकि इसी में अफसर की मुस्तैदी की तारीफ और मातहत की भाग्यमानी है।

इस दशा में सर्वसाधारण को प्रसन्न करें कि अपनी उम्मेद की जड़ सींचैं? हाकिम और रईयत दोनों का खुश रखना बड़े भारी नीतिज्ञ का काम है न कि चार पाँच रुपये के पियादे का। और गृहस्थी के भ्रमजाल वह हैं जो बड़े-बड़े धनवानों,

विद्वानों और बुद्धिमानों का मन डावाँडोल कर देते हैं यह बिचारे क्या हैं। तथा दुनिया का कायदा यह है कि सीधी तरह एक पैसा माँगों तो न मिले पर कोई डर वा लालच दिखा के आडम्बर करके लेना आता हो तो एक के स्थान पर चार मिल जायँ। एवं आवश्यकता जब दबाती है तब न्याय अन्याय का विचार भूल जाता है, केवल काम निकालने की सूझती है। इन सब बातों पर ध्यान देकर बतलाइए कि वर्तमान काल की व्यवस्था में यह क्यों कर सर्वसाधारण लोगों में आजकल का साधन संकोच न था। इससे अपने निर्धन स्वदेशियों की शक्ति सहारा पहुँचाने में लोग्ें को रुचि थी। पर वह जमाना अब नहीं है।

सारी चीजें महँगी हैं और धन तथा व्यापार दिन-दिन घटता है। इससे अनेक लोग 'क्षीणा नरा निष्करुणा भवन्ति' वाले वाक्य को सार्थक कर रहे हैं। ऐसे समय में पुलिस ही कहाँ तक फूँक-फूँक पाँव धर सकती है। हाँ नये नौकरों को कम से कम दस 20 मासिक मिला करे फिर तरक्की चाहे बीस बरस तक न हो, तब दस ही पाँच वर्ष में देख लीजिए कि इन्हीं वर्तमान सेवकों में से कितने लोग सज्जनता का परिचय देते हैं और कितने नये भले मानस भरती हो के इस विभाग का कलंक मिटाने को चेष्टा करते हैं तथा राजा प्रजा दोनों की प्रसन्नता के पात्र बनते हैं। नहीं तो विचारशक्ति सदा यही कहा करेगी कि पुलिस की निन्दा क्यों की जाती है?

[खं. 8, सं. 4-5 (नवम्बर-दिसम्बर, ह. सं. 7)]

सहबास बिल अवश्य पास होगा

कहीं मुँह की फूँक से पहाड़ नहीं उड़-उड़ जाते। अखबारों का चायँ-चायँ करना अथवा लोगों को छोटी-छोटी बड़ी-बड़ी सभाएँ करके उसके विरुद्ध मेमोरियल भेजना नक्कारखाने में तूती की आवाज मात्र है। यह बातें उस देश में प्रभावशालिनी हो सकती हैं जहाँ के समाज में कुछ जीवन हो, जहाँ के समुदाय को तत्रस्थ राजपरिकर कुछ समझता हो। पर भारत के भाग्य से अभी यह सौभाग्य सौ कोस दूर है। हमें ऐसी किसी बृहद घटना का स्मरण नहीं है कि जिसमें प्रजा की पुकार ने 'राजा करे सो न्याव' वाले सिद्धान्त को रोक रक्खा हो। फिर क्योंकर मान लें कि Consent Bill न पास होगा। हमने माना कि इसके द्वारा हमारे गर्भाधान संस्कार (जो हमारे परम माननीय वेदों के अनुसार सबसे पहिला संस्कार है) पर हस्तक्षेप होता है और किसी के धर्म पर हस्तक्षेप होना महारानी विक्टोरिया की प्रतिज्ञा के विरुद्ध है, पर इससे क्या होना है, गोबध भी तो हमारे धर्म के महा-महा विरुद्ध है, पर क्या वह लाख हाय-हाय करने भी रुक गया?

और भाई, वह बिल तो हमारे ही चिरसिंचित पाप वृक्ष की बतिया है, फिर क्यों न पकेगी? अपूर्णयौवना स्त्री के साथ पुरुष का सम्पर्क वेद शास्त्र पुराण तो क्या आह्ला तक में अनुमोदित नहीं है। बाल्यविवाह के लतियों ने श्री काशीनाथ भट्टाचार्य कृत शीघ्रबोध के 'अष्टवर्षा भवेद्गौरी' इत्यादि दो श्लोकों का आश्रय ले रखा है, पर उनके किसी अक्षर में उक्त अवस्था के विवाह की आज्ञा कैसी ध्वनि भी नहीं पाई जाती।

यदि कन्यादान शब्द से दश वर्ष की ही का अर्थ लीजिए (यद्यपि युक्ति और प्रमाणों से यह भी दूर है, क्योंकि स्त्री चाहे जितनी बड़ी हो माता पिता की कन्या ही है) तौ भी उसका पतिगृह गमन सात वर्ष, पाँच वर्ष वा न्यूनातिन्यून तीन वर्ष के पूर्व न शास्त्र रीति से कर्तव्य है न लोक रीति से। इस प्रकार तैरह वर्ष से पहिले पति सहवास का उसे अवसर ही न मिलना चाहिए। पर जो लोग धर्म ग्रन्थों का तिरस्कार एवं लोक लज्जा को अस्वीकार करके जगदम्बा शिवप्रिया गौरी अथवा श्री बलदेव दाऊ की माता रोहिणी अथवा विश्वकन्या के पति अथवा उपपति बन के

कामान्धता के वश पशुत्व का व्यवहार कर उठाते हैं या उसमैं सहायता देते हैं उन्हें सरकार की कौन कहे, परमेश्वर भी लोक परलोक के काम का नहीं रखता और इसी विचार से सैकड़ों मस्तिष्कमान देशभक्त लोग बरसों से चिल्लाते-चिल्लाते थक गये कि अपना भला चाहो तो बाल विवाह की रीति उठाओ, दूध के बच्चों का बलवीर्य मट्टी में न मिलाओ, पर किसी के कान में चींवटी न रेंगी।

रेंगे कैसे, जिस देश की दुर्दशा अभी पराकाष्ठा को नहीं पहुँची वहाँ अपने हितैषियों की बात कब सुनी जाती है। लातों के देवता कहीं बातों से माने हैं? वहीं जब मिस्टर मालाबारी ने विलायत तक धूम मचाई और एतद्विषयक कानून बनने की नौबत आयी तब कान खड़े हुए हैं कि यदि उपर्युक्त बिल पास हो गया तो हमारे चरऊ व्यवहार भी दूसरों के हाथ जा पड़ेंगे और जो इन स्त्रियों की परदादारी को भारतवासी सदा से प्राणों से अधिक रक्षणीय समझते आये हैं, 'धन दै के जिय राखिए जिय दै रखिए लाज' की कहावत प्रसिद्ध है, रामायण और महाभारत ऐसे प्रसिद्ध धर्मग्रन्थों में राक्षस कुल और कौरव वंश के सर्वनाश का कारण सूर्पनखा की नाक का काटना, सीताजी का हर जाना और द्रौपदी जी का कैशाकर्षण मात्र लिखा है, इस महा अवनति की शताब्दी में भी जितने लोग फाँसी चढ़ाए जाते हैं उनमें से अधिकों के अपराध का मूल पता लगा के देखिए जो स्त्रियों की अप्रतिष्ठा ही पाई जायगी। उस परदादारी की जड़ में मानों दिन रात कुठार रक्खी रहेंगी।

जहाँ किसी द्वेषी अथवा दुराचारी ने किसी रीति से लोकल गवर्नमेंट के कानों तक झूठ सच यह बात पहुँचा दी कि अमुक के यहाँ बारह वर्ष से स्वल्प अवस्था वाली स्त्री के साथ अनुचित व्यवहार हुआ है, वहीं विचारी पर्दे में रहने वाली बहू बेटियों का डाक्टर के सामने अपमानित और कचहरी में आकर्षित होना अमिट हो जाएगा, बड़े-बड़े प्रतिष्ठितों का लाख का घर खाक हो जायगा, पुरुषों की नाक पर छुरी फिर जायगी, पानीदार लोग यदि डूब न मरेंगे अथवा विषादि के द्वारा आत्मघात न करेंगे तौ भी किसी को मुँह दिखाने के योग्य तो अवश्य ही न रह जायँगे। फिर सच्चे अपराधी अथवा मिथ्या कलंक लगाने वाले उपाधि को दंड तो जब मिलेगा तब मिलेगा।

इसी से लाखों हृदयवान लोगों का कलेजा काँप रहा है। समाचार पत्रों और सभाओं में हाहाकार मच रही है, चारों ओर से बड़े लाट साहब की सेवा में निवेदन जा रहे हैं कि इस विषय में शीघ्रता न की जाय, बहुत सोच समझ से काम लिया जाय। पर विचारशक्ति को निश्चय नहीं है कि इन विनयपत्रों पर कुछ भी ध्यान दिया जायगा। लक्षण कुलक्षण ही देख पड़ते हैं। इधर तो बिल के विरोधियों की संख्या यद्यपि अधिक है किन्तु समर्थक लोग बड़े-बड़े हैं और उधर हमारे गवर्नर जनरल महोदय ने एतद्विषयक विचार के लिए केवल पाँच सप्ताह का समय दिया है। भला इतने अल्पकाल में इतनी बड़ी बात का निर्णय क्या होना है!

हमारे धर्म प्रतिष्ठा और समाज का महा अपमान होना निश्चित है। पर जो लोग इस विषय के कर्ता संहर्ता हैं उन्हें हमारे मर्मांतक आघात का बोध भी नहीं है। उलटा यह विश्वास है कि यह नियम चल जाने से स्त्री जाति की रक्षा होगी। फिर हम क्यों कर कहें कि सहबास बिल न पास होगा। हाँ, अपने बचाव का उपास करने में चूकना हृदयवान पुरुषों को उचित नहीं है, इससे हमारे पाठकों को चाहिए कि आलस्य छोड़ के, सारे संसार का संकोच छोड़ के, जिस प्रकार हो सके बहुत शीघ्र यथासम्भव बहुत बड़ी सभाएँ जोड़ के, निवेदन पत्रों के द्वारा हाथ जोड़ के, सर्कार को समझावें कि इस विषय को हमारे ही हाथ में रहने दे।

इधर देश भाइयों को भी पूर्ण उद्योग के साथ चितावें कि अब लड़के लड़कियों के ब्याह को गुड़िया गुड्डे का ब्याह समझना ठीक नहीं है। बस इतना ही भर हमारा कर्तव्य है। उसे करना ही परम धर्म है। पर होगा क्या, परमेश्वर जानता है। शायद हमारी अबला बालाओं पर दया करके वह लोगों की मति पलट दे। किन्तु वर्तमान आसार यही निश्चय दिलाते हैं कि सहबास बिल अवश्य पास होगा और उसके द्वारा सहस्रों घर त्राहि-त्राहि करेंगे।

[खं. 7, सं. 7 (15 फरवरी, ह. सं. 7)]

स्वार्थ

इस गुण को हमारे पुराने ऋषियों ने बुरा कहा है, पर हमारी समझ में इस विषय में उनका कहना अप्रमाण है, क्योंकि जो जिस बात को जानता ही नहीं उसके वचनों का क्या प्रमाण? वन में रहे, कन्द मूल खाए, भोजपत्र पहिने, पोथियाँ उलटते व राम-राम स्याम-स्याम करते जन्म बिताया। न कभी कोई धन्धा किया, न किसी की नौकरी की, न किसी विदेशी से काम पड़ा, फिर उन्हें स्वार्थ का मजा क्या मालूम था? यदि कहिए कि नवीन ऋषियों में महाराज भर्तृहरि ने भी तो 'तेमीमानुष राक्षसाः परहितं स्वार्थाय निघन्तिये' लिखा है, तो हम कहेंगे उन्होंने केवल पुराने लोगों की हाँ में हाँ मिलाई है, या जान बूझ के धोख दिया है, नहीं तो स्वार्थ कोई बुरी वस्तु नहीं है। सदा से सब उसी का सेवन करते आये हैं। हिन्दुओं का राज्य था तब ब्राह्मण चाहे जो करें अदंड्य थे, क्योंकि राजमन्त्री तथा कवि यही होते थे, इससे अपने को सब प्रकार स्वतंत्र बना रक्खा था। यह स्वार्थ न था तो क्या था? मुसलमानी अमलदारी में भी राजा करै सो न्याव था। बादशाह का जुल्म भी ऐन इंसाफ समझा, उसमें भी स्वार्थ ही का डंका बजता था। आजकल अँगरेजी राज्य में तो ऐसा कोई काम ही नहीं है जो स्वार्थ से खाली हो, नहीं तो दो चार बातें बतलाइए जो केवल प्रजा ही के हितार्थ की गयी हों। कोई काम बतलाइए जिसमें हिन्दोस्तान की महान हानि के लिए इंग्लिश जाति का छोटा सा लाभ भी उठा रक्खा गया। चाहे जितना सोचिए अन्त में यही कहिएगा, कोई नहीं। फिर हम क्या बुरा कहते हैं कि 'स्वार्थ में बुराई कोई नहीं, सभी सदा से करते आये हैं।' यदि महिदेवों (ब्राह्मणों) और दीन दुनियाँ के मालकों (बादशाहों) हमारे गौरांग प्रभुओं को मनुष्य समझिए तो रामायण में देवताओं का चरित्र पढ़िए। रामचन्द्र लक्ष्मण सीता को चौदह वर्ष बन-बन फिराया, भरत जी को अयोध्या में रख के उपवास कराया, दशरथ जी के प्राण ही लिये। क्यों? स्वार्थ के अनुरोध से। गोस्वामी जी ने खोल के कही दिया है 'आए देव सदा स्वारथी।' जब देवताओं की यह दशा है तब मनुष्य स्वार्थपरता से कैसे पृथक् रह सकता है। सच पूछो तो जो लोग स्वार्थ की निन्दा करते हैं, वे स्वार्थ ही साधन के लिए दूसरों को भकुआ बनाते हैं। दूसरों को दया, धर्म, न्याय, निःस्वार्थ इत्यादि के भ्रमजाल में

न फँसावें तो अवसर पर अपनी टही कैसे जमावैं। इससे हमें निश्चय हो गया है कि चतुर बुद्धिमान नीतिज्ञ पुरुषों के लिए स्वार्थ कभी किसी दशा में अत्याज्य नहीं है। जो लोग दूसरों को परस्वारथ सिखाते हैं, वे तो खैर अपना काम चलाने के लिए लोगों को फुसलाते हैं, पर जो उनकी बातों में फँस कर परस्वार्थी बनने का उद्योग करते हैं, वे नेचर के नियम को तोड़ते हैं अथच अपने सुख, सम्पत्ति, सौभाग्य से मुँह मोड़ते हैं। नहीं तो बड़ों में निःस्वार्थी है कौन? क्या देवता लोग राक्षसों का भला चाहते हैं? क्या महात्मा लोग नास्तिकों की खैर मनाते हैं? क्या स्वयं परमेश्वर अप्रेमिकों से प्रसन्न रहैं? फिर परस्वारथ कहाँ की बलाय है? सब स्वार्थतत्पर हैं। हाँ, अपने-अपने कुटुम्ब, अपनी जाति, अपने देश की जूठन काठन थोड़ी सी इतरों को भी देना चाहिए, जिसमें यश हो। परस्वार्थ ऐसी मजेदार चीज को बुरा समझ के उससे दूर रहना निरी मूर्खता है। जो लोग बड़े त्यागी बैरागी, भक्त विभक्त होते हैं, वे तो स्वार्थ को छोड़ते ही नहीं। वे दुनिया के सुखों को छोड़ के महासुख स्वरूप सच्चिदानन्द को चाहते हैं अतः बड़े भारी स्वार्थसाधक हैं। फिर गृहस्थी कर के, दुनियाँ में रह के, निःस्वार्थ या परस्वार्थ पर मरना कहाँ की बैलच्छि है। स्वार्थ न हो तो संसार की स्थिति ही न हो। बड़े-बड़े परिश्रम करके जिन उत्तम बातों को लोग संचित करें वुह दूसरे को सौंप दें, दूसरा तीसरे को सौंप दे, इसी तरह होते-होते थोड़े दिन में किसी के पास कुछ रही न जाय। इसी से कहते हैं "स्वार्थ समुद्धरेत्प्राज्ञः।" हाँ बहुत ही न्यून स्वार्थ बुरा है, "आप जियंते जग जिये कुरमा मरे न हानि" का आचरण निन्दित है। इससे अधिक से अधिक स्वार्थ बढ़ाते रहना चाहिए। अपने ही लिए स्वार्थी न हो के अपने सम्बन्धी मात्र का स्वार्थ करना चाहिए। अपने देश के स्वार्थ के लिए दुनिया भर को कैसी ही हानि हो, कैसा ही कर्तव्याकर्तव्य कर उठाना चाहिए। क्योंकि इसके बिना निर्वाह नहीं है। परस्वार्थी मरने पर चाहे बैकुंठ जाते हों पर दुनियाँ में सदा दुखी रहते हैं और हमारे महा मन्त्र के मानने वाले दिन दूनी रात चौगुनी उन्नति किया करते हैं। भारत और इंग्लैंड इसके प्रत्यक्ष प्रमाण हैं। फिर भी न जाने कब हमारे देशी भाई स्वार्थ की महिमा जानेंगे। हम प्रतिज्ञापूर्वक कहते हैं, जो कोई स्वार्थ साधन के लिए निन्दा स्तुति, पाप पुन्यादि का विचार न करेगा वुह थोड़े ही दिन में सब प्रकार सम्पन्न हो जायगा और अन्त में किसी को उसकी निन्दा करने का साहस न होगा। महात्मा कह गये हैं 'समरथ को नहिं दोष गुसांई'। स्वार्थसाधन में दक्ष होने से बेईमान मनुष्य चतुर कहलाता है, हत्यारा वीर कहलाता है, परनिन्दक स्पष्टवक्ता कहलाता है। जिस पर परमात्मा की दया होती है वही स्वार्थसाधन तत्पर होता। इससे हे भाइयो, ब्राह्मण के वाक्य को वेद की रिचा समझ के दिन रात, सोते जागते, स्वार्थ-स्वार्थ रटा करो। इसी में भला होगा, नहीं सदा यों ही अवनति होती रहेगी जैसी महाभारत के समय से होती आयी है।

[खं. 6 सं. 2 (15 सितम्बर ह. सं. 5)]

मित्र कपटी भी बुरा नहीं होता

गत मास में हम ने दिखा दिया था कि छल कोई बुरा गुण नहीं है। यदि भली भाँति सीखा जाय और सावधानी के साथ काम में लाया जाय तो उस से बड़े-बड़े काम सहज में हो सकते हैं। इस से हमारे कई मित्रों ने सम्मति दी है कि हाँ बेशक इस युग के लिए वह बड़ा भारी साधन है, अतः कभी-कभी उस की चर्चा छेड़ते रहना चाहिए। तदनुसार इस लेख में हम शीर्षक वाला विषय सिद्ध किया चाहते हैं। हमारे पाठकों को स्मरण रखना चाहिए कि बुरा यदि होता है तो शत्रु होता है, जिस की हर एक बात से बुराई ही टपकती रहती है वह यदि निष्कपट होगा तो बन्दर की नाईं बहुत सी खौंखयाहट दिखा के थोड़ी सी हानि करेगा और कपटी होगा तो साँप की भाँति चिकनी चुपड़ी सूरत दिखा के प्राण तक ले लेगा। इन दोनों रीतियों से वह हानिकारक है। इससे उसे मान लीजिए पर मित्र से ऐसा नहीं होता। वह यदि छली हो तो उस की संगति से आप छल में पक्के हो जाएँगे और ऐसी दशा में वह आप को क्या भुलावेगा आप उस के बाप को भुला सकते हैं। ऐसी गोष्ठी में बैठ के यदि आप बुद्धिमान हैं तो यह मन्त्र सिद्ध किये बिना कभी नहीं रह सकते कि गुरू के कान न कतरे तो चेला कैसा? हाँ, यदि आप ऐसे बछिया के बाबा हों कि ऐसी मुहब्बत से इतना भी न सीख सकें तो आपका भाग्य ही आपके लिए दुखदाई होगा, मित्र बिचारे का क्या दोष? पर हाँ, यदि मित्र महाशय कपटी हों, पर इतने कच्चे कपटी हों कि आप से अपना कपट छिपा न सकें तो निस्सन्देह बुरे हैं, पर अपने लिए न कि आप के लिए। जिस समय आप को विदित हो जायगा कि यह कपटी है उसी समय आप भलेमानस होंगे तो मित्रता को तिलांजलि दे के अपनी पूर्वकृत मूर्खता से सजग हो जायँगे। फिर बस आनन्द ही आनन्द है। यदि आपको गोस्वामी तुलसीदास के बचन की सुध आ जाय कि 'सेवक सठ नृप कृपन कुनारी। कपटी मीत सूल सम चारी।' तो भाष्य हमारा कंठस्थ कर लीजिए कि सेवक और नारी तो कोई चीज ही नहीं है, जब चाहा निकाल बाहर किया, रहा नृप, उस की भी क्या चिन्ता है, यदि हम कपट शास्त्र का थोड़ा सा भी अभ्यास रखते होंगे तो अपने पक्ष में उस की कृपणता रहने ही न

देंगे। हाँ, हमारा हथखंडा न चल सके तो अपने कच्चेपन पर सन्तोष कर लेना उचित है अथवा यह समझ के जी समझा लेना चाहिए कि राजा है ईश्वर का अंश, उस पर बश ही क्या? रह गये अकेले मित्र जी, वह यदि कपटी हों तो शूल के समान हैं। पर हमारे पक्ष में तो उनकी धार उसी क्षण कुंठित हो चुकी थी जिस समय उनका कपट खुल गया था। अब शूल हैं तो बने रहें हमारा क्या लेते हैं। बरंच हमारे हाथ में पड़े रहेंगे तो अपनी ही शोभा बना लेंगे।

लोग समझेंगे कि यह ऐसे गुरूघंटाल के पास बैठने वाला है जिस के आगे किसी की कलई खुले बिना रहती नहीं। अथवा ऐसे सुशील का सुहबती है जो अपने साथ वालों के कपट जाल की जान बूझ के भी उपेक्षा कर जाता है। इन दोनों रीतियों से उन मित्र जी को तो अच्छा ही है। किन्तु इतना हमारे लिए भी भला है कि कुत्ता बिल्ली के समान तुच्छ शत्रु हम लोगों को दो समझ के ऐसे ही डरते रहेंगे जैसे बिना धार वाले शूल से डरते हैं। पर हमारा जी नहीं चाहता कि जिसे मित्र का विशेषण दे चुके हैं उसे बार-बार शूल-शूल कह के पुकारें। अस्मात् उस की स्तुति में यह गीत स्मर्तव्य है कि–'आव मेरे झूठन के सिरताज! छल के रूप कपट की मूरति मिथ्यावाद जहाज!' यद्यपि जिस की प्रशंसा में भारतेन्दु जी ने यह वाक्य कहा है वह कपटी मित्र नहीं है, वह जिसे मित्र बनाता है उसे तीन लोक और तीन काल में सबसे बड़ा कर दिखाता है, किन्तु कपटियों (राक्षसों) को उच्छिन्न करके तब कहीं 'क्रोधोऽपि देवस्य नरेण तुल्यः' का उदाहरण दिखलाता है। इससे कहना चाहिए कि वह सभी का सच्चा हितू है कपटी कदापि नहीं और यदि कपट पर आ जाय तो महाराज बलि की नाईं हमारा भी सर्वस्व बात की बात में माँग ले और क्या बात कि हमारी भौंह पर बल आने दे। आ हा! यदि वह हमसे कपट व्यवहार करें तौ हमारे समान धन्यजन्मा कहीं ढूँढ़े न मिले। अतः यह कोई भी कह सकता, सच्चाई के पुतले ऋषिगण तथा भव्य शास्त्र शिरोमणि वेद भी नहीं कह सकते कि वह मित्र कपटी है अथवा कपटी है तो कच्चा। अतः उस की चर्चा तो हृदय ही में रहने दीजिए। इन संसारी मित्रों के उपकारों को देखिए जो अपनी कपट वृत्ति का भरमाला न छिपा सकने के कारण हमारी नजरों से गिर जाने पर भी अहित नहीं कर सकते। यदि कुछ भी गैरतदार हुए (आशा है कि होंगे, नहीं निरे बगैरत होते तो कच्चे कपटी काहे को रहते) तौ मुँह न दिखावेंगे। यदि सामने आये तो आँखें नीची रक्खे हुए चाटुकारिता की बातों से प्रसन्न ही रखने की चेष्टा किया करेंगे और ऐसे लोग और कुछ न सही तौ भी थोड़ी बहुत बनावटी खुशी उपजा ही देते हैं। इस का उदाहरण सामान्या नायिका हैं जिन्हें सभी जानते हैं कि वास्तव में किसी की नहीं होतीं, केवल अपना स्वार्थ साधन करने के निमित्त मिथ्या स्नेह प्रदर्शन करती रहती हैं। इसी से बहुधा बुद्धिमान जन भी उन के मोह जाल में ऐसे

फँस जाते हैं कि अपनी सत्य प्रेमवती अर्धांगिनी तक को भूल जाते हैं। यह क्यों? इसी से कि यह बिचारी अपने हृदय का सच्चा प्रेम भी प्रगट करना नहीं जानती किन्तु वे निर्मूल स्नेह को भी बड़ी चमक दमक के साथ दिखा सकती हैं। फिर कौन कह सकता है कि स्नेह बनावटी भी मजेदार नहीं होता और जो स्वभाव का कपटी होगा वह मित्र बनने पर मिथ्या प्रेम अवश्य ही दिखावैगा। विशेषतः अपना भेद खुल जाने की लाज दूर करने को और भी अधिक ठकुरसुहाती कहेगा। अथच ठकुरसुहाती बातें वह हैं जो ईश्वर तक को रिझा लेती हैं, मनुष्य तो है ही क्या? फिर हम कैसे मान लें कि कपटी मित्र बुरा होता है। बरंच सच्चा मित्र तौ कभी-कभी हमारे वास्तविक हित के अनुरोध से हमें टेढ़ी मेढ़ी सुना के रुष्ट भी कर देता है पर कपटीराम हमारे मुँह पर कभी कड़ी बात कहेंहीगे नहीं कि हमें बुरी लगे। यदि आप परिणामदर्शी हैं तो वन में जा बैठिए और राम जी का भजन करके जन्म बिताइए जिस में अक्षय सुख प्राप्त हो। पर हम तो दुनियादार हैं, हमारा काम तो तभी चलता है जब कपटदेव की मूर्ति हृदय पट में संस्थापित किये हुए उनके पुजारियों की गोष्ठी का सुख उठाते हुए मजे में दिन बिताते रहें और इसमें यदि विचारशक्ति आ सतावै तो उसके निवारणार्थ इस मन्त्र का स्मरण कर लिया करें कि "आकबत की खबर खुदा जाने, अब तो आराम से गुजरती है" और सोच देखिए तो ऐसों से आगे के लिए क्या बुराई है। बुराई की जड़ तो पहिले ही से हमारे मित्र ने काट दी है। हम ने मित्रता के अनुरोध से जी में ठान रक्खा था कि यदि हमारे प्रिय बन्धु को आवश्यकता आ पड़ेगी तो अपना तन धन प्राण प्रतिष्ठा सर्वस्व निछावर कर देंगे और संसार में ऐसा कोई नहीं है जिसे जीवन भर में दस पाँच बार किसी के सहाय की परमावश्यकता न पड़ती हो। तथा यदि हमारे मित्र को दस बेर भी ऐसा अवसर आ पड़ता एवं प्रत्येक बार न्यूनान्यून सौ रुपया भी व्यय होता तो हम सहस्र मुद्रा अवश्य ही हाथ से खो बैठते, शरीर और प्राण यदि पूर्णरीत्या न भी विसर्ज्जन करते, तथापि देह पर दो चार घाव तथा मन पर कुछ काल के लिए चिन्ताग्नि की आँच अवश्य सहते एवं प्रतिष्ठा में भी बहुत नहीं तो इतनी बाधा तो पड़ी जाती कि कचहरी में झूठी गवाही देते, बकीलों की भौंहें ताकते, चपरासियों की झिड़की वा हाकिमों की डाँट सहते। नोचेत् जिन से बोलने को जी न चाहे उन को भैया राजा बनाते, इत्यादि। पर मित्र जी ने सौ ही पचास रुपये में अपनी चालाकी दिखा के, अपने चित्त की वृत्ति समझा के इन सब विपत्तियों से बचा लिया। अब हम उन्हें जान गये हैं, अतः सब उनके मनोविनोद अथवा आपदुद्धार के लिए हमारे पास क्या रक्खा है? अब वह बला में फँसे तो हमारी बला से, वह अपने किये का फल पा रहे हैं तो हमें क्या? हम क्यों हाय-हाय में पड़ें। जैसे सब लोग कौतुक देखते हैं हम भी देख लेंगे। मुहब्बत तो

हई नहीं, मुरौवत न मानेगी, सामना पड़ने पर, 'अरे राम-राम! ऐसा दिन विधाता किसी को न दिखावै!' कह देना बहुत है, बस छुट्टी हुई। फिर भला ऐसे लोगों को कोई बुरा कह सकता है जो थोड़ी सी दक्षिणा ले के बड़े-बड़े अरिष्टों से बचा लें और आप आपदा में पड़ के दूसरों के पक्ष में मनोरंजन अथवा उपदेश का हेतु हों। हाँ, प्राचीन काल के सन्मार्गप्रदर्शक अथवा जमपुरी के कार्य सम्पादक उन्हें चाहे जो कहें सुनें किन्तु हम तो उन में से नहीं हैं। फिर हम क्यों न कहें कि मित्र कपटी भी बुरा नहीं होता, मिष्ठान्न विषयुक्त भी कड़ुवा नहीं होता, और हमारा लेख ऊटपटांग भी बेमजा नहीं होता!

[खं. 8, सं. 10 (मई, ह. सं. 8)]

रिशवत

क्या कोई ऐसा भी विचारशील पुरुष होगा जो रिशवत को बुरा न समझे? एक ने तो सैकड़ों कष्ट उठा के, मर खप के धन उपार्जन किया है, दूसरा उसे सहज में लिए लेता है, यह महा अनर्थ नहीं तो और क्या है? हमारी समझ में तो जैसे चोरी करना, डाका डालना और जुवा खेलना है वैसा ही एक यह भी है। कदाचित् कोई कहे कि चोर डाकू और जुवारी जिसका स्वत्वहरण करते हैं उसका कोई काम नहीं करते, तो हम पूछते हैं कि क्या घूस खाने वाला अपने कर्तव्य से कुछ अधिक भी करता है? यदि करता है तो अन्याय करता है, और कुछ न सही तो अपने निज स्वामी को धोखा देता है और भोले भाले अर्थियों (गरजमन्दों) को वृथा धमकाता है और उन्हें किसी प्रकार की हानि का डर दिखलाता है। यह क्या कम अँधेर है? बरंच चोर इत्यादि से इतनी दुष्टता और निर्लज्जता अधिक होती है कि वे डरते-डरते पराया घर घालते हैं और यह "उलटा चोर कुतवाले डाँटे" का लेखा करता है।

यद्यपि रिशवत देना भी अच्छा नहीं, क्योंकि अनर्थकारी को किसी प्रकार की सहायता देना, जिससे कि वह अपने दुष्टाचरण के लिए पुनर्बार और अधिकतर उत्साहित हो, यह भी एक अनर्थ ही है। परन्तु यह (रिशवत देने वाला) लेने वाले के समान वाले दोषी नहीं कहा जा सकता, क्योंकि वह मानहानि, धनहानि आदिक के भय बिना ऐसा नहीं करता और यह सभी जानते हैं कि "आरत काह न करै कुकर्मू।"

बहुधा रिशवत वही लोग लेते हैं जिनको अपने धनोपार्जित धन पर सन्तोष नहीं होता, और लोभ की अधिकता के कारण जिन्हें न्याय अन्याय का विचार नहीं रहता। और देते भी वही हैं जो या तो अपना दुष्टकृत्य छिपाया चाहते हैं या किसी को झूठा दोष लगा के पीड़ित किया चाहते हैं। अथवा यों कहो कि जिन्हें इतना साहस नहीं होता कि किसी नीतिमान सामर्थी के आगे अपना वा औरों का दुःख और दुर्गुण ठीक-ठीक प्रकट कर सकें। सारांश यह कि नीति, बुद्धि और धर्म के यह काम निस्सन्देह विरुद्ध है।

पर हां! बड़े खेद का स्थान है कि कुछ दिनों से हमारे देश में इसका ऐसा प्रचार हो गया है कि मूर्खों की कौन कहै पढ़े लिखे लोग भी इस प्रकार प्रत्यक्ष पाप से किंचिन्मात्र लज्जा और घृणा नहीं करते। कितने ही सेवावृतौ (नौकरीपेशा) लोगों के तो यह हराम की हड्डी ऐसी दाँत लग गयी है कि वे एक अधिक वेतन की जगह छोड़ के, मेरी तेरी खुशामद करके, बरंच कुछ अपनी गाँठ से पूज के इसी "बालाई आमदनी" के लिए थोड़े से मासिक पर नियत हो जाने ही को बड़ी चतुरता समझते हैं। हम बहुतों को प्रतिदिन ऐसी बातें करते सुनते हैं कि "कहो उस्ताद, पोस्ट तो बहुत अच्छी हाथ लगी, भला कुछ ऊपरी तरावट भी है?"

"हाँ, नसीबे का है वह मिली रहता है। भला यारों की अंटी पर चढ़ा वह बिना कुछ पूजे कहाँ जाता है!"

जिस महकमे में देखो, जिस दफ्तर में देखो, ऐसे सत्पुरुष बिरले ही मिलें जिनको इसका चस्का न पड़ा हो। विशेषतः रेल पर तो रिशवत बीबी ने नौवाबी ही मचा रखी है। बिना कुछ चढ़ाए पिंड ही छूटना कठिन है। बिचारे महाजन लोग, जिनको न सर्कार से अपना दुःख कहने का साहस न आपस में एका, न कानून समझने की बुद्धि, न तो जायँ कहाँ? माल रोज ही रेल पर लदा चाहै, बाहर से रोज ही कुछ आया चाहै, फिर जल में रह के मगर से बैर करने में गुजारा है? क्या करें? जहाँ राजदंड है, धर्मदंड है वहाँ यह समझ लिया कि एक रेलदंड भी सही। हमारी इस बात का प्रत्यक्ष प्रमाण यह है कि प्रायः सभी महाजनों की बहियों में "रेल खर्च खाते नाम" लिखा मिलेगा, जो नियत महसूल से कहीं अधिक होगा।

हम वहाँ के बड़े हाकिमों से विनय करते हैं कि जैसे रेल के द्वारा सर्वसाधारण को और सब प्रकार का आराम दिया जाता है वैसे ही इस दुःख के निवारण का भी कुछ प्रबन्ध होना चाहिए जो कर्मचारियों के अत्याचार से इस महकमे का एक महा कलंक हो रहा है। प्रायः देखा गया है कि रेल के बड़े हाकिम अपने महकमे की बदइंतजामी के दूर करने में और हाकिमों से अधिक तत्पर रहते हैं, इसी से यह कष्ट दिया जाता है। आशा है कि हमारे नवेदन पर बहुत शीघ्र ध्यान देंगे।

बाबू साहबो! हम आपसे आशा करते हैं कि आप लोग हमारे इस लेख से अप्रसन्न न होंगे, क्योंकि हमारा प्रयोजन किसी के चिढ़ाने से नहीं है और न रेल से हमारी कोई निज की हानि है, पर हाँ अपने देश भाइयों का दुःख सुख ज्यों का त्यों प्रकाश करना हमारा कर्तव्य है। आप लोग भी तो आखिर पढ़े लिखे समझदार हैं। क्या अपने भाइयों की सहानुभूति (हमदर्दी) को आपका अन्तःकरण अच्छा न समझता होगा? आश्चर्य है जो न समझे। हमारा काम केवल कहने मात्र का है। करना न करना आपके आधीन है। परन्तु शास्त्र के इस वचन पर ध्यान दीजिए कि "अवश्यमेवभोक्तव्यं कृतंकर्मशुभाशुभम्।"

[खं. 1, सं. 3 (15 मई, सन् 1883 ई०)]

मतवालों की समझ

विचार देखो तो शंकर स्वामी, रामानुज स्वामी, बल्लभ स्वामी, कबीर साहब, नानक साहब, दादू साहब, ऋषभदेव, बुद्ध तथा मसीह इत्यादि कोई साधारण पुरुष नहीं थे, बरंच ऐसे थे कि सब लोग उनका नाम बड़ी प्रतिष्ठा से लें और उनके सदुपदेशों पर चल के अपनी शारीरिक और मानसिक उन्नति करें, क्योंकि यह सभी महात्मा, परम भक्त एवं लोक हितैषी थे। यद्यपि साधारण बुद्धि को इनके उपदेशों में कहीं-कहीं भ्रान्ति प्रतीत होती है, पर सारग्रहियों को समझ लेना चाहिए कि वह विषय किसके लिए है, किसलिए हैं, कब के लिए हैं। यदि तब भी न सन्तोष हो तो जान लेना चाहिए कि मनुष्य की बुद्धि सदा सब बातों में यथावत नहीं पहुँच सकती। कदाचित् भूल ही हो पर वह भूल मनुष्यत्व का जाति स्वभाव है। आग्रह से वा किसी की हानि हो इस विचार से कदापि उन्होंने नहीं कहा। यह बात भी हमको तब कहना उचित है जब हमारी बुद्धि सुनते, समझते, विचारते, सर्वरूपेण स्थापित हो जाय। नहीं तो जिन्होंने अपने जीवन का अधिक से अधिक समय प्रेमानन्द तथा परोपकार ही में बिताया है उनकी बातें प्रायः निर्दोष ही हैं।

उन सबका सिद्धान्त केवल इतना ही रहा है कि लोग हानिकारक कर्मों को छोड़ें, अपनी तथा अपने सहवर्तियों की भलाई में तत्पर हों और हर से, लालच में चाहे प्रीति से, प्रेमस्वरूप जगदीश्वर के आश्रित बनें। यद्यपि इन महानुभावों के बचनों में कहीं-कहीं एक दूसरे से विरोध सा देख पड़ता है, पर मनस्वी की दृष्टि में वह वास्तविक विरोध कदापि नहीं है, क्योंकि "सौ सयाने एक मत" यह बात बड़े बुद्धिमानों ने बहुत सोच-समझ के कही है। ऐसा कैसे हो सकता है कि जो पुरुष सैकड़ों बातें हमारे हित की कहे वह हमें धोखा देने के लिए कभी उद्यत हो। हाँ, हम स्वयं धोखा खारूँ वा हठवशात किसी के गुण में दोषारोपण कर लें तो उनका क्या दोष? इनके वाक्यों से प्रकट है कि यह किसी को अन्धकार में रखना कभी न चाहते थे। तुच्छ बुद्धि कुछ का कुछ समझ लें वह दूसरी बात है, नहीं तो "बे वजह गुफ्तगू नहीं मर्दे फकीर की। सीधी ही समझते अगर उलटीं कबीर की।"

सच तो यह है कि प्रत्येक ज्ञानी का वचन वास्तव में कुछ भलाई ही सिखाता है। जिन्होंने कहा है "संसार झूठा है" वे निश्चय सच्चे थे। उनके इस कथन का तात्पर्य यह था कि सांसारिक विषय केवल थोड़े दिन के लिए हैं। अन्त में वही "मूँद गयी आँखै तब लाखैं किहि काम की।" अतएव उनके स्वादु में हमें ऐसा न लिप्त हो रहना चाहिए कि हम एंग्लोइंडियन लोगों की भाँति यह सिद्धान्त कर लें कि "आप जियते जग जिए कुरमा मरे न हानि।" ऐसे ही जिन्होंने जगत् को सत्य माना है वे भी सच्चे हैं क्योंकि वे समझते थे कि जो संसार सर्वदा मिथ्या ही मान लिया जाय तो हम भी मिथ्या हो जायँगे और हमारे अवश्य कर्तव्य धर्म कार्य भी मिथ्या ठहरैंगे।

यदि किसी बुद्धि के शत्रु ने सत्कर्म मिथ्या समझ लिया तो उसने अपना तथा अपने मित्रों का जन्म ही नष्ट कर दिया, जैसा राजर्षि भर्तृहरि जी का सिद्धान्त है कि 'येषां न विद्या न तपो न दानं ज्ञानं न शीलं न गुणो न धर्मः। ते मर्त्य लोके भुविभारभूता मनुष्य रूपेण मृगाश्चरंति'। अब हमारे सर्वहितैषी सज्जन विचार लें कि उपरोक्त दोनों बातें यद्यपि परस्पर विरुद्ध-सी ज्ञात होती हैं पर वस्तुतः दोनों का झुकाव यही है कि यावज्जीवन मनुष्य को निरा निजस्वार्थी न होकर प्रसन्नतापूर्वक सद्नुष्ठानों में लगे रहना चाहिए। यों ही जिन्होंने कहा है कि सब ब्रह्म ही है उनकी मनसा थी कि ऐसा कोई काम तथा कोई स्थान नहीं है जहाँ हम प्रेम चक्षु से ब्रह्म को न देख सकें; तथा जिन्होंने धर्मानुष्ठान ही के लिए अपना सर्वस्व त्याग दिया तथा जन्म भर 'सत्यंवद धर्मंचर' इत्यादि ही उपदेश करते रहे उनका यह तात्पर्य कदापि न होगा कि लोग निरे अनीश्वरवादी नास्तिक हो जायँ। क्या जाने उन्होंने यह समझा हो कि यदि आत्मा शुद्ध नहीं है, यदि अहिंसादि सत्कर्मों में प्रीति एवं पूर्ण श्रद्धा नहीं है तो केवल मुख से ब्रह्म-ब्रह्म चिल्लाना व्यर्थ है।

ईश्वर के विषय में तो केवल गूँगे के गुड़ की भाँति अनुभव के बिना कुछ कहना सुनना बनता ही नहीं। अनुभव सिद्ध लोग जो कहते हैं सब सत्य ही है। क्या यह बात झगड़ालुओं की समझ में आ सकती है? वहाँ तो 'एक कि दोय'? न एक न दोय। 'वही कि यही?' न वही न यही है। 'शून्य कि स्थूल'? न शून्य न स्थूल। 'जहीं कि तहीं?' न जहीं न तहीं। 'मूल कि डाल?' न मूल न डाल। 'जीव कि ब्रह्म?' न जीव न ब्रह्म। 'तो है कि नहीं नहीं?' कुछ है न नहीं है। इसी भाँति उस अतर्क्य की उपासना भी अतर्क्य है। जैसा श्रीवल्लभाचार्य स्वामी की आज्ञा है कि सर्वदा सर्वभावेन भजनीयो व्रजाधिपः। सोई सब महानुभावों में देख पड़ता है। शंकर स्वामी ने 'अहंब्रह्यास्मि' कहा। सो प्रेम की पराकाष्ठा से आंकार व नास्तिक्य से नहीं। 'अनलहक' कहने को मंसूर के कोई नहीं समझा। वह खुद को भूल जाते हैं जो उसकी याद करते हैं। पर यह बात कहने व शास्त्रार्थ करते फिरने की नहीं है, केवल आत्मा में उस आश्चर्यमय का अनुभव करो। आनन्द के जोश (उमंग) में

जो निकलेगा सच ही है। इसके बिना वही 'कलौ बेदान्तिनो संति फाल्गुने बालका इव' की गति होनी है।

हमारे सर्वथा मान्य श्री भारतेन्दुजी ने कहा है 'जो हैं तुम से जुदा व' मेरे लेखे रब या राम नहीं। यार तुम्हारे सिवा दुनिया से मुझे कुछ काम नहीं।' अथवा 'प्यारे प्राण नाथ पिय प्रियतम सुनतहि हियो जुड़ात। ईश्वर ब्रह्मनाम हौ वासे कानन फारे खात'। क्या कोई सहृदय इन वचनों को नास्तिकता कह सकता है? यह भी प्रेम की सर्वोच्च पदवी में वक्तव्य है। सारांश यह है कि देशकाल तथा मनोवृत्ति के अनुसार महात्मा लोग अमृतवाणी कह देते हैं। वह उनकी और परमेश्वर की रहस्य बातें हैं। उनका अर्थ ठीक-ठीक वही समझ सकता है जो उन महात्माओं का सा मन रखता है। दूसरों को अधिकार नहीं है कि उन प्रेम वाक्यों का अर्थ बिगाड़ें। यह बात कुछ दिन आत्मानुभव का अभ्यास करने से समझ में आ सकती है। नानक जी पंजाबी खत्री ने (उनके यहाँ जिसे बहुत प्यार करते हैं उसे राजा अथवा गुरू कहते हैं, सो उन्होंने) प्रेमानन्द में मत्त हो के परमेश्वर की अलौकिक छवि पर रीझ के 'बाह गुरू' कहा होगा, जिसको उनके बनावटी चेलों ने तथा दूसरे मतवालों ने कुछ कुछ ठहरा लिया है। इसी प्रकार अन्यान्य भक्तों की बातों का प्रयोजन खोजने से जान पड़ता है।

कहाँ तक कहें, बड़ों की बात में बड़े-बड़े अर्थ तथा बड़ी-बड़ी शिक्षा होती है पर उनका समझना सबका काम नहीं है। तैसे ही इनके चरित्र भी अधिकतर सो उत्तम ही होते हैं। हाँ, यदि किसी विशेष कारण से मनुष्य की निर्बल प्रकृत्यानुसार कोई काम ऐसे हो गये जो साधारण दृष्टि में बुरे हैं तो भी उचित नहीं कि हम उन्हें नीच व कुकर्मी कहें। निर्दोष अकेला परमात्मा है। पर सर्वसाधारण लोगों के दुष्कर्मो की अपेक्षा उन लोगों में कदाचित् शतांश बुराई भी न निकलेगी। चोरी, जारी, विश्वासघात, जीवबधादिक वास्तविक घोर पाप तो किसी के चरित्र में पाए ही नहीं जाते। फिर क्यों, उन्हें तुच्छ समझा जाय। चन्द्रमा में कलंक सही पर उसकी अमृतमयी किरणों तथा अपूर्व शोभा में उस कलंक से क्या हानि? यों भी न मानो तो उनके बचन बुराई सिखाते ही नहीं हैं।

रहे शारीरिक कर्म, सो अब उसमें तुम्हारी क्या क्षति? अब उनसे तुम्हें किसी प्रकार का सम्बन्ध नहीं रहा। फिर क्यों किसी की निन्दा की जाय? कबीर जुलाहे थे तो हों, किसी कनवजिया से नातेदारी करने तो नहीं आवेंगे। हमारे इतने लम्बे-चौड़े कथन का सारांश यह है कि दुराग्रह छोड़ के हर एक धार्मिक एवं विद्वान के सिद्धान्त देखने से शारीरिक, सामाजिक और आत्मिक सहस्रावधि उपकार हो सकते हैं, जिनके लिए चाहिए कि हम उन उपदेष्टाओं को कृतज्ञतापूर्वक धन्यवाद दें। उन्होंने अपने जीवन का अधिकतर भाग ऐसे कामों में बिताया है जो हमारे अनेक हित साधन में उपयोगी हैं। परन्तु हाय, पक्षपाती, कलहप्रिय, संकीर्ण

बुद्धि मतवालो! तुमने हार जीत की धुन में ऐसा अनर्थ उठाया कि अपना सर्वस्व स्वाहा कर दिया अथच उन पूजनीय पुरुषों का महत्त्व मिट्टी में मिलाने पर उद्यत हो गये। हाय-हाय, क्या हमारे यतिराज श्री मद्रामानुजाचार्य, शिवस्वरूप सत्याचार्य शंकर स्वामी प्रभृति ऐसे थे कि उन्हें सड़े सड़े सांसारिक क्षुद्र कीट, माया के गुलाम (साधारण मनुष्य) मायावादी, पाखंडी, नास्तिक इत्यादि दुष्ट वाक्य कहें। शिव शिव!! ऐसे कुवाच्य किसी को कहना महा अनुचित है, न कि ईश्वरानुरागियों को। पर किया क्या जाय, उन्हीं के सम्प्रदायी उन्हें गालियाँ खिलाते हैं। यह लोग बुद्धिमान हों तो काहे को दूसरों को कहैं। क्यों अपनों को कहलावैं। क्या यह भी कोई धर्म है कि किसी समाज के मान्य पुरुष को व्यर्थ दोषी ठहराना और अपने गुरुओं की अप्रतिष्ठा कराना। वही अपने दोष देखते तो सब मतावलम्बी तुम्हारे मित्र हो जाते और तुम्हारा तथा तुम्हारी मातृभूमि का अमित उपकार होता। भाइयो, बहुत दिन लड़ चुके, यदि भला चाहते हो तो अब भी हमारी सुनो।

[खं. 2, सं. 3, 4, (15 मई, जून सन् 1884 ई०)]

तत्व के तत्व में अँगरेजीबाजों की भूल है

तत्व शब्द का एक अर्थ यह भी है कि 'जिसमें किसी दूसरे का मेल न हो'। पर इसका ठीक-ठीक भेद समझना रेखागणित के बिन्दु से भी सूक्ष्म है। यहाँ तक कि परमतत्व परमेश्वर का नाम है 'जोगिन परमतत्वमय भासा'। तत्व का वर्णन मोटी बुद्धि वालों की समझ में आना बहुत ही कठिन है, क्योंकि बहुत काम केवल अनुभव से सम्बन्ध रखते हैं। हम कह सकते हैं कि यद्यपि सज्जनों ने दानी, कवि, भारतभक्त इत्यादि और दुष्टों ने सर्कार का द्वेषी एवं इंद्रियाराम इत्यादि शब्द उनके लिए प्रयुक्त किये, पर हमारे प्यारे भारतेन्दु का ठीक तत्व किसी ने न जाना।

उनकी साधारण बातों के भीतर वह बातें भरी हैं जो कहने-सुनने में नहीं आ सकतीं। उदाहरण के लिए इसी दोहे को देखिए—भरित नेह नव नीर नित, बरसत सुयस अथोर। जयति अलौकिक घन कोऊ, लखि नाचत मन मोर॥ इसका अर्थ कदाचित् एक बालक भी कह सकता है। पर उदार बुद्धि के लोग समझ सकते हैं (यद्यपि वर्णन न कर सकें) कि इस दोहे में स्वादु कितना है कि यदि हम इसे परमानन्दमय परमात्मा को फोटोग्राफ कहें तो अनुचित न होगा। तिस में भी—घन कोऊ—यह शब्द तो ऐसा है कि बस बोलने का काम नहीं। जितना डूबते जाइए थाह नहीं!

अब हमारे पाठक बिचारें तो, जब कि एक व्यक्ति के एक वचन के भी केवल एक शब्द का तत्व ऐसे वैसों की समझ में आना दुरगम है तो ईश्वर की रचना का एक मुख्य कारण तत्व और तत्व का तत्व समझना बिचारे गौरंड शिष्यों का काम है? नहीं, यह उन्हीं जगन्मन्य हमारे रिषियों का काम था जो जगत् को तृणवत् गिनके मनसा वाचा कर्मणा से ब्रह्ममय हो रहे थे। यह अँगरेजीबाजी की भूल नहीं बरंच पागलपन है जो कह देते हैं कि 'हिन्दुओं ने केवल 5 ही माने हैं। उसमें भी जल तत्व नहीं है। उसमें तो दो चीजें मिली हैं। हाँ, अँगरेज बड़े बुद्धिमान हैं। उन्होंने '64 तत्व निकाले हैं।'

हम यह कदापि नहीं कहते कि अँगरेज बुद्धिमान नहीं हैं। यदि बुद्धिमान न होते तो इतनी दूर हम पर राज्य करने कैसे आते? पर हाँ, जो खास आत्मा से समझने के विषय हैं उनको कोई बिचारा हमारे पूज्यपाद रिषियों के मुकाबिले पर कितना समझेगा? कैसी हँसी का विषय है कि तत्व शब्द तो बड़े-बड़े अँगरेजों के मुख से निकलता ही नहीं। लिख के किसी प्रोफेसर से पढ़ा दीजिए। कोई टट्टु कहेगा, कोई टटवा कहेगा, कोई बहुत विचित्र से मुँह बनाके तत्व कह देगा। भला तत्व का तत्व समझना इनका काम है? अब समझने की बात है कि जिस बात को गुरू स्वयं नहीं समझते उसे चेले बिचारे क्या समझेंगे?

हमारे यहाँ पाँच तत्व माने गये हैं। पृथिवी—इससे यह न समझना चाहिए, जिस पर हम लोग रहते हैं, क्योंकि इसमें तो पाँचों का सम्मेलन हैं। पर पृथ्वी तत्व उस सूक्ष्म शक्ति का नाम है जिसमें गन्ध गुण रहता है। गन्ध भी सुगन्ध दुर्गन्ध को नहीं कहते। वह वह शक्ति है जिसमें न्यून से न्यून वा अधिक से अधिक नासिका के द्वारा अनुभव किया जाने वाला गुण स्थित रहता है। दूसरा तत्व, आप जिसे स्थूल भाषा में जल तत्व करते हैं, वह घट्ट-घट्ट पिया जाने वाला पानी नहीं, बरंच रस अर्थात् द्रव गुण, जिसे महा मोटी भाषा में लचक व नजाकत का आधार समझना चाहिए। तेज अर्थात् अग्नि तत्व—यह भी रूप अर्थात् नेत्र से जाना जाने वाले गुण की बोधक शक्ति, वायु—अर्थात् स्पर्श (छूने) के विषय का उद्बोधक गुण, आकाश—अर्थात् यावत् दृश्य और अदृश्य वस्तु के हिलने चलने आदि की अवकाश दायक शक्ति, जिसे शब्द गुण कहते हैं।

जितने पदार्थ हम देखते वा ज्ञानेन्द्रियों द्वारा अनुभव करते हैं, सबमें प्रकाश व प्रछन्न रूप से यह पाँचों गुण (कोई न्यून कोई अधिक) विद्यमान रहते हैं। ऐसी कोई दृश्य वस्तु नहीं है जिसमें पृथ्वी, तेज, वायु और आकाश तत्व अर्थात् शब्द, स्पर्श, रूप, रस, गन्ध नामक गुण विशिष्ट शक्ति न हो। एक लोहे का ठोस डंडा लीजिए। उसमें छुआ जा सकने का गुण और लम्बाई मोटाई देखी जा सकने का गुण, यह दोनों।

वायु और अग्नि तत्व का तो प्रत्यक्ष ही है। पृथिवी का धर्म आपको बहुत ही सूक्ष्म अनुभव से मालूम हो जायगा, क्योंकि वह उसमें महा प्रछन्न रूप से। यदि उसे किसी महा सुगन्धित व दुरगन्धित वस्तु में कुछ दिनों पड़ा रख के निकाल लीजिए और बिल्कुल धो के पोंछ डालिए तौ भी आपको कुछ अनुभव होगा। अब आप समझ सकते हैं कि उस डंडे में यदि सुगन्ध दुरगन्ध के धारण की शक्ति अर्थात् पृथ्वी तत्व का धर्म न होता तो वह उनको न ग्रहण कर सकता।

यदि हमारे इस कहने पर हँसी आवै तो पृथ्वी शब्द का एक अर्थ फैलाव है।

सो लम्बाई चौड़ाई, मुटाई को भी हम पृथ्वी तत्व का बोधक कह सकते हैं। अब जल तत्व न होता तो उस्को गल के पानी सा हो जाने व झुकने आदि की सामर्थ्य कहाँ से आती? और आकाश तत्व की परीक्षा उस पर एक ढेला मार के कर लीजिए। ठन से बोलेगा। नहीं तो ऊपर नीचे और चारों ओर तो आकाश हई है। भीतर का हाल तब खुल जायगा जब उसमें एक का भी अणु उससे पृथक् करोगे। क्यों, पाँचों तत्व हैं न?

[खं. 3, सं. 3 (15 मई-जून सन् 1885 ई०)]

बेगार

जब हम अपने कर्तव्य पर दृष्टि करते हैं तो एक पहाड़ सा दिखाई पड़ता है, जिस का उल्लंघन करना अपनी शक्ति से दूर जान पड़ता है। सहस्रों विषय विचारणीय हैं, किस-किस पर लिखैं और यदि लिखैं भी तो यह आशा बहुत कम है कि कोई हमारी सुनैगा। परन्तु करैं क्या? काम तो यह उठाया है यदि अपने ग्राहकों को यह समाचार दें कि अब गरमी बहुत पड़ने लगी, या फलाने लाला साहब की बारात बहुत धूम से उठी, या हमारे जिले के साहब मैजिस्ट्रेट, तहसीलदार साहब, और कोतवाल साहब इत्यादि धर्म और न्याय के रूप ही हैं, तो हमारा पत्र तो भर जायगा पर किसी जीव का कुछ लाभ न होगा। और यदि सच-सच वह असह्य दुःख जो हम प्रजागण को है, वह लिखैं तो उस से लाभ होना तो बहुत दूर दिखाई देता है, पर जिन के हाथों वह असह्य दुःख हम को प्राप्त होते हैं वह हम पर क्रुद्ध होंगे। यही डर लगता है कि कहीं 'नेमाज के बदले रोजा न गले पड़े'। परन्तु हम भिखमंगे नहीं कि केवल ग्राहकों की खुशामद का खयाल रक्खैं, हम भाट नहीं कि बड़े आदमियों और राजपुरुषों की निरी झूठी स्तुति गाया करैं। जो हो सो हो, हम ब्राह्मण हैं, इस में हमारा धर्म नष्ट होता है और हम पतित हुए जाते हैं जो अत्यन्त दीन और असमर्थ देश भाइयों पर अत्याचार होते सैकड़ों मनुष्यों से सुनैं और फिर उसे सर्वसाधारण और सर्कार पर बिदित न करैं। यही तो हमारा कर्तव्य है।

गत अंक में हम ने 'बेगारी बिलाप' लिखा था। उस का यह फल देखने में आया कि तारीख 27 एप्रिल को लाला दुर्गाप्रसाद बजाज का चुन्नी नामक कहार किसी कार्य को बाजार जाता था, राह में उस को दो तीन सिपाही, जो आदमियों के भूखे थे, मिल गये और पकड़ लिया। उन्होंने इस निरपराधी दीन पराये नौकर को बेगार की अबाध्य अथारिटी पर पकड़ा था, उन्हें क्या डर था? उस बिचारे बंधुए ने बहुत हाथ पाँव जोड़े और गिड़गिड़ा के अपना सच्चा हाल कहा और छोड़ देने के लिये बिनती की। हे पाठकगण! जब एक तुच्छ कहार उन से उज्र करे तौ तो उन की क्रोधाग्नि के भड़कने का क्या ठिकाना था! बस किसी ने खींचा, चोटैया पकड़ी, किसी ने हाथ पाँव पकड़े और घसीटते हुए चौक की तरफ ले चले, फिर नहीं

मालूम कि वह क्योंकर छूटा।

शोक का विषय है कि इन गरीबों को क्यों बिना अपराध ऐसी दुर्दशा के साथ पकड़ते हैं और उनकी इच्छा के विरुद्ध उन से काम लेते हैं। गुलाम बनाने में और इस में क्या भेद है? गुलाम अपनी इच्छा के बिना निरपराध बरसों परबश रह कर सेवा और टहल किया करते हैं और बेगारी लोग ठीक उन्हीं के सदृश घंटों और दिनों, बरंच कभी-कभी महीनों पराए बन्धन में रहते हैं।

इस बेगार का भयंकर दुःख अढ़तियों, व्योपारियों, गाड़ी वालों, दर्जियों, राजों, कहारो आदि से पूछा चाहिए कि वे इस के नाम से कैसा थर-थर काँपते हैं? हाल में जो काबुल की मुहीम हुई थी उस के लिए सब जिलों के कमसरियट अफिसरों ने हाकिमाने सिविल से कहार इत्यादि सप्लाई करने की दर्खास्त की थी, पर लखनऊ और बरेली के सिविल हाकिमों ने, जो इस बेगार की भयंकर बुराइयों के जानकार थे, साफ जवाब लिख दिया था। सच है, जो उचित मजदूरी देना और किसी की इच्छा के विरुद्ध काम न लेना हो तो हर प्रकार के काम करने वाले आप से आप कमसरियट के ठेकेदारों की भाँति सर्कार में एक पर एक जाके गिरैं। हिन्दुस्तान कंगाल देश हो रहा है, यहाँ मजदूरों को काम कराने वाला मिलता कहाँ है? इंट्रेंस पास किए हुए बाबू लोग पंखाकुली की नौकरी करते हैं, महाजनों के अंग्रेजी पढ़े हुए लड़के तीन आने रोज की कांस्टिबली करते हैं, फिर क्या मजदूर और कहार, यदि उन से पशु का सा बर्ताव न किया जाय तो, काम काज प्रसन्न मन से न करेंगे?

[खं. 1, सं. 3 (15 मई, सन् 1883 ई०)]

टेंढ़ जानि शंका सब काहू

वेद शस्त्र पुराण इंजील कुरान चाहें जो कहें, देवता रिषि मुनि पीर पैगम्बर चाहे जो बकैं, पर संसार का चलन त्रिकाल में यही है कि 'टेंढ़ जानि शंका सब काहू'। चाहे जैसा न्यायी, चाहे जैसा धर्मात्मा, चाहे जैसा सच्चा, चाहे जैसा धीर वीर गम्भीर कोई क्यों न हो, फक्कड़ से सबकी कोर दबती है। जिसने समझ लिया कि हाँ 'जिस तरह सब जहान में कुछ हैं हम भी अपने गुमान में कुछ हैं', उसी को सब साध्य हैं। वह चाहे जो करै कोई उसकी दुलखने वाला नहीं। वह किसी मनुष्य का बध कर डाले तो नरमेध यज्ञ है, व्यभिचार कर ले तो गन्धर्भ विवाह है, विश्वासघात करे तो चतुरता (हिकमत अ़मल) है। उसे सब सोहता है। किसके कलेजे में बल है जो उसके आगे अलिफ से बे निकाले।

गुरू जी सब लड़कों के लिए काल होते हैं, पर नटखट लड़के से थरथराते हैं। वेश्याएँ सीधे सादे कामियों का सर्वस्व हर लेती और अँगूठा दिखा देती हैं, पर वे हाड़े के आगे हाथ जोड़े—"मैं तो हाजिर बंदियाँ तेरियाँ रे, क्यों बोलता यार बोलियाँ रे" न कहें तो जायँ कहाँ? ऐसे-ऐसे अनेक दृष्टांत हैं जिनसे स्वयं सिद्ध है, "टेंढ़ जानि शंका सब काह"। हिन्दुस्तान में मुसलमानों की संख्या थोड़ा धन थोड़ा विद्या, थोड़ी फिर क्यों वे गाय मार डालें, हम अपने ठाकुर न निकाल पावें; हमारे देवताओं और ऋषियों को निर्लज्ज गाली बकैं, हम उनकी किताबों के अनुसार सीधा जबाब भी न दे सकें? क्या यह बात निरी खुशामद है कि "सर्कार अंग्रेजी के राज्य में बाघ बकरी एक घाट पानी पीते हैं?" नहीं। पर "टेंढ़ जानि शंका सब काहू" भी तो बड़े महात्माओं का अनुभूत वाक्य है।

कहाँ तक कहिए, परमेश्वर भी जो बड़े-बड़े ऋषियों के ध्यान में भी नहीं आता (ब्रह्म सदा सबही ते परे है), वुह सच्चे प्रेमी (दुनिया भर से टेंढ़े अर्थात् अपने प्रेमानन्द के आगे संसार परमार्थ दोनों को तुच्छ समझने वाले) से पल भर न्याय नहीं हो सकता। टेढ़ाई की सब ठौर इज्जत है। वैष्णवों में भगवान् कृष्णचन्द्र का नाम ही त्रिभंगी, शैवों में "गौरी बर बाँके को कुटुम्ब सब बाँको है", शाक्तों में भगवती "कालाभ्राभां कटाक्षैरारेकुलभयदां मौलिवन्धेन्दु रेखां" सौरी में सूर्य्य नारायण

की चाल (उत्तरायण दक्षिणायण अर्थात् सीधी नहीं), गाणपत्यों में गणेश जी की शुडांदंडे, मुसलमानों में कावे की महिराब, ईसाइयों में क्रास, वीरों में "बड़े लड़ैया महुबे वाले जिनकै बेंडि बहै तरवारि", रसिकों में "अदा है जिसकी बाँकी, तिरछी, चितवन चाल मस्तानी"।

अब कहो सुहृदगण, "टेढ़ि जानि शंका सब काहू" में क्या सन्देह? हमारे सीधे सच्चे गऊ हिन्दुस्तानी इसका मजा क्या जानें। इसके लिए तो 'सूधे का मुँह कुत्ता चाटै' कहा गया है। इसका गुण तो सारग्राही अंग्रेज ही जानते हैं, जिसके बल से "परम स्वतन्त्र न सिर पर कोई। भावै मनहिं करौ तुम सोई।" तथा "चारि पदारथ करतल तासू" इत्यादि वचनों का उदाहरण बन रहे हैं। उनकी प्रत्येक बात में हाँजी-हाँजी न करना खुशामद शास्त्र के विरुद्ध है। उनके किसी काम में (कैसा ही हो) न्याय अन्याय विचारना निरा व्यर्थ है। वे हमारे राजा हैं, और "राजा करे सो न्याय है, पासा परे सो दाँव"। वे सिंह है। सिंह को कौन कानून? वे गोरे हैं, 'चाहें जिसे मारें जिसे चाहें यः जिलाएँ। इन सीमअ तनों के लिए आईन नहीं है।' उन्हें तो ईश्वर ही ने स्वतन्त्र किया है। उन्हें कोई कुछ कह के क्या कर लेगा। इनसे डरना ही श्रेयस्कर है क्योंकि यह येन केन प्रकारेण अपनी स्वतन्त्रता की रक्षा करना जानते हैं। फिर इनके साथ 'टेढ़ि जानि शंका सब काहू' का बर्ताव न करना भूल है।

इलबर्ट बिल का तमाशा देख चुके, शिक्षा कमीशन की लीला देख चुके, इससे यह भी खुल चुका है कि हिन्दू मानव हैं (मनु के बंशज), आदमी नहीं (आदमी की औलाद)। फिर डाक्टर बेंकस के मुकदमे में क्यों आक्षेप करते हैं। क्या नहीं मालूम—'समरथ को नहिं दोष गोसाईं।' डाक्टर साहब उस समाज के हैं जिससे लार्ड रिपन सरीखे प्रभु तरह दे गये। फिर भला "जेहि मारुत गिरि मेरु उड़ाहीं, कहहु तूल केहि लेखे माहीं।" भई हम तो यही कहेंगे कि उन्होंने जो किया सो अच्छा किया। बिचारे क्या जानते थे कि जो हिन्दू सैकड़ों गोबध होने पर नहीं जगते वह एक दिन हिरन मार डालने पर हमारे शिकारी की बन्दूक छीन लेंगे। जूद गाँव (अहमदाबाद, गुर्जर देश में है) के निवासियों ने निश्चय बुरा किया जो साहब के आदमी से छेड़ की। क्या न जानते थे कि "रोकि को सकै राम कर दूता"। जो कहो उसके पास बन्दूक का लाइस्यंस न था इससे वहाँ के सिपाही ने छीन ली, तो हम कहते हैं, न सही लैस्यंस, आदमी तो वह उन्हीं का था जिनकी कानून है। छीनने वाला हिन्दुस्तानी होकर ऐसा क्यों करे? साहब बहादुर ने उन कलूटों को मारा एवं धन दंड दिया सो बहुत अच्छा। हिन्दू तो इसी लिये बनाया गया है। काले रंग वालों को मारना कोई जुर्म है?

कौआ सब कोई उड़ा देता है। बाल सभी कोई काट डालता है। क्वैला सभी कोई आग में झोंक देता है। इसमें साहब ने क्या बुरा किया। कदाचित् हमारे

पाठक कहैं कि अभी तो "टेढ़ जानि शंका सब काहू" की प्रशंसा करते थे, अभी सब देशी भाइयों को काला-कलूटा बनाने लगे। कैसी उलटी समझ है। उन विचारों ने भी तो दया और धर्म की उमंग में आके थोड़ा टेढ़ाई ही की थी। इसका उत्तर यह है कि इनमें यदि सचमुच की दया, धर्म और टेढ़ापन होता तो क्यों घर फूँक तमाशा देखते। इनकी दया कहने मात्र की है, नहीं तो गोरक्षा के लिए क्यों दुम दबाते? धर्म विडम्बना है, नहीं तो मनसा वाचा कर्मणा "प्रेम एव परो धर्मः" का सेवन न करते? टेढ़ाई का तत्व ही नहीं जानते। टेढ़े हैं तो केवल घर में। बाहर वाला तो, एक सड़ा-सा हींग बेचने वाला भी, इनको माननीय है। तभी तो सारा भूगोल इन्हें निरा काठ का पुतला समझता है—"उठाए जिसका जी चाहे, बिठाये जिसका जी चाहे"। हम नहीं कह सकते कि गुर्जर लोग न टेढ़ाई करते तो बेंकस साहब ने भाँग खाई थी जो मारे बेतों के उनकी खाल उड़ा देते और आप ही नवाब बन के उन पर 20 रू. जुरमाना भी कर देते। भागते न अपने शिकारी की तरह लेंड़ी बनके? मारते के आगे किसी की चलती है?

सच्चा बाँकपन तो साहब ही का सिद्ध है जिसकी बदौलत हिन्दुओं पर भी शेर रहे, म्यजिस्ट्रेट साहब के आगे भी धर्म का रूप, निरदोषता का पुतला ठहरे। क्यों न ठहरें, यह अँगरेज "स्वजातिपक्ष" के तत्वज्ञ हो के क्यों न कहें कि "शोक का विषय है डाक्टर साहब उन पर (गाँव वालों पर) दावा नहीं करते, नहीं तो उन्हें डकैती के अपराध में अवश्य दंड दिया जाता।"

ठीक है, कोड़े खाना और जुरमाना देना कोई दंड थोड़े ही है। हिन्दुओं को तो कोल्हू में पेर डालना चाहिए था। बलिहारी! मजिस्ट्रेट साहब! न्यायकारी हो तो ऐसा हो कि "जो कहुँ आपनो खोटो मिलै तो खरो ठहराय के बाँधिए गाँठी" एवं "टेंढ़ जानि शंका सब काहू" को प्रत्यक्ष कर दिखावे। अथवा यह तो स्वयं प्रत्यक्ष है, देखो ना बम्बई गवर्नमेंट ने चाहा था कि इस विषय में सच्चा इंसाफ करे, पर क्या होता है, अन्त में वही "टेंढ़ जानि शंका सब काहू" आँखों के आगे आया। उक्त गवर्नमेंट ने लिखा था कि सर्कार इस बात से अत्यन्त अप्रसन्न है कि डाक्टर साहब आप ही न्यायाधीश बन गये। हम कहते हैं जिसके चार जने सहाय हैं, जिसकी भुजा में बल है, जिसके दिल में बाँकपन है, उसे सब अधिकार हई है—सिंह के शिर पर किसने मुकुट रखा है, वह तो मृगराज है ही। बम्बई गवर्नमेंट के निकाले डाक्टर कैसे सर्कारी काम से निकल सकते थे जबकि अँगरेजी अखबार तथा डिफेंस ऐसोसिएशन "पानी से पानी मिलै, मिलै कीच से कीच" का उदाहरण रूप उनके दिन को रात, रात को दिन कर दिखाने को समर्थ उनके (डाक्टर के) लिए राज भक्ति तथा न्यायाचरण का बलिप्रदान करने को प्रस्तुत थे। तूर्णगुणत्वमापत्रैर्वध्यन्तेमत्तदन्तिनः" प्रसिद्ध है, फिर यहाँ तो "लंका में छोट सौ बावन गज का" यह लेखो ठहरा।

यहाँ इसके सिवाय क्या हो सकता था कि डाक्टर बेंकस अहमदाबाद से सूरत को बदल दिये जायँ। इस उपाख्यान से हमें निश्चय है कि गोस्वामी तुलसीदासजी के उपर्युक्त बचन पर किसी को सन्देह न रहा होगा। फिर भी यदि हमारे भारतीय भ्रातृगण स्वत्व रक्षण और ऐक्य बर्द्धन में कटिबद्ध न हों तो हम निरासता के साथ यही कहेंगे कि कोई क्या करे, करम ही फूटे हैं, भाग ही में लातें खाना बदा है, किमधिकम्।

भाइयो! हमारा तात्पर्य यह नहीं है कि अँगरेजों की भाँति तुम भी राजद्वेशी बनो। नहीं "अज्ञाभंगो नरेद्राणां विप्रणां मानखण्डनम् प्रथमशय्या वरस्वीणामशस्त्रबध उच्चते"। उन पापों से परमेश्वर दूर रखै। पर हाँ, अपने धन, बल, विद्या, जाति, भूमि, मान, गौरवादि के रक्षणार्थ छल, बल सभी कर्तव्य हैं। सदा सर्वदा भकुआ बना रहना ठीक नहीं। स्मरण रहै कि "टेंढ़ जानि शंका सब काहू। सुनि समझहु मानहु पतियाहू।"

[खं. 2, सं. 2 (15 मई सन् 1882 ई०)]

प्रतापचरित्र

इस नाम से निश्चय है कि पाठकगण समझ जायँगे कि प्रतापनारायण मिश्र का जीवन चरित्र है पर साथ ही यह भी हास्य करेंगे कि जन्म भर में स्वांग लाए तौ कोढ़ी का। प्रताप मिश्र न कोई विद्वान, न धनवान, न बलवान, उसके तुच्छ जीवनवृत्तान्त से कौन बड़ी मनोरंजना व कौन बड़ा उपदेश निकलेगा। हाँ, यह सच है। पर यह भी बुद्धिमानों को समझना चाहिए कि परमेश्वर का कोई काम व्यर्थ नहीं है। जिन पदार्थों को साधारण दृष्टि से लोग देखते हैं वे भी कभी-कभी ऐसे आश्चर्यमय उपकारपूर्ण जँचते हैं कि बड़े-बड़े बुद्धिमानों की बुद्धि चमत्कृत हो रहती है। एक घास का तिनका हाथ में लीजिए और उसकी भूत एवं वर्तमान दशा का विचार कर चलिए तो जो-जो बातें उस तुच्छ तिनके पर बीती हैं उनका ठीक-ठीक वृत्तान्त तो आप जान ही नहीं सकते, पर तौ भी इतना अवश्य सोच सकते हैं कि एक दिन उसकी हरीतिमा (सब्जी) किसी मैदान की शोभा का कारण रही होगी।

कितने बड़े-बड़े रूप-गुण-बुद्धि-विद्यादि-विशिष्ट उसके देखने को आते होंगे, कितने ही छुद्र कीटों एवं महान् व्यक्तियों ने उस पर बिहार किया होगा, कितने ही क्षुधित पशु उसे खा जाने को लालायित रहे होंगे, अथवा उसे देख के जाने कौन डर गया होगा कि इसे शीघ्र खोदो नहीं तो वर्षा होने पर घर कमजोर कर देगा; सुख से बैठना कठिन पड़ेगा। इसके अतिरिक्त न जाने कैसी मन्द प्रखर वायु कैसी अपघोर वृष्टि , कैसी कोमल कठोर चरण प्रहार का सामना करता-करता आज इस दशा को पहुँचा है। कल जाने किस आँखों में खटके, न जाने किस ठौर के जल व पवन में नाचे, न जाने किस अग्नि में जल के भस्म हो इत्यादि।

जब तुच्छ वस्तुओं का चरित्र ऐसे-ऐसे भारी विचार उत्पन्न करता है तो एक मनुष्य पर बीती हुई बातें हैं। सारग्राही लोग इन बातों से सैकड़ों भली बुरी बातें निकाल सैकड़ों लोगों को चतुर बना सकते हैं। सच पूछो तो विद्या, जिसके कारण बड़े-बड़े विद्वान जन्म भर दूसरे कामों से रहित होके केवल विचार करने व ग्रन्थ लिखने में संलग्न रहते हैं, जिसके कारण मर जाने पर भी हजारों वर्ष तक हजारों

बुद्धिमान उनकी महिमा गान करते हैं, उस विद्या का मूल बालकों के और पागलों के विचार हैं। हरी-हरी डाल में लाल-लाल पीले-पीले फूल कहाँ से आये, पीला और नीला मिल के हरा क्यों बन जाता है, इत्यादि प्रश्नों का ठीक-ठीक उत्तर सोच के निकालना ही पदार्थ विद्या है।

फिर मनुष्य कहाँ जन्मा, क्या-क्या किया, क्या देखा, किस-किस से कैसा-कैसा बर्ताव रखा, इन बातों का वर्णन क्या लाभ शून्य होगा? विद्या जानकारी का नाम है, फिर क्या मनुष्य का वृत्तान्त जानना विद्या नहीं है? हमारी समझ में तो जितने मनुष्य हैं सबका जीवन लेखनीबद्ध होना चाहिए। इसका बड़ा लाभ एक यही होगा कि उसकी भलाई को ग्रहण करके, बुराइयों से बच के दूसरे सैकड़ों लोग अपना भला कर सकते हैं। हमारे देश में यह लिखने की चाल नहीं है इससे बड़ी हानि होती है। मै उनका बड़ा गुण मानूँगा जो अपना वृत्तान्त लिख के मेरा साथ देंगे, जिसके अनेक मधुर फल लेखकों को यदि न भी मिलें तौ भी बहुत दिनों तक बहुत-से लोग कुछ लाभ उठावेंगे।

देशभक्तों के लिए यही बात क्या थोड़ी है। इसमें कोई गुण व दोष घटाने-बढ़ाने का व कोई बात छिपाने का विचार नहीं है। सच्चा-सच्चा हाल लिखूँगा। इससे पाठक महोदय यह न समझें कि किसी पर आक्षेप व किसी की प्रशंसादि करूँगा। यदि किसी स्थान पर नीरसता आ जाय तौ भी, आशा है क्षमा कीजिएगा, क्योंकि यह कोई प्रस्ताव नहीं है कि लेखशक्ति दिखाऊँ। यह जीवनचरित्र है।

अपना जीवनचरित्र लिखने के पहिले अपने पूर्व पुरुषों का परिचय देना योग्य समझ के यह बात सच्चे अहंकार से लिखना ठीक है कि हमारे आदि पुरुष भगवान विश्वामित्र बाबा हैं! जिनके पिता गाधि महाराज और पितामह कुशिक महाराजादि कान्यकुब्ज देश के राजा थे। पर हमारे बाबा ने राज्य का झगड़ा छोड़छाड़ के निज तपोबल से महर्षि की पदवी ग्रहण की और यहाँ तक प्रतिष्ठा पाई कि सप्त महर्षियों में चौथे रिषि हुए। कश्यप, अत्रि, भारद्वाज, विश्वामित्र, गौतम, जमदग्नि, वशिष्ठ यह सप्तर्षि हैं।

राज्य छोड़ने पर भी राजसी ढंग नहीं छोड़ा! यदि सातों रिषियों की मूर्ति बनाई जाय तो क्या अच्छा दृश्य होगा कि तीन रिषि इस पार्श्व में तीन उस पार्श्व में होंगे और बाबा मध्य में! निज तपोबल से उन्होंने स्वर्ग में बहुत से तारागण एवं पृथिवी पर बहुत से अन्न और पशु भी उत्पन्न किये थे! यह बात अन्य मतावलम्बी अथच आजकल के अंग्रेजीबाज न मानें तो हमारी कोई हानि नहीं है क्योंकि सभी के मतप्रवर्त्तक और वंशचालकों के चरित्रों में आश्चर्य कर्म पाए जाते हैं, फिर हमीं अपने बाबा की प्रशंसा में यह बातें क्यों न मानें।

ईश्वर सर्वशक्तिमान है, वह अपने निज के लोगों को चाहे जैसी सामर्थ दे सकता है। भगवान कृष्णचन्द्र का पर्वत उठाना, महात्मा मसीह का मुरदे जिलाना,

हजरत मुहम्मद का चन्द्रमा काटना इत्यादि यदि सच हैं तो हमारे बाबा को थोड़ी-सी सृष्टि बनाना भी सत्य है। यदि उन बातों का गुप्तार्थ कुछ और है तो इस बात का भी गुप्तार्थ यह है कि जगत के अनेक पदार्थों का रूप, गुण, स्वभाव आदि पहिले-पहिले उन्होंने सबको बतलाया था इसी से उस काल के लोग उन पदार्थों को विश्वामित्रीय सृष्टि अर्थात् विश्वामित्र की खोजी और बताईं हुई सृष्टि कहने लगे! यही बात क्या कम है! भगवान रामचन्द्रजी को हमारे बाबा ने धनुर्वेद और योगशास्त्र भी सिखाया था। यदि आजकल हमारे भाई आकिन, माँझगाँव आदि के मिश्र इस महत्व पर कुछ भी ध्यान दें, तनिक भी विचार करें कि हम किनके वंशज हैं और अब कैसे हो रहे हैं तो क्या ही सौभाग्य है।

इनके उपरान्त कात्यायन और किल के सिवा और किसी महर्षि का नाम हमें नहीं मिलता जिन्हें हम अपने पुरुखों में बतलावें। हाँ परमनाथ (या पवननाथ) बाबा का अनुमान होता है कि तीन ही चार सौ वर्ष के लगभग हो गये हैं। वह बड़े यशस्वी थे। उनके साथ हमारे कुल का बहुत घनिष्ठ सम्बन्ध है! कान्यकुब्जपुर (कन्नौज) छोड़ के विजयग्राम (बैजेगाँव) में कौन बाबा, किस समय, क्यों आ बसे थे इसका पता नहीं मिलता क्योंकि हमारे यहाँ इतिहास एवं जीवनचरित्र लिखने की चाल बहुत दिन से नहीं रही। यदि किसी भाई के यहाँ शृंखलाबद्ध नामावली न हो तो उसका मिलना कठिन है।

अतः हम अपने अगले पुरुखों के साथ इससे अधिक अपना विवरण नहीं लिख सकते कि विश्वामित्र बाबा के वंश में कात्यायन बाबा के गोत्र में परमनाथ बाबा के असामी (वंशज) हैं। उनके जिले में पूर्व की ओर पाँच कोस पर बैजेगाँव नामक स्थान है, वहाँ के हम मिश्र हैं। यद्यपि अब बैजेगाँव एक साधारण-सा गाँव है पर अनुमान होता है कि किसी समय वह बड़ा दर्शनीय स्थान, विद्वानों (मिश्रों) का गाँव, होगा। उसके निकट वृहस्थल (बेथर) और उससे कुछ ही दूर पर विग्रहपुर नामकं नामों में प्रकट होता है कि इस प्रान्त में किसी वीर पुरुष ने अपना पराक्रम दिखाया होगा पर यह बातें अभी तो अनुमान मात्र हैं, कोई पुष्ट प्रमाण सहित लिखें तो बड़ा उपकार होगा!

हमारी कुलदेवी गार्गी, कुलदेवता बूढ़े बाबू, कुलपुरोहित सत्य शुक्ल, यजुर्वेद, धनुरउपवेद, शिव इष्ट देवता हैं। हमारे पिता श्री संकटाप्रसाद मिश्र, पितामह श्री रामदयाल मिश्र, प्रपितामह सेवकनाथ मिश्र, बृद्धपितामह श्री सबसुख मिश्र हैं। इनके आगे कौन महात्मा थे यह नहीं मालूम। हम समझते हैं कि बहुत ही कम लोग होंगे जो बृद्धपितामह के पिता का नाम जानते होंगे फिर हमारा ही क्या दोष है जो न लिख सके! हमारे पितामह रामदयाल बाबा के एक भाई शिवप्रसाद बाबा थे, वुह दूसरे घर में रहते थे। उनके पुत्र जयगोपाल काका और रामसहाय काका हमारे पितृचरण से बड़े थे और हित भी बहुत करते थे। जयगोपाल काका के पुत्र

रामकृष्ण दादा भी पिताजी के हितैषी और उदार पुरुष थे। उनके दो पुत्र शिवरतन (यह भी व्यवहारकुशल और पिताजी के भक्त थे) दूसरे रामभरोसे हैं जिनमें भाईचारा मात्र है रामसहाय काका के केवल एक कन्या (अनन्तदेवी) थी। वह विधवा स्वर्गवासिनी हुई। अतः उनका वंश उन्हीं से समाप्त हुआ जयगोपाल काका के दूसरी स्त्री से गुरदयाल, शिवदयाल, गौरीशंकर। उनमें से शिवदयाल दादा का वंश नहीं है। उक्त दोनों भाइयों का वंश है, पर अधिक स्नेह सम्बन्ध न होने के कारण उनकी कथा लिखना कागज रँगना मात्र है।

अतः हम अपने निज बाबा रामदयाल मिश्र से आरम्भ करते हैं। इनके दर्शन हमने नहीं पाए क्योंकि हमारे पितृचरण केवल नौ वर्ष के थे जब उन्होंने परलोकजात्रा की थी। सुनते हैं कि वुह कवि थे पर काव्य देखने में नहीं आया। भारत के अभाग्य से नगरों में तो काव्यरसिक और कवियों के सहायक मिलते ही नहीं, जो अपना रुपया उगा के उत्तमोत्तम कविता का प्रकाश किया करते हैं। उन्हें तो अभागे भारतीय हतोत्साह कर ही देते हैं।

यदि एक साधारण गाँव में एक साधारण गृहस्थ का परिश्रम लुप्त हो गया तो आश्चर्य ही क्या है। भगवान तुलसीदास, सूरदासादि को हम कवियों में नहीं गिनते। वे अवतार थे कि उन्होंने जमीन की छाती पर लात मार के अपनी शक्ति दिखाई है, नहीं तो कवि, पंडित, प्रेमी, देशभक्त यह तो दुनिया से न्यारे रहते हैं, इन्हें दुनियादार क्यों पूछने लगे? हमें शोच है कि अपने बाबा की कविता नहीं प्राप्त कर सकते क्योंकि पिताजी नौ वर्ष की आयु में पितृहीन हुए, 14 वर्ष की आयु में उन्हें गाँव और घर छोड़ के कुटुम्ब पालनार्थ परदेश आना पड़ा। ऐसे कुसमय में कविता-संग्रह करना कैसे सम्भव था? इससे हमें अपने पिता ही का ठीक-ठीक चरित्र थोड़ा-सा लिखने की सामर्थ्य है।

हमारे पितृचरण के दो बड़े भाई और थे। 1. द्वारिकाप्रसाद काका, यह निस्सन्तान स्वर्ग गये, 2. यदुनन्दन काका, इनका विवाह मदारपुर के सामवेदियों के कुल में हुवा था। इस नगर में परम प्रतिष्ठित श्री प्रयागनारायण तिवारी स्वर्गवासी हमारे दादा थे क्योंकि हमारी चाची उनके चाचा श्री द्वारिकाप्रसाद त्रिपाठी की कन्या थीं। उनके एक पुत्र अम्बिकाप्रसाद दादा थे, वुह हमारे पितृचरण के बड़े भक्त थे पर चौदह वर्ष की अवस्था में परलोक सिधारे। हमारी दोनों चाची भी पिताजी से बड़ी प्रीति करती थीं पर एक चाची का हमें दर्शन नहीं हुवा। दूसरी चाची सदा पुत्र की भाँति हमारे जन्मदाता को जानती थीं। पर हमारे अभाग्य से हम तीन वर्ष के थे तभी परमधाम जात्रा कर गयीं। यह श्री रामानुजस्वामी के सम्प्रदाय की थीं क्योंकि इनके पितृकुल का यही धर्म था।

इसी से हमारे घर में बहुत-सी रीतें हमारी चाची के पितृकुल की प्रचारित हुईं। मेरा नाम भी उसी ढंग का हुवा! हमारे पिता नौ वर्ष के थे तब निज पिता से

वियुक्त हुए थे। फिर थोड़े ही काल में उनकी माता बैकुंठ गयीं। अतः हमको यह लिखना एक गौरव है कि हमारी चाची के हम भी वात्सल्यपात्र थे हमारे पिता भी। यह महात्मा बाल्यावस्था में पिता माता का वियोग, घर की निर्धनता के कारण जगत चिन्ता में उसी समय फँस गये जिस समय खेल कूद के दिन होते हैं।

विजय ग्राम से डेढ़ कोस मवैया गाँव है, वहाँ एक पं. दयानिधि (बाबा) रहते थे। उनसे पढ़ने लगे। वर्ष दिन पढ़ा, फिर एक पेड़ से गिरे, पाँव टूटा नहीं पर लड़खड़ाने लगा इससे कई महीने पड़े रहे, फिर कानपुर चले आये। यहाँ यों शिवप्रसाद जी अवस्थी और रेवतीराम जी त्रिपाठी (प्रयागनारायण जी के पिता) ने उन पर बड़ी कृपादृष्टि रक्खी। कुछ दिन पीछे अवध के बादशाह श्री गाजीउद्दीन हैदर के दरोगा जनाब आजमअली खाँ साहब के दीवान श्री महाराज फतेहचन्द जी के यहाँ नौकर हुए और अवध प्रान्त के इब्राहीमपुर नामक गाँव में काशीराम के बाजपेयी वंश में विवाह किया। हमारी माता श्री मुकताप्रसाद जी बाजपेयी की कन्या थीं। यह ब्याह और यह नौकरी इन्हें ऐसी फलीभूत हुई कि

(अपूर्ण प्रकाशित)

[खं. 5, सं. 2, 3, 4 (15 सितम्बर, अक्टूबर, नबम्बर ह. सं. 4)]

बिस्फोटक

रसायन विद्या से जाना जाता है कि कुछ पदार्थ ऐसे हैं जो न्यून व अधिक सभी वस्तुओं में हुआ करते हैं। जो पदार्थ बहुत ही अधिक होते हैं, जैसे जलवायु, अग्नि, वह तो हिलना, चलना, शीतलता, उष्णता, प्रकाश आदि अपने गुणों से प्रत्यक्ष ही से दीख पड़ते हैं। पर जो न बहुत न्यून न बहुत अधिक हैं, वे किसी यत्न करने से वा दैविक नियमानुसार कभी-कभी आप ही से प्रकट हो जाते हैं। जैसे कंडे की निर्धूम आग पर थोड़े से गेहूँ रक्खो तो थोड़े ही से काल में उनमें से एक प्रकार का तेल-सा निकलेगा जो पहिले किसी भाँति जान न पड़ता था, पर गेहूँ में वह था निस्सन्देह। कभी-कभी बन के सूखे वृक्ष आप से आप जल जाया करते हैं। इसका कारण यही है कि भौतिक वायु के द्वारा वृक्षों की सूखी डालियों के आपस में रगड़ खाने से उनमें की अग्नि, जो पहिले गुप्त थी, प्रकट हो जाती है।

इन्हीं दूसरी श्रेणी के पदार्थों में से एक पदार्थ विष भी है जो मनुष्य और किसी-किसी पशु के शरीर में कुछ अधिक हुआ करता है और काल पाकर प्राकृतिक नियम के अनुसार बहुधा सभी के एक वा अधिक बार अवश्यमेव फूट निकलता है। इसी को लोग शीतला अथवा माता निकलता कहते हैं। हमारे यहाँ के आयुर्वेद में उसका नाम 'विषफोटक' वा विष की पुड़िया लिखा है सो सत्य भी जान पड़ता है, क्योंकि बहुधा विष वाले पदार्थों में एक रीति की चमक हुआ करती है। हीरा, अहिफेन, मोरपक्ष इत्यादि जैसे एक चमक भी लिये होते हें वैसे ही शीतला निकलने से पहिले शरीर भी सुदृश्य होता है। यद्यपि कभी-कभी यह रोग युवा पुरुषों को भी होता है पर बालकों के कोमल शरीर तो इस भयानक रोग के कारण असह्य क्लेश पाते हैं और कुरूप, काने, अन्धे, तुतले हो जाते हैं। कभी-कभी यह दुष्ट रोग प्राण का भी ग्राहक हो जाता है। आह 'नाम जिसका नहीं लेते यः वह बीमारी है।' क्यों न हमारे सदय हृदय पूर्वज इससे पीड़ित दूध के फोहों की दशा पर माता करते। अर्थात् ऐसे अवसर पर पालने वाली, रक्षा करने वाली, परमेश्वर की शक्ति का स्मरण आ ही जाता है।

उपाय तो इसका कुछ न कुछ सुश्रुत चर्कादिक में ही होगा पर हमारे यहाँ के वैद्यराजों को क्या पड़ी है कि अपना समय पढ़ने-पढ़ाने में व्यर्थ खोवैं। वैदकी क्या सभी विद्या इस देश में केवल आजीविका मात्र रह गयीं। इस बात के लिए सरकार को तो अवश्य धन्यवाद देंगे कि नगर-नगर गाँव-गाँव में सहस्रों रुपये खर्च करके टीका लगाने का प्रचार करती है। नश्तर से बाँह में किंचित मात्र खरोद के, गोथन शीतला की पपड़ी (खुरंड) पिसी हुई थोड़ी-सी संनिवेशित कर देने को टीका लगाना कहते हैं। इससे किसी प्रकार का, सोच देखो तो किसी सत के अनुसार; दोष नहीं है। विश्वस्त लोगों से सुना गया है दक्षिण के कई एक नगरों में ब्राह्मण लोग टीका अपने-अपने हाथ से देते हैं। इस क्रिया के करने से शरीर-भर की गर्मी एक ही स्थान से निकल जाती है। फिर प्रथम तो शीतला निकलने का सम्भव ही नहीं रहता, यदि निकली भी तो उतना दुःखदायक प्राबल्य तो कदापि नहीं होता।

यूरप देश में जब से उसका प्रचार हुआ तब से यह व्याधि प्रायः निर्मूल-सी हो गयी है। पर हाथ हमारे देशी भाइयों की समझ पर, जो कि उत्तम यत्न से जी चुराते हैं। जब छोटे-छोटे बालक खेल में मग्न होने के कारण बुलाने पर नहीं आते वा घर से बाहर खेला चाहते हैं तो माता-पिता कहते हैं 'अरे भाग, गोदना वाले आये हैं'। मानों भूत और हौआ का नाम गोदना वाले भी है। यह नहीं सोचते कि बिचारे भोले-भालों के हृदय में व्यर्थ का झूठा भय प्रवेश कर देना स्याने होने पर उन्हें कैसा भीरू और डरपोकना बना देगा!

प्रिय पाठकगण! मरना-जीना तो ईश्वर के हाथ है पर प्रयत्न करना बुद्धिमानों का कर्तव्य धर्म है। आप लोगों को अवश्य चाहिए कि अपने-अपने प्यारे बच्चों के टीका लगवा दो। यदि एक बार अच्छा न लगे तो दो व तीन बार तक इस सहज सुलभ औषधी को काम में लाओ। टीका अच्छा लगने की पहिचान यह है कि बहुधा तीसरे दिन उस ठौर पर छोटा-सा लाल दाग दिखाई पड़ता है। चौथे दिन वह दाग कुछ उभरा-सा जान पड़ता है। पाँचवें दिन वही छोटा-सा फफोला हो जाता है। आठवें दिन तक बढ़ता रहता है। आकृति इस फफोले की गोल, किनारे उठे हुए, और ध्यान देके देखने से बीच में कुछ दबा-सा और उसी दबाव से लेकर किनारे तक कई एक लकीरें-सी होती हैं और अनुमान बारहें दिन से इस फफोले का सूखना आरम्भ हो जाता है।

इस बीच में बालकों को कुछ एक कष्ट भी रहेगा, उसका कुछ डर न करो। हाँ उस फफोले को फूटने से बचाये रहो। इससे आप देखोगे कि कैसा अच्छा होता है। शीतला जी का पूजन एक विश्वास की बात है। गदहों को खिलाना और जीव मात्र की रक्षा करना पुण्य का काम है। पर इन बातों से विषफोटक रोग को कोई

सम्बन्ध नहीं। इसके लिए टीका दिलाना ही परमोत्तम औषधि है। शीतला शब्द का अर्थ तो किसी पंडित से पूछते। उनसे डरने का तो कोई कारण ही नहीं है। फिर जब वे बिना औषधि सेवन के दया करती हैं तो क्या निश्चित उपाय का अवलम्बन करने से रुष्ट हो जायँगी? इससे यही योग्य है कि पूजा-पाठ, हवन, ब्राह्मण भोजन, सब करो पर टीका दिलाने से मुँह न फेरो। यदि अपने सन्तानों को सच्चे जी से प्यार करते हौ, उसकी रक्षा तुम्हारा अभीष्ट है, तो अवश्य इसका सेवन करो और दूसरों को भी अनुमति दो कि सब डर छोड़ के इसका सेवन करैं।

[खं. 2, सं. 2 (15 अप्रैल सन् 1884 ई०)]

इनकमटैक्स

यदि इस शब्द का यही अर्थ है कि "आमदनी पर महसूल" तो न जाने हमारी सरकार ने हम लोगों की किस आय की वृद्धि देखी है जो यह दुःखद कर बाँधा है! पुराने लोगों से सुनते हैं कि "उत्तम खेती मध्यम बान, अधम चाकरी भीख निदान" पर इस काल में यह कहावत पूर्ण रूप से उलट गयी है। खेती की दशा पर हमें कुछ लिखने की आवश्यकता नहीं है। जो चाहे दिहात में जाके देख ले, बिचारे कृषिकारों के बारहों मास दिनरात के कठिन परिश्रम करने और 'नींद नारि भोजन परिहरई' का ठीक नमूना बनने पर भी पेट भरना कठिन हो रहा है। क्या जाने किस भविष्यत् ज्ञानी कवि ने आजकल की दशा पहिले से सोच के मद्य और विषपान करने के बराबर ही हल-ग्रहण को भी त्याज्य समझा हो, और "हालाहल हलाहलम्" लिखा हो।

उससे उतर के व्यापार समझा जाता था, सो कुछ कहना ही नहीं। हर शहर के प्रत्येक रुजगारी की दशा सरकार को हम यों नहीं समझा सकते, जब तक न्याय दृष्टि से स्वयं कुछ दिन किसी बाजार का वह गुप्त रूप न देखै! हम जितनी बड़ी-बड़ी दुकानें देखते हैं, सभी भाँय-भाँय होती हैं। जिन्होंने हजारों रुपया अटका दिया है, उनको ब्याज भी कठिन हो रहा है। दिवाले निकलना खेल-सा हो गया है। अमीर कहाते हैं वे फी सैकड़ा दो-तीन से अधिक न होंगे, जिन्हें रोजगार पेटे कुछ मिल रहता है, नहीं तो केवल पूर्व-संचित द्रव्य ही से पुरानी साख बाँधे बैठे हैं। ऐसा कोई कार ही नहीं जो सरकार ने निज हस्तगत न कर लिया हो। इस हालत में बिचारे छुटभइये लाइसेंस और चुंगी के डर से, पहिले तो कुछ करी नहीं सकते, यदि कुछ करें तो तीन खाते हैं तेरह की भूख बनी रहती है!

हमारा कानपुर जो अब से दस वर्ष पहिले था, अब नहीं रहा। यह तो रोज सुन लीजिए कि आज फलाने बिगड़ गये, पर यह सुनने को हम मुद्दत से तरसते हैं कि इस साल फलाने इस काम में बन बैठे। जब आमदनी के इन उत्तम और मध्यम मार्गों की यह दशा है तो सेवा-वृत्तियों का कहना ही क्या? सैकड़ों पढ़े-लिखे मारे-मारे फिरते हैं। बिना सिफारिश कोई सेंत नहीं पूछता। कुछ मिडिल क्लास की

पख, कुछ बेकदरी के बायस से बिचारे बाबू लोग महँगी कैसे मजदूर उतारते फिरते हैं। कहार ढूँढ़ों तो मुश्किल से मिलै, नाँच वांच के लिए वेश्या बड़े नखरे से आवे, पर हमारे 'इनलाइटेंड' भाई से झूठ-मूठ भी कहि देव के फलानी जगह एक हेड की जरूरत है, बस, एक के बदले पचास, चुगा फलकारते, मुरैठा सम्हालते मौजूद हैं।

अगले लोग जिस नौकरी को निकृष्ट वृत्ति और शूद्र का काम समझते थे उसकी लालसा बड़े-बड़े बाजपेयी ऐसी रखते हैं जैसी मतवाले भाई मुक्ति की न रखते होंगे। वह नौकरी जिनको महादेव जी की दया से मिल भी गयी है उनको बबुआई की ठसक मारे डालती है। सुनते हैं, आगे चार रुपया महीने का नौकर अपने कुटुम्ब के सिवा दो-चार और आश्रितों को भरण-पोषण कर लेता था, पर हमको इसका निश्चय क्यों कर हो, जब देखते हैं कि सौ-सौ दो-दो सौ के नौकर भी, राम झूठ न बुलावे, सौ पीछे पचहतर तो अवश्य होंगे जिनको हजरत गालिब का यह वाक्य अनुभूत सिद्धान्त है—

बस कि लेता हूँ हर महीने कर्ज
और रहती है सूद की तकरार।
मेरी तनख्वाह में तिहाई का
हो गया है शरीक साहूकार ॥

तौ भी धन्यवाद है कि खितिहरों और लालों से फिर भी बाबू जी बाबू तो कहाते हैं। हाँ, प्रोहत, पाधा, पंडा और गयावाल इत्यादि की दशा कुछ अच्छी कह सकते थे, क्योंकि उन्हें बेमेहनत घर बैठे लक्ष्मी आती है और हमारी उपर्युक्त लोकोक्ति यों भी ठीक होती है कि—

उत्तम भिक्षा वृत्ति है, फिर बबुआई जान,
अधम बनिज बैपार है, खेती खोंटि निदान।

पर नहीं, जब यह विचार होता है कि कृषक, व्यापारी अथवा सेवकों की यही गति रही तो कहाँ से किसी को कुछ दे सकेंगे? बस, अब हमारा यह सिद्धान्त सत्य होने में किसी को कुछ सन्देह न होगा कि जितना दरिद्र मुसलमानों के सात सौ वर्ष के प्रचंड शासन द्वारा न फैला था, उतना, बरंच उससे अत्यधिक, इस नीतिमय राज्य में विस्तृत है। अंब बतलाओ, पाठकगण! इनकमटैक्स का कोषस्थ अर्थ ठीक है वा नहीं? नहीं, इसका अर्थ यों न लगेगा।

अंग्रेजी व्याकरण खोलो, उसमें लिखा है कि 'इन', 'अन' और 'डिस' किसी शब्द के प्रथम जोड़ दो तो उलटा अर्थ हो जाता है। Direct डाइरेक्ट—सीधा, Indirect इनडाइरेक्ट—जो सीधा न हो, Known नोन—ज्ञात, Unknown अननोन—अज्ञात, Mount माउन्ट—चढ़ना, Dismount डिसमाउन्ट—उतरना, इस रीति से In इन अर्थात् नहीं है, Come कम—आना, आमद Tax (टैक्स) कर। भावार्थ यह हुआ कि जिस हालात में आमदनी न हो, उसमें जो टैक्स लगै वह

"इनकमटैक्स" है! इस पर यदि हमारे अंग्रेजी जाननेवाले पाठक यह कहें कि ऊटपटाँग अर्थ किया है, और केवल नागरी-नागर समझें कि अन्य भाषा का अर्थ असम्बद्ध है, हिन्दी पत्र में क्यों लिखा? उनको यों समझना चाहिए कि हमारी सरकार को ब्रह्मदेश की आमदनी अनायास हाथ लगी है, इसकी खुशी में हम पर यह टैक्स (बहुत खुश हुए तो ईंट फेंक मारी) न्यायेन लगाया गया है।

कुछ हो, हम समझें वा न समझें, पर सरकार की किसी बात में रोना-चिल्लाना वा तर्क करना योग्य नहीं, केवल "डफ्रिनेच्छा बलीयसी" कहके सन्तोष करना चाहिए था, पर क्या करें, सम्पादक धर्म तो परम कठिन है। इसमें बिना कुछ कहे उमंग की हत्या होती है। इससे कोई सुने वा न सुने, पर हम हाथ जोड़ के, पायँ पड़के, दाँत दिखाके, पेट खला के यही विनय करते हैं कि अस्तु, हुआ सो हुआ, हमें क्या, जहाँ और सब प्रकार के राजदंड हैं वहाँ एक यह भी सही, बरंच और हों (परमेश्वर न करे) तो वह भी सही पर इसकी तशखीस (जाँच) जरा न्यायशील पुरुषों को सौंपी जाय तौ भी बड़ी दया हो। हमने कई विश्वस्त लोगों से सुना है कि देहात में बिचारों की वार्षिक आय पाँच सौ भी नहीं है, उनको केवल उजले कपड़ों के कारण पाँच हजार का पुरुष तजबीज करते हैं। यदि यही दशा रही तो भारत के गारत होने में कोई सन्देह न होगा। हमारी सर्कार स्वयं विचार देखे कि अब हम वह नहीं रहे।*

[खं. 3, सं. 12 (15 फरवरी ह. सं. 2)]

*निबन्ध-नवनीत' से उद्धृत।

मिडिल क्लास

जो लोग सचमुच विद्या के रसिक हैं उन्हें तो M. A. पास करके भी तृप्ति नहीं होती, क्योंकि विद्या का अमृत ऐसा ही स्वादिष्ट है कि मरने पीछे भी मिलता रहे तो अहोभाग्य! पर जो लोग कुछ क, म, घ, सीख के, पेट के धन्धे से लग जाना ही इतिकर्तव्यता समझते हैं, उनके लिए यह मिडिल की भी ऐसी छूत लगा दी गयी है कि झींखा करें बरसों! नहीं तो इन बिचारे दस-दस रुपया की पिसौनी करने वालों को कब जहाज पर चढ़ के जगज्जात्रा करने का समय मिलता है जो जुगराफिया रटाई जाती है? कौन दिल्ली और लखनौ के बादशाह बैठे हैं जो अपने पूर्वजों का चरित्र सुन के खिलअत बख्श देंगे जो तारीख में समय की हत्या की जाती है? साधारण नौकर को लिखना-पढ़ना, बोलना-चालना, हिसाब-किताब, बहुत है। मिडिल वाले कोई प्रोफेसर तो होते ही नहीं।

इन बेचारे पेटार्थियों को विद्या के बड़े-बड़े विषयों में श्रम कराना मानो चींटी पर हाथी का हौदा रखना है। बिचारे अपने धन्धे से भी गये, बड़े विद्वान भी न भए। मिडिल शब्द का अर्थ ही है अधबिच, अर्थात् आधे सरग त्रिशंकु की भाँति लटके रहो, न इत के न उत के! इससे तो सर्कार की मंशा यही पाई जाती है कि हिन्दुस्तानी लोग नौकरी की आशा छोड़ें, पर इन गुलामी के आदियों को समझावे कौन? यदि प्रत्येक जाति के लोग अपने सन्तान को सबके पहिले निज व्यापार सिखलाया करें तो वे नौकरीपेशों से फिर भी अच्छे रहें। इधर नौकरों की कमी रहने से सरकार भी यह हठ छोड़ बैठे। जिनको स्यानेपन में पढ़ने की रुचि होगी वे क्या और धन्धा करते हुए विद्या नहीं सीख सकते? पर कौन सुनता है कि "व्यापारे वसति लक्ष्मी"।

यहाँ तो बाबूगीरी के लती भाई कुछ हो, अपनी चाल न छोड़ेंगे। भगवति विद्ये! तुम क्या केवल सेवा ही कराने को हौ? हम तो सुनते हैं, तुम्हारे अधिकारी पूजनीय होते थे! अस्तु, है सो अच्छा ही है। अभागे देश का एक यही लक्षण क्यों रह जाय कि सेवा वृत्ति में भी बाधा! न जाने हर साल खेप की खेप तयार होती है, इन्हें इतनी नौकरी कहाँ से आवेंगी? सरकार हमारी सलाह माने तो एक और कोई

मिडिल पास की पख निकाल दे, जिसके बिना बहरागीरी, खानसामागीरी, ग्रासकटी-गीरी आदि भी न मिलें।

देखें तो कब तक नौकरी के पीछे सत्ती होते हैं! अरे बाबा यदि कमाने ही पर कमर बाँधी है तो घर का काम काटता है? क्या हाथ के कारीगर और चार पैसे के मजूर, दस-पन्द्रह का महीना भी नहीं पैदा करते? क्या ऐसे को बाबुओं के-से कपड़े पहिनना मना है? बरंच देश का बड़ा हित इसी में है कि सैकड़ों तरह का काम सीखो। सरटीफिकट लिए बँगले-बँगले मारे-मारे फिरने में क्या धरा है जो सरकार को हर साल इमतिहान अधिक कठिन करने की चिन्ता में फँसाते हो। बाबूगीरी कोई स्वर्णगीरी (सोने का पहाड़) नहीं है। पास होने पर भी सिफारिश चाहिए तब नौकरी मिलेगी और यह कोई नियम नहीं है कि मिडिल वाले नौकरी से बरखास्त न होते हों, वा उन्हें बिना फिक्र नौकरी मिल ही रहती हो। क्यों उतना ही श्रम और काम में नहीं करते?

[खं. 4, सं. 2 (15 सितम्बर, ह. सं. 3)]

दान

यदि इस शब्द को सुन के हमारे पाठकों का चित्त पानदान, पीकदान इत्यादि की ओर न चला जाय तो हम दिखलाया चाहते हैं कि हमारे महर्षियों ने इन दो अक्षरों में भी दोनों लोक की भलाई भर रक्खी है। यदि किसी को यह शंका हो कि 'द' (दकार) तो वर्णमाला भर में सब से बुरा अक्षर है (यह बात ब्राह्मण के चौथे खंड की दूसरी संख्या में देखो) फिर वुह शब्द जिसकी आदि में दकार ही है, क्योंकर अच्छा हो सकता है? तो इसका सहज उत्तर यह है कि अन्त में जो नकार है वुह प्रायः सब भाषाओं, में निषेध वाचक है। संस्कृत में न अथवा नहि, हिन्दी में नहीं, फारसी में ने, अँगरेजी में नो या नाट, सबका अर्थ एक ही है। इससे इस बात की सूचना होती है कि 'दान' में दकार की दुरूहता नहीं है। 'दान' शब्द में दकार केवल इसलिए रक्खी गयी है कि अपने पास से किसी को कुछ देना पहिले तनिक अखरता है, नहीं तो वास्तव में दान कोई बुरी बात नहीं है। यह बात इस शब्द के अक्षरार्थ ही से प्रकाशित है, अर्थात् द (दुःख, दुस्सहपन, दुरूहता आदि) और न अर्थात् नहीं, भाव यह हुआ कि दान में कोई दोष नहीं है। मोटी वुद्धि वाले न समझें अथवा कपटपूर्ण विदेशी उसका अर्थ कुछ का कुछ समझावें तो और बात है, नहीं तो दान है बहुत अच्छी बात। यह सब मत, सब देश, सब काल के लोग मानते हैं कि धर्म को ईश्वर के साथ बड़ा भारी, बड़ा गहिरा, बड़ा घनिष्ठ सम्बन्ध है। क्योंकि ईश्वर की दया प्राप्त करने के लिए सब महात्माओं ने धर्म करना बतलाया है। जिसे ईश्वर की भक्ति अथवा ईश्वरकृत जगत की प्रीति होती है वह सदा धर्म ही का आचरण किया करता है। उसी धर्म अथवा यों कहिए ईश्वर के परम मित्र के (हमारी पुराणों में लिखा है कि) चार चरण हैं—१—सत्य, २—शौच, पवित्रता, ३—दया, ४—दान। उनमें से एक-एक युग में एक-एक चरण टूट जाया करता है। सतयुग में सत्य, शौच, दया, दान सब विद्यमान थे पर तौ भी सत्य का पूरा सन्मान था। श्री महाराज हरिश्चन्द्र के चरित्र विदित हैं कि उन्होंने राजपाट, स्त्री, पुत्र सब त्याग दिया, पर सत्य को न छोड़ा। त्रेता में धर्म के तीन ही चरण रह गए अर्थात सत्य का प्राबल्य जाता रहा। महाराजा दशरथ ऐसे धर्मात्मा का मन श्री

रामचन्द्र की वनयात्रा के समय डावाँडोल हो गया। यद्यपि कैकेयी जी से बचन हार चुके थे पर यह कभी न चाहते थे कि भगवान वन को चलें जायँ। जब ऐसों की यह दशा हुई तो दूसरों को सत्य का आग्रह क्या हो सकता था? हाँ, शौच का उस काल में अधिक आदर था। राम, लक्ष्मण, भरत, शत्रुघ्न, हनुमान आदिक जो उस समय भारत के मुकुट के महा अमूल्य रत्न थे, उनके चरित्र में हमारे द्वेषी भी, चाहे कोटि दोष लगावें पर, अपवित्रता की गन्धि नहीं बतला सकते। द्वापर में केवल दो ही चरण रह गये। अर्थात् सत्य और शौच का बल इतना घट गया कि युधिष्ठिर ऐसे सत्यवादी ने 'नरो वा कुंजरः' कहा। पराशर ऐसे धर्मज्ञ का योजनगन्धा पर चित्त चल आया। पर हाँ, दया की उस काल में इतनी श्रद्धा थी कि भगवान बुध ने हिंसा प्रचार करने वाले वेद मन्त्रों तक को तिरस्कार करके 'अहिंसा परमो धर्मः' का डंका बजाया। अब कलियुग में न सत्य का बल है, न शौच का निर्वाह है, न दया में जीव है। पर दान का अब भी अभाव नहीं है। धर्म का यह चरण इतना दृढ़ है कि कलियुग के तोड़े भी न टूट सका। इसको धर्म का चरण क्या यदि धर्म का रूप ही कहें तौ भी विरुद्ध न होगा। आप चाहे जैसे खोटे कर्म करते रहिए कुछ चिन्ता नहीं, परन्तु अवसर पर चार पैसे किसी ब्राह्मण के हाथ धरिए उसी समय धर्ममूर्ति, धर्मावतार की पदवी पा जाइएगा। जब ग्रहण पड़ते हैं तब भड्डरी और डोम भी यही कहते हुए फिरा करते हैं कि 'धरम करो'। इसका तात्पर्य यही है कि कुछ देव। अब बिचारने की बात है कि सर्वोच्च ब्राह्मण से लेके अस्पर्श्य डोम तक जिसको धर्म कहते हैं वुह धर्म क्यों न होगा? हमारे यहाँ यह दोहा बहुत प्रसिद्ध है कि 'दया धर्म को मूल है, नर्कमूल अभिमान। तुलसी दया न छोड़िए जब लग घट में प्रान।' इसमें भी दया से यही अभिप्राय है कि दीन दुःखियों को कुछ देना। सब प्रकार की पवित्रता (शुद्धता) भी दान ही से होती है। घर साफ न हो, दो आने मजदूर को दीजिए, झक्क कर देगा। कपड़े मैले हो जायँ, धोबी को चार पैसे दीजिए, स्वच्छ कर देगा। शरीर मैला हो, नाई अथवा कहार को दो पैसे दीजिए, नहला धुला के शुद्ध कर देगा। मन शुद्ध न हो, कोई धेली रुपये की 'बैराग्य शतक' या 'तदयि सर्वस्व' आदि पुस्तक मँगवा के पढ़िए या किसी महात्मा पंडित को कुछ भेंट दे के उपदेश सुनिए, सब दुविधा जाती रहेगी। तबियत रंजीदा हो, किसी चन्द्रबदनी को दो एक रुपया दे के घंटे आध घंटे उसके हाव भाव गान तान का स्वादु लीजिए, सब दुःख जाता रहेगा। सत्य की परीक्षा भी रुपये ही पैसे के मुआमिले में होती है। ठीक समय पर लेन देन वेबाक रखिए। देने लेने में चार पैसे की समाई रखिए। सब कोई आप को सच्चा समझेगा। सारांश यह है कि सत्य, शौच और दया सब दान ही के अन्तर्गत हैं। फिर दान को धर्म का स्वरूप कहना क्या अत्युक्ति है? अब यह वर्णन करना रह गया है कि यदि दान ही धर्म है तो दान से और ईश्वर से क्या सम्बन्ध है? हाँ, दान ईश्वर को इतना प्रिय है कि ईश्वर

दिन रात दान किया करता है। कौन आस्तिक है जो देह, प्राण, अन्न, वस्त्र, ज्ञान, बुद्धि, पुत्र, मित्र, भक्ति, मुक्ति आदि को ईश्वर ही का प्रसाद न मानता हो? ईश्वर के सिवा जन्मदाता, अन्नदाता, सहायदाता दूसरा है कौन? ईश्वर ही तो महादानी है। उसी का दिया हुआ तो सब पाते हैं एवं उसी की दी हुई वस्तु हम तुम दान करते हैं। वुह महादाता दाताओं को प्यार भी करता है, कि जो कोई अपना मन परमेश्वर को दे देता है, परमेश्वर उसे प्रेमसुधा का दान करते हैं। जब जगदीश्वर स्वयं दानी हैं और दानियों के हितकारक हैं तो संसारी जीवों का तो कहना ही क्या है? ऐसा कौन है जो दान पा के आनन्दित न होता हो अथच दान दे के यश और सुख न पाता हो? पर दान के योग्य पदार्थ और दान के पात्र का विचार न रख के दाता को ठीक फल नहीं होता क्योंकि प्रेम के बिना जितनी बातें हैं सब में बिना विचारे हाथ डालना कष्टकारक होता है। इससे यदि दान का पूरा आनन्द चाहो तो सोच समझ के दान किया करो। हमारे पूर्वजों ने जो देश काल वर्णन किये हैं वुह सब ठीक हैं, पर इस काल में न इतने श्रद्धालु दानी हैं, न इतनी विद्या है, इससे हम देश का अर्थ केवल भारत और इंग्लिस्थान समझते हैं, जिन से सदा काम रहता है, और काल के लिए कोई नियम नहीं समझते हैं। सदा सब काल देते रहना ठीक है। रहा दान का फल, सो अगले लोगों ने अधिकतः स्वर्गप्राप्ति के लिए दान करना बतलाया है। पर हमारी समझ में स्वर्ग का अर्थ सुख है अर्थात् जिसमें अपने मन, कुटुम्ब, जाति, और देश को सुख मिले वैसा ही दान करना ठीक है। मरने पर जो कुछ होता है तो उन्हीं लोगों को स्वर्ग, मुक्ति, कैलाश, बैकुंठ सब मिलेंगे जो देश के लिए दान करते हैं। इससे अधिक लिखना व्यर्थ है। केवल दान्य वस्तु और दान पात्र सुनिए।*

[खं. 6, सं. 1 (15 अगस्त ह. सं. 5)]

*देखिए आगे 'देववस्तु' और 'दान-पात्र' शीर्षक रचनाएँ।

देय वस्तु

संसार में जितने पदार्थ देखे सुने और समझे जाते हैं सब परमात्मा ने मनुष्य को दान किये हैं, और मनुष्य की सामर्थ्य है कि जितनी वस्तु अपने अधिकार में रखता है दूसरों को दान कर दे। सच्ची उदारता भी यही है कि अपना तन, मन, धन दूसरों को देता रहे। यदि विचार के देखिए तो वास्तव में जगत का एवं तदंतःपाती समस्त सामग्री का स्वामी सच्चिदानन्द है। सब को सब कुछ दिया भी उसी ने है। अतः मनुष्य को देने में आगा पीछा करना व्यर्थ है। भाई, जो तुम्हारी निज की वस्तु हो वुह न दो, पर यह तो बताओ कि तुम्हारा है क्या? शरीर पंचतत्व का है, रुपया पैसा खनिज पदार्थ का है, वस्तु रुई ऊर्णादि के हैं, मूल में सब कुछ परमेश्वर का है। फिर देने में हिचिर-मिचिर क्या—"पूँजी पूरे साह की जस कोऊ करि लेय"। लड़का पैदा होता है तो कटिसूत्र तक नहीं पहिने होता। पास कोड़ी भी नहीं होती। मनुष्य मरता है तब भी वैसे भी पृथ्वी, जल अथवा अग्नि के मुँह में चला जाता है। हाड़े की कौड़ी साथ ले जाता है न तांवे का पैसा। हाँ जब तक यहाँ रहता है तब तक थोड़े बहुत पदार्थों का भोग कर लेता है। इससे यह तो प्रत्यक्ष है कि 'आदि संग आई नहीं, अन्त सं नहिं जाय। बीच मिली बीचे गई, तुलसी झखै बलाय'। हम चाहे कोटि उपाय करें पर ऐसा कभी किसी ने न सुना होगा कि जितना, जो कुछ, हम चाहते हैं उतना प्राप्त हो जाता हो। कौन नहीं चाहता कि जगत भर की सम्पत्ति, सुख, सुजस, मुझे मिल जाय? कौन नहीं चाहता कि मेरे बराबर किसी बात में कहीं कोई न देख पड़े? यदि सभी लोग संसार भरे के स्वामी हो जाते तो सेवा करने वाले (जिन से स्वामित्व की शोभा है) कहाँ से आते? इससे यह प्रत्यक्ष है कि कहीं कोई एक महासामर्थ्यवान शक्ति अथवा व्यक्ति है। ईश्वर, भाग्य, इत्तिफाक, चाहे जो मान लीजिए, उसी की इच्छा वा उसी के द्वारा हमें, जितना हमारे मिलने के योग्य है, मिलता है। फिर क्या, जब हम स्वयं दूसरे का दिया पाते हैं तो देने में हिचिर-मिचिर क्यों? जब कि दूसरे की वस्तु दूसरे को देना है तो सच ही विचार क्या? आखिर एक दिन हमारे हाथ से जाती रहेगी। फिर क्यों न अभी से उसका मोह छोड़ के सेंत मेंत में कीर्तिलाभ कर लें। क्यों न सारे संसार एवं

जगतकर्तार के मुख से—'भीख में से भीख दे, तीनों लोक जीत लें', कहलाने का उद्योग करें? स्मरण रखिए, जो कुछ आपके पास है वुह यदि अपने काम में ले आइए तो कोई बुराई नहीं है, पर भलाई भी क्या है? हाँ, यदि अपने और यथासाध्य पराए कार्य में भी लगाते रहिए तो बुद्धिमानी है। पर यदि अपनी हानि करके भी पराया हित कर सकिए तौ तो सच्ची कीर्ति के पात्र हो जाइएगा। लक्ष्मी जी (धन, बल, विद्यादि) संसार में तीन रूप से विचरती हैं। किसी के यहाँ कन्या के रूप में जाती हैं, उसे निन्दास्पद बनाती हैं। जो न अपने लिए उठाता है न औरों को देता है वुह सूम कहलाता है। अन्त में दूसरे लोग उसका धन भोगते हैं, पर कुछ प्रशंसा नहीं करते। हमें आशा है 'ब्राह्मण' के रसिक अपनी लक्ष्मी से ऐसा बर्ताव न करते हैं न करेंगे। लक्ष्मी जी बहुतों के पास पत्नी स्वरूप से जाती हैं। अर्थात् जिसकी कहलाती हैं उसी के काम आती हैं, दूसरों से कुछ प्रयोजन नहीं। यद्यपि यह रीति बुरी नहीं है पर कोई उत्तमता भी नहीं है। हाँ, जिन के पास वेश्या बन के जाती है अर्थात् अपने पराय सब के सुख साधन में आती हैं वही उदार, यशी, जगत हितैषी कहलाता है। अतः बुद्धिमान को चाहिए कि परस्वारथ के लिए प्राण तक दान कर दे। पर सबसे पहिले चाहिए कि इस बात पर दृष्टिदान करें कि दान वस्तु और दान का पात्र दोनों दान के योग्य हैं कि नहीं। यह विचार रक्खे बिना दान निष्फल है, बरंच बहुधा दुष्फल-जनक हो जाना भी सम्भव है। हमने पुराने ढंग के लोगों से सुना है कि बाजे-बाजे लोग तीर्थों के पंडों को स्त्री दान करते थे। उसे हम दान नहीं कहेंगे। वुह बिना सोचे विचारे धन और धर्म का सत्यानाश करना था। यदि किसी वेद अथवा शास्त्र में प्रत्यक्ष वा हेर फेर के साथ ऐसी आज्ञा भी हो तो माननी चाहिए। स्त्री का नाम अर्द्धांगी इसलिए रक्खा गया है कि सांसारिक अथच परमार्थिक कामों में साथ दे सकती है। पर वुह कोई वस्तु अथवा पशु नहीं है कि जिसे चाहें उसे दे डालें। हाँ, जिसे हम हाथ पाँव धन अन्नादि से सहाय दान करते हैं हमारी अर्द्धांग स्वामिनी भी करे, पर यह क्या है कि दानपात्र का कोई विशेष हित अथवा उसकी योग्यता देखे बिना 'ओम् विष्णुविष्णुः' कर दिया जाय। दान का मुख्य प्रयोजन यह है कि जिसे जिस बात की आवश्यकता हो और उस आवश्यकता के पूर्ण करने की सामर्थ्य न हो उसे यथोचित अथवा यथासामर्थ्य सहायता देना। इस दशा में भी यदि यह शंका हो कि लेने वाला ले के उचित रीति से काम में न लावेगा तो दान करना पाप है। बस, इस नियम पर दृष्टि रख के सदा सकल पदार्थ दान करते रहिए, पूर्ण फल के भागी हो जाइएगा। बिना जी दुखाए फेर लेने की इच्छा से उचित ब्याज पर गरीब भलेमानस को ऋण देना भी दान है। कोमलता के साथ काम कराने की इच्छा से किसी को नौकर अथवा मजदूरी पर रख लेना भी दान है। अपने पास खाने का सुभीता न हो तो साधारण लोगों से कुछ ले के (जितना देते उन्हें अखर न हो) उनके बालकों को विद्या पढ़ाना

एवं कोई गुण सिखाना भी दान है। किसी निर्बल व्यक्ति को एक अथवा अनेक अत्याचारियों के हाथ से कल बल छल कुछ ही करके बचा लेना दान है। किसी की कोई बुरी लत छुड़वाना दान है, क्योंकि ऐसे-ऐसे कामों से दूसरों को उचित सहायता मिलती है। कहाँ तक कहिए, समझ बूझ के साथ जाति, धर्म, प्रतिष्ठा, धन, मान, प्रान, सर्वस्व तक दान करना उत्तम है। कोई गाय, भैंस, बालक, वृद्ध, अन्धा, पंगु मोहरी में पड़ा हो और बिना हमारे निकाले न निकल सकता हो तो कपड़ों समेत नाली में घुस के उसे उबार लेना, देश में विद्या गुण कला कौशल फैलाने के लिए जहाज पर चढ़ के, सब छुवाछुत गँवा के, विलायत जा के, जातिहित साधन करना इत्यादि तो हई क्या लोक परलोक सब त्याग के पराया भला करना दान है। स्वामी रामानुज जी ने गोष्टी पूर्णाचार्य जी से ब्रह्मविद्या सीखी थी। उस समय आचार्य से प्रतिज्ञा करा ली थी कि किसी को न बतावेंगे पर ज्यों ही सीख चुके त्यों ही समस्त शिष्यमंडली को बतलाना आरम्भ कर दिया। यह सामाचार पा के पूर्णाचार्य क्रुद्ध हो के कहने लगे कि "तुमने गुरु के वाक्य उल्लंघन किये हैं अतः नर्क जाओगे"। इस पर परमोदार शेषावतार श्रीयतिराज ने कहा 'पतिष्ये एक एवाह नरके गुरु पातकात्। सर्वे गच्छन्तु भवतां कृपया परमंपदः'। सच है, दान इसी का नाम है कि परोपकाराणि नर्क से भी न डरना। जब हमारे माननीय महात्मा यहाँ तक उदाहरण दिखला चुके हैं तो दूसरी वस्तु कौन सी है जो पात्र के देने योग्य न हो। हमारे पूर्वजों ने बड़ी भारी बुद्धिमानी से जाड़े में तिल, कम्बल, इत्यादि का दान, गीष्म ऋतु में जल, छत्र, उपानहादि का दान बतलाया है। इनमें बहुधा योग्यायोग्य का बिचार नहीं भी अपेक्षित है। उस ऋतु में वे वस्तुएँ जिसे दीजिएगा वही सुख पावेगा। पर उसमें बिना बिचारे बहुत से दानपात्रों का बिमुख रह जाना एवं जिन्हें आवश्यकता नहीं है उनका उड़ा ले जाना सम्भव है। विशेषतः कन्या और गऊ तो कुपात्र को देना ही न चाहिए। इसी से हमारे प्रेमशास्त्र की आज्ञा है कि सब से बड़ा मन का दान है। प्रत्येक दान में मन लगा के देख लिया कीजिए कि देय वस्तु और दान पात्र दोनों ठीक हैं कि नहीं। बस सारे दान सुफल हो जायँगे। यदि कुछ देने की सामर्थ्य न भी हो तो भी सेंत मेंत में मानसिक पुन्य मिलता है। पर देखिए, दान दे के अपने लिए फल की आशा करना वणिग्वृति है। धर्म चाहो तो केवल पराया भला करने में दत्तचित्त रहो। इसी में सब कुछ है। जब मन दे दीजिएगा तो कोई वस्तु देते हुए न अखरेगी। मन दे के यदि और कुछ न भी दे सकिए तो भी दानपात्र परम सन्तुष्ट रहेगा। अतः सब दशाओं में दानपात्रों की दशा पर दृष्टि देते रहो। इससे इतना महान् पुन्य होगा कि 'नर को बस करिबो कहा, नारायण वश होय'। बस दृष्टि और मन दे दीजिए फिर दान का सर्वस्व आपके आधीन हो जायगा। दूसरी वस्तु यदि आप न दें सकें तो आप के कहने से दूसरे लोग देना सीख जायँगे। उस दशा में आपको विश्वास हो

जायगा कि मन का दान करने वाला दाता ही नहीं बरंच दाताओं का गुरू है। और उसी दशा में हम आप से कहेंगे कि अमुक को कुछ दान कीजिए और कुछ न हो सके तो बचन मात्र से उपदेश का ही दान करते रहिए। इसमें भी एक न एक दिन बड़ा उत्तम फल प्राप्त होगा। इस समय अधिक न हो सके तो हमारे इस वचन पर केवल कान दीजिए (यदि ध्यान दीजिए तो अत्युत्तम) कि दान अति उत्तम कृत्य है, उसमें भी मन दान सब दानों का मूल है। उसके कारण सारा संसार दान में देने के योग्य दिखलाई देगा। यहाँ तक कि दाता लोग परम पद का दान कर सकते हैं, पात्र होना चाहिए। एक प्रेमी का वचन है कि एक महात्मा ने हमें परमतत्व परमात्मा दान में दे दिया। यह बात यदि अभी न समझ में आवे तो कुछ दिन कुतर्क छोड़ के प्रेमशास्त्र पढ़िए, तब निश्चय हो जायगा कि परमेश्वर तक दान में दिया जा सकता है दूसरी, बात की तो बात ही क्या है। पर इतना स्मरण रखिए कि वुह 'कर्तुमकर्तुमन्यथा कर्तुं समर्थ' है, इससे दाता, दानपात्र एवं दान का विषय सब हो जाता है, पर पात्र मिलने पर। पर यह विषय गूढ़ है। इससे इस विषय में तो हम इतनी अनुमति मात्र दे सकते हैं कि एकाग्रचित्त होके प्रेमदेव से प्रार्थना करो तो कदाचित वुह प्रेम सिद्धान्तियों के दान का ज्ञान दें। हाँ, यदि हमारे लेख से दान की सामग्री समझ में आ गयी हो तो दान के पात्र भी ध्यान में धर रखिए।

[खं. 6, सं. 2 (15 सितम्बर ह. सं. 5)]

खेड़ी बोली का पद्य

इस नाम की बाबू अयोध्या प्रसाद जी खत्री मुजफ्फरपुरवासी कृत पुस्तक के दो भाग हमें हमारे सुहृद्बर श्रीधर पाठक द्वारा प्राप्त हुए हैं। लेखक महाशय की मनोगति तो सराहना योग्य है, पर साथ ही असम्भव भी है। सिवाय फारसी छन्द और दो तीन चाल की लावनियों के और कोई छन्द उसमें बनाना भी ऐसा है जैसे किसी कोमलांगी सुन्दरी को कोट बूट पहिनाना। हम आधुनिक कवियों के शिरोमणि भारतेन्दु जी से बढ़के हिन्दी भाषा का आग्रही दूसरा न होगा। जब उन्हीं से यह न हो सका तो दूसरों का यत्न निष्फल है, बाँस को चूसने से यदि रस का सवाद मिल सके तो ईख बनाने का परमेश्वर को क्या काम था।

हाँ उरदू शब्द अधिक न भर के उरदू के ढंग का सा मजा हम पा सकते हैं और उरदू कविताभिमानियों से हम साहंकार कह सकते हैं कि हमारे यहाँ का काव्य भी कुछ कम नहीं है। यद्यपि कबिता के लिए उरदू बुरी नहीं है, कबित्व रसिकों को वह भी बारललना के हावभाव का मजा दे जाती है, पर कबि होते हैं निरंकुश, उनकी बोली भी स्वच्छन्द रहने से अपना पूरा बल दिखा सकती है। जो लालित्य, जो माधुर्य, जो लावन्य कवियों की उस स्वतन्त्र भाषा में है जो बृजभाषा, बुंदेलखण्डी, बैसवारी और अपने ढंग पर लाई गयी संस्कृत व फारसी से बन गयी है, जिसे चन्द्र से ले के हरिश्चन्द्र तक प्रायः सब कवियों ने आदर दिया है, उसका सा अमृतमय चित्तचालक रस खड़ी और बैठी बोलियों में ला सके, यह किसी कवि के बाप की मजाल नहीं। छोटे मोटे कवि हम भी हैं और नागरी का कुछ दावा भी रखते हैं, पर जो बात हो ही नहीं सकती उसे क्या करें। बहुतेरे यह कहते हैं कि बृजभाषा की कविता हर एक समझ नहीं सकता। पर उन्हें यह समझना चाहिए कि आपकी खड़ी बोली ही कौन समझ लेता है। यदि सबको समझाना मात्र प्रयोजन है तो सीधी-सीधी गद्य लिखिंए। कविता के कर्त्ता और रसिक होना हर एक का काम नहीं है।

उन बिचारों की चलती गाड़ी में पत्थर अटकाना, जो कबिता जानते हैं, कभी अच्छा न कहेंगे। बृजभाषा भी नागरी देवी की सगी बहिन है, उसका निज स्वत्व

दूसरी बहिन को सौंपना सहृदयता के गले पर छुरी फेरना है। हमारा गौरव जितना इसमें है कि गद्य की भाषा और रक्खें, पद्य की और, उतना एक को बिल्कुल त्याग देने में कदापि नहीं। कोई किसी की इच्छा को रोक नहीं सकता। इस न्याय से जो कविता नहीं जानते वे अपनी बोली चाहे खड़ी रक्खें चाहे कुदावें, पर कवि लोग अपनी प्यार की हुई बोली पर हुकुम चलाके उसकी स्वतन्त्र मनोहरता को नाश नहीं करने के। जो कविता के समझने की शक्ति नहीं रखते वे सीखने का उद्योग करें। कबियों को क्या पड़ी है कि किसी के समझाने को अपनी बोली बिगाड़ें।

[खं. 4, सं. 7 और 8 (15 फरवरी और मार्च, ह. सं. 4)]

भ्रम है

'विद्याधर्मदीपिका' सम्पादक पंडितप्रवर श्री चन्द्रशेषरमिश्र महोदय मई मास की उक्त पत्रिका में आज्ञा करते हैं कि 'गजल और लावनी आदि के छन्द बृजभाषा में ठीक नहीं बरंच अत्यंत कर्णारुमन्द जँचते हैं। हम उन्हें स्मरण दिलाते हैं कि श्री शाह कुन्दनलाल (महात्मा ललित किशोरी) और नारायण स्वामी इत्यादि कई सज्जनों की बहुत सी गजलें प्रसिद्ध हैं। नमूने के लिए दो चार का मतला (टेक) सुन लीजिए। यथा—

सुनिए जसोदा रानी या लाल की बड़ाई। सब लोक लाज यानैं जमुना में धो बहाई। और—विनती कुंअरि किशोरी मेरी मान मान मान। बिन चूक मान मोसों मती ठान ठान ठान। तथा—देखो कहुँ गलीन में बृषभाननन्दिनी। ठुम-ठुम धरै धरनि प चरन गति गयन्दिनी। इत्यादि। इसी प्रकार लावनी को। यद्यपि देश के कई प्रान्तों में बहुत चर्चा नहीं है तौ भी श्री राधाचरण गोस्वामी, हमारे गुरुवर श्री ललिताप्रसाद जी त्रिवेदी (ललित कवि) तथा हम और कई एक और कवियों ने बहुत सी लावनी लिखी है। यथा—सब गोपबधूटी लकुट मथनियन साधे। गिरि परे न गिरिवर आय कान्ह के कान्धे। फिर—अरी बतावै क्यों न हाल तू कौन ख्याल में है भटकी, कासों अटकी, लिए मटकी जु फिरै मटकी मटकी। पुनः—दिन-दिन दीन दसा भारत की अधिक-अधिक अधिकाई है। दीन बन्धु बिन, दीन को दीसत कोउ न सहाई है। इत्यादि।

यह सब बृजभाषा है और किसी कवि ने इन्हें कर्ण कटु नहीं बतलाया आशा है आप भी अच्छा न कहैं तो बुरा भी न ठहरावैंगे। इसके अतिरिक्त और भी जिन-जिन छन्दों के कहिए उनके नवीन तथा प्राचीन उदाहरण सेवा में निवेदित किये जायँ। पर खड़ी बोली में दोहा चौपाई क्या लावनी इत्यादि के सिवा सभी छन्द स्वादु रहित होते हैं और होंगे। नमूने के लिये ढूँढ़ने नहीं जाना, कई पुस्तकें छपी हुई मौजूद हैं। फिर यदि 'बहुत से सुजन' कहते हैं कि 'बिना बृजभाषा के विशुद्ध हिन्दी में कविता...ठीक नहीं हो सकती' तो वे क्या पाप करते हैं? आपने भी अपनी बासंती कविता में माधुर्य रक्षार्थ बृजभाषा का आश्रय लिया है। फिर यदि

काव्य-रसिक लोग बृजभाषा ही को मधुर कविता के योग्य मानते हैं तो क्या अन्याय है? हाँ, यदि बृजभाषा और होती और खड़ी बोली और होती तो कविता न होने से निश्चय हिन्दी का 'भाग्य दोष' अथवा 'कलंक' था; पर जब कि यह बात लाखों कोस नहीं है तो नागरी देवी का यही परम सौभाग्य और महद्यश समझना चाहिए कि वे दुनिया भर की सभ्य भाषाओं से इतनी अधिक श्रेष्ठता रखती हैं कि गद्य के समय और रूप तथा पद्य के अवसर पर अन्य छटा दिखला सकती हैं। फिर हम नहीं जानते वे कैसे 'हिन्दी के हितैषी हैं जो अपनी आदरणीया मातृभाषा को सभी काल में उसके स्वभाव के विरुद्ध खड़े ही रखने का हठ करते रहते हैं। संगीतवेत्ता अनेक स्थल पर यदि 'मृदंग' शब्द को 'मृदौंग' न कहैं तो स्वर की पूर्णता नहीं होती। इसमें व्याकरणियों का शब्दशुद्धि विषयक आग्रह करना व्यर्थ है। यों ही कवि लोग यदि अवसर पड़ने पर माधुर्य एवं लावन्य के अनुरोध से शब्दों में कुछ परिवर्तन न करें तो निरसता कानों और प्रानों में खटकने लगती है। इस बात के जाने बिना केवल गद्य लेखकों का तर्क उठाना निरा भ्रम है।

[खं. 7, सं. 11 (15 जून ह. सं. 7)]

अब बातों का काम नहीं है

हिन्दी ही अक्षर सब अक्षरों से सहज और शुद्ध है। हिन्दी ही भाषा सब भाषाओं से उत्तम है। विशेषतः हिन्दुओं को सच्चा गौरव, सच्चा लौकिक पारलौकिक सुख सौभाग्य इसी पर निर्भर है। इन बातों का हम और हमारे सहयोगी गण एक बार नहीं सौ बार सिद्ध कर चुके हैं। इससे बार-बार लिखना पढ़ना व्यर्थ है। यदि किसी को इसके विरुद्ध हठ हो तो आवै हम शास्त्रार्थ के लिये कटिबद्ध हैं। पर इन बातों से क्या? यह तो छोटे-छोटे बच्चे भी जानते हैं कि सब देश के मनुष्यों ही की नहीं बरंच जीव जन्तुओं की भी एक स्वतन्त्र बोली होती है और सबको अपनी बोली से ममता भी होती है। सुग्गा मैना पेट के लिए मनुष्यों की सी बोली सीख लेते हैं, पर अपने सजातियों में तथा विजातियों में भी अपना आन्तरिक भाव प्रकाश करने के लिए अपनी ही बोली का अवलम्बन करते हैं। खेद है यदि खुशामदी, स्वार्थतत्पर, हृदयशून्य हिन्दू चिड़ियों से भी बह जायँ। अन्याय है यदि गवर्नमेंट ऐसे बज्र मूर्खों पर भी दया न करे जो डर और खुशामद के मारे अपनी मातृभाषा के गले पर छुरी फिरते देख के भी कुछ न टसक सकें। हे हिन्दुओं! हम जानते हैं कि तुम्हें अपनी भाषा का रत्ती भर मोह नहीं है, नहीं तो 'सारसुधानिधि' एवं 'भारतेन्दु' आदिक उत्तमोतम पत्र बन्द न हो जाते। हिन्दी का एकमात्र दैनिक पत्र 'हिन्दोत्थान' तथा सुलेखमय सच्चे रत्नों का एक मात्र भंडार 'हरिश्चन्द्र कला' इस दशा में न होती कि केवल अपने स्वामी ही के धन से चले। पर इन बातों का भी इतना शोच नहीं है। अभी तक आशा थी कि आज नहीं तो दश वर्ष में तुम्हें बोध होगा, तब नागरी देवी की महिमा जानोगे और इसके लिए तन मन धन निछावर करने में अपनी प्रतिष्ठा समझोगे। किन्तु अब हमारी आशा के गले पर छुरी रख दी गयी है। इससे हमें अनुभव हो रहा है कि दस ही बीस वर्ष में तुम्हारी भाषा का नाम न रहेगा और तुम्हारे सर्वनाश का अंकुर दिखाई देने लगेगा। इससे मानो चाहे न मानो पर हम चिता देना धर्म समझते हैं कि यदि अपने सन्तान का कुछ मोह हो, अपनी जाति का कुछ भी चिह्न बनाये रखना चाहते हो तो शीघ्र इलाहाबाद यूनिवर्सिटी की कुमन्त्रणा के रोकने का उपाय करो। नहीं तो याद रक्खो

कि जहाँ वर्तमान काल के वृद्ध और युवक मरे वहीं हिन्दी स्थान में हिन्दूपन की गन्धि भी न रह जाएगी। कई पत्रों से विदित हुआ है कि वहाँ की यूनिवर्सिटी ने हिन्दी को सातवीं क्लास तक में नहीं रक्खा। इस घोर अत्याचार की इसके अतिरिक्त और क्या मनसा हो सक्ती है कि संस्कृत कठिन है, उसे अपने बच्चों को पढ़ावेंगा कौन, अरबी हिन्दुओं के है किस काम की? झख मारेंगे, फारसी पढ़ावेंगे। एक तो अंग्रेजी ही विदेशी भाषा है, बहुत सहज में आ जाती है, उसके साथ एक और विदेशी भाषा फारसी ठूँस दी गयी, जिससे लड़कपन ही से परिश्रम के मारे दिमाग कमजोर हो जाय, बुद्धि उकसने न पावै, दिन रात दूनी चिन्ता सिर पर सवार रहे, आँखों की ज्योति और देह का बल जन्म भर क्षीण ही बना रहे, ऊपर से अपने धर्म कर्म आचार व्यवहार का दमड़ी भर ज्ञान न होने पावे, रंजे पुंजे घर के हों तो जन्म भर इश्क के बन्दे बने रहें, नहीं तो पेट की गुलामी करते-करते मर मिटें, देश जाति राजा प्रजादि से कुछ सम्बन्ध न रहे, बस। यह पढ़ाई का फल है! यह विश्वविद्यालय की करतूत है! इसके लिए हम उसके प्रबन्धकर्त्ताओं को दोष नहीं दे सक्ते, क्योंकि सर सैयद अहमद को हिन्दुओं की पीर तभी तक थी जब तक अलीगढ़ कालेज के लिए चन्दा उघाना था। पंडित लक्ष्मीशंकर की स्वभाषा, निज जाति और अपने देश की ओर जो कुछ ममता है वह उनकी काशी पत्रिका ही से प्रत्यक्ष है और वहाँ अपना बैठा ही कौन है? हिन्दू और हिन्दूपन का जिसे कुछ मोह हो उसी से इस विषय की आशा कर सकते हैं। उसीको इसके लिये उत्तेजना दे सक्ते हैं और कुछ सिद्धि न हो तो उसीसे शिकायत कर सक्ते हैं। सो वहाँ एक भी नहीं। अकेले पंडित आदित्यराम हैं सो उनकी कोई सुनता नहीं। बस चलो छुट्टी हुई। हाँ, जिन्हें अपने प्यारे बालकों की भलाई बुराई की ओर ध्यान तथा निजत्व का ज्ञान हो उन्हें चाहिए कि उक्त विद्यालय की मन्त्री सभा के भरोसे पर न भूलें, अपने हिताहित को आप बिचारें और शीघ्र वहाँ हिन्दी के पुनरस्थापन का प्रयत्न करें। इस विषय में प्रयाग हिन्दू समाज चाहती है कि समस्त आर्य सभा, धर्म सभा तथा अन्यान्य सभाएँ एवं देश के शुभचिन्तक गण अपने-अपने नगर में इसका आन्दोलन करें और गवर्नमेंट को प्रार्थना पत्र भेजें अथवा किसी स्थान पर नगर नगरोत्तर के प्रतिनिधि एकत्रित होके वृहत् सभा के द्वारा राजा और प्रजा से विनती करें और भली भाँति समझावें कि हिन्दी के बिना हिन्दुओं के सर्वनाश की सम्भावना है। पर हम कहते हैं, अब बातों का काम नहीं है। जब घर में आग लगे तब बहुत सोच विचार करना ठीक नहीं। शीघ्र पानी लेके दौड़ना ही श्रेयस्कर है। सभा वा मेमोरियल जो कुछ करना हो शीघ्र कीजिए, शीघ्र हिन्दू समाज के मन्त्री मुंशी काशीप्रसाद को अपनी-अपनी सम्मति दीजिए और सम्मति ही नहीं तन मन धन से साथ दीजिए। तथा यह भी समझे रहिए कि गवर्नमेंट केवल मेमोरियल से न पसीजेगी। कचहरियों में हिन्दी जारी कराने के लिए, ऊची क्लासों में हिन्दी

पढ़ाने के लिए, हिन्दी में मिडिल पास करने वालों को सरकारी नौकरी से वंचित न रखने के लिए मेमोरियल भेज के तथा बड़े-बड़े प्रमाण दे के देख लिया गया है कि सरकार कुछ ध्यान नहीं देती, जान बूझ के भी न जाने क्यों हिन्दू प्रजा का दुख सुख नहीं सुनती, इससे हमें दृढ़ प्रतिज्ञा कर लेनी चाहिए कि जब तक कार्यसिद्धि न होगी तब तक कभी चुप न होंगे। एक बार सुनवाई न होगी तो सौ बार, सहस्त्र बार निवेदन करेंगे। प्रार्थनापत्रों के मारे इस खंड के चीफ तथा प्राईवेट सेक्रेटरी महाशयों के महल भर देंगे। द्वार पर प्रार्थकों की भीड़ तथा मेमोरियलों का ढेर इतना लगाये रहैंगे कि निकलने पैठने को राह न रहे। इधर नगर-नगर गाँव-गाँव में रोवैंगे, भीख मागैंगे और अपनी मातृ भाषा की धूम मचाये रहैंगे। हिन्दूमात्र को समझावैंगे कि लड़के पास हों चाहे न हों पर हिन्दी अवश्य पढ़ाओ। तभी कुछ होगा। तभी एक बड़ा समुदाय एवं गवर्नमेंट स्वयं हमारी सहायक हो के मनोरथ पूर्ण करेगी। पर जिन्हें हिन्दी की कुछ भी कलक हो उन्हें–'काल्हि करंते आज कर, आज करंते अब्ब' और–'प्रारभ्य चोत्तमजना न परित्यजंति'–इन दो वचनों को गाँठ बाँध के, मजबूती से सेतुआ कमर बाँध के पीछे पड़ जाना चाहिए। क्योंकि अब तो बातों का काम नहीं है, काम में जुट जाने का काम है। हो सके तो हिन्दी की रक्षा के लिए उद्यत हो जाइए नहीं तो हिन्दूपन का नाम न लीजिए। आखिर एक दिन मिटना है, आज ही सही।

[खं. 6 सं. 10 (15 मई ह. सं. 6)]

असम्भव है

प्रेम के बिना आत्मिक शान्ति असम्भव है। हिन्दी का पूर्ण प्रचार हुए बिना हिन्दुओं का उद्धार असम्भव है। हिन्दुओं के भली भाँति सुधरे बिना हिन्दुस्तान का सुधार असम्भव है। दूसरों के भरोसे अपनी भलाई की आशा करने पर यथार्थ सिद्धि असम्भव है। भय, लज्जा और धर्माधर्म का विचार रखने में संसार के काम चलना असम्भव है। कपट त्यागे बिना सच्ची मित्रता असम्भव है।

कुपथ्य करने से रोग की शान्ति असम्भव है। स्वार्थी से वास्तविक परोपकार असम्भव है। उदार पुरुष को धन का संकोच न होना असम्भव है। ईश्वर की सर्वव्यापकता के विश्वासी से पाप कर्म असम्भव है। संगीत साहित्य और सौन्दर्य के स्वाद बिना सहृदयता असम्भव है। दो चार बार धोखा खाए बिना अनुभवशीलता असम्भव है।

अदालत में जा के सत्यवादी बना रहना असम्भव है। कपट का भंडा फूट जाने पर सम्भ्रम रक्षा असम्भव है। मतवादी में धार्मिकता असम्भव है। धन की उन्नति बिना किसी लौकिक विषय की उन्नति असम्भव है। गोरे रंग वालों से निष्पक्षता असम्भव है। जिस विषय में पूरा अनुभव न हो उसमें मुँह खोल कै विज्ञ मंडली के मध्य प्रशंसा पाना असम्भव है।

शास्त्रार्थ से ईश्वर का सिद्ध कर देना असम्भव है। दुःख और दुर्व्यसन से पूर्णतया बचे हुए जीवन यात्रा असम्भव है। बन्धु विरोध करके लाख चतुरता के अच्छत सुख सम्पत्ति बनाए रखना असम्भव है। निरुत्साही से कोई काम होना असम्भव है। प्रजा विरोधी से राजभक्ति असम्भव है। इन सिद्धान्तों को अययार्थ ठहराने की मनसा से विवाद उठा के जय लाभ करना असम्भव है।

[खं. 7, सं. 10 (15 मई, ह. सं. 7)]

देखिए तो

(जरा मन लगा के पढ़िए)

यों तो सभी देशों का गौरव वहाँ के शूर सती और कवियों पर निर्भर होता है किन्तु हमारा भारतवर्ष सदा से इन्हीं पुरुषरत्नों के द्वारा अलंकृत रहा है। आजकल इसकी जो कुछ दुर्दशा हो रही है उसके विशेष कारणों में से एक यह भी है कि बहुत दिन से ऐसे लोगों का चरित्र सर्वसाधारण को भली भाँति नहीं विदित होता। जिन्होंने बरसों स्कूल में पढ़कर बड़े-बड़े पद प्राप्त किये हैं, वे भी बहुधा नहीं ही जानते कि हमारे देश में कब, किस समय, कौन-कौन उत्साही वीर, पतिप्राणा स्त्रीरत्न एवं रससिद्ध कवीश्वर हुए हैं अथवा हैं और इस प्रकार का ज्ञान न होने से देश में मनुष्य जीवन को सुशोभित करने वाले सद्गुणों का पूर्णरूप से प्रचार होना दुर्घट है। इस अभाव के दूर करने की मनसा से देशभक्तों और विद्यारसिकों की सेवा में हमारा सविनय निवेदन है कि जो सज्जन भूतकाल के तथा वर्तमान समय के वीर पुरुषों, पतिव्रता स्त्रियों अथच कवियों का वृत्तान्त जानते हों वह कृपा हमारे पास लिख भेजें तो भारतवर्ष का बड़ा उपकार होना सम्भावित है।

इस देश में ऐसा स्थान बिरला ही होगा जहाँ सौ पचास वर्ष के इधर उधर किसी न किसी घराने में कोई न कोई जाति और देश को भूषित करने वाले पुरुष अथच स्त्री ने जन्म न ग्रहण किया हो। ऐसों का चरित्र एकत्रित करने में प्रचलित गीतों और कविताओं (जो दिहात के स्त्री पुरुष बहुधा गाया करते हैं वा भाट लोग कहते रहते हैं) तथा वृद्ध लोगों से बहुत कुछ सहायता मिल सकती है। पर इस प्रकार की बातें संग्रह करना एक दो मनुष्यों का काम नहीं है।

इससे सहृदय मात्र को हम कृपा करके देश की कल्याण साधनार्थ परिश्रम करके लिख भेजना चाहिए कि किस जिले परगने के किस नगर अथवा ग्राम में, किस संवत् में किस कुल के मध्य, किस साहसी व्यक्ति ने जन्म लिया, उसके माता पितादि का नाम क्या था और किस-किस उद्देश्य से कब-कब किस-किस के प्रति कहाँ अपने अलौकिक गुण का प्रकाश किया। यों ही कब, कहाँ, किसके गृह

में, किसके गर्भ से किस पतिव्रता ने प्रादुर्भाव किया और और किस वंश के कौन से बड़भागी के साथ ब्याही गयी तथा क्यों कर पवित्र प्रेम का परिचय देकर जीवनयात्रा समाप्त की एवं उसका सतीचौरा किस स्थान पर है। इसी प्रकार कब, कहाँ किस कुल में किस कविवर ने जन्म धारण किया, किस राजसभा अथवा किस रीति से निर्वाह किया वा करते हैं।

कौन-कौन से ग्रन्थ निर्माण किये, उन ग्रन्थों की पूरी प्रति अथवा कुछ कविता भी लिख भेजनी चाहिए। यदि सम्भव हो तो उनका चित्र वा हस्तलिपि भी भेजने तथा भिजवाने का यत्न कर्तव्य है। शिवसिंह सरोज में जिन-जिन कवियों की कथा लिखी है उसके अतिरिक्त कुछ और विशेष वृत ज्ञात हो वा अन्यान्य कवियों का चरित्र अवगत हो तो लिखना चाहिए। आल्हा, लोरीक, बिजयमल्ल, सल्हेस, नयकाबनिजरवा, गोपीचन्द, भरतरी, अमरसिंह का ख्याल, सतीचन्द्रावली का गीत इत्यादि एवं इसी प्रकार के और-और गीत, कबित्त, पंवरा आदि से बहुत कुछ सहायता मिल सकती है।

जो देशहितैषी ऐसी-ऐसी बातों के लिख भेजने का उद्योग करेंगे तथा सम्पादक महाशय इस बिज्ञापन को अपने पत्र में कुछ दिन स्थान दान करेंगे उनको धन्यबाद तो हम क्या समस्त भारत देहीगा किन्तु एतद्विषयक पुस्तक (वा पुस्तकें) भी उनकी सेवा में बिना मूल्य भेजी जायँगी। बुद्धिमानों को इतनी सूचना बहुत है। हाँ, जो-जो बातें रह गयी हों वह और भी बढ़ा के लिखना उनकी कृपा है। इसे पढ़ के रख न दीजिए किन्तु ध्यान दीजिए और परिश्रम कीजिए तो बस, मुझ पर अहसान करो खलक प अहसान होगा।

विशेष जिस ग्राम में वा प्रान्त में जन्म हो उसका नाम क्यों पड़ा, यदि यह मालूम हो तौ भी लिखना वा किस वर्ण के कौन विभाग तथा मत मानते हैं यह भी मालूम हो तो लिखना।

हिन्द हिन्दी और हिन्दुस्तानियों का कीर्त्तिवर्द्धक
प्रतापनारायण मिश्र,
ब्राह्मण सम्पादक कानपुर
अथवा
मैनेजर खड्ग विलास प्रेस, बाँकीपुर।

[खं. 7, सं. 10, (15 मई, ह. सं. 7)]

अपभ्रंश

यह महात्मा जिस शब्द पर दाँत लगाते हैं उसे तोड़ मरोड़ के ऐसा बना देते हैं कि शीघ्रता में उसका शुद्ध रूप समझ में आना कठिन हो जाता है। बरंच कभी-कभी तो ऐसी सूरत पलट देते हैं कि यह भी नहीं जान पड़ता कि यह शब्द है किस भाषा का। दिहातों में कच्ची दीवारों पर भूसा और मिट्टी एक में सान के लगाई जाती है। उसका नाम वहाँ के हिन्दू, मुसलमान, पढ़े, बिन पढ़े, जिससे पूछिए कहगिलि बतलावैगा पर यह कोई नहीं बतलाता कि वह शब्द किस भाषा का है। बिचारने से जान पड़ेगा कि फारसी में काह अथवा कह घास को और गिल मिट्टी को कहते हैं।

यही दोनों मिल के काहीगिल, काहगिल, कहिगिल अथवा कहगिलि का रूप धारण कर लेते हैं और नवेदद्यावनी भाषा का सिद्धान्त रखने वाले पंडितों तक को ग्राम भाषा होने का धोखा देते हैं। ऐसे ही 'लप्प लप्प' (जीभ लप्प लप्प होती है) फारसी के लब ब लब अर्थात् एक होंठ से दूसरे होंठ को लाना अथवा उसी अर्थ के वाचक लबालब का अपभ्रंश है। इस अपभ्रंश की दया से दूसरी भाषा के शब्द दूसरी भाषा में ऐसे घुलमिल जाते हैं कि उनकी असलियत जानना कठिन हो जाता है। हमने गत वर्ष युवराज कुमार के स्वागत में लिखा था कि 'जीवहिं तव पितु मातु कका काकी अरु आजी'। इस पर बहुतेरे मित्रों ने जिह्वा और लेखनी द्वारा विदित किया था कि 'कहाँ का गँवारी शब्द ला रक्खा है'। पर वह विचारते तो जान जाते कि आजा (पितामह) आजी (बरंच सम्बोधन में अरी आजी= आर्य्या जी) ऐया और अजी, ऐजी तथा जी एवं मद्रासी ऐयर (कुलीन ब्राह्मण) सब आर्य शब्द को रंग बदलौअल है। बरंच हिन्दी की सृष्टि ही संस्कृत शब्दों के अपभ्रंश से हुई है। अक्षि (आँख) , कर्ण (कान), मुख (मुँह) इत्यादि लाखों शब्द यदि शुद्ध रूप में प्रयोग किये जायँ तो निरी संस्कृत ही बोलना पड़े। इससे अपभ्रंश का त्याग करना भी भाषा का अंग-भंग करना है क्योंकि उसके बिना निर्वाह ही नहीं प्रकृति का नियम ही है कि संस्कृत के 'यत्' शब्द को बंगाल में ले जाकर 'जती' और 'जे' तथा विलायत में पहुँचाकर द्यट that के रूप में जैसे ला डाला है वैसे ही अनेक

भाषाओं के अनेक शब्दों के अनेक रूपान्तर करके भाषान्तर तथा अर्थान्तर की छटा दिखाता रहता है।

फिर हम नहीं जानते खड़ी बोली की कविता के पक्षपाती बृजभाषा से क्यों चिटकते हैं और श्री गोस्वामी तुलसीदास तथा बिहारीलाल इत्यादि सत्कवियों के बचनामृत को सुधारने की नीयत से क्यों शक्कर को बालू बनाते हैं। क्या इतना नहीं समझते कि अंग्रेजी 'जियोग्राफी' अरबी 'जुगराफिया' और फारसी 'जायगाह' 'जागह' 'जगह' 'जाय' और 'जा' सब संस्कृत वाले 'जगत्' अथवा 'जग' के रूपान्तर हैं। पर यदि कोई हठतः उलट फेर के किसी शब्द की किसी भाषा के साथ रजिस्टरी किया चाहे तो हँसी कराने के सिवा कुछ लाभ न उठाएगा। फिर यदि कवियों के प्रेम प्रतिष्ठा की आधारस्वरूपा बृजभाषा ने आपके 'आया' 'गया' इत्यादि को माधुर्य के अनुरोध से 'आयो' 'गयो' इत्यादि बना लिया तो क्या बिगाड़ हो गया। एक शब्द का दूसरी प्रकार से उच्चारण करना तो सदा से होता ही आया है। इससे किसी को हस्तक्षेप का इरादा करना निरी बौखलाहट है।

[खं. 7, सं. 6 (15 जनवरी, ह. सं. 7)]

परीक्षा

यह तीन अक्षर का शब्द ऐसा भयानक है कि त्रैलोक्य की बुरी बला इसी में भरी है। परमेश्वर न करे कि इसका सामना किसी को पड़े! महात्मा मसीह ने अपने निज शिष्यों को एक प्रार्थना सिखाई थी जिसको आज भी क्रिस्तान पढ़ते हैं। उसमें एक यह भी भाव है कि 'हमें परीक्षा में न डाल बरंच बुराई से बचा'। परमेश्वर करे सबकी मुंदी भलमन्सी चली जाय, नहीं तो उत्तम से उत्तम सोना भी जब परीक्षार्थ अग्नि पर रक्खा जाता है तो पहिले काँप उठता है, फिर उसके यावत् परमाणु सब छितर बितर हो जाते हैं। यदि कहीं खोट हुई तौ तो जल ही जाता है, घट जाता है। जब जड़ पदार्थों की यह दशा है तब चैतन्यों का क्या कहना है!

हमारे पाठकों में कदाचित कोई ऐसा न होगा जिसने बाल्यावस्था में कहीं पढ़ा न हो। महाशय उन दिनों का स्मरण कीजिए जब इम्तहान के थोड़े दिन रह जाते थे। क्या सोते जागते, उठते बैठते हर घड़ी एक चिन्ता चित्त पर न चढ़ी रहती थी? पहिले से अधिक परिश्रम करते थे तौ भी दिन रात देवी देवता मनाते बीतता था। देखिए, क्या हो, परमेश्वर कुशल करे! सच है यह अवसर ही ऐसा है। परीक्षा में ठीक उतरना हर किसी के भाग में नहीं है! जिन्हें हम आज बड़ा पंडित, बड़ा धनी, बड़ा बली, महादेश हितैषी, महा सत्यसंध, महा निष्कपट मित्र समझे बैठे हैं, यदि उनको ठीक-ठीक परीक्षा करने लगे तो कदाचित् फी सैकड़ा दो ही चार ऐसे निकलें जो सचमुच जैसे बनते हैं वैसे ही बने रहें।

वेश्याओं के यहाँ यदि दो चार मास आपकी बैठक रही हो तो देखा होगा, कैसे-कैसे प्रतिष्ठित, कैसे-कैसे सभ्य, कैसे-कैसे धर्मध्वजी, वहाँ जाकर क्या-क्या लीला करते हैं! यदि महाजनों से कभी काम पड़ा हो तो आपको निश्चय होगा कि प्रगट में जो धर्म, जो ईमानदारी, जो भलमंसी देख पड़ती है वह गुप्तरूपेण कै जनों में कहाँ तक है! जिन्हें यह विश्वास हो कि ईश्वर हमारे कामों की परीक्षा करता है, अथवा संसार में हमें परीक्षार्थ भेजा है, उनके अन्तःकरण की गति पर हमें दया आती है!

हमने तो निश्चय कर लिया है कि परीक्षा वरीक्षा का क्या काम है, हम जो कुछ हैं, उस सर्वज्ञ सवान्तरयामी से छिपा नहीं है! हम पापात्मा, पापसम्भव, भला उस्के

आगे परीक्षा में कै पल ठहरेंगे! संसार में संसारी जीव निस्सन्देह एक दूसरे की परीक्षा न करें तो काम न चले पर उस काम के चलने में कठिनाई यह है कि मनुष्य की बुद्धि अल्प है, अतः प्रत्येक विषय का पूर्ण निश्चय सम्भव नहीं। न्याय यदि कोई बस्तु है और यह बात यदि निस्सन्देह सत्य है कि निर्दोष अकेला ईश्वर है तो हम यह भी कह सकते हैं कि जिसकी परीक्षा सौ बार कर लीजिए, उसकी ओर से सन्देह बना रहना कुछ आश्चर्य नहीं है! फिर इस बात को कौन कहेगा कि परीक्षा उलझन का विषय नहीं है! कपटी ही लोग बहुधा मिष्टभाषी और शिष्टाचारी होते हैं।

थोड़े ही मूल्य की धातु में अधिक ठनठनाहट होती है। थोड़ी ही योग्यता में अधिक आडम्बर होता है, फिर यदि परीक्षक धोखा खा जाय तो क्या अचम्भा है! सब गुणों में पूरा अकेला परमात्मा है। अतः ठीक परीक्षा पर जिसकी कलई न खुल जाय उसी के धन्य भाग्य हमने भी स्वयं अनुभव किया है कि बरसों जिनके साथ बदनाम रहे, बीसियों हानियाँ सहीं, कई बार अपना सिर फुड़वाने को और प्राण देने या कारागार जाने को उद्यत हो गये, उनके दोष अपने ऊपर ले लिये और वे भी सदा हमारी बात-बात पर अपना चुल्लू भर लोहू सुखाते रहे, सदा कहते रहे, जहाँ तेरा पसीना गिरेगा वहाँ हमारा मृत शरीर पहिले गिर लेगा, पर जब समय आया कि गैरों के सामने हमारी इज्जत न रहे, तो उन्हीं महाशयों न कटी उँगली पर न मूता!

यदि कोई कहे कि तुम कौन बड़े बुद्धिमान हो जो तुम्हारे तजरिवे (अनुभव) पर हम निश्चय कर लें, तो हम मान लेंगे, पर यह कहने का हमें ठौर बना है कि मुद्दत तक राजा शिवप्रसाद जी को सहस्रों ने क्या समझा, और अन्त में क्या निकले। सैयद अहमद साहब का पहिले बहुतेरों ने निश्चय किया कि देश मात्र के हितैषी हैं, पीछे से यह खुला कि केवल निज सहधर्मियों के शुभचिन्तक हैं। यह भी अच्छा था, पर नेशनल कांग्रेस में यह सिद्ध हो गया कि 'योसिसोसि तव चरण नमामी'। 'हिन्दी प्रदीप' से ज्ञात हुआ कि दिहाती भाई भी सैयद बाबा पर मधुर बाणी की शीरीनी चढ़ाते हैं! हम भी मानते हैं कि कांग्रेस अभी तीन बरस की बच्ची है, उस पर रक्षा का हाथ रखना ही उन्हें योग्य है। क्योंकि यह हिन्दू मुसलमान दोनों की हितैषिणी है।

ऐसे-ऐसे बहुत से दृष्टान्त, अनुमान है कि, सभी को मिला करते होंगे, जिनसे सिद्ध है कि परीक्षा का नाम बुरा! राम न करे कि इसकी प्रचंड आँच से किसी की कलई खुले! एक आर्य्य कबि का अनुभूत वाक्य है—'परत साबित साबुनहिं, देत खीस सी काढ़ि।' एक उरदू कबि का यह वचन कितना हृदय ग्राही है कि—'इस शर्त पर जो लीजे तो हाजिर है दिल अभी। रंजिश न हो, फरेब न हो, इम्तिहाँ न हो।' कहाँ तक कहें, परीक्षा सबको खलती है! क्या ही अच्छा होता जो सबसे सब बातों में सच्चे होते और जगत में परीक्षा का काम न पड़ा करता। वुह बड़भागी धन्य है जो अपना भरमाला लिए हुए जीवन यात्रा को समाप्त कर दे।

[खं. 4, सं. 8 (15 मार्च, ह. सं. 4)]

देशोन्नति

मुसलमानों के आने से पहिले हमारे देश में मुक्ति ऐसी सस्ती थी कि वे परिश्रम जो चाहे लूट ले। वही मुक्ति जिसके लिए बड़े-बड़े रिषीश्वर जन्म भर वनों में तपस्या करते-करते मर जाते थे, जिसके लिए शास्त्र में लिखा है कि "मुक्तिमिच्छसि चेत्तात विषयान विषवत्त्यज", वही मुक्ति जगन्नाथ जी के मन्दिर (जहाँ दीवारों पर ऐसी निर्लज्ज मूर्तियाँ बनी हैं कि होली की कबीरों को मात कर दें) में ही आने मात्र से मिल जाती थी। इसकी भी सामर्थ्य न हो तो "गंगेत्वद्दर्शनान्मुक्तिः"। इसमें भी जी अलसाय तो किसी मत का दस पाँच श्लोक वाला स्तोत्र पढ़ डालो, बस "मुक्तिर्भवति वै ध्रुवम्"। यह भी न सही तो "बारक नाम लेत जग जेऊ। होत तरन तारन नर तेऊ।" खैर इन बातों से किसी की कुछ हानि नहीं होती, पर यार लोगों ने हद्द कर दी कि "मद्यम्मांसंचमत्स्यंच मुद्रा मैथुनमेव च" तक को मुक्ति का साधन लिख मारा। कहाँ तक कहें, ऐसा किसी चाल चलन का कोई पुरुष न था जो कहीं न कहीं, किसी न किसी महात्मा के वचनानुसार मुक्ति का भागी न हो। हमारा प्रयोजन किसी मत पर आक्षेप करने से नहीं है। क्या जाने किसी ने अपने चेलों वा लड़कों को चिट्ठी भेजी हो कि "मैं गयावाल जी की कृपा से वा भैरव स्तोत्र के फल से मुक्त हो गया, यहाँ सत्यलोक में आनन्द से हूँ"। पर हमारी समझ में नहीं आता। क्योंकि शास्त्र देखने तथा बिचार करने से यही सिद्ध होता है कि मुक्ति का परम साधन दुष्कर्मों का त्याग और परमेश्वर में सच्चा प्रेम है और मुक्ति का लक्षण सब दुखों से छूट जाना है। यदि शास्त्र सच्चा है तो इन ऊपर लिखे उपायों को शेखचिल्ली की बातों के सिवा क्या कहा जाय?

ठीक मुक्ति ही की सी दशा आजकल देशोन्नति की देख पड़ती है। घर में देखो तो जो लाला कहैं "अरे तीण बजे से गंगा न्हाण क्यूं जाय है" तो ललाइन आपे से बाहर हो के उत्तर दें "में अपण सिर फोड़ गेरूँगी, देखो तो, धरम करम ने रोकै है।" इधर पंडित जी आज्ञा करें "कुछौ पढ़ा करौ" तौ पंडिताइन खांय फेकरौं करके कहैं "काहे का अरिष्ट च्यातत हौ, बैलायगे हौ का? कतौं मेहरियौ पढ़ती हैं?" हमैं ऐसे देशोन्नत्यभिलाषियों पर आश्चर्य आता है कि अपने घर की उन्नति

किस बिरते पर किया चाहते हैं? बहुतेरे बाबू लोगों की दशा प्रतिदिन देखने में आती है कि परमेश्वर की दया से बुड्ढे होने आये हैं पर यह ज्ञान नहीं है कि किससे कैसे बर्तना चाहिए। विद्या तो दूर रही, बातचीत का यह हाल है कि जो अशुद्ध फशुद्ध दो चार शब्द अपनी भाषा के बोलैंगे तो बीस बड़े-बड़े कर्णकटु अलफ़ाज अरबी अँगरेजी के, अपनी लियाकत दिखाने को, उसमें घुसेड़ लेंगे। बुद्धि की यह दशा है कि केवल नागरी जानने वाले ग्रामीण भाइयों के साथ बोलने में अपने को शेखसादी अथवा शेक्सपियर का नाती ज़ाहिर करैंगें। स्वभाव जैसा बीस बरस पहिले था वैसे ही अद्यापि वर्तमान है। गाँजा भाँग का प्रण सन्ध्योपासन से अधिक निबाहेंगे, लावनीबाजों के फटके पर बड़े प्रेम से हँस-हँस के खड़े-खड़े धक्का खाते हुए घंटो सुना करेंगे, अपनी हिस्ट्रीदानी दिखावैंगे तो ऐसी कविता करेंगे (रूसी हैं भुच्च जिनकी सवा-सवा हाथ की मुच्छ)। सँपेड़े के नाच में रात भर खड़े रहेंगे, शतरंज में दो-दो पहर गँवा देंगे, दिवाली में आठ-आठ दिन कर्ज काढ़ के सोरही में आठों पहर मगन रहेंगे, होली में मित्रों पर एक पैसे का रंग छिड़कने के समय सभ्यता की आड़ में जा छिपैंगे, पर दिन को कबीरों और रात को भांड़ों की महफिल में बैठे हैं, हा हा हा हो हो हो करने में वीर बन जायँगे। आप दूसरों को बेवकूफ, बेईमान, पोप बनावैंगे पर दूसरा कुछ कहे तो अपने टटेर ऐसे हाथ पावों की ओर न देख लड़ने को तैयार हो जायँगे। किसी की कोई वस्तु माँग लावैंगे तो हजम कर रक्खैंगे या बरसों में अस्त-व्यस्त करके सत्रह कोने का मुँह बना कर फेरेंगे। अपनी चीज माँगने पर, जिसे परम मित्र कहेंगे उससे भी, झूठे बे सिर पैर के सौ बहाने गढ़ेंगे। कहाँ तक कहैं, जितनी सत्यानाशी बातें हैं सब करेंगे पर देशोन्नति देशोन्नति चिल्लाते फिरैंगे। इन पाँचवें सवारों से कोई पूछे कि कुछ अपनी उन्नति भी की है कि देशोन्नति ही पर मरे जाते हो?

लोग किसी समाचार पत्र अथवा किसी समाज के सम्बन्धियों को उन्नति कारकों की नाक समझते हैं, और है भी यों ही, क्योंकि ऐसों को इस बात का अधिक पक्ष होता है। सच पूछो तो इनकी शोभा, इनका मुख्य कर्तव्य, इनका परम धर्म ही यही है। पर किया क्या जाय, कुत्ते की पूँछ सीधी तो होगी नहीं। ऐसे लोग बकबक छोड़ के करेंगे क्या? पत्र सम्पादक वा पत्र प्रेरक होंगे तो किसी नीच प्रकृति अमीर की खुशामद के मारे सबके बैरी बनेंगे, वा किसी पुरुष पर दुलत्तियाँ झाड़ैंगे। यह भी न करैंगे तो किसी सहयोगी से रंड़हाव पुतरहाव नांध लेंगे। ग्राहक होंगे तो पत्र लेते रहेंगे, दाम देने के समय पेट पर हाथ फेर के 'आतापी भक्षितो येन बातापी च महाबलः' पढ़के बैठे रहेंगे। कोई जल भुन के नादिहन्द लिख बैठेगा तो प्रभु प्रान लगेंगे। समाजों के म्यम्बर होंगे तो या तो दूसरी सभावालों के गुण में भी दोष लगावेंगे या अहंकार के मारे अधिकारी बनने की धुन में आके अपने ही यहाँ वालों का चित्त फाड़ेंगे। भला ऐसों के किए देशोन्नति होती है? कभी नहीं,

कदापि नहीं, त्रिकाल में नहीं। देशोन्नति के लिए और ही सिद्ध मंत्र हैं, वह और ही दिव्यौषधी है।

इसका एक मात्र परम साधन क्या है? इस विषय में आजकल 'जै मुँह तै बातें' हो रही हैं। कोई कहता है धर्म-धर्म चिल्लाए जाओ, देशोन्नति हो जायगी। कोई समझे हैं धन के बिना देशोन्नति कैसी? विलायत यात्रा, यन्त्र निर्माण, महत्कार्यालय स्थापन करनादि के बिना क्या होना है। किसी का सिद्धान्त है कि बल के बिना देशोन्नति असम्भव है। बाल्य विवाह उठे बिना, विधवा विवाह हुए बिना त्रिकाल में कुछ नहीं होना। किसी का मत है 'विद्या विहीनः पशुः'। दूर देश जाके विद्या पढ़ी, बड़ी-बड़ी पाठशाला स्थापित करी इत्यादि-इत्यादि यही देशोन्नति के मूल हैं। पर हमारी समझ में और प्रत्येक सहृदय पुरुष के विचार में देशोन्नति तो बड़ी बात है, सचमुच आत्मोन्नति तथा गृहोन्नति भी इन ऊपर वाली बातों से होनी कठिन है। हाँ उन्नत अवस्था में यह धर्मादिक सर्व बातें, सहज साध्य होकर, शाखा प्रशाखा एवं हस्तपादादिक की भाँति, उन्नति के चिह्न मात्र तो बन जाती हैं पर उन्नति का मूल, उन्नति का जीवनास्ति दशा और प्रलयंगतावस्था में उन्नति का सृजक तथा पुनः प्रकाशक केवल प्रेम है। प्रेम के बिना कभी, कहीं, किसी प्रकार, किसी की उन्नति न हुई है, न होगी, न होती है। प्यारे देशोन्नत्याभिलाषीगण! यह न कहना कि अच्छी सबसे निराली तान अलाप रहे हैं। नहीं, रामायण खोल के देखिए, भगवान रामचन्द्रजी दंडकारण्य को कोई सेना, कोई कोत लेकर न गये थे। सीता वियोग जनित दुःख के कारण बुद्धि भी कदाचित ठिकाने न हो (देह धारी मात्र को घोर दुःख में विद्या भूल सी जाती है, बुद्धि भी ठिकाने नहीं रहती)। बाह्य धर्म के निर्वाह की सम्भावना नहीं है क्योंकि 'मार्गे शूद्रवदाचरेत' नीति लिखा है। पर हाँ प्रेम शक्ति ही थी जिसके बल से हमारे उस पूज्यपाद ने निरे बनचरों को अपना बना लिया। लोक रावण ऐसे शत्रु पर विजयी होकर पुनः साम्राज्य श्री को हस्तगष किया। इधर महाभारत का अवलोकन कीजिए। एक से एक धर्म तत्वज्ञ, एक से एक महारथी योधा, एक से एक राज राजेन्द्र, केवल भ्रातृस्नेह के बिना, बाहरवाला कोई न मिला तो, आपस ही में ऐसे कट मरे कि आर्यावर्त का बंटाढार कर दिया। क्या हास्यास्पद वह पुरुष है जो वृक्ष के मूल का सेवन न कर के डाल-डाल पत्ती पत्ती में जल छोड़ता फिरता है। भला वह पुष्ट होगी कि और सड़ जायगी! क्या प्रेम के बिना धर्म धनादिक कभी हो सकते हैं? यदि हो भी गये तो स्थिति उनकी कै दिन? न जाने लोग मुख्य तत्व की ओर क्यों नहीं ध्यान देते, नहीं तो धर्म धन बल विद्यादि प्रेम के बिना हैं ही क्या? शास्त्र में लिखा है 'यतोऽभ्युदय निश्रेयससिद्धिः स धर्मः'। वह अभ्युदय कब होगा? तभी न जब पंडित महाराज की विद्या, ठाकुर साहब का बल, लालाजी के रुपये, महतोभाई के हाथ पाँव परस्पर एक दूसरे के कार्य साधन करेंगे? चारो एकत्रित कब होंगे? जब

सबके अन्तःकरण प्रेम से पूर्ण हो जायँगे। नहीं सब बातें तो सब किसी को प्राप्त होती ही नहीं हैं। वह अपनी पोथी चाट लिया करें, वह अपनी अशरफी गला के पी जाया करें। किसान तो तुच्छ जीव है, उसका उगाया अन्न वे पृथ्वी के शिरामणि कैसे खाँयेंगे? उसकी भी बला से। उसने अपने परिश्रम से जोता बोया है, तुमको क्या? ऐसे अनेक उदाहरण हैं जिनसे सिद्ध है कि सांसारिक अभ्युदय क्या जीवन जात्रा भी प्रेम बिना असम्भव है। रही निश्रेयस सिद्धि, सो उसके लिए भी सब ओर से चित्तवृत्ति एकत्र करके ईश्वर में लगाना भी प्रेम ही है। यदि पोथियों को सच्चा मानो तो मरणान्तर जीवात्मा का ईश्वर में मिल जाना भी प्रेम ही है। सारांश यह कि यदि 'यतोऽभ्युदय निश्रेयस सिद्धिः स धर्मः' है तो प्रत्येक देशोन्नतिकारक को मान ही लेना पड़ेगा कि 'प्रेम एव परोधर्मः'। अब कहो आस्तिकजी! जिसने परम धर्म का त्याग किया उसको भी सुख मिलना कहीं लिखा है? अधर्मी का भी मनोर्थ कभी सिद्ध होता है? धन के लिए लाख सिर पटका करो, अकेले विलायत जाओगे, भूखों के मारे रमाबाई की सी दशा होगी (वह वहाँ जा के ईसाई हो गयी)। अकेले कारखाना खोलोगे (किसी की सहायता न लेना) घर फूँक तमाशा देखोगे। फिर क्या ही देशोन्नति होगी! विद्या के लिये गुरूजी से प्रीति न करना, चौदहौ विद्या आ जायगी। बल के लिये अखाड़े वालों से जली कटी कहना, सब कसरतें सीख जाओगे। बिरादरी वालों को सस्नेह समझाने की क्या आवश्यकता? सन्तान युवा हों पूर्णान्नत जाति में ब्याह देना। देशोन्नति तो घर की लौंड़ी है। कहने की सौ बातें हैं पर समझे रहो कि (करनी सार है कथनी खुवार है)। बड़ी-बड़ी सभा, बड़े-बड़े लेक्चर, बड़े-बड़े मनोरथों से कुछ न होगा। सब बातों की उन्नति कुछ करने में ही होगी, और करना धरना सामर्थ से अधिक हो नहीं सकता। फिर कहिए तो कौन सी सामर्थ एतद्देशियों में रह गयी है जो हमारे सह व्यसनी महोदय बड़े-बड़े बँधान बाँधा करते हैं? महा परिश्रम करने पर भी यह सम्भव नहीं है कि सर्व साधारण में कभी पूर्ण रीति से विद्यादि सब सद्गुण एक साथ हो सके, और यदि किसी में कोई योग्यता हुई भी तो उस का ठीक बर्ताव न हो सकेगा। देखो राजर्षि भर्तृहरि जी क्या कहते हैं– "विद्या विवादाय धनन्मदाय शक्तिः परेषां परिपीडनाय। खलस्य साधोर्विपरीतमेतत् ज्ञानाय दाताय च रक्षणाय॥" साधु वही है जो धर्म साधन करे, और धर्म का लक्षण ऊपर वर्णित हो चुका है।

अब कौन कह सकता है कि सच्चा धर्मिष्ठ अर्थात् प्रेमी हुए बिना कोई अपनी विद्यादि से किसी का उपकार कर सकैगा। अतएव सबके पहिले प्रेम शाखा विस्तृत करना चाहिए। उस्के प्रभाव से सब सुख साधिनी बातें स्वतः हाथ आ जायँगी। नहीं तो यह सब कोई जानता है कि "कलि में केवल नाम अधारा।" एक माला लेके देशोन्नति-देशोन्नति रटा करो–जैसे सब मतवाले "दुःखेच सुख मानिनः" हो रहे हैं वैसे देशहितैषी भी अपना अमूल्य समय खोया करें। आश्चर्य नहीं कि

हमारे बहुत से प्रिय पाठक चौकन्ने हुए हों कि कहाँ तो अभी उन्नति का मूल प्रेम को कहते थे, कहाँ सब मतावलम्बियों पर कह बैठे। इस असम्बद्ध प्रलाप से क्या है? महाशय, देशोन्नति का बड़ा भारी बाधक तो मत ही है। जब तक उसका भ्रम जाल लगा है तब तक सुख स्वरूप प्रेम देव से भेंट कहाँ? किसी मत का अगुवा कब चाहेगा कि मेरे अतिरिक्त दूसरे की बात जमे। कौन न चाहता होगा कि मनुष्य मात्र मेरे चेले होकर अन्ध भेंड़ की भाँति मेरे पीछे हो लें? कौन दूसरे मत के लोगों की निन्दा नहीं करता? कब कहाँ कौन अपने साथियों को छोड़ दूसरों की किसी प्रकार की बढ़ती देख सकता है? क्या इन लक्षणों से किसी देशी भाई के हित की आशा हो सकती है? सच तो यों है मत शब्द का अर्थ ही नास्ति "नेस्ती व मनहूसी" का वाचक है, इसमें क्या तत्व? यद्यपि सभी मतमतान्तर के ग्रन्थों में लोगों के फुसलाने के लिए थोड़े से बुद्धिमानों के सिद्धान्त, जैसे ईश्वर की भक्ति, जीव पर दया, सहवासियों से प्रीति, सत्य भाषणादि सत्कर्मों का सेवन, चोरी, जारी आदि का त्याग इत्यादि-इत्यादि तो लिखे हुए पाए जाते हैं और वास्तव में यह माननीय हैं, पर इन्हीं के आगे पीछे झूठे लालच के साथ थोड़ी सी बे सिर-पैर की अंड-बंड बातें ऐसी मिलाई गयी हैं जिनके कारण बिचारे सीधे-साधे विश्वासी, बुद्धि की आँखों में पट्टी बाँध कर, तुच्छ-तुच्छ विषयों के लिए, स्वदेशियों से जुतहाव किया करते हैं। क्या ही अच्छी बात होती यदि हमारे आर्यसमाजी भ्रातृगण समझ लेते कि प्रतिमा पत्थर तो है ही, हमें एक पत्थर के लिए सर्वदा मान्य देश गुरु पंडितों को पोप कहके चिढ़ाने तथा अनेक कामों में परस्पर सहायता करने के बदले उनको अपना बुरा बनाने की क्या पड़ी है?

ऐसे ही ब्राह्मण देवता विचार लेते कि मूर्ति तो साक्षात् ईश्वर की प्रतिमा है; और ईश्वर न प्रशंसा से प्रसन्न होता है न निन्दा से रुष्ट होता है। अथवा बुह आप समझ लेगा, हमें क्या प्रयोजन है कि एक वेदावलम्बी भव्य युवक समाज को गाली दे देकर विरोध का मूलारोपण करें। यद्यपि वेद, धर्म और ईश्वर को दोनों मानते हैं, देशोद्धार दोनों को अभीष्ट है पर प्रेमतत्व न जानने से, मत के आग्रह के मारे, गोस्वामी तुलसीदासजी के इस बचन का उदाहरण बन रहे हैं कि 'बातुल भूत बिबस मतवारे। ये नहिं बोलहिं बचन सम्हारे।' हम नहीं चाहते कि किसी मत विशेष के गुण दोष दिखाकर इस लेख को आल्हा का पंवारा बनावें, पर इतना तो चिता देना चाहते हैं कि सिवा कोरी बकवाद के और सत्यानाश का मूल परस्पर विवाद के, मत से कोई आशा मत करो। इन में कुछ भी सार होता तो क्यों दुष्ट यवन हमारी नाना जातना कर डालते और एक से एक उदरम्भर कान फूँकने वाले गुरु, एक से एक मारण मोह करने वाले ओझा, एक से एक प्रचंड चामुंडा और भयानक भैरवादि, जिनके पीछे हम ईश्वर से विमुख, देश भाइयों से विमनस्क हो गये, कोई कुछ न कर सका? करता कौन? विपत्ति में तो एक धर्म ही सहायक

होता है। उस धर्म को हमने धर्माभास से बदल डाला। प्रत्यक्ष से बढ़ के कौन प्रमाण है? यदि यह मत धर्म होते तो हमारी रक्षा न करते? अब देशोन्नत्याभिलाषी सज्जन समूह स्वयं विचार देखें कि यह धर्म मन्तव्य है? पर हाँ यह अपने ही हैं अतएव प्रत्यक्ष में इनकी निन्दा न करनी चाहिए, बरंच जिधर अपने सहवर्तियों को अधिक रुचि हो उधर का सा अपना भी रंग ढंग बना रहे, जिस में कोई घृणा करके व्यर्थ में सामाजिक प्रेम पथ का अवरोधक न बन जाय। पर अन्तःकरण से किसी मत का कट्टर (orthodox) कदापि न बनना चाहिए। क्योंकि जो सच्चे जी से स्वदेश का हित चाहते हैं उनका तो प्रेम पन्थ निरालोई है। उस धर्म के अनुष्ठान की विधि तो हमसे पूछो। सबसे पहिले देश भक्त को चाहिए कि दत्तचित्त होके अपनी उन्नति करे। उसके लिए मूल मन्त्र तो बस यही है कि आलस्योहि मनुष्याणां शरीरस्थो महन् रिपुः। यह कोई दुःसाध्य बात नहीं है। केवल थोड़े दिन कुछ अड़चल सी तो जान पड़ेगी पर कष्ट किंचित भी न होगा। जी कड़ा कर के नित्य कृत्यों का समय नियत कर देने से सब हो जायगा। तदनन्तर हाथ पाँव की भाँति विचारशक्ति से भी काम लेते रहना चाहिए। इसके लिए भी केवल इतना ही कर्तव्य है कि प्रत्येक छोटे बड़े विषय में, जहाँ तक बुद्धि दौड़ सके, सोच लिया करे कि अमुक बात में जु यों होगा तो क्या होगा, यों होगा तो क्या होगा, बस। अपनी हानि लाभ कौन नहीं समझता। जिस में कुछ भी हानि देख पड़े उस काम को छोड़ दे। पर हाँ कोई ऐसा काम अवश्य करता रहे जिसमें अपने को वा पराए को अति कष्ट न हो और निर्वाह मात्र के लिए धन मिलता रहे तथाच किसी दशा में आय से अधिक व्यय न होने दे, नामवर व अमीर बनने के लालच में न फँसे और ऐसा धन्धा न मुड़ियावे जिस में दिन भर छुट्टी ही न मिलती हो। बारह घंटे दिन में जिसे न्यूनातिन्यून दो घंटे भी अवकाश नहीं रहता उसे हम मनुष्य कहने में हिचकिचाते हैं। उस छुट्टी के समय संसारी झगड़ों को छोड़ ईश्वर का भजन तथा निर्दोष जी बहलाव भी अवश्य ही चाहिए। निरदोष मन बहलाव से हमारा प्रयोजन है जिसमें धन बल और मान की हानि न हो। अनेक विषय की पुस्तकें (विशेषतः कविता और नीति की, क्योंकि पहिली सहृदयतत्व की जननी है दूसरी बुद्धिबर्द्धिनी है) देखना, बाटिका तथा मैदानों में घूमना, गाना बजाना, उछलना कूदना इत्यादि जिसमें अधिक रुचि हो करना। पर शारीरिक व्यायाम, चाहे बिना रुचि भी हो, अवश्यमेव करना। कैसी ही दशा में चिन्ता को पास न फटकने देना चाहिए। सब प्रकार के, सब श्रेणी के, सब बय के, सब मत के लोगों की संगति करना पर उनके अनुगामी न हो जाना। अपने शरीर स्थान बाणी वस्त्र इत्यादि को ऐसा न रखना जिससे किसी को घृणा उत्पन्न हो। ऐसे-ऐसे और भी बहुत से काम हैं जो विचार शक्ति आप सिखा देगी, निरालसित्य और जिन्दादिली आप करा देगी। उनको करते रहने से, थोड़े से काल में, आत्मोन्नति अपनी मिति तक पहुँच

जायगी। रही गृहोन्नति, उस के लिए केवल इतना ही कर्तव्य रह जायगा कि अपने कुटुम्बियों, आश्रितों तथा सहवासियों से ऐसे बर्ताव रखना जिसमें वे लज्जित, भयभीत, विरक्त न होने पावें। पर आप भी उनसे ऐसा न रह के मित्र भाव से रहना चाहिए।

जिसके साथ निष्कपट हो के अपनपौ का व्यवहार किया जाता है वह कुछ दिन में निश्चय अपना हो जाता है। फिर जब तुमने उनको अपना अभिन्न हृदय बना लिया तो बस घर वाले एवं पड़ोस वाले, तुम्हारे सच्चे सहानुभावक, सच्चे सहायक, सच्चे आज्ञाकारी बन जायँगे। स्मरण रहे कि आत्मोन्नति के नियम न टूटने पावें तो गृहोन्नति कुछ बहुत कठिन नहीं है। और जो इन दोनों की उन्नति में पूर्ण समर्थ है अकेला वही देशोन्नति के लिए कटिबद्ध हो सकता है और कृतकार्य्य हो सकता है। क्योंकि हम कह चुके हैं कि प्रेम ही सब उन्नति का मूल है। जिसने अपनी देह एवं गेह से प्रेम कर लिया उसे अब प्रेम का अभ्यास हो गया। और प्रेम का अभ्यासी अपने कार्य्य सिद्धि में तथा दूसरों को अपने ढंग का बना लेने में पक्का होता ही है। जो दूसरों को अपना सा कर सकता है वह एक देश का क्या जगत् को थोड़ी कठिनता से समुन्नता कर दे।

[खं. 1, सं. 6, 7 (15 अगस्त, सितम्बर, सन् 1883 ई०)]

[खं. 2, सं. 2, 5, 6, 9, 10 (अप्रैल, जुलाई, अगस्त, दिसम्बर, सन् 1884 ई०)]

मुक्ति के भागी

एक तो छः घर के कनबजिए, क्योंकि बैराग्य इनमें परले सिरे का होता है। सब जानते हैं कि स्त्री का नाम अर्द्धांगी है। बे पढ़े लिखे लोग तक आपस में पूछते हैं 'कहौ घर का क्या हाल है?' इससे सिद्ध हुआ कि घर स्त्री ही का नामान्तर है। उस स्त्री को यह महा-महा तुच्छ समझते हैं। यहाँ तक कि 'हेः मेहरिया तो आय पायें के पनहीं'। बरंच पनही के खो जाने से तो रुपया धेली का सोच भी होता है परन्तु स्त्री का बहुतेरे मरना मनाते हैं। अब कहिए, जिसने अपने आधे शरीर एवं गृह देवता को भी तृणवत् समझा उस परम त्यागी बैरागी की मुक्ति क्यों न होगी?

दूसरे अढ़तिए, क्योंकि प्रेतत्व जीते ही जी भुगत लेते हैं। न मानो कानपुर आ के देख लो। बाजे बाजों का आधी रात तक दतून करने की नौबत नहीं पहुँचती। दिन रात बैपारियों की हाव-हाव में यह भी नहीं जानते कि सूरज कहाँ निकलता है। भला जिसे जगत् गति व्यापती ही नहीं, जिसे क्षुधा तृषा लगती ही नहीं है, उस जितेन्द्री महापुरुष को मुक्ति न होगी तो किसे होगी जी?

तीसरे उपदंश रोगवाले, क्योंकि बड़े-बड़े वैद्यों ने सिद्ध किया है कि इस रोग से हड्डियों तक में छिद्र हो जाते हैं। तो कपाल में भी हड्डी ही है। और सुनो, फारसी में इसका नाम आतशक है। शरीर को भीतर ही भीतर फूँक देती है। अब समझने की बात है कि जिसके प्राण ब्रह्मांड (शिर) फोड़ के निकलें तथा जो पंचाग्नि की परदादी प्रतिलोमाग्नि का सेवन करेगा वुह परमयोगी, वुह शरभंग रिषि के समान तपस्वी मोक्ष न पावेगा!

चौथे लम्पटदास बाबा की चेलियाँ, क्योंकि 'गुरुः साक्षात् परब्रह्म' लिखा है। बरंच (राम ते अधिक राम कर दासा)। फिर क्या, जिसने अपना तन मन धन बरंच धर्म कर्म सरवस्व 'कृष्णार्पन' कर दिया उस अनन्य भक्त की मुक्ति में भी क्या कुछ सन्देह है?

हमारे पाठक कहते होंगे, कहाँ की खुराफात बकते हैं। खैर तो अब साँची-साँची सुना चलें।

स्वर्ग नर्क मुक्ति कहीं कुछ चीज नहीं है। बुद्धिमानों ने बुराई से बचने के लिए एक हौवा बना दिया है। उसी का नाम नर्क है। और स्वर्ग वा मुक्ति भलाई की तरफ झुकाने के लिए एक तरह की चाट है। अथवा जो यह मान लो कि जिसमें महादुख की सामग्री हो वह नर्क और परम सुख स्वर्ग है, तो सुनिए, नर्की जीव हम गिना चुके। उन्हीं के भाई बन्द और भी हैं। रहे स्वर्ग के सच्चे पात्र, वह यह है—किसी हिन्दी समाचार पत्र के सहायक, बशर्ते कि वार्षिक मूल्य में धुकुर पुकुर न करते हों और पढ़ भी लेते हों। उनको जीते ही जी स्वर्ग न हो तो हम जिम्मेदार। दूसरे, देशोपकारी कामों में एक पैसा तथा एक मिनट भी लगावेंगे वे निस्सन्देह बैकुंठ पावेंगे। इसमें पाव रत्ती का फरक न पड़ेगा। हमसे तथा बड़े-बड़े विद्वानों से ताम्बे के पत्र पर लिखा लीजिए। तीसरे, गौ रक्षा के लिए तन मन धन से उद्योग करनेवाले, अन्न धन दूध पूत सब कुछ न पाएँ तथा सशरीर मोक्ष का मज़ा न उठावें तो वेद शास्त्र पुराण और हम सबको झूठा समझ लेना। चौथे, परमेश्वर के प्रेमानन्द में मस्त रहने वाले तथा भारत भूमि को सच्चे चित्त से प्यार करने वाले, एक ऐसा अलौकिक अपरिमित एवं अकथ आनन्द लूटेंगे कि उसके आगे भुक्ति और मुक्ति तृण से भी तुच्छ हैं! हमारे इस बचन को जो 'ब्रह्म वाक्य सदा सत्यम्' न समझेगा वह सब नास्तिकों का गुरू है।

[खं. 1, सं. 10 (15 दिसम्बर सन् 1883 ई०)]

पंच परमेश्वर

पंचतत्व से परमेश्वर सृष्टि रचना करते हैं, पंच सम्प्रदाय में परमेश्वर की उपासना होती है, पंचामृत से परमेश्वर की प्रतिमा का स्नान होता है, पंच वर्ष तक के बालकों का परमेश्वर इतना ममत्व रखते हैं कि उनके कर्तव्याकर्तव्य की ओर ध्यान न दे के सदा सब प्रकार रक्षण किया करते हैं, पंचेन्द्रिय के स्वामी को वश कर लेने से परमेश्वर सहज में वश हो सकते हैं। पंचबाण (काम) को जगत जीतने की, पंचगव्य को अनेक पाप हरने की, पंचप्राण को समस्त जीवधारियों के सर्वकार्य सम्पादन की, पंचत्व (मृत्यु) को सारे झगड़े मिटा देने की, पंचरत्न को बड़े बड़ों का जी ललचाने का परमेश्वर ने सामर्थ्य दे रक्खी है। धर्म में पंचसंस्कार, तीर्थों में पंचगंगा और पंचकोसी, मुसलमानों में पंच पतिब्रतात्मा (पाकपंजतन) इत्यादि का गौरव देख के विश्वास होता है कि पंच शब्द से परमेश्वर बहुत घनिष्ठ सम्बन्ध रखता है।

इसी मूल पर हमारे नीति विदाम्बर पूर्वजों ने उपर्युक्त कहावत प्रसिद्ध की है जिसमें सर्वसाधारण संसारी व्यवहारी लोग (यदि परमेश्वर को मानते हों तो) पंच अर्थात् अनेक जन समुदाय को परमेश्वर का प्रतिनिधि समझें। क्योंकि परमेश्वर निराकार निर्विकार होने के कारण न किसी को बाह्य चक्षु के द्वारा दिखाई देता है, न कभी किसी ने उसे कोई काम करते देखा है, पर यह अनेक बुद्धिमानों का सिद्धान्त है कि जिस बात को पंच कहते वा करते हैं वह अनेकांश में यथार्थ ही होती है।

इसी से 'पाँच पंच मिल कीजै काज हारै जीते होय न लाज', 'बजा कहे जिसे आलम उसे बजा समझो, जबाने खल्क को नक्कारए खुदा समझो'—इत्यादि वचन पढ़े लिखों के, और—'पाँच पंच कै भाषा अमिट होती है', 'पंचन का बैर कै कै को तिष्ठा है'—इत्यादि वाक्य साधारण लोगों के मुँह से बात-बात पर निकलते रहते हैं। विचार के देखिए तो इसमें कोई सन्देह भी नहीं है कि—'जब जेहि रघुपति करहिं जस, सो तस तेहिं छिन होय' की भाँति पंच भी जिसको जैसा ठहरा देते हैं वह वैसा ही बन जाता है।

आप चाहे जैसे बलवान, धनवान, विद्वान हों, पर यदि पंच की मरजी के खिलाफ चलिएगा तो अपने मन में चाहे जैसे बने बैठे रहिए, पर संसार से आपका वा आपसे संसार का कोई काम निकलना असम्भव नहीं तो दुष्कर अवश्य हो जायगा। हाँ, सब झगड़े छोड़ के विरक्त हो जाइए तो और बात है। पर उस दशा में भी पंचभूतमय देह एवं पंच ज्ञानेन्द्रिय का झंझट लगा रहेगा। इसी से कहते हैं कि पंच का पीछा पकड़े बिना किसी का निर्वाह नहीं है। क्योंकि पंच जो कुछ करते हैं उसमें परमेश्वर का संसर्ग अवश्य रहता है और परमेश्वर जो कुछ करता है वह पंच ही के द्वारा सिद्ध होता है। बरंच यह कहना भी अनुचित नहीं है कि पंच होते तो परमेश्वर का कोई नाम भी न जानता।

पृथ्वी पर के नदी, पर्वत, वृक्ष, पशु, पक्षी और आकाश के सूर्य, चन्द्र, ग्रह, उपग्रह, नक्षत्रादि से परमेश्वर की महिमा विदित होती सही, पर किसको विदित होती? अकेले परमेश्वर ही अपनी महिमा लिए बैठे रहते! सच पूछो तो परमेश्वर को भी पंच से बड़ा सहारा मिलता है। जब चाहा कि अमुक देश को पृथ्वी भर का मुकुट बनावैं, बस आज एक, कल दो, परसों सौ के जी में सद्गुणों का प्रचार करके पंच लोगों को श्रमी, साहसी, नीतिमान, प्रीतिमान बना दिया। कंचन बरसने लगा।

जहाँ जी में आया कि अमुक जाति अब अपने बल, बुद्धि, वैभव के घमंड के मारे बहुत उन्नतग्रीव हो गयी है, इसका सिर फोड़ना चाहिए, वहीं दो चार लोगों के द्वारा पंच के हृदय में फूट फैला दी। बस, बात की बात में सब करम फूट गये। चाहे जहाँ का इतिहास देखिए, यही अवगत होगा कि वहाँ के अधिकांश लोगों की चित्तवृत्ति का परिणाम ही उन्नत्यावनति का मूल कारण होता है।

जब जहाँ के अनेक लोग जिस ढर्रे पर झुके होते हैं तब थोड़े से लोगों का उसके विरुद्ध पदार्पण करना (चाहे अति श्लाघनीय उद्देश्य से भी हो पर) अपने जीवन को कंटकमय करना है। जो लोग संसार का सामना करके दूसरों के उद्धारार्थ अपना सर्वस्व नाश करने पर कटिबद्ध हो जाते हैं वे मरने के पीछे यश अवश्य पाते हैं, पर कब? जब उस काल के पंच उन्हें अपनाते हैं तभी! पर ऐसे लोग जीते जी आराम से छिन भर नहीं बैठने पाते क्योंकि पंच की इच्छा के विरुद्ध चलना परमेश्वर की इच्छा के विरुद्ध चलना है, और परमेश्वर की इच्छा के विरुद्ध चलना पाप है, जिसका दंड भोग किये बिना किसी का बचाव नहीं। इसमें महात्मापन काम नहीं आता। पर ऐसे पुरुषरत्न कभी कहाँ सैकड़ों सहस्रों वर्ष पीछे लाखों करोड़ों में से एक आध दिखाई देते हैं। सो भी किसी ऐसे नये काम की नींव डालने को जिसका बहुत दिन आगे पीछे लोगों को शान गुमान भी नहीं होता। अतः ऐसों को संसार में गिनना ही व्यर्थ है।

वे अपने बैकुंठ, कैलाश, गोलोक, होविन, बहिश्त कहीं से आ जाते होंगे। हमें

उनसे क्या। हम संसारियों के लिए तो यही सर्वोपरि सुख साधन का उपाय है कि हमारे पंच यदि सचमुच विनाश की ओर जा रहे हों तौ भी उन्हीं का अनुगमन करें तो देखेंगे कि दुख में भी एक अपूर्व सुख मिलता है, जैसा कि अगले लोग कह गये हैं कि—'पंचौ शामिल मर गया जैसे गया बरात', 'मर्गे अम्बोह जशनेदारद'।

जिसके जाति कुटुम्ब, हेती, व्यवहारी, इष्ट मित्र, अड़ोसी-पड़ोसी में से एक भी मर जाता है उसके मुँह से यह कभी नहीं निकलता कि परमेश्वर ने दया की। क्योंकि परमेश्वर ने पंचों में से एक अंश खींच लिया तो दया कैसा बरंच यह कहना चाहिए कि हमारे जीवन की पूँजी में से एक भाग छीन लिया। पर अनुमान करो कि यदि किसी पुरुष के इष्ट मित्रों में से कोई न रहे तो उसके जीवन की क्या दशा होगी। क्या उसके लिए जीने से मरना अधिक प्रिय न होगा! फिर इसमें क्या सन्देह है कि पंच और परमेश्वर कहने को दो हैं पर शक्ति एक ही रखते हैं।

जिस पर यह प्रसन्न होंगे वही उसकी प्रसन्नता का प्रत्यक्ष फल लाभ कर सकता है। जो इनकी दृष्टि में तिरष्कृत है वह उसकी दृष्टि में भी दयापात्र नहीं है। अपने ही लो.वुह कैसा ही अच्छा क्यों न हो पर इसमें मीन मेख नहीं है कि संसार में उसका होना न होना बराबर होगा। मरने पर भी अकेला बैकुंठ में क्या सुख देखेगा। इसी से कहा है—'जियत हँसी जो जगत में, मरे मुक्ति केहि काज'। क्या कोई सकल सद्गुणालंकृत व्यक्ति समस्त सुख सामग्री संयुक्त सुवर्ण के मन्दिर में भी एकाकी रह के सुख से कुछ काल रह सकता है? ऐसी-ऐसी बातों को देख सुन, सोच समझ के भी जो किसी डर या लालच या दबाव में फँस के पंच के विरुद्ध ही बैठते हैं अथवा द्वेषियों का पक्ष समर्थन करने लगते हैं, वे हम नहीं जानते, परमेश्वर (नेचर), दीन, ईमान, धर्म, कर्म, विद्या, बुद्धि, सहृदयता और मनुष्यत्व को क्या मुँह दिखाते होंगे।

हमने माना कि थोड़े से हठी दुराग्रही लोगों के द्वारा उन्हें मन का धन, कोरा पद, झूठी प्रशंसा मिलनी सम्भव है, पर इसके साथ अपनी अन्तरात्मा (कांशेंस) के गले पर छूरी चलाने का पाप तथा पंचों का श्राप भी ऐसा लग जाता है कि जीवन को नर्कमय कर देता है और एक न एक दिन अवश्य भंडा फूट के सारी शेखी मिटा देता है। यदि ईश्वर की किसी हिकमत से जीते जी ऐसा न भी हो तो मरने के पीछे आत्मा की दुर्गति, दुर्नाम, अपकीर्ति एवं सन्तान के लिए लज्जा तो कहीं गयी ही नहीं। क्योंकि पंच का बैरी परमेश्वर का बैरी है, और परमेश्वर के बैरी के लिए कहीं शरण नहीं है—'राखि को सकै राम कर द्रोही'। पाठक! तुम्हें परमेश्वर की दया और बड़ों बूढ़ों के उद्योग से विद्या का अभाव नहीं है। अतः आँखें पसार के देखो कि तुम्हारे जीवनकाल में पढ़ी-लिखी सृष्टि वाले पंच किस ओर झुक रहे हैं, और अपने ग्रहण किये हुए मार्ग पर किस दृढ़ता, वीरता और अकृत्रिमता से जा रहे हैं कि थोड़े से विरोधियों की गाली धमकी तो क्या, बरंच लाठी तक खा के

हतोत्साह नहीं होते और स्त्री पुत्र धन जन क्या, बरंच आत्मविसर्जन तक का उदाहरण बनने को प्रस्तुत हैं।

क्या तुम्हें भी उसी पथ का अवलम्बन करना मंगलदायक न होगा? यदि बहकाने वाले रोचक और भयानक बातों से लाख बार करोड़ प्रकार समझावें तौ भी ध्यान न देना चाहिए। इस बात को यथार्थ समझना चाहिए कि पंच ही का अनुकरण परम कर्तव्य है। क्योंकि पंच और परमेश्वर का बड़ा गहिरा सम्बन्ध है। बस इसी मुख्य बात पर अचल विश्वास रख के पंच के अनुकूल मार्ग पर चले जाइए तो दो ही चार मास में देख लीजिएगा कि बड़े-बड़े लोग आपके साथ बड़े स्नेह से सहानुभूति करने लगेंगे और बड़े-बड़े विरोधी, बड़े साम, दाम, दंड भेद से भी आपका कुछ न कर सकेंगे। क्योंकि सबसे बड़े परमेश्वर हैं और उन्होंने अपनी बड़ाई के बड़े-बड़े अधिकार पंच महोदय को दे रखे हैं।

अतः उनके आश्रित, उनके हितैषी, उनके कृपापात्र को कभी कहीं किसी के द्वारा वास्तविक अनिष्ट नहीं हो सकता। इससे चाहिए इसी क्षण भगवान पंचवक्त का स्मरण करके पंच परमेश्वर के हो रहिए तो सदा सर्वदा पंचपांडव की भाँति निश्चिन्त रहिएगा।

[खं. 6, सं. 12 (15 जुलाई, ह. सं. 6)]

सत्य

जिस धर्मोपदेशक एवं नीतिशिक्षक के मुँह सुनिए यही सुनिएगा कि 'सत्यमेव जयते नानृतम्' 'सत्यान्नास्ति परोधर्म्मः', 'सत्येनास्ति भयं क्वचित्', 'साँच को आँच नहीं', 'साँच बरोबर तप नहीं' इत्यादि पर हम कहते हैं यह बातें केवल सतयुग के लिए थीं, नहीं तो कब त्रेता में दशरथ महाराज सरीखे धर्मतत्वज्ञ ने कैकेयी जी से बचनबद्ध होकर रामचन्द्र जी का बन गमन, सच्चे जी से, प्रसन्नतापूर्वक न चाहा। गोस्वामी तुलसीदास जी कहते हैं—'राव राम राखन हित लागी, बहुत उपाय कीन्ह छल त्यागी।' द्वापर में धर्मावतार युधिष्ठिर जैसे सत्यवादी सने रणक्षेत्र में 'नरो वा कुंजरः' कह दिया, तब दूसरे किस मुँह से सत्य के निर्वाह का आग्रह कर सकते थे। विशेषतः इस कलिकाल में हमारे तुम्हारे समान साधारण जीवों को सत्य बोलने का प्रण (प्रण कैसा इच्छा) करना भी ऐसा है जैसे टिटिहरी नामक पक्षी का इस विचार से पाँव उठा के सोना, कि बादल गिर पड़ेगा तो बच्चे कुचल जायँगे, इससे पाँव ऊँचे किये रहना चाहिए, जिसमें गिरे भी तो ऊपर ही अटका रहे, बच्चों को न दबा सके।

भला जिस देश में करोड़ों लोग रूखी रोटी को तरसते रहते हैं, करोड़ों कृषि, वाणिज्य, शिल्प, सेवादि के द्वारा जो कुछ कमाते हैं उसका सार भाग टिक्कस, व्यापार, चन्दा आदि की राह विलाय चला जाता है, जहाँ दुःखी लोगों को दुहाई देने के लिए भी रुपया लगाना पड़ता है सो भी न्याय ऐसा कस्तूरी के भाव बिकता है कि बहुधा रुपये वाले ही पाते हैं, वहाँ सबको पेट पालने और येन केन विधिना निर्वाह करने की चिन्ता चाहिए कि सत्यासत्य की? हमें सत्य का आग्रह करना खरगोश के सींग अथवा खपुष्प नहीं है तो है क्या? न मानिए तो किसी सच्चे दुष्ट का सच्चा हाल कह देखिए, परमेश्वर चाहे तो कल्ह ही मानहानि के अपराध में लेने के देने पड़ जायँगे।

इसी से कहते हैं कि अपना काम चलाए जाना चाहिए। पुराने लोगों की भाँति सत्य असत्य के उलझाओं में पड़ना वाहियात है। तथा जो कोई कहे कि मैं झूठ से

दूर भागता हूँ उसे जान लेना चाहिए कि महा झूठा है। "मैं झूठ नहीं बोलता" इस वाक्य का अर्थ ही यह है कि मैं झूठ कह रहा हूँ। नहीं तो ऐसा कौन है जो सत्य बोल के सुखपूर्वक निर्वाह कर सकता हो। हाँ, सचमुच सत्य के घमंड में आप संसार को तृणावत समझे रहिए, मरने पर बैकुंठ में सबसे ऊँची पदवी पाने का विश्वास किये रहिए, पर जब दुनिया में रहिएगा तब तक थोड़े से (यदि हों) सतयुगी लोगों कौ छोड़ के सबकी आँखों में खटकते ही रहिएगा, क्योंकि सत्य होती है कड़वी। इसी से 'खरी कहैया दाढ़ीजार' कहलाता है। उसे कोई पसन्द नहीं करता। 'खरी बात सअदुल्ला कहैं, सबके जी से उतरे रहैं'। जिसको कहोगे उसे मिरचे सी लगेंगी और जहाँ तक चलेगी तुम्हें नीचा दिखा के अपने जी के फफोले फोड़ने का यत्न करेगा, चाहे असत्य अन्याय और अनर्थ के ही द्वारा क्यों न हो।

फिर भला जिसमें पराई आत्मा कष्ट पावे तथा अपने ऊपर आँच आवे एवं दोनों में बैमनस्य बढ़े वह काम किस काम का? इससे यही न उत्तम है कि खुशामद के द्वारा दूसरों को खुश रखना और अपने लिए आमद का द्वार खुला रखना! सतयुग में महाराज हरिश्चन्द्र ने सत्य का बड़ा पालन किया था, उन्होंने क्या मुना लिया था? राज्य गया, घर घूटा, स्त्री बिकी, पुत्र बिछड़ा, आप सारी सल्तनत छोड़ के श्मशान में बरसों चौकीदारी करते रहे। इसके बदले में मिला क्या? कीर्ति! जो न खाने के काम की, न पहिनने के काम की। और इसके विरुद्ध झूठों के सौभाग्योदय का एक नहीं सहस्त्र उदाहरण बतला क्या कहिए दिखला दें। पर हमें सत्यानाशी सत्य का हठ करके नाहक के झंझट में पड़ना मंजूर नहीं है इससे आप ही देख लीजिए और मन ही मन समझे रहिए कि हमारी प्यारी मिथ्या देवी की आराधना करके किस-किस ने कैसे-कैसे पद प्राप्त कर लिये हैं, कैसा कुछ धन, कैसी कुछ प्रतिष्ठा, कैसे-कैसे सामर्थ्यवानों की दया दृष्टि, लाभ की है तब आँखें खुल जायँगी कि असत्य में क्या मजा है और सत्या में क्या फल है।

यह न कहिएगा कि झूठे खुशामदियों को दुनिया क्या कहती है। जब हमें नौकरी अथवा ठेकेदारी के द्वारा सहस्त्रों का धन मिल जायगा बड़े बड़ों में आवाजाही हो जायगी, हम राजा, नब्बाब, सर, हजरत कहलावेंगे, समय की 'कर्तुमकर्तुमन्यथा कर्तुंसमर्थ' हुजूर खुदाबन्दों की नाक के बाल बनके गुलछर्रे उड़ावेंगे, उस समय थोड़े बहुत दरिद्री, निर्बुद्धी, ढीठ और अभागी लोग कुछ कही लेंगे तो क्या हो जायगा, पीठ पीछे कौन किसको नहीं कहता? अखबार वाले क्या-क्या नहीं बका करते। पर किसी के कहने सुनने के डर से अपनी हानि करना कहीं बुद्धिमानी है? एक बुद्धिमान का वचन है कि फलाने ने मुझे पाँच सौ गालियाँ दीं पर घर आ के कपड़े उतारता हूँ तो एक भी गाली का निशान तक न देख पड़ा।

इससे अपना सिद्धान्त तो यही है कि कोई कुछ बके बकने देना पर झूठ, खुशामद, छल कपट कुछ ही करना पड़े कर डालना और अपने मनबल में न चूकना। न जाने वह कैसे लोग थे जिन्होंने धर्म को वृषभ बनाया है और सत्य, शोच, दया, दान, उसके चरण वर्णन किये हैं। नहीं तो सच यों है कि बैलों का धर्म बैल है और मनुष्य का धर्म मनुष्य है, इस न्याय से वृषभ रूपधारी धर्म के पाँव कलियुग महाराज ने काट डाले, अतः अब यह धर्म चलने के योग्य नहीं रहा। इससे इस समय हमारा मानव रूप विशिष्ट द्विपद धर्म चलना चाहिए, जिसका एक चरण पालिसी है दूसरा खुदगरजी। इन दोनों चरणों में से यदि एक में भी तनिक भी कसर हुई तो धर्म का चलना कठिन है। अस्मात यह जाने रहिए कि यदि धर्म का लक्षण यही है कि 'यतोऽभुदयनिः श्रेयस सिद्धिः स धर्मः' अर्थात् जिसके द्वारा सांसारिक उन्नति और मुक्ति सिद्ध हो वही धर्म है तो स्मरण रखिए कि अभ्युदय के लिए सत्य का आश्रय लेना ऐसा ही है जैसा पानी मथ के घी निकालना।

हाँ, पालिसी के साथ झूठ मूठ दूसरों की दृष्टि में सत्यवादी, सत्यमानी और सत्यचारी बने रहिए और अपनी टही जमती दीखे तो दुनिया भर की चालाकी करने में भी हिचिर मिचिर न कीजिए। बस, सत्यदेव ने चाहा तो अन्न, धन, दूध, पूत, खिताब, तमगा सब कुछ मिल जायगा। रही निः'श्रयससिद्धि, उसके विषय में जब कालिदास ऐसे महात्मा 'अविदित सुख दुःखं निर्विशेष स्वरूपं जड़मतिरिह कश्चिन्मोक्षइत्याजगाद' कह गये हैं तो ऐसी बे सिर पैर की वस्तु के लिए यत्न करना शेखचिल्ली का नाम जगाना है। हाँ, मुक्ति का अर्थ छुटकारा है, उसके लिए चिन्ता करना व्यर्थ है। लोक लज्जा, परलोक चिन्ता, धर्म की चेष्टा, परमेश्वर का भय इत्यादि कल्पित बन्धनों में न पड़िए बस मुक्ति ही है—'पाशबद्धः सदा जीवः पासमुक्तः सदाशिवः'।

ऐसी दशा में धर्म ही से कोई प्रयोजन न रहेगा, सत्य तो उसकी एक टाँग मात्र है, उसमें क्या रक्खा है? और रक्खा भी हो तो मरने के पीछे मिलता होगा, दुनिया मे तो कोई काम निकलने का नहीं। स्मृतिकारों के शिरोमणि मनु भगवान स्वयं उसके बोलने का निषेध करते हैं 'नब्रूयात्सत्यमप्रियं' अर्थात् सत्य होती है अप्रिय, अतः उसे न बोलना चाहिए। फारस देश के नीतिविदाम्बर शेख सादी ने भी कहा है कि हेल मेल से परिपूर्ण (क्योंकि जिसको ठकुरसुहाती बातें सुनाते रहोगे वही स्नेह करेगा) असत्य अनर्थ उपजाने वाली सत्य से श्रेष्ठतर है—दरोगे मस्लहत आमेज बिहतर अजरास्तीए फितना अंगेज। यदि ऐसे-ऐसे महात्माओं के वाक्य सुन के भी आपको पूर्णसंस्कार के अनुरोध से सत्य की ममता बनी हो तो

उसे केवल आप सवालों के लिए बनाए रखिए, गृह, कुटुम्ब, बन्धु बान्धव, सजाती स्वदेशी आदि से उसका बर्ताव रक्खे रहिए, पर जगत भर के साथ उसका आचरण व्यर्थ ही नहीं बरंच हानिकारक, पागलपन है। अतः उसे पुरानी सत्यनारायण वाली पोथी में बाँध रखिए वा पार्सल करके सत्यलोक में भेज दीजिए जिसमें फिर कभी सत्ययुग आवै तो ब्रह्मा जी को उसके लिए दौड़ धूप न करनी पड़े और हमारे मिथ्या मन्त्र को गले का यन्त्र बना के अपना तथा अपने भाइयों का हित साधन करते रहिए। इसी में सब कुछ है और सब बायचेंचोपना है।

[खं. 7, सं. 1-2 (15 अगस्त-सितम्बर, ह. सं.)[

ममता

यह ऐसा उत्तम गुण है कि सारी भलाइयों का मूल कहना चाहिए। जब तक जिस देश पर परमात्मा की जितनी दया दृष्टि रहती है तब तक वहाँ के लोगों के जी में उतनी ही अधिक इस गुण की स्थिति रहती है। जहाँ के लोगों को देखिए कि अपने यहाँ के मनुष्यों, पशुओं, पक्षियों तथा पदार्थों का सच्चे जी से ममत्व रखते हैं और उनकी प्रतिष्ठा यावत जगत से अधिक करते हैं वहाँ समझ लेना चाहिए कि 'कोटि विघ्न संकट विकट, कोटि दुष्ट इक साथ। तुलसी बल नहिं करि सकैं, जो सहाय रघुनाथ' का जीवित उदाहरण विद्यमान है। सदा, सब कहीं के, सभी लोग, सब गुणपूर्ण कभी नहीं होते पर जहाँ यह गुण दृढ़ रूप से स्थीयमान होता है वहाँ 'सब सुख सम्पति बिनहिं बुलाए, धर्मशील पहं जाहिं सुभाए'।

कारण यह है कि सबको सबसे सहारा मिलता रहता है। सबके जी में यह बल रहता है कि हम अकेले नहीं हैं, एक बड़ा भारी समूह सदा सब दशा में हमारे साथ है। इससे सभी को सब प्रकार का सुभीता प्राप्त रहता है। अपने यहाँ के पुराने ग्रन्थों को देखिए तो गंगा, सिन्धु, सरस्वती, यमुना इत्यादि नदियों का नाम, ब्रह्मद्रव, स्वर्गदायिनी, अमृतमयी इत्यादि; अयोध्या, मथुरा, काशी, प्रयागादि नगरों के नाम विष्णुपुरी, परमात्मा का बिहारस्थल, मोक्षदा तीर्थराज; तुलसी, पीपल आदि वृक्षों के नाम विष्णुप्रिय, वासुदेव, इत्यादि लिखे हैं।

इसका अभिप्राय नये मत वालों के कथनानुसार हमारे पूर्वजों की हरिविमुखता अथवा लकीर के फकीरों के विचारानुसार धर्म की अनेकता नहीं है। वेदों में ईश्वर और धर्म की अद्वितीयता सैकड़ों स्थल पर लिखी है। पुराणों में पंचदेव की अभिन्नता तथा सब मतों की एकता सहस्रों ठौर वर्णित है और सप्तपुरी पंचवट आदि की व्याख्या करने वाले वेदादि का अर्थ न जानते थे इसका कोई प्रमाण नहीं है पर बात सारी यह थी कि देश की ममता उनके चित्त में भरी हुई थी। उसकी उमंग में उन्हें अपने यहाँ की नदियों का जल अमृत सा जँचता था, अपने नगर बैकुंठ से उत्तम देख पड़ते थे—'बृन्दावन बैकुंठ दोउ, तौले रमानिवास। गहवो धरती पर रह्यो, हलको गयी अकास'।

अपने वृक्ष देवता जान पड़ते थे, उनका सींचना धर्म का अंग बोध होता था; उन्हें जनेऊ पहिनना, चन्दन पुष्पादि से सुशोभित करना आँखों को सुख देता था। तृशा कोई एक पत्ती भी तोड़ लेता था वह पापी समझ पड़ता था। कहाँ तक कहिए ममता का उन दिनों इतना संचार था कि स्नान करने के ऊपर अपने प्यारे नगरों की मट्टी तक लोग शिर पर मलते थे, छाती से लगाते थे। इसी के प्रभाव से चारों ओर सुख सौभाग्य की इतनी भरमार थी कि लोग राज्य छोड़-छोड़ वन, पर्वतों में जा बैठते थे। त्रेता में भगवान रामचन्द्र को अयोध्या से सैकड़ों कोष दूर बन में अच्छी भली रावण ऐसे शत्रु को जीतने योग्य सेना प्राप्त हो गयी थी। भला बताइए तो सुग्रीव उनके नातेदार थे? वा दशरथ जी का दिया खाते थे? नहीं। बनवासी (जिन्हें कवियों ने बन्दर की उपाधि दी है) लोगों तक को यह ज्ञान था कि अयोध्या अपने राजा की राजधानी है, उसके आगे लंकावालों का हमारा क्या सम्बन्ध है। द्वापर में भीष्म जी को पिता कह के पुकारने वाले का जन्म धारण असम्भव था तो सारे देश ने उन्हें पितामह अर्थात् पिता का भी पिता निश्चित कर लिया। अभी कलियुग में भी कई राज्यों में यह रीति पड़ गयी थी (जिसका बहुत बिगड़ा हुआ रूप अब भी कहीं-कहीं बना है) कि राजा के यहाँ ब्याह है तो प्रजा मात्र को मुहूर्त पूछने की आवश्यकता नहीं और राजा मर गया तो राज्य भर की स्त्रियों का एक-एक हाथ चूड़ियों से खाली।

तभी सिकन्दर ऐसे दिग्विजयी राजा मगधेश्वर का सामना करते हुए कचियाते थे। तभी नौशेरवाँ सरीखे महाराज कन्यादान करते थे। पर अब वह गुण हममें नहीं रहा। अब हमें अपने भाइयों का सुख दुःख देख के सच्चा सुख दुःख नहीं अनुभव होता बरंच उसके स्थान पर कोई न कोई मिष ढूँढ़ के हम उनसे अलग रहना चाहते हैं। स्वार्थ के अनुरोध से उनकी प्रतिष्ठा, धन, धरती आदि की जड़ काटने में पाप नहीं समझते। आज हम अपनी गंगा, भवानी, तुलसी, पीपल, प्रतिमा, पुराणादि को वेदविरुद्ध बरंच वेद को भी पुराने असभ्य किसानों के गीत समझते हैं। आज हम मुरशिदाबाद की गर्द (रेशमी कपड़ा) और बनारस की कमख्वाब पहिनने में शरमाते ही नहीं बरंच अपव्यय समझते हैं। रोगग्रस्त होने पर भी चौगुने दाम दे के मशक का पानी पीते हैं पर चूर्ण, पाक अवलेह सेवन करें तो शान के बईद है। कहाँ तक कहिए अपनी बोली तक बोलना व्यर्थ समझते हैं। बस इसी से नौकरी तक में बाधा है।

दुःख सुनाने में भी खर्च है, डर है, सच्चाई का ह्रास है, बरंच कभी-कभी पूरा उद्योग करने पर भी परिणाम में निराशा है। यह क्यों? इसी से कि हमें अपनी ही ममता नहीं है, फिर दूसरों को हमारी ममता क्यों हो। जब तक हमें हम और हमारा का सच्चा ज्ञान न होगा तब तक हम यों ही, बरंच इससे भी गये बीते बने रहेंगे और लाख बातें बनावैं और करोड़ दौड़ धूप करें पर होगा कभी कुछ नहीं। अतः

सारे झगड़े छोड़िए और यह प्रण कर लीजिए कि कोटि कष्ट उठावेंगे, घर फूँक तमाशा देखेंगे, पर यह हठ न छोड़ेंगे कि अपना अपना ही है, अपनी मट्टी भी दूसरों के सोने से मूल्यवान है।

बस यही ममता का मूल मन्त्र है। इसी को सिद्ध कीजिए और दूसरों को उपदेश दीजिए तो ईश्वर राजा प्रजा सुख सम्पत्ति सौभाग्य सुयश सुदशा सबकी ममता के पात्र बन जाइएगा। नहीं तो यहाँ क्या है, थोड़ा सा कागज खराब हो गया सही, पर तुम्हारा सभी कुछ धीरे-धीरे ममता के बिना रमता योगी हो जायगा।

[खं. 7, सं. 3 (15 अक्टूबर, ह. सं. 6)]

पक्ष

यह दो अक्षर और तीन अर्थ का शब्द भी ऐसा उपयोगी है कि इस के बिना कोई काम ही नहीं चल सकता। यदि पक्षी पक्ष जाते रहें तो उस का जीना भारी हो जाय। यदि महीने में कृष्ण पक्ष और शुक्ल पक्ष न हों तो ज्योतिषियों को गणित में बड़ी गड़बड़ी पड़े। यदि किसी का पक्ष करनेवाला कोई न हो तो वुह एक पक्ष क्या एक क्षण भी सुख से नहीं बिता सकता। सच पूछो तो मनुष्य का मनुष्यत्व पक्ष ही से है, नहीं तो 'आदमी को भी मयस्सर नहीं इंसा होना'। जिसे अपनी बात का पक्ष नहीं उसको किसी बात का ठीक नहीं। बात औ बाप एक होते हैं (चाहे उरदू में लिख के किसी से पढ़ा देखो!)। महाराज दशरथ जी की इतनी प्रतिष्ठा है कि भगवान रामचन्द्र जी के पिता कहलाते हैं। मनुष्य, क्षत्रिय, राजा, वीर, धीर, धर्मिष्ठ लाखों लोग हो गये पर दशरथ जी की समता किसी को नहीं हो सकती। इस कारण, इस अचल कीर्ति का हेतु, केवल यही है कि वे बाचा के धनी थे। उन्हें अपनी बात का पक्ष था—'प्रानन ते सुत अधिक है सुत ते अधिक परान। सो दशरथ दोनौं तजे, बचन न दीन्हों जान।' राम, युधिष्ठिर, हरिश्चन्द्र, भीष्म, हम्मीर आदि के जीवन चरित्र देखिए तो यही पाइएगा कि उनकी महान् महिमा का कारण यही था कि बड़े-बड़े कष्ट उठाए, बड़ी हानि सही, पर अपने कहे को निबाहा और अपने कामों से जगतवासियों के लिए यह सिद्धान्त नियत कर गये कि 'विचलति नहिं वाक्यं सज्जनानां कदाचित्'। हम देखते हैं तो हम संसारी लोगों के औगुणों का ठिकाना नहीं है। यदि सचमुच न्याय किया जाय तो ऐसे लोग बहुत थोड़े निकलेंगे जो कठिन दंड के योग्य न हों। और जितने मतवादी हैं, सब कहते हैं कि ईश्वर न्यायी है, पर यह कभी देखने सुनने में नहीं आया कि सौ दो सौ पापी पुरुष येथोचित यातना के साथ अपने किए को पहुँचा दिए जायँ। इस का कारण क्या है? यदि हठ छोड़ के विचारिए तौ निश्चय हो जाएगा कि जगदीश्वर यह समझ के हमारे दुर्गुणों को देखता हुवा भी हमारे पालन पोषणादि से मुँह नहीं मोड़ता कि यह सब हमारे हैं! संसार अपने दुराचारों से कब का नाश हो गया होता यदि करुणामय भगवान उसे अपना न समझते। हम पापी हैं चाहे अधर्मी पर परम पिता जानते हैं

कि 'कुपुत्रों जायेत क्वचिदपि कुमाता न भवति'। इस से सिद्ध होता है कि जगत के कर्ता धर्ता को भी अपनी प्रजा का पक्ष है। फिर हम नहीं जानते वुह लोग कितने मूर्ख हैं जिन्हें पक्ष का पक्ष नहीं। हमारा भारत इसी से दिन-दिन गारत होता जाता है कि यहाँ के लोगों को अपनी बात का, अपनी जाति का, अपने देश का, अपने धर्म का, अपनी मर्यादा का, अपनी भाषा का पक्ष नहीं है। यह तक सरासर देखते हैं कि ईश्वर न्यायी, समदर्शी, सब कुछ, पर अपने निज भक्तों का पक्ष अवश्य करता है। यहाँ तक कि पतितपावन अधमोद्धारण दीनबन्धु आदि उसके नाम पड़ गये हैं। हमारे रिषि मुनि संसार से कुछ प्रयोजन न रखते थे तौ भी अपने सन्तान अर्थात् ब्राह्मणों को जगत गुरू तथा देवता बना गये हैं। ईसा मूसा मुहम्मदादिक महात्मा भी अपने निज धर्मियों को अन्य मतवलम्बियों से अधिक आशा दे गये हैं। हमारी वर्तमान गौर्नमेंट भी प्रजापालन, न्याय-परायणतादि सब बातों का मुकुट धारण करे है तौ भी अपने देशवासियों का पक्ष अधिक करती है। फिर भी हमारे हिन्दूदास पक्ष की महिमा नहीं जानते! बात के पक्ष में कह देते हैं कि 'मर्द की जबान और गाड़ी का पहिया फिरता ही रहता है।' जाति के पक्ष में समझ लिया है कि हमें क्या, जो जैसा करेगा वुह वैसा भुगतैगा। यों चाहे दिन भर झूठ बोलें पर जो किसी भाई का काम आ पड़े तो बस युधिष्ठिर का औतार बन जायँगे—'अरे भाई अपना दीन धरम तो न छोड़ेंगे'। छिः! तुम्हारा दीन धरम तो तुम्हारी कुबुद्धि ने उसी दिन छुड़ा दिया जिस दिन तुम्हें यह ज्ञान दिया था कि पक्षपात करना अधर्म है। यदि पक्षपात अधर्म होता तो बड़े-बड़े क्यों करते? पर यह बातें तो वुह समझे जिसे समझ हो! नहीं तो लड़के भी समझते हैं कि धर्म करने से सुख और अधर्म से दुख मिलता है। और यह प्रत्यक्ष देखा जाता है कि जिस जाति के लोग दूसरों के मुकाबिले में आपस वालों का पक्ष करना जानते हैं वे अपक्षियों के देखे अधिक सुखी होते हैं। फिर बताइए कि पक्षपात पाप है अथवा पुण्य? विचार के देखिए तो जान जाइएगा कि उन्नति की सीढ़ी और सौभाग्य का मार्ग पक्ष ही है। अतः हमारे पाठकों को चाहिए कि इस मूल मन्त्र को न भूलें कि अपना अपना ही है। दूसरों की अच्छाई से हम अच्छे न कहावेंगे जब तक अपनों को अच्छा न समझेंगे। क्या ही अच्छा होता जो हमारे बन्धुवर्ग और सब झगड़े छोड़ के केवल स्वदेशियों के पक्ष को अपना परम धर्म जानते! नीति का यह वाक्य पक्ष का क्या ही अच्छा समर्थन करता है कि 'उत्तंगशैलशिखरस्थितपादपस्य काकः क्लशोषि फलमालभते सपक्षः। सिंहोवलीगजविदारणदारुणोऽपि सीदत्यधस्तरुतले खलु पक्ष हीनः'। अर्थात् शैल शिखर थित अति उन्तंग तरुवर के मृदु फल। खात बुद्धि बल रहित काग केवल पच्छहि बल। महावली मृगराज नितहि करि कुम्भ विदारत! छुधित पक्ष बिन वृच्छ ओर रहि जात निहारत॥ यह समुझि बूझि अनबूझ नर, पच्छपात पथ नहिं गहत। ते पच्छ अघति मम सदा सहत रहत संकट महत ॥१॥

हे मयूरपक्षा पीड़धारी बृजभूमिचारी भगवान हृदयबिहारी हमारे देशभाइयों को सुमति दान करो जिसमें यह लोग अपनों का पक्ष सीखें। प्रभो! यह उन्हीं के सन्तान हैं जिनका तुम सदा पक्ष करते हो। यदि हमारे पाप तुम्हारी करुणा से अधिक न हो गये तो अपनी इस कीर्ति को स्मरण करो कि—पातरी छांछ निछीछी महा अहिरी गुहिराय के बेंचत आंठी। मीन जो ताल खुतार भई गोड़िया कहि ताहि पुकारत टाँठी (ताजी) ॥ शम्भु कहै प्रभु ऐसोई चाहिए दास के औगुन झोंकिबो भाठी। जो कहुँ आपनो खोटो मिलै तो खरे ठहराय कै बाँधिए गाँठी ॥१॥ क्योंकि 'दीन मीन बिन पक्ष के कहु रहीम कहं जाहिं?' अतः हमारा पक्ष करो जिससे हम अपनों का पक्ष करने योग्य हों।

[खं. 5, सं. 1 (15 अगस्त ह. सं.4)]

मतवादी अवश्य नरक जायँगे

हमारी समझ में बड़ी-बड़ी पोथियाँ देखने और बड़े-बड़े व्याख्यान सुनने पर भी आज तक न आया कि नर्क कहाँ है और कैसा है, पर जैसे तैसे हमने मान रक्खा है कि संसार में विघ्न करने वालों की दुर्गति का नाम नर्क है। मरने के पीछे भी यदि कहीं कुछ होता तो ऐसे लोग अवश्य कठिन दंड के भागी हैं जो स्वार्थ में अन्धे होके पराया दुख सुख, हानि लाभ, मान अपमान नहीं बिचारते। अगले लोगों ने कहा है कि 'बैद चितेरी जोतिषी हर निन्दक औ कब्बि, इनका नर्क विशेष है, औरन का जब तब्बि'। पर इस बचन में हमें शंका है, काहे से बैद और चितेरे आदि में अच्छे और बुरे दोनों प्रकार के लोग पाये जाते हैं। फिर यह कहाँ सम्भव है कि सब सभी नर्क के पात्र हों।

वह वैद्य नर्क जाते होंगे जो न रोग जानैं न देश काल पात्र पहिचानैं, केवल अपना पेट पालने को यह सिद्धान्त किये बैठे हैं कि 'यस्य कस्य च पत्राणि येन केन समन्वितं। यस्मै कस्मै प्रदातव्यं यद्वा तद्वा भविष्यति'। पर वह क्यों नर्क जायँगे जो समझ बूझ के औषधि करते हैं और रोगी के दुख सुख का ध्यान रखते हैं अथवा अपनी दवा और मेहनत का दाम लेने में संकोच नहीं करते। चित्रकारों से किसी की कोई बड़ी हानि नहीं होती बरंच उनके द्वारा भूत और वर्तमान समय के अच्छे बुरे लोगों का, अन्य लोगों का स्मरण होता है। अतः औरों की अपेक्षा इनमें से नर्कगामी थोड़े होने चाहिए—हाँ, ज्योतिषियों में बहुत लोग ऐसे हैं जो पढ़े लिखे राम का नाम ही हैं पर अदृष्ट बतलाने तथा अनमिल जोड़ी मिलाने और वर कन्या का जन्म नसाने एवं बैठे बिठाये गृहस्थों के जी में शंका उपजाने का बीड़ा उठाए बैठे हैं।

वे अवश्य नर्क के भागी हों। पर जो अपनी विद्या के बल से भूगोल खगोल को हस्तामलरु किये बैठे हैं उन्हें कौन नर्क में भेज सकता है? अथवा यह कह देते हैं कि अमुक ग्रन्थ के अनुसार हमारे विचार में यों आता है कि आगे क्या होगा क्या नहीं यह प्रश्न ईश्वर से जाके करो। यह कहने वाले भी नर्क से दूर हैं। रहे हरनिन्दक, उन्हें नर्क से कोई प्रयोजन नहीं है क्योंकि परमेश्वर सदा एकरस

आनन्दमय है। उनकी निन्दा से न उनकी हानि न जगत की हानि है। हाँ, निन्दक अपना पागलपन दिखाता है, सो पागलपन एक रोग है, पाप नहीं। यदि हरनिन्दक का अर्थ अनीश्वरवादी ही लीजिए तो भी नर्क को उससे क्या सम्बन्ध है? एक बात उसकी समझ में नहीं आती, उसे वह नहीं मानता, बस! बरंच हम देखते हैं तो सबकी स्वत्व रक्षा, सबसे न्यायाचरण आदि गुण बहुधा नास्तिकों ही में पाये जाते हैं। कपटी उनमें बहुत कम हैं।

भला ऐसे लोग नर्क जायँगे? हाँ, हरि की वास्तविक निन्दा किसी मत के कट्टर पक्षपाती अवश्य करते हैं। उनका नर्कबास युक्तिसिद्ध है (यह बात आगे चलके खुलेगी)। कवियों के लिए बेशक यह बात है कि वे अकेले क्या चाहें तो एक बड़े सगूह को लेके नर्क की यातना का स्वाद लें, चाहे बड़ी जथा जोड़ के जीवन के मुक्ति का आनन्द भोगें, क्योंकि उन्हें अपनी औ पराई मनोवृत्ति फेर देने का अधिकार रहता है!

सिद्धान्त यह कि ऊपर कहे हुए सब लोग अवश्य नर्क ही जायँगे यह बात विचारशक्ति को कभी माननीय नहीं हो सकती। पर हाँ, हमारे मतवाले भाई, अफसोस है कि, नर्क के लिए कमर कसे तैयार हैं! क्योंकि इन महापुरुषों का उद्देश्य तो यह है कि दुनिया भर के लोग हमारे अथवा हमारे गुरु के चेले हो जायँ, सो तो त्रिकाल में होना नहीं। और लोगों का आत्मिक एवं सामाजिक अनिष्ट बात-बात में है। यदि ऐसा होता कि आर्यसमाजियों में आर्य, सनातनधर्मियों में पंडित महाराज, मुसलमानों में मुल्ला जी, ईसाइयों में पादरी साहब इत्यादि ही उपदेश करते तब कोई हानि न थी, बरंच यह लाभ होता कि प्रत्येक मत के लोग अपने-अपने धर्म में दृढ़ हो जाते। सो न करके एक मत का मनुष्य दूसरे सम्प्रदायियों में जाके शान्ति भंग करता है। यही बड़ी खराबी है क्योंकि विश्वास हमारे और ईश्वर के बीच निज सम्बन्ध है।

एक पुरुष ईश्वर की बड़ाई के कारण उसे अपना पिता मानता है, दूसरा प्रेम के मारे उसे अपना पुत्र कहता है। इसमें दूसरे के बाप का क्या इजारा है कि पहिले के विश्वास में खलल डालो। वास्तव में ईश्वर सबसे न्यारा एवं सबमें व्यापक है। वह किसी का कोई नहीं है और सबका सब कोई है। दृढ़ विश्वास और सरल स्नेह के साथ उसे जो कोई जिस रीति से भजता है, वह उसका उसी रीति से कल्याण, शान्ति, दान अथच परित्राण करता है। इस बात के लिए किसी प्रमाण की आवश्यकता नहीं है।

जिसका जी चाहे वह चाहे जिसे रीति से भजन करके देख ले कि ईश्वर उसे उसी रीति में आनन्द देता है कि नहीं। पर मत विषयक शास्त्रार्थ के लती स्वयं भजन नहीं करते बरंच दूसरे की भजनप्रणाली में विक्षेप डालने का उद्योग करते हैं, बहुत वर्षों से अथवा बहुत पीढ़ियों से जो विश्वास एक जी पर जमा हुवा है उसे

उखाड़ कर उसके ठौर पर अपना विचार रक्खा चाहते हैं। भला इससे बढ़ के हरिविमुखता क्या होगी? और ऐसे विमुखों को भी न नर्क हो तो ईश्वर के घर में अँधेर है। संसार में जितनी पुस्तकें धर्मग्रन्थ कहलाती हैं सबके लिखने वाले भगवान के भक्त एवं जगत कै हितैषी मनुष्य थे।

अपने-अपने देशकाल अथच निज दशा के अनुसार सबों ने ही अच्छी ही अच्छी बातें लिखी हैं। रहा यह कि मनुष्य की बुद्धि सब बातों में और सब काल में पूर्णतया एक रूप में नहीं रहती, इससे सम्भव है कि प्रत्येक मत के प्रवर्तक से कुछ बुराई हो गयी हो या उसके लेख में कहीं भ्रम या दोष ही रह गया हो, पर हमें अधिकार नहीं है कि उनके काम या वचन पर आक्षेप करें। यदि आप यह न भी मानें कि हमारे दोषों से उनके अल्प थे तौ भी इसमें सन्देह नहीं है कि आपके भी सब काम और बातों में अशुद्धि का सम्भव है। फिर आप किस मुख से दूसरों को बुरा कहें; जब कि भलाई बुराई सबमें है तो मतवालों को यह अधिकार किसने दिया कि दूसरे की बुराई गावैं। यह उनकी शुद्ध दुष्टता नहीं है तो क्या है!

श्री रामानुज, श्री शंकराचार्य, श्री मसीह, श्री मुहम्मद, सब मान्य पुरुष थे (इस बात के साक्षी लाखों लोग हैं)। इनमें से किसी के जीवन चरित्र में ऐसी बात नहीं पाई जाती जैसी आजकल के लोग मुँह से बुरी बताते हैं, पर करते अवश्य हैं! इसी प्रकार वेद, पुराण, कुरआन, सब धर्मग्रन्थ हैं क्योंकि चोरी, जारी, विश्वासघात आदि की आज्ञा किसी में नहीं है। फिर इनकी निन्दा करने वाला स्वयं निन्दनीय नहीं है तो क्या है? यदि परमेश्वर संसार भर का स्वामी है और सभी की भलाई का उद्योग करता है एवं उद्योग यही है कि आचार्यों के द्वारा धर्मपुस्तकों का प्रचार करना, तौ यह कैसे हो सकता है कि एक ही भाषा की एक ही पोथी और केवल एक ही आचार्य सब देशों और सब काल के लिए ठीक हो सकें! हर देश के लोगों की प्रकृति, स्वभाव, सामर्थ्य, भाषा, चाल ढाल, खाना, पहिनना आदि एक सा कभी नहीं हो सकता। फिर ईश्वर की एक ही आज्ञा सब कहीं के सब जन कैसे पालन कर सकते हैं?

आज भारतवर्ष का कौन राजा अश्वमेध अथवा राजसूय यज्ञ कर सकता है? अरब (या अपने ही यहाँ बंगाल) के रहने वाले मांस के बिना कै दिन सुख से रह सकते हैं? चालीस-चालीस दिन का ब्रत राजा, निर्बल और कोमल प्रकृति वालों से कब निभ सकता है? फिर यदि ईश्वर एक ही लाठी से सबको हाँके तो उसकी जगदीशता का क्या हाल हो? कभी किसी वैद्य को हमने नहीं देखा कि सबको एक ही औषधि सब प्रकार के रोगियों को दे देता हो! जब जिसके लिए जो बात ईश्वर योग्य समझता है तब तिसको तौन ही बतला देता है। उससे बढ़ के बुद्धिमान कोई नहीं है। वह अपनी प्रजा का हिताहित आप जानता है। वेद, बाइबिल, कुरान बना के मर नहीं गया, न पागल हो गया है कि अब पुस्तक रचना न कर सके।

यदि एक ही मत से सबका उद्धार समझता तो अन्य मतावलम्बियों के ग्रन्थ, मनुष्य और सारे चिह्न नाश ही कर देने में उसे किसका डर है? इन सब बातों को देख सुन और सोच के भी मतवादीगण सबको अपनी राह चलाने के लिए हाव-हाव करते हैं, फिर हम क्यों न कहें कि वे परमात्मा से अधिक बुद्धिमान बन के उसकी चलती गाड़ी में रोड़ा अटकाते हैं।

भला इससे बढ़ के हरिनिन्दा और नर्क का सामान क्या होगा? जैसे हमारी प्रतिमा न पूजने वालों को कभी एक फूल उठा देती हैं, न निन्दकों को एक थप्पड़ मार देती है, वैसे ही आपके निराकार भी न किसी उपासक को प्यार की बात कहते हैं न गाली देने वाले का सिर दुखाते हैं। फिर हम आपकी अथवा आप हमारी पूजा पद्धति पर आक्षेप करें तो सिवाय परस्पर विरोध उपजाने के और क्या करते हैं? यदि वेद, बाइबिल, कुरानादि की एक प्रति अग्नि तथा जल में डाल दी जाय तो जलने अथवा गलने से कोई बच न जायगी। फिर एक मतवाला किस शेखी पर अपने को अच्छा और दूसरे को बुरा समझता है?

आपको जिस बात में विश्वास हो उसको मानिए, हम आपकी आत्मा के इजारदार नहीं हैं जो यह कहें कि यों नहीं यों कर! यदि आप दृढ़ विश्वासी हैं तो हम अपनी बातों से डिगा नहीं सकते, पर डिगाने की नीयत कर चुके, फिर कहिए विश्वास डिगाने की मानसाही कौन धर्म है? जो आपका विश्वास कच्चा है तो हमारी बातों से आप फिसल जायँगे, पर यह कदापि सम्भव नहीं है कि पूर्ण रूप से अपनी मुद्दत से मानी हुई रीति को छोड़ के एक साथ हमारी भाँति हो जाइए। इस दशा में हम और भी घोर पाप करते हैं कि अपनी राह पर तो भली भाँति ला नहीं सकते पर आप जिस राह में आनन्द से चले जाते थे उसने फिर गये। भला धर्म मार्ग से फेर देने वाला या फेरने की इच्छा रखने वाला नर्क के बिना कहाँ जायगा?

[खं. 5 सं. 10, 11 (19 मई, जून, ह. सं. 5)]

नवपन्थी और सनातनाचारी

नवपन्थी—नमस्ते साहब!

सनातनाचारी—नमस्ते और साहब तुम होगे जी! बीस बार समझा दिया कि हम साहब नहीं हैं, हम ब्राह्मण हैं, मानते ही नहीं!

नवपन्थी—अच्छा बाबा, भूल गये माफ करो। नमस्ते महाशय कहा करें?

सनातनाचारी—यद्यपि हम महाशय भी नहीं हैं, न ऋषि हैं, न राजा हैं फिर इतना बड़ा प्रतिष्ठित शब्द भी हमारे पक्ष में उपहासबोधक है क्योंकि वास्तवतः हम साधारणशय भी नहीं हैं। इससे यदि हम अपने मन से अपने को महाशय समझें तो झूठा गर्व करके महा पापी बनते हैं और दूसरे लोग यदि हमें जी से ऐसा मानें तो धोखा खाते हैं सो केवल मुख से इस शब्द का प्रयोग करें तो हमें झूठमूठ झंडे पर चढ़ाते हैं। पर यतः साधारण समुदाय के अधिकांश ने इस शब्द को साधारण बोलचाल में साधारण ही अर्थ का द्योतक मान लिया है और शब्द भी अपने देश का है इससे आप चाहे जिसके लिए प्रयोग कर लें, पर नमस्ते क्या बला है? बाबा! नमस्ते तुम होगे हम नहीं हैं।

नव.—वाह साहब! नमस्ते भी कोई गाली है?

सन.—गाली उन्हीं शब्दों को कहते हैं जिन्हें सुन के श्रोता का चित्त बिगड़ जाय। और यह लक्षण इस शब्द में भी विद्यमान है। थोड़े से आपके समाजियों को छोड़ के देश का तृतीयांश से अधिक समुदाय इसे सुनते ही कहने वाले को अपने आचार विचार का बिद्रूपकारक समझ के चौंक उठता है। फिर ऐसे शब्द के प्रयोग को क्या आवश्यकता है जिसके द्वारा हमारे अधिकांश भ्रातृगण के शान्तिप्रवाह में बिक्षेप हो?

नव.—अजी वाह! यह भी कोई बात है कि जिस अच्छी बात को मूर्ख लोग नापसन्द करें तो उसे समझदार भी छोड़ बैठें? भला बतलाइए तो इसमें क्या बुराई है? संस्कृत का शब्द है नमः, और ते मिल के बना है जिसका अर्थ है कि मैं तुम्हारा मान्य करता हूँ। यदि हमने ऐसा कहा तो क्या अपराध हुवा?

सना.—किसी की रुचि के विरुद्ध कोई काम करना ही अपराध कहलाता है,

विशेषतः जब आप शिष्टाचारसूचक कई एक सर्वप्रिय शब्दों के होते हुए केवल अपनी बिलक्षणता दिखलाने और अपने तईं बृहत समुदाय से पृथक जतलाने की मनसा से उक्त शब्द को काम में लाते हैं तो क्योंकर अपराध से अलग रह सकेंगे? अपराध ही नहीं बरंच यह पाप भी है कि मुख से कहते हो—मैं तुम्हारा मान्य करता हूँ—पर मन से उन्हें मूर्ख समझते हो। क्या दूसरों को मूर्ख समझना कोई बुद्धिमानी है? नमस्कार का अर्थ भी तो यह नहीं है कि मैं तुम्हें गाली देता हूँ, पालागन का अर्थ भी तो यह नहीं है कि मैं तुम्हें लातें मारता हूँ, राम राम का अर्थ भी यह नहीं है कि मैं तुम्हारा शत्रु हूँ, फिर इन सबको छोड़कर एक बात ही को हारिल की लकड़ी बनाना कहाँ की भलमंसी है?

नव.—यह तो आप जबरदस्ती करते हैं। भला व्याकरण की रीति से नमस्कार मात्र कहने में यह अर्थ कहाँ से निकालिएगा कि—मैं तुम्हें नमस्कार करता हूँ।

सना.—यदि सामाजिक व्यवहार में आप व्याकरण छाँटेंगे तो बात-बात में दाँताकिलकिल उठ सकती है। व्यवहारशास्त्र के अनुसार तो एक शब्द बोलने से तत्सम्बन्धी अन्य शब्द भी समझ लिये जाते हैं। यह सब देश की भाषाओं का नियम है। पर व्याकरण की रीति से आपकी नमस्ते का एक अर्थ यह भी हो सकता है कि जिसके मस्तक पर न हो, अर्थात् मस्तक में होने वाले अवयव नेत्र, बुद्धि वा शृंग जिसके न हों।

नव.—हहहः शायद यही अर्थ समझ के आप नमस्ते कहने से जलते हैं।

सना.—मैं जलता तो किसी बात में नहीं हूँ पर जो बातें पंच को अप्रिय हैं उन्हें परमेश्वर की अप्रिय अवश्य समझता हूँ और आपको व्यसन है कि उन्हीं बातों को अपने धर्म का झंडा समझते हो जिसके द्वारा दूसरों का जी अपने वर्तमान भाव से बिचल जाय। नहीं तो शब्दों के पीछे झगड़ा उठा के किसी को कुंठित करना धर्म, सभ्यता, बुद्धिमत्ता सभी के विरुद्ध है। अतः बुद्धिमान को चाहिए कि जिस समूह से बातचीत करे उससे उसी के अनुकूल शिष्टाचार का बर्ताव करे।

नव.—इस रीति से तो सलाम, बन्दगी, गुडमार्निंग आदि का प्रयोग भी आपके कथनानुसार उचित ही ठहरेगा।

सना.—हई है! मुसलमानों और क्रिस्तानों से कौन हिन्दू पालागन आशीर्वाद करने जाता है।

नव.—वह लोग अन्यधर्मी और अन्यजातीय हैं। उनके साथ उन्हीं का सा शिष्टाचार न करें तो काम न चले। यदि वे रूठ जायँ तो बहुत से कामों में विघ्न पड़ने का भय है।

सना.—धन्य है इस समझ को कि जो सब बातों में पार्थक्य रखते हों उनके साथ तो आप अनुकूल आचरण रक्खें और भय करें, पर अपनों को चिढ़ाने में तत्पर रहें। इससे तो जान पड़ता है कि आपके से चित्त वाले डर के कारण बिना सबके

प्रतिकूल ही बर्ताव रखते हैं। पर स्मरण रखिए ऐसा आचार शिष्ट पुरुषों का नहीं होता, अस्मात् शिष्टाचार नहीं कहा जा सकता।

नव.–अच्छा दीनबन्धु दयासिन्धु, फिर हम आपसे क्या कहा करें जिससे आप हमें शिष्ट समझें?

सना.–आज आपको क्या हो गया है कि जो बात कहते हैं निन्दा व्यजंक ही कहते हैं। भला बिचारिए तो दीन का बन्धु भी दीन के अतिरिक्त कौन हो सकता है? जब तक परमेश्वर चलने फिरने की शक्ति और खाने पहिनने की सामर्थ्य तथा बन्धुवर्ग में सुख प्यार बनाए है तब हम दोनों का बन्धु अथवा हमारे बन्धुगण को दीन कहना अशुभ चिन्तन है! योंही हम हिन्दुओं में "दया धर्म को मूल है नर्कमूल अभिमान" की कहावत सब छोटे बड़ों के मन और वचन में बिराजती रहती है। फिर हम दया के डूबो देने वाले वा बहा देने वाले अथवा समुद्र के जल की भाँति दूसरों की तृषा शान्त करने में अयोग्य दया रखने वाले क्योंकर कहे जा सकते हैं।

नव.–भला इन सब शब्दों का अर्थ जैसा आप व्याकरण की रीति से कर गये वैसा ही सच्चे अन्तःकरण से मानते हैं?

सना.–आप हमारे पास यदि कभी सच्चे अन्तःकरण से मित्रतापूर्वक कथोपकथन करके किसी विषय का निर्णय करने आये होते तो हम भी तदनुकूल व्यवहार करते।

नव.–यह आपने कैसे जाना कि हम शुद्ध मानस से मिलने नहीं आते?

सना.–भैया रे! 'हित अनहित पसु पच्छिउ जाना। मानुसतन गुन ज्ञान निधाना ॥' विशेषतः दो चार बार के बार्तालाप से कभी आन्तरिक भाव खुले बिना नहीं रहता! ऊपरवाला प्रश्न आप ही अपने जी से क्यों न कर देखिए। अन्तःकरण होगा तो आप उत्तर देगा कि सच्ची हितैषी और मौखिकवाद के द्वारा परास्त करने की चेष्टा में इतना अन्तर होता है। आज तक आपके यहाँ जितने शास्त्र देखने सुनने में आये हैं उनमें आप ही धर्म को साक्षी दे के कहिए कि सत्य का उचित सन्मान किया है कि पालिसीबाजी से काम? फिर क्या आप जानते हैं कि दूसरों को 'शाठ्यं कुर्यात शठं प्रति' की चाल आती ही नहीं है?

नव.–(मुसकिरा कर) अच्छा भाई अब आगे से हमारी बातों को सचमुच सत्य ही के निर्णयार्थ समझिएगा।

सना.–यह कहने की कोई आवश्यकता नहीं है–'करतूततिहि कहि देत आप नहिं कहिए साईं'। यदि इस प्रतिज्ञा पर भी उचित बर्ताव हुवा तो यहाँ भी 'ईंट के जवाब पत्थर' की कमी नहीं है।

नव.–सो तो आप ही खुल जायगा। अच्छा अब मतलब की बातें हों।

सना.–जय गणेश।

[खं. 9, सं. 12 (जुलाई, ह. सं. 9)]

उन्नति की धूम

आजकल जिधर सुनो यही शब्द सुनाई देगा। समाचारपत्रों में तो उन्नति की धूम, व्याख्यानों में तो उन्नति की धूम, सभाओं में तो उन्नति की धूम। अजान बालकों और मृत्यु की घड़ियाँ गिननेवाले बुड्ढ़ों को छोड़ के जिसे देखो उसे यही सनक चढ़ी है कि देश की दशा दिन-दिन बिगड़ती जाती है इससे सामाजिक उन्नति होनी चाहिए, राजनीतिक उन्नति होनी चाहिए, धार्मिक उन्नति होनी चाहिए, विद्या की उन्नति होनी चाहिए, धन की उन्नति होनी चाहिए, बल की उन्नति होनी चाहिए। इसी उमंग में कितने ही लाल कपड़े पहिने दुनिया की ओर से मूँड़ मुँडा डालने का रूप लाये कपट से अटक तक कोलाहल करते फिरते हैं।

कितने ही कोट पतलून चढ़ाए धर्म कर्म के नाम खली तेल छू डालने का रंग जमाए हिन्दुस्तान से इंग्लिस्तान तक हाय-हाय मचाते रहते हैं। इसी बैलच्छि में रीम के रीम कागज, बरसों का समय सहस्रों रुपया हाथ से बेहाथ हो रहा है। फिर विचार कर देखिए तो सारी मुड़धुन व्यर्थ है। यत्न उस बात के लिए कर्तव्य है जिसका अभाव हो। सो यहाँ उन्नति का कोई अंग शिथिल नहीं है फिर उसके लिए दौड़ धूप का क्या प्रयोजन? प्राचीनकाल में जो कोई बारह वर्ष, चौबीस वर्ष, अड़तालिस वर्ष बेद वेदांग पढ़ने में "नींद नारि भोजन परिहरई" का उदाहरण बनता था वह अपनी योग्यता के अनुसार द्विवेदी त्रिवेदी चतुर्वेदी आदि कहलाता था।

जो पूर्ण विद्या प्राप्त करके भली भाँति सांसारिक अनुभव में कुशल हो के सदसद्विवेकिनी बुद्धि का पुतला बन जाता था, वह पंडित की पदवी पाता था। पर अब नागरी का अक्षर भी न जानते हों, धर्म कर्मादि के विषय में मनुपराशरादि की तो क्या गिनती है ब्रह्म के भी बाप का कहना न मानते हों तौ भी कान्यकुब्ज मात्र द्विवेदी त्रिवेदी, माथुर मात्र चतुर्वेदी और कश्मीरी मात्र पंडित हैं! यदि कोई न कहे तो उस पर बड़े मजे में मानहानि का मुकद्दिमा चल सकता है। फिर भला यह उन्नति नहीं है तो क्या है?

अगले दिनों में विद्याभ्यास गुरुसेवा सतसंग इत्यादि करते-करते जनम बीत जाता था तब कहीं ब्रह्मज्ञान प्राप्त होता था, जिसका निचोड़ यह है कि अकेला

ब्रह्म सत्य है और समस्त संसार के झगड़े अर्थात् पाप पुण्य, स्वर्ग नर्क, अपना पराया, देवता पितर, संध्या पूजा सब भ्रममूलक हैं। आजकल यह ज्ञान स्कूल पाँव धरते ही हो जाता है। बरंच आगे तो सब कुछ झूठ था एक ब्रह्म सत्य था, पर अब वह कसर भी बहुधा जाती सी रहती है अर्थात् ईश्वर का अस्तित्व पहिले मिथ्या सा जान पड़ता है और बातें चाहे किसी पालिसी से बनी भी रहें।

भला इसे कौन उन्नति न कहेगा? आगे के दिनों में बड़े-बड़े विद्वान ब्राह्मण तथा बड़े-बड़े लक्ष्मीवान क्षत्रिय अपने जीवन साफल्य धन जन सर्वस्व छोड़ छोड़कर वन में जा बैठने और कंदमूल फल खा के आयुष्य व्यतीत करने में समझते थे वह सुभीता भी इस काल में घर बैठे प्राप्त है। रुपया पैसा लाइस्यंस टैक्स इनूकमटैक्स चुंगी चन्दा विदेशी चमकीली चीजों आदि पर निछावर हो गया और बचा खुचा दिन दूनी रात चौगुनी चाल से हो रहा है। अतः यह कहना भी अत्युक्ति न होगा कि जिस धन को अगले लोग यत्नपूर्वक छोड़ते थे वह इहकालिक लोगों को स्वयं सहजतया छोड़े भागता है अथच ऐसी दशा में असम्भव नहीं है जो स्त्री पुत्रादि भी आपसे आप छूट जायँ क्योंकि पेट सबको प्यारा होता है और अब वह समय रहा नहीं है कि एक कमाए और चार खाएँ, इसके अतिरिक्त बन भी ढूँढ़ने नहीं जाना।

अभी वह लोग सैकड़ों नहीं सहस्रों जीते हैं जो देख चुके हैं कि लखनऊ मिरजापुर फर्रुखाबाद आदि नगरों में थोड़े ही दिन हुए कि आठों पहर कंचन बरसता था और बड़ी-बड़ी दूर के लोग आ आकर सहस्रों कमा ले जाते थे किन्तु अब वहाँ जिस बाजार को देखिए भाँय-भाँय होती है। सहस्रों निवासी घर छोड़-छोड़ नगरान्तर को चल दिये और सैकड़ों घर दिखाई देते हैं जिन्हें देख के बोध होता है कि इनमें कोई बहु कुटुम्बी महाधनी निवास करते थे, पर आज अँगनाई में घास उगती है और कौए कुत्ते रहते हैं। ऐसे लक्षणों से कौन न कहेगा कि परमेश्वर ने चाहा तो कुछ ही दिनों में निरजन बन अलभ्य न रहेंगे, फिर क्या यह उन्नति नहीं है?

सच पूछिए तो सतयुग त्रेता वाले लोग जिस उन्नति के लिए यत्नवान रहते थे वह पूर्ण रूप से अभी प्राप्त हुई है! हाँ यदि कलियुग के प्रभाव से आप शारीरिक सुख एवं सांसारिक सुविधा ही को उन्नति का लक्षण मानते हों तो भी आगे जिन दामों में गजी मिलनी थी उनमें आज तनजेब ले लीजिए। जहाँ जाने में घर वालों से सदा के लिये बिदा माँगनी पड़ती थी वहाँ सप्ताह दो सप्ताह में हो के लौट आइए। जिनके समाचार मँगाने में दूत और धन की आवश्यकता होती थी उनसे एक पैसे के पोस्टकार्ड में घर बैठे बातें कर लीजिए। जो पुस्तक सौ पचास रुपया लगाने पर भी बरसों में प्राप्त होती थी, सो भी अचिक्कण और मलीन कागज पर फीकी स्याही की लिखी, कहीं महावर कहीं हरताल से रँगी, कहीं कटी कहीं फटी, अशुद्ध फशुद्ध बिहंगम वहीं आज आठ दस रुपये में उत्तम से उत्तम छपी हुई मिल सकती है, सो

भी जब चाहो तब!

ऐसे-ऐसे अनेकानेक प्रत्यक्ष प्रमाण हैं जिनके कारण हम क्या हैं हमारे गुरु गौरांगदेव भी सैकड़ों मुख से कह रहे हैं कि इंडिया ने वह उन्नति की है जो कभी देखने में क्या सुनने में भी नहीं आयी। यदि हमारी न मानो अपने ही शास्त्रों का हठ करो तो महात्मा चाणक्य आज्ञा करते हैं—यथा राजा तथा प्रजा—इस वाक्य को ध्यान में रख के हमारे राजदेश इंगलैंड की दशा का विचार करो कि दो ढाई सौ वर्ष पहिले कैसी थी तब निश्चय हो जायगा कि बेशक आगे के देखे सभी बातों में उन्नति की है। फिर भला सब राजदेश और राजजाति उन्नति करेगी तो प्रजास्थान और प्रजावर्ग की उन्नति में क्या सन्देह रहेगा? अस्मात् सब प्रकार मान ही लेना चाहिए कि निस्सन्देह हिन्दुस्तान की उन्नति है। ऐसी दशा में उन्नति-उन्नति चिल्लाना वा उसके लिए धावमान रहना निरा पिष्टपेषण चर्बित चर्बण और "कनियाँ लरिका गाँव गोहारि" का नमूना बनना है। इससे चुपचाप बैठे रहना चाहिए, दुनिया भर का इन्तजाम परमेश्वर ने तुम्हारे ही माथे नहीं पटक दिया। काल कर्म और भाग्य में जो कुछ होगा हो रहेगा।

चार दिन की जिन्दगी खाने कमाने और आनन्द से दिन बिताने को बनी है न कि "काजी जी क्यों दुबले शहर के अन्देशे से!" पर हाँ जो यह उपदेश न सुहाते हों और मातृभूति का सच्चा स्नेह हृदय में तनिक भी जड़ पकड़े हो तथा अन्तःकरण की आँखें कुछ भी खुली हों, इससे भूतकाल की दशा से वर्तमान गति का मिलान करने पर भविष्यत में काल की बिकराल मूर्ति दिखलाई पड़ती हो एवं उससे बचने अथच अपने गृह कुटुम्ब, जाति देश वालों को बचाने का उपाय अभिप्रेत होता हो तो स्मरण रक्खो कि 'काल्हि करंते आज कर आज करंते अब्ब'। मरते देर नहीं लगती और मर जाने पर कर्तव्य कदापि नहीं हो सकता तथा जो करणीय कामों को किए बिना केवल मनोर्थ ही करता-करता मर जाता है वह अपने कलुषित कलंकित मुख को किस बिरते पर ईश्वर के सामने ले जायगा?

अतः अभी इसी क्षण सौ काम छोड़ के, हजार हर्ज करके कटिबद्ध हो जाना उचित है। फिर "चौतरा आप ही कोतवाली सिखा लेगा", किसी से पूछने की आवश्यकता न रहेगी कि क्या करना चाहिए, क्योंकर करना चाहिए? किन्तु यदि हमारे वचनों पर श्रद्धा हो तो सुन रक्खो—'अपना भला अपने ही हाथ होता है'। भारत की वास्तविक उन्नति जब हुई है और जब होगी तब उन्हीं के करने से हुई है और होगी जिनकी हजारों लाखों पीढ़ी भारत ही की मट्टी से हुईं और उसी में समा गयीं तथा आगे भी इसी पवित्र रज में उत्पन्न हो के विलीन हो जायँगी। दूसरे देश में चाहे वाणिज्य के लिए जायँ, चाहे विद्या सीखने जायँ, चाहे गुलाम बन के जायँ, चाहे राजा हो के जायँ पर कहलावैंगे भारत सन्तान ही। उन्हीं का अधिकांश जब केवल अपने भरोसे और अपने ढंग पर अपनी उन्नति के लिए तन मन धन

प्रानपन से दिन रात सोते जागते संलग्न रहेगा तभी हिन्दुस्तान का भला होगा। नहीं तो दूसरों के आसरे पर, दूसरों की भाषा भेष भोजन भाव का अवलम्बन करने से चाहे कोटि जन्म तक शिर पटका करें तो क्या होना है? और यदि कुछ दैवयोग से हो भी गया तो क्या है? ब्राह्मण का लड़का हुसेनी कहला कर जिया तो उसे जिया नहीं कहते। अः यदि आप हिन्दुस्तानी हैं और हिन्दुस्तान का उद्धार किया चाहते हैं तो किसी के कहने सुनने में न आ के अपने यहाँ की तुच्छ से तुच्छ वस्तु एवं व्यक्ति को सारे संसार के उत्तमोत्तम पदार्थों अथच पुरुषों से श्रेष्ठ समझिए और पूर्ण पौरुष के साथ दूसरों को भी यही समझाते रहिए तथा अपनों से अपनायत निभाने में किसी प्रकार का भय संकोच, लालच लज्जा जी में न आने दीजिए।

यह प्रण कर लीजिए कि चाहे जैसी हानि हो, चाहे जो कष्ट हो कुछ चिन्ता नहीं। सर्वस्व जाता रहे, अभी मृत्यु हो जाय, मरने पर भी कठिन नर्कजातना अनन्त काल तक सहनी पड़े, पर अपने हिन्द और अपनी हिन्दी से 'हम यह दो बात कहके हारे हैं। तुम हमारे हैं!!' बस फिर प्रत्यक्ष देख लीजिएगा कि कितने शीघ्र अथच कैसी कुछ उन्नति आँखों के आगे दिखाई देती है। पर बातें कहने की नहीं हैं कर उठाने की हैं। जितना जो कुछ जिस दृढ़ता के साथ कर उठाइए उतना ही उत्तम फल पाइएगा और मरने पर भी दूसरों के लिए उदाहरण स्वरूप सुयश छोड़ जाइएगा। नहीं तो जैसे दूसरे हजारों लोग हजारों तरह की झाँय झाँय करते रहते हैं वैसे ही आप भी धूम मचाते और अमूल्य मानव जन्म को निष्फल गँवाते रहिए। न कुछ होगा न हुवावैगा। आपको धूममन्दिर अर्थात् धुवाँ के धौरहर की भाँति कुछ काल तक कोई रूप दिखा के अदृष्ट हो जायगी । बस।

[खं. 8, सं. 6 (जनवरी ह. सं. 8)]

चिन्ता

इन दो अक्षरों में भी न जाने कैसी प्रबल शक्ति है कि जिसके प्रभाव से मनुष्य का जन्म ही कुछ का कुछ हो जाता है यद्यपि साधारणतः चित्त का स्वभाव है कि प्रत्येक समय किसी न किसी विषय का चिन्तन किया ही करता है। जिन्हें ईश्वर ने सब कुछ दे रक्खा है, जिनको लोग समझते हैं कि किसी बात की चिन्ता नहीं है वे भी अपने मनोविनोद वा अपनी समझ के अनुसार जीवन की सार्थकता के चिन्तन में लगे रहते हैं। कमरा यों सजना चाहिए, बाग में इस रीति की क्यारी होनी चाहिए, खाने पहिनने को अमुक-अमुक भोजन वस्त्र बनवाने चाहिए, परीजान का फलाने जेवर, फलानी पोशाक, इस तरह की बननी चाहिए, फलाने दोस्त को इस प्रकार खुश करना चाहिए, फलाने दुश्मन को यों नीचा दिखाना चाहिए इत्यादि सब चिन्ता ही के रूप हैं। यहाँ तक कि जब हम संसार के सब कामों से छुट्टी लेकर रात्रि के समय मृत्यु का सा अनुभव करके एक प्रकार के जड़वत बन जाते हैं, हाथ पाँव इत्यादि से कुछ काम नहीं ले सकते, तब भी चिन्तादेवी हमें एक दूसरी सृष्टि में ला डालती हैं।

स्वप्नावस्था में हम यह नहीं जान सकते कि इस समय हम जो कुछ कर धर वा देख सुन रहे हैं वह सब मिथ्या कल्पना है। बिलायती दिमाग वाले लोग कहते हैं कि स्वप्न का कुछ फल नहीं होता पर यदि उन्हें बिचारशक्ति से जान पहिचान हो तो सोच सकते हैं कि प्रत्यक्ष फल तो यही है सोता हुआ पुरुष खाट पर पड़े-पड़े कहाँ-कहाँ फिरता रहता है, क्या-क्या देखता रहता है, कैसे सुख दुःखादि का अनुभव करता है। यह निरा निष्फल कैसे कहा जा सकता है। इसके अतिरिक्त हमारे पूर्वजों ने जो बातें निश्चित की हैं वह कभी झूठ नहीं हो सकतीं।

हमने तथा हमारे बहुत से विद्याबुद्धि विशारद मित्रों ने स्वयं सैकड़ों बार अनुभव किया है कि जो स्वप्न हाल की देखी सुनी बातों पर देखे जाते हैं उन्हें छोड़कर और जितने आकस्मातिक सपने हैं सबका फल अवश्य होता है। जिसे विश्वास न हो वह आप इस बात को ध्यान में रख के परीक्षा कर ले कि जब कभी सपने में भोजन किए जायँगे तब दो ही चार दिन अथवा एक ही दो सप्ताह के

उपरान्त कोई न कोई रोग अवश्य सतावैगा, जब कभी तामे के पात्र अथवा मुद्रा देखने में आवैंगी तब शीघ्र ही किसी प्रिय व्यक्ति की मृत्यु के वियोग से अवश्य रोना पड़ेगा, जब नदी में स्नान करने वा तैरने का स्वप्न देख पड़ेगा तो वर्तमान रोग की शीघ्र ही मुक्ति हो जायगी, सपने में रोवैगा वह जागकर कुछ ही काल में प्रसन्नतापूर्वक हँसैगा अवश्य तथा जो स्वप्न में हँसेगा वह जागृत अवस्था में रोए बिना न रहेगा।

ऐसे-ऐसे अनेक सपने हैं जिनका वृत्तान्त ग्रन्थों में लिखा हुआ है और फल अवश्य होता है। पर कोई हठतः न माने तो बात ही न्यारी है। हमारे पाठक कहते होंगे आज क्या भाँग खा के लिखने बैठे हैं जो अंट की संट हाँक रहे हैं। पर वह बिचार कर देखेंगे तो जान जायँगे कि स्वप्न भी चिन्ताशक्ति की लीलाएँ हैं और यह वह शक्ति है जिसका अवरोध करना मनुष्य के पक्ष में इतना दुसाध्य है कि असाध्य कहना भी अत्युक्ति न समझनी चाहिए। वह चाहे जागने में अपना प्राबल्य दिखलावै चाहे सोते में किन्तु परवश सब अवस्था में कर देती है जिसके प्रभाव से हम सोते में भी मारे-मारे फिरते हैं और जिन पुरुषों तथा पदार्थों का अस्तित्व नहीं है उसका संसर्ग प्राप्त करके मुँदी हुई शक्तिहीन आँखों से आँसू बहाते अथवा नाना घटनाएँ देखते हैं, बन्द मुँह से बातें करते और ठट्टा मारते हैं, बरंच कभी-कभी उसी की प्रेरणा से मृतकवत् पड़े हुए भी सचमुच खटिया छोड़ भागते हैं, उसकी जागृत दशा वाली, हाथ पाँव चलाते हुए चेतनावस्था वाली प्रबलता का क्या ही कहना है।

परमेश्वर न करे कि किसी के चित्त में प्रबल रूप से कोई चिन्ता आधिपत्य जमा ले। जो इसकी लपेट में आ जाता है वह अपने सुख और स्वतन्त्रता से सर्वथा जाता रहता है। यों धन बलादि का अभाव न होने पर नहाने खाने घूमने आदि की साधारण चिन्ता बहुधा रहा ही करती है। इससे उनके द्वारा कोई विशेष कष्ट वा हानि नहीं जान पड़ती। बरंच उनका नाम चित्त का जातिस्वभाव मात्र है। पर सूक्ष्म विचार से देखिए तो थोड़ा बहुत स्वच्छन्दता का नाश वे भी करती हैं। मिठाई खाने को जी चाहेगा और लाने वाले सेवक किसी दूसरे काम को गये होंगे तो हमें झख मार के हलवाई की दूकान पर जाना पड़ेगा अथवा नौकर राम की मार्ग प्रतीक्षा में दूसरी बातों से विवशतः मन हटाना पड़ेगा। यह छोटे रूप की कायिक वा मानसिक पराधीनता वा गुलामी नहीं है तो क्या है? तिसमें भी जब हमें कोई असाधारण चिन्ता आ घेरती है तब तो हम सचमुच उसके क्रीत दास, काष्टपुत्तलक वा यों कहो कि बलिपशु ही हो जाते हैं।

यदि हमसे कोई पूछे कि वह कौन सी निर्दयिनी है जो बड़े-बड़े महाराजों को साधारण सेवकों की चिरौरी के लिए विवश करती है, बड़े-बड़े योद्धाओं को उठने बैठने के काम का नहीं रखती, सुखा के काँटा बना देती है, बड़े-बड़े पंडितों की

विद्या भुलाकर बुद्धि हर लेती है तो हम छुटते ही यह उत्तर देंगे कि उसका नाम चिन्ता है। बहुत से बुद्धिमानों का सिद्धान्त है कि अच्छे कामों तथा अच्छी बातों की चिन्ता से शरीर और मन की हानि नहीं होती। उनका यह कथन लोकोपकारक होने से आदरणीय है और अनेकांश में परिणाम के लिए सत्य भी है पर हम पूछते हैं, आपने किस ईश्वरभक्त, देशभक्त सद्गुणानुरक्त को हृष्ट पुष्ट और मनमौजी देखा है? ऋषियों, सत्कवियों और फिलासफरों के जितने साक्षात् वा चित्रगत स्वरूप देखे होंगे किसी की हड्डियों पर दो अंगुल मांस न पाया होगा।

उनके चरित्रों में कभी न सुना होगा कि ठीक समय खाते और नींद भर सोते थे। यह माना कि वह अपने काल्पनिक आनन्द के आगे संसार के सुख दुःखादि को तुच्छ समझते हैं, पर सांसारिक विषयों से रँजेपुँजे बहुधा नहीं ही होते, पुष्कल धन और बल का अभाव ही रहता है क्योंकि उनका हृदय चिन्ता की एक मूर्ति का मन्दिर है जिसकी स्तुति में हमारे अनुभवशील महात्माओं का वाक्य है कि 'चिन्ता चिन्ता समाख्याता तस्माच्चिन्तागरीयसी' (लिखने में भी एक बिन्दु अधिक होता है इसी से), चिन्ता दहति निर्जीवं चिन्ता जीवयुतां तनुम्।' सच तो यह है कि जिसे शीघ्र चिता पर पहुँचना होता है वा यों कहो कि जीते ही जी चिता पर सोना होता है वही इसके चंगुल में फँसता है।

यह यदि अच्छे रूप की हुई तो अगर चन्दनादि की चिता की बहिन समझनी चाहिए, जिसकी सुगन्धि से दूसरों को अवश्य सुख मिलता है और शास्त्र के अनुसार चाहे सोने वाली आत्मा भी कोई अच्छी गति पाती हो, पर भस्म हो जाने में कुछ भी सन्देह नहीं है और यदि कुत्सित रीति की हुई तो आत्मा अवश्य उसी नर्क में जीते मरते बनी रहती है जिस नर्क में नील आदि कुकाष्ट की चिता में जलने वाले जाते हैं और ऐसों के द्वारा दूसरों का यदि दैवयोग से अनिष्ट न भी हो तथापि हित होना तो सम्भव नहीं होता। क्योंकि बुरे वृक्ष का फल अच्छा हो यह सम्भव नहीं है। और चिन्ता की बुराई में कहीं प्रमाण नहीं ढूँढ़ना है, सहृदयमात्र उसकी साक्षी दे सकते हैं। ऊपर से दाद में भी खाज यह है कि उसके लिए कारण अथवा आधार की भी कमी नहीं।

चित्त सलामत हो तो समस्त सृष्टि के जड़ चेतन दृश्य अदृश्य अवयवमात्र चिन्ता का उत्पादन अथच उत्तेजन करने भर को बहुत हैं। परमात्मा न करे कि किसी को अन्न वस्त्र की चिन्ता का सामना करना पड़े जैसे कि आज दिन हमारे बहुसंख्यक देशभाइयों को करना पड़ता है। ऐसी दशा में मनुष्य जो कुछ न कर उठावै वही थोड़ा है। सम्भ्रम रक्षा की चिन्ता उससे भी बुरी होती है जिसके कारण न्याय धर्म और गौरव सब आले पर धर के लोग केवल इस उद्योग में लग जाते हैं कि कल ही चाहे भून चबान का सुभीता न रहे, मरने पर चाहे नर्ककुंड से कभी न निकाले जायँ, पर आज तो किसी तरह चार जाने की दृष्टि में बात रही जानी

चाहिए। इससे भी घृणित चिन्ता आज कल के बाबू साहबों की है जो स्वयं उदाहरण बन कर चाहते हैं कि देश का देश अपनी भाषा, भेष भाव और भ्रातृत्व को तिलांजुली दे के शुद्ध काले रंग का गोरा साहब बन जाय, स्त्रियों का पतिव्रत और पुरुषों का आर्यत्व कहीं ढूँढ़े न मिले, वेद भी अंग्रेजी स्वरों में पढ़ा जाय तथा विलायती ही कारीगरियों की किताब समझी जाय, ईश्वर भी हमारी कानून का पाबन्द बनाया जाय नहीं तो देश की उन्नति ही न होगी।

इधर हमारी सी तबीयत वालों को यह चिन्ता लगी रहती है कि जगदीश्वर को कल प्रलय करना अभीष्ट हो तो आज कर दे, पर हमारे भारतीय भाइयों का, निजत्व बनाए रक्खे। उन्नति और अवनति कालचक्र की गति से सभी को हुवा करती है, पर गधे पर चढ़ बैकुंठ जाना भी अच्छा नहीं। कहाँ तक कहिए जिसे जिस प्रकार की चिन्ता सताती होगी उसका जी ही जानता होगा कि यह कैसी बुरी व्याधि है। जब परलोक और परब्रह्म प्राप्ति तक की चिन्ता हमें दुनिया के काम का नहीं रखती, शरीर तक का स्वत्व छुड़वा के जंगल पहाड़ों में जा पड़ने को विवश करती है तब संसारिक चिन्ता के विषय में हम क्यों न कहें कि राम ही बचावें इसी झपेट से। जिन अप्राणियों को सोचने समझने की शक्ति नहीं होती, जिन पशुओं तथा पुरुषों को भय निद्रादि के अतिरिक्त और कोई काम नहीं सूझता वे उनसे हजार दरजे अच्छे होते हैं जिन्हें अपनी वा पराई फिकर चढ़ी ही रहती हो। इस छूत से केवल सच्चे प्रेमी ही बच सकते हैं जिन्होंने सचमुच अपना चित्त किसी दूसरे को देकर कह दिया है कि लो अब इस दिल को तुम्हीं आग लगाओ साहब! फिर वह क्यों न निश्चिन्त हो जायँ—"जब अड्डा ही न रहेगा तो बैठोगे काहे पर"। अथवा पूरे विरक्त, जिन्होंने मन को सचमुच मार लिया है, वे भी चाहे बचे रहते हों पर जिन्हें जगत् से कुछ भी सम्बन्ध है वे कदापि नहीं बचते और बचें तो जड़ता का लाक्षण लगता है इससे और भी आफत है।

गुड़ भरा हँसिया न निगलते बने न उगलते बने। फिर क्यों न कहिए कि चिन्ता बड़ी ही बुरी बला है। यदि संगीत साहित्यादि की शरण ले के इसे थोड़ा बहुत भुलाए रहो तौ तो कुशल है नहीं तो यह आयी और सब तरह से मरण हुवा। इसलिए इससे जहाँ तक हो बचे ही रहना चाहिए। बचने में यदि हानि या कष्ट हो तौ भी डरना उचित नहीं बरंच कठिन व्याधि की निवृत्यर्थ कडू औषधि के सेवन समान समझना योग्य है। बचने का एक लटका हमारा भी सीख रक्खो तो पेट पड़े गुन ही देगा, अर्थात् जिस काम को किये बिना भविष्यत् में हानि की आशंका हो उसकी पूर्ति का यत्न करते रहो पर तद्विषयिनी चिन्ता को पास न आने दो। इस रीति से भी बहुत कुछ बचाव रहेगा।

[खं. 9, सं. 5 (दिसम्बर, ह. सं. 9)]

आप

ले भला बतलाइए तो आप क्या हैं? आप कहते होंगे, वाह आप तो आप ही हैं। यह कहाँ की आपदा आयी? यह भी कोई पूछने का ढंग है? पूछा होता कि आप कौन हैं तो बतला देते कि हम आपके पत्र के पाठक हैं और आप 'ब्राह्मण'-सम्पादक हैं अथवा आप पंडितजी हैं, आप राजा जी हैं, आप सेठ जी हैं, आप लाला जी हैं, आप बाबू साहब हैं, आप मियाँ साहब हैं, आप निरे साहब हैं। आप क्या हैं? यह तो प्रश्न की कोई रीति ही नहीं है। वाहक महाशय! यह हम भी जानते हैं कि आप आप ही हैं, और हम भी वही हैं, तथा इन साहबों की भी लम्बी धोती, चमकीली पोशाक, खुंटिहई अंगरखी (मीरजई), सीधी माँग, बिलायती चाल, लम्बी दाढ़ी और साहबनी हवस ही कहे देती है—कि

किस रोग की हैं आप दवा कुछ न पूछिए

अच्छा साहब, फिर हमने पूछा तो क्यों पूछा? इसीलिए कि देखें कि आप "आप" का ज्ञान रखते हैं वा नहीं? जिस आपको आप अपने लिए तथा औरों के प्रति दिन रात मुँह पर धरे रहते हैं, वह आप क्या हैं? इसके उत्तर में आप कहिएगा कि एक सर्वनाम है। जैसे मैं, तू, हम, वह, यह आदि हैं वैसे ही आप भी हैं, और क्या है। पर इतना कह देने से न हमीं सन्तुष्ट होंगे न आप ही के शब्दशास्त्र ज्ञान का परिचय होगा। इससे अच्छे प्रकार कहिए कि जैसे 'मैं' का शब्द अपनी नम्रता दिखलाने के लिए बिल्ली की बोली का अनुकरण है, 'तू' का शब्द मध्यम पुरुष की तुच्छता वा प्रीत सूचित करने के अर्थ कुत्ते के सम्बोधन की नकल है; हम तुम संस्कृत के अहं, त्वं का अपभ्रंश हैं, यह वह निकट और दूर की वस्तु वा व्यक्ति के द्योतनार्थ स्वाभाविक उच्चारण हैं, वैसे 'आप' क्या हैं? किस भाषा के किस शब्द का शुद्ध वा अशुद्ध रूप है, और आदर ही में बहुधा क्यों प्रयुक्त होता है?

हुजूर की मुलाजमत से अक्ल ने इस्तेअफा दे दिया हो तो दूसरी बात है नहीं तो आप यह कभी न कह सकेंगे कि "आप लफ्ज या अरबीस्त" अथवा "ओः इटिज ऐन इंग्लिश वर्ड"। जब यह नहीं है तो खामखाह यह हिन्दी शब्द है, पर कुछ सिर-पैर मूड़-गौड़ भी है कि यों ही? आप छूटते ही सोच सकते हैं कि संस्कृत

में आप कहते हैं जल को। और शास्त्रों में लिखा है कि विधाता ने सृष्टि के आदि में उसी को बनाया था, यथा—"आप एव ससर्जादौ तासु वीर्यमवासृजत्' तथा हिन्दी में पानी और फारसी में आब का अर्थ शोभा अथच प्रतिष्ठा आदि हुआ करता है। जैसे "पानी उतरि गा तरवारिन को उई करछुलि के मोल बिकायँ" तथा पानी उतरिगा रजपूती का उइ फिर बिसुओं ते (बेश्या से भी) बहि जायँ" और फारसी में 'आबरू खाक में मिला बैठे' इत्यादि।

इस प्रकार पानी की ज्येष्ठता और श्रेष्ठता का विचार करके लोग पुरुषों को भी उसी के नाम से आप पुकारने लगे होंगे। यह आपका समझना निरर्थक तो न होगा, बड़प्पन और आदर का अर्थ अवश्य निकल आवैगा, पर खींच-खाँच कर, और साथ ही यह शंका भी कोई कर बैठे तो अयोग्य न होगी कि पानी के जल, बारि, अम्बु, नीर, तोय इत्यादि और भी तो कई नाम हैं, उनका प्रयोग क्यों नहीं करते "आप" ही के सुर्खाब का पर कहाँ लगा है? अथवा पानी की सृष्टि सबके आदि में होने के कारण बृद्ध ही लोगों को उसके नाम से पुकारिए तो युक्तियुक्त हो सकता है; पर आप तो अवस्था में छोटों को भी आप-आप कहा करते हैं, यह आपकी कौन सी विज्ञता है? या हम यों भी कह सकते हैं कि पानी में गुण चाहे जितने हों, पर गति उसकी नीच ही होती है। तो क्या हमको मुँह से आप-आप करके अधोगामी बनाया चाहते हैं? हमें निश्चय है कि आप पानीदार होंगे तो इस बात के उठते ही पानी-पानी हो जायँगे, और फिर कभी यह शब्द मुँह पर न लावेंगे।

सहृदय सुहृद्गण आपस में आप-आप की बोली बोलते ही नहीं हैं। एक हमारे उर्दूदाँ मुलाकाती मौखिक मित्र बनने की अभिलाषा से आते जाते थे। पर जब ऊपरी व्यवहार मित्रता का सा देखा तो हमने उनसे कहा कि बाहरी लोगों के सामने की बात न्यारी है, अकेले में अथवा अपनायत वालों के आगे आप-आप न किया करो, इसमें भिन्नता की भिनभिनाहट पाई जाती है। पर वह इस बात को न माने, हमने दो चार बार समझाया पर वह 'आप' थे, क्यों मानने लगे! इस पर हमें झुँझलाहट छूटी तो एक दिन उनके आते ही और आप का शब्द मुँह पर लाते ही हमने कह दिया कि 'आपकी ऐसी तैसी'। यह क्या बात है कि तुम मित्र बनकर हमारा कहना नहीं मानते? प्यार के साथ तू कहने में जितना स्वादु आता है उतना बनावट से आप साँप कहो तो कभी सपने में नहीं आने का। इस उपदेश को वह मान गये। सच तो यह है कि प्रेमशास्त्र में, कोई बन्धन न होने पर भी, इस शब्द का प्रयोग बहुत ही कम, बरंच नहीं के बराबर होता है।

हिन्दी कविता में हमने दो ही कवित्त इससे युक्त पाए हैं, एक तो 'आपको न चाहै ताके बाप को न चाहिए"। पर यह न तो किसी प्रतिष्ठित ग्रन्थ का है और न इसका आशय स्नेह सम्बद्ध है। किसी जले भुने कवि ने कह मारा हो तो यह

कोई नहीं कह सकता कि कविता में भी आप की पूछ है। दूसरी घनानन्द जी की यह सवैया है–"आप ही तौ मन हेरि हर्‌यौ तिरछे करि नैनन नेह के चाव में" इत्यादि। पर यह भी निराशापूर्ण उपालम्भ है, इससे हमारा यह कथन कोई खंडन नहीं कर सकता कि प्रेम-समाज में "आप" का आदर नहीं है, "तू" ही प्यारा है।

संस्कृत और फारसी के कवि भी त्वं और तू के आगे भवान् और शुमा (तू का बहुवचन) का बहुत आदर नहीं करते, पर इससे आपको क्या मतलब? आप अपनी हिन्दी के 'आप' का पता लगाइए, और न लगै तो हम बतला देंगे। संस्कृत में एक आप्त शब्द है, जो सर्वथा माननीय ही अर्थ में आता है, यहाँ तक कि न्याय शास्त्र में प्रमाण चतुष्टय (प्रत्यक्ष, अनुमान, उपमान, और शब्द) के अन्तर्गत शाब्द-प्रमाण का लक्षण ही यह लिखा है कि 'आप्तोपदेशः शब्दः' अर्थात् आप्त पुरुष का वचन प्रत्यक्षादि प्रमाणों के समान ही प्रामाणिक होता है, वा यों समझ लो कि आप्त जन प्रत्यक्ष, अनुमान और उपमान प्रमाण से सर्वथा प्रमाणित ही विषय को शब्दबद्ध करते हैं।

इससे जान पड़ता है कि जो सब प्रकार की विद्या, बुद्धि, सत्यभाषणादि सद्‌गुणों से संयुक्त हो वह आप्त है, और देवनागरी भाषा में आप्तशब्द उसके उच्चारण में सहजतया नहीं आ सकता। इससे उसे सरल करके आप बना लिया गया है, और मध्यम पुरुष तथा अन्य पुरुष के अत्यन्त आदर का द्योतन करने के काम में आता है। 'तुम अहुत अच्छे मनुष्य हो' और 'यह सज्जन हैं'–ऐसा कहने से सच्चे मित्र, बनावट के शत्रु चाहे जैसे "पुलक प्रफुल्लित पूरित गाता" हो जायँ, पर व्यवहारकुशल लोकाचारी पुरुष तभी अपना उचित सम्मान समझेंगे जब कहा जाय कि, "आपका क्या कहना है, आप तो बस सभी बातों में एक ही हैं", इत्यादि।

अब तो आप समझ गये होंगे कि आप कहाँ के हैं, कौन हैं, कैसे हैं, यदि इतने बड़े बात के बतंगड़ से भी न समझे हों तो इस छोटे से कथन में हम क्या समझ सकेंगे कि आप संस्कृत के आप्त शब्द का हिन्दी रूपान्तर है, और माननीय अर्थ के सूचनार्थ उन लोगों (अथवा एक ही व्यक्ति) के प्रति प्रयोग में लाया जाता है जो सामने विद्यमान हों, चाहे बातें करते हों, चाहें बात करने वालों के द्वारा पूछे बताए जा रहे हों, अथवा दो वा अधिक जनों में जिनकी चर्चा हो रही हो। कभी-कभी उत्तम पुरुष के द्वारा भी इसका प्रयोग होता है, वहाँ भी शब्द और अर्थ वही रहता है; पर विशेषता यह रहती है कि एक तो सब कोई अपने मन से आपको (अपने तईं) आप ही (आप्त ही) समझता है। और विचार कर देखिए तो आत्मा और परमात्मा की अभिन्नता या तद्रुपता कहीं लेने भी नहीं जानी पड़ती, पर ब्राह्य व्यवहार में अपने को आप कहने से यदि अहंकार की गन्ध समझिए तो यों समझ लीजिए कि जो काम अपने हाथ से किया जाता है और जो बात अपनी समझ स्वीकार कर लेती है उसमें पूर्ण निश्चय अवश्य ही हो जाता है और उसी के

विदित करने को हम और आप तथा यह एवं वे कहते हैं कि 'हम आप कर लेंगे' अर्थात कोई सन्देह नहीं है कि हमसे यह कार्य सम्पादित हो जायगा। 'हम आप जानते हैं', अर्थात् दूसरे के बतलाने की आवश्यकता नहीं है, इत्यादि।

महाराष्ट्रीय भाषा के आपा जी भी उन्नीस विस्वा आप्त और आर्य के मिलने से इस रूप में हो गये हैं, तथा कोई माने या न माने, पर हम मना सकने का साहस रखते हैं कि अरबी के अब्ब (पिता, बोलने में अब्बा) और योरोपिय भाषाओं के पापा (पिता) पोप (धर्म-पिता) आदि भी इसी आप से निकले हैं। हाँ इसके समझने समझाने में भी जी ऊबे तो अँगरेजी के एबाट (Apat महंत) तो इसके हई है, क्योंकि उस बोली में ह्रस्व और दीर्घ दोनों प्रकार का स्थानपन्न A है, और पकार का बकार से बदल लेना कई भाषाओं की चाल है। रही टी (T) सो वह तो "तकार" हई है। फिर क्या न मान लीजिएगा कि एबाट साहब हमारे 'आप' बरंच शुद्ध आप्त से बने हैं!

हमारे प्रान्त में बहुत से उच्च वंश के बालक भी अपने पिता को अप्पा कहते हैं, उसे कोई-कोई लोग समझते हैं कि मुसलमानों के सहवास का फल है। पर उनकी यह समझ ठीक नहीं है। मुसलमान भाइयों के लड़के कहते हैं अब्बा और हिन्दू सन्तान के पक्ष में 'बकार' का उच्चारण तनिक भी कठिन नहीं होता, यह अँगरेजों की तकार और फारस वालों की टकार नहीं है कि मुँह से ही न निकले, और सदा मोती का मोटी अर्थात् स्थूलांगी स्त्री और खस की टट्टी का तत्ती अर्थात् गरम ही हो जाय। फिर अब्बा को अप्पा कहना किस नियम से होगा! हाँ आप्त से आप और अप्पा तथा आपा की सृष्टि हुई है, उसी को अरबवालों ने अब्बा में रूपान्तरित कर लिया होगा। क्योंकि उनकी वर्णमाला में "पकार" (पे) नहीं होती।

सौ बिस्वा बप्पा, बाप, बापू, बब्बा, बाबा, बाबू आदि भी इसी से निकले हैं क्योंकि जैसे एशिया की कई बोलियों में 'पकार' को 'बकार' व फकार से बदल देते हैं, जैसे पादशाह-बादशाह और पारसी-फारसी आदि, वैसे ही कई भाषाओं में शब्द के आदि में बकार भी मिला देते हैं, जैसे वक्ते शब बवक्ते शब तथा तंग आमद-बतंग आमद इत्यादि, और शब्द के आदि को ह्रस्व अकार का कोप भी हो जाता है, जैसे अमावस का मावस (सतसई आदि ग्रन्थ में देखो) ह्रस्व अकारांत शब्दों में अकार के बदले ह्रस्व वा दीर्घ उकार भी हो जाती है, जैसे एक-एकु, स्वाद-स्वादु आदि। अथच ह्रस्व को दीर्घ, दीर्घ का ह्रस्व अ, इ, उ आदि की वृद्धि वा लोप भी हुवा ही करता है, फिर हम क्यों न कहें कि जिन शब्दों में अकार और पकार का सम्पर्क हो, एवं अर्थ से श्रेष्ठता की ध्वनि निकलती हो वह प्रायः समस्त संसार के शब्द हमारे आप्त महाशय वा आप ही उलट-फेर से बने हैं।
अब तो आप समझ गये न कि आप क्या हैं? अब भी न समझो तो हम नहीं कह सकते कि आप समझदारी के कौन हैं? हाँ, आप ही को उचित होगा कि दमड़ी

छदाम की समझ किसी पंसारी के यहाँ से मोल ले आइए, फिर आप ही समझने लगिएगा कि "आप को हैं? कहाँ के हैं? कौन के हैं?" यदि यह भी न हो सके और लेख पढ़ के आपे से बाहर हो जाइए तो हमारा क्या अपराध है? हम केवल जी में कह लेंगे, "शाब! आप न समझो तो आपा को के पड़ी छै।" ऐं! अब भी नहीं समझे? वाह रे आप!*

[खं. 9 सं. 8 (मार्च, ह. सं. 9)]

*निबन्ध-नवनीत से उद्धृत।

साधारण व्यवहार

नित्यकर्मों के साथ साधारण व्यवहारों पर भी बहुत ही ध्यान रखना चाहिए। इनका भी नियम भंग होने से यद्यपि साधारणतः कोई बड़ी हानि नहीं देख पड़ती, पर वस्तुतः है बहुत ही बुरा। एक न एक दिन इस रीति की उपेक्षा के कारण कोई आत्मिक, शारीरिक वा सामाजिक क्षति ऐसी होती है कि जिसका चिरकाल तक चित्त को खेद बना रहता है। इसलिए जो लोग अपने जीवन को उत्तम बनाया चाहते हैं, उन्हें इस विषय में सावधान रहना उचित है। यह सावधानता अपने तथा सम्बन्धियों के मन की प्रसन्नता और समय पड़ने पर परस्पर का साहाय्य प्राप्ति का बड़ा भारी अंग है। साधारण व्यवहार से हमारा अभिप्राय उन कामों से है जो हमें नित्य अथवा बहुधा दूसरों के साथ करने पड़ते हैं। उनका नियम भी प्रायः सभी पढ़ने लिखने वाले तथा पढ़े लिखे लोगों की संगति में रहने वाले जानते हैं, पर केवल जानने ही से कुछ नहीं होता, इसलिए हमारे पाठकों को उनका पूर्ण अभ्यास रखना योग्य है। इसी से हम यहाँ पर लिखते हैं और आशा रखते हैं कि वाचकवृन्द अपने बर्ताव में लावैंगे और कभी दैवयोग से चूक पड़ जाय तो आगे के लिए सावधानी रक्खेंगे।

ये बातें ये हैं—अर्थात् अपने वेष और वाणी को ऐसा बनाए रहना चाहिए जिससे किसी को अश्रद्धा न उत्पन्न हो जाय। घर के भीतर वा जिन लोगों से सब प्रकार घरेऊ सम्बन्ध हैं उनके सामने फटे पुराने वा कुछ मैले कपड़े पहिने रहने में उतनी हानि नहीं है, पर घी तेल पसीना अथवा बरसाती सील की गन्ध उनमें भी न होनी चाहिए, नहीं तो अपना और मिलने वाले का मस्तिष्क क्लेश पावेगा। ऐसे अवसर पर हस्तपदादि का खुला रहना भी दूषित नहीं है, पर यदि कहीं पर कोई घृणाकारक घाव या फोड़ा इत्यादि हो, तो आत्मीयों के सम्मुख भी उन्हें छिपाए ही रहना चाहिए। हाँ, घर से बाहर थोड़ी दूर भी जाना हो तो शिर, पाँव, पेट, पीठ सब स्वच्छ वस्त्रों से आच्छादित रखना उचित है, जिसमें ऐसा कहने का अवसर न पड़े कि कपड़े अच्छे नहीं हैं फिर अमुक के यहाँ क्यों कर जायँ? नहीं! जब बाहर निकलें तो सब कहीं जाने के योग्य वस्त्र रहने चाहिए। यहाँ यह भी स्मरण रखना

योग्य है कि वस्त्रों की अच्छाई केवल स्वच्छता और निज सामर्थ्य की अनुकूलता पर निर्भर है, न कि बहुमूल्यता पर।

जाति की चाल और घर की दशा जैसी हो वैसे ही कपड़े प्रतिष्ठा के लिए बस हैं अधिक दाम यदि भोजन में लगाए जायँ तो शरीर की पुष्टि होती है किन्तु वस्त्रों के लिए व्यर्थ किये जायँ तो तुच्छता है। जबकि पिता माता भाई आदि साधारण कपड़े पहनते हैं तब हमारा बाबू बने फिरना व्यर्थ ही नहीं, बरंच लज्जास्पद है। हाँ, फटे और मैले तथा दुर्गन्धित वस्त्र न हों, बस। और इनके साथ ही छड़ी, छाता, जूता आदि का भी ध्यान रहे। शीतोष्ण वर्षा तथा अँधेरे उज्जाले में इनका भी काम पड़ता है। इसलिए सामर्थ्य के अनुकूल यह भी चाहिए। बरसते में अथवा कड़ी धूप में इनके बिना भी चल देना कष्टकारक और हीनता प्रदर्शक है, इससे सावधानी के साथ रहना उचित है, किन्तु गरमी सरदी आदि सहने का भी अभ्यास बना रहे तो अत्युत्तम है।

इसके अतिरिक्त बोलचाल अथवा बर्ताव पर ध्यान रखना उचित है अर्थात् झूठी, कठोर, गर्वपूर्ण और लज्जा, घृणा तथा अमंगल प्रकाश करने वाली बातें कभी किसी के प्रति न निकालनी चाहिए। यहाँ तक कि जो लोग जाति और पद आदि में नीच हैं उनसे भी तिरस्कारसूचनार्थ भी सज्जनता ही के साथ बोलना योग्य है। विशेषतः जो अवस्था, प्रतिष्ठा, विद्या, अनुभवशीलता, जाति अथच पदवी में अपने से श्रेष्ठ हों, उनके सम्मुख बहुत सँभालकर बातचीत करना चाहिए। नम्रता, स्नेह और आदर से भरी हुई बातें मधुर और गम्भीर स्वर से मुख पर लानी चाहिए। यदि उनका कोई वाक्य अपने विचार के विरुद्ध हो तो भी हठ न करके उनकी श्रेष्ठता रक्खे हुए जिज्ञासु की भाँति अपना अभिमत प्रकट करना योग्य है। वे रोष प्रकाश करें तथापि शिष्टता ही से उत्तर देना चाहिए और कोई हास्य की बात कर समता द्योतन करें तथापि उत्तर देना, हास्य तथा बराबरी दिखलाना अनुचित है। हाँ, मित्रों के साथ बराबरी और परिहास करना दूषणीय नहीं है, पर वहीं तक कि उनकी और अपनी योग्यता बनी रहे तथा उनका कोई सच्चा दोष न प्रकाशित हो एवं उन्हें उत्तर देने में संकोच वा लज्जा न लगे।

इसके अतिरिक्त साधारण परिचय वालों से भी उपर्युक्त ही रीति से वार्तालाप करना चाहिए किन्तु इतना विचार और भी रखना योग्य है कि अपनी विद्वता दिखलाने को ऐसे शब्द न बोलने चाहिए जो वे समझ न सकें और ऐसी बातें भी जिह्वा पर न लानी चाहिए जिनसे किसी प्रकार की अपनी वा उनकी हीनता प्रगट हो वा खुशामद पाई जाय। यह नियम तो दो जनों के बीच में बोलने बतलाने के हैं, पर जब सौ दो सौ मनुष्यों के मध्य बोलना पड़े तो इतनी विशेषता चाहिए कि स्वर इतना ऊँचा अवश्य रहे कि सब कोई भली भाँति सुन ले और बात वही निकले जिसको सिद्ध कर देने की पूरी सामर्थ्य हो तथा जिसका प्रभाव आधे से

अधिक लोगों के जी पर हो सके। यदि इतनी क्षमता न हो, तो चुपचाप बैठे रहना वा धर्म्म और राजा प्रजा का विरोध न होता हो, तो अधिकतर लोगों की हाँ में हाँ मिला देना ही बहुत है। इन दोनों अवसरों पर किसी की बात काट के बोल उठना वा प्रयोजन से अधिक बोलना भी अनुचित है। बस, अब रहा बर्ताव का ढंग, वह यों है कि सबसे अधिक प्रीति और निश्छलता तो अपने कुटुम्बियों के साथ रखनी चाहिए, इनके हित में सदा सब प्रकार तन मन धन से उद्यत रहना चाहिए, इनके सामने सारे संसार का संकोच छोड़ देना उचित है तथा नीतिमान राजा, सदाचारी गुरु और निष्कपट मित्रों को भी इन्हीं के समान जानना योग्य है। इनसे उत्तर के सहवासियों और सजातियों से स्नेह कर्तव्य है।

इसके उपरान्त स्वदेशियों और फिर यावज्जगत का भला मनाना चाहिए। यों बड़ी-बड़ी बातें बनाना और बात है, पर सचमुच का बर्ताव इसी रीति से हो सकता है, इसलिए अभ्यास में भी यही ढंग अच्छा है। बस, इस पर दृष्टि रक्खे हुए जो कुछ कीजिए, इस प्रकार कीजिए, किसी आत्मीय वा परिचित व्यक्ति पर उस कार्य का भार मत रखिए जो अपने किये हो सकता हो। किसी से इतना हेल मेल न बढ़ाइए जो सदा न निभ सकै। किसी को उन बातों के पूछने में हठ न कीजिए जिन्हें वह छिपाया चाहता हो, किसी के साथ कोई उपकार कीजिए तो पलटा वा प्रशंसा पाने की मनसा से न कीजिए। किसी को अयोग्य स्थान पर बैठे वा खड़े हुए देखिए तो उस समय मुँह फेर लीजिए। किसी में कोई दोष देखिए तो घृणा न कीजिए बरंच प्रीतिपूर्वक सुमार्ग में लाने का यत्न कीजिए। किसी का तब तक विश्वास वा अविश्वास न कर लीजिए जब तक दश पाँच बेर परीक्षा न मिल जाय। किसी की निन्दा सुनकर प्रसन्न न हूजिए, क्योंकि इसका कोई प्रमाण नहीं है कि निन्दक तुम्हें छोड़ देंगे।

किसी का कोई लोक हितकारी काम करते देखिए तो उसकी प्रार्थना के बिना भी यथासाध्य सहायता कीजिए। कोई अपने आवै तो उसे आदर ही से लीजिए चाहे वह शत्रु भी हो। कोई अपनी ही दुर्बुद्धि वा दुष्कृति के कारण दुःख में पड़ा हो, तो भी उसे उपालम्भ की भाँति उपदेश न कीजिए, सामर्थ्य भर सहानुभूति ही दिखलाइए। कोई अपने साथ दुष्टता करे तो यदि उसके कारण धन और मान पर आँच न आती देख पड़े, तो क्षमा कर दीजिए। पर दूसरों के प्रति दुराचरण करते देखकर कभी उपेक्षा न कीजिए। कोई कुछ कहे तो सुन अवश्य लीजिए, पर कीजिए वही जो अपनी और चार अनुभवियों की समझ में अच्छा जान पड़े। कोई समझ बुझकर सदुपदेश न माने तो उसे शिक्षा देना व्यर्थ है। कोई किसी विषय में सम्मति माँगे वा पंच ठहरावै तो बहुत सोच विचार के उचित उपाय बतलाइए और बड़ी सावधानी से निर्णय कीजिए। कोई दो चार बार धोखा दे तो फिर उसे मुँह मत लगाइए चाहै वह कैसे ही पुष्ट प्रमाणों के साथ मित्रता दिखलावे।

कोई मुँह पर स्पष्ट शब्दों में दोष वर्णन कर दे तो उस पर क्रोध न कीजिए, क्योंकि वह यद्यपि अशिष्टता करता है पर किसी समय उससे प्रवंचन की सम्भावना नहीं है। कोई रोग, विपत्ति वा उन्माद (नशा) की दशा में कुवाक्य कह बैठे तो उस पर ध्यान न दीजिए, क्योंकि वह अपने आपे में नहीं है। कोई उपहास वा विवाद की रीति से धर्म अथवा कुलरीति के विषय में कुछ पूछे तो कभी न बतलाइए। जिससे मित्रता हो उसके साथ लेन देन कभी न कीजिए। जिसके साथ नया-नया परिचय हुआ हो उससे निस्संकोच बर्ताव न कीजिए। जिससे किसी प्रकार का काम निकलता हो उसे रुष्ट करना नीति विरुद्ध है। जिसने एक बार भी उपकार किया हो उसका गुण सदा मानना चाहिए, बरंच प्रत्युपकार का समय आ पड़े तो कभी चूकना उचित नहीं। जिसका बहुत लोग सम्मान करते हों अथवा डाह करते हों पर कुछ कर न सकते हों उसके साथ यत्नपूर्वक जान पहिचान करनी योग्य है।

जिसकी अवस्था वा दशा अपने से न्यून हो उसके सम्मुख अपने बराबर वाले से स्वच्छन्द सम्भाषण न कीजिए। जिसके पेट में बात न पचती हो उसके आगे अपना वा मित्रों का कोई भेद न खोलिए। जिसको अपने लाभ के लिए पराई हानि का विचार न रहता हो उससे सदा दूर रहना उचित है। जिसके पास बैठने में लोकनिन्दा वा खुशामदी कहलाने की शंका हो उससे प्रयोजन से अधिक कुछ सम्बन्ध न रखना चाहिए। जिसका मन, वचन और कर्म एक सा हो, वह कोई हो, कैसी ही दशा में हो, पर है आदरणीय। जो काम आज के करने का है उसको कल के लिए छोड़ देना ठीक नहीं। जो कुछ अपने किये न हो सके वह यदि दूसरे भी न कर सकें तो उन पर हँसना न चाहिए। जो दोष हममें है वही यदि दूसरे में भी हो तो उसकी निन्दा करना न्याय है। जो पुरुष अपने पुराने सम्बन्धियों से खुटाई कर चुका हो उससे भलाई की आशा करनी मूर्खता है। जो बातें बीत गयी हैं उनका हर्ष शोक वृथा है।

बुद्धिमान को वर्तमान और भविष्यत पर पूरी दृष्टि रखनी चाहिए। जो काम करना हो उसकी रीति और परिणाम पहिले विचार लेना उचित है। जो अपना कोई भेद न छिपाता तो उससे छल करना महा निषिद्ध है। जो सबकी हाँ में हाँ मिलाया करता हो उसे अच्छा समझना समझदारी नहीं है। जो किसी स्त्री अथवा बालक पर कठोराचरण करे उसे राक्षस समझना चाहिए। जो धर्म न्याय वा पराए हित का मिष करके अधर्म अन्याय अथवा स्वार्थ साधन करे, उसको दूसरे पापी अन्यायी और स्वार्थपरायणों से अधिक तुच्छ जानना उचित है। धन, बल, मान और समय का छोटे से छोटा भाग भी व्यर्थ न खोना चाहिए। स्वास्थ्यरक्षा के लिए धन और गौरवरक्षा के हेतु जीवन का मोह करना अनुचित है। प्रबल दुष्ट के हाथ से किसी निरपराधी को बचाने के निमित्त झूठ बोलना या छल करना अयोग्य नहीं है। दूसरों के साथ हमें वैसा ही बर्ताव करना चाहिए जैसा हम चाहते हैं कि वे हमसे करैं।

जब किसी काम से भी उकता जाय तो कुछ काल के लिए उसे छोड़कर मनबहलाव में संलग्न होना योग्य है।

निर्धनों और बिन पढ़ों को तुच्छ समझना बड़ी भूल है, उन्हें प्रीतिपूर्वक उनके हित की बातें बतलाते रहना चाहिए इसमें अपना भी बड़ा काम निकलता है। औषध और विद्या कभी किसी से छिपाना योग्य नहीं है। आपस वालों से बिगाड़ करना सबसे बड़ी मूर्खता है। जिन कामों को अनेक बुद्धिमानों ने बुरा ठहराया है, उनका कर डालना उतना बुरा नहीं है जितना उन्हें चित्त में चिरस्थायी करना। अच्छा काम जितना हो सके जितना ही उत्तम है। ऐसी-ऐसी बहुत सी बातें हैं जो विद्या पढ़ने और सतसंग करने से आपही विदित हो रहेंगी, इससे हम यहाँ पर बढ़ाना नहीं चाहते, केवल इतना ही फिर कहेंगे कि जान लेने से ठान लेना अत्यावश्यक है फिर इनका फल आपही थोड़े दिनों में प्रत्यक्ष हो जायगा, इससे इन्हें सदा सब कामों में स्मरण रखना चाहिए। इसके अतिरिक्त जब किसी के घर पर जाने की आवश्यकता हो तो उसके भोजन शयन कार्य संलग्नता का समय बचा के जाओ और द्वार के अति सम्मुख खड़े होकर मत पुकारो, एक बार पुकार के कुछ काल ठहर जाओ, इस रीति से दो-तीन बार पुकारने पर उत्तर न मिले तो लौट आना उचित है। यदि घर के भीतर जाने का काम पड़े तो स्त्रियों से बड़े अदब के साथ नीची दृष्टि करके बोलो तथा ऐसे आसन पर बैठो जिस पर उस गृह के बड़े बूढ़े लोग बैठते हों।

जिसके यहाँ कुछ निमन्त्रित लोग भोजन अथवा नृत्यादि के लिए एकत्रित हों उसके यहाँ बिना बुलाए जाना उचित नहीं है, तथा यदि कोई अपने यहाँ ऐसे अवसर पर बुलावै तो शयन भोजनादि ऐसी रीति से कर्तव्य है कि गृहस्वामी को कष्ट न हों और बातें भी ऐसी ही करनी चाहिए जो वहाँ के लोगों को अरुचिकारिणी न हो। यदि किसी को अपने यहाँ बुलाओ तो पहिले यह प्रबन्ध कर लो कि उसे किसी प्रकार की असुविधा न होने पावै तथा यदि अपने को कष्ट हो तो उस पर विदित न होने पावै। जब दूसरे नगर में जाना हो तो आवश्यकता से कुछ अधिक धन, निर्वाह योग्य कपड़े और तथा एक छुरी, एक छड़ी, थोड़ी सी लिखने की सामग्री एवं दो एक मुद्रिका (ऊँगली में) अवश्य साथ लेना चाहिए और जिसके यहाँ ठहरना हो उसे दो तीन दिन पहले से समाचार दे देना चाहिए। रात्रि को उसके यहाँ जाना ठीक नहीं। दिन को भी स्नान भोजन से निवृत्त हो के जाना उचित है। बस, इस प्रकार का व्यवहार सदैव दृढ़ता के साथ अंगीकार किये रहने का विचार रक्खोगे तो देखोगे कि दूसरे लोग तुमसे और तुम दूसरों से कितने सुखी एवं सन्तुष्ट रहते हो तथा जीवन के बड़े-बड़े अथच कठिन-कठिन कर्तव्यों में कितना सहारा मिलता है।

आत्मगौरव

संसार में असाधारण विद्याबुद्धिगुणगौरवादिविशिष्ट व्यक्तिरत्न बहुत थोड़े होते हैं, पर निरे निरक्षर निर्बुद्धि गुणशून्य भी बहुत नहीं होते। सृष्टिकर्ता ने श्रेष्ठता प्राप्त करने की थोड़ी बहुत सुविधा सभी को दे रक्खी है और माननीय मनीषियों ने सृष्टिशिरोमणि (अशरफुलमखलूकात) की पदवी मनुष्य मात्र को दे रक्खी है, अतः किसी को भी अपना जीवन तुच्छ न समझना चाहिए। विशेषतः पढ़े लिखे समझदारों को तो यह विचार प्रतिक्षण बनाए रखना उचित है कि जब हमारा शरीर परमात्मा ने नौ मास में परमचातुर्य के साथ सृजन किया है, माता पिता ने प्राकृतिक प्रेम के साथ अपनी हानि एवं कष्ट पर दृष्टि न करके हमारा लालन पालन किया है, विद्यादाता महाशय अपनी महत्परिश्रम के द्वारा वर्षों की संचित की हुई विद्या रूपी प्रशंसनीय पूँजी हमें सौंप देने के लिए प्रस्तुत हैं, ऐसी दशा में यदि हम जीवन का गौरव न करें तो परमेश्वर के महाप्रसाद तथा जननी जनक के अकृत्रिम स्नेह अथच गुरुदेव की अतुलनीय कृपा का तिरस्कार करके पापभागी होंगे!

यह माना कि जीवनोपयोगी समस्त सामग्री एवं यावत्सद्गुण सबमें नहीं हुआ करते, पर इसमें भी कोई सन्देह नहीं है कि युक्ति और परिश्रम के द्वारा आवश्यकता मात्र की पूर्ति हो सकती है। इसके अतिरिक्त यदि सूक्ष्म विचार से देखा जाय तो एक न एक बात की श्रेष्ठता सभी में हुआ करती है। निर्धन लोग यदि सुस्वादु भोजन और सुदृश्य वस्त्राभरणादि में बहुत सा व्यय नहीं कर सकते तो परिश्रम और सन्तोष के द्वारा निर्द्वंद्व एवं प्रशंसनीय जीवन लाभ कर सकते हैं। निर्बल जन, जो स्वयं किसी प्रबल शत्रु का मानमर्दन नहीं कर सकते, तो सहनशीलता में प्रसिद्ध हो के अथवा चतुरता के साथ बहुत से सहायक बना के सुखी तथा सुयशी बन सकते हैं। जिन्हें बातें बनाना नहीं आता वे सुवक्ताओं के समुदाय में आदृत न होने पर भी सत्यवादी अथच स्पष्टवक्ता वा निष्कपट की पदवी लाभ कर सकते हैं। जो सब ओर से निराश्रय हैं, वे जगदाश्रय का आश्रय ग्रहण करके सर्वसुविधासम्पन्न हो सकते हैं। ऐसे-ऐसे अनेक उदाहरण विद्यमान होने पर भी हम नहीं जानते, वे कैसे लोग हैं जो अपने जीवन का आदर नहीं करते? यह माना

कि सामर्थ्यवान के पक्ष में नम्रता एक अमूल्य भूषण की शोभा तभी तक रहती है जब तक सामर्थ्य भी इसके साथ ही प्रदर्शित होती रहे।

यह हम अपनी सामर्थ्य को भूल के छिपा के अथवा लुप्तप्राय करके नम्रता का प्रदर्शन करें, तो उस मूर्ख का अनुगमन करते हैं जो भूषणीय अंग को काट के किसी भूषण का संग्रह करता है! यों ही यदि हम स्थान और पात्र के विचार बिना सब कहीं नम्र भाव का प्रदर्शन करें, तौ भी मानो हाथ के आभूषण को पाँव में और पाँव वाले को शिर पर धारण करके अपनी बुद्धिमानी का परिचय देते हैं। इसलिए उचित यही है कि जो लोग किसी बात में अपने से श्रेष्ठ हैं, और हमारे नम्र भाव का आदर करते हैं, उनके सामने तो अवश्य नम्र ही बना रहे, सो भी वहीं तक, जहाँ तक अपनी स्वरूप हानि की सम्भावना न हो, किन्तु सर्वसाधारण के सामने वेष वाणी और चेष्टा मात्र में अपनी प्रतिष्ठा बनाए रखना ही श्रेयस्कर है, और किसी समय कैसी ही दशा में यह विचारना कदापि योग्य नहीं है कि हम कुछ भी नहीं हैं, अथवा हमसे कुछ भी नहीं होना। जो लोग इस प्रकार के विचार को हृदय में स्थान देते हैं, वे अपनी आत्मिक शक्ति को निर्बल कर देते हैं, और दूसरों की दृष्टि में अपना महत्त्व ही नहीं खो बैठते, बरंच प्रत्येक धृष्ट और दुराचारी को स्वेच्छानुकूल आचरण करने में साहसी बनाते हैं, अथच ऐसी अवस्था में उत्साह के मार्ग को कंटकावरुद्ध कर बैठते हैं, जो सब प्रकार की उन्नति का परम साधन है।

अतः हम अपने पाठकों को सम्मति देते हैं कि कभी किसी दशा में अपने को किसी प्रकार तुच्छ न समझें, बरंच महात्माओं के इस कथन पर दृढ़ रहें कि जगत् के लोग उसी की प्रतिष्ठा करते हैं जो स्वयं अपनी प्रतिष्ठा करना जानता है। और विचार कर देखिए तो जितने बड़े-बड़े उत्तमोत्तम कीर्तिकारक कार्य हैं, सब मनुष्यों ही के द्वारा सम्पादित होते हैं, फिर हम क्या मनुष्य नहीं हैं वा कुछ कर नहीं सकते? यदि हमारी वर्तमान विद्या बुद्धि बल धनादिक हमें शीघ्र उच्च श्रेणी पर पहुँचाने में पुष्कल न हों, तौ भी श्रम साहस और धैर्य के साथ हम कुछ काल में अपना अभीष्ट लाभ करने योग्य हो सकते हैं। सो हमीं क्या, सभी प्रसिद्ध पुरुषों का यही सार है। किसी ने एक दिन में कोई बड़ा काम नहीं कर लिया वैसे ही हम भी न कर सकें तो क्या हानि है? जब सभी के लिए श्रेष्ठताप्राप्ति का मार्ग एक ही है तो फिर हमीं क्यों न कहें कि "जिस तरह सब जहान में कुछ हैं। हम भी अपने गुमान में कुछ हैं।" यहाँ पर बहुत लोग यह शंका कर सकते हैं कि इस प्रकार के विचार हृदयस्थ करना अहंकार का उत्पादक है और अहंकार को प्राचीनों ने दूषित अहंकार का दूषणीय यह रूप है कि हम किसी बात में अपने बराबर किसी को न समझें, और मान्य पुरुषों का उचित आदर न करके सब छोटे बड़ों को रुष्ट कर दें, किन्तु जब हम ऐसा नहीं करते, बरंच सबका सम्मान करते हुए अपना सम्भ्रम भी रक्षित रखते हैं, तो कोई बुराई नहीं है।

जो लोग यह समझते हैं कि सामर्थ लोगों के सम्मुख आत्मगौरव का विचार रखने से स्वार्थसाधन में बाधा पड़ने का भय रहता है, वहाँ चाटुकारिता ही से काम निकलता है, सो उनकी यह समझ ठीक नहीं है। माना कि तुच्छ प्रकृति के सामर्थ्यवान् चाटुकारों की ठकुरसुहाती बातों से प्रसन्न होते हों, पर सन्देह नहीं है कि स्वार्थ साधन के निमित्त बात-बात में "हाँ जी, हाँ जी" करने वालों का भेद खुले बिना नहीं रहता और भेद खुलने पर प्रतिष्ठा जाती रहती है, एवं ऐसी दशा में प्राप्ति की आशा भी उतनी नहीं रहती जितनी गणनीय पुरुषों को होनी चाहिए, और यदि हुई भी तो लोक निन्दा से पीछा छूटना महा असम्भव है, जो सज्जनों के पक्ष में अतीव घृणित है, जैसा किसी नीति निपुण का सिद्धान्त है कि 'जियत हँसी जो जगत् में मरे मुक्ति किहि काज।" इससे बुद्धिमानों को समझना चाहिए कि कुत्ता एक-एक टुकड़े के लिए पूँछ हिलाता है, दाँत निकालता है, पेट दिखलाता है, पर इतनी खुशामद के द्वारा प्राप्ति इतनी भी नहीं होती कि दूसरे दिन के लिए एक ग्रास भी संचित कर सके, किन्तु हाथी केवल धीर भाव से खड़ा रहता है और स्वामी का कार्य मात्र सम्पादन कर देता है तथापि भूखा नहीं रहता। फिर हमीं अपना गौरव छोड़ के क्या बना लेंगे? जिसकी प्राप्ति के अर्थ बड़े-बड़े लोग बड़े प्रयत्न करते रहते हैं, उसे थोड़े से स्वार्थ के हेतु त्यागना कहाँ की बुद्धिमानी है?

स्वत्वसंरक्षण

संसार में जिन-जिन व्यक्ति और वस्तुओं का हमारे साथ निकटस्थ वा दूरस्थ सम्बन्ध है, उन सबका हम पर और हमारा उन पर कुछ न कुछ स्वत्व हुआ करता है, जिसका उचित ज्ञान प्राप्त किये बिना और तदनुकूल आचरण रक्खे बिना व्यवहारसिद्धि में बड़ी भारी बाधा पड़ती रहती है। अतः इस बात पर भी सदा ध्यान रखना चाहिए कि किसका कितना स्वत्व है और तदनुसार उसके साथ हमें कैसे बर्ताव रखना उचित है। यद्यपि प्रत्येक के स्वत्व का ठीक-ठीक समझना बहुत दिन के अनुभव बिना कठिन है किन्तु प्राचीनकाल के बुद्धिमानों ने जो उसके लिए रीति ठहरा दी है, उस पर पूर्ण रूपेण दत्तचित रहने से प्रायः इस विषय में भूल नहीं पड़ती, अतः यहाँ पर हम दिग्दर्शन की भाँति स्वत्व श्रेणी को प्रकाशित किये देते हैं। सद्ग्रन्थावलोकन और सज्जनो संगति के अभ्यासी जन उसी के अनुसार सबके स्वत्व का निर्धार कर सकते हैं।

जगत् में तीन प्रकार के लोग हैं—बड़े, छोटे और बराबर वाले। उनमें से बड़ों में माता पिता और गुरु का सबसे बड़ा पद है, क्योंकि जननी और जनक न होते तो हमारा शरीर एवं तत्सम्बन्धी लोक व्यापार कुछ भी न दृष्टि आता। अस्मात् इन दोनों की सेवा में यदि हम अपना सर्वस्व बरंच प्राण तक अर्पण कर दें, तौ भी कोई करतूत नहीं करते, क्योंकि सब कुछ उन्हीं का प्रसाद है। हाँ, किसी कारणवशतः इनके द्वारा अपमानित वा कष्टित होकर यदि हम इनसे मुँह फेरें, तो हमारी नीचता है। जिस समय हम किसी प्रकार अपने निर्वाह के योग न थे, उस समय इन्होंने वर्षों नाना कष्ट एवं विविध हानि सहकर, हमें पाल पोस के इतना बड़ा किया है, कि हम इनके उपकारों का बदला क्यों कर दे सकते हैं। अतः जन्म भर इनके आज्ञा पालन और प्रसन्नता सम्पादन में तन मन धन से संलग्न रहना ही हमारा मुखय कर्तव्य है। इसी प्रकार विद्या सभ्यता प्रतिष्ठा एवं कर्तव्याकर्तव्य का ज्ञान हमें गुरु के द्वारा प्राप्त होता है, अस्मात् इनका भी प्रेम और प्रतिष्ठा संसार भर से अधिक करणीय है, अथच जो लोग इनके मित्र हों तथा हमारे साथ इनका स्नेह करते हों वा जाति सम्बन्ध में इनके तुल्य हों, वे भी इन्हीं की भाँति आदरणीय हैं,

किन्तु मुख्य इन्हीं को समझना चाहिए। इनके अतिरिक्त न्यायपरायण राजा अथच तद्वारा नियत किए हुए शासनकर्ता माननीय हैं, क्योंकि उन्हीं के द्वारा हमारे यावत् मान्य पुरुषों की रक्षा होती है। इन चारों के उपरान्त जाति, वय, विद्या, सज्जनता, धन, बल, मान इत्यादि किसी बात में जो अपने से बड़ा हो उसका बड़ों का सा आदर करना उचित है। क्योंकि ऐसे लोगों की उपर्युक्त मान्य चतुष्टय ही से उपमा दी जाती है, पर यह समझे रहना चाहिए कि उपमान सदा उपमेय से श्रेष्ठ होता है।

छोटों में पुत्र शिष्य और लघु भ्राता मुख्य स्नेह पात्र हैं। इनकी तन धन और सदुपदेश से सहायता करनी चाहिए तथा इनके सामने अपना आचरण भी ऐसा ही रखना उचित है जिसे देखकर ये सदाचार के अनुरागी बनें। ये यदि कोई अनुचित कार्य करें तथापि इनसे घृणा करके प्रीतिपूर्वक समझा देना योग्य है। जिस बात को न समझ सकें उसे बहुत सरल भाषा में समझाना उचित है। यदि समझाने पर ध्यान न दें तो ताड़ना भी अनुचित नहीं है किन्तु इनकी ओर से निश्चेष्ट हो बैठना ठीक नहीं। बड़ों का आदर, छोटों पर दया, बराबर वालों पर स्नेह निर्वाह की रीति, सजीवन के उपाय इत्यादि हितकारक विषय बराबर सिखलाते ही रहना चाहिए। और इन्हीं की भाँति उनके साथ भी बर्तना चाहिए जो गृह कुटुम्ब जाति पड़ोस ग्राम देश में अपने से न्यून सामर्थ्य रखते हों।

बराबर वालों के साथ अपनी देह का सा ममत्व रखना उचित है। उनमें सबमें सबसे अधिक स्वत्व स्त्री का है। यहाँ पर यह भी स्मरण रखना योग्य है कि जैसा बर्ताव जिस श्रेणी के पुरुषों से कर्तव्य है वैसे ही उनकी स्त्रियों से भी करणीय है, किन्तु विलक्षणता इतनी है कि सच्चे जी से प्रीति करने वाले मित्रों की स्त्रियाँ माता के तुल्य हैं यद्यपि उनके पति बराबर ही का अधिकार रखते हैं। इनके अतिरिक्त जो जान पहिचान के लोग किसी बात में अपने बराबर हों और स्नेह प्रदर्शन करते हों, वे भी बराबर ही के स्वत्वाधिकारी हैं किन्तु ऊपर कहे हुओं से उतर के और इनके उपरान्त जाति और देश के ज्ञानी गुणी सुरीति प्रचारक सज्जनता प्रदर्शक इत्यादि सभी लोग साहाय्यपात्र हैं, किन्तु पहिले घर वालों के सब अभाव पूरे कर लेना चाहिए तब मित्र बांधव प्रतिवासी देशवासी आदि की सहायता का उद्योग करना चाहिए और विजातिय, विधर्मीय इत्यादि से केवल उतना ही सम्बन्ध रखना चाहिए जितना स्वार्थसिद्धि के लिए प्रयोजनीय हो। यह नहीं कि "बाहर वाले खा गये घर में गावैं गीत"।

जिनके साथ हमने कभी कोई भलाई नहीं की, उनके ऊपर हमारा कुछ भी स्वत्व नहीं है। यदि उनमें कोई अपनी ओर से हमारे हितसाधन की चेष्टा करे तो उसका अनुग्रह है। हमें उसके प्रत्युपकार का अवसर देखते रहना चाहिए; किन्तु यदि हमारी आवश्यकता के समय प्रार्थना करने पर भी ध्यान न दे तो उपालम्भ का

पात्र नहीं हो सकता।

जिसने धोखा देकर हमारे धन, मान, प्राण, एवं धर्म में बाधा डालने का मानस किया हो, वह कैसा ही क्यों न हो किन्तु त्याज्य है, उसका हम पर कोई स्वत्व नहीं।

इसी प्रकार अपने तथा आत्मीय वर्ग के वह पदार्थ जिनके द्वारा अपना एवं उनका शरीर अथच सम्भ्रम रक्षित रहता हो, नित्य वा कभी मन प्रसन्न होता हो, वे भी यत्नतः संरक्षणीय हैं। उनमें से यदि किसी पर हमारी विशेष रुचि न हो, तौ भी उसका तिरस्कार करना योग्य नहीं है।

इस रीति में ध्यान रक्खे हुए जो लोग प्रत्येक पुरुष एवं पदार्थ के स्वत्व की रक्षा करते रहते हैं, वे जीवनयात्रा में बड़ी भारी सुविधा प्राप्त करके सुख और सुकीर्ति के भागी होते हैं। क्योंकि सब किसी को उनके स्वत्व का विचार रहता है और यदि दैववशात् कोई उसके सरंक्षण में त्रुटि करे, तो बहुत लोग सहायक हो जाते हैं।

रहा अपना स्वत्व, उसका किसी श्रेष्ठ व्यक्ति के द्वारा अदर्शन हो तो प्राप्ति के लिए नम्रतापूर्वक विनय करनी चाहिए और छोटों के द्वारा हो तो दयापूर्वक क्षमा करते रहना तथा भविष्यत् के लिए सावधानता की शिक्षा देते रहना उचित है, एवं बराबर वाले ऐसा करें तो यदि धन मानादि की विशेष हानि न देख पड़े तो उपेक्षा कर जानी योग्य है, किन्तु यदि इतर लोग ऐसा साहस करें तो पूर्ण शक्ति के साथ प्रतिकार कर्तव्य है, नहीं तो अक्षमता का भाव होने से गौरव का ह्रास होना सम्भव है। अतः जैसे दूसरों के स्वत्व पर ध्यान रखना चाहिए वैसे ही अपने का भी पूरा विचार रखना उचित है, फिर बस, साधु जीवन प्राप्त करने में अड़चल नहीं रहती।

कलि महं केवल नाम प्रभाऊ

श्री गोस्वामी तुलसीदास जी रामायण में कहते हैं कि कलिकाल में केवल भगवान का नाम स्मरण करते रहो, बस इसी में सब कुछ है। हमारी समझ में यह वचन अत्यन्त सत्य है। यदि प्रभु के किसी नाम का स्मरण हमें सब काल बना रहे तो हम अशेष बुराइयों से बचे रहें। सर्वव्यापक नाम के स्मरण से किसी गुप्तातिगुप्त स्थान पर भी वुह काम करने का साहस न पड़ेगा जिसे अनेक विद्वानों ने बुरा ठहराया है। सर्वशक्तिमान के स्मरण से हम को चाहे जैसी ऊँच नीच आ पड़े, कभी घबराहट न होगी, क्योंकि वुह हमारे सब अभाव को दूर कर सकेंगे। प्रेमत्वरूप के स्मरण से हमारे चित्त को एक प्रकार की मस्ती बनी रहेगी और जगत् आनन्दमय देख पड़ेगा। ऐसे ही राम, कृष्ण, शिवादि अगणित नामों से असंख्य भलाई हो सकती है पर जब हम अर्थविचारपूर्वक भगवान्नम स्मरण करेंगे तब नाम के प्रभाव से कलियुग का प्रभाव नहीं रहेगा। इस से ऊपर कहे हुए वचन का ठोस अर्थ यह है कि भक्ति का प्रभाव, श्रद्धा का प्रभाव, लुप्तप्राय हो गया है। केवल नाम का प्रभाव रह गया है, अर्थात् सरल चित्त से प्रेम के साथ परमेश्वर की स्तुति, प्रार्थना, ध्यान करने वाले कदाचित् लाखों में एक भी न मिले पर सुख से रामा रामा कहने वाले हजारों देख लीजिए। घंटों लेकचर दे के वेद, पुराण, कुरान, इंजील को चर डालने वाले हजारों ले लीजिए। यदि आप को यह शंका हो कि उपरोक्त वाक्य के अक्षरार्थ से केवल नाम प्रभाव निकलता है, भगवान के नाम का वर्णन कहाँ है, तो हमें क्या दुनियाँ भरे के नाम लेते जाइए, वास्तविक अर्थ शायद कहीं न पाइएगा। पंडित का अर्थ है सत और असत का विवेक करने वाला, पर बतलाइये तो इन ढीली धोती और चौड़ी पगड़ी वालों में कै जने हैं जो सदा सत्यासत्य ही के निर्णय में लगे रहते हैं। ब्राह्मण का अर्थ है वेद और ईश्वर को जानने वाला, पर कहिए तो कै जने आप ने देखे हें जो त्रिवेदी कहा के गायत्री अच्छी तरह जानते हैं, औ कै जने नोन तेल की चिन्ता का शतांश भी उस नित्य स्मरणीय की चिन्ता रखते हैं। कितने वैश्य हैं जो दूसरे देश से कभी सौ रुपये भी कमाय लाये हों? कितने अमीर हैं जो मुंदी भलमंसी लिये.न बैठे हों? कितने मित्र हैं जो काम पड़ने

पर कटी उँगली पर मूतने का भी दृढ़ संकल्प किये बैठे हैं। कितनी स्त्रियाँ हैं जो चौराहे की ईंट के बराबर भी पति की प्रतिष्ठा करती हों? कितने उपदेशक हैं जिनके गुप्त चरित्र अपने बचनों के षोड़शांश भी मिलते हों? कितने राजा हैं जो प्रजा के हितार्थ निज स्वार्थ को दमड़ी भर भी त्याग सकें? कितने देश हितैषी हैं जो अपना धन मान प्रतिष्ठा देश के लिए वार दें? परमेश्वर करे किसी का भरमाला न खुले नहीं तो घर घर मिट्टी के चूल्हे हैं। यह कलियुग का जमाना है। वास्तव में कहीं कुछ तंत है नहीं। सब किसी का नाम ही नाम सुन लीजिए, क्योंकि महात्माओं का वचन झूठ नहीं होता, और वे कहि चुके हैं कि 'कलि महं केवल नाम प्रभाऊ।'

[खं. 5 सं. 1 (15 अगस्त ह. सं. 4)]

कानपुर और नाटक

अनुमान 12 वर्ष हुए कि यहाँ के हिन्दुस्तानी भाई यह भी न जानते थे कि नाटक किस चिड़िया का नाम है। पहिले पहल श्रीयुत पंडितवर राम नारायण त्रिपाठी (प्रभाकर महोदय) ने हमारे प्रेमाचार्य्य का बनाया हुवा 'सत्य हरिश्चन्द्र' और 'वैदिकी हिंसा' खेला था! यह बात कानपुर के इतिहास में स्मरणीय रहेगी कि नाटक के अभिनय के मूलारोपक यही प्रभाकर जी हैं, और श्रीयुत बिहारीलाल जी परोपकारी उनके बड़े भारी सहायक हैं! यद्यपि द्वेषियों ने बहुत शिर उठाया, और लज्जा के साथ प्रकाश करना पड़ता है कि इस पत्र का सम्पादक भी उन्हीं में से एक था, पर उस देशाभिमान रूपी आकाश के प्रभाकर ने परम धीरता के साथ अपना संकल्प न छोड़ा। रामाभिषेकादि कई बड़े-बड़े अभिनय ऐसी उत्तमता से किये कि किसी से अद्यापि हुए नहीं। पर जब त्रिपाठी महाशय उद्यमवशतः गोरक्षपुर चले गये तब से कई वर्ष तक इस विषय में सूनसान रही! केवल 82 के सन् में प्रताप मिश्र की दौड़ धूप से 'नील देवी' और 'अँधेरनगरी' खेली गयी थी! फिर लोगों के अनुत्साह से कई वर्ष कुछ न हुवा। हाँ, 85 के सन् में 'भारत दुर्दशा' खेली गयी और भारत एनटरटेनमेंट क्लब स्थापित हुवा जिसके उद्योग से दो बेर 'अंजामें बदी' नाटक (फारसी वालों के ढंग का नाटकाभास) खेला गया! कुछ आशा की गयी थी कि कुछ चल निकलेंगे, पर थोड़े ही दिन में मेम्बरों के परस्पर फूट जाने से दो क्लब हो गये! फूटी हुई शाखा M.A. क्लब के नाम से प्रसिद्ध है और पहिली का नाम दो एक हिन्दी रसिकों के उत्साह से श्री भारतरंजनी सभा हो गया है! इसका वृतान्त पाठकगण इसके नाम से और प्रताप मिश्र की शराफत से समझ सकते हैं। सिवा इसके श्री बाबू पथनलाल प्रेसीडेंट और बाबू राधेलाल मैनेजर भी उत्साही पुरुष हैं। इन दोनों सभाओं की देखा देखी कई क्लब और भी खड़े हुए पर कई उगते ही ठिठुर गये, कई एक आध बेर जाग के सो गये! जागे तो भी इतना मात्र कि फारसियों की शिष्यता की इतिकर्तव्यता समझ के। सो भी न कर सके। बड़ी भारी छूत इस शहर के लोगों में यह है कि यदि कोई पुरुष अच्छा काम करना विचारे, और अन्य लोग उसे समझ भी लें कि अच्छा है, तो भी उनके सहायक हो

के उन्नति न देंगे। अपनी नामवरी के लालच में कुछ सामर्थ न होने पर भी ढाई चावल की खिचड़ी अलग पकावेंगे। इसमें दोनों की ही हानि होती है! यदि यह सभाएँ एक हो के वा परस्पर सहायता करके सुयोग्य कवियों के बनाए हुए वा बनवा के नाटक खेला करें तो क्या कहना है! पर कहे कौन? वर्ष भर से एक A.B. club और हुआ है जिसने कई वेर उलट फेर खाए, अन्त में एक परोत्साही रत्न की शरण ले के रक्षित रहा। 9 अगस्त को इस क्लब ने अभिनय किया पर हम यह मुक्त कुंठ से कहेंगे कि यदि हमारे प्रिय मित्र श्री भैरवप्रसाद वर्मा तन मन धन से बद्धपरिकर न होते तो यह दिन कठिन था। नाटक पहिले पहिल था और भाषा भी उरदू थी, पर पात्रगण चतुर थे, इससे अभिनय सराहने योग्य था इसमें शक नहीं। M.A. club के कई सभाषद नाराज हो के उठ गये। यह अयोग्य किया! और बहुत से अशिक्षित जन कोलाहल की लत भी दिखाते रहे, पर हमारे कोटपाल अलीहुसेन साहब के परिश्रम और प्रबन्ध से शान्ति रही। 'सदमए इश्क' और 'गोरक्षा' निर्विघ्न खेला गया। सुनते हैं कि इस क्लब में उत्तमोत्तम नागरी के नाटक भी खेले जाया करेंगे। परमेश्वर इस किंबदन्ती को सत्य करे। हम अपने सुहृदवर भैरवप्रसाद (मोलो बाबू) से आशा रखते हैं कि नाटक का असली अमृतरस चरितार्थ करने में सदैव प्रोत्साहित रहेंगे।

[खं. 5, सं. 1 (15 अगस्त ह. सं. 4)]

कनौज में तीन दिन

गत मास में श्री स्वामी भास्करानन्द जी के साथ तीन दिन के लिए कनौज जाना पड़ा था। यद्यपि कलकत्ता, बम्बई, मद्रास सब मंझाए बैठे हैं, पर यह नगर हमारा मुख्य नगर है। हम किसी दशा में, कहीं क्यों न हों पर कनौजिया हैं। हम कान्यकुब्ज हैं तो फिर कान्यकुब्जपुर से ममता क्यों न रक्खें। यदि जात्याभिमान कोई वस्तु है तो हम यह कहने से नहीं रुक सकते कि कनौज हमारा है हम कनौज के। किसी समय हमारे पूर्वज विश्वामित्र बाबा, कश्यप शांडिल्य भरद्वाजादि बाबा जगत के शिरोमणि थे। वे इसी कान्यकुब्ज नगर रूपा खानि के रत्न थे। हम इन दिनों दुनिया के कूरा करकट हैं तो भी इसी घूरे के करकट हैं जिस का नाम कनौज है। यद्यपि अदृष्ट के पवन हमें इधर उधर फेंक दिया है पर हमारे दिमाग से कनौज की बू कहाँ जाती है। इन भारत के गिरे दिनों में भी कनौज का इत्र (अतर) दूर-दूर सराहा जाता है, फिर कनौज की बू हमारे दिमाग से कैसे दूर हो। बरसों पीछे जो कोई अपने नगर में आता है उसको हर्ष अवश्य होता है एवं अपने आत्मीय को दुर्दशाग्रस्त देख के शोक भी होता है। फिर कनौज जात्रा में हमको हर्ष शोक क्यों न होता। हम आशा करते हैं कि हमारे पाठकगण इस जात्रा का वृतान्त पढ़ के मनोरंजन के अतिरिक्त कई एक उपदेश भी ग्रहण करेंगे। हमारे प्रिय मित्र हरिशंकर बर्म्मा एवं श्यामसुन्दर बर्म्मा तथा कबिवर गदाधर के कारण रेल के तीन घंटे तो ऐसे आनन्द से बीते कि मीरांसराय स्टेशन पर उतरने को जी न चाहती। वह मार्ग में हरियाली का दृश्य, जल की वृष्टि, कविता की छटा, यारों का जमघटा, हम तो हमीं हैं अन्य जात्रियों को भी मस्त कर रहा था। रेल से उतरे तो इक्कों पर चढ़े। डाक्टर श्री दुबरीप्रसाद जी से भेंट कर आगे बढ़े। कुछ ही दूर चल के कनौज के खँडहर शुरू हुए जिन्हें देख के अनुराग ओ बिराग ने हृदयांगण में द्वन्द्वयुद्ध मचाया। कभी तरंग आती थी। धन्य यह अवसर कि पुरखों की पुन्य भूमि का दर्शन हो रहा है। कभी यह छन्द स्मरण होने से कि 'जलता है आज क्या खसो खाशाक (?) में मिला, वुह गुल जो एक उम्र चमन का चिराग था। गुजरूँ हूँ जिस खरावे में कहते हैं बांके लोग। है चन्द दिन की बात यह घर था यह बाग था।'

संसार से जी हट जाता था। जब मुख्य नगर में आये तो धर्म भगवान ने कहा, तीर्थ में सवारी पर न चलो। प्रेमदेव ने कहा, यह तो महा तीर्थ है। यहाँ बे अदबी-अदबी बस उतरे। उस पुन्य भूमि की धूलि मस्तक पर धारण कर प्रसन्नतापूर्वक मित्रों से संलाप करते फर्श नामक मुहल्ले में आ पहुँचे जहाँ ठहरना था। प्रियवर स्यामसुन्दर का स्थान खाने पीने उठने बैठने सोने जागने का सब दिव्य सामान। यहाँ के सुख का क्या कहना। ऊपर से श्री मास्टर देवीदीन जी की आर्य की धर्मनिष्ठा एवं दृढ़चित्तता, डाक्टर दुबरीप्रसाद जी की उद्योगशीलता, श्रीयुत बाबू विश्वेश्वरनाथ की सहृदयता, श्रीयुत लाला काशीप्रसाद जी का प्रेम देख के अकथनीय आनन्द प्राप्त हुवा। इस बात से और भी सन्तोष हुवा कि यहाँ अभी तक पुरानी मर्यादा बनी है। पुरुष मिलनसार हैं, स्त्रियाँ लज्जावती हैं। यह और भी सौभाग्य का विषय है कि मुसलमान सज्जन सुलहपसन्द एवं हिन्दुओं के दुख सुख में साथी हैं। दूसरे दिन गोरक्षा पर प्रताप मिश्र औ स्वामी जी के व्याख्यान शुरू हुए।

व्याख्यान का अधिक हाल लिखने की आवश्यकता नहीं है, केवल इतना हम कहेंगे कि स्वामी जी महाराज की भाषणशक्ति अवश्य ऐसी ही श्लाघ्य है कि एक प्रकार की जादू कहना चाहिए। इससे अधिक प्रत्यक्ष प्रमाण और क्या होगा कि श्रीमुख के उपदेशों से समझदार बधिकों को भी दया उत्पन्न हो जाती है। हसनू कसाई ने गोवध छोड़ दिया! सच पूछो तो उन हिन्दुओं के मुँह पर थूक दिया जो ऊपर से धर्मात्मा रूप कहते हैं पर भीतर-भीतर बूचरों का लेन देन करते हैं, गोरक्षा के लिए पहिले तो शरमाशरमी चन्दा लिख देते हैं पीछे से बहाने सोचा करते हैं जिस में देना न पड़े। धिक! ऐसे हिन्दुओं की अपेक्षा हसनू प्रशंसनीय है जिन्हें स्वामी जी के वचनों का असर हुवा, पर इन नीचों को बड़े-बड़े रिषियों तथा निज मत के आचार्यों के वाक्य असर नहीं करते। सच है "फूलै फलै न बेंत जदपि सुधा वरषें जलद। मूरख हृदय न चेत जो गुरु मिलें विरंचि सम।" कनौज में एक बात देख के और भी प्रसन्नता हुई कि हिन्दी कविता के समझने वाले और उस का आनन्द लेने वाले कानपुर लखनौ आदि बड़े-बड़े नगरों से अधिक हैं। 'ब्राह्मण' सम्पादक ने एक दिन "बां बां करि तृणा दाबि दाँत सौं दुखित पुकारत गाई है" इस लावनी को तनक शोक मुद्रा से गाया था, इस पर सैकड़ों की आँखें डबडबा आयी थीं। बहुतों के आँसू ही निकल पड़े थे। यह बात हमारे नगर में कम है क्योंकि लोग हिन्दी के रसिक कम हैं। पंडितवर पुत्तुलाल मिश्र और श्री हरिशंकर शास्त्री भी कान्यकुब्जपुर के सूर्य चन्द्रमा कहनें योग्य हैं, उच्चकुल और श्रेष्ठ विद्या वाले लोग हर कहीं होंगे, पर धर्म्म कार्य में कटिबद्ध और सभ्यता सौजन्यादि गुणविशिष्ट बहुत थोड़े दृष्टि पड़ते हैं। 'विद्या ददाति विनयं' का ठीक नमूना हमें इन्हीं दोनों व्यक्तियों में देख पड़ा। हम आशा करते हैं कि यह दोनों महात्मा

कनौज गोशाला तथा गोरक्षणी सभा के कामों से सब लोगों को सदैव प्रोत्साहित रक्खेंगे। हम ने सुना है कि कई लोग कचियाते हैं। यदि ईश्वर न करे कहीं ऐसा ही हुवा हो हमें इन्हीं मिश्र जी से और त्रिपाठी जी से अधिक उलहना होगा क्योंकि यह भी कनौजिया है। और खास कनौज में कोई सदनुष्ठान हो हुवा के रह जाय तो अचम्भा है और उन के लिए अधिक लज्जा है जिन के नाम से कनौज का सम्बन्ध हो।

(अपूर्ण)

[(अपूर्ण) खं. 5, सं. 1, 2 (15 अगस्त, सितम्बर ह. सं. 4)]

ग्रामों के साथ हमारा कर्तव्य

इधर पन्द्रह बीस वर्ष से भारतवर्ष में देश की दशा के सुधार की धूम मच रही है। धर्म सम्बन्धिनी, समाज संशोधिनी, राजनीतिक विषयिणी छोटी बड़ी एकजातीय तथा बहुजातीय सभाओं, उपवेशकों और समाचारपत्रों का प्रादुर्भाव इसी उद्देश्य से हुआ है और इन यत्नों से यद्यपि अभी बहुत ही थोड़ी सफलता प्राप्त हुई है अथच जैसी चाहिए वैसी सफलता के लक्षण अभी दूर दिखलाई पड़ते हैं, पर इसमें सन्देह नहीं है कि एक न एक दिन कुछ न कुछ होगा। जब जहाँ के लोगों की चित्तवृत्ति पुराने ढर्रे से फिर से किस नवीन पथ की ओर झुकना आरम्भ करती है तब कुछ दिन में वहाँ या तो पूर्ण उन्नति अथवा नितान्त अवनति अवश्यमेव मुख दिखलाती है। इस न्याय को सामने रखकर बिचारने बैठिए तो आशा देवी यही कहती है कि जो देश के सैकड़ों वर्ष से अवनत हो रहा है वह उन्नत न होगा तो क्या होगा। यह प्राकृतिक नियम है कि एक दशा का अपनी पराकाष्ठा को पहुँच जाना ही दूसरी (उसके विरुद्ध) दशा के प्रारम्भ का लक्षण है।

इसके अनुसार अब हमें उन्नति ही की आशा करनी चाहिए एवं बहु सम्मति के अनुसार सभा इत्यादि का संस्थापन भावी उन्नति ही के साधन हैं। पर इन साधनों का प्रभाव विचार कर देखिए तो अभी केवल बड़े-बड़े नगरों ही में सीमाबद्ध हो रहा हे। ग्रामों में यदि कुछ पहुँचा भी है तो इतना जितने को न पहुँचना कहें तो अयुक्त न होगा। बंगाल, बम्बई, मद्रासादि सुविज्ञ प्रान्तों के ग्रामों की ठीक-ठीक दशा हम नहीं जानते क्या है, कदाचित् उनमें नगरवासियों की भाँति ग्रामस्थ जन भी अपने स्वत्व और कर्तव्य को जानते हों। पर हमारा पश्चिमोत्तर प्रदेश और अवध, जो सभी बातों में सबसे नीचे पड़ा है, जहाँ नगरों में भी लाख हाय-हाय करो पर कृतकार्यता के समय ढाख के तीन ही पात देख पड़ते हैं, वहाँ ग्रामों की दशा ऐसी शोचनीय हो रही है कि यदि हमारे देशभक्तगण शीघ्र उनकी ओर दृष्टिपात न करेंगे तो शहरों का सब करना धरना इसी कहावत का उदाहरण हो जायगा कि रात-भर पीसा और चलनी में उठाया। क्योंकि जिस देश को आप सुधारना चाहते हैं वह थोड़े से बड़े-बड़े नगरों ही में विभक्त नहीं है बरंच एक-एक नगर के आसपास

अनेक छोटे बड़े गाँव ऐसे विद्यमान हैं जिनकी लोकसंख्या नगर के जन समुदाय से कहीं अधिक है।

किसी प्राचीन से प्राचीन नगर के लोगों का पता लगाइए तो ऐसे कुटुम्ब बहुत थोड़े पाइएगा जिनके पूर्व पुरुष सदा से वहीं के रहने वाले हों। बहुत से लोग वही हैं जिनके पिता अथवा पितामह वा उनसे दो ही एक पीढ़ी पहिले के लोग किसी गाँव में रहा करते थे और वर्तमान पीढ़ी का आज भी उस ग्राम अथवा उसके निकटस्थ किसी स्थान से सम्बन्ध बना हुआ है। जब बहुलोक पूर्ण नगरों का यह हाल है तो हमारे इस कहने में क्या सन्देह कीजिएगा कि प्रत्येक बड़े नगर की लोकसंख्या से उसके अँचलस्थ गाँवों की लोक संख्या अधिक है।

न मानिए आने वाली मरदुमशुमारी के द्वारा निश्चय कर लीजिएगा कि नगरों में बहुत लोगों की बस्ती है कि ग्रामों में। पर खेद है कि जहाँ थोड़े लोग बसते हैं, जहाँ सब प्रकार के समयोपयोगी साधनों के अवयव सुगमता से प्राप्त हो सकते हैं, जहाँ का जन समुदाय स्वयं अथच परम्परा द्वारा सब भाषाओं के सब भाव समझ सकता है वहाँ के सुख सुविधा साधन और भविष्यत के लिए सुमार्ग एवं सुदशा के संस्थापनार्थ तौ सब प्रकार के उपाय किये जाते हैं पर जहाँ की जनसंख्या बहुत ही अधिक बरंच तीन चौथाई से भी बहुत है और जहाँ अभी नवीन परिष्कृत रीतियों का समाचार भी बहुत ही स्वल्प पहुँचा है वहाँ की ओर देशोद्धारकों का ध्यान ही नहीं है। वहाँ के लोगों को उपदेश करने कभी जाते भी हैं तो पादरी साहबों के परिषद्, जिनका मुख्य उद्देश्य भारतीय धर्म एवं जातित्व को नष्ट कर देना है। क्या देश और जाति का मंगल चाहने वालों का इतना ही मात्र कर्तव्य है कि कपड़े बदल लिए और एक मुहल्ले से दूसरे मुहल्ले अथवा रेल पर बैठ के एक नगर से दूसरे नगर में चले गये और अँगरेजी अथवा अरबी मिश्रित उरदू में लेकचर दे-दे कर ताली पिटवा आये और घर आ बैठे?

इस रीति से यदि कुछ प्रभाव होता भी है तो केवल उसी स्वल्प समुदाय पर जो आपकी बतलाई हुई बातों से पहिले भी अविज्ञान न था। पर इस प्रभाव को हम क्या आप भी इस देश पर प्रभाव पड़ना नहीं कह सकते क्योंकि जितनों को आप सुधारने का यत्न करते हैं अथवा कुछ सुधार भी लिया है उतना तो देश का चतुर्थांश भी नहीं है, है भी तो पहिले ही से कुछ सुधर रहा था, फिर आप देश की सेवा करते हैं वा केवल अपने सदृश लोगों के द्वारा प्रशंसा संचय करते हैं? शहर में आप सौ समाचारपत्र निकालिए, सहस्र समाजें स्थापित कीजिए, लाख पुस्तकें प्रचारित कीजिए, करोड़ लेकचर दीजिए पर देश भर का भला नहीं कर सकते, देश का सच्चा आशीर्वाद नहीं लाभ कर सकते, जब तक उनके उद्धार का प्रयत्न न कीजिए जो जानते भी नहीं हैं कि उद्धार किस चिड़िया का नाम है, देशभक्ति अथवा जाति हितैषिता किस खेत की मूली है, मानव जाति का कर्तव्य क्या है, देश

की भूत दशा क्या थी, वर्तमान दशा कैसी है और भविष्यत् के लिए इसके निमित्त किस-किस रीति से क्या-क्या करना चाहिए।

हम जिस प्रकार से आज जीवन व्यतीत कर रहे हैं वैसे ही हमारी सन्तान भी सदा दिन काटती रहेगी अथवा कुछ परिवर्तन भी होगा, इस प्रकार के ज्ञान का प्रचार जिनके लिए आवश्यक है वे यद्यपि अनेकांश में धनी, विद्वान् विचारशील, प्रतिष्ठित एवं समर्थ नहीं हैं पर मनुष्य वह भी हैं और यदि कोई उनके समझने योग्य भाषा में समझा दे तो समझ सब कुछ सकते हैं। एवं यह कहना भी अत्युक्ति न समझिएगा कि उन्हीं के बनने बिगड़ने का नाम देश का बनना बिगड़ना है। पर क्या कीजिए, जो लोग देश के सुधार का बाना बाँधें हैं वे आज तक इनके सुधारने का नाम ही नहीं लेते। नहीं तो यह लोग वे हैं जो नगर निवासियों की अपेक्षा अधिक निष्कपट, अतिशय कृतज्ञ, बड़े सहिष्णु और महा दृढ़चित्त होते हैं। जिस बात को अच्छा समझ लेते हैं, जिस व्यक्ति वा समूह को अपना समझ लेते हैं, जिस कार्य को करणीय समझ लेते हैं उसके लिए जब तक धोखा न खायँ, तन मन धन से उपस्थित रहते हैं। बरंच अनेकशः प्राण तक दे देने को प्रस्तुत रहते हैं।

इसके अतिरिक्त यह तो एक साधारण बात है कि शीत, ऊष्ण, वर्षा सहने में, दिन भर में दस पन्द्रह कोस पाँव-पाँव चले जाने में किसी की लज्जा, भय, संकोच से निश्चिंत रहने में, काम पड़ने पर कटु वाक्य एवं अयोग्य बर्ताव की उपेक्षा कर जाने में नगर वालों से कहीं उत्तम होते हैं और यही गुण हैं जिनसे प्रत्येक कार्य की सिद्धि सम्भावित होती है। पर कार्य क्या है। यह इनकी समझ में क्या बड़े बड़ों की समझ में आप से आप नहीं आ सकता। विशेषतः इन दिनों जब कि देश में चारों ओर दरिद्र के प्राबल्य से पेट की चिन्ता के मारे हमारी विचार शक्ति उकसने ही नहीं पाती।

ऐसे अवसर में वे लोग आप से आप क्या समझ सकते हैं जिन्होंने स्कूल तथा कालेज का कभी मुँह नहीं देखा, सुवक्ताओं के वचन कभी स्वप्न में नहीं सुने, राजनीतिज्ञों, समाज संस्कारकों, समय की चाल के ज्ञाताओं के द्वार पर भी पहुँचने की क्षमता नहीं रखते। हाँ, यदि आप शहर की गलियों के परिभ्रमण का मोह चटकदार कपड़े वाले मित्रों के संलाप का सुख बाहर सुन के 'पुलक प्रफुल्लित पूरक गाता' हो जाने की लत, हिन्दी शब्दों को मुख पर एवं कान तक आने देने से घृणा परित्याग करके कभी-कभी अवकाश पाने पर उनकी ओर चला जाना और अपनी ओर से उनकी झिझक मिटाना तथा स्नेहपूर्ण सरल बातों में उन्हें अपना तत्व, उनका स्वत्व, माननीय कर्तव्य का महत्त्व समझना स्वीकार कीजिए तो थोड़े ही दिनों में देखिएगा कि आपके विचारों की पूर्ति का सन्तोषदायक सूत्रपात होता है कि नहीं।

धन और जन के द्वारा जितनी सहायता आपके सदनुष्ठानों में आज मिलती है उससे दूनी सहायता मिलने का हम बीमा लेते हैं। दिहात के पुराने गृहस्थ यद्यपि मोड़े और मैले वस्त्र पहिने रहते हैं पर उदारता और उत्साह में आपके कुरता, कोट, छकलियाधारी सहकारियों से चढ़े ही चढ़े निकलेंगे। इसके अतिरिक्त उनका साथ देने वाले भी आपके साथियों से अधिक संख्या और सच्चाई रखते हैं। कसर इतनी ही है कि वे नये जमाने के रंग ढंग से बहुधा अज्ञात हैं।

यदि आप उन्हें समझा देंगे कि थानेदार साहब लाट साहब नहीं हैं कि तनिक-तनिक सी बात पर तुम्हें धमका के मनमाना बर्ताव कर सकें, उनके ऊपर भी कोई हाकिम है जो विनय सुनने और प्रमाण पाने पर न्याय के द्वारा तुम्हारा काल्पनिक भय मिटा सकता है, हाकिम लोग हौआ नहीं हैं कि तुम उनसे अपना दुःख भी न सुना सको, जब तुम नहर के जल से खेत सींचने के लिए राजस्व दे चुके अथवा अदालत का उचित खर्चा अदा कर चुके तब फिर किसी को कुछ देना न्यायानुमोदित नहीं है, ऐसी दशा में उच्चाधिकारियों से निवेदन कर देना कोई पाप नहीं है, तुम्हारे घर की स्त्रियाँ बकरी भेड़ नहीं हैं, उनका भी सब बातों में उतना ही अधिकार है जितना तुम्हारा है, अतः उनको अनाद्रित रखना लोक परलोक दोनों में विडम्बना का कारण होगा, घर में कन्या का जन्म होना वस्तुतः अभाग्य का चिह्न नहीं है, बराबर के कुल में उसे ब्याह देना कोई पाप नहीं है, केवल भ्रम के कारण घबरा उठना व्यर्थ है, ऐसी-ऐसी अनेक बातें हैं जिन्हें वे समझते भी हैं तो न समझने के बराबर। हाँ, कोई समझाते रहने का बीड़ा उठावे तो वे उसका अवश्य बड़ा उपकार मानेंगे और अपने निर्मूल दुःखों से बच के बड़े उत्साह के साथ प्रत्येक सदनुष्ठान में योग देंगे। जिन-जिन ग्रामों में श्री स्वामी दयानन्द जी की शिक्षा ने प्रवेश पाया है वहाँ के लोगों ने यह बात प्रत्यक्ष दिखला दी है कि वे उद्योग, उत्साह और दृढ़ता में किसी से कम नहीं हैं। फिर हम नहीं जानते कि हमारे सामाजिक और राजनीतिक उपदेशकर्ता क्यों उनकी ओर अपना प्रभाव नहीं फैलाते?

क्या मैदानों की साफ ताजी हवा, शुद्ध घी दूध, प्रकृति के स्वाभाविक दृश्य, सीधे सादे देश भाइयों का समागम और उनके उद्धार का यत्न तथा उनके द्वारा अपने कामों में सहाय लाभ करना थोड़े विनोद का हेतु है? ग्रामों से हमारा प्रयोजन उन जनस्थानों से है जो रेल, कचहरी और पक्की सड़क से दस-बारह कोस दूर हैं। वहाँ ईश्वर की ओर से सतयुग का एक चरण अब भी विद्यमान है। पर इधर उधर के मनुष्यों की ओर से कभी-कभी नव्वाबी का आविर्भाव हो जाया करता है। यदि हमारे देशवत्सलगण वहाँ जा जाकर अपना कर्तव्य निर्वाह किया करें तो उनका तथा अपना भी बड़ा उपकार कर सकते हैं। क्या बड़ी-बड़ी सभाओं के बड़े-बड़े व्याख्यानदाता इस बात का स्वयं भी विचार करेंगे?

[खं. 7, सं. 6 (15 जनवरी ह. सं. 7)]

भेड़ियाधसान

भेड़ियाधसान अथवा भेड़ चाल का अर्थ सभी जानते हैं कि जब भेड़ों का समूह चलता है तो एक के पीछे एक एक पंक्तिबद्ध होकर चलता है और सबके आगे चलने वाली भेड़ों का अनुगमन इतनी निश्चिन्तता के साथ आँखें मींचे शिर झुकाए हुए करता है कि यदि वे कुआँ में गिर पड़ें तो यह भी सब भरभरा के गिरे पड़ें। पर यह बात कहने ही सुनने भर की है किसी ने कभी भेड़ों के किसी झुंड को कुएँ में गिरते देखा न होगा। क्योंकि प्रत्येक समूह के साथ एक वा कई गड़रिए अवश्य रहते हैं जो उन्हें नष्ट मार्ग से बचाए हुए सीधे निष्कंटक पथ से चलाते रहे हैं और समूह के चलने के लिए रास्ता भी ऐसा ही लम्बा चौड़ा और बराबर होता है जिसमें कुआँ खाता आदि न हो।

इस रीति से यदि गड़रिया कुछ काल के लिए किसी कार्यवश अलग भी हो जाय तो आगे वालियों का पतन सम्भव नहीं होता, फिर उनके पीछे चलने वाली क्यों गिरने लगीं? हाँ जो भेड़ें अपने निज संचालक का बोल नहीं पहिचानतीं, जिसने टिटकारा भर दी उसी की इच्छानुसार चल पड़ती हैं उनका गिर पड़ना सम्भव है क्योंकि दूसरों को न उनकी ममता होती है न उनके नष्ट होने से कुछ हानि होती है चाहे जिधर हाँक दिया। अथवा जो कोई गयी बही भेड़ अपने समुदाय को छोड़ भागती है वह नाश हो सकती है। सारांश यह कि भेड़ों के चलने की यह रीति यदि अनुचितता को न प्राप्त हो तो प्रायः नाश का हेतु नहीं होती वरंच प्रकृति के अनुकूल होने से बुद्धिमानों को उपदेशदायिनी कही जा सकती है।

ईश्वर ने प्रत्येक जीव निर्जीव में एक वा अनेक ऐसे गुण स्थापित कर दिये हैं जिनके द्वारा हमें कुछ न कुछ सुशिक्षा मिलै। महात्मा चाणक्य आदि के 'सिंहादेकं वकादेकं शिक्षिच्चत्वारि कुक्कुटात्' इत्यादि वाक्य इसी आशय पर बने हैं और इसी मूल पर हमें भेड़ों से यह बात सीखनी चाहिए कि अपने निज गणार्य अर्थात् समुदाय के श्रेष्ठ पुरुषों की आज्ञानुसार अपने सजातीय अग्रगंताओं का चुपचाप आँखें मूँदे अनुगमन करने में कोई भय नहीं है। नीति में 'मार्गस्यो नावसीदति' और 'महाजनो येन गतः स पंथा' इत्यादि आज्ञाएँ भी इसी प्रयोजन को दिखलाती

हैं। फिर हम नहीं जानते लोग भेड़ियाधसान वाली कहावत को बुरे बर्ताव में क्यों लाते हैं?

आँखें फैला के देखिए तो कभी किसी देश वा जाति में सबके सभी लोग असाधारण बुद्धि बल सम्पन्न नहीं होते फिर साधारण जनसमूह भेड़ियाधसान के अतिरिक्त और क्या कर सकता है? अथवा यों कहना उचित है कि भेड़ चाल ग्रहण किये बिना साधारण लोगों का निर्वाह कैसे हो सकता है? फिर उसके पक्ष में इस शब्द को उपहास की भाँति व्यवहृत करना क्यों कर युक्तियुक्त हो सकता है? नयी रौशनी के आरम्भ में यह धूम मची थी और आज तक शान्त नहीं हुई कि हिन्दुस्तान में भेड़िसाधसान है, यहाँ के लोग पुरानी लकीर पर फकीर हैं, कैसा ही कष्ट और हानि हो पर पुराने ढर्रे को छोड़ना नहीं चाहते! देश का दुर्भाग्य है कि इस प्रकार के आक्षेपों ने बहुतेरों के चित्त पर प्रभाव कर लिया नहीं तो हमारा पुराना रास्ता जिस पर हमारे पिता पितामहादि चलते आये हैं किसी भाँति बुरा न था न है न हो सकता है, क्योंकि उसके बतलाने वाले हमारे महर्षिगण थे जिनकी विद्या बुद्धि लोकहितैषिता बहुदर्शिता सूक्ष्मदर्शिता दूरदर्शिता अद्यापि निष्पक्ष विचारशील मनुष्य मात्र की श्रद्धा का आधार है।

उन्होंने अपने समस्त जीवन के महत्परिश्रम जनित अनुभव के द्वारा हमारे लिए जो पन्थ नियत किया है उसका यदि हम दृढ़तापूर्वक अवलम्बन करें तो केवल हमारा ही लोक-परलोक न बने बरंच हमारा अनुकरण करने वालों का भी सचमुच भला हो। हाँ यदि देश काल की गति हमें पूर्णरूप से उनका आज्ञानुवर्ती होने में बाधा डाले तौ भी यथासामर्थ्य सरलभाव से उन्हीं के निर्दिष्ट मार्ग पर चलना उचित है और इसी में हमारा वास्तविक कल्याण है। भगवान कृष्णचन्द्र की आज्ञा भी यही है कि 'स्वधर्मे निधनं श्रेयः परधर्मो भयावहः'। अतः हमें अपने पूर्वजों की चाल पर हठपूर्वक प्रण करके चलना चाहिए।

इसमें यदि कोई हँसी की रीति पर भेड़ समझे तो हमें चाहिए कि उसे सच्चे जी से गधा समझें। जब कि सभी देश के समझदार अपने पथप्रदर्शकों को अपना गणार्य मानते हैं, मसीही धर्म्मग्रन्थ में कई ठौर महात्मा मसीह को गड़रिया Shepherd बरंच वात्सल्य भाव ईश्वर का वर्णन Lamb og God लिखा है। शेखसादी ने बोस्ताँ में महात्मा मुहम्मद की इसी पदवी से स्तुति की है।[1] तो फिर यदि हम अपने मार्गदर्शकों को अपना अजाबि पालक और अपने सीधे-सादे निष्कपट पूर्व

1. "दरीं बह्र जुज मर्दे दाईन रफ्ता गुम आशुद किं दुम्बा ले राईन रफता।"—अर्थात् इस (धर्म व लोक के) समुद्र में अधिकारी के अतिरिक्त और किसी को गमन करने की शक्ति नहीं है तथा जो चरवाह (मुहम्मद साहब) का अनुगमन नहीं करता वह नष्ट हो जाता है।

पुरुषों को अग्रगामी समझ के अपनी छोटी और मोटी समझ का घमंड छोड़ के केवल उन्हीं के पीछे भोली भाली भेड़ों के समान चले जायँ तो क्या बुराई करते हैं? दूसरों को हँसने में कुछ लगता नहीं है।

न्याय दृष्टि से देखिए तो भेड़ चाल से बचा कोई भी नहीं है। हम अपने अवतारों और देवता पितरों की मूर्तियों तथा चिह्नों का आदर करते हैं तो दूसरे लोग भी अपने प्रिय और प्रतिष्ठित पुरुषों के चित्र तथा प्रतिमाओं को लातों नहीं मारते। हम अपने बालक बालिकाओं के विवाहादि में हर्षोन्मत्त हो जाते हैं तो दूसरे लोग भी ऐसे आनन्द के अवसर पर सिर पीटकर रोते नहीं हैं।

हम नामवरी तथा धर्म की उमंग में अपने सजातियों और स्वदेशियों पर अपना रुपया लुटा देते हैं तो दूसरे लोग भी ऐसी तरंग में अपने भाइयों के कपड़े लत्ते छीन नहीं लेते। हम रोजगार व्यवहार में अधिक प्राप्ति के लिए झूठ और छल करते हैं तो दूसरे लोग भी मुँह में तुलसी और सोना डाल के कलों और कारखानों का काम नहीं करते। हम अपने से नीच जाति व प्रतिष्ठा वालों के साथ रोटी बेटी का व्यवहार नहीं रखते तो दूसरे लोग भी जिन्हें अपने से तुच्छ समझते हैं उनके साथ खाना पीना तथा ब्याह शादी करना गौरव के विरुद्ध ही समझते हैं। फिर क्यों हममें भेड़ियाधसान है और दूसरों में सिंह गमन है? और हो भी तो अपनी चाल छोड़ देना कोई बुद्धमानी तथा प्रतिष्ठा नहीं है।

जो लोग विदेशीय रीति-नीति के पक्षी और भक्ष्याभक्ष्यभक्षी बन बैठे हैं उन्हीं ने कौन सी करतूत कर दिखाई है? क्या सनातन धर्म छोड़ देने से ईश्वर ने उन्हें गोद में उठा लिया है? या कोट पतलून पहिनने से अंग्रेजों ने उन्हें अपने बराबर बना लिया है? फिर किस बात में वह शेर हो गये और हम भेड़ हैं? और हो भी जायँ तो क्या है हमारी भेड़ चाल से यदि और कुछ न हो तो भी टूटा फूटा बना बिगड़ा हिन्दुस्तानीपन बना हुआ है यही क्या थोड़ा है। उनकी बनगैली चुस्त मनमौजी चाल, निरंकुश चाल, बिना नकेल की ऊँट की चाल परमेश्वर न करे यदि पूरी रीति से चल जाय तो हिन्दी हिन्दू और हिन्द का नाम निशान भी न रहे और जिन बातों में वे सुधार होना समझते हैं उनमें जातित्व एवं देशित्व का खोना वरंच अपनेपन के लिए शिर पर हाथ धर के रोना दृष्टि पड़े। अस्मात् हमें चाहिए कि यदि कोई हमारी निज की प्राचीन चाल को भेड़ चाल कहे तो हम उसकी विदेश विधर्म और विजाति वालों से उड़ाई चुराई और नकली चाल को भाँड़ चाल कहें!

हाँ यदि कोई इस बात का पुष्ट और प्रत्यक्ष प्रमाण दे सके कि अपनी चाल छोड़ देने से काल कर्म भाग्य और भगवान की गति सदा के लिए तुम्हारी बशवर्तिनी हो जायगी अथवा बुद्धि विद्या बल और योग्यता के बिना सदा सब ठौर के सब लोग सम्मान करने लगेंगे तो एक बात भी है। नोचेत् किसी मूर्ख की देखा देखी वा किसी चालबाज के कहने-सुनने से अपनी चाल को भेड़ चाल समझना

निरी नासमझी है। जो लोग डाक्टरी दवा नहीं खाते वे बुखार आते ही मर नहीं जाते बरंच थोड़े दामों में चिरस्थायी नैरुज्य लाभ कर सकते हैं। जो लोग होटल यात्रा नहीं करते वे भूखों नहीं मरते बरंच खीर पूरी मोहनभोग का भोग लगा सकते हैं और यों ही जीभ गिरी पड़ती हो तो उत्तम से उत्तम मांस तथा केसर कस्तूरी की मदिरा बनवा सकते हैं। जो काँच के गिलास में पानी नहीं पीते वे क्या नहीं जीते? नहीं मट्टी के कुल्हड़ का सोंधा और ठंडा बरंच फूल पीतल तथा चाँदी सोने के पात्रों का जलपान कर सकते हैं जो लोग गंधैले मट्टी के तेल का लैम्प जला के आँखों की ज्योति और मस्तिष्क शक्ति की द्योति को मट्टी में नहीं मिलाते वे अँधेरे में नहीं रहते बरंच दीपक और हाँडी-हाँडी मिरदंगी आदि में सरसौं तथा अरंड का नेत्र प्रभाप्रसारक तैल अथवा अगर की बत्ती प्रज्वलित करके सुहावना प्रकाश लाभ कर सकते हैं।

जो लोग मारकीन व गिरंट नहीं पहनते वे शीतोष्ण वायु का वेग सहन करके ठिठुर अथवा झौंस नहीं जाते बरंच गाढ़ा और मुरशिदाबादी गर्द तथा कमख्वाब से शरीर की रक्षा एवं शोभा सम्पादन कर सकते हैं। जो लोग अँगरेजी नहीं पढ़ते वे जीविका से वंचित नहीं रहते बरंच नागरी और संस्कृत का अध्ययन करके लड़के पढ़ाने वा कथा बाँचने के द्वारा भली भाँति पुजा सकते हैं। जो लोग नौकरी के लिए मेरी तेरी सिफारिश उठवाते और बँगलों-बँगलों की ठोकरें खाते फिरना नहीं चाहते वे हाथ की कारीगरी वा छोटा मोटा धन्धा करके निर्वाह भर को कमा सकते हैं। बरंच बाबू लोग जहाँ सुन पाते हैं कि जगह खाली है वहाँ महँगी के से मजदूर एक के ठौर पर अनेक दौड़ पड़ते हैं किन्तु मजदूर बहुधा ढूँढ़े नहीं मिलते।

कहाँ तक कहिए यदि अपनी चाल ढाल के काल बुद्धि के कंगाल सब के सब बिलायत जा-जा के बैरिस्टर हो अपना और पूर्णतया अपने रंग ढंग आ फैलावें तो उनके लिए मुअक्किल न जानें कहाँ से आवें क्योंकि सारा देश उनकी समझ के अनुसार सुधर जाय और निस्सन्देह उनका भित्तल्ला उधड़ जाय। योंही सब के सब सी.एस.आई. राजा नौवाब बन जायँ तौ भी उन्हें नौकर मिलना मुश्किल हो जाय क्योंकि उन्नति का लक्षण ही यह है कि नाई की बरात में सब ठाकुर ही ठाकुर! किन्तु परमेश्वर करे पुरानी चाल भले प्रकार से सबको प्यारी लगने लगे और ब्राह्मण मात्र वेद शास्त्र पुराण इतिहास नीति के पठन पाठन में प्रीति करैं। क्षत्रिय मात्र विद्या और वीरता के नाम पर मरैं। वैश्य देश देशान्तर में गमनागमन करके कृषि वाणिज्यादि का प्रण धरैं। शूद्र लोग बाबू बनने का चाव छोड़ सरल भाव से वर्णत्रयी की सेवा और अपनी-अपनी जाति परम्परा के अनुसार नाना प्रकार का शिल्प सम्भार करके देश भाइयों के प्रयोजनीय पदार्थों का अभाव हरैं तो देख लीजिए कैसा सुख सौभाग्य सौन्दर्य बरसता है। फिर कोई किस मुँह से हमारे भेड़ियाधसान की निन्दा कर सकता है।

भेड़ियाधसान तो जब यहाँ पूर्णरूप से फैला हुआ था तब किसी को कोई दुख दरिद्र था ही नहीं। जब साधारण जन समूह मात्र अपने पुरुषों की चाल पर पूरी रीति से चलता था, तब यहाँ सुख सम्पदा का इतना अजीर्ण था कि लोग राज पाट छोड़-छोड़ कर वनों में जा बैठते थे और ऊपरी सुखों को तुच्छ समझ के ब्रह्मानन्द परमानन्द प्रेमानन्द लाभ करने में यत्नवान होते थे। यहाँ के एक-एक ब्राह्मण से सारा संसार शिक्षा पाने को तरसता था। एक-एक क्षत्रिय से ब्रह्मांण थर-थर काँपता था। विदेशी सम्राट कन्या दान करने में अपनी बड़ाई और बल की अधिकाई समझते थे। एक-एक वैश्य धन पर आज भी बड़े-बड़े परदेशी जार लार टपकाते हैं। फिर हमारी भेड़ चाल को कोई किस बुद्धि से बुरा कह सकता है। हमारी वर्तमान दुर्गति का कारण भेड़ चाल की पूर्ण श्रद्धा का ह्रास ही है नहीं तो वास्तविक अभाव किसी सद्गुण का नहीं है।

आज भी हम उसी को ग्रहण करके सर्वथा सुधर सकते हैं। इसमें जिसको सन्देह हो वह स्वयं परीक्षा कर देखे। पढ़ा हो तो किसी ग्रन्थ का, न पढ़ा हो तो किसी पुराने कैंड़े वाले वृद्ध का वचन प्रमाण माप के उसी के अनुसार यथासाध्य सब काम करने का वृत्ती हो जाय। फिर देख लेगा कि भेड़ चाल में कैसा सुख है, कैसा सुभीता है, कैसी बड़ाई है। और यों तो जिनकी मति बुरी है, प्रकृति बुरी है, संगति बुरी है उनके लिए सभी कुछ बुरी है, निजत्व बुरा है, निज धर्म बुरा है, निज देश, निज जाति, निज पूर्वज समूह बुरा है। उनके आगे भेड़ चाल है ही क्या।

यद्यपि चलते वह भी भेड़ों ही की भाँति हैं, पर उन भेड़ों के पीछे जो पथ दर्शक की परवा नहीं रखतीं केवल अपनी ही इच्छा से चल देती हैं। वे यदि दूसरों की चाल को भेड़ चाल बतावैं तो खैर जीभ के आगे खाई खन्दक तौ हई नहीं कि गिर पड़ेंगी, जैसा चाहे वैसा चला दें। पर वास्तव में भेड़ चाल बुरी नहीं है, विशेषतः आर्य जाति के लिए, पर यदि चलते बने, क्योंकि हमारे मार्ग नियंता सचमुच हमारे हैं और हमें सतचित से प्यार करते हैं और बस।

[खं. 8, सं. 7 (फरवरी, ह. सं. 8)]

यह तो बतलाइए

आप ठाकुर जी के मन्दिर में तो बिना नहाए ब्राह्मणों को भी नहीं आने देते तथा उनकी मूर्ति एवं मरे हुए सम्बन्धियों का मृत शरीर कोई उच्च जाति का हिन्दू भी छू ले तो नाक भौंह चढ़ाते हैं, पर उनको पोशाक और उन्हें कफन वही पहिनाते हैं जो विलायत के कोरियों का बुना हुआ है तथा खलीफा जी के द्वारा सूई में थूक लगा-लगा के सिया गया है। यह कहाँ की पवित्रता है? यदि देव प्रतिमा की प्रसन्नता और मृतकों की सद्गति, पवित्रता पर निर्भर समझते हो तो देश के कपड़ा बुनने वाले और हिन्दू दरजी मर गये हैं? अथवा परदेशियों और परधर्मियों से भी वह गये हैं जो उनकी कारीगरी को इतना उत्साह भी नहीं देते?

और सुनिए। यदि घर में कुत्ता, कौआ कोई हड्डी डाल दे अथवा खाते समय कोई मांस का नाम ले ले तौ भी तो आप मुँह बिचकाते हैं पर विलायती दियासलाई और विलायती शक्कर, जिनमें हड्डी तथा रक्त दोनों पड़े हुए हैं, सो भी न जाने कि किन-किन जानवरों के, वह आरती के समय बत्ती जलाने की सिंहासन के पास तक रख लेते हैं और भोग लगा के गटक जाने तक में नहीं हिचकते। यह कहाँ का खाद्याखाद्य विवेक है? क्या देश में दियासलाई बनाने की विधि जानने वाले मर गये हैं? अथवा खाँड बनाने के नियम हर गये हैं जो आपसे इतना भी नहीं होता कि मथुरा वाली आर.एल. बर्मन कम्पनी की मदद कीजिए और साबुन तथा दीपशलाका के कारखाने में दो एक शेयर (हिस्से) ले लीजिए तथा बनारसी चीनी खाया कीजिए?

और लीजिए। देश की दरिद्रता और उद्धार के विषय में लेक्चर देते समय तो आप श्रोताओं के कान की चैली उड़ा देते हैं और लेख ऐसे लिखते हैं कि छापने के समय कम्पोजीटर नाकों आ जायँ, पर अपने शरीर को शिर से पैर तक विलायती ही वस्त्र शस्त्र में मढ़े रहते हैं। घर में दमड़ी की सूई भी विलायती, खाने की दवा भी विलायती, पीने की मदिरा भी विलायती, नहाने का साबुन भी विलायती, साथ में कुत्ता तक विलायती, देशी केवल मुँह का रंग दिखाई देता है। क्या इन्हीं लक्षणों से देश का दरिद्र मिटाइएगा और देशोद्धार करनेवालों में पाँचवें सवार बनिएगा?

अथवा उपर्युक्त वस्तु यहाँ नहीं मिल सकती, वा बनना असम्भव है, वा दाम अधिक लगते हैं, वा देर तक ठहरती नहीं है? पर हाँ, शायद जी डरता हो कि कहीं काट न खायँ, क्योंकि आप तो ज्यंटिलम्येन अर्थात् मुलायम आदमी हैं न!

आगे चलिए। आपको नेचर के तत्वज्ञान और उसकी पूरी पैरवी का दावा है, इससे हम पूछना चाहते हैं कि यह बात ला ऑफ नेचर की किस दफा में लिखी है कि जो देश अथवा जाति आज जिस दशा में है उसी में प्रलय तक बनी रहेगी, अतः उसे अपने सुधार का यत्न करना जुर्म है और ऐसे जुर्म करने वालों से मुखालिफत करना ही नेचर का सबसे बड़ा उसूल, राजभक्ति का मूल और मसलहत के जहाज का मस्तूल है? यह भी कहिए आपका जन्म हिन्दुस्तान में हुआ है, खाना पीना, रीति व्यवहार, ब्याह शादी भी हिन्दू ही मुसलमानों के साथ होती है, मरने पर भी यहीं की पृथिवी अथवा जल में मिल जाइएगा, फारस, अरब तथा इंगलैंड में जाइए तो शायद कोई बात भी न पूछे, क्योंकि आपकी भाषा भेष, धर्म कर्म, आहार विहार सब वहाँ वालों से पृथक् हैं। ऊपर से तुर्रा यह है कि आप जहाँ भए उपजे हैं वहीं कोई बड़े विद्वान धनवान नहीं हैं, फिर परदेश में प्रतिष्ठा पाने की तो क्या आशा है। पर इन बातों को जान बूझ के भी, पुलिस की उरदी पहिनते ही, टिकिया बिल्ला लचका आदि धारण करते ही, अपने देश-भाइयों को सताना, सड़ी-सड़ी बातों में चुगली खाना, कहनी अनकहनी कहना, बरंच कभी-कभी उन पर हंटर तक फटकारते रहना कहाँ की बुद्धिमानी है? अपनी डिउटी में न चूकिए, आला हाकिमों को अवश्य प्रसन्न रखिए, किन्तु यह समझे रहिए कि आपका बर्ताव किसी कानून का हुक्म नहीं है, आप इस मुल्क के फतेह करने वाले नहीं हैं।

साहब बहादुर विलायत चल देंगे तब आपको साथ भी न ले जायँगे। आपका रंग भी ऐसा नहीं है कि ख्वामख्वाह रियायत की जाय। नौकरी की जड़ सदा धरती से सवा हाथ ऊपर रहती है। इससे उस पर भरोसा करना नाहक है। परमेश्वर न करे कल को किसी अपराध के कारण छुड़ा दिए जाओ तो रुजगार की आशा किससे करोगे? जुरूरत पड़ने पर कर्ज किसके यहाँ से काढ़ोगे? दुःख, सुख तंगी, बहाली आदि में किसका आश्रय ढूँढ़ोगे? इन्हीं हिन्दुस्तानियों ही का न, जिन्हें आप इस समय धमकाते, जिन पर हुकूमत जताते हैं, जिन्हें मनमानी घर जानी कार्रवाई का निशाना समझते हैं। बतलाइए तो उस समय चित्त की क्या दशा होगी?

इतना और भी। भला आपके ऊपर और भी कोई हाकिम है। भारतवासियों को कोई सामर्थ्य न सही पर अपना दुख रोने की शक्ति है। यहाँ माना कि बहुत लोग आप ही का पक्ष करेंगे किन्तु यहाँ से विलायत और विलायत से परमेश्वर के घर तक कोई भी ऐसा है जिसे न्याय की ममता तुम्हारे ममत्व से अधिक हो?

राजराजेश्वरी का प्रताप अथवा परमेश्वर का अचल नियम भी कोई वस्तु है? यदि है तो आप फिर क्यों चाहते हैं कि 'भावै हियै करैं हम सोई'। इससे तो यही न उत्तम है कि ऐसे काम कर जाइए जिन्हें स्मरण करके सब सदा आसीसते रहें। पूछना तो बहुत कुछ है पर इस समय इतना ही बहुत है।

[खं. 7, सं 1-2 (15 अगस्त-सितम्बर ह. सं. 6)]

हमारी आवश्यकता (1)

जी बहलाने के लेख हमारे पाठकों ने बहुत से पढ़ लिये। यद्यपि उनमें भी बहुत सी समयोपयोगी शिक्षा रहती है पर वाग्जाल में फँसी हुई, ढूँढ़ निकालने योग्य। अतः अब हमारा विचार है कि कभी-कभी ऐसी बातें भी लिखा करें जो इस काल के लिए प्रयोजनीय हों, तथा हास्यपूर्ण न हो के सीधी-सीधी भाषा में हों, जिसमें देखते और बिचारते समय किसी प्रकार का अवरोध न रहे अथच हमारे पाठकों का काम है कि उन्हें निरस समझ के छोड़ न दिया करें तथा केवल पढ़ ही न डाला करें बरंच उनके लिए तन से, धन से , कुछ न हो सके तो बचन ही से यथावकाश कुछ करते भी रहा करें। क्योंकि यह समय बातों के जमाखर्च का नहीं है, कुछ करते रहने का है।

जब हमारा धन हेर फेर के हमारे ही देश में रहता था, हमारी शक्ति कुछ न होने पर भी इतनी बनी थी कि अपने सताने वालों को दबा न सकें तौ भी अपने बचाव के लिए हाथ पाँव हिला के जी समझा लें। हमारे लिए कृषी, वाणिज्य, शिल्प, सेवा के द्वार खुले हुए थे। इससे निर्वाह की अड़चन न थी, तब हमें बातें बनाना सोहता था, चाहे ब्रह्मज्ञान छाँटा करते, चाहे गद्य पद्यमय लेखों से कलम की कारीगरी दिखाया करते, चाहे अपने साथियों के धर्म कर्म चाल व्यवहार की प्रशंसा और दूसरों की तुच्छता के गीत गया करते, पर अब जब कि हमारे हाथ कुछ भी नहीं रहा है, उसके भी चिरस्थायित्व का विश्वास नहीं, तो फिर सर्वथा यही उचित है कि सौ काम छोड़ के, (यदि अपना भला चाहते हों तो) ऐसे उद्योगों में लगे रहें जो हमारे लिए आवश्यक हैं। यदि हम विरक्त हों तो भी हमें आज अपनी आत्मा के कल्याणार्थ वन में जा बैठना श्रेयस्कर न होगा, क्योंकि हमारे चतुर्थांश भाई भूखों मर रहे हैं और तीन चौथाई ऐसे हैं कि तीन खाते हैं तेरह की भूख बनी रहती है।

ऐसी दशा में केवल अपने परलोक की चिन्ता करना निर्दयता और स्वार्थपरता है। फिर उनके लिए तो कहना ही क्या जो गृहस्थ कहलाते हैं और परमेश्वर की दया से दोनों पहर अच्छा खाते, अच्छा पहिनते, थोड़ी बहुत समझ और सामर्थ्य भी

रखते हैं। वे यदि अपने देश-भाइयों की आवश्यकता को न देखें, और उसके अभाव की पूर्ति में यत्नवान न रहें तो अँधेर है, अन्याय है, अनर्थ है। मनुष्य का जीवन हजार पाँच सौ वर्ष का नहीं है, बहुत जीता है वह सौ वर्ष जीता है। तिसमें भी अनुमान आधी आयु, रात्रि की, सोने में बीत जाती है। रही आधी, उसमें भी बाल्यावस्था का तथा वृद्धावस्था, खेल कूद, और पड़े-पड़े खटिया तोड़ने के अतिरिक्त किसी काम की नहीं होती। यों लेखा जोड़िए तो सौ वर्ष में कुछ करने धरने के योग्य बीस ही पच्चीस वर्ष निकलेंगे। उनमें भी गृहस्थी के सौ झंझट एवं नाना रोग वियोगादि लगे रहते हैं। यों विचार के देखिए तो दस पन्द्रह हद बीस ही वर्ष हैं जिनमें किये हुए कामों के द्वारा अपना पराया हिताहित अथच मरणान्तर चिरस्थायी यश अपयश प्राप्त कर सकते हैं।

यदि इतना स्वल्प काल भी केवल अपना ही पापी पेट पालने, अपना ही स्वार्थ साधने तथा आलस्य और अनुद्योग ही में लगाया जाय तो हम नहीं जानते मनुष्य जनम पाने का दावा, 'अशरफुल मखलूकात' बनने का घमंड, आप किस बिरते पर कर सकते हैं। विशेषतः इस समय में जब कि हमारे पीछे होने वाली पौधों का भला बुरा हमारे ही हाथ आ रहा है और अनेक आवश्यक काम ऐसे आ लगे हैं जिनके किये बिना न हमारा निर्वाह देख पड़ता है, न हमारी सन्तान के लिए सुखमय जीवन की राह सूझ पड़ती है। और इसी से अनेक सहृदय एक न एक कार्य में जुटे रहते हैं तथा वर्तमान राज्य में उन कर्मों के लिए बहुत कुछ सुभीता भी है। यदि ऐसे में चूक गये तो आपको तो क्या कहें, आपके बनाने वाले परमेश्वर ने आपको बुद्धि दान करके क्या फल पाया, यह हम पूछा चाहते हैं।

इन बातों के उत्तर में कहीं यह न कह दीजिएगा कि हमारे अकेले के किये क्या हो सकता है? क्योंकि मनुष्य कभी अकेला नहीं रह सकता, सभी प्रकार के लोगों का थोड़े बहुत लोग साथ देने को, सदा सब ठौर मिल रहते हैं। यदि मान ही लें कि हमारा साथी कोई नहीं है तौ भी जो हम आस्तिक हैं तो परमात्मा अवश्य साथ है जो सर्व शक्तिमान कहलाता है और उसे न भी मानिए तो आँखें खोल के देखने से जान पड़ेगा कि संसार में सारे काम मनुष्य ही नहीं करते हैं। फिर क्या हम मनुष्य नहीं हैं जो अपने कर्तव्य को न देखें, अपनी आवश्यकताओं को न जानें और उनकी पूर्ति के लिए यथासाध्य उपाय न करें?

हाँ, सामर्थ्य की स्वल्पता से अग्रगामी न बन सकें, पूर्ण पौरुष न दिखा सकें, यह दूसरी बात है। पर इसके साथ यह भी समझे रहना चाहिए कि सभी सर्वगुण सम्पन्न नहीं होते और यदि हो जायँ तो किसी को किसी की सहायता मिलना दुर्घट हो जाय। या यों कहिए, फिर किसी को कोई अभाव ही क्यों रहे। इससे

जितना, जो कुछ, हो सके उतना करते रहना ही परम कर्तव्य है। आगा पीछा करना या बहाने गढ़ना 'दुनिया में जैसे आये वैसे चले गये' का उदाहरण बनना है। अस्मात् समझ हो तो आँखें खोल के देखिए कि हमारे लिए किन-किन बातों की आवश्यकता है और उनके पूर्ण करने के क्या-क्या उपाय हैं, तभी कुछ हो सकेगा। स्वयं समझने की समझ न हो तो हमसे वा किसी और से समझ लीजिए और दूसरों को समझाने में लगे रहिए, बस इसी में सब कुछ है।

[खं. 7, सं. 1-2 (15 अगस्त-सितम्बर ह. सं. 6)]

हमारी आवश्यकता (2)

बुद्धिमानों का सिद्धान्त है कि प्रत्येक जाति अपनी भाषा भेष भोजन और धर्म से पहिचानी जाती है। इस न्याय के अनुसार, मनुष्य मात्र को इन चार पदार्थों के संरक्षण की आवश्यकता है। इनके लिए दूसरों का मुँह ताकना, दूसरों से आशा रखना अथवा भय संकोच करना, अपने जातीयत्व को सत्यानाश करना है। और ऐसा कोई भी देश धरती की पीठ पर नहीं है जहाँ के प्रत्येक समुदाय वाले इन चारों बातों को अपने ही रंग ढंग में साथ न रखते हों। यूरोप एमेरिकादि का तो कहना ही क्या है, वहाँ तो सब प्रकार परमेश्वर की दया है। अपने यहाँ देखिए, बंगाली, मद्रासी, गुजराती, मारवाड़ी इत्यादि सभी अपनी-अपनी भाषा, भेष, भोजनादि का पूरा ममत्व रखते हैं। चाहे जहाँ जायँ, देश चाहे जिस में हों, अपनापन नहीं छोड़ते। पर खेद है हमारे पश्चिमोत्तर देशवासी हिन्दू दास पर जिनके यहाँ किसी बात का ठीक ही नहीं है। जिस विषय में देखो उसी में ऐसे मोम की नाक हो रहे हैं कि फिरते देर ही नहीं। इन्हीं लक्षणों के कारण इनके लिए न घर में सुभीता है, न बाहर सम्मान है, न किसी को इन पर मनमानी अन्धाधुन्ध करते कुछ भी संकोच होता है, न बड़े-बड़े शुभचिन्तकों के लिए कुछ होता है। क्योंकि जिस जाति में आत्मत्व ही नहीं है उसे सृष्टि अथवा सृष्टिकर्ता से आशा ही क्या। विचार के देखिए तो मनुष्य तो मनुष्य ही है, पशु पक्षी तक अपने जातीयत्व के अंगों को नहीं छोड़ते। तोता मैना को आप लाख अपनी बोली सिखलाइए पर आपस में वा अपने सुख दुःखादि को प्रगट करने में अपनी ही बोली बोलेंगे। कौए पर करोड़ रंग चढ़ाइए पर कुछ ही काल में वह अपनी कालिमा को फिर धारण कर लेगा। सिंह के सम्मुख सौ प्रकार के शाक अथवा हरिण के सामने सहस्त्र भाँति के मांस रख दीजिए, चाहे जै दिन का भूखा हो उसकी ओर आँख उठा के न देखेगा। किन्तु हम निजत्व से इतने वंचित हैं कि जिन्हें अपनी किसी बात का कुछ ध्यान ही नहीं, चाहे कोई कुछ कर उठावे, कुछ उत्साह ही नहीं। इसी हेतु से जिन दिनों प्रत्येक जाति अपनी उन्नति के लिए धावमान हो रही है उस अवसर में भी हमारा धन, बल, गौरव क्षण-क्षण क्षीण हो रहा है और परमेश्वर न करे सौ वर्ष भी यही दशा रही तो कोई

आश्चर्य नहीं है कि हिन्दू हिन्दुस्तानी वा हिन्दी इत्यादि शब्द मात्र रह जायँगे। इससे आज ही से चेतना और समझ रखना चाहिए कि अपना भला बुरा अपने हाथ है। दूसरों को क्या पड़ी है कि हमारे लाभ के लिए अपने समय, सुविधा अथवा स्वच्छन्द व्यवहारों की हानि करेंगे। यद्यपि हमारी वर्तमान आवश्यकताओं की पूर्ति प्रत्यक्ष वा प्रच्छन्न रूप से किसी प्रकार वास्तविक कष्ट व हानि न करेगी बरंच कुछ ही दिनों में सुख और सहायता मिलना आरम्भ हो चलेगा और परिणाम में तो देश और जाति की सभी प्रकार की सुविधा का द्वार खुल जायगा, पर यदि पहिले कुछ अड़चनें देख पड़ें तो यह समझ के झेल डालनी चाहिए कि सुख का उपाय करने में दुःख होता ही है। जिसने यह न अंगीकार किया वह उसे क्या पावेगा। यह विचार चित्त में दृढ़स्थायी किये बिना और शीघ्र आलस्य छोड़ के कटि कसे बिना भविष्यत के लिए घोर विपद का सामना है। इससे सब काम छोड़ के पहिले लक्ष्यमाण आवश्यकताओं को पूर्ण करने में तन, मन, धन लगाना परमावश्यक है।

सबसे पहिले लड़कों के पढ़ाने का उचित प्रबन्ध करणीय है। क्योंकि सबसे आदिम अवस्था इन्हीं की है और इसी अवस्था की शिक्षा से उनको जन्म भर का सहारा और उनके पूर्वजों और अनुजों (पीछे उत्पन्न होने वालों अथात् छोटे भाइयों तथा युवादिकों) के सुख सौभाग्य सुयशादि का द्वार प्राप्त होता है। वह यदि अपने देश और दशा के अनुकूल न हुई तो हमें भारी उन्नति की कुछ भी आशा नहीं है और इसमें कोई सन्देह नहीं है कि जब तक अपनी भाषा में पूर्ण रूप से पठन पाठन नहीं होता तब तक शिक्षा सदा अधूरी ही रहती है और पूर्ण फलदायिनी नहीं होती। इससे हमें हिन्दी और संस्कृत अवश्यमेव पढ़नी पढ़ानी चाहिए। बरंच उच्च शिक्षा इन्हीं में प्राप्त करनी चाहिए। अँगरेजी, फारसी, अरबी, तुरकी यदि काम निकालने मात्र को सीख सिखा ली जाय तो अच्छा है, नहीं तो हमारी भाषा से भी हमारा कोई काम अटक न रहेगा। जब देश में एक बड़ा भारी समुदाय ऐसा हो जायगा जो निज भाषा में पूर्ण दक्ष और अपने निर्वाह के लिए सब प्रकार के कष्ट सह के भी अपने ही हाथ पाँव का सहारा लेने का हठी तथा अन्य भाषाओं के लिए आत्मत्व को छोड़ने में पूर्ण उत्साही हो, तब कोई भी सन्देह नहीं है कि गवर्नमेंट हमारी सुविधा का भी प्रबन्ध अवश्य करैगी। आज इलाहाबाद यूनीवर्सिटी ने हिन्दी को उठा के यह सिद्ध कर दिया है कि उसमें हिन्दू जगत की ममता रखने वाला कोई नहीं है। अपने माथे से कलंक का टीका मिटाने के लिए संस्कृत को बना रहने दिया है। यह भी उसकी पालिसी मात्र है, हमारी हितैषिता नहीं है। क्योंकि हिन्दी के पूरे सहारे बिना संस्कृत लोहे के चने है और यह आशा भी अनेकांश में दुराशामात्र है कि सर्कार हमारी एतद्विषयक प्रार्थना सुनेगी। अस्मात् हमें अपने लोक परलोक के निर्वाहार्थ अपनी भाषा स्थिर रखने के लिए केवल अपने ऊपर

भरोसा रखना चाहिए। आज हम लाख गयी बीती दशा में हैं पर हमारी भाषा किसी अन्य भाषा के किसी अंग से किसी अंश में कुछ भी कम नहीं है और यदि इसे संस्कृत का सहारा मिल जाय तो मानो सोने में सुगन्ध हो जाय। क्योंकि संस्कृत के यद्यपि लाखों ग्रन्थ आज लुप्त प्राय हो गये हैं तथापि जो मिलते हैं अथवा दौड़ धूप से मिल सकते हैं वह ऐसे नहीं कि किसी लौकिक अथवा पारलौकिक विद्या से रहित हों। बरंच यह कहना अत्युक्ति नहीं है, अनेक सहृदयों की साक्षी से सिद्ध है, कि जो कुछ संस्कृत के प्राचीन ग्रन्थकार लिख गये हैं वही अभी तक दूसरी भाषा के अभिमानियों को सूझना कैसा पूरी रीति से समझना ही कठिन है। एक बार नहीं सैकड़ों बार देखने में आया है कि जिस विद्या के जिस अंग को विदेशी विद्वानों ने वर्षों परिश्रम करके, सहस्रों का धन खो के, हस्तागत किया है और अनेक लोगों की समझ में उसके आचार्य (ईजाद करने वाले) समझे गये हैं वही बात संस्कृत की किसी न किसी पुस्तक में सहस्रों वर्ष पूर्व की लिखी हुई ऐसी मिल गयी है कि बुद्धिमान चकित रह गये हैं। फिर हम नहीं जानते ऐसी सर्वांग सुन्दर भाषा के भंडार के रत्न अपनी मातृभाषा के कोष में क्यों नहीं भर लिये जाते। रहीं वे बातें जिन पर इस समय तक विदेशी ही विद्वानों का दावा है।

वे हमारे देश के बी.ए., एम.ए. डॉक्टर बारिस्टरादि के द्वारा हमारी भाषा में सहजतया भर ली जा सकती हैं और सर्वसाधारण के लिए वर्षों के परिश्रम का फल महीनों में दे सकती हैं। जो लोग यह समझ बैठे हैं कि अँगरेजी पढ़े बिना भोजनाच्छादान कहाँ से प्राप्त होगा उनको यह भी आँखें खोल के देखना चाहिए कि एक तो संसार का नियम है कि कोई भूखा नहीं रहने पाता बरंच बीसियों बेर देखा गया है कि अजीर्ण रोग से चाहे कोई मर भी जाय, पर अन्नाभाव से नहीं मरता। लोगों को ज्वरादि के कारण पन्द्रह-पन्द्रह बीस-बीस लंघन हुए हैं, जल के सिवा अन्न का दाना नहीं खोंटा, पर प्राण देवता ज्यों के त्यों बने हैं। रहा सहज में सुखपूर्वक निर्वाह, वह जिस बात में परिश्रम कीजिएगा उसी के द्वारा प्राप्य है। जितना परिश्रम आप अँगरेजी में करते हैं उतना ही संस्कृत में कर देखिए तो प्रत्यक्ष हो जायगा कि विद्वान सभी सुखित रहते हैं।

काले गोरे रंग के भेद भाव की दया से हम बीसियों एम.ए. पास किये हुए हिन्दू दिखला देंगे जिन्हें सौ डेढ़ सौ (हद दो सौ) से अधिक वेतन की नौकरी के दर्शन नहीं होते। सो भी कब? जब विदेशी भाषा, विदेशी भेष, विदेशी विचार (खयालात), विदेशी व्यवहार (बरंच आहार), विदेशियों की जै जै कार इत्यादि के मारे अपनी ओर देखने का अवसर नहीं मिलता। यदि उतना ही परिश्रम कोई किसी शास्त्र में करे तो क्यों किसी रजवाड़े अथवा कालेज में सौ दो सौ की नौकरी न पा जायगा!

यदि सेवा की वृत्ति न भी स्वीकृत हो तो विद्या के प्रभाव से प्रत्येक उद्योग में उतने के लगभग प्राप्ति हो सकती है। कुछ भी न कीजिए तो तनिक देखिए कि स्वामी विशुद्धानन्द सरस्वती, स्वामी दयानन्द सरस्वती, परिब्राजक श्रीकृष्ण प्रसन्न सेन इत्यादि की प्रतिष्ठा किस विदेशी भाषा के पंडिराज से कम है? बरंच आपके एम.ए., बी.ए. आदि जिन श्रीमानों के द्वार पर खड़े रहते हैं वह धनाढ्य इन विद्वानों की सेवा में अपना गौरव समझते हैं। रहे मिडिल एंटरेंस वाले छुटभए, वे जितनी प्राप्ति अँगरेजी फारसी के द्वारा कर लेते हैं उतने हमारे साधारण पंडित भी सेवा सुश्रूषादि करके अवश्य हस्तगत कर सकते हैं। नहीं तो जितनी मुंड़धुन आप विदेशी भाषा में कर रहे हैं इतनी ही हम अपनी ज्योतिष, वैद्यक, पुराणादि में करके बिना नौकरी आपके लगभग कमा सकते हैं। बरंच आप अपनेपन से अनेकांश में रहित हो जाइएगा और हम सर्वथा शुद्ध बरंच शुद्धता के शिक्षक कहलावेंगे। फिर न जाने क्यों हमारे देश-भाई अपनी भाषा से मुँह फेरे बैठे हैं। हम अन्य भाषाओं के पढ़ने पढ़ाने का विरोध नहीं करते, पर इतना अवश्य कहेंगे कि आरम्भ ही से लड़कों को ए बी सी डी अथवा अलिफ बे रटाना उनका जन्म नशाना है।

इश दशा में वे अपनी रीति नीति, धर्म कर्मादि से बंचित आत्मगौरव एवं अपने लोगों की मान मर्यादा से बिरक्त हो के, कठिन परिश्रम करके, निर्बल शरीरा अथवा संकुचित बुद्धि बन के, केवल सेवा करके, पेट पालने के योग्य रह जाते हैं। पर इसके विरुद्ध यदि बाल्यावस्था में उन्हें हिन्दी और उसके साथ संस्कृत भली भाँति सिखला दी जाय तो उनकी निजता दृढ़स्थायिनी हो जाय, कुल परम्परा के अनुकूल जीवन यात्रा का उपाय करते हुए लाज न लगे, जिस काम को उठावें बहुतेरों की अपेक्षा उत्तमता से कर सकें और ऐसी दशा में बाबू अथवा मुंशियों से सौ विश्वा अच्छे रहें।

यदि अँगरेजी फारसी का प्रेम फसफसाए तो केवल भाषा ही भाषा में परिश्रम करना पड़े, इससे हमारे धनी, निर्धनी, समर्थ, असमर्थ का मुख्य कर्तव्य ही है कि हिन्दी पढ़ना पढ़ाना शपथपूर्वक अंगीकार कर ले। कोई न कोई हिन्दी का पत्र अवश्य देखा करें। हिन्दी में जितने ग्रन्थ बनें उनकी एक-एक कापी अवश्य खरीद लिया करें और यथासम्भव संस्कृत अँगरेजी के विद्वानों से उत्तमोत्तम विद्याओं की पुस्तकें हिन्दी में अवश्य अनुवाद कराया करैं। ऐसा होने से आज जिन विद्वानों, बुद्धिमानों, सम्पादकों, सुलेखकों और सत्यकवियों के अनेकानेक रत्न सदृश विचार अनुत्साह के कारण मन के मन ही में रह जाते हैं उनका हृदय प्रोत्साहित होगा और तद्वारा दो ही चार वर्ष में देखिएगा कि हम क्या से क्या हो गये और आगे के लिए हमें तथा हमारे आगे होने वालों के लिए क्या कुछ प्राप्त हो चला।

हमारे यहाँ विद्याओं और विद्वानों का अभाव नहीं है, पर उनका प्रचार तथा

प्रोत्साहन देने वाले केवल इतने ही हैं कि उँगलियों पर गिन लिये जायँ। उनमें भी सच्चे और सामर्थ्य वाले और भी थोड़े। इसी से कुछ भी करते धरते नहीं बनता। अस्मात् सर्वतः प्रथम हमें इसकी आवश्यकता है कि हमारे सुलेखक और सुवक्तागण सर्वसाधारण के जी में हिन्दी का प्रेम उपजाना, नित नये ग्रन्थों का प्रकाशित करना कराना और जहाँ तक हो सके उन्हें सस्ते दामों बिकवाना बरंच किसी व्यक्ति वा समूह की सहायता से गली-गली घर-घर में सेंत बँटवाना, पढ़ने योग्य स्त्री पुरुषों को पढ़ाना नहीं तो सुनाना, अपना परम धर्म समझें, शेष बातों को उसके अंग मात्र।

[खं. 7, सं. 3 (15 अक्टूबर, ह. सं. 6)]

हम राजभक्त हैं

इसका मुख्य कारण यह है कि हमारे यहाँ जितने धर्मप्रचारक हो गये हैं, उनमें से ऐसा कोई न था जो संसारीय वैभव को चाहता हो, प्रत्युत राजर्षि लोग स्वयं अपना राज्य छोड़कर बैराग्य लेते थे। इसी से उन्होंने कहीं राजा से ढिठाई करने का उपदेश नहीं दिया। क्योंकि वे जानते थे कि जो गद्दी पर है वुह हमारा ही लड़का व छोटा भाई व मन्त्री है, फिर मनुष्य जाति स्वभाव क्यों कर चाहेगा कि लोग हमारे एक आत्मीय से गुस्ताखी करें। रहे ब्रह्मर्षि, सो वे जानते थे कि सूर्यवंशी चन्द्रवंशी सब हमारे प्रिय शिष्य हैं। उनसे यदि कोई धृष्टता करेगा तो संसार का प्रबन्ध बिगड़ेगा। इसी कारण से हमारे प्राचीन इतिहासों में एवं धर्मग्रन्थ में यह कहीं न पाइएगा, अमुक राजा से प्रजागण बिगड़ गये। प्रत्युत यह आशय सैकड़ों ठौर लिखा है कि राजा प्रजा का पिता पुत्र का सा सम्बन्ध है।

राजा ईश्वर का अंश है। गीता में तो साफ लिखा है कि मनुष्यों में राजा भगवान का रूप है। भगवान का रूप क्या साक्षात भगवान होने का प्रत्यक्ष प्रमाण यही है कि मुसलमान, ईसाई, ब्राह्म, आर्य्य सब हमको ईश्वर विमुख कहते हैं, पर हम अपने अयोध्याधिपति भगवान रामचन्द्र को अपना इष्टदेव, मुक्तिदाता और धर्मसर्वस्व मानते हैं। इससे अधिक हमारी राजभक्ति का नमूना और क्या होगा। जिस राजा ने हमको तनिक अच्छी तरह रखा हम उसी के उपासक हो जाते हैं। अकबर को मुसलमान इतिहासवेत्ता चाहे जो कहें पर हमारे यहाँ के बड़े उच्चकुल के अभिमानी वीर राजपूतों ने उन्हें दिल्लीश्वरो वा जगदीश्वरो वा कहा है। हम साहंकार कह सकते हैं कि हम निस्सन्देह सच्चे राजभक्त हैं।

हमारे समान कोई बिरली ही जाति राजभक्त होगी। राजा की जाति, धर्म्म, आचार व्यवहार, कुछ ही क्यों न हो हम उसे मान्य करते हैं। मान्य ही नहीं बरंच यदि हमें प्रसन्न रखे तो हम उसे पूजने लगें। ईश्वर का नाम पढ़े लिखों में जगन्नाथ इत्यादि और बिना पढ़ों में दई राजा आदि से प्रत्यक्ष है कि हम ईश्वर और राजा को पर्याय समझते हैं। हम अपने धर्माचार्य ब्राह्मणों को भी महाराज कहते हैं। इससे हमारे यहाँ का एक लड़का भी जान सकता है कि राजा को हम

क्या समझते हैं। फिर जो कोई हमारी राजभक्ति में सन्देह करे वुह अवश्य न्याय के गले में छुरी फेरता है।

हमारे इस सिद्धान्त का खंडन आधुनिक गवर्नमेंट के झूठे खुशामदी सनू 1857 के बलवे के सिवा और कोई दोष नहीं लगा सकते। पर उन्हें भी समझना चाहिए कि वुह अपराध प्रजा का न था, किसी प्रतिष्ठित हिन्दू मुसलमान का दोष न था, केवल थोड़े से अदूरदर्शी...के कारण हमारे भारतीय नेशन मात्र को कलंक लगाना बुद्धिमत्ता से दूर है। यदि मान ही लें कि वुह अपराध हिन्दुस्तानियों ही का था तौ भी इसका क्या उत्तर है कि उस घोर समय में हमारी सर्कार को सचमुच सहायता किसने दी थी? हमी ने। क्योंकि हम राजभक्त हैं। राजभक्ति हमारा सनातन धर्म है। इतर उपधर्मों का हम तभी तक विचार करते हैं जब तक हमारी राजभक्ति में हानि न हो। खाने पीने में छुवाछूत, जहाज पर से विदेशजात्रा, बिना स्नान किये हुए भोजन इत्यादि हमारे धर्म के अंग हैं। पर राजा का काम लगे तो हमें उनमें किंचित आग्रह नहीं है। यह बात हम कई बेर दिखा चुके हैं, फिर भी हमारी राजभक्ति में कोई सन्देह करे तो लाचारी है। शरीफ हिन्दू, मुसलमानों से ऐसा सन्देह करना दूरदर्शिता की हत्या लेना है।

[ख. 5, सं. 2 (15 सितम्बर, ह. सं. 4)]

नास्तिक

संसार की गति बड़ी बेड़ी है। इसमें सत्य बड़ी कठिनता से ढूँढ़े मिलता है। जैसे सच्चा आस्तिक कहीं लाखों में कोई बिरला मिलता है वैसे ही सच्चे नास्तिक का मिलना भी सहज नहीं है। पुराने ढर्रे के लोग नास्तिक शब्द को निन्दित समझते हैं और आजकल के अँगरेजीबाज बहुधा नास्तिक बनने में अपनी शोभा समझते हैं, पर हमारी समझ में जो लोग अपने को आस्तिक समझे बैठे हैं उनमें नास्तिकों की संख्या बहुत है और नास्तिकता का दावा तो बहुत ही मुशिकिल है क्योंकि मनुष्यात्मा का जातिस्वभाव है कि नितान्त परवशता में सहारा ढूँढ़ती है।

यदि कोई नास्तिक भाई किसी अत्युच्च पर्वत से गिर पड़े जहाँ कोई बचाने वाला देख न पड़ता हो, गिरते समय क्या उनका चित्त किसी बचाने वाले को न चाहेगा? उस समय बुद्धि ठिकाने न रहेगी कि वुह विचार सके कि यहाँ बचाने वाला कौन है। आँखों से यह न सूझेगा कि बचाने वाला वुह बैठा है। जिह्वा में यह शक्ति न रहेगी कि बचाने वाला यदि कोई बैठा भी हो तो उससे कहें कि भाई कृपा करके हमारी रक्षा करो! हाथ पाँव तो किसी काम ही के न होंगे कि कुछ पुरुषार्थ कर सकें! पर अन्तःकरण एक बचाने वाले की आशा करेगा। वुह इन्द्रियों भर के अगोचर पर्वत पर से गिरे हुए नितान्त असमर्थ को बचाने में समर्थ बचाने वाला कोई मनुष्य नहीं है क्योंकि मनुष्य वहाँ दिखाई नहीं देता। यदि दिखाई भी दे तो जिस समय हमारे पाँव उखड़ गये हैं, पृथ्वी पर आ के जीवन समाप्त होने में केवल दो चार पल की देर है, उस समय मनुष्य हमारी रक्षा में क्या उपाय कर सकता है? केवल मुख से इतना कह सकता है 'अरे! राम-राम!' पर वुह कौन है जिसकी आशा हमारा चित्त करेगा? वही हमारी नास्तिकता का नाशक हृदेश्वर!

फिर भला नास्तिक होना क्या सहज है? हमें सहस्रों ऐसे लोगों से काम पड़ता है जो शास्त्रार्थ के समय ईश्वर का अस्तित्व खंडन करने में पूर्ण योग्यता दिखलाते हैं पर विपत्ति काल में ईश्वर ही ईश्वर चिल्लाते हैं। हमें एक नास्तिक मित्र की दशा सदैव स्मरण आती है जिसने जीवन काल में कभी ईश्वर नहीं माना पर मरने के कई महीना पहिले अत्यन्त रुग्ण रह के, असह्य कष्ट सह के, वैद्य हकीम

डॉक्टरों से पूर्णतया निराश हो के, मरने के लिए मिनिट गिन रहा था। हम लोग उसकी दशा पर त्राहि त्राहि कर रहे थे। उस अवसर पर उस्की अल्पवयस्का पत्नी, जिसने सन्तान का मुख ही न देखा था, जिसका रक्षक संसार में केवल पति था, वुह आयी और करुणासागर में डूबी हुई, आँसुओं से भींगी हुई, टूटी हुई वाणी से कहा, 'हाय! अब मैं क्या करूँ!' फिर लिपट के चिल्लाई कि 'मुझे किसके हाथ सौंप जाते हो?'

उस समय हमारे मित्र के मुख से यही निकला था कि 'ईश्वर!' हमें निश्चय है कि हमारे पाठकों में भी बहुतों ने ऐसे वा इसी ढंग के दृश्य देखे होंगे। फिर भला हम कैसे मान लें कि नास्तिकता सहज है। यों तो जितने लोगों के मुख पर अष्ट प्रहर ईश्वर-ईश्वर, धर्म-धर्म, स्वर्ग-स्वर्ग इत्यादि रहता है उनमें आस्तिक बहुत थोड़े हैं। क्योंकि एक सम्प्रदाय वाला दूसरे समस्त सम्प्रदायियों को इसी के नाम से पुकारता है। अनुमान करो कि संसार में सौ मत प्रचलित हैं तौ निन्नानबे मत वाले एक-एक मतावलम्बी की नास्तिकता पर साक्षी देने के लिए अपने आचार्यों और ग्रन्थों की दुहाई देते हुए प्रस्तुत हैं।

एक मत कीजे मूरख पंडित रंक नृप नीच ऊँच को नेम।
मेटि सबहिं इक सो करे अहो धन्य प्रिय प्रेम ॥1॥
जिहि केवल मतवाद की रुचति वृथा बकवाद।
ोई निन्दत प्रेम को बिन पाए कछु स्वाद ॥2॥
नरक अग्नि की आँच अरु इन्द्र अराम (बाग) अराम।
जानहिं जाननहार जग प्रेमहि के दोउ नाम ॥3॥
बिरले ही मन जानहीं कछुक प्रेम की बात।
मुख ते रूप सुभाव गुन कैसेहु कहे न जात ॥4॥
अगनित जन नित मरत हैं याके कारन हाय।
प्रीति महामारी अहे धौं कछु और बलाय ॥5॥
जो कोउ ब्रह्म अरूप को देख्यौ चहै सरूप।
नेह नयन सों लेहिं लखि जग के सुन्दर रूप ॥6॥
जदपि प्रेम वह रोग है जाकी औषदि नाहिं।
पै या के परभाव ते आधि व्याधि सब जाहिं ॥7॥
मन की आँख उघारि कै देखि सकहिं मतिवान।
गूढ़ रूप सबके हृदय बसहिं प्रेम भगवान ॥8॥
श्री भारत शशि सरिस ऋषि उपदेशै जब मर्म।
प्रेमहिं गनै प्रताप किन सब धर्मन को धर्म ॥9॥
रची प्रेम एकादशी (?) प्रेमिन हित परताप।
प्रेम बुद्धि जिन के नहीं सो न समुझिहैं आप' ॥10॥

यदि आप सच्चे आस्तिक हैं तो सम्पर्ण संसार आपके ईश्वर का है। उसमें जितने भले बुरे, जीव निर्जीव हैं सबकी सृष्टि और पालन का भार ईश्वर के आधीन है। इसके लिए किसी की निन्दा और किसी से द्वेष करना आपके हक में महापाप है। यदि ऐसा करने का विचार भी करें तो अपने जगत पिता के अपराधी होंगे। क्योंकि यह आपको मालूम ही क्या है कि उस सर्वेश्वर ने किसको किसलिए जिला रक्खा है। और सुनिए, यदि आप आस्तिक हैं तो अपने निज के लिए कारस्तानी भी छोड़िए। तुम्हारे लिए जो कुछ मुनासिब है वुह परमेश्वर स्वयं कर लेगा? आप क्या उससे अधिक हैं जो अपनी अकलमन्दी छौंकते हैं? आप उस्के सलाहकार हैं क्या? वुह जो समझेगा करेगा।

यदि आप उसकी इच्छा में हस्तक्षेप करें तो कठिन बेअदबी है। आपसे तो नास्तिक ही अच्छा क्योंकि वुह दूसरे को मानता ही नहीं जिसका सहार ले! नास्तिक जानते हो किसे कहते हैं कि उसकी निन्दा ही सीख ली है? देखिए 'न आस्तिको विद्यते यस्मात्परं सनास्तिकः' अर्थात् जिससे बढ़ के कोई आस्तिक न हो क्या यह सहज है। बहुतेरे आस्तिक केवल लोकनिन्दा और परलोक जातना के भय से तथा संसार के सुख, परमार्थ के कल्याण की लालसा से ईश्वर को मानते हैं, पर नास्तिक उस भय और लालच की पर्वाह नहीं करता। फिर कहिए डरपोक लालची अच्छा या निर्भय निर्लोभ अच्छा?

हमारे शास्त्रकारों के शिरोमणि मनु भगवान नास्तिक का लक्षण यों कहते हैं—'नास्तिको वेदनिन्दकः' अर्थात् वेद की निन्दा करने वाला नास्तिक है। पर हमारे आस्तिकों के परमाराध्य श्री कृष्ण भगवान कहते हैं—'त्रैगुण्यविषया वेदानिस्त्रैगुण्यो भवार्जुन' और सच भी है, जब तक हम कर्म ज्ञानादि के झगड़ों में पड़े हैं, जब तक लोक वेद के बन्धन में पड़े हैं तब तक हम अपने प्रेमदेव का साक्षात जीवित सम्बन्ध कैसे प्राप्त कर सकते हैं। इस रीति से मनु जी की आज्ञा का यह अर्थ होना चाहिए कि नास्तिक (नहीं है) को (कौन) वेद निन्दकः (वेद का निन्दक) अर्थात् सभी सच्चे आस्तिक कर्म, उपसना, ज्ञान के निन्दक हैं, क्योंकि उन्हें प्रतिक्षण ईश्वर से तन्मय रहने में आनन्द आता है, भुक्ति मुक्ति की युक्ति के खटराग में क्यों पड़ने लगे! जो सच्चे जी से किसी संसारी जीव को चाहता है वुह तो दीन दुनिया, लोक परलोक की पर्वा करता ही नहीं। परम सुन्दर परमात्मा को चाहने वाला क्या इन झगड़ों को चाहेगा?

आप अपने वेद, इंजील, कुरान को मानिए, परलोक को मानिए, हमें क्या। हम अपने जिसको मानते हैं उसको मानते हैं। ईश्वर कुछ आप ही का प्रभु तो हई नहीं, हमारा भी है। फिर क्या, हम अपने ईश्वर को चाहै मानेंगे चाहै न मानेंगे, आपको क्या! आप कहीं के काजी हैं? यदि आप कहें कि हम तुम्हें इसलिए सिखाते हैं कि वेद कुरान आदिक ईश्वर की पुस्तकें हैं, उनका न मानना नास्तिकता

है, तो हमारे भी मुँह है, हम भी कहेंगे कि ईश्वर की यही पाँच-छः पुस्तकें हैं अथवा और भी हैं?

यदि यही हैं तो आपके ईश्वर को दूर ही से दंडपरा है! हम तो उसे अनन्त विद्यामय कहते हैं और आप चार संस्कृत की, एक अँगरेजी की, एक अरबी की पुस्तकों पर उसके विद्वता की इतिश्री किये देते हैं! और यदि उसकी और भी कोई पुस्तक है तो आपको क्या प्रमाण है कि हम नहीं मानते। हम मानते हैं अपने अन्तःकरण की पुस्तक को, सृष्टिक्रम की पुस्तक को। क्या यह उसकी पुस्तकें हैं! बरंच वह तो खास उसी की लिखी पुस्तकें हैं! पर इन झगड़ों से हमें क्या है। हम तो मानेंगे तो उसे मानेंगे, पुस्तक उस्तक क्यों मानें। यदि हम आपको चाहते होते तो हम मतलबी यार नहीं हैं कि आपके रूप गुण धन आदि को चाहते! यदि इस्पर आपका जी निन्दा किये बिना न रहे तो कीजिए साहब, हम तो नास्तिक हई हैं—काफिरे इश्कम मुसलमानी मरा दरकार नेस्त। हमें आपकी बनावटी आस्तिकता पसन्द नहीं है! हम एक सच्चे दृढ़ नास्तिक की प्रतिष्ठा असंख्य कृत्रिम आस्तिकों से अधिक करते हैं।

[खं. 5, सं. 3 और 5 (15 अक्टूबर, दिसम्बर, ह. सं. 4)]

बालक

यह शब्द भी क्या ही प्यारा है कि नाम लेते ही हृदय प्रमुदित हो जाता है! 'लकार' का ललित अक्षर, जो वर्णमाला भर का अमृत है, प्रायः सभी भाषाओं में इस अर्थ के बोधक शब्द में रक्खा गया है। संस्कृत में बालक वा बाल, भाषा में लड़का, अँगरेजी में ल्येड और फ़ारसी में तिफ़्ल प्रमाण के लिए देख लीजिए। जब कि कूकर शूकरादि के लड़के (बच्चे) को देख के एक रूप की प्रसन्नता होती है तो मानवशिशु का तो कहना ही क्या है। ऐसा भी कोई है जो अपने वा अपने मित्र के वा अपने बन्धु के वा अपने पड़ोसी के वा अपने देश के बालक को देख के प्रसन्न न होता हो? ऐसा भी कोई है जो सर्वथा रंजा पुंजा होने पर भी बालक न होने से चिन्ताकुल न होता हो? ऐसा भी कोई है जो नित्सन्तान लोगों पर तरस न खाता हो? हम तो जानते हैं, यदि लाखों में कोई एक होगा भी तो या तो महा अलौकिक अथवा महापाषाण-हृदय होगा। अहा हा! जिनके मुख से अशुद्ध, अलज्ज, अनमेल, अस्पष्ट अक्षर भी प्यारे लगते हैं, जिनके बे सिर पैर के काम भी अच्छे जान पड़ते हैं उनकी अच्छाई का क्या कहना! दुनिया भर में छल, कपट, ईर्षा, द्वेष, चोरी जारी इत्यादि जितनी बुरी बातें हैं उनसे उन्हें कुछ प्रयोजन ही नहीं। भय, लज्जा, चिन्ता आदि जो जगत रूपी जाल के फन्दे हैं, उन्हें यह जानते भी नहीं। शरीर रक्षा के लिए जो कुछ उदरपूर्ति मात्र को मिल जाय तो बस जीवनमुक्त हैं। सच्चा तत्वज्ञान जो बड़े-बड़े महात्मा का लक्षण है वुह यही जानते हैं! सच्चे प्रेम, सच्ची प्रतिष्ठा, सच्ची श्रद्धा के पात्र माता-पिता हैं, यह बात वैदिक, जैन, मुसलमान, क्रिस्तान, स्वतन्त्राचारी और नास्तिक सब मानते हैं, पर ठीक-ठीक इसका नमूना आप इन्हीं में पाइएगा। दरिद्रिणी माता के आगे बड़े लाट साहब भी तुच्छ हैं! आप चाहें जिसको डरें, चाहे जिसका मुलाहिजा करें, उनकी बला से! क्या यह तत्वज्ञान नहीं है! सूरज क्यों घूमता है? चन्द्रमा परसों खरबूजे की सी फाँक था, आज टोपी सा काहे हो गया? कल तो यह फूल मुँह मूँदे था, आज काहे खिल गया? इत्यादि प्रश्न, जो बहुधा बालकगण अपने माँ बाप से किया करते हैं, क्या बुद्धि इन प्रश्नों को पदार्थ विज्ञान का मूल न कहेगी? विचार कर देखिए, बड़े-बड़े विकात, बड़े-बड़े

वीर, जिनका आज नाम लेते हृदय साष्टांग दंडवत करता है वुह भी कभी बालक ही थे। लड़कपन बादशाही है! हाँ बेशक, तृष्णाचेह परित्यक्ता को दरिद्रः क ईश्वरः। इन्हें न धन चाहिए, न स्त्री चाहिए। फिर क्या, चाहो ऋषि समझो, चाहो राजा समझो, चाहो देवता समझो, क्योंकि हमारे भगवान बालमुकुन्द, भैरव, स्वामिकार्तिक, सनकादिक इसी रूप में हैं। परमेश्वर का एक सर्वोत्कृष्ट गुण भी इनमें है, अर्थात् जो इनसे प्रीति करे उसके गुण दोष कुछ न देख के यह भी प्रीति करेंगे। ईसाइयों के यहाँ भी इस शब्द की महिमा है। क्योंकि मसीह को खुदा का बेटा मानते हैं। ईसा ने स्वयं कहा है कि स्वर्ग का राज ऐसों ही के लिए है। हमारी समझ में संसार का राज भी ऐसों ही के लिए है। क्या जब किसी से आप निष्कपट हो के कहैंगे कि 'हम तो आपके लड़के हैं' तो वुह अपनी सामर्थ्य भर आपके हितसाधन में तत्पर न होगा? हम तो जानते हैं देवस्वभाव वाला पुरुष इस मंत्र से अवश्य ही बरम्ब्रूहि हो जायगा! फिर यदि हम कहें कि बालकों का नाम, रूप, गूण, स्वभाव सभी आनन्दमय है तो क्या झूठ है! दुख का तो इनके पास एक दिन भी गुजर नहीं। कोई खिलौना इलौना टूट गया, अथवा खाने को न मिला तो घड़ी भर रो लिये, जहाँ दूसरी ठौर चित्त चल दिया, फिर मगन के मगन! बुद्धिमानों का सिद्धान्त है कि दुःख पाप का फल है, उस पाप का वे नाम भी नहीं जानते। फिर इनसे और दुःख से क्या मतलब! कभी-कभी यह किसी मनुष्य अथवा बिल्ली अथवा कुत्ता के पिल्ले को छुरी सी भी मार दें, कभी कोई बहुमूल्य वस्तु भी नष्ट कर दें तौ भी यह निर्दोष ही हैं! कभी किसी पर मलमूत्र कर दें तौ भी निरपराध ही हैं! क्योंकि इन्होंने तो ऐसा काम क्रीड़ा मात्र के लिए किया है! इन्हीं कारणों से सर्कार भी इन्हें दंड योग्य नहीं ठहराती। बहुधा दुष्ट पुरुष वा स्त्रियाँ गहने के लोभ अथवा अपने व्यभिचार की बदनामी के डर से इन दयापात्रों पर राक्षसत्व दिखलाते हैं। उनको हमारी न्यायशीला गवर्नमेंट दंड भी ऐसा ही कठिन देती है जो दूसरे चोरों और जारों को नहीं मिलता। हमारी समझ में यदि ऐसे माता पिताओं को भी कुछ दंड दिया जाय जो अज्ञान बालकों को पहिराय ओढ़ाय के बिना तकवैया छोड़ देते हैं। इसी प्रकार ऐसे लोगों की भी सज़ा ठहरा दी जाय तो कामवती बाल विधवाओं के पुनिर्विवाह के बाधक होते हैं तौ सोने में सुगन्ध हो जाय। व्यभिचार, चोरी और ऐसा ही कुकर्म तो स्त्री पुरुष करें, प्राण जाय विचारे दूध के फोहों का!! ऐसे पापियों को तो कुत्तों से नुचवाना भी अयुक्त नहीं है। फाँसी आदि तो सर्कार का कोमलचित्तता है! हमारे जगत्मान्य महर्षियों ने भी बाल हत्यारों को आततायी कहा है और 'नाततायि बधे दोषः' यह आज्ञा दी है। ईश्वर ने भी हमको भविष्यत् का ज्ञान कदाचित् इसी लिए नहीं दिया कि यदि हम जान लेंगे कि यह लड़का बड़ा होने पर अयोग्य होगा तो उसका सम्भार एवं प्यार न करेंगे। हमारी इन सब बातों का तात्पर्य यह है कि ऐसे निष्पाप, प्रेममय, दयापात्रों की भलाई पर ध्यान न देना

देशहितैषिता के विरुद्ध है, बरंच मनुष्यता से भी दूर है। अतः सामर्थ्य भर सबको तन मन धन से इस नयी पौध को उत्तम पथगामी, उद्योगशील, स्वत्वाभिमानी बनाने का और आर्य जाति के अनाथ बालकों को आर्य्यधर्मद्वेषि पादरियों की रोटी खा के जन्म भर के पछिताने से बचाने का पूर्ण प्रयत्न करते रहना चाहिए। हमारे कानपुर में तो जैसे हिन्दुओं की गौशाला में लाखों गौऐं पलती हैं वैसे ही मुसलमानों की अनाथशाला में करोड़ों मातृपितृ हीन बालकों की रोटी चलती है। यदि कोई अन्य नगरवासी पुरुषरत्न कुछ उद्योग करें तौ भी हम यह समझ के कृतकृत्य होंगे कि घर वालों ने न सुना तो पड़ोसियों ही ने हमारी बात पर ध्यान दिया। अरे भाई शीघ्रता में कुछ अधिक न हो सके तो अकबरपुर की गोरक्षिणी सभा अथवा फ़रुखाबाद के अनाथालय ही को कुछ सहायता दो!

[खं. 4, सं. 3 (15 अक्टूबर ह. सं. 3)]

बालशिक्षा

इस विषय पर लिखने का हमने कई बेर विचार किया पर कई बातें सोच के रह गये। इन दिनों हमारे परम सहायक श्रीस्वामी मंगलदेव संयासी महानुभाव की आज्ञा और कई एक मित्रों के अनुरोध से फिर इच्छा हो आयी कि लिखा करें, पर बुद्धिमान लोग समझ सकते हैं कि यह विषय अत्यन्त आवश्यक है, बहुत सोच समझ के लिखने का है। क्योंकि और लोगों को शिक्षा करना शिक्षा नहीं है केवल उनका मन बहलाना मात्र है। जिन्हें उस विषय की रुचि अथवा ज्ञान नहीं है वे न सुनेंगे न देखेंगे और जो रसिक हैं वे स्वयं उन बातों को जानते ही हैं। उन्हें शिक्षा की क्या आवश्यकता है? हाँ, हमारी बहुत सी बातों में से जो दस पाँच बातें उन्हें रुचेंगी वे प्रसन्न हो जायँगे वा उनमें दृढ़ हो जायँगे। तो शिक्षा काहे को जी बहलाव हो ठहरा। पर बालकों के साथ ऐसा नहीं है। वे अभी किसी शिक्षा सम्बन्धी विषय को नहीं जानते और जो बातें उनसे, जिस रीति से, जिन शब्दों में, कही जायँगी वे उन्हें ज्यों का त्यों सुनें समझेंगे। अतः शिक्षा के मुख्य पात्र बालक ही हैं।

इसके अतिरिक्त सयाने लोगों को कुछ न कुछ सारग्राहिणी बुद्धि होती है, उनसे चाहे जैसी टेढ़ी सीधी औरेबी भाषा में कोई बात कह दीजिए वे उसका मुख्य तात्पर्य यथाशक्ति समझ सकते हैं। पर बालक बहुधा बात की ध्वनि को न समझ के केवल शब्दार्थ ही समझ सकते हैं। यदि किसी बालक से कहा जाय कि पृथिवी का आधार गऊ है तो वुह यह न समझेगा कि पृथिवी के सर्वश्रेष्ठ निवासी मनुष्य को खाना कपड़ा गऊ ही के दूध घी तथा गऊ पुत्र के उपजाए अन्न, रुई आदि से मिलता है, पर वुह बालक समझेगा कि धरती को कोई गऊ अपनी पीठ अथवा सींग पर साधे है। अतः बालकों को जो बात समझाना हो वुह बहुत सरल रीति से कहना चाहिए। इसके सिवा बालक अभी अपने माता पिता तथा मुख्य साथियों के सिवा अपना घर मुहाल तथा दो चार सड़कों के सिवा दुनिया क्या है जानते भी नहीं हैं, इसलिए उन्हें सभी प्रकार की शिक्षा की आवश्यकता है।

धर्मशिक्षा, नीतिशिक्षा, व्यवहारशिक्षा, शिष्टाचार शिक्षा, उपयोगी भाषाओं की शिक्षा, इतिहास, गणित, इत्यादि ऐसी कोई शिक्षा नहीं है जो उनके लिए आवश्यक

न हो। और हम देखते हैं तो पूर्ण रूप से उपर्युक्त पुस्तकें अभी हमारे देश के अभाग्य से यहाँ बहुत ही थोड़ी हैं, अतः यह कर्तव्य (बालशिक्षा) यदि अकेले हमीं लिखें (क्योंकि दूसरे लेखक अभी इस ओर बहुत ही कम झुके हैं) तो कितनी कठिनता पड़ेगी। दुनिया भर की बातें लिखना और अति ही सरल भाषा और भाव में लिखना थोड़े दिन का और सहज काम नहीं है।

यही बातें सोच के अब तक इस विषय में हाथ नहीं डाला। पर अब इधर मित्रगण हुलियाते हैं कि लिख। और हम भी समझते हैं कि इसी नयी पौध की भलाई के लिए हमारी और हमारे सहयोगियों की मुड़ धुन है, फिर इन प्यारे बालकों के उपयुक्त बातें क्यों न लिखी जायँ। अस्तु हम लिखेंगे। पर बहुत दिन तक थोड़ी-थोड़ी बातें लिखेंगे क्योंकि यह विषय अन्य विषयों की भाँति नहीं है। दूसरे ग्रन्थकारों, सम्पादकों और कवियों से भी विनय है कि हमारा साथ दें, क्योंकि वे स्वयं विचार सकते हैं कि इसकी कितनी अधिक आवश्यकता है। भगवान बालमुकुन्द, नन्दअजिरबिहारी, जानुप्राणिचारी, दधिमाखन आहारी हमारी सहाय करें।

जानना चाहिए कि बालकों की सम्पर्ण शिक्षा उनके माता पिता और गुरु पर निर्भर है। लिखा भी है कि 'मातृमान्पितृमानाचार्यवान्पुरुषोवेद'। अतः हम पहिले माता, पिता और आचार्य के लिए कुछ उपयोगी बातें लिखते हैं। बालकों को पहिले-पहिले और अधिकाधिक काम माता से पड़ता है अतः माता का परम धर्म है कि अपने सन्तान को सुशिक्षित करें। पर खेद है कि हमारे देश में स्त्री शिक्षा का अभाव सा है अतः माता स्वयं अशिक्षिता हैं, वे लड़कों को क्या शिक्षा देंगी। पर हाँ, पिता को योग्य है कि बालक पर भी ध्यान रक्खें और उनकी माता पर भी। (यदि) हमारी आर्यललनागण जब तक लड़का दूध पिए तब तक मिरच खटाई तेल इत्यादि रोग वर्धक पदार्थ न खाया करें। बहुधा स्त्रियाँ मिट्टी को भून के बहुत खातीं हैं। यह महा औगुन है। न खाया करें। घी दूध आदि पुष्ट वस्तु खूब खाया करें। लड़के को रोने के डर से अफीम बहुत न खिलाया करें। तेल और काजल लगाने में न अलसाया करें। कपड़े, बिछौने आदि स्वच्छ रक्खा करें।

लड़का कुछ स्याना हो तो रीछ, भूत, हौवा, गोदने वाले का नाम ले के उसे डरपोक न बनाया करें। बोलने लगे तो गालियाँ न सिखाया करें। बहुत पहिराय उढ़ाय के अकेले न छोड़ा करें। पढ़ाने वाले से यह न कहा करें कि "जाव, हमारा बच्चा भीख माँग खाई, न पढ़ी।" जिन स्त्रियों से उन्हें हँसी करने का नाता है उनके पास अधिक न रक्खा करें। यही बहुत कुछ है।

पिता का कर्तव्य मुख्य तो यह है कि यदि माता अपने कर्तव्य (जो पहिले लिखे गये हैं) न निभा सके तो यथावकाश स्वयं उन पर ध्यान रक्खें, नीति के साथ उन्हें (स्त्रियों को) निज कृत्य के योग्य बनाने की चेष्टा करते रहें। नोचेत् न्हाने खाने सोने के अतिरिक्त उनकी संगति ही से दूर रक्खें। भोजन, वस्त्र, शरीर और

गृह की स्वच्छता पर ध्यान रखना परम कर्तव्य है। भोर साँझ के समय निर्मल वायु सेवन, समयानुकूल व्यायाम कसरत, सोने जाने का नियत काल, सबसे सरल व्यवहार, भले लोगों का संग, भले कामों में रुचि, भली बातों में श्रद्धा, मधुर भाषण इत्यादि भी पिता ही सिखा सकते हैं।

लड़कों के बिगड़ने का हेतु बहुधा यही होता है कि उनके पितृचरण उनके आचरण पर या तो ध्यान ही नहीं देते हैं या उनका बात बात पर इतना दबाव रखते हैं कि वे निरे दबैल हो जायँ। घर में आ के स्त्री से अथवा बाहर निज मित्रों से स्वच्छन्द वार्ता करते हैं। इसमें लड़कों का चित्त भी बिगड़ैल हो जाता है। अतः पिता को योग्य है कि ऐसे-ऐसे अवसरों पर सन्तान का इतना ही संकोच रक्खें जितना सन्तान को बड़ों के आगे रखना चाहिए। इसके सिवा पुस्तकादि की असावधानता, पढ़ने से जी चुराना, नशा, जुवा, झगड़ा, बड़ों की बेअदबी इत्यादि से बचाने में पूर्ण प्रयत्न रखना चाहिए। जो नौकर उनके (लड़कों के) साथ रक्खे जायँ उनके स्वभाव की परीक्षा भी अवश्य कर लेनी चाहिए। ढीठ, मुँहलगे, दुरभाषी, दुराचारी न हों नहीं तो लड़कों का बिगड़ना बहुत सहज है। साथ के लड़कों को भी देखते रहना चाहिए कि कौन कैसा है।

संगति का गुण बड़ों को लग जाता है, लड़के तो लड़के ही हैं। मामूली खर्च तथा मेले ठेले का खर्च भी सामर्थ्यानुसार विचार के इतना देना चाहिए जिसमें उन्हें अपव्ययी बनने की सम्भावना न हो अथच निज मित्रों से रिण लेने का भी अवसर न आवे। उत्तम तो यह है कि उन्हीं से पूछ के तथा उन्हें भली बुरी रीति समझा के दिया जाय। बड़ी सभाओं तथा विद्या सम्बन्धी कौतुकों (इल्मी जलसों) एवं जिन तमाशों में कुवाच्य और कुकृत्यों की शिक्षा सम्भावित न हो उनमें जाने से कभी रोकना न चाहिए। बहुत प्रकार के बहुत से लोगों की बहुत सी बातें देखने सुनने से सहृदयता आती है। बरंच ऐसे स्थान पर अपने साथ ले जाके प्रत्यक्ष विषय को समझाते रहना चाहिए।

जहाँ तक हो पुत्र से सुमित्र का सा बर्ताव रखना योग्य है जिसमें उसे अपनी कोई बात छिपाने की इच्छा स्वयं न हो। ऐसा होने से दृढ़शा है कि सन्तान के सुधरने का मार्ग खुला रहेगा। जो कुछ गुरु का कर्तव्य है वह भी कभी-कभी तभी चरितार्थ होगा जब पिता स्वयं गुरु की परीक्षा कर लें। यह कलियुग है। इसमें बहुत ही थोड़े से ऐसे लोग हैं जो पराए लड़के को अपना लड़का समझ के केवल पोथी ही पढ़ा देना मात्र अपना कर्तव्य न समझते हों।

अतः गुरुजी के चाल चलन को देख के उनके पास लड़के को पढ़ने भेजना पिता का मुख्य धर्म है। शास्त्र का यह वाक्य कि 'माता शत्रुः पिता बैरी येन बालो न पाठितः' अत्यन्त सत्य है। पर यदि पाठक सुपठित और सच्चरित्र न हुवा तो पढ़ाना भी दुर्व्यसन मोल लेना है। इससे तो यदि सम्भव हो तो पिता आप ही

पढ़ावे, नहीं तो यह समझ ले कि पढ़े लिखे कुमारगी से बिना पढ़ा सज्जन अच्छा। जिन युवा पुरुषों को हम स्वतन्त्राचारी देखते हैं, उन्होंने बहुत सी बातें पाठशाला ही में सीखी हैं, अतः पिता को योग्य है कि लड़कों को पढ़ने पीछे भेजे, पहिले कुछ दिन तक यह निश्चय कर ले कि पढ़ाने वाले कैसे हैं।

पढ़ाने वाला मतवाला न हो, नहीं तो अन्य मत के बालकों को आफत होगी। यह दोष जिस मनुष्य में होगा वुह दूसरों का सच्चा हितेच्छु कभी नहीं हो सकता। यदि पढ़ाने में श्रम भी करेगा तो निज मत के आग्रह के मारे सदैव शिष्यों के कुलाचार की निन्दा करेगा, जिसका फल यह होगा कि या तो लड़के अपने पूर्वजों की रीति नीति को तुच्छ समझने लगेंगे या गुरुजी की गुरुआई ही को मकड़ी की तरह झाड़ डालेंगे या सदा मन ही मन कुढ़ा करेंगे या सभी प्रकार की बातें कुबातें सह लेने के लती हो जायँगे। यह चारों बातें बुरी हैं।

क्षमाशीलता के हम द्वेषी नहीं हैं, पर बहुत सी बातें ऐसी भी होती हैं जिनका सहन करना निरी नीचता, महा बेगैरती है। मतवाले का दूसरा अर्थ नशेबाज है। यह भी यद्यपि सबके लिए दूषित, है पर शिक्षक के लिए महा दुगुर्ण है। इसके होने से गुरुजी पढ़ाने में चाहे जी लगावें पर 'खरभूजे को देख के खरभूजा रंग पकड़ता है', क्या आश्चर्य है शागिर्द साहब भी गुरुजी के आचरण देखते-देखते भंगड़ सुलतान अथवा होटलगामी हो बैठें।

हमारे पुराने ढंग के हिन्दू भाई लड़कों को मिशन स्कूल में भेजना नहीं पसन्द करते। यह उनकी भूल नहीं है बरंच बड़ी दूरदर्शिता है। हम यह नहीं कह सकते कि वहाँ जाके सब क्रिस्तान हो जाते हैं, पर इसमें सन्देह नहीं है कि अपने सनातनाचार को वे उतना आदरणीय नहीं समझते जितना कि चाहिए। यही कौन भलाई है। बहुधा पढ़ाने वालों में यह दोष भी होता है कि चेले में औ नौकर में भेद ही नहीं समझते।

चिलम भरना, तरकारी खरीदना, पंखा खींचना, सभी काम शिष्य ही के माथे। यह भी बड़ा हानिकारक बर्ताव है। हाँ, पढ़ने वाले का धर्म है कि गुरु सेवा में तत्पर रहे पर गुरू का भी यह धर्म है कि शिष्य को पुत्र की भाँति समझे। यह बात और है कि संथा दे दी गयी है, छुट्टी का समय है, कोई ऐसा ही आवश्यक काम है अथवा और कोई कार्यकर्ता नहीं है तो शिष्य ही से कह दिया, पर यह क्या अँधेर है सारे काम लड़के ही के सिर पटक दिए जायँ।

हिन्दू विद्यादाता तो खैर यह विचार भी रखते हैं कि अमुक काम करने योग्य है अमुक नहीं है, पर बहुतेरे मौलवियों के यहाँ हमने द्विज जाति के बालकों को चिलम भरते और पाँव दबाते, पंखा खींचते और झाड़ू देते देख के खेदपूर्वक यही विचार किया है कि लड़के तो अजान हैं औ शिक्षक भी बिधर्मी होने से इतना दोषास्पद नहीं है, पर माता पिता निश्चय तुच्छ एवं स्वार्थान्ध हैं। उनके इज्जत है

न गैरत। हमने ऐसा शोकजनक दृश्य देख के कई बेर बालकों के माता पिता से कहा पर उन निर्लज्जों से यही उत्तर पाया कि उस्ताद का दर्जा बड़ा है। यह सच है, पर इसका यह अर्थ नहीं है कि ब्राह्मण क्षत्रियों के लड़के इतने तेजभ्रष्ट कर दिए जायँ। हम आशा करते हैं कि हमारे पाठकगण ऐसे गुरुओं से अपने प्यारे बच्चों को दूर रखेंगे।

काम, क्रोध, लोभ और मोह को बुद्धिमानों ने बहुत बुरा ठहराया है, पर हमारी समझ में पढ़ाने वाले के लिए मोह कोई औगुण नहीं है, क्योंकि वह प्रवृत्तिमार्ग का पथदर्शक है और प्रवृत्तिरूपी रेल का अंजिन यही मोह है। यदि शिष्य के साथ सरल चित्त से गुरुजी पुत्र का सा बर्ताव रखें तो अहोभाग्य। क्रोध भी यदि काम और लोभ का सहवर्ती न हो तो कोई दोष नहीं बरंच गुण ही है।

चेले डरते रहेंगे तो बहुतेरी बुराइयों से बचेंगे। बहुधा देखा गया है कि क्रोधी गुरु के चेले पढ़ने में आलसी और ढीठ नहीं होते, पर काम और लोभ निश्चय महा कुलक्षण हैं। बहुतेरे पंडित मौलवी और मास्टरों को हम देखते हैं कि जो लड़के उनकी भेंट पूजा नहीं करते उनकी ओर वे बहुत कम ध्यान रखते हैं। हमने स्वयं कई वर्ष स्कूलों में पढ़ाया है और कई लोगों की परीक्षा भी कर ली है कि बाजे-बाजे मास्टरों ने लड़के से कहा कि 'हमें एक रुपया दो तो तुम्हारा प्रोमोशन कर दें'। भला इस दशा में लड़के बिचारे क्या सीख सकते हैं? इसके सिवा कानपुर में कई शिक्षक ऐसे भी हैं कि जिनके लक्षण किसी से छिपे नहीं हैं।

हम यदि उनके सच्चे-सच्चे चरित्र लिखने बैठें तो एक अच्छी खासी लम्बी चौड़ी बहार इश्क के ढंग की मसनवी बन जाय। पर सभ्यता बाधक होती है और यह भी जी में आता है कि सत्य का जमाना नहीं है, क्यों नाहक बिरोध बढ़ाइए। पर उन माता पिताओं को चाहिए कि यदि सचमुच अपने प्यारे बच्चों के शुभचिन्तक हैं तो ऐसे तृणाच्छादित कूपवत गुरुघंटालों से उन्हें बचावें। वहाँ उनके पढ़ने की आशा थोड़ी है, बिगड़ना प्रत्यक्ष है। हमारे प्यारे देशभक्तों का धर्म है कि अपने-अपने नगर में ऐसे पढ़ाने वालों को सुशिक्षा दें अथवा शिक्षा विभाग के ऊँचे अधिकारियों द्वारा उन्हें ठीक रखने का प्रयत्न करते रहें। परमेश्वर की दया से हमारी वर्तमान सर्कार ऐसी नहीं है कि प्रमाणपूर्वक निवेदन पर ध्यान दे।

हम स्वयं अपने दुखों को न प्रकाश करें तो हमारी भूल है। बहुतेरे पाठकों में यह भी अपलक्षण होता है कि वे अपने शिष्यों को उन सभाओं में जाने से भी रोकते हैं जो सभा वास्तव में अच्छी बातें प्रचार करती हैं। पर उनमें कोई एक आध व्यक्ति ऐसा है जिससे सकारण व निष्कारण मास्टर साहब को द्वेष है। यह नहीं समझते कि एक पुरुष की ईरषा के कारण किसी समूह को देशोपकारी शिक्षा से बंचित रखना अन्याय नहीं तो क्या है?

[खं. 5, सं. 5, 6, 7, 9 (15 दिसम्बर, ह. सं. 4 और 15 जनवरी, 15 फरवरी, 15 अप्रैल, ह. सं. 5)]

आल्हा आह्लाद

रसिकों के लिए संसार रसमय है। अतः हम दिखाया चाहते हैं कि आल्हा में भी क्या मधुर रस है। जिस छन्द में आल्हा गाया जाता है वुह यद्यपि किसी प्रसिद्ध पिंगल में हमने नहीं देखा, पर अनेक विद्वानों का मत है कि वह कड़खा छन्द है जिसका प्रस्तार यों है कि पहिली यदि 16 मात्रा पर होती है दूसरी 15 पर और अन्त का अक्षर अवश्य लघु एवं उसके पहिले का एक अवश्य गुरु हो। मात्रा छन्द होने से कुछ अधिक बन्धन नहीं है। युद्ध में वीरों को उत्साह दिलानेवाले गीतों को कड़खा कहते हैं। और आल्हा में विशेषतः वीरों ही का वर्णन होता है। कहते भी मंगलाचरण (संवरनी) में हैं कि 'वीर पंवारों मैं गावत हौं भूले अच्छर देव बताय'। इसी मूल पर छन्द का नाम कड़खा पड़ गया है, नहीं कड़खा छन्द का रूप और है और आल्हा (कदाचित यह नाम अल्हन सिंह हो) का चरित्र ही इस छन्द में बहुधा गाया जाता है।

अतः इस गीत को भी आल्हा कहते हैं। जिन दिनों इस देश में मुसलमानों का आना लगातार आरम्भ हुवा था, हिन्दुओं में आपस का विरोध फैला हुवा था, दिल्ली में पृथ्वीराज अर्थात् पिथौरा, कनौज में जयचन्द (कनौजी) राज करते थे वही आल्हा के जन्म मरण का समय था। इनके पिता देशराज, माता देबकुमारी (दैबै) थीं। महोबे के चन्द्रवंशी राजा प्रमल्ल (परिमाल) के यह सेनापतियों में थे। यह घोर उपद्रव के समय में थे और परिमल भीरु राजा था। इससे इनके जीवन का अधिक अंश लड़ाई भिड़ाई में बीता था। यह एक चतुर और नीतिज्ञ पुरुष थे और इनके छोटे भाई उदयसिंह वीर स्वभाव के थे। इतिहास आल्हा में इतना ही है।

पर आल्हा का पंवारा (गीत) एक ऐसी अकृत्रिम ग्राम भाषा में और ऐसे सरल और हृदयग्राही भाव में होता है कि मूर्ख और बुद्धिमान सभों को प्रिय है। जिस टाइप के लोग संस्कृत न जानने पर भी भाषा कविता के निन्दक होते हैं (बाजे-बाजे बज्र मूर्ख भाषा में होने के कारण रामायण और सतसई को भी तुच्छ समझते हैं) ऐसे ही बहुत से पुराने ढंग के मुंशी यद्यपि फारसी कुछ ही जानते हैं पर उरदू को निन्दनीय ही कहते हैं। सिवा ऐसों के और जिसने घंटे दो घंटे आल्हा सुना होगा

वुह प्रशंसा ही करेगा यदि ग्राम्य भाषा समझता हो, क्योंकि कानपुर, फतेहपुर, बाँदा, फर्रुखाबाद के जिले की ग्राम्य भाषा स्वभावतः ऐसी मधुर होती है कि ब्रजभाषा की कविता में मिला देने से खड़ी बोली की तरह निरस नहीं जँचती।

हमें जहाँ तक स्मरण है वहाँ तक कहेंगे कि समाचारपत्रों में हमारे पूर्व शायद इस गान को किसी ने स्थान नहीं दिया। पर यह कविता रसास्वादियों के अनुकूल समझ के जब हमने 'ब्राह्मण' में आल्हा लिखा तो किसी सहृदय को निस्वादु नहीं जँचा प्रत्युत हमारे माननीय पंडित रामप्रसादजी त्रिपाठी, जो प्रयाग के एकमात्र भूषण हैं, उन्होंने 'हिन्दोस्थान' में उस छन्द को लिख के हमें प्रोत्साहित किया। यह इस बात का एक पुष्ट प्रमाण है कि आल्हा भी स्वादु से शून्य औ टकसाल से बाहर नहीं है। इससे हम आशा करते हैं कि हमारे दूसरे सहयोगी भी इस मधुर ध्वनि को अपने पत्रों में लिख के रसिकों को आनन्द देते रहें। विशेषतः जिन महाशयों को हिन्दी कविता का अच्छा अभ्यास नहीं है वे दूसरे छन्दों तथा ब्रजभाषा की टाँग न तोड़ के अपने प्रान्त की बोली में इस छन्द को लिखा करें तो उन्हें अधिक सुभीता हो। क्योंकि यह सीधा छन्द है, अशुद्धि का बहुत भय नहीं है। तुक के मिलने की भी इसमें विशेष चिन्ता नहीं होती क्योंकि यह हमारा शून्य वृत्त (ब्लैंकवर्स) है।

बड़े-बड़े व्याख्यान लिखने के लिए दोहा, चौपाई, लावनी और आल्हा से अधिक और छन्दों में सुभीता नहीं होता। इन्हें जितना चाहें बढ़ा सकते हैं। पर सिवाय सादी दिहाती बोली के इसका मजा और भाषा में न आवेगा। विशेषतः आजकल परिष्कृत हिन्दी और 'प्राप्त' 'व्याप्त' 'समाप्त' आदि कठिन काफिए इसका मजा और भी बिगाड़ देते हैं। 'हिन्दोस्थान' में काँग्रेस आदि का आल्हा यद्यपि बहुत अच्छा है, पर यदि सीधी गँवारी और बिना काफिया होता तो सोने में सुगन्ध हो जाती अथच उस्का मुख्य उद्देश्य भी बहुत ही अधिक फलता। हमारे यहाँ लोगों के जीवनचरित्र नहीं लिखे जाते इससे बड़ी हानि होती है। यदि यों होता तो हम यह भी लिख सकते कि पहिले पहल आल्हा को किसने वा किन्होंने प्रचार दिया। पर अनुमान यह कहता है कि मुसलमानी राज्य के आरम्भ ही से इसका अधिक प्रचार हुआ और प्रचारक बड़े चतुर और रसिक थे। उसने जानबूझ के अपठित समुदाय को सामाष्टिक उद्देश्य की ओर झुकाने के लिए ऐसी बोली और ऐसा ढंग स्वीकार किया था।

बहुत से पद अति गम्भीर आशय से पूर्ण हैं, जो प्रत्येक अल्हइत के गाने में आते हैं, जिनमें कुछ हम यहाँ लिख के अपने पाठकों को काव्यनन्दयुक्त उपदेश किया चाहते हैं। कई एक पोथियाँ जो आल्हखंड के नाम से छपी हैं, उनमें आल्हा ऊदल का इतिहास मात्र है, आल्हा की रसीली बातें कम हैं और अब अल्हैत भी उन सब बातों को नहीं गाते। इसका कारण चाहे जो हो, पर हम उन्हीं बातों को

आल्हा का जौहार, अतर, रस या जो कहो समझते हैं।

पहिले वे बेद (मिसरे) लिखे जाते हैं जो आल्हा में बहुधा नियत ठौर पर आया करते हैं। जो कोई प्रस्ताव इस धुन में लिखा चाहें उन्हें चाहिए कि यह पद स्मरण रक्खें और अपने लेख में जहाँ देखें कि आशय (मजमून) नहीं मिलता और छन्द पूरा ही करना है वहाँ रख लिया करें। इन पदों के बिना लिखे प्रस्ताव वाले की अविज्ञानता झलकती है—1. 'मैं तुम्हें हालु देब बतलाय'। 2. 'ज्ञानौ सुनियो कान लगाय'। 3. 'भैया सुनियो बात हमारि'। 4. 'सुनौ हकीकत अब (कोई चार मात्रा का नाम) कै'। 5. जहाँ से दूसरे विषय का आरम्भ हो वहाँ, 'हियाँ की बातैं तो हियवैं रहिं अब आगे को सुनौ हवाल।' 'आगे' के ठौर पर कोई चार मात्रा का नाम भी रख सकते हो। 6. 'और बयरिया डोलन लागी औरै' होन लाग ब्यौहार।' पाँचवाँ और छठवाँ पद दोनों एक संग भी ला सकते हो। 7. जहाँ कोई बात संक्षेप में कहना हो वहाँ यह पद रखना चाहिए—'ज्यादा कौन करै बकवादि।' 8. मंगलाचरण में यह पद अवश्य लाने चाहिए—'भूले अक्षर देव बताय', अथवा 9. 'जो-जो अच्छर मात्रा भूलौं मेरे कंठ बैठि लिख जाव।' 10. गावन वारे को गरु दीजों औ बजवैए दीजौ ताल, नाचन वारे को नैना देव मरद को देव ढाल तरवारि' अथवा, 11. जो सुर बाँधे ढोलन को बाँधे ताल मंजीरन, क्यार, गरो गवैया को जो बाँधे तेहिका खाँय कालिका माय'। 12. जहाँ शीघ्रता का वर्णन हो वहाँ 'बीतै घरी-घरी कै बेरि।' 13. उत्सुकता, सन्देह, शोक, अधीर्यादि के वर्णन में, 'हाय दैया गति जानि न जाय'। 14. उपदेश, उद्बोधन तथा साहसप्रदान में 'राम बनैहै तौ बनि जैहैं बिगरी (तथा 'भैया') बनत-बनत बनि जाय।' 15. किसी अच्छे काम का फल सूचित करने में, कीरति चली जुगाधिन जाय।' 16. सब कर्म विमुखता पर भय दिखाने में, 'वहिं परे खटोली मा सरि जैहो घर में तिरिया देहै फुँकाय' अथवा 17. 'कौवा गीध मांस न खाय'। 18. अपना साहस दिखाने में, 'खटिया पर मिले बलाय' तथा 19. 'पाँव पछाड़ी हम धरिबे ना (चाहे) तन धंजीं-धंजीं उड़ जाय' तथा 20. चाहे इन्द्र बरूसैं सांगि, तथा 21. 'चाहैं मान रहै चहै जाय।' 22. कार्यदृढ़ता में, 'दुई माँ एक अंकु रहि जाय', तथा 23. 'सब महनामथु जाय पटाय।' 24. जहाँ यत्न करने पर भी कार्यसिद्धि न हो वहाँ, 'जो हरि हरै तौ राखै कौन' तथा 'हम पर ('तुम पर' या 'वहि पर' जैसा मौका हो) रूठि गये भगवान।' 25. किसी बैठक के वर्णन में, 'बिछे गलीचा उइ मखमल के जहँ मोरवन लग पायँ समायँ।' किसी नृतसभा के वर्णन में, 'तबला ठनकै बृजबासिन को (बृजवासिन के बदले चाहे जिस देश के ब्राद्यकार का नाम हो) बंगला (अथवा जो स्थान हो) माँ होय परिन का नाचु। अथवा 27. बारा जोड़ी नचै पतुरिया सोरह जोड़ भवैयन क्यार (कुछ बारह सोलह का नियम नहीं है)। 28. नृत्यबिसर्जन में, 'नचत कंचनी ठाढ़ी रहि गयी भँडुअन तबला धरे उतारि।' 29. बीर सभा, 'तेगन के संग तेगा रगरैं ढालैं रगर-रगर रहि

जायँ। 30. अथवा, 'मछरी बीधनि धरी कटार।' 31. वा, 'टिहना धरे नगनि तरवारि।' 32. ऐसा सभा वा युद्ध की समाप्ति में, 'ज्वानन खोलि धरे हथियार।' 33. राजसभा में, 'लगी कचहरी प्रथीराज (वा नुनि आह्ला अथवा पर मालिक तथा च कोई नाम) की बैठे बड़े-बड़े उमराय।' 34. अथवा, 'भरमाभूत लगे दरबार।' 35. वा, 'जिन घर भारी तगे दरबार।' 36. ऐसे दरबार में कोई प्रस्ताव उठने पर, 'कलस सोबरन को मँगवाओ तेहि पर बीरा दओ धराय। है कोई जोधा मेरी नगरी (मजलिस, सेना वा कोई स्थान का नाम) माँ जो महुबे (दिल्ली वा कोई नगर तथा कार्य) पर पान चबाय।' 37. किसी दूत का आगमन, 'तब लग दाखिल हैगा झुकि-झुकि करै बन्दगी लगा।' 38. अथवा, 'सात कदम ते करी बन्दगी धावन हाथ जोरि रहि जाय।' 39. वा 'सात कुन्नसैं (कोरनिश) तेरह मोजरा जस कुछु राजन के व्यवहार।' 40. सभा की समाप्ति, 'उठी कचेहरी भरौं परिगा औ बरखास भए दरबार।' 41. पत्र पढ़ने की रीति, 'खोलि कदरनी तें बन्द काटैं आँकुइ आँकु नजरि करि जायँ'; आजकल होना चाहिए, 'फारि लिफाफा रे चुटकी से।' 42. और, 'पहिले बाचैं (वा लिखि गये) उइ सिरनामा औ पाछे कै दुवा सलाम।' 43. रसोई का वर्णन, 'चढ़ी रोसैयाँ रजपूतन की बटुवन पकै हरिन को मांसु (यदि प्रस्तावना अन्य प्रकार की हो तो 'रजपूत की' के ठौर पर, 'है ब्रह्मन की' और 'हरिन की माँसु' के स्थान पर 'भातु और दालि' कहना दूषित नहीं है। 44. किसी बीर की चाल, 'जूता लपेटा मरकत आवै खटकत आवै ढाल तरवारि।' 45. व, 'खटकत आवै भुजा पर।' 46. अथवा गैंड़की चाल, 'रातिउ दौरैं औ दिन दौरैं बटिहा कहुँ न करैं मुकाम।' 47. गाड़ी की चाल, 'खरररररररर पैया बाजें रब्बा चलैं पवन के साथ।' 48. किसी सुन्दरी की चाल, 'रुनुक झुनुक पग धरति धरनि पर कम्मर तीन बे लौचा खाय।' 49. तलवार की चाल, 'आंवाझ्रवार चलै तरवारि।' 50. वा, 'रे तरवारि चलै पतिझारु।' 51. किसी का क्रोध, 'कारी पुतरियाँ लाली परि गयी नैना अग्निज्वाल ह्वै जायँ।' 52. सोच, 'तरे की सासैं तरे हे रहि गयी उपरै ऊपर की रहि जायँ।' 53. अथवा, 'राजा (वा कोई नाम) रहे सनाका खाय।' 54. दुःख, 'मल्हना (वा किसी स्त्री अथवा पुरुष का नाम) छाँड़ि दई डिंडकार।' 55. पुरुष की लज्जा, 'लटक कै मुच्छैं पिडरी होइगै।' 56. वा, 'औझुकि गये मुच्छ के बार।' 57. प्रसन्नता!, 'फूलि कै ऊदन (वा कोई नाम) गरगजु हैगे।' 58. अथवा, 'गजु भरि छाती भै ऊदन के (वा 'उदया' के)।' 59. युद्धयात्रा, 'हाहाकारी बीतत आवे।' 60. अथवा 'डंका होत गोल में जाय।'

[खं. 5, सं. 5, 6, 12 (15 दिसम्बर, ह. सं. 4 और 15 जनवरी 15 जुलाई, ह. सं. 5) तथा खं. 7, सं. 1, 2 (15 अगस्त, सितम्बर, ह. सं. 6)]

लत

(चलती-फिरती बोली में)

अहा! इन द्वै अखरानऊ मैं कैसो सवाद है कै कछू बोलते चालत नाय बने! एक बार हमारे प्यारे 'हिन्दीप्रदीप' ने लिखी ही कै 'ल' (लकार) सगरी वर्णमाला को अमृत है और व्याकरण वारे कहैं हैं कै 'त' ('तकार') और 'लकार' दोऊ मुख के एकई स्थान सो कढ़े हैं—'लृतुलसा दन्त्या'। फेर यामैं कहा सन्देह रह्यो कै या शब्द में द्वै-द्वै अमृतन को मेल है (कोऊ समय 'त' कार केऊ गुण लिखेंगे)।

जब एक अमृत को सवाद मनुष्य न को दुर्लभ है तब द्वै अमृतन की तो बात ही कहाँ रही? जा काऊ कों काऊ बात की लत पड़ जाय है वाय अपनी लत के आगे लोक परलोक, हानि लाभ, निन्दा बड़ाई आदि को नेकऊ विचार नायँ रहै है। लोग बड़े-बड़े कष्ट उठावैं हैं, सारे संसार सो आपको हँसावैं हैं, पै लत को निभावै हैं। यासों सिद्ध है कै लत मैं कछू तौ मिठास है जाके लिए सब प्रकार के दुख सुख सों सहे जाय हैं।

पारसी में ऐसे नाम बहुत से हैं जिनके पीछे लत की लगी है। पै सबके वर्णन को या छोटे से पत्र में ठौर कहाँ? तहूँ द्वै चार को नमनों दिखाय दिंगे। दौलत (धन) कों तौ कहनोई कहा है। नारायण की घर वारी (लक्ष्मी) ही ठैरी! सारे जगत को काम याई सों चलै है। भाँति-भाँति के पाप पुण्य याई के हेत करे जायँ हैं। बड़े-बड़े अधमन को याई के लए धरमावतार बनायबे परै है। जाय देखौ याई के कारन हाय-हाय कियो करै है। सौलत (दबदबा, प्रताप)—याऊ के निमित्त बड़े-बड़े बीर अपनी जान जोखौं में डारै हैं।

अदालत की कथा ही अकथ है। भाई-भाई की बात नाय सहै पै एक-एक चपरासी की लातऊ प्यारी लगै। सारी कमाई एक बात पै स्वाहा! सब जानै हैं कै जीत्यो सो हार्‌यौ और हार्‌यौ सो मर्‌यौ पै अदालत की बुरी लत बहुतेरन को। कछु निज को काम नायँ होय है तौ औरन को तमासाई देखबे को धूप मैं धावै हैं। इत उत माँ ऊ 'कहा भयो कहा गयो' करत डोलै हैं। फजीलत (विद्वत्ता) की चाट पै लोग सारे सुखन को होम करि कै पढ़बेई मैं जीवन बिताय देतु हैं। जिल्लत

(बदनामी) सगरो धन और सारी प्रतिष्ठा खोइबेई सों मिलै है।

कहाँ लौं कहिए, जा शब्द मैं लत को जोग होय वामै बड़ी ही बड़ी बातैं दीखैं हैं। फेर 'लत' को वर्णन सहज कैसे कह्यो जाय। संसार में बड़ी-बड़ी बातन को मूल लतई है! बड़ो नाम, बड़ो जस, बड़ो धन, बड़ो पद, बड़ो सुख, बड़ो दुख, बड़ो अजस, सब लत सोई प्राप्त होय है। परमेश्वर को नाना प्रकार की सृष्टि रचने की लत है। उनको कुछु प्ररोजन नायँ पै एक को बनावै हैं। एक को नसावैं हैं याई लत के मारे ज्ञानीन में जगतपिता, प्रेमीन में जगजीवन कहावै हैं। पढ़े लिखेन में पूजे जाय हैं। गवाँरन की गारी खाय हैं।

पानी बहुत बरसै तौ मूरख कहिंगे, 'सारे के घर मैं पानी ही पानी है गयो है'। जब नायँ बरसे तब कहै हैं कै 'नपूतो सूख गयो है।' धन्य रे नन्द के छोरा! गारिऊ खाय है पै लत नायँ छोड़े है। हमारे रिसीन कों भगवान के भजन और जगत के उपकार की लत परी ही, जाके मारे सारे सुखन को छोड़ि, संसार सों मुख मोड़ि, कन्द मूल खाय-खाय बन में जाय रहे है। याई के फल सों ब्रह्ममय कहावें हे। आज ताऊँ हम उनके नाम सुन नार (ग्रीवा) नमावें हैं और उनके उपदेशन पर चलन बारे अपनो जनम बनावै हैं। हमारी सरकार और माड़वारीन को कमायबेई की लत है। कोई कछु कहे पे वे एक न एक रीति सो अपनोई घर भरिगे। जिनको खुशामद की लत है वे हजूर की हाँ में हाँ मिलायोई करिंगे, देश सारी चाहे आज धूर में मिल जाय, प्रजा चाहे याई घरी नास है जाय, राजा चाहे भलेई अजस पावे, संसार चाहे कछू कहे कहावै पै लत तौ मरबेई पै छूटे तौ छूटे।

हमारे हिन्दू भाईन कों आलस की ह्याँ ताऊँ लत है के लाख समुझावो पे सोयबो छोड़ेइँ नायँ। चौबेन भाँग की है, गुसाँइन को मरकबे की लत है। धनीन को टेंटँई (वेश्या) की लत है, बाबून को अँगरेज बनबे की लत है। कहाँ लौं कहैं, एक-एक लत सबको परी है, पे हाय, देशसुधार की लत साँची-साँची काऊ को नायँ दीखे। तन, मन, धन, कर्म, लज्जा, प्रतिष्ठा सब सों अधिक भारत को माने जमाना, मैया जा दिना देशहित के लती उपजावेगी, वाई दिना सब संकट कटेगो।

हे दऊदयाल! हमारे भाई कहा मुख ही सों देशहित के गीत गायो करिंगे। इन्हें ऐसी बुद्धि कब देउगे के सगरो धन खोय के, जात बाहर होय के, देश विदेश जाय के, सबन की गारी लौं खाय के, देशी बिदेशी राजा प्रजा सबके कडुवे बनेंगे पे प्रान लौं देके भारत के हेत सब कुछ करिंगे। हम कौ लिखबे की लत है, खायबे को चाहे भलेई न मिलौ, साल में घटी कितनिई परौ, कोई रीझौ तौ वाह-व्राह, खीझौ तौ वाह-वाह, पे कलम राँड चले बिना मानेई नायँ! कोई सुनौ के न सुनौ पे हमें तौ बलबे की लत है, यासों कहेई जायँगे के जाय भले कामन की लत परेगी, राधारानी बाई को भलो करेंगी। सब सों भली देशभक्ति है, जाय याकी लत नायँ वाके जीवन पर लानत (लअनत) है।

[खं. 5, सं. 11 (15 जून, ह. सं. 5)]

स्वप्न

यह सपना मैं कहौं बिचारी।
ह्वैहै सत्य गये दिन चारी ॥

ज्यों-ज्यों कांग्रेस के अधिवेशन का समय निकट आता जाता है त्यों-त्यों देशभक्तों के हृदय में नाना भाँति के विचार उत्पन्न होते रहते हैं। हमारे पाठकों को यह तो भली भाँति बिदित ही है 'ब्राह्मण' का सम्पादक बल, बुद्धि, विद्या और धन के नाते केवल रामजी का नाम ही रखता है तिस पर भी प्रेमदेव की दया से प्रत्येक विषय में पाँचवाँ सवार समझा जाता है। विशेषतः अपने मन से तो धुआँ के धौरहर बनाने में कोई नहीं चूकता, फिर यही क्यों चूके? अतः जहाँ बड़े-बड़े लोगों को देशहित की बड़ी-बड़ी चिन्ता उपजती रहती है वहाँ इसके जी में भी अनेकानेक तरंगे उठा करती हैं। विशेष करके जब से सैकड़ों सहृदयों के द्वारा यह निश्चय हो गया है कि राजा प्रजा दोनों का सच्चा हित कांग्रेस के उद्योगों की सफलता ही पर निर्भर है तब से इसी का ध्यान अधिकतर आया करता है। तिस पर भी जब यह समझा जाता है कि अब आगामी समारोह के थोड़े ही दिन रह गये हैं तब दूसरी बातों का अधिक विचार होना जाति स्वभाव के विरुद्ध है। अतः कभी यह उमंग उठती है कि अब अवश्य भारत के दिन फिरेंगे क्योंकि चारों ओर चतुर लोगों में देशोद्धार ही की चर्चा रहा करती है। कभी यह सूझती है कि 'बारह बरस पीछे घूरे के भी दिन फिरते हैं', फिर हम तो मनुष्य हैं पृथ्वीराज (बरंच कौरवों पांडवों के युद्ध) के समय से दिन दिन दुर्गति ही भोग रहे हैं। अतः यदि 'सुखस्यानन्तरन्दुःखन्दुः खस्यानन्तर सुखम्' सत्य है तो अब परमात्मा अवश्यमेव हमारी सुध लेगा। कभी यह सनक चढ़ती है कि अभी थोड़े दिन हुए, जो लोग (आस्ट्रेलिया वाले) सभ्यता में पशु पक्षियों से अधिक न थे, वे आज विद्यादि सद्गुणों में उन्नति कर रहे हैं, हम तो इतने गिर भी नहीं गये, हमारा उठना क्या असम्भव है?

कभी यह तरंग आती है कि मरणानन्तर कल्पित सुखों की आशा पर हमारे बहुत से भाई सहस्रों की सम्पत्ति और समस्त वर्तमान सुखों का मोह छोड़ देते हैं तो क्या हमें अपने देश के भावी सुखों की दृढ़ आशा पर अपने तन मन धन का

लोभ करना चाहिए? कदापि नहीं। कभी यह विश्वास आता है कि हमारे प्रेमशास्त्र के अनुसार अनेक प्रकार के लोगों का कुछ एकमत हो जाना ही अभ्युदय का मूल है। और कांग्रेस में यह बात प्रत्यक्ष देख पड़ती है कि सैकड़ों कोस से सैकड़ों भाँति के लोग आते हैं और सारी भिन्नता छोड़ के परस्पर भ्रार्तृत्व दरसाते हैं एवं एक स्वर से देश दुर्दशा निवारण एवं राजा प्रजा में सरल स्नेह संचारण के गीत गाते हैं।

इसका फल क्या कुछ न होगा? अवश्य होगा। कभी ध्यान आता है कि महात्मा ह्यूम जो न हमारे देश के हैं न जाति के, पर हमारे भले के लिए तन मन धन अर्पन कर दिया कर रहे हैं, करेंगे, क्या इनके उपकारों को हम कभी भूल जायँगे? क्या इनके साहस में हमारे देशबन्धु योग न देंगे? जब कि कुत्ते भी अपने हितैषी के लिए प्राण दे देते हैं तो क्या भारत सन्तान उनसे भी गये बीते हैं कि केवल धन का मुँह देख के ऐसे निष्कपट शुभाकांक्षी को कुंठित कर देंगे? नहीं ह्यूम बाबा, हम लोग कभी तुम्हारे उद्देश्य से जी न चुरावेंगे।

हम भारतमाता के पुत्र हैं जो अपने उपकारियों की प्रतिमा पूजन में परम धर्म समझते हैं। सारा संसार हँसा करे, कुछ पर्वा नहीं, पर जिसे हम समझ लेंगे कि हमारा है उससे विमुख होंगे तो मुख दिखाने योग्य न रहेंगे। अतः कभी किसी दशा में तुम्हारा जी छोटा न होने देंगे। हम जानते हैं कि तुम्हारी प्यारी तथा हमारी हितसाधनहारी भारत की जातीय महासभा एवं इंगलिश एजेंसी को चालिस सहस्र रुपया वार्षिक व्यय निश्चय चाहिए। इसके बिना यह दोनों महत्कार्य नहीं चल सकते। पर परमेश्वर करे जो कहीं इनमें कुछ भी बाधा हुई फिर तौ पचास वर्ष हिन्दोस्तान का सँभलना कठिन है। यह भी हम मानते हैं कि हमारे पूजनीय बुढ़ऊ (ह्यूम महोदय) ने बित बाहर धन लगा के अब तक कांग्रेस का काम चलाया है और यहाँ वालों से यथोचित सहारा नहीं पाया है बरंच बम्बई वालों ने रुपये के लोभ से हमारे ह्यूम का जी कुढ़ाया है। पर क्या चिन्ता है—उद्योगिनम्पुरुषसिंहमुपैति लक्ष्मीः।

बम्बई की महासभा में जब इसका आन्दोलन होगा तो अवश्य कोई उत्तम राह निकल आवेगी। अपने सच्चे उपकार के लिए तीन सौ पैंसठ दिन में चालिस सहस्र रुपया एकत्र होना कठिन चाहै हो, असम्भव नहीं है। यदि एक बार बीस लक्ष मुद्रा एकत्रित हो जाय तो उनके ब्याज से सारे दुःख दरिद्र टल जायँगे। हर साल की हाव-हाव मिट जायगी। हम बीस कोटि भारतवासी यदि धेला-धेला इकट्ठा करेंगे तो 2000000 रुपया हो सकता है। बहुत से लोगों ने वर्ष भर तक एक रुपया प्रति मास देने का एवं अन्य लोगों को इसी निमित्त कटिबद्ध करने का प्रण कर लिया है।

इसके अतिरिक्त अभी ग्रामों में एतद्विषयक चर्चा भली भाँति नहीं फैली। यदि सौ पचास लोग अपने आसपास के ग्रामों में फिरने और उचित रीति से सर्वसाधारण

को कांग्रेस की उत्तमता एवं आवश्यकता समझाने तथा उनसे सहायता लेने का उद्योग करें तो बहुत सहज में सब कुछ हो सकता है। उपाय में न चूकना चाहिए सिद्धि ईश्वर आप ही देगा–मनुष्य मंजूरी देत है कब राखैंगे राम। हमारे प्यारे ह्यूम हतोत्साह क्यों होते हैं, धैर्य और साहस से क्या नहीं हो सकता? जिस कांग्रेस के लिए हिन्द और इंगलिस्थान के एक से एक विद्वान सज्जन छटपटा रहे हैं उसमें कभी त्रुटि होगी यह कैसे हो सकता है।

इसी प्रकार के विचार करते-करते एक आँख लग गयी तो क्या देखते हैं कि दुपहर का समय है, सूर्यनारायण की प्रखर किरणें शीत के प्राबल्य को ललकार-ललकार के साहस दिला रही हैं, पर उसे भागते हुए कुवाँ खाता भी नहीं सूझता। ऐसे में हम और हमारे नगरवासी एक नवयुवक मित्र न जाने किस काम से निबृत्त हुए घर आ रहे हैं और सड़क पर एक ग्रामीण भाई वृक्ष के नीचे विश्राम ले रहे हैं। इनकी अवस्था चालीस वर्ष के लगभग है और अंबौआ की मिरजई, गुलाली से गहरी रँगी हुई मारकीन की धोती, शिर पर ढाई तीन आने गज वाली मलमल का मुरेठा, पास ही गठरी के ऊपर पिछौरी चढ़ी हुई मोटी लाल रंग की बनात और एक अधोतर के अँगोछे में बँधी हुई लुटिया डोर तथा पान की थैली देखने से स्पष्ट होता था कि किसी गाँव के साधारण भलेमानस हैं। कई कोस की सफर किये आ रहे हैं इससे शरीर शिथिल हो रहा है, पैरों में धूल चढ़ रही है, अभी-अभी जूता उतार के बैठे हैं। पर मुख पर एक प्रकार का उत्साह दिखलाई दे रहा है जिससे जान पड़ता है कि अपने विचार के आगे थकावट की कुछ चिन्ता नहीं करते।

इस जमाने में इस वय के पुरुष में ऐसी दृढ़ता देख के हमारा चित्त इन महाशय से बातचीत किये बिना न माना अतः पास जा के वार्तालाप छेड़ा।

वह बातें फिर सुनावैंगे।

[खं. 6, सं. 5 (15 दिसम्बर, ह. सं. 5)]

मूलन्नास्ति कुतः शाखा

हमारे अनेक देशभक्तगण अनेकानेक उत्तम विषयों के प्रचार के लिए हाय-हाय किया करते हैं। समाचार-पत्रों के सम्पादक तथा सम्बाददाता और सभाओं के अधिष्ठाता एवं सभ्य सदा समाज संशोधन, राजनैतिक उद्‌बोधन, धर्म प्रचार, विद्या, सभ्यता, उद्योग एकतादि के संचार के लिए दिन रात उपाय किया करते हैं, पर हमारी समझ में पश्चिमोत्तर देश वालों की भलाई के लिए शिर पटकना निरा व्यर्थ है। सच पूछिए तो पशु और मनुष्य में बड़ा भारी भेद केवल भाषा का है। भय प्रीति क्रोधादि हार्दिक भाव पशु पक्षी भी अपने सजातियों को भली भाँति समझा लेते हैं। यदि इतनी ही विशेषता मनुष्य में भी हुई तो कौन विलक्षणता है?

भर्तृहरि जी के इस वाक्य में कोई सन्देह नहीं है कि 'साहित्य संगीत कलाविहीनः साक्षात् पशुः पुच्छविषाणहीनः'। फारसी के विद्वान भी मानते हैं कि हैवाने नातिक–हैवाने मुतलक से केवल भाषा ही के कारण श्रेष्ठ होते हैं। उस भाषा का एतद्देशवासियों को कुछ भी ममत्व नहीं है। इसका बड़ा भारी प्रत्यक्ष प्रमाण यह है कि अंग्रेजी और उरदू (जो यहाँ की भाषा न हैं न होंगी) के पत्रों की तो बड़ी-बड़ी पूँछ है, पर देवनागरी, जो त्रिकाल में इनकी भाषा है, और किसी बात में किसी बोली से न्यून नहीं बरंच हम तथा हमारे सहयोगी अनेक बार सिद्ध कर चुके हैं और काम पड़े तो दिखला सकते हैं कि सबसे सरल, सबसे सरस, सबसे शुद्ध होती है, उसका मोह तथा अभिमान करने वाले यदि हैं भी तो ऊँगलियों पर गिनने लायक, सो भी नितान्त निस्सहाय एवं निरुत्साह।

जिसने कोई समाचारपत्र चलाया होगा उसका जी ही जानता होगा। भला इस दशा में क्यों कर आशा हो सक्ती है कि इस देश के लोग कभी सुधरेंगे। कब कहाँ किस जाति ने अपनी भाषा का गौरव बढ़ाए बिना किसी बात में उन्नति की है? कोई बतावे तो हम दृढ़तापूर्वक कहते हैं और कोई हठी हमारे विरुद्ध कुछ कहेगा तो प्रमाणित कर देंगे कि हिन्दू समुदाय, हिन्दी के स्वादुग्राही, जब तक हिन्दी की ममता एवं सहानुभूति में तन मन धन से सच्चे उत्साही न होंगे, देशी विदेशी प्राचीन नवीन सुलेखकों के समस्त भाव हिन्दी में न भरेंगे, तब तक कभी किसी के

किये कुछ न होगा। अभी तो यह इतना भी नहीं जानते कि हमारी भाषा क्या है, कैसी है।

उसके सम्बन्ध में हमें क्या कर्तव्य है, उसके द्वारा हमारा क्या हित हो सकता है तथा अपने हितैषियों के साथ हमें कैसा आचरण रखना चाहिए? जब तक यह लोग इन बातों में पक्के न हो जायँ तब तक अन्य बातों का उद्योग करना ऐसा है जैसे बिना जड़ के वृक्ष को सींच के फल की आशा करना। जिन महात्मा हरिश्चन्द्र ने हिन्दी और हिन्दुओं के उद्धारार्थ अपना लाख का घर खाख कर दिया, बरंच मरते-मरते भी हिन्दोस्थान ही के अभ्युत्थान की चिन्ता करते-करते लीला बिस्तार गये, उनका तो अभागे हिन्दुओं ने कुछ गुण ही न जाना, उनकी परमोत्तम पुस्तकों को तो कुछ आदर ही न किया, दूसरे लोग क्या आशा कर सक्ते हैं कि हमारे परिश्रम से यह कुछ उपकार लाभ कर सकेंगे जो भली बात की महिमा ही नहीं जानते, भलाई करने वालों को माननीय ही नहीं मानते, उनसे वे लाभ उठा सकेंगे?

हाय, कहते हुए कलेजा फटता है कि श्री बाबू हरिश्चन्द्र के अमूल्य ग्रन्थों को महाराजकुमार श्रीरामदीन सिंह (खड्गबिलास प्रेम बाँकीपुर के स्वामी) ने प्रकाशित करके दो वर्ष तक सहस्रों रुपये खोये, महान् परिश्रम किया पर अन्त में जब देखा कि केवल बारह ग्राहक हैं तो निराश हो के बैठ रहे। क्या भारत भूमि इतनी निर्जीव हो गयी कि उसके बीस कोटि सन्तान में से हरिश्चन्द्र कला के लिए दो तीन सौ मनुष्य भी वर्ष भर में 6 रुपये न दे सकें। बाबू रामदीन सिंह को हम कुछ नहीं कह सकते, उन्होंने बित बाहर साहस दिखलाया, सर्कार को भी कुछ कहना व्यर्थ है कि उसने 80 कापियाँ खरीदने से क्यों मुँह मोड़ा। उसे हमारी भाषा से ममता ही क्या है। दो वर्ष सहायता दी वही क्या थोड़ा अनुगृह था।

पर जिन लोगों को हिन्दी की रसिकता का अभिमान है, जिनके विचार में हरिश्चन्द्र का सम्मान है उन्हें इससे बढ़ के लज्जा का विषय क्या होगा कि उनके जीते जी उनकी प्यारी भाषा के परमाचार्य, उनके प्रेम के परमाधार, नहीं-नहीं परमाराध्य के जन्म भर का परिश्रम इस दशा को पहुँचे। हा' धिक! या कोई कमर बाँधने वाला नहीं है? फिर किस बिरते पर बड़े-बड़े मनमोदक बनाये जाते हैं? यदि किसी को कुछ भी पक्ष हो तो सबसे पहिले 'कला' के पुनः प्रकाश का उद्योग करे अथवा अन्य बातों का नाम लेना छोड़ दे नहीं तो संसार उपहासपूर्वक कहेगा कि मूलन्नास्ति कुतः शाखा!

खं. 6, सं. 5 (15 दिसम्बर, ह. सं. 5)

पढ़ना और गुनना

इसमें कोई सन्देह नहीं है कि पढ़ना बहुत ही अच्छी बात है, क्योंकि विद्या के बिना मनुष्य में और पशु में कोई भेद नहीं रहता। जो लोग पढ़े लिखे नहीं हैं वे चाहे जैसे धनी क्यों न हों पर अपने छोटे-छोटे कामों के लिए दूसरों का मुँह ताका करते हैं, बरंच व्यय करने की ठीक रीति न जानने के कारण थोड़े ही दिनों में सारी जमा जथा खो बैठते हैं और फिर तीन चार रुपये महीने की नौकरी के लिए इधर-उधर मारे-मारे फिरने लगते हैं, तथा जिनके पास धन नहीं है और पढ़ना लिखना भी नहीं आता उन्हें तो बड़ी ही कठिनता के साथ जीवन बिताना पड़ता है। केवल सूखी रोटी से अपना तथा कुटुम्ब का पेट भरने के लिए गाड़ी खींचने, बोझा ढोने वाले इत्यादि की दशा देख के किसको निश्चय न होता होगा कि 'विद्या विहीनः पशु'! बरंच पशु तो बहुत से होते हैं जो अपने नख दन्तादि की तीक्ष्णता के कारण अपनी जाति के राजा कहलाते हैं। सिंह का नाम मृगराज वा बनराज इसी से प्रसिद्ध है कि वह अपने बल और फुर्ती के कारण पशुओं को दबा देता है।

इसके अतिरिक्त कितने ही पशुओं के दूध गोबर आदि से लाखों लोगों का उपकार होता है। कितनों ही के स्वादिष्ट एवं बलकारक मांस अथवा सुन्दर चर्म, लोम, नख इत्यादि बहुतेरों के बहुत काम आते हैं। यह भी न हो तो उन्हें अपने निर्वाह के लिए केवल थोड़ी सी घास भूसा इत्यादि बस हैं। शीतोष्ण से बचने को उनका शरीर ही वस्त्रादि से सज्जित है, पर मनुष्य में यह कोई बात नहीं होती, उसके शरीर का कोई अवयव किसी काम का नहीं। केवल विद्या बुद्धि और सुचाल ही से उसकी प्रतिष्ठा है। यदि वह न हुई तो उसकी दशा पशु से भी गयी बीती है। इससे विद्या के लिए परिश्रम करना मनुष्य मात्र का मुख्य कर्तव्य है। क्योंकि वह विद्या ही है जो हृदय की आँखें खोलती है, घर बैठे समस्त भूगोल और खगोल के कौतुक दिखाती रहती है। लाखों वर्ष की बीती हुई घटना आँखों के आगे ला रखती है। विपत्ति से बचे रहने और देशकाल पात्रादि के अनुकूल आचरण करने का मार्ग बतलाती है तथा संसार के समस्त सुखों का तो कहना ही क्या है, परमानन्दमय परमेश्वर तक की प्राप्ति में सहारा देती है। पर स्मरण रखना चाहिए कि इस दिव्य

रत्न का मिलना तभी तक सम्भव है जब तक लड़कपन है और सब प्रकार का सम्भार करने वाले माता पिता जीते जागते हैं। जिस समय अपना निर्वाह अपने हाथ करना पड़ता है और संसार भर की चिन्ता शिर पर आ पड़ती है उस समय कोई लाखों में एक ही ऐसा भाग्यवान होता है जो विद्या प्राप्ति का अवसर पा सके, नहीं तो दिन रात घर बाहर के धन्धों से अवकाश कहाँ। इसी से बुद्धिमानों का सिद्धान्त है कि जिसने बाल्यावस्था में विद्या न पढ़ी, इस सुअवसर को खेल कूद में बिता दिया, उसने अपना जीवन अपने हाथों नष्ट कर दिया। पर हमें इस बात से प्रसन्नता है कि हमारी इस पुस्तक के पाठक ऐसे नहीं हैं।

हाँ, यदि पढ़ने लिखने में अब से विशेष मन लगावैं और अधिक परिश्रम करें तो और भी उत्तम है। इसका फल प्रत्यक्ष देखने में आवैगा कि केवल शिक्षक और माता पिता प्रसन्न ही नहीं होते तथा सहपाठियों में प्रतिष्ठा ही नहीं मिलती बरंच अपना हृदय भी एक प्रकार का अकथनीय स्वादु पाता है। किन्तु इसके कारण यह भी समझे रहना चाहिए कि केवल पढ़ने ही से काम न चलेगा। उसके साथ गुनने की भी आवश्यकता है। नहीं तो उसी कहानी की सी गति होगी कि एक महाशय ने ज्योतिष बहुत दिन पढ़ी थी किन्तु बुद्धि से काम लेना न जानते थे। उन्हें किसी राजा ने बुलाया और अपनी मूँठी में अँगूठी ले के पूछा कि बताइए तो हमारे हाथ में क्या है? आपने गणित करके कहा कि कोई गोल-गोल वस्तु है और उसके मध्य में छिद्र है तथा किसी धातु एवं पाषाण से निर्मित हुई है। राजा ने यह सुन विस्मित हो के कहा–निस्सन्देह तुम्हारा परिश्रम प्रशंसनीय है। लक्षण सब मिलते हैं। भला यह तो कहिए कि वह है क्या पदार्थ? तो विद्वान् महापुरुष ने उत्तर दिया–'चक्की का पेहान है, और क्या है!'

इस कथा का यह अभिप्राय है कि जो लोग परीक्षा में उत्तीर्ण होने तथा बड़ी-बड़ी वृत्ति अथवा पदवी पाने के लालच से बहुत सी पोथियाँ रट डालते हैं, पर उनमें लिखी हुई बातों को भले प्रकार काम में लाने तथा दूसरों को अच्छी रीति से समझा सकने का प्रयत्न नहीं करते, वे विद्या के पूर्ण फल से बंचित रहते हैं। इसी से प्राचीनों का वचन है कि एक मन विद्या के साथ दस मन बुद्धि चाहिए। अर्थात् पढ़ो चाहे थोड़ा पर गुनौ बहुत। जो कुछ पढ़ो उसमें भली भाँति बुद्धि दौड़ा के एवं दूसरे अनुभवशीलों के साथ संलाप करके उसके विषय को यहाँ तक हृदयस्थ तथा अभ्यस्त कर लो कि किसी प्रकार की त्रुटि का सन्देह न रहने पावे। बहुतेरे लोग ऐसे हैं कि पढ़े लिखे तो इतना हैं कि उन्हें किताबों का कीड़ा कहना चाहिए पर अभ्यास में इतने कच्चे हैं कि अपनी जानी हुई बातें दूसरों के आगे प्रकाश ही नहीं कर सकते, अथवा दूसरों को दिन रात समझाया करते हैं किन्तु अपने आचरण द्वारा दिखला तनिक भी नहीं सकते।

ऐसे लोग उस योद्धा के समान हैं जो हाथ में उत्तम शस्त्र लिये हुए है, पर न

उसका चलाना जानता है, न चलाने की सामर्थ्य रखता है। सच पूछो तो ऐसे लोगों से विद्या की विडम्बना होती है, और ऐसे ही लोगों को देखकर साधारण लोगों ने यह कहावत प्रसिद्ध कर ली है कि 'बहुत पढ़ने से मनुष्य पागल हो जाता है!' नहीं तो पढ़ लिखकर भी जिसने अपनी चाल चलन न सुधारी, अपनी चतुरता और अनुभवशीलता से दूसरों के लिए उदाहरण बनने का उद्योग न किया, उसने पढ़ के क्या फल पाया!

इसी से कहा गया है कि श्रवण, मनन, निदिध्यासन और साक्षात् करण के बिना किसी विद्या की सिद्धि नहीं होती। अतः जो कुछ भी सिखलाने वाले सिखावैं उसे भली भाँति मन लगा के पहिले सुनो फिर अपनी बुद्धि से उसका विचार करो। विचार में जो कोई भ्रम उत्पन्न हो तो अपनी तथा दूसरे श्रेष्ठ पुरुषों की सम्मति से उसे दूर करो और फिर प्रत्येक निश्चित विषय पर पूरा अभ्यास करते रहो। इसी को पढ़ना और गुनना कहते हैं। और जो बालक पढ़ने और गुनने में उत्साह रखते हैं वही सुख एवं सुयश देने वाली शिक्षाओं के सुयोग्य पात्र हैं अथच युवावस्था में वही सत्पुरुष कहे जाने के योग्य हो सकते हैं।

नित्य कर्म

सबेरे उठकर रात को सो रहने के समय तक प्रायः जो काम प्रतिदिन सबको करने पड़ते हैं, वे नित्य कर्म कहलाते हैं। सोना, जागना, उठना, बैठना, खाना, पीना, चलना और फिरना इत्यादि नित्य कर्म हैं। इन्हें सभी लोग सदा ही करते रहते हैं और देखते हैं कि इनके बनने बिगड़ने से विशेष लाभ अथवा हानि भी बहुधा नहीं होती, इससे साधारण लोग इन पर विशेष ध्यान नहीं रखते, क्योंकि वे इन्हें साधारण वा छोटे-छोटे काम समझते हैं। पर विचार कर देखिए तो हमारे जीवन का अधिकांश इन्हीं पर निर्भर है। बड़े-बड़े काम तो कभी ही कभी किसी ही किसी को करने पड़ते हैं। अतः इन नित्य के कामों को तुच्छ समझकर इनकी उपेक्षा करना बुद्धिमानी से दूर है। अनुभवशील विद्वानों का सिद्धान्त है कि जो पुरुष छोटे-छोटे साधारण-साधारण कार्यों को सावधानी और उत्तमता से करते रहने का अभ्यास रखता है, वही काम पड़ने पर बड़े-बड़े कामों को उत्तम रीति से निबाह सकता है। नहीं तो नित्य के आहार बिहारादि का नियम ठीक न रहने से शरीर का बल घट जाता है, काम करने का अभ्यास जाता रहता है और बुद्धि की तीव्रता का ह्रास हो जाता है। इसी से जब कोई नया और कठिन काम आ पड़ता है तो जी ऐसा घबराने लगता है मानो किसी ने शिर पर पहाड़ ला के रख दिया। एवं ऐसी दशा में यदि ज्यों त्यों कर पूरा भी हो गया तो उत्साह के साथ होना सम्भव नहीं, क्योंकि हमारा जीवन सृष्टिकर्ता ने एक भवन के समान बनाया है। जैसे भवन के सुन्दर-सुन्दर, बड़े-बड़े, कोठे बरोठे आदि छोटी-छोटी ईंट अथवा पत्थर इत्यादि से बनते हैं वैसे ही हमारे जीवन के बड़े-बड़े कार्य इन्हीं नित्य के छोटे-छोटे कामों के मध्य वा यों कहो इन्हीं के द्वारा संघटित होते हैं। यदि ईंट पत्थर लकड़ी आदि दृढ़ एवं उत्तम न हो तो घर की दृढ़ता और उत्तमता असम्भव है। इसी प्रकार यदि हमारे नित्य के व्यवहार उत्तम रीति से नियमबद्ध न हुए तो नैमित्तिक कार्यों का यथोचित रूप से पूर्ण होना अनिश्चित समझना चाहिए। इससे जो लोग अपने जीवन की सार्थकता के हेतु चाहते हैं कि दो चार स्मरणीय कार्य कर जायँ उन्हें उचित है कि अपने प्रत्येक काम पर प्रतिक्षण ध्यान रक्खा करें। जो कुछ करें बहुत सोच बिचार

के करें जिसमें यथासामर्थ्य कोई काम ऐसा न होने पावे जो बुद्धिमानों के ठहराए हुए नियमों के विरुद्ध हो। वे नियम प्रायः पढ़ने लिखने वालों से छिपे नहीं हैं। पर स्मरण दिलाने की भाँति हम यहाँ पर संक्षेप से लिख देना उचित समझते हैं।

सोकर उस समय उठना चाहिए जब घंटा डेढ़ घंटा रात्रि शेष रहे। और उठते ही वाह्य के लिए न दौड़ने चाहिए किन्तु दस पाँच मिनट ठहर के आलस्य को निवारण करके जाना उचित है। फिर हाथ मुँह भली भाँति धो के नीम, करंज अथवा बबूल की दातून से मुख शुद्ध करके यदि शीत अधिक न हो तो उसी समय दो चार मिनिट के उपरान्त स्नान भी कर लेना उचित है, नहीं तो नौ दस बजे के करीब स्नान करना भी दूषित नहीं है। यहाँ यह भी स्मरण रखना चाहिए कि नहाने के लिए घर के कुएँ की अपेक्षा गंगा जमुनादि बड़ी नदियाँ अत्युतम हैं, पर यदि इनका मिलना कठिन हो तो कुआँ ही का जल सही, पर हो ताजा और मीठा। जाड़े के दिनों में गरम पानी से नहाना भी बुरा नहीं है, पर इतना गरम न होना चाहिए कि सहा न जाय, नहीं तो मस्तिष्क और नेत्र को बड़ा हानिकारक होता है।

स्नान के आधे घंटे पहिले तिल्ली, नारियल अथवा सरसों का तेल शिर और शरीर में लगाना बड़ा गुणकारक है तथा सुगन्धित साबुन भी यदि मिल सके तो नित्य नहीं दूसरे चौथे दिन अवश्य लगाना चाहिए, एवं नहाना भी बहुत से जल से भली भाँति शिर से उचित है। तदनन्तर स्वच्छ अथच कोमल वस्त्र से देह अच्छे प्रकार पोंछ के यदि अपनी जाति और समाज में चाल हो तो श्वेत चन्दन (जाड़े में केसरयुत्) अथवा भस्म बहुत सी मस्तक और वक्षस्थलादि पर लगाना आरोग्यबर्द्धक है। यह काम सूर्योदय के लगभग पूरे करके नगर के बाहर मैदान वा वाटिका की स्वच्छ वायु सेवन के लिए निकल जाना चाहिए। निरोग रहने के निमित्त यह यत्न बहुत ही उत्तम है।

सद्वैद्यों का विचार है कि प्रातःकाल की पवन स्वर्गीय पवन है। उसके द्वारा जीवधारियों के तन और मन प्रफुल्लित होते हैं। इसके अतिरिक्त स्नान करने के उपरान्त अथवा दो तीन घंटा पहिले व्यायाम भी कर्तव्य है। पर इतना ही मात्र जितने में बहुत थकाहट न जान पड़े। अनुभवी लोगों का बचन है कि कम से कम पाँच अधिक से अधिक चालीस तक डंड मुगदर बैठक करना चाहिए। और इसके उपरान्त जब तक भली भाँति थकावट दूर न हो जाय कुछ भी खाना पीना उचित नहीं है। केवल स्वच्छ वायु में दौड़ते वा टहलते रहना चाहिए। इस अवसर पर यदि अच्छी चिकनी सुगन्धित मट्टी लोटने को मिले तो अत्युत्तम है। इसके अनन्तर भोजन का समय है। एक तो सात आठ बजे कुछ थोड़ा सा दूध अथवा मिठाई आदि खाना चाहिए, फिर दस बजे से बारह बजे तक दाल रोटी पूरी तरकारी आदि, पुनः तीन चार बजे थोड़ा ही सा फल फलारी वा मिठाई आदि और फिर सोने से डेढ़ घंटा पहिले दाल रोटी आदि।

खाने पीने में इतना विचार अवश्य रखना चाहिए कि खाद्य पदार्थ शीघ्र पचने वाले और बलकारक हों। बासी एवं बहुत गरम अथवा बहुत ठंडे न हों। कच्चे और जले हुए भी न हों। इसके सिवा जब तक एक बार का खाया हुआ भली भाँति पच न जाय तब तक कुछ खाना उचित नहीं है और खाने से निवृत्त होना उस समय योग्य है जब कुछ भूख बनी रहे। भोजन के उपरान्त थोड़ी देर बाईं करवट लेट रहना अथवा कुछ काल धीरे-धीरे टहलना और तीन चार बार थोड़ा-थोड़ा पानी पीना पाचनशक्ति के लिए बड़ा उपयोगी है। प्रत्येक ऋतु में उत्पन्न होने वाले शाक फल तथा सब प्रकार के अन्न भी स्वास्थ्य को बढ़ाते हैं। अतः इन्हें भी थोड़ा बहुत खाते रहना चाहिए। बहुत लोग स्वास्थ्य रक्षा के विचार से बहुत से पदार्थ छोड़ देते हैं, यह उचित नहीं है। मादक पदार्थ छोड़ के और सभी वस्तु के खाने का अभ्यास रखना चाहिए नहीं तो संयोगवशतः जब कभी कुछ खाने में आता है तब एक तो अवगुण विशेष करता है, दूसरे चित्त को भ्रमात्मक कष्ट उपजाता है इससे उत्तम यही है कि विकार करने पर छोड़ भले ही दे, पर खाए सब जायँ। विशेषतः इस देश के लिए घृत और दुग्ध सर्वोत्तम खाद्य हैं। इसलिए इन्हें अवश्य ही प्रतिदिन खाना चाहिए। और जहाँ तक हो सके उत्तम से उत्तम ढूँढ़ के लाना चाहिए। यदि किसी कारण से पच न सके तो थोड़े ही थोड़े से अभ्यास बढ़ाना चाहिए अथवा किसी युक्त से खाना चाहिए। वैद्यों का मत है कि यदि दूध न पचता हो तो चूने का पानी[1] मिला के पिया करें और घी न पचे तो दाल में डाल के वा गूँथने के समय आटे में छोड़ के खाएँ। इसी रीति से अवश्य पचने लगेगा।

इन नियमों के साथ ही इसका भी बहुत ध्यान रखना चाहिए कि खाने तथा सोने और बैठने आदि का स्थान, पहिनने औढ़ने बिछाने आदि के कपड़े, खाने पीने आदि के बरतन सदा स्वच्छ रहें। इनमें किसी घृणाकारक और दुर्गन्धप्रसारक पदार्थ का सम्पर्क न होने पावे। बरंच जिधर ऐसी वस्तुओं की सम्भावना हो, उधर जाना भी उचित नहीं है। बस, दिन के काम यही हैं। अब रहे रात्रि के कर्तव्य। उसका नियम यों है कि सन्ध्या समय से अर्थात् सूर्यास्त के कुछ पहिले से पढ़ना लिखना वा पड़े बैठे रहने का स्वभाव छोड़ देना चाहिए। नगर के बाहर वा ऐसे स्थान पर चले जाना उचित है जहाँ के प्राकृतिक दृश्य मन और नयन को सुख देते हों। वहाँ दौड़ना उछलना गाना आदि बलकारक एवं प्रमोद विस्तारक कर्म भी अवश्य करना चाहिए। इनसे तन और मन में फुर्ती आती है। फिर वहाँ से लौटकर श्रम की निवृत्ति के उपरान्त भोजन करके नौ दस बजे तक सो रहना चाहिए। सोने के कुछ ही पहिले दो चार भूनी हुई हर्रे लोन के साथ खाना अथवा दूध पीना भी आवश्यक

---

1. चूने का ढेला पानी में डाल दो। जब चूना गल जाए और पानी में उसका रंग तनिक भी न रहे वही चूने का पानी कहलाता है।

है। और इस बात की तो बड़ी ही भारी आवश्यकता है कि दिन भर के कामों का स्मरण करके यह विचार लिया जाय कि कौन काम अच्छा बन पड़ा है कौन बुरा, तथा कल से किस-किस को छोड़ देने और किस-किस का विशेष यत्न करने में कटिबद्ध रहना चाहिए।

रात्रि को पढ़ना लिखना नेत्रों के लिए हानिकारक है, पर यदि बड़ी ही आवश्यकता हो तो सरसों अथवा अरंड के तेल की उजियाली में पढ़ लिख लें। किन्तु उतने ही काल तक जितने में आँखों में झिलमिलाहट न आवै। यों ही सोते से उठकर जल पीना भी दूषित है। पर यदि बहुत ही प्यास हो तो नाक के निश्वास को रोक के थोड़ा सा पी ले किन्तु यह स्मरण रक्खे कि ऐसा काम करना महा निषिद्ध है जिसके कारण नींद भूख प्यास आदि नित्य की अपेक्षा अधिक सतावै वा इनके रोकने की अधिक आवश्यकता पड़े। क्योंकि प्रकृति के किसी वेग को रोकना ही सब बिकारों का मूल है।

बस इन नित्य कर्मों के नियम न बिगड़ने पावें तो कभी किसी रोग की सम्भावना नहीं है। यदि ऋतु आदि के बिकार से कुछ हुआ भी तो इतनी हानि न पहुँचावैगा जितनी नियम के विरुद्ध चलने वालों को होती है। इससे इनके साधन में सदा सर्वथा सावधान रहना चाहिए और निर्वाहोपयोगी कार्यों में आलस्य तथा दूसरों की प्रतीक्षा न करनी चाहिए। इस प्रकार के स्वभाव बहुत ही बुरे हैं कि प्यासे बैठे हैं, जब सेवक अथवा छोटा भाई ही पानी ले आवै तो पिएँ। नहीं, सब काम सदा अपने हाथ से करने में उद्यत रहना चाहिए तभी शरीर नीरोग, मन औ बुद्धि स्फूर्तिमती रहेगी। फिर बस जो करना चाहिएगा आनन्द से कर लीजिएगा और जो काम आ पड़ेगा सहज ही सा जान पड़ेगा। क्योंकि देह की शिथिलता और परिश्रम का अनभ्यास न होगा तो किसी काम में बाधा नहीं पड़ सकती। इसी से सब बातों के पहिले नित्य कर्म को नियमबद्ध रखना परमावश्यक है।

वृद्ध

इन महापुरुष का वर्णन करना सहज काम नहीं है। यद्यपि अब इनके किसी अंग में कोई सामर्थ्य नहीं रही, अतः इनसे किसी प्रकार की ऊपरी सहायता मिलना असम्भव सा है, पर हमें उचित है कि इनसे डरें, इनका सन्मान करें और इनके थोड़े से बचे खुचे जीवन को गनीमत जानें। क्योंकि इन्होंने अपने बाल्यकाल में विद्या के नाते चाहे काला अक्षर भी न सीखा हो, युवावस्था में चाहे एक पैसा भी न कमाया हो, कभी किसी का कोई काम इनसे न निकला हो तथापि संसार का ऊँच नीच का इन्हें हमारी अपेक्षा बहुत अधिक अनुभव है। इसी से शास्त्र की आज्ञा है कि वयोधिक शूद्र भी द्विजाति के लिये माननीय है। यदि हम में बुद्धि हो तो इन से पुस्तकों का काम ले सक्ते हैं। बरंच पुस्तक पढ़ने में आँखों को तथा मुख को कष्ट होता है, न समझ पड़ने पर दूसरों के पास दौड़ना अथवा अपनी बुद्धि को दौड़ाना पड़ता है, पर इनसे केवल इतना कह देना बहुत है कि हाँ बाबा फिर क्या हुआ? हाँ बाबा ऐसा हो तो कैसा हो? बाबा साहब यह बात कैसी है? बस बाबा साहब अपने जीवन भर का आन्तरिक कोष खोल कर रख देंगे। इसके अतिरिक्त इनसे डरना इसलिए उचित है कि हम क्या हैं हमारे पूज्य पिता चाचा ताऊ भी इनके आगे के छोकड़े थे। यदि यह बिगड़ें तो किस की कलई नहीं खोल सक्ते? किस के नाम पर गट्टा सी नहीं सुना सक्ते? इन्हें संकोच किस का है? बक्की के सिवा इन्हें कोई कलंक ही क्या लगा सक्ता है? जब यह आप ही चिता पर एक पाँव रक्खे बैठे हैं, कब्र में पाँव लटकाए हुए हैं तो इनका कोई करी क्या सक्ता है? यदि इनकी बातें कुबातें हम न सहें तो करैं क्या? यह तनिक सी बात में कष्टित और कुंठित हो जायँगे और असमर्थता के कारण सच्चे जी से शाप देंगे जो वास्तव में बड़े तीक्ष्ण शस्त्र की भाँति अनिष्टकारक होगा। जब कि महात्मा कबीर के कथानानुसार मरी खाल की हाय से लोहा तक भस्म हो जाता है तो इन की पानी भरी खाल (जो जीने मरने के बीच में है) की हाय कैसा कुछ अमंगल नहीं कर सक्ती। इससे यही न उचित है कि इनके सच्चे अशक्त अन्तःकरण का आशीर्वाद लाभ करने का उद्योग करैं। क्योंकि समस्त धर्म ग्रन्थों में इनका आदर करना लिखा

है। सारे राजनियमों में इनके लिए पूर्णतया दंड की विधि नहीं है। और साच देखिए तो यह दयापात्र जीव हैं, क्योंकि सब प्रकार पौरुष ने रहित हैं। केवल जीभ नहीं मानती, इससे आँय बाँय शायँ किया करते हैं या अपनी खटिया पर थूकते रहते हैं। इसके सिवा किसी का बिगाड़ते ही क्या हैं। हाँ, इस दशा में भी दुनिया के झंझट छोड़ के भगवान का भजन नहीं करते, वृथा चार दिन के लिए झूठी हाय-हाय में कुढ़ते कुढ़ाते रहते हैं, यह बुरा है। पर केवल इन्हीं के हक में, दूसरों को कुछ नहीं। फिर क्यों इनकी निन्दा की जाय? आज कल के बहुतेरे होनहार एवं यत्नशील युवक कहा करते हैं कि बुड्ढे खबीसों के मारे कुछ नहीं होने पाता। यह अपनी पुरानी सड़ी अकिल के कारण प्रत्येक देशहितकारक नव विधान में विघ्न खड़ा कर देते हैं। पर हमारी समझ में यह कहने वालों की भूल है। नहीं तो सब लोग एक से नहीं होते, यदि हिकमत के साथ राह पर लाए जायँ तो बहुत से बुड्ढे ऐसे निकल आवेंगे जिनसे अनेक युवकों को अनेक भाँति की मौखिक सहायता मिल सक्ती है। रहे वे बुड्ढे जो सचमुच अपनी सत्यानाशी लकीर के फकीर अथवा अपने ही पापी पेट के गुलाम हैं। वे प्रथम तौ हई कै जने? दूसरे अब वह समय नहीं रहा कि उनके कुलक्षण किसी से छिपे हों, फिर उनका क्या डर? चार दिन के पाहुन, कछुआ मछली अथवा कीड़ों की परसी हुई थाली, कुछ अमरौती खा के आये ही नहीं, कौआ के लड़के हई नहीं, बहुत जिएँगे दश वर्ष। इतने दिन में मर पच के, दुनिया भर का पीकदान बन के, दस पाँच लोगों के तलवे चाट के, अपने स्वार्थ के लिए पराये हित में बाधा करेंगे भी तो कितनी? सो भी जब देशभाइयों का एक बड़ा समूह दूसरे ढर्रे पर जा रहा है तब आखिर तो थोड़े ही दिन में आज मरे कल दूसरा दिन होना है। फिर उनके पीछे हम अपने सदुद्योगों में त्रुटि क्यों करें। जब वह थोड़ी सी घातें की जिन्दगी के लिए अपना वेढंगापन नहीं छोड़ते तो हम अपनी वृहज्जीवनाशा में स्वधर्म क्यों छोड़ें। हमारा यही कर्तव्य है कि उनकी सुश्रूषा करते रहें क्योंकि भले हों वा बुरे पर हैं हमारे ही। अतः हमें चाहिए कि अदब के साथ उन्हें संसार की अनित्यता अथच ईश्वर, धर्म, देशोपकार एवं बन्धु वात्सल्य की सत्यता का निश्चय कराते रहें। सदा समझाते रहें कि हमारे तो तुम बाबा ही हो अगले दिनों के ऋषियों की भाँति विद्याबृद्ध, ज्ञानबृद्ध, तपोबृद्ध हो तो भी बाबा हो और बाबा लोगों की भाँति'आपन पेट हाहू, मै ना देहौं काहू' का सिद्धान्त रखते हो तो भी क्या, वृद्धता के नाते बाबा ही हो। पर इतना स्मरण रक्खो कि अब जमाने की चाल वह नहीं रही जो तुम्हारी जवानी में थी। इससे उत्तम यह है कि इस वाक्य को गाँठी बाँधों कि—'चाल वह चल कि पसे मर्ग तुझे याद करें। काम वह कर कि जमाने में तेरा नाम रहे।' नहीं तो परलोक में बैकुंठ पाने पर भी उसे थूक-थूक के नर्क बना लोगे, इस लोक का तो कहना ही क्या है। अभी थूक खखार देख के कुटुम्ब वाले घृणा करते हैं, फिर कृमिविट भस्म की अवस्था में देख के ग्रामवासी

तथा प्रवासी घृणा करेंगे। और यदि वर्तमान करतूतें विदित हो गयीं तो सारा जगत सदा थुड़ू-थुड़ू करेगा। यों तो मनुष्य की देह ही क्या जिसके यावदवयव घृणामय हैं, केवल बनाने वाले की पवित्रता के निहोरे श्रेष्ठ कहलाती है, नोचेत् निरी खारिज खराब हाल खाल की खलीती है। तिस्पर भी इस अवस्था में जब कि 'निवृता भोगेच्छा पुरुष बहुमाना बिगलिताः समानाः स्वर्याताः सपदि सुहृदो जीवितसमाः। शनैर्यष्टियुतुथानं घन तिमिररुद्धेऽपि नयने अहो दुष्टा काया तदपि मरणापायचकिता।' यदि भगवच्चरणानुसरण एवं सदाचरण न हो सका तो हम क्या हैं, राह चलने वाले तक धिक्कारेंगे और कहैंगे कि–'कहा धन धामैं धरि लेहुगे सरा मैं भए जीरन जरा मैं तहू रामैं ना भजत हौ।' यदि समझ जओगे तो अपना लोक परलोक बनाओगे, दूसरों के लिए उदाहरण के काम आओगे, नहीं तो हमें क्या है, हम तो अपनी वाली किये देते हैं, तुम्हीं अपने किये का फल पाओगे और सरग में भी बैठे हुए पछिताओगे। लोग कहते हैं बारह बरस वाले को वैद्य क्या? तुम तो परमात्मा की दया से पंचगुने छगुने दिन भुगताए बैठे हो। तुम्हें तो चाहिए कि दूसरों को समझाओ, पर यदि स्वयं कर्तव्याकर्तव्य न समझो तो तुम्हें तो क्या कहैं, हमारी समझ को धिक्कार है जो ऐसे वाक्यरत्न ऐसे कुत्सित ठौर पर फेंका करते हैं।

[खं. 6, सं. 8 (15 मार्च ह. सं. 6)]

हरि जैसे को तैसा है

इसमें कोई सन्देह नहीं है कि ईश्वर अनन्त है और उस की सभी बातें अनन्त हैं। इस रीति से यह सामर्थ्य कभी कहीं किसी को न हुई है न है, न हो सकती है कि उस का ज्ञान पूर्ण रूप से प्राप्त कर ले। पर सच्चे विश्वास के साथ उसे जो कोई जिस रीति से मानता है वह अपनी रुचि ही के अनुसार उस के रूप गुण स्वभावादि पाता है क्योंकि सर्व शक्तिमान का अर्थ ही यह है कि किसी प्रकार किसी बात में मन्द न हों। यह तत्व न जानने के कारण बहुधा कुतर्की लोग पूछ बैठते हैं कि ईश्वर सब कुछ कर सकता है तो अपने को मार भी डालने सकता है, अथवा चोरी जारी इत्यादि भी कर करा सकता है कि नहीं। ऐसे प्रष्णों का उत्तर देने में वे लोग अक्षम हो रहते हैं जो यह मान बैठे हैं कि ईश्वर के विषय में जितना कुछ किसी ग्रन्थ विशेष में लिखा है उतने ही से इतिश्री है अथवा जिन बातों को बुद्धिमानों ने सांसारिक व्यवहार के निर्वाहार्थ जैसा ठहरा रक्खा है, वे ईश्वर के पक्ष में भी वैसी ही हैं। पर जो जानते हैं कि परमेश्वर किसी बन्धन में बद्ध नहीं है, केवल प्रेम बन्धन ही उस पर प्रभाव डाल सकता है, पर उस के द्वारा वास्तविक स्वतन्त्रता में अन्तर नहीं पड़ता, वे छुटते ही उत्तर देंगे कि हाँ साहब, ईश्वर आप की तरह स्वल्प सामर्थी नहीं है जो मार डालने वा मर जाने के उपरान्त जिला देने अथवा जी उठने की सामर्थ्य न रखता हो। वह मृत्यु और जीवन दोनों का अधिष्ठता है। इस न्याय से स्वेच्छानुसार अपने पराए अथच सब के साथ दोनों को व्यवहृत कर सकता है। और सुनिए, चोरी, जारी, छल, कपट इत्यादि केवल आप ऐसों के पक्ष में बुरे हैं किन्तु परमात्मा किसे कैसा समझता है यह आप की समझ में न कभी आया है न आवैगा। फिर इन बातों से क्या। यदि वह चोरी करेगा तो आप तो आप ही हैं आप के बाप भी उसे दंड नहीं दे सकते। आप के देखते-देखते आप के कितने ही सम्बन्धियों के प्राण उड़ा ले गया, तब आपने क्या बना लिया था? फिर ऐसे कुतर्कों के द्वारा आप का यह विचारना व्यर्थ है कि हम किसी सच्चे विश्वासी को डिगा देंगे अथवा बातें बना के जीत लेंगे। पर यह विषय तो तर्क वितर्क का है ही नहीं। इस में तो केवल अनुभव का काम है। चित्त को शुद्ध कर के, मन एकाग्र

कर के, कुछ दिन अनुभव कर देखिए तो विदित हो जायगा कि जो कुछ भगवान श्रीकृष्णचन्द्र ने आज्ञा दी है कि "यो यथा मां प्रपद्येत तं तथैव भजाम्यहं"। और महाप्रभु श्री बल्लभाचार्य ने जगत के उद्धारार्थ शिक्षा दी है कि "सर्वदा सर्वभावेन भजनीयो ब्रजाधिपः"। वहीं भजनपरायण महात्मा कबीर ने अपने और अन्यान्य भक्तों के अनुभव द्वारा निश्चय कर लिया है कि 'हरि जैसे को तैसा है'। सच्चे बिरागियों के लिए, जिन्हें संसार तो क्या अपने ही शरीर का मोह नहीं है, ईश्वर निराकार, निरवयव, निर्गुण, अकर्ता, अभोक्ता इत्यादि है और केवल ज्ञानियों के लिए, जो विचार करने के अतिरिक्त हाथ पाँव हिलाने का अवसर ही नहीं पाते, परमेश्वर भी 'पग बिन चलै सुनै बिन काना, कर बिन करम करै विधि नाना' इत्यादि विशेषण विशिष्ट हैं। परन्तु जिन्हें घर बार छोड़ के वन में जा बैठना और हस्त पदादि होते हुए निकम्मे बन बैठने की रुचि नहीं है, उन के लिए वह उन की मनोगति के अनुसार अनेकरूपसम्पन्न भी है।

योगियों के लिए परम योगीश्वर, महान शोभामयी प्राणप्रिया को अर्द्धांग में धारण किये रहने पर भी अष्टप्रहर समाधि में तत्पर रहता है। वीरों के लिए महाधीर, धुरंधर, बीरबर, खड्ग, चक्र, त्रिशूलादि नाना शस्त्रास्त्र सज्जित रहने पर भी केवल हुंकार के द्वारा शत्रु निकर के निमित्त प्राण शोषक, भयंकर है। रसिकों के लिए रसिक शिरोमणि, कोटि काम सुन्दर, महामनोहर है। कहाँ तक कहिए यह कहने सुनने की बातें ही नहीं हैं तौ भी कहने वाले कही गये हैं 'जिन के रही भावना जैसी। प्रभु मूरति देखी तिन तैसी', पर देखने के लिए आँखें चाहिए, सो भी अन्तःकरण में और प्रेमांजन से अंजित। यों जीभ की लपालप से मन की आँखों का काम नहीं निकलने का जबकि ऊपरी ही आँखों का काम निकालना असम्भव है! इसी प्रकार वह सबसे पृथक रहने पर भी सब से मिला रहता है। निवृत्त लोगों के लिए वह किसी का कोई नहीं है। मानों कबीर साहब के द्वारा उसी ने कहा है कि, 'ना हम काहू के कोई न हमारा'। पर प्रवृत्ति मार्ग में सारा संसार उसी का है और वह भी सब का सब कुछ है। कभी-कभी ईसाई धर्म-प्रचारक जब महात्मा मसीह को ईश्वर का पुत्र कहते हैं तो उनके धर्म विरोधी पूछ बैठते हैं कि ईश्वर के पुत्र है तो स्त्री और माता पितादि अन्यान्य कुटुम्बी भी होने चाहिए, इस पर सार्वभौमिक धर्मावलम्बियों को उत्तर देने का बहुत अच्छा अवसर मिल सकता है कि हाँ, बातों की हार जीत का व्यसन छोड़ के आप सच्चे जी से उस के बन जाइए तो देखिएगा कि साधारण रीति से समस्त संसार ही उसकी सन्तति है। क्योंकि उत्पत्ति-कारक सबका वही है। रहा विशेष सम्बन्ध, सो मसीह जानते थे कि मैं उसका पुत्र हूँ, कभी-कभी स्नेह की उमंग में कह भी देते थे। पर यह कभी नहीं हुवा कि वह शास्त्रार्थ में अपने को खुदा का बेटा सिद्ध करते फिरे हों। क्योंकि शास्त्रार्थ से और आन्तरिक सिद्धान्त से बड़ा अन्तर होता है। यदि आप को

प्रेमशक्ति हो तो नन्द बाबा और दशरथ महाराज इत्यादि की नाईं' उसके पिता बन जाइए और देख लीजिए कि वह आप के मनोमन्दिर में शिशु लीला सम्पादन करता है अथवा नहीं। अवश्य करेगा, क्योंकि वह अपने भक्तों का कोई मनोरथ सफल करने में कभी त्रुटि नहीं करता। पर होना चाहिए भक्त। केवल वक्ताओं के लिए वह शब्द मात्र से अधिक कुछ नहीं है। सो भी अनेक मतावलम्बियों के सिद्धान्तानुसार पवित्र और न्यायपूर्ण शब्द जो अपवित्र मुख और अन्यायपूर्ण हृदय से निकलने पर उच्चारणकर्ता को उसके कुव्यवहार का फल अवश्य चखाता है। अधिक नहीं तो ऐसे बंचकों का (जो अपने आन्तरिक स्वार्थ एवं कपट को छिपा के संसार के सम्मुख अपनी धर्मनिष्ठता और ब्रह्मविज्ञता दिखलाते रहते हैं) चित्त ही ऐसा सदसद्विवेक वंचित बना देता है कि उन्हें कुछ दिन पीछे यह बोध भी नहीं रह जाता कि हम जो चाल चल रहे हैं वह वस्तुतः अच्छी है अथवा बुरी। इस से स्वयंसिद्ध है कि 'हरि जैसे को तैसा है'। अस्मात हमें उचित है कि उसे जिस रीति से जैसा कुछ मानते हैं माने जायँ। न किसी के बहकाने से बहकें न किसी को बहकाने का मानस करें। क्योंकि ऐसा करते ही हमारे ईश्वर के मानने में विक्षेप पड़ जायगा। और इसके साथ ही यह भी स्मरण रखना चाहिए कि मानना सच्चे जी से, सरल भाव के साथ सम्बन्ध रखता है। यदि अन्तःकरण उसके अस्तित्व की साक्षी न देता हो तो लोगों के दिखलाने को ईश्वर-ईश्वर करने का कोई काम नहीं है। झूठे बनावटी आस्तिक से नास्तिक कोटिगुण उत्तम होता है क्योंकि वह किसी को धोखा नहीं देता। और कच्चा आस्तिक अपनी आत्मा के साथ आपही अन्याय तथा प्रवंचना करता रहता है। इस से यदि मानिए तो सच्चाई के साथ दृढ़तापूर्वक मानिए। फिर इस बात का झगड़ा न रह जायगा कि कैसा मानें, क्यों कर मानें। जैसा मानिएगा वैसा फल आप पा जाइएगा क्योंकि 'हरि जैसे को तैसा है'। हमारी समझ में अभी भारत सन्तान के मध्य नास्तिकता बहुत नहीं फैली। अस्मात हम अपने पाठकों से पूछा चाहते हैं कि आप ईश्वर को अपना क्या मानते हैं? यों कहने को तो माता, पिता, गुरु, स्वामी, अन्नदाता, सुखदाता, मुक्तिदाता, इत्यादि अगणित शब्द हैं, पर मानना वही है जो दृढ़ निश्चय के साथ माना जाय। यों सहस्रनाम का पाठ करने से केवल समय का नष्ट करना है अथवा लोक परम्परा की गुलामी करना है। इसे छोड़िए, यदि मानना हो तो कैसा ही मानिए, कुछ ही मानिए, किसी प्रकार से मानिए पर सच्चाई के साथ। फिर देख लीजिए कि वह वास्तव में आपही के मन्तव्य की अनुकूलता का निर्वाह करता है कि नहीं। यदि कोई हम से इस विषय में सम्मति लिया चाहे तो साधारणतया तो हम यही कहेंगे कि अपनी दशा के अनुसार अपने जी से आप ही पूछ देखिए। जैसा वह बतलावे वैसा मानने लगिए और वही मानना ठीक होगा। रही हमारी विशेष अनुमति, वह यह है कि अपने गृह, कुटुम्ब, जाति देश की गिरी हुई दशा सुधारने पर कटिबद्ध

हूजिए। यहाँ के धन, बल, विद्या, मान मर्यादा को नष्ट से बचाने के लिए तन, मन, धन, बचन, कर्म से अहर्निश जुटे रहिए। क्योंकि ईश्वर जगत् में व्याप्त है, इस से जगत के साथ उत्तमाचरण करना ही ईश्वर के साथ सदव्यवहार करना है। जिसने संसार को सुखित करने का उद्योग किया वह ईश्वर की प्रसन्नता सम्पादन कर चुका। जब कि संसारिक पिता और राजा अपने सन्तान तथा प्रजा के हितकारकों को अपना हितू समझते हैं तो जगत्पिता जगदीश्वर अपनी सृष्टि के शुभचिन्तक को अपना प्रीतिपात्र क्यों न समझेंगे। पर सारा संसार बहुत बड़ा है और इतने बड़े विश्व के साथ स्नेह सम्बन्ध रखना हमारे लिए अति कठिन है, इससे केवल अपने देश जाति की भलाई के जगत की भलाई समझ के उसका उद्योग कर चलिए और उसमें ईश्वर को अपना सच्चा सामर्थ्यवान सुदृढ़ सहायक समझिए। फिर देखिए उसकी सहायता से आप कितने शीध्र कैसी उत्तमता से कृतकार्य होते हैं और विघ्नकारणी बातें कैसे बात की बात में बतासा सी बिलाती हैं। बरंच अपने भाव के विरुद्ध आप की अनुकूलता सम्पादन करें तो बात है क्योंकि जिसे आप अपना सहायकारी मानेंगे वह 'कर्तुमकर्तुमन्यथा कर्तुं समर्थ' है। पर जब मानिए और स्नेहशास्त्र का यह वाक्य भी जानिए कि 'जहाँ तक हमारे किये होगा वहाँ तक अपने सहायक पर भार न डालेंगे'। बस यही सब प्रकार की समुन्नति का सोपान है जिसका अवलम्बन करने से अभीष्ट का प्राप्त करना सहज हो जायगा। नहीं तो कोरी बातें बनाया कीजिए, कभी कोई बात न बनेगी। अन्तर्यामी परमेश्वर के साहाय्य की आशा निरी ऊपरी बातों से कदापि नहीं पूर्ण होने की, क्योंकि 'हरि जैसे को तैसा है'।

[खं. 7, सं. 11 (15 जून ह. सं. 7)]

ईश्वर की मूर्ति

वास्तव में ईश्वर की मूर्ति प्रेम है, पर वह अनिर्वचनीय, मूकास्वादनवत्, परगानन्दमय होने के कारण लिखने वा कहने में नहीं आ सकता, केवल अनुभव का विषय है। अतः उसके वर्णन का अधिकार हमको क्या किसी को भी नहीं है। कह सकते हैं तो इतना ही कह सकते हैं कि हृदय मन्दिर को शुद्ध करके उसकी स्थापना के योग्य बनाइए और प्रेमदृष्टि से दर्शन कीजिए तो आप ही विदित हो जायगा कि वह कैसी सुन्दर और मनोहर मूर्ति है। पर यतः यह कार्य सहज एवं शीघ्र प्राप्य नहीं है। इससे हमारे पूर्व पुरुषों ने ध्यान धारण इत्यादि साधन नियत कर रक्खे हैं जिनका अभ्यास करते रहने से उसके दर्शन में सहारा मिलता है। किन्तु है यह भी बड़े ही भारी मस्तिष्कमानों का साध्य। साधारण लोगों से इसका होना भी कठिन है। विशेषतः जिन मतवादियों का मन भगवान् के स्मरण में अभ्यस्त नहीं है, वे जब आँखें मूँद के बैठते हैं तब अन्धकार के अतिरिक्त कुछ नहीं देख सकते और उस समय यदि घर गृहस्थी आदि का ध्यान न भी करें तौ भी अपनी श्रेष्ठता और अन्य पथावलम्बियों की तुच्छता का विचार करते होंगे अथवा अपनी रक्षा वा मनोरथ सिद्धि इत्यादि के मानस से परमात्मा की भी सुध करते हों तो करते हों, नहीं तो केवल मुख से कुछ नियत शब्दों का उच्चारण छोड़ कर ईश्वर का वास्तविक भजन पूजन यदि एक मिनिट भी करते हों तो हमारा जिम्मा। कारण इसका यह है कि मनुष्य का मन होता है चंचल। वह जब तक किसी बहुत ही सुन्दर वा भयंकर वस्तु अथवा व्यक्ति वा सुख दुःखादि की ओर न चला जाय तब तक एकाग्र कदापि नहीं होता। हाँ, बड़े-बड़े योगी अभ्यास करते-करते उसे स्वेच्छानुवर्ती बना सकते होंगे, पर अपने सहबर्तियों में तो हम किसी का सामर्थ्य नहीं देखते कि संगीत साहित्य सुरा सौन्दर्य इत्यादि की सहायता के बिना कोई मन को एक ओर कर सकता हो, विशेषतः ईश्वर की ओर, जिसकी सभी बातें मन बुद्धि चित्त अहंकार से परे हैं। फिर हम क्यों न कहें कि प्रतिमा पूजन के विरोधी ईश्वर का पूजन तो क्या दर्शन भी नहीं कर सकते। विचार कर देखिए तो प्रतिमा पूजन से नास्तिकों के अतिरिक्त बचा कोई भी नहीं है। जो ईश्वर को मानेगा

उसका निर्वाह किसी न किसी प्रकार की प्रतिमा के बिना नहीं हो सकता चाहे ध्यानमयी प्रतिमा हो चाहे शब्दमयी प्रतिमा हो, हैं सब हमारे ही मन और बचन का विकार और उस निराकार निर्विकार के महत्व का अभ्यास मात्र। पर क्या कीजिए ईश्वर को मान कर चुपचाप बैठे रहें अथवा मन में किसी भाँति उसका विचार आने ही न दें तौ भी नहीं बनता। इसी से आस्तिक मात्र को उसकी प्रतिमा बनानी पड़ती है। जहाँ हमने मन अथवा बचन से कहा—'हे प्रभु हम पर दया करो,' वहीं हम उस निराकार की छाती के भीतर मन की कल्पना कर चुके। क्योंकि मन न होगा तो दया ठहरेगी कहाँ, और शरीर न होगा तो मन रहेगा कहाँ? जिस समय हम कहते हैं कि 'हे नाथ! हमारी रक्षा करो, हम तुम्हें प्रणाम करते हैं' उस समय उस अप्रतिम के अस्तित्व में हाथ और पाँव की कल्पना करते हैं क्योंकि रक्षा हाथों से की जाती है और प्रणाम चरणों पर किया जाता है। कारण के बिना कार्य का मान लेना तर्कशास्त्र के विरुद्ध है, फिर कौन निराकारवादी ईश्वर के मनःकल्पित हस्तपदादि रचना से बच गया? पाषाण धात्वादि निर्मित मूर्ति के पूजने वालों में और इनमें केवल इतना ही अन्तर है कि इनके यहाँ की ईश्वर प्रतिमा केवल मन के भाव से गढ़ी जाती है और उनके यहाँ की रजत कांचनादि से, तथा यह मन और बचन से ईश्वर के हाथ पाँव इत्यादि स्वीकार करते हुए भी देख नहीं सकते तथा सर्वसाधारण के आगे कहते हैं कि हमारा ईश्वर निरवयव है और वह जैसा मानते हैं वैसा सबके सामने कह भी देते हैं कि भाई, हमारा ईश्वर लँगड़ा लूला अन्धा बहिरा नहीं है, उसके कर पद नयनादि कमल के समान कोमल और सुन्दर हैं। फिर मूर्तिपूजक लोग ईश्वर को कौन सी गाली देते हैं कि उन पर आक्षेप किया जाय? विचार के देखिए तो दूसरे पूजकों के देखे इनमें इतनी विशेषता है कि अन्य लोग केवल उसकी महिमा तथा अपने स्वार्थ साधनादि की प्रार्थना का केवल जबानी जमा खर्च रखते हैं। किन्तु यह मन और बचन के अतिरिक्त चन्दन पुष्पादि के द्वारा तन और राग भोगादि के द्वारा धन से भी उसकी सेवा करते हैं, अपने शयन भोजनादि में भी उसका स्वामित्व बनाए रहते हैं, बरंच उसकी प्रसन्नता के लिए तीर्थ वृतादि में नाना कष्ट सहते हैं, काम पड़े तो उसके लिए प्राण तक उत्सर्ग कर देने को प्रस्तुत रहते हैं। इनके प्रेम की सच्चाई में औरंगजेब के समय मसीह नामक फारसी कवि ने शाक्षी की भाँति कहा था कि अन्य धर्मियों में बहुत थोड़े लोग हैं, बरंच नहीं हैं, जो ईश्वर के नाम पर धन भी लुटा देते हों, किन्तु मूर्तिपूजकों का साहस सराहने योग्य है जो उसकी प्रतिमा पर शिर तक निछावर कर देते हैं*। एक ऐसे आर्यद्वेषी यवन सम्राट को यहाँ वाले विदेशी विद्वान की लेखनी से ऐसा बचन निकलना क्या इस बात की पक्की शाक्षी नहीं है

---

* बनामे हक़ कसे कम ज़र फ़िशानद।
खुशा हिम्मत कि वरबुत सर फ़िशानद॥

कि प्रतिमापूजक ईश्वर के साथ बहुत बड़ा प्रेम सम्बन्ध रखते हैं? इन्हीं के समुदाय में ऐसे ज्ञानियों और प्रेमियों की संख्या अधिक निकलेगी जो संसार के यावत् सजीव निर्जीव पदार्थों को ईश्वर ही की मूर्ति समझते हैं। "मैं सेवक सचराचर रूपरासि भगवन्त"—इसका अभिप्राय कुतर्की लोग न समझें तो कोई हानि नहीं है, पर समझने वाले समझ सकते हैं कि जितनी मूर्तियाँ हैं वे सब ईश्वर से व्याप्त हैं और ईश्वर ही सबका एक मात्र स्वामी है। इन दोनों रीतियों से उन्हें ईश्वर की मूर्ति के अतिरिक्त और क्या कहा जा सकता है? और जिस ईश्वर को हम अपना प्रेम पात्र समझते हैं उसके निवासस्थान वा अधिकृत पदार्थ तथा स्मारक चिह्नों की पूजा किये बिना क्योंकर रह सकते हैं? इस के लिए बड़े-बड़े प्रमाण ढूँढ़ना भी मानो उसके सच्चे प्रेम से जी चुराना है। मजनू ने एक बार लैला के पालित कुत्ते को अपना बहुमूल्य दुशाला उढ़ा दिया था और बड़े आदर से आलिंगन किया था। इस कथानक पर केवल वही लोग हँसे तो हँसा करें जिन को मतवाद अधिक प्रिय है किन्तु जिन्हें ईश्वर प्यारा है वे ऐसी कथाओं को बड़े आदर से सुनेंगे और मनावेंगे कि भगवान हमें भी ऐसा करे। पर जब तक हम ऐसे अधिकारी नहीं हुए तब तक यदि उन मूर्तियों का आदर करें जिन के देखने से हमें ईश्वर के रूप गुण स्वभावादिक स्मरण होता है, तो क्या बुरा करते हैं? इस पर यदि हमारे विपक्षी साहेब कहें कि—'ऐसा है तो फिर जूता...हाड़ इत्यादि को क्यों नहीं पूजते'? तो हमारा यह उत्तर कहीं नहीं गया कि पूजा का अर्थ है सत्कार, और सत्कार उस का किया जाता है जिसे देख सुन के चित्त में प्रेम और प्रसन्नता आवै। अतः जिन्हें उक्त पदार्थों से प्रीति हो वे शौक से उन्हें पूजें पर हम तो अभी इस दर्जे को नहीं पहुँचे, हमें तो नीच प्रकृति के मनुष्यों तक से अश्रद्धा है, अस्मात् पाषाणादि मूर्तियों को पूजनीय मानेंगे, जो न कभी किसी से छल कपट करती हैं, न कुछ माँगती हैं, न कटु वाक्य निकालती हैं। बरंच सम्मुखस्था होते ही हमारे प्यारे मुरली मुकुट धनुर्वाण खंगाकुंश त्रिशूलादिधारी हृदयविहारी का स्मरण कराती हैं जिस के साथ ही हमें वीरता निर्भयता रसिकता आदि की शिक्षा प्राप्त होती है और चन्दन कपूरादि की सुगन्ध से घ्राणेन्द्रिय तथा मस्तिष्क आमोदित हो जाता है, पंचामृत प्रसादादि से मुख मीठा होता है, नाना भाँति के गीत बाद्यादि से श्रवण पवित्र एवं प्रमुदित होते हैं, शृंगार की छटा तथा एक-एक अंग की शोभा से नेत्र कृतार्थ होते हैं, फिर ऐसी तत्क्षण फलदायिनी प्रतिमाओं को हम क्यों न ईश्वर की प्रतिमा मानें जिन के कारण इस गिरी दशा में भी हमारे सैकड़ों नगरों की शोभा और सहस्रों देशभाइयों का उपकार होता है। यदि नये मतवालों का ईश्वर इनके पूजन को अपना पूजन न समझे तो हम समझते हैं वह उन लघुबयस्का निरक्षरा सुन्दरियों से भी नासमझ है जिन्हें हम दूसरों पर ढालकर अपने मन का स्नेह समझा देते हैं और वे संकेत मात्र से सब बातें समझ जाती हैं। बरंच इतर लोगों की लज्जा से बोलने

का अवसर न होने पर भी हमें सन्तोषदायक उत्तर दे देती है। पर ईश्वर महाराज इतना भी नहीं समझ सकते कि यह प्रतिमा को पूजता है अथवा हमको? यदि ऐसा है तो हम ऐसे समझ के शत्रु को मानना कैसा ईश्वर ही कहना नहीं चाहते। हमारा ईश्वर तो बिना कहे भी हमारे हृदयगत भाव जान लेता है। तिस पर भी जब हम यह न कह के कि—'हे पाषाण, हमारी पूजा ग्रहण करो', यों कहते हैं कि—'हे परमेश्वर, हमारी सेवा स्वीकार करो', तो ईश्वर क्योंकर हमें बुतपरस्त समझेगा? जब कि हमारी मूर्तियाँ ही ऐसी सुडौल शिर से पैर तक ईश्वरीय भाव से पूर्ण होती हैं तो हम क्यों न अपने ईश्वर को उन्हीं के द्वारा रिझावें? इस पर जो लोग हमें हँसते हैं उन्हें पहिले अपने यहाँ की मूर्तियों को देख के लज्जित होना चाहिए जिनका वर्णन उन के मान्य ग्रन्थों में ऐसा अधूरा किया गया है कि एक तो सब अंगों का बोध भी नहीं होता, केवल हाथ पाँव नेत्रादि दो चार अवयव वर्णित हैं, सो भी ऐसे अनगढ़ कि किसी पंच (हास्यजनक समाचारपत्र) में दे दिए जायँ तो पाठकों को हँसाते-हँसाते लुटा दें। यहाँ हम बाइबिल और कुरान में लिखे ईश्वर के अंगों का वर्णन नहीं करते, क्योंकि एक तो उन में केवल दो एक अंगों को छोड़ के औरों का नाम भी नहीं है। दूसरे जहाँ पर लिखा है कि ईश्वर ने आदम को अपने स्वरूप में बनाया, वहाँ यदि "अपने" शब्द का अर्थ आदम की ओर न लगा के ईश्वर की ही ओर लगाएँ तो भी कोई हानि नहीं है क्योंकि आदम की सूरत सिर से पैर तक किसी भाँति अपूर्ण व अनमेल न थी। तीसरे हमारे मुहम्मदीय और मसीहा भाई इन दिनों इस विषय में हम से छेड़ के विवाद नहीं लेते। अतः हमें तो उन से झगड़ना अनुचित है। पर हमारे दयानन्दी हिन्दू भाई इस बात का बाना बाँधे फिरते हैं। इस से हमें उन के यहाँ की मूर्तियाँ देखनी हैं। यदि च वे अपने स्वामी जी के चित्र का अनादर नहीं सह सकते जिसका मूल्य छः पैसे और अधिक से अधिक दो रुपया है, तथा सुन्दरता भी ऐसी नहीं है जैसी हमारे रामकृष्णादि की तसवीरों में होती है, और बस, किन्तु हमारी स्वर्ण रजत हीरकादि की देव प्रतिमा पोप लीला है, उन का अनादर कोई बात नहीं, पर स्वामी जी क्या फोटो बड़े खूबसूरत चौकठे में बड़ी इज्जत के साथ रखना चाहिए। यों ही जहाँ वेदों में अक्षरार्थ के द्वारा कोई शंका उठावें तो छुटते ही यह उत्तर होगा कि उस रिचा का गूढ़ार्थ और है अथवा अलंकारिक वर्णन है किन्तु पुराणों में जहाँ सहज में समझने योग्य विषय न हों वहाँ गूढ़ार्थ वा अलंकारिक अर्थ कुछ नहीं है, केवल गप्पम्बर्तते। और इस पर तुर्रा यह है कि ऐसी ही समझ पर देशहित और ऐक्य प्रचार का भी दावा है। पर हम पूछते हैं कि हठ का अबलम्बन न कर के कभी कोई भी देश वा जाति में एका फैला सका है कि आप ही अनोखे बन के आये हैं? हमें श्री स्वामी दयानन्द सरस्वती की प्रतिकृति अथवा वेद भगवान से बैर नहीं है, पर साथ ही यह भी जिद्द नहीं है कि इन के सिवा और सब बुद्धिविरुद्ध हैं। नहीं, अपने पूर्वपुरुषों के साधारण चिह्न का

भी हमें ममत्व स्वभावतः होना चाहिए यदि हम उनके सन्तान हैं। फिर प्रतिमा और पुराण तो उनके वर्षों के परिश्रम के फल हैं, उन का उपहास कर के हम जगत एवं जगदीश्वर को क्या मुँह दिखावेंगे? और यों तो कुतर्क के लिए सभी राहें खुली हैं। प्रतिमा और पुराण का क्या कहना है, ईश्वर और वेद पर भी आक्षेप हो सकता है। और केवल मुँह के आस्तिकों को उसका उत्तर सूझना कठिन पड़ेगा। न मानिए तो सुन लीजिए, पर उन्हीं कानों से जिनसे आप हमें पुराणों की गड़बड़ाध्यायी सुनाया चाहते हैं। शब्दार्थ और अक्षरार्थ से अलग कोई बात कहिएगा तो हम पुराणों के मंडन में धर धमकेंगे। यह भी स्मरण रखिए कि अलंकार का नाम न लीजिएगा नहीं तो स्वामीजी के भाष्य में केवल चार ही पाँच मिलेंगे, जिनके द्वारा वेद भगवान् की सीधी सादी लेख प्रणाली में बनावट झलकने लगेगी। किन्तु हम एक सौ आठ नाम और लक्षण ले बैठेंगे जिनका वेदों में पता भी न लगेगा किन्तु पुराणों में अध्याय के अध्याय मिलेंगे। और उस दशा में आप तर्कशास्त्र का अवलम्बन कर के न बच सकिएगा, केवल काव्यशास्त्र का आश्रय लेना पड़ेगा, जो आपके यहाँ यदि हैं भी तो नहीं के बराबर। पर इन बातों से हमें क्या, बिना जाने हुए विषय में जो कूदेगा वह आप हास्यास्पद होगा। अतः हम अपने प्रस्ताव में क्यों विलम्ब करें।

हम पर यह दोष लगाया जाता है कि सर्वव्यापी असीम परमात्मा को बित्ता दो बित्ता की मूर्ति में ठहराते हैं। पर वेदों में जहाँ विराट स्वरूप का वर्णन है वहाँ भूमि उसके चरण और सूर्य उसके नेत्र माने गये हैं। असीमता इसमें भी नष्ट हो जाती है क्योंकि पृथ्वी और सूर्य के बीच की दूरी स्कूल के बालक तक जानते हैं, वुह असीमता के आगे कुछ भी नहीं है। और सुनिए, नेत्र तो हुए सूर्य, पर नेत्र के ऊपर वाले अंगों (मस्तक कपाल आदि) का नाम ही नदारद। यदि खगोल विद्या के अनुसार मान लें कि नेत्र के ऊपर वाले अंगों के स्थानापन्न वह ग्रह नक्षत्रादि हैं जो सूर्य के ऊपर हैं तो बड़ा ही मजा हो। सूर्य के ऊपर हैं शनिश्चर, वह ईश्वर की खोपड़ी में जा बैठेंगे! कौन जाने इसी से उनका रंग काला वर्णन किया गया हो और इसी से मतवादियों के ईश्वर की अक्किल डाँवाँडोल रहती हो! इसके सिवा 'यस्यभूमिः प्रभांतरिक्षमुतोदरम्' तथा 'यस्य सूर्यश्चक्षुः' इत्यादि रिचाओं से भूगोल विद्या के अनुसार और भी बड़ी तमाशे की बात निकलती है। अर्थात् सूर्य धरती से लाखों गुण बड़ा है सो तो हुवा नेत्र और धरती हुई चरण जिसका वृत्त केवल पचीस सहस्र मील के लगभग है। इस लेखे से ईश्वर का स्वरूप 'राई भरे के बिटिया भांटा की बराबर आँख' का उदाहरण बना जाता है। इसके साथ ही जब यह लिखा देखिएगा कि एक आँख सूर्य है दूसरी चन्द्रमा, जो पृथिवी से भी कहीं छोटा है, तो हँसी रोकना मुश्किल पड़ेगा। वाह! एक आँख गज भर की, दूसरी आलपीन की नोक भर की भी नहीं! चरणारविन्द ऐसे विचित्र कि एक आँख की अपेक्षा

लाखोंगुना छोटे और दूसरी आँख से बड़े। तिस पर भी तुर्रा यह कि आँखें भी गोल और पाँव भी गोल। भला ऐसी विचित्र मूर्ति को कौन न कहेगा कि पंच की तसवीर है। आँख की छुटाई बड़ाई का दोष 'सहस्रशीर्षा पुरुषः' वाले मन्त्र में निकाल डाला गया है। पर वह दोष निकल जाने पर भी ईश्वर को मंगलमय कहते ही डरेगा क्योंकि जब सहस्र शिर हुए तो आँखें दो सहस्र चाहिए, पर यहाँ वे भी सहस्र ही हैं अतः मंगल स्वरूप के बदले शुक्र स्वरूप हुए जाते हैं, जो 'नमस्ते'* ही भाइयों के मध्य राज्य करने के काम के हैं, न कि भक्तों के समुदाय में।

इस प्रकार के कुतर्क वेदों में बहुत जगह निकल सकते हैं जिनकी अपेक्षा ईश्वर का न मानना ही भला है। पर आस्तिकों को उसके माने बिना शान्ति नहीं होती। इसी से पुराणों में जहाँ कहीं उसके स्वरूप की कल्पना की गयी है वहाँ तदनुरूप यथातथ्य रीति से की गयी है पर जिन्हें हार जीत का व्यसन है उन्हें पराए दोष ही ढूँढ़ने में सन्तोष होता है। पर हमारी दृष्टि में दूसरों को कुछ कहना अपने ही ऊपर दोष लगवाना है। इससे ईश्वर के विषय में केवल इस वाक्य का अनुसरण करना श्रेयस्कर है कि 'अनेकरूपरूपाय विष्णवे प्रभविष्णवे।' इसके अनुसार चौराहे की ईंट, मट्टी का ढेला और हीरा मोती की प्रतिमा सब ईश्वर ही की मूर्ति हैं और उन्हें जो जिस भाव से सच्चे मन के साथ पूजेगा वही अपने मनोरथ को प्राप्त करेगा। क्योंकि ईश्वर किसी रीति विशेष के हाथ बिक नहीं गया न भक्तों की मनसा के अनुकूल रूप धारण में अक्षम है। उसमें किसी शक्ति का अभाव नहीं है। पर इसमें भक्ति होनी चाहिए और यों मौखिकवाद के आगे ईश्वर ही कुछ नहीं है उसकी मूर्ति तो कहाँ से आवेगी। जब आप हमारी मूर्तियों को वैदिक प्रमाणों से पाषाण बनावैंगे तब हम भी कह देंगे कि आप प्रेममय परमात्मा को तो मानते ही नहीं, न उसका प्रेमानन्द लाभ करने में यत्नवान होते हैं, केवल शास्त्रार्थ नाधने के लिए 'परमेश्वर' नामक शब्द ठहरा रक्खा है जो परमेश्वर अक्षरों का विकार मात्र है, तथा जिसके विषय में श्री मार्कंडेय पुराण में लिखा है कि 'देवि दैत्येश्वरः शुंभस्त्रैलोक्ये परमेश्वरः' पर भइया, हम तो उसकी संहारिणी आदिशक्ति को मानेंगे, आपके लिए आपकी इच्छा रही। यदि इस उत्तर से आपको क्रोध आवे तो अपने निराकार निर्विकार से हमें दंड दिलवाइए और हम अपने साकार दृश्यमान भगवत्स्वरूप से सहायता लेकर उन्हीं के द्वारा कपाल भंजन करके तत्क्षण अपने ईश्वर की महिमा दिखा देंगे। पर यह बातें तो उस समय के लिए है जब झगड़ा खड़ा हो। नहीं तो कल्याण केवल इसमें है कि धर्म के विषय में न आप न हमसे बोलें न हम आपसे। क्योंकि वह हमारा आपका ईश्वर के साथ निज सम्बन्ध है और दो जनों के निज सम्बन्ध में अनधिकार हस्तक्षेप करना नीचता है। इससे ईश्वर को चाहे जैसे आप मानिए चाहे जैसे हम मानें, पर अन्य सब विषयों

---

* न=नहीं है, मस्ते=मस्तक पर (आँखें) जिसके!

में हम आपको और आप हमको सतचित्त से सहोदर मान के साथ दीजिए। उस दशा में यह भी सम्भव है कि आपका रंग हमें लगाया जाय अथवा हमारा रंग आपको लग जाय और इस रीति से मृत की भी एकता हो जाय, वा न हो तो भी परस्पर का स्नेह सुभीता तो बना ही रहेगा, जो ईश्वर का प्रत्यक्ष स्वरूप है, जिसके द्वारा हम ईश्वर प्राप्ति विषयक भी अनेक विघ्नों से बच सकते हैं और प्रेमानुभव का अभ्यास करते-करते स्वयं ईश्वर की मूर्ति को देख सकते हैं।

[खं. 8, सं.11 (जून, ह. सं. 8)]

लड़ते हैं और हाथ में तलवार भी नहीं

हमारे पाठकों ने गत दो संख्याओं में कानपुर धर्म्ममंडल विषयक लेख देखे होंगे जिनमें सहयोगी 'आयावर्त' की कुछ बातों का उत्तर भी था। उनसे यदि सहृदय समाज को यह आश्चर्य हो तो असम्भव नहीं है कि 'ब्राह्मण' तो मतमतान्तर के झगड़ों से सदा अरुचि रखता था, उसे दो तीन मास से यह कैसी सनक चढ़ी है! इस विचार के समाधानार्थ हम यह विदित कर देना उचित समझते हैं कि हमारा सिद्धान्त प्रेम है, जिसकी स्तुति हमारा अन्तःकरण निर्भयता के साथ यहाँ तक करता है कि 'ब्रह्म विष्णु महेश सब पूजत याके पायँ। परब्रह्म हू प्रेम को ध्यावत ध्यान लगाय।' हम इस अपने अचल सिद्धान्त को कभी किसी दशा में छोड़ दें तो हमारा कहीं ठिकाना न रहे। पर हाँ यतः अभी भगवान प्रेमदेव ने केवल तुच्छ दामों में हमें अंगीकार किया है, पूर्ण रूप से हमारी संसारिकता का लोप नहीं हुवा, अतः यदि कोई हमारे आनन्द में विघ्न डालने का मानस करता है तो दो एक बार उसे समझा देना अनुचित नहीं समझते। यद्यपि है यह भी वाहियात पर क्या किया जाय, जब तक वह पूरी तरह न अपनावें तब तक ऐसी बातों की परवा न करना हमारी सामर्थ्य से दूर है। इससे जब हम देखते हैं कि हमारे प्यारे भारतीय धर्म कर्मादि का किंचित मात्र भी तत्व समझे बिना कोई आग्रही उसका विपक्षी बनने में साहसवान होता है, तब हमें उचित उत्तर देना पड़ता है। हम किसी मत के पक्षी वा विपक्षी नहीं है पर सत्य का पक्ष और अपने भाइयों का पक्ष अवश्य करते हैं। हमारे यहाँ के पुराण इतिहासादि सब सत्य हैं और यदि कोई मनुष्यता के साथ उनकी सत्यता के विषय में प्रश्न करे तो हम सन्तोषदायक उत्तर देने को प्रस्तुत हैं। इसी प्रकार हमारे शैव शाक्तादि सब भाई यदि श्रद्धापूर्वक अपने धर्म का तत्व समझ के उसका सत चित से अवलम्बन करें तो हमें ही नहीं बरंच सच्चे आस्तिक मात्र को मान्य है तथा अपना लौकिक एवं पारलौकिक हित साधन में सक्षम हैं अस्मात् यदि कोई इनकी प्रतिष्ठा अथच सदुद्योग का पक्षपातपूर्वक उपहास करना चाहे उसे उचित उत्तर देना हम अपने धर्म का एक अंग समझते हैं। इसी के अनुसार हमने पंडितवर दीनदयाल शर्मादि के मनोहर व्याख्यान अपने कानों से सुन कर तथा

उनके प्रभाव का कानपुर के सनातनधर्मियों पर प्रभाव अपनी आँखों से देखकर उचित प्रशंसा के साथ सच्चा समाचार लिखा था, जिसकी साक्षी के लिए यहाँ के सहस्त्रों कुलीन प्रतिष्ठित विद्वान् विद्यमान हैं। पर हमारे सहयोगी महाशय उन सबको झुठला के सच्ची घटना को केवल पक्षपात के वश झूठा बनाया चाहते थे। इसीसे हमने उचित उत्तर दे दिया था। पर सच्चे और उचित तथा प्रामाणिक उत्तर को तो वह लोग मानते हैं जिन्हें न्याय और धर्म से कुछ भी जान पहिचान होती है। किन्तु जिन्हें अपनी ही बात का भी छेड़ना झगड़े का मोल लेना है, जिसका सज्जनता अनुमोदन नहीं करती क्योंकि वाद का आनन्द तब आता है जब समझदार और सभ्य लोगों से किया जाय तो उसका यह ढाल है कि एप्रिल मास में हम थे बीमार। इससे पत्र सम्पादन कर न सके थे। पर हमारे परम सहायक श्रीमन्‌महाराजकुमार बाबू रामदीन सिंह महोदय ने चलते हुए काम को रोकना उचित न समझ कर अन्यान्य सुलेखकों के लेख से पूर्ण करके इस पत्र को प्रकाश कर दिया था। उसमें एक लेख 'हम मूर्ति पूजक हैं' हम लोगों के परमपूज्य महात्मा हरिश्चन्द्र का भी था जिसे 'आर्य्यावर्त' जी ने हमारा समझ कर अंड की बंड लिख डाली थीं। भला हम ऐसे समझदारों को क्या उत्तर दें जो इतना भी नहीं समझ सकते कि 'ब्राह्मण' सम्पादक को महर्षि भारतेन्दु के ढंग का लेख लिखने की सामर्थ्य कहाँ से आयी। वैसा लेख लिखना तो क्या लिखने का मानस करना भी छोटा मुँह बड़ी बात है। इस समझदारी पर भी तुर्रा यह कि लेख का आशय कुछ भी न समझ कर पुराण और प्रतिमा की निन्दा पर जा गिरे जिसका उत्तर तो बीसियों बार बीसियों विद्वान दे चुके और प्रत्युत्तर में साधु वाक्य सुन चुके, पर हम केवल इतना पूछना चाहते हैं कि 'आर्य्यावर्त' सम्पादक वा कोई समाजी उस प्रकार के मूर्तिपूजन से बचे हुए हैं? क्या वह अथवा उनके सहचरों में से कोई भी ऐसा है जिसे अपने शरीर तथा स्त्री पुत्र इष्ट मित्रादि का मोह न हो? यदि है तो उसका जीवन मनुजता से कितना सम्बन्ध रखता है? और नहीं है तो उक्त लेख पर आक्षेप करना सिवा अपनी बुद्धिमत्ता का परिचय देने के और क्या था। यही नहीं, इस समझ पर भी सभ्यता यह है कि जिन असाधारण पुरुषों की देश के बड़े-बड़े लोग हृदय से प्रतिष्ठा करते हैं उनके पक्ष में आप वह-वह शब्द प्रयुक्त कर उठाते हैं कि सभ्य समुदाय में शत्रुता के अवसर पर भी प्रयोग करने योग्य न हों। एक बार आपने आनरेबिल सैयद अहमद महाशय का नाम अन्तिम दकार को ककार से बदल के इस रीति से लिखा था कि यदि अभियोग उपस्थित होता तो छापे की अशुद्धि का बहाना भी न चल सकता। श्री पंडित दीनदयालु जी को मुंशी लिखते-लिखते भी सन्तोष न हुआ था तो एक बार यह लिख मारा था कि 'बिचारे दयाला का दिवाला निकल गया'। यह उपर्युक्त दोनों सज्जन वस्तुतः ऐसे हैं कि एकाग्रता के लिए हम लिख चुके हैं कि भय अथवा प्रलोभन की आवश्यकता है।

उसमें भय तो भाग्य ही के बश कभी आ जाय तो खैर नहीं तो काल्पनिक भय को कभी पास न फटकने देना चाहिए। बरंच उत्तम तो यह है कि सचमुच हानि अथच कष्ट की सम्भावना हो तौ भी चित्त को इन मन्त्रों से धैर्य प्रदान करता रहे कि—होगा सो देखा जायगा, दुनिया में सुख दुःख सभी को हुआ करते हैं, दूसरे के चार हाथ थोड़ी हैं। विपक्षी धन बल दिखावै तो हम छल बल से काम लेंगे—इत्यादि और जब भय आ ही पड़े तो उसे भय न समझ कर उसके दूर करने के उपाय को मुख्य कर्तव्य समझना चाहिए। फिर बस परमेश्वर चाहे तो भय का भय नहीं ही रहेगा। और यदि आ पड़े तो खैर छल सीखने वा अभ्यास में लाने का अवसर मिला सही। किन्तु परमेश्वर ऐसे अवसर न दिखावे यही अच्छा है। हमारे पाठक कहते होंगे कि छल की शिक्षा और बार-बार परमेश्वर परमेश्वर! यह क्या बात है! इसके उत्तर में हमें कहना पड़ता है कि संसार में नास्तिक बहुत थोड़े हैं और जो हैं उन पर श्रद्धा बहुत थोड़े लोगों को होती है। इस कारण उन्हें कोई मुँह नहीं लगाता। इससे उन्हें छल करने के लिए पात्र नहीं मिलते और पात्राभाव से अपनी मर्यादा के रक्षणार्थ निष्कपटता का पुतला बनना पड़ता है। अस्मात् छलियों को अवश्य चाहिए कि ईश्वर और धर्म के गीत गाकर संसार में प्रतिष्ठित बने रहें। बरंच जिनके साथ छल करना हो उनके सामने तो उन्हीं की रुचि के अनुसार परमेश्वर को मानने वाला औ धर्मतत्व का जानने वाला बनना पड़े तभी सुभीते की हिकमत है। फिर क्यों न मानिए परमेश्वर नहीं है तो लोगों के ठगने को एक शब्द ही सही। और यदि है तो छल जनित पापों को दूर करेगा। इस रीति से न लोक का भय रहेगा न परलोक का। रहा प्रलोभन, वह किसी प्रकार त्याज्य नहीं है बरंच चित्त की एकाग्रता का सहज और सुहावना उपाय है। अतः उस की प्राप्ति के अर्थ यत्न कर्तव्य है। हमारी समझ में पंच सकार अर्थात् संगीत, साहित्य, सुरा, सौन्दर्य, सौहार्द्रय की सेवा का थोड़ा बहुत अभ्यास करते रहना सहृदयता तथा एकाग्रचित्तता के उत्सुकों को अत्युत्तम है। क्योंकि यह पाँचों पदार्थ चित्त को आकर्षित करके चिन्ता रहित कर देने की बड़ी सामर्थ्य रखते हैं। जो इनके रस का अभ्यासी है वह कैसी ही कठिनता का सामना पड़े, पर घबराता नहीं है, कैसा ही कष्ट, कैसी हानि, कैसा ही सोच क्यों न उपस्थित हो, जहाँ नियमानुसार कोई मजेदार तान अलापी अथवा सुनी, जहाँ कोई रसीली छन्द लिखा वा पढ़ा, जहाँ दो पियाले चढ़ाए, जहाँ किसी सुन्दरी का दर्शन स्पर्शन किया, जहाँ किसी अपने से चित्त वाले के पास जा बैठे वहीं सब दुःख दरिद्र भूल जाते हैं और तबीयत में ताजगी आ जाती है जो छल साधन की बड़ी भारी सहायिनी है। जो लोग कहते हैं कि मनुष्य पंच सकार के संसर्ग से पागल हो जाता है उनका कहना ठीक नहीं है। क्योंकि पागल वह हो जाते हैं जो इनमें से किसी प्रकार के गुलाम बन जाते हैं अथवा नये-नये आ फँसते हैं। किन्तु जो इनके रसास्वादन के अभ्यासी हैं तथा इन्हें परिमितिबद्ध रख के

दास्य स्वीकार करने के स्थान पर मनोविनोद सम्पादन मात्र में इनकी सहायता समयानुसार ले लिया करते हैं, वे कदापि पागल नहीं बनते बरंच पागलपन की जड़ अर्थात् चित्त की उद्विग्नता दूर करके अधिक सावधान और चातुर्यमान हो जाते हैं और बहुधा देश काल पात्र का विचार करके इन्हीं के द्वारा दूसरों को पागल बना के, हँसा खिला के मूंड लेते हैं। इतिहासवेत्ताओं और जगत्कौतुकदर्शकों से छिपा नहीं है कि नीतिज्ञ पुरुषों ने एक वा दो ही सकारों के मायाजाल में ला के कितने ही बड़े बड़ों का तन मन धन माँग लिया है और आज भी माँग लेते हैं। फिर कोई क्यों कर सिद्ध कर सकता है कि सावधान पंचसकारी पागल होता है। हाँ, जो संगीत, साहित्य और सौहार्द्रय की पूँजी को सौगुना प्रसिद्ध करना तथा सुरा एवं सौन्दर्य सम्पर्क को पूर्ण रूप से गुप्त रखना नहीं जानता वह अवश्य पागल है। किन्तु ऐसे पागल भला कापट्यशास्त्र क्या सीखेंगे। अतः उनकी चर्चा इस स्थल पर व्यर्थ है। हमारा लेख तो केवल उनके अपदेशार्थ है जो छल विद्या सीखना चाहते हों। उनसे हम अवश्य कहेंगे कि पंच सकार का उचित रीति से सेवन करते रहिए तो यह पूछने की आवश्यकता न रहेगी कि क्योंकर सीखें। रहा दूसरा प्रश्न, अर्थात् कहाँ पर सीखें। इसका साधारण उत्तर तो यही है कि कपटी के कोई बाह्य चिह्न नहीं होते। जैसे सब मनुष्य हैं वैसे ही वे भी हुवा करते हैं। अतः जिस पुरुष में कपटकारिता देखो उसी के चरित्रों से संथा ले लिया करो और दूसरों के प्रति उसी की चाल ढाल का अनुसरण किया करो। किन्तु इस मन्त्र को सदा स्मरण करते रहो कि जो कोई जान लेगा कि हम क्या करते हैं तो बुरा होगा। बस यों ही करते-करते अच्छे खासे कपटी हो जाओगे। पर विशेष उत्तर सुनने की लालसा हो और शास्त्र का प्रमाण पाए बिना जी न भरता हो तो इस श्लोक को कंठस्थ कर रखिए कि 'देशाटनं पंडितमित्रता च बारांगना राजसभा प्रवेशः। अनेक शास्त्रावलोकन च चातुर्यमूलानि बदन्ति सन्तः ॥" जो लोग द्रव्योपार्जनादि के लिए देश विदेश फिरा करते हैं अथवा बड़े नगरों में रह के नाना देश के लोगों की रीति व्यवहार देखा करते हैं, उनसे छिपा नहीं है कि कई जाति के लोगों को ईश्वर ने ऐसा स्वाभाविक गुण दे रक्खा है कि उनमें के यदि हजार पाँच सौ जन एकत्र किये जायँ तो कदाचित एक ही दो ऐसे मिलेंगे जो शुद्ध 'छल के रूप कपट की मूरति मिथ्यावाद जहाज' न हों। हम उन जातियों का नाम बतला के सेंत का झगड़ा मोल लेना नहीं चाहते किन्तु बाहिरी लक्षण बतलाए देते हैं कि बहुधा रंग गोरा, चेहरा खूबसूरत, शरीर निर्बल, स्वर मृदुल, मांस मदिरा से सच्ची घृणा नहीं, ईश्वर और धर्म का आग्रह नहीं, मित्रता शत्रुता का क्षण भर भरोसा नहीं, स्वार्थपरता से कोई बात खाली नहीं। उनका काम हो तो चाहे जैसी खुशामद करा लीजिए किन्तु तुम्हारा प्रयोजन आ लगे तो मानो कभी की जान पहिचान ही नहीं। ऐसे लक्षण

वालों से संसर्ग रखना छलविद्या सीखने में बड़ा सहारा देता है। किन्तु ऐसे लोग इस देश के केवल बड़े ही नगरों में तथा अपने ही भूभाग में मिलते हैं। इसी से शास्त्रकारों ने देशाटन की आज्ञा दी है और पंडितमित्रता अर्थात् नीतिवेत्ता, स्वार्थसाधनतत्पर, वेद शास्त्रादि के बचनों में अपने मतलब का अर्थ निकाल लेने में समर्थ, अपनी कही हुई बात को नाना रूप से पलट देने के अभ्यासियों की संगति भी इसी निमित्त बतलाई है कि देश विदेश घूमने वा नाना देशवासियों का रंग ढंग देखने तथा छँटे लोगों से हेल मेल रखने से मनुष्य की आँखें खुल जाती हैं और झूठ बोलना पाप नहीं जान पड़ता। जैसा कि फारस के विद्वानों का वाक्य है कि 'जहाँ दीदा बियार गोयद दरोगा'। फिर क्या, जहाँ झूठ बोलने की हिचक जाती रही वहाँ छल सीखने का ढर्रा खुला ही हुआ समझिए। और यदि इन दोनों रीतियों अर्थात् देशाटन और गुरुघंटालों के संग से पूर्ण शिक्षा न ग्रहण कर सकिए तो बारांगना देवी की चरणसेवा स्वीकार कीजिए, वे पक्का कर देंगी। क्योंकि ऊपर हम जितने कपटी जाति वालों के लक्षण बतला चुके हैं, वे इनमें प्रायः सभी विद्यमान होते हैं। ऊपर से भोली-भोली सूरत और मीठी-मीठी बातें बना के परधन हरण का उन्हें दिन रात अभ्यास चढ़ा रहता है। श्री तुलसीदास गोस्वामी तक ने जिनकी महिमा में शाक्षी दी है कि "पर मन पर धन हरन को, गनिका बड़ी प्रवीन", जिनका सा रूप धारण कर के साक्षात् परमेश्वर ने भी छल ही किया है, अर्थात् समुद्रमन्थन के समय मोहनी अवतार ले के आप ने अपने प्यारे देवताओं को तो अमृत पिलाया था और आँखें भौंहें मटका के राक्षसों को मदिरा पिला के पागल कर दिया था। जिन आर्यकुलकलंकों को पुराणों का नाम ही सुनते मृगी रोग आ चढ़ता है उनकी तो बात ही और है, नहीं तो मोहनी रूप की कथा से बुद्धिमान मात्र यह उपदेश लाभ कर सकते हैं कि जब भगवान् तक इस रूप में प्रकटित होकर ऐसा ही करते हैं तब दूसरे पुरुष समुदाय से संसर्ग रखने वालियों से सच्ची प्रीति और सरल व्यवहार की आशा करना निरा व्यर्थ है। निरे भोलानाथ तो उनके दर्शन ही मात्र से लँगोटी तक गँवा बैठते हैं और केवल विषपान के योग्य रह जाते हैं निरे राक्षस अर्थात् इन्द्रियों के गुलाम भी उन के हाथ से मोह मदिरा ही के मतवाले अर्थात् ज्ञानशून्य हो बैठते हैं। वहाँ तो केवल उन्हीं देवताओं का निर्वाह है जिनका लक्षण रामायण में "आए देव सदा स्वारथी। बचन कहहिं जनुप परमारथी॥" तथा "ऊँच निवास नीच करतूती। देखि न सकहिं पराइ विभूती॥" इत्यादि लिखा है। यदि ऐसे गुरुओं के निकट भी छल शिक्षा न प्राप्त कर सक्रिय तो आप का अभाग्य है। किन्तु बतलाने वाले इनसे भी अधिक श्रेष्ठ शिक्षक बतला गये हैं जो राजसभा अर्थात् कचहरी, दर्बार में रह के जीवनयात्रा करते हैं। अर्थात् वकील, मुखतार, झूठे गवाह, पूरे अदालतबाज इत्यादि, जिनका काम ही झूठ को सच और सच को झूठ

कर दिखाना है। बस इन्हीं का सेवन और देश देशान्तर की नीति सम्बन्धी पुस्तक तथा कुटिल नीतिज्ञों के जीवनचरित्र देखते सुनते समझते बूझते रहिए तो ईश्वर चाहेगा तो बड़े अच्छे पक्के पूरे छलविद्या विशारद हो जाइएगा। पर इतना भी स्मरण रखिए कि यह महासिद्धि देवाधिदेव स्वार्थदेव की दया के बिना नहीं प्राप्त होती और वे उन्हीं अनन्य भक्तों पर दया करते हैं जो ईश्वरभक्ति, धर्म्मसक्ति, लोकलज्जा, परलोकभय इत्यादि को उन पर निछावर बरंच बलिदान करके उन्हीं के हो रहते हैं, धर्म कर्म विवेचना प्रतिष्ठादि का केवल ढकोसला मात्र रखते हैं, सो भी तभी तक जब तक स्वार्थेश्वर की आराधना में बाधा न आवे। बस यही मार्ग अवलम्बन कीजिए तो देख लीजिएगा छल की कैसी महिमा है और उसकी सेवा में कैसा आनन्द है।

[खं. 8, सं. 12 (जुलाई, ह. सं. 8)]

सर्वसंग्रह कर्तव्यं कः काले फलदायकः

संसार में यदि सुख और सुविधा के साथ निर्वाह करने की इच्छा हो तो इस वाक्य का पूर्ण रूप से अनुसरण करैं और विश्वास कर रक्खें कि वेद में जितना गौरव गायत्री का है उतना ही लोकाचार में इस महामन्त्र का है। जो लोग कर्तव्याकर्तव्य के झगड़े में रह कर इधर ध्यान नहीं देते वे अपने मन में चाहे जैसे बने बैठे रहें पर पछतावे के अतिरिक्त कुछ भी लाभ नहीं कर सकते। किन्तु इस बचन के मानने वाले सौ विश्वा तो अकृतकार्य होते ही नहीं हैं और यदि दैवयोग से कभी यथेच्छित सफलता न भी हुई तो "यत्ने कृते यदि न सिध्यति कोऽत्र दोषः" का विचार कर के मन को अवश्य समझा सकते हैं। इस से बुद्धिमान को चाहिए कि किसी वस्तु, व्यक्ति अथवा कार्य को तुच्छ, त्याज्य व निन्द्य न समझ कर यह समझ ले कि सब का स्वामी जगदीश्वर है और वह सब मतों के अनुसार सर्वशक्तिमान है। यदि वह सचमुच किसी समुदाय को बुरा समझता होता तो एक क्षण में उसे नास्ति नाभूत् की दशा को पहुँचा देता। पर कभी कहीं ऐसा देखने सुनने में नहीं आया इस से निश्चय होता है कि उस की इच्छा ही है कि जगत का पचड़ा यों ही चले। फिर भला यदि हम किसी को वस्तुतः बुरा समझ के छोड़ दें तो उस की इच्छा का विरोध ही करते हैं कि और कुछ? और ऐसा करने वाले दुःख के भागी न होंगे तो क्या होंगे? यदि ईश्वर का अस्तित्व आप की समझ में न आता हो तौ भी यह समझने में कोई आपत्ति नहीं है कि दुनिया में कुछ भी ऐसा नहीं है जिस से कुछ न कुछ काम न निकले और जिस से कुछ काम निकलता हो उसे काम में न ला कर बेकाम समझ बैठना निरी नासमझी है। इस रीति से आस्तिक और नास्तिक दोनों मतों से यही सिद्ध होता है कि 'सर्वसंग्रहकर्तव्यं'। यदि आँखें खोल के देखिए तो वास्तव में बुरा कुछ भी नहीं है और कोई भी नहीं है। संखिया को लोग सब से बुरा विष समझते हैं, पर कई एक भयंकर रोगों के पक्ष में वही अमृत का काम देती है। झूठ बोलना, छल करना बड़ा पाप समझा जाता है, पर अनेक स्थल पर जीवन, धन और प्रतिष्ठादि की रक्षा उसी से होती है जिन के बिना सुकर्म और सुगति का होना

असम्भव है। आप कहिएगा जुवारी बहुत बुरा होता है। हम कहेंगे निर्लोभ तौ भी होता है। लाख रुपए दे दीजिए तौ भी एक ही दाँव पर धर देगा और सब हार जाने पर भी दूसरों की तरह हाव-हाव न करेगा। आप आज्ञा कीजिएगा, नशेबाज अच्छा नहीं होता। हम निवेदन करेंगे, निर्द्वन्द वह भी होता है। अपनी धुन में हाथी के सवार को भुनगा ही सा समझता है। आप समझते होंगे कामी बड़ा बुरा होता है, पर हमारी समझ में निर्बलता के कारण सहनशील वह भी होता है। यों ही क्रोधी किसी की प्रवंचना नहीं करता, लोभी मरने के पीछे दूसरों के लिए अच्छी खासी जमा छोड़ जाता है, मोही अपनायत वालों का सच्चे जी से शुभचिन्तक होता है, निन्दक दोष त्यागने के लिए उत्तेजना देता है। फिर कोई कैसे कह सकता है कि अमुक कार्य व पदार्थ वा पुरुष नितान्त बुरा ही है। और यों तो हम अच्छे से अच्छों को बुरा बना सकते हैं। घी दूध इत्यादि को सभी जानते हैं कि अमृत हैं किन्तु बहुत सा खा जाइए तो उसी दिन अनपच का कोई रूप शिर पर आ चढ़ेगा जो समस्त रोगों का मूल है। भगवद्भजन और देशभक्ति इत्यादि अत्युत्तम काम है। इस के लिए प्रमाण की आवश्यकता नहीं है। पर और सब छोड़ कर इन्हीं में लग रहिए तो देख लीजिएगा कि दुनिया के किसी अर्थ का न रक्खेंगे। बड़े-बड़े ऋषि मुनि देवतादि तक जब हमारे आचरण से असन्तुष्ट होंगे तो बीसों विश्वा अनिष्ट कर डालेंगे। ऐसे-ऐसे अनेक उदाहरण हैं जिन से भली भाँति विदित होता है कि भला और बुरा कुछ भी नहीं है, केवल हमारी विज्ञता और अज्ञता से बुराई का परिणाम भला और भलाई का बुरा हो जाता है। यदि हम नियम के साथ देश काल पात्रादि का विचार कर के प्रत्येक काम किया करें तो हत्या तक यज्ञ का अंग होकर अनेकों की रक्षा का हेतु और हमारी सुकीर्ति अथच सुगति का कारण हो सकती है और बिना बिचारे नियमविरुद्ध करने से यज्ञ भी संसार के अनिष्ट तथा कर्ता के सर्वनाश की जड़ हो जाती है। इसी से बुद्धिमान को उचित है कि यह न सोचे कि अमुक बात, काम अथवा पुरुष बुरा है, इस से उस से सदा दूर रहना चाहिए। नहीं, सब कुछ सीखना, सभी कुछ संचय करना और काम आ पड़ने पर किसी प्रकार कुछ भी करने में मदद न रह कर इष्टसाधन में पूर्ण दक्षता का परिचय देना ही परम कर्तव्य है और इसके विरुद्ध चलना मानो अपने हाथ से अपने पाँव में कुल्हाड़ी मार लेना है। हमारा शास्त्र हमें आज्ञा देता है कि 'विषादप्यमृतंग्राह्यम्' पर इसका पालन हम तभी कर सकते हैं जब उस विष के रूप गुणादि से भली भाँति परिचय रखते हों और उसका अमृतांश निकाल कर व्यवहार में ला सकते हों। यदि हम उसे बिष समझ कर फेंक देंगे तो उसमें जो छिपा हुवा अमृत है, वह भी हमारे हाथ से जाता रहेगा। अतः हमें चाहिए कि उसे बिष न समझ कर यह समझने में सयत्न रहें कि उससे क्योंकर अपना उपकार और अपने विरोधियों का अपकार हो सकता है। पुराण और नवीन इतिहासों से प्रगट होता है कि जितने

बड़े-बड़े लोग हो गये हैं उनमें से बहुतों की उन्नति का कारण वही काम थे जिन्हें शास्त्र और लोक समुदाय अच्छा नहीं कहता। यहाँ तक कि भगवान् भी निराकर होने पर नाना रूप धारण करते हैं और सत्य स्वरूप कहलाने पर राक्षसों को धोखा देकर मार डालते हैं, त्रैलोक्यनाथ होकर भक्तों की आधीनता स्वीकार करते हैं। फिर हम तुच्छ जीवों का क्या अधिकार है कि यह हठ करें कि यही करेंगे, यह कभी न करेंगे। यदि ऐसा करें तो हम अपनी हानि करते हैं। इससे सच झूठ, सरलता बक्रता, नम्रता कठोरता, जिससे काम निकलता देखें उसी को कर उठावैं। अमृत विष, गंगाजल मदिरा, सदृश्य कुदृश्य जैसी वस्तु को अपने काम की देखें उसी को व्यवहृत करने में संलग्न हों और भले बुरे, ऊँच नीच, चतुर मूर्ख जैसे पुरुष अथवा पशु से स्वार्थसिद्धि की आशा हो उसी का आश्रय ग्रहण करें। दुनिया भर हँसे तो हँसा करे, बिगड़े तो बिगड़ती रहे, पर हमें अपने काम से काम रखना चाहिए। जब काम बन जायगा तब निन्दक लोग प्रशंसा और विरोधीजन खुशामद करेंगे। अथवा न करें तौ भी हमारा क्या लेते हैं। समझदार लोग हमें नीतिज्ञ ही कहेंगे और हम तथा हमारे लोग आनन्द से रहेंगे। और यही जन्म लेने का फल है जिसकी प्राप्ति के लिए सभी सब कुछ करते हैं। फिर हमीं अपने नीत्याचार्यों का यह कहना क्यों न मानें कि 'सर्वसंग्रहकर्तव्यं'। हमने माना कि सर्वथा पूर्णकाम और सर्वज्ञ अकेला सर्वेश्वर है तथापि बहु सुविधासम्पन्न एवं बहुज्ञ भी एक से एक इक्कीस विद्धमान हैं। और उनकी श्रेणी में सम्मिलित होना सभी का अभीष्ट एवं कर्तव्य है जिसके साधन का एकमात्र मूल मन्त्र यही है जो आज हम वर्षारम्भ के आनन्द में अपने प्रिय पाठकों को स्मरण दिलाते हैं और सम्मति देते हैं कि पाप पुन्य, निन्दा स्तुति, नर्क स्वर्गादि के बखेड़े छोड़िए, केवल इस बात पर ध्यान रखिए कि "येन केन प्रकारेण स्वकार्यं साधयेत् सुधीः"। और यह तभी हो सकता है जब सदा, सब ठौर, सब दशा में चित्त का झुकाव इसी ओर बना रहे कि "सर्वसंग्रह कर्तव्यं कः काले फलदायकः"।

[खं. 6, सं. 1 (अगस्त, ह. सं. 8)]

❑❑